SOCIÉTÉ L[...]

D'AGRICULTURE, SCIENCES, ART[...]

DU DÉPARTEMENT [...]

HISTOIRE
D'IVRY-LA-BATAILLE

ET DE

L'ABBAYE DE NOTRE-DAME D'IVRY

D'APRÈS LES NOTES ET PIÈCES INÉDITES

RECUEILLIES

PAR

Feu M. F.-J. MAUDUIT

RÉDIGÉES ET CLASSÉES

Par un Membre de la *Société libre d'Agriculture, Sciences,
Arts et Belles-Lettres de l'Eure.*

ÉVREUX

IMPRIMERIE DE CHARLES HÉRISSEY

4, RUE DE LA BANQUE, 4

1899

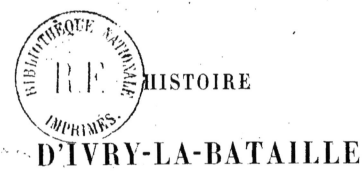

HISTOIRE

D'IVRY-LA-BATAILLE

HISTOIRE
D'IVRY-LA-BATAILLE

ET DE

L'ABBAYE DE NOTRE DAME D'IVRY

D'APRÈS LES NOTES ET PIÈCES INÉDITES

RECUEILLIES

PAR

Feu M. F.-J. MAUDUIT

RÉDIGÉES ET CLASSÉES

Par un Membre de la *Société libre d'Agriculture, Sciences,
Arts et Belles-Lettres de l'Eure.*

ÉVREUX

IMPRIMERIE DE CHARLES HÉRISSEY

4, RUE DE LA BANQUE, 4

—

1899

Mais bientôt, il sembla à sa famille qu'une éducation plus littéraire et plus approfondie lui serait mieux donnée dans une localité ayant une vie littéraire plus intense. A douze ans donc, le jeune écolier était envoyé comme interne au lycée de Versailles. Sa famille a encore conservé, par tradition, le souvenir de ses succès. Ses études finies, le voilà étudiant en droit à Paris. Mais étudiant non point à la mode qui prévalut dans la suite et qui consiste à vivre uniquement des rentes que l'on reçoit de sa famille, suivant les cours des professeurs de la faculté, ou même ne les suivant pas du tout, *ad libitum*. Dans beaucoup de familles, de toute condition et de toute situation de fortune, on estimait, alors, qu'il était bon, au point de vue moral, que le jeune homme ne fût pas abandonné à lui-même, libre comme l'air, commençant la vie par vivre à peu près en rentier, des rentes de ses parents, prédisposé ainsi, pourvu qu'il y eût quelques aptitudes, à entrer dans la brigade des Schaunard de la *Vie de Bohême*. Bien souvent donc le futur avocat, le futur magistrat était placé comme clerc dans une étude d'avoué. Au point de vue technique, cela n'était pas mauvais non plus. Le jeune homme était, il est vrai, privé parfois de l'avantage d'écouter les leçons des professeurs qui lui facilitaient la tâche, lui broyant la matière juridique, et lui en rendant l'assimilation plus aisée. Mais, d'autre part, il fallait plus de travail personnel, plus d'activité intellectuelle, et, en même temps, le côté pratique du droit, la *procédure*, devenait ainsi familière au futur juriste. C'était comme la leçon de choses, vivifiant les spéculations de la théorie.

Le diplôme de licencié fut ainsi conquis dans le temps réglementaire, et alors le jeune Mauduit se fit inscrire comme stagiaire au barreau de la cour royale de Paris. Bientôt il reconnut, ou l'on reconnut pour lui, qu'il était préférable, au point de vue de l'avenir, de renoncer à Paris et de retourner non loin de son pays, dans le chef-lieu de son département d'origine.

Il revient donc à Evreux, entre dans une étude d'avoué, et, de grade en grade, il devient rapidement clerc principal. Mais déjà, et depuis longtemps peut-être, le clerc d'avoué, entre la rédaction d'un acte d'avoué à avoué, et la direction d'une affaire, songeait à son petit pays d'Ivry, reposé là-bas, sur le bord de l'Eure, bien tranquille, après avoir pas mal souffert autrefois, alors qu'il était pays de frontière entre la Normandie et la France d'abord, puis entre les Français et les Anglais pendant la guerre de Cent ans. Mais, que dis-je! j'ai sous les yeux deux tout petits cahiers, couverts de notes, déjà précises et avec références soigneusement indiquées, écrits d'une écriture de jeune homme. Sur l'un je lis : « Notes prises à la bibliothèque de Versailles »... Quoi donc, est-ce que c'est le bachelier en herbe, le lycéen, qui, déjà, les jours de sortie, allait travailler à la bibliothèque de Ver-sailles ?

Toujours est-il qu'il chercha de bonne heure. Comment s'y prit-il ? Eh, mon Dieu, comme tout le monde! Il com-mença par recueillir ce qui lui tomba sous la main, bon ou mauvais; naturellement plus de mauvais que de bon, par cette excellente et logique raison que l'un est infini-ment plus commun que l'autre. C'est un *processus* bien connu, mais toujours intéressant à suivre pour l'obser-vateur; c'est le cas de tout chercheur et de tout collec-tionneur, que ce soit de bibelots ou de documents scien-tifiques ou historiques. Successivement donc les acquisitions historiques du jeune Mauduit s'épuraient et gagnaient en qualité. On pourrait lui appliquer, sans l'ombre d'une critique, et, au contraire, comme observation à son honneur, ces vers connus de La Fontaine :

> D'abord il s'y prit mal, puis un peu mieux, puis bien ;
> Puis enfin, il n'y manqua rien.
>
> (Liv. XII, fab. IX.)

Passant des compilations au-dessous du médiocre, aux ouvrages de seconde main, aux ouvrages un peu plus anciens, puis aux documents contemporains, il avait, dès 1853, l'ambition de recourir aux sources originales manuscrites. J'ai sous les yeux la fiche où il inscrivait toutes ses demandes de communications aux *Archives*, alors *impériales*, et j'y lis cette date : 1re demande : « 29 Septembre 1853. »

Nous reviendrons, d'ailleurs, sur l'histoire d'Ivry.

Le premier clerc d'avoué aurait, sans doute, acheté une étude à Évreux quand l'occasion se fût offerte. Cette occasion, il l'attendait probablement lorsqu'une circonstance vint déranger ses projets, orienter autrement sa vie, le faire changer de profession et même de pays, et l'amener, pour le reste de ses jours, à plus de vingt lieues d'Évreux et du village d'Ivry. La famille de M. Mauduit avait, devant le tribunal de Neufchâtel-en-Bray, un de ces procès des temps jadis qui usaient parfois plusieurs générations et parvenaient, à l'occasion, à l'âge respectable de centenaires. Celui que soutenait la famille Mauduit n'en était pas arrivé là. Il ne comptait encore qu'une quinzaine d'années ! Il fut décidé que le maître-clerc, usant de la faculté que donne la loi à quiconque de plaider pour lui-même, usant aussi peut-être de son ancien titre d'avocat, irait lui-même soutenir la cause de sa famille.

Son procès, il le gagna. Pendant son séjour au pays de Bray, il avait pu prendre connaissance du terrain et des habitants ; se rendre compte, avec son sens pratique et sa rectitude de jugement, qu'il y avait au barreau dè Neufchâtel une belle situation à conquérir. Son parti fut bientôt pris, il dit adieu à la basoche et à la ville d'Évreux et se fit inscrire avocat à Neufchâtel où il devait finir ses jours.

Son inscription au tableau est du 12 novembre 1853. Deux années plus tard, il entrait au conseil de l'ordre (7 décembre 1855), puis était élu secrétaire en novembre 1856.

En 1865, pour la première fois, il arrive aux honneurs du bâtonnat ; et, dès lors, la confiance du tribunal ou la sympathie de ses confrères, ne cessent de l'appeler à cette belle et enviée dignité : en 1868, en 1875, en 1876, en 1883, en 1884, en 1891, en 1892.

En même temps, à ces honneurs professionnels, il joignait bientôt cet autre, — corollaire d'une honorabilité et d'une dignité incontestées, — le titre de juge-suppléant au tribunal de Neufchâtel (3 novembre 1865). Il conserva ces fonctions jusqu'au 7 avril 1892. Un de ses confrères, actuellement maire de Neufchâtel, écrivait il y a peu de temps à quelqu'un qui lui parlait de M. Mauduit : « Au barreau de notre ville, M. Mauduit ne tarda pas, grâce à son travail et à ses connaissances juridiques, à se créer une belle situation. Plusieurs fois bâtonnier de l'ordre, il avait un cabinet très achalandé.

« C'était surtout un laborieux, d'une honnêteté, d'ailleurs, scrupuleuse. »

de ses précieux cahiers. Trois ans plus tard il n'en était qu'à la page 1052 ; la suivante ne semble remplie que trois ans après. Enfin, l'avant-dernière page, 1067, n'est écrite, d'une main qui semble malade et fatiguée, qu'en décembre 1891, moins d'une année avant sa mort.

Ce qui, pourtant, est plus vraisemblable c'est que, si sévère qu'il fût pour lui, le futur historien d'Ivry pouvait se considérer comme assez riche, et se dire que le moment était venu de mettre en œuvre ses matériaux, de donner la vie à cette chose morte, inerte et informe qu'est un amas de matière première.

Mais de ce travail d'art, de cette coordination il ne semble pas que M. Mauduit ait rien fait.

Il y pensait, j'en suis convaincu. Demain, se disait-il..., demain je prendrai la plume.

Demain arrivait, mais avec demain arrivaient aussi les affaires, les dossiers, les labeurs professionnels, si absorbants pour l'avocat laborieux et consciencieux qu'était M. Mauduit.

La mort arriva aussi, soudaine et foudroyante. M. Mauduit avait passé la soirée du dimanche 27 novembre 1892 chez lui, en compagnie d'un ami. L'entretien s'était prolongé, et lorsque M. Mauduit s'était retiré dans sa chambre, ni lui ni personne ne pouvaient songer qu'il n'en sortirait plus vivant. Et, cependant, le lendemain, la matinée s'avançait sans qu'il descendît. Vers onze heures, sa bonne alla frapper à la porte. Ne recevant pas de réponse et pensant que son maître dormait, elle redescendit. Mais peu après, n'entendant aucun bruit et inquiète, elle remonta et frappa de nouveau. Comme, cette fois encore, on ne lui répondait pas elle ouvrit la porte qui, contrairement à l'habitude, n'était pas fermée à l'in-

térieur. M. Mauduit était mort dans son lit. Il avait
soixante et onze ans.

Si la mort l'a emporté soudainement, elle ne l'a toutefois pas pris au dépourvu.

Il avait consigné par écrit ses volontés dernières. La
bienfaisance y tenait sa place et Ivry n'était pas oublié.
Entre autres legs pieux, cinq cents francs étaient légués
aux pauvres d'Ivry-la-Bataille ;

Cinq cents francs à la fabrique de l'église de Saint-
Martin d'Ivry.

Il avait aussi songé à l'œuvre de sa vie entière, l'*Histoire d'Ivry*. Pour mener à bonne fin ce qu'il n'avait pu
achever lui-même, il avait pensé qu'il ne pouvait mieux
faire que de s'adresser à la Société libre d'agriculture,
sciences, arts et belles-lettres de l'Eure. Il lui légua donc
une somme de 3,000 francs, ainsi que ses livres, cartes,
plans, photographies et documents divers concernant cette
localité, à charge par elle de rédiger et de publier un
travail historique sur Ivry-la-Bataille [1].

[1] *Extrait du Testament de M. Mauduit, en date du 31 mars 1879.*

« Guidé par un vif sentiment d'affection pour mon pays natal, j'ai
depuis de longues années fait de nombreuses recherches et recueilli
ou préparé un assez grand nombre de documents pour servir à une
histoire d'Ivri, que je me propose de publier. Je ne veux pas que la
mort survenant avant l'exécution de mon projet, rende ces travaux
préparatoires inutiles. Si, au moment de mon décès, je n'avais pas
encore rédigé ou publié cette histoire d'Ivri, je désire que la rédaction et la publication en soient faites par les soins et sous le patronage de la Société libre d'Agriculture, Sciences, Arts et Belles-Lettres
de l'Eure, établie à Evreux.

« A cet effet, je donne et lègue à la susdite Société libre de l'Eure,
tous les documents, pièces, écrits, copies, dessins, gravures, plans,
cartes, photographies et livres qui m'appartiennent et que je me suis
procurés pour ce travail historique et notamment un recueil de documents copiés de ma main pour la plupart, comprenant jusqu'à ce
jour mille et quelques pages et la table alphabétique par fiches
dressée sur ce travail. Tous ces documents, pièces et livres devront
être déposés aux Archives ou la bibliothèque de ladite Société de

D'assez longues formalités retardèrent la délivrance et la réalisation complète du legs fait à la Société d'agriculture ; et c'est seulement en date du 28 août 1896 qu'a été rendu le décret du Président de la République autorisant la Société libre d'agriculture de l'Eure à l'accepter [1].

Quelques explications complémentaires sur l'œuvre qui paraît aujourd'hui sont encore indispensables.

Il était impossible d'imprimer tels quels les cahiers de M. Mauduit ; on a vu pourquoi.

Mettre sur fiches tout leur contenu, en le classant par

l'Eure, pour y pouvoir être communiqués sans déplacement aux personnes qui désireraient les consulter.

« Je donne et lègue également à la dite Société libre de l'Eure, une somme de trois mille francs, avec les intérêts à partir du jour de mon décès, à la charge par elle d'employer cette somme, avec les intérêts, à assurer par les voies et moyens et dans les conditions qu'elle jugera les plus convenables, la rédaction et la publication de l'histoire d'Ivri.

« J'ai la pleine confiance que la *Société libre de l'Eure*, dans son zèle bien connu pour la publication de tout ce qui touche à l'histoire des localités de notre département, remplira complètement mes intentions et que le travail fait par ses soins ou sous son patronage ne laissera pas regretter à mes compatriotes celui que je m'étais proposé de faire moi-même. »

Extrait de la délibération du Conseil d'administration de la Société libre de l'Eure, en date du 21 juillet 1893.

. . . .

« Le Conseil d'administration, au nom de la Société libre d'Agriculture, Sciences, Arts et Belles-Lettres de l'Eure, accepte le legs fait à la Société par M. Mauduit, en son vivant avocat à Neufchâtel, en vertu d'un testament en date du 31 mars 1879 et qui est ainsi conçu :

. . . .

Et autorise M. Letellier-Alaboissette, Trésorier de la Société libre d'Agriculture de l'Eure, à donner les consentements nécessaires et à faire toutes les demandes pour entrer en possession dudit legs.

La Société libre d'Agriculture de l'Eure exprime tous ses sentiments de reconnaissance à M. Mauduit pour l'intérêt qu'il a témoigné aux questions historiques qui ont occupé la plus grande partie de son existence. . . . .

[1] Il est à noter, qu'en fait, il n'a été remis à la Société libre d'Agriculture, ni dessins, ni gravures, ni plans, ni cartes, ni photographies

ordre chronologique et en éliminant les doubles emplois, reproduire intégralement les copies ou indications sommaires de documents manuscrits, puis faire une bonne table des matières d'après celle de M. Mauduit, on y avait bien songé. Mais c'est un devoir de sentiment, en même temps qu'une règle de droit, que dans l'accomplissement des dispositions d'un défunt il faut s'inspirer de sa pensée et s'attacher à remplir le mieux possible ses désirs.

Que voulait M. Mauduit? Faire connaître Ivry-la-Bataille; lui élever un monument témoignage de sa sympathie; en même temps lui conquérir celle de quelques natures qui aiment à connaître le passé de leur pays.

Or, combien peu eussent lu ou même feuilleté une suite de références bibliographiques ou de documents (même curieux) isolés et sans lien? Au surplus, M. Mauduit n'avait-il pas fait son legs à charge, « *de rédiger et de publier un travail historique sur Ivry-la-Bataille* ».

C'est à obtenir ce résultat que s'est attachée la Société libre d'agriculture de l'Eure.

Et qu'il soit permis de le dire, à celui de ses membres qui a osé accepter cette mission, une tentative, au moins — plusieurs peut-être — avait déjà été faite en vain. La Société libre d'agriculture s'était vu renvoyer, après examen et réflexion, notes et documents par celui ou ceux à qui elle s'était adressée. C'est seulement en mars 1897 que le rédacteur actuel a été chargé de ce travail. Mais, autant la tâche était aisée pour un homme de la valeur de M. Mauduit, qui pendant vingt-cinq ans au moins, quarante peut-être, avait vécu dans le passé d'Ivry, autant elle était périlleuse pour qui était étranger au sujet.

Il faut, impérieusement, toutefois, aller ici au-devant

d'une équivoque possible. Les observations qui précédent ne sauraient diminuer en rien la valeur, le mérite et l'abondance des documents colligés par M. Mauduit; elles ne tendent qu'à expliquer pourquoi ces trésors n'ont pu être plus fructueusement approfités.

Cela tient à plusieurs causes :

D'abord, des considérations d'ordres divers ne permettaient ni à la Société libre d'agriculture de l'Eure, ni au rédacteur de retarder indéfiniment la réalisation des dernières volontés de M. Mauduit.

Ensuite, quelques notes et références étaient prises soit dans des ouvrages sans autorité, soit dans des éditions vieillies. Peu à peu M. Mauduit amendait son œuvre à cet égard. L'éditeur l'a imité et l'a suivi dans cette voie, autant qu'il lui a été possible, mais pas autant qu'il l'eût voulu.

D'autres fois encore les notes de M. Mauduit étaient par trop sommaires; ce n'était qu'un mot, comme dans une table des matières; dans un certain nombre de cas, nous avons pu recourir aux ouvrages, avec grand profit ; dans d'autres cela ne se put pas.

Enfin, une chose — cependant bien importante — nous a manqué : la possibilité de passer à Paris de longs mois, qu'il eût fallu pour s'initier à la connaissance de nombreuses et précieuses pièces d'archives. Plusieurs avaient été copiées intégralement ou au moins analysées par M. Mauduit. Il va sans dire qu'on les trouvera ici. Mais il lui restait encore beaucoup à faire ; aux Archives nationales, notamment, où de nombreux et très anciens registres de comptes ou terriers, formant plusieurs milliers de feuillets, lui auraient fourni des éléments de constatations et de renseignements hors de prix. Il s'était borné, dans ses cahiers, à prendre les cotes, les titres, à peine quelques extraits. Je croirais bien qu'il les avait étudiés avec soin, qu'il avait classé dans sa mémoire les points principaux et avait décidé d'avance les extraits qu'il aurait pu faire, ou faire faire, en un ou deux mois, au moment où il aurait pris la plume, mais, quoi qu'il en soit, peu de traces subsistent de cet examen. Ajoutons enfin qu'un nouveau classement, ou revision du classement antérieur, compliquait encore, plus qu'on ne saurait dire, la communication des pièces consultées, sous des cotes différentes, plus d'un quart de siècle antérieurement.

Juin 1898.

HISTOIRE
D'IVRY-LA-BATAILLE

CHAPITRE PREMIER

Étymologies du nom d'Ivry ; ses formes latines. — Époque préhistorique. — Époque romaine. — Premiers temps du christianisme ? — Charte de Charles le Chauve ?

L'origine des noms de lieu, comme celle de toutes
choses, est souvent pleine d'obscurités. Les efforts tentés
pour la découvrir ne sont, ainsi qu'il a été dit, que « d'aven-
tureuses conjectures ». C'est sous la réserve de cette
observation qu'en commençant l'histoire d'Ivry nous
relevons les notes suivantes recueillies par M. Mauduit[1] :

« Gadebled, dans son *Dictionnaire topographique, sta-
tistique et historique du département de l'Eure*, au mot
Ivry (en latin *Ibriacum*), dit, après beaucoup d'autres, et
sans plus d'explication, que ce nom veut dire, en langue
celtique, pont ou passage.

« Dans la *Normandie scandinave* de Le Héricher on lit[2],

---

[1] Disons ici, une fois pour toutes, que, généralement, les passages
entre guillemets, *lorsqu'ils ne sont pas précédés ou suivis d'une référence
bibliographique*, sont la reproduction textuelle des quelques notes rédigées par M. Mauduit.

[2] Page 37.

au mot *Bec*, que Briquebec signifie Ruisseau du Pont, par l'association du celtique *Brig* pont, et d'une finale scandinave, *Bec* ruisseau. « Resterait à expliquer le préfixe *I*.

« D'un autre côté, M. Roget de Belloguet, dans son *Glossaire gaulois*, sous le mot *Briga*, p. 353 et suiv., dit que le kymrique *Brig* signifie : sommet d'une chose, hauteur, montagne. Il renvoie à Zeuss (*Grammatica celtica*, Leipzig, 1853, 2e édition, 1868-1871, p. 101 et 162), sur la disparition du *G* celtique à la fin de certains mots. Ce qui expliquerait pourquoi le mot est devenu *Ebriacum* ou *Ibriacum* au lieu de *Ebrigiacum* ou *Ibrigiacum*. Ailleurs, M. Roget de Belloguet dit (p. 350) : Kymrique *Ebri*, passage.

« Enfin, Le Héricher, dans sa *Philologie topographique* (in-4°, p. 13), dit : *Dour* radical celtique, modifié en *Eur*, *Ur*, *Ebre*, *Ivri* (Ebriacum). »

Voici encore, à côté des explications contradictoires qui interprètent le même mot, les unes par pont, les autres par montagne, une dernière conjecture sur le sens du mot Ivry :

« Avant la conquête de César la Gaule renfermait plus de trois cents peuples divers.

« Les noms de ces peuples ne disparurent pas complètement, plusieurs d'entre eux sont perpétués dans un grand nombre de localités telles que *Auvergni* (Alverniacus), le domaine de l'Arverne ; *Bretigni*, le domaine du Breton ; *Ivri*, le domaine de l'Ibère[1]. »

Latinisé, ce nom d'Ivry a pris à diverses époques, parfois même dans le même temps, bien plus, sous la même

[1] Hipp. Cocheris, *Origine et formation des noms de lieu*, p. 78.

plume, les formes les plus variées [1]. L'une de ces formes (à l'adjectif), par sa ressemblance presque complète avec le nom d'Evreux, a même, dès le XIIe siècle, prêté à des confusions graves entre ces deux localités.

Voici comment :

« Dans le *Roman de Rou*, Raoul, comte d'Ivry, est appelé comte d'Evreux : « Quens ert de Evreus, mult vaillantz ».

« Cette qualification, dit une note de l'éditeur, est une

---

[1] Voici, par ordre à peu près chronologique, les diverses formes latines du nom d'Ivry :

Ivriacus	Charte de Charles le Chauve.
Ebriacum (castellum)	Charte antérieure à 1034.
Ebrilium	Guillaume de Jumièges.
Ebrilicum (castrum)	
Ivreieum	Orderic Vital. Eudes Rigaud.
Ibericum	Orderic Vital.
Ibreium (forme la plus fréquente).	Orderic Vital et presque tous les documents.
Ibriacum	1236. Compte des prévotés de France.
Ybriacum	1236. Echiquier de Caen.
Hibreium	Charte de 1243 (Archives de l'Eure, fonds d'Ivry).
Yvereium	Eudes Rigaud.
Yveriacum	—
Yvreium	
Ibreiensis (dominus)	XIIIe siècle ? Archives nationales.
Ebreiensis (dominus)	—
Ibera (Galeranus de)	Robert de Torigny.
Ivriacum	Suger (vie de Louis VI).
Yveri	Benoit de Peterboroug.
Iveri	Roger de Hoveden. Gervais de Dorobery
Ivreium	1195. Charte de Richard d'Angleterre.
Ebriacum	1195. Traité de paix entre la France et l'Angleterre.
Ibream	Du Moustier, *Neustria pia*.
Yvereium	Charte de 1200.
Ybreium	— 1214 (Archives de l'Eure, fonds d'Ivry).
Ibroeis (monachi de)	— 1226.
Ibreonenses (monachi)	Cart. de Saint-Père de Chartres.
Yvery	1419 (documents anglais).
Yvriacum	1416 (documents anglais et Pierre de Fenin).

IVRY.

2

« erreur commise par beaucoup d'historiens et même par
« un falsificateur de chartes... » C'est l'archevêque
Robert qui était comte d'Evreux, Raoul était comte
d'Ivry, dont le nom présente assez d'analogie avec celui
d'Evreux pour avoir occasionné cette méprise. »

M. Mauduit ajoute cette observation :

« La substitution d'une seule lettre suffit pour engendrer cette méprise.

« Dans une charte de 1011, on lit *Rodulfus comes
Ebroacassini consulatus*, et on traduit : comte d'Evreux.
Si à l'*o* on substitue, comme cela devait être dans l'original, un *i*, de façon à lire « Ebriacassini consulatus »,
on arrivera sans peine à traduire Comte d'Ivry. Ivry se
désignait souvent, en effet, par le mot *Ebriacum*. (V.
Duchesne, *Hist. Normann.*, p. 1053. — Brussel, *Usage
des fiefs*, t. II, append., p. cxlv.) L'adjectif de ce mot
n'est-il pas tout naturellement *Ebriacensis ?* Et, pour indiquer le pays, le territoire, ne conduit-il pas à *Ebriacassinum*, l'Ivrecin, comme *Ebroacassinum* fait Evrecin. En présence de ces ressemblances on comprend aisément l'erreur
de ceux qui ne voient que la forme extérieure des mots.

« Ivry avait, sous Raoul, le titre de Comté, qu'il ne
conserva pas longtemps. Ce ne fut plus qu'une baronnie
et cette considération pourrait expliquer encore l'erreur
par laquelle on ne voulut pas traduire : *Comte d'Ivry*,
parce qu'Ivry n'était qu'une baronnie. »

D'après les observations consignées dans un tout
récent et très savant ouvrage sur ces périodes si
reculées, le territoire d'Ivry a été habité dès les temps
préhistoriques. Depuis 1874, les versants de l'Eure entre
Garennes et Ivry ont fait voir plusieurs stations néolithiques qui ont donné 160 instruments, haches, grattoirs,

perçoirs, pioches, tranchets, pointes de flèches et 42 percuteurs.

Ivry même possède également des stations néolithiques de toute nature [1].

Vers 1870, M. Bonnin signala, près d'Ivry, l'existence, ignorée jusqu'alors, d'une pierre levée, grossièrement sculptée, nommée, par les gens du pays, la Mère Jeanne et qu'il faut peut-être regarder comme un monument celtique [2].

Cette pierre levée avait cependant, quoique demeurée inconnue aux savants, frappé l'imagination des gens du moyen âge ; car elle est signalée dans des désignations d'héritages, qui se trouvent dans un registre terrier de la baronnie d'Ivry remontant à l'an 1300 [3].

L'époque romaine semble avoir laissé peu de traces à Ivry. Une notice sur le canton de Saint-André a signalé la présence de constructions datant des Romains, dans les ruines du château-fort [4]. Mais, à notre avis et après examen des ruines, cette attribution n'est peut-être pas certaine.

Il semble qu'Ivry serait mieux fondé à invoquer, comme titre pour remonter aux temps les plus reculés du christianisme en Gaule, le vocable de sa principale église : Saint-Martin.

Ce vocable, en effet, est à lui seul un signe de l'antiquité

[1] Léon Coutil, Ateliers et stations humaines néolithiques du département de l'Eure. Louviers, 1897, in-8°, V^is Garennes et Ivry.

[2] Mémoires de la Société française d'archéologie, année 1871, tome XXXVII, p. 328.

[3] Voir, plus loin, chap. des Aveux, Terriers et Comptes; et aussi Pièces justificatives.

[4] Journal d'agriculture, de médecine et de sciences accessoires, Evreux, 1828, in-8°, n° 17, p. 31 et s.

d'une localité. — Tous les érudits en tombent d'accord. Il y a de ce fait une raison très lucidement déduite dans les *Mémoires et Notes de M. Auguste Le Prévost pour servir à l'histoire du département de l'Eure* [1] :

« Comme la plupart des églises ont été consacrées aux saints dont elles portent le nom lorsque leur culte était récent et dans sa ferveur et que celui de saint Martin a été particulièrement florissant pendant les premiers siècles du christianisme dans les Gaules, on peut supposer que les églises placées sous l'invocation de ce saint sont d'une date ancienne. C'est à cause de cette ancienneté que beaucoup de communes rurales où elles existent portent le nom de *vieux*. Saint-Martin-du-Tilleul s'est appelé, jusqu'à nos jours, Saint-Martin-le-Vieux, et une charte de Guillaume le Conquérant nous apprend que Saint-Martin-du-Parc était désigné au XIe siècle par le même nom. »

Peut-être faut-il voir dans une charte de Charles le Chauve, qui confirme les possessions de l'abbaye de Saint-Ouen de Rouen et parmi elles *Ivriacus*, la plus ancienne mention actuellement connue d'Ivry-la-Bataille [2] ? Il convient, cependant, de faire remarquer que cette localité ne paraît pas, d'après les documents postérieurs,

---

[1] Evreux, 1862-1869, 3 vol. in-8°, t. I, p. 445.

[2] 876. — Charte de Charles le Chauve confirmant les possessions de l'abbaye de Saint-Ouen de Rouen :
..... « quæ sunt hæ omnes, videlicet mansuræ intra et juxta civitatem quæ ad jam dictum monasterium pertinent, habentes agros, vineas, prata, sylvas et piscatorias; Ampliacus etiam villa cum omnibus mansis et appenditiis suis, Vuadriacus, Prisciniacus, Villare, Umblodi villa, Ivriacus et Vallis cum omnibus appenditiis eorum, Livinus cum Seregio et Arciacis. »
(*Histoire de l'abbaye royale de Saint-Ouen de Rouen, par un religieux bénédictin de la congrégation de Saint-Maur* [dom Pommeraye], Rouen, 1642, in-f°, p. 401).

avoir appartenu à l'abbaye de Saint-Ouen. Seulement, un échange, ou les perturbations résultant de l'établissement des Normands, auraient pu faire sortir Ivry des mains de la célèbre abbaye rouennaise.

CHAPITRE II

Bérenger, comte d'Ivry? — Raoul, comte de Bayeux et d'Ivry; sa
naissance. — Richard Ier lui donne Ivry. — Raoul à la cour des
ducs normands. — Il réprime le soulèvement des paysans. —
Il combat le comte d'Hyesmes. — Sa part dans l'œuvre de
Dudon de Saint-Quentin. — Il fait construire le château d'Ivry;
légendes à ce sujet. — Ses deux mariages; ses enfants.

A défaut de faits historiques certains, relevons, dans la
notice sur le canton de Saint-André déjà citée, qu'Ivry
aurait fait partie du domaine de la belle Poppe, femme
de Rollon, et fille de Bérenger, comte de Bayeux *et
d'Ivry* ? Rollon et Poppe y seraient venus et y auraient
fait planter aux environs une forêt de châtaigniers. Disons,
en même temps, qu'il ne semble pas que cette possession d'Ivry par Bérenger, comte de Bayeux, repose sur
des autorités certaines. C'est à peine si l'on est sûr que
Bérenger ait été comte de Bayeux[1].

C'est vers le milieu du xe siècle que l'on commence à
connaître l'histoire des seigneurs d'Ivry.

Lorsque Guillaume-Longue-Épée mourut (943), il laissait, lui survivant, la belle Sprote, mère de son fils
Richard Ier, qui lui succéda.

---

[1] Voir *Dudonis Sancti Quintini, de moribus et actis primorum Normanniæ ducum*, nouvelle édition par M. Jules Lair, dans *Mémoires de la
Société des Antiquaires de Normandie*, XXIIIe volume, 1re partie, Paris,
1865, in-4°, introduction, p. 60-61.

Était-ce sa femme légitime ? Non, observe M. A. Le Prévost dans son édition d'Orderic Vital. Car Guillaume-Longue-Épée avait une femme légitime, la duchesse Leutgarde, qui épousa, en deuxièmes noces, Thibaud comte de Chartres. Guillaume de Jumièges dit aussi, à propos de la naissance du fils de Guillaume-Longue-Épée, qu'il lui était né un fils d'une très noble jeune fille nommée Sprota, à laquelle il était uni à la manière danoise.

D'après Frodoard et Richer, elle était d'origine bretonne. Appelant les personnes par leur nom, ils disent d'elle « concubina britanna [1] ».

Toujours est-il que pendant les difficultés de toute sorte qui troublèrent les commencements du règne d'un jeune duc âgé de dix ans et retenu à peu près captif par le roi de France, sa mère, « cédant à la nécessité, dit Guillaume de Jumièges, épousa un certain homme très riche, nommé Asperleng. Cet homme, quoiqu'il possédât beaucoup de biens, tenait à ferme les moulins du Vaudreuil [2] ».

[1] *Dudonis Sancti Quintini, de moribus et actis primorum Normanniæ ducum*, édition de M. Jules Lair, Caen, 1865, in-4°, p. 185. (Note de l'éditeur).

[2] « Richardus I, filius Willelmi longæ spatæ, cum adhuc puer, mortuo patre, a rege Francorum quasi exul in Francia detineretur, mater ejus Sprota, necessitate urgente, contubernio cujusdam prædivitis nomine Asperlengi adhæsit. Hic licet in rebus locuples tamen molendina vallis Ruelii ad firmam solitus erat tenere. Genuit itaque ex Sprota filium Rodulphum, et filias plures quæ postea per Normanniam nobilium matrimonio sunt copulatæ. »(*Guillelmus Gemeticencis*, lib. VII, cap. XXXVIII).

Le *Neustria Sancta* d'Arthur Dumoustier (Bibliothèque nationale, département des manuscrits, F. L. 10.049, f° 33 (?) dit : « Ducissa... cuidam viro illustri nupsit nomine Asperlanco domanii totius ducatus normanici mancipi generali ex qua genitus est Rodulphus, comes postea Evræi seu Ibriliensis; vocatur etiam comes Bajocensis et Ebroicensis; qui quidem Rodulphus uxorem duxit Erembergam filiam viri nobilis domini de Canvilla in Caleto. »

Benoit de Sainte-More, à propos du jeune duc Richard Ier, dit :

> Sprote, sa mère, entre tanz dis,
> La proz, la bele, od le cler vis,

Ce mariage, remarque M. A. Le Prevost, paraîtra moins disproportionné quand on se rappellera qu'elle n'était que la concubine du prince [1].

De cette union naquit Raoul, qui fut comte de Bayeux et d'Ivry.

La légende se mêlera beaucoup à la réalité dans la vie de ce personnage. Elle le prend d'abord dès sa jeunesse.

Un jour le duc de Normandie chassait avec sa cour dans une de ses forêts :

> La vin Raol, frère bastart,
> Si cum je vo di, au duc Richard,
> N'esteit mie chevaliers,
> Mais vaslet ert grans et pleniers.

Tout à coup un ours affreux s'offre à leurs yeux. Pleins de frayeur à cet aspect, tous prennent la fuite, excepté le jeune Raoul qui se précipite aussitôt sur la bête, la

> Remist sole et desconseillée,
> Et de son cher fiz mult irée,
> N'out conseil ne mainteneor
> Si li covint prendre seignor,
> Uns riches et uns asazez
> Qui Esperlens ert apelez,
> Poesteis e sorcoilliz
> E de richèce enmanantiz ;
> Prozduem esteit et senz orguil ;
> Les molins del val de Ruil
> Aveit à ferme, ceus teneit,
> Dunt estrange espleit li veneit ;
> Sprote requist, tant espleita
> Que il la prist e esposa ;
> Mult la tint puis à grant honor
> E mult l'ama de grant amor.
> Icest Raol dunt je vos di
> Engendra toz premiers en li.

Chronique des ducs de Normandie, par Benoît, trouvère anglo-normand du xii° siècle, publiée par F. Michel. (Collection des documents inédits de l'histoire de France.) Paris, Imprimerie nationale, 1844, in-4°; t. III, p. 235.

[1] Ed. d'Orderic Vital..., t. II, p. 170.

combat corps à corps et la tue. Le duc Richard, plein d'admiration pour ce trait de courage, lui donna la forêt et Ivry :

> Le Jouvencel.....
> Le fier urs estrange e sauvage
> Ala saisir maneis as braz.
> Autre parole ne vos en faz
> Mais tant dura d'eus la bataille
> Qu'en la place l'ocist senz faille...

Le fait est rapporté au duc, qui :

> Mult s'en fist liez e mult li plot
> De ce qu'a si hardi le sot
> E à si bel et à si proz.
> Cele forest od les fieus toz,
> Où qu'il i fussent apendanz,
> Li dona li dux od ses ganz ;
> E sachiez par ceste achaison
> L'apela l'om puis Val-Urson :
> Et d'Ivri, qui li fu donez,
> Fu puis Raol quens apelez[1].

Quelle est la forêt où se passa cet exploit? A deux

---

[1] *Chronique des ducs de Normandie*, par Benoît, trouvère anglo-normand....., t. III, p. 236 et s.

Guillaume de Jumièges avait ainsi rapporté ce fait :

« Cum autem prædictus Richardus ducatum Normanniæ esset adeptus quem rex Francorum sibi fraudulenter surripuerat, contigit quadam die ut homines ipsius in silvam Vueuram nominatam irent venatum. Affuit forte inter eos idem Rodulfus uterinus frater ducis. Cumque venando devia quæque et abdita sylvæ lustrarent, in quadam valle ursum immanissimum reperiunt. Venatores igitur in fugam versi prædictum juvenem solum relinquentes occasionem suæ probitatis manifestandæ ei dederunt. Hic namque plus timens opprobrium inertis fugæ quam ferocitatem bestiæ, substitit : et licet annis tener, ingenita tamen magnanimitate fortis, furentem in se belluam prostravit. Revertentes vero socii ipsius post fugam et eventum rei comperientes, pudibundi duci Ricardo probitatem juvenis retulerunt. Unde dux hilaratus ipsam sylvam Weuram cum appendiciis suis illi dedit. Vocatur autem usque hodie vallis in qua occidit ursum, Vallis Ursonis. Dedit præterea illi castrum Ivreium unde vocatus est comes » (lib. VII, c. XXXVIII).

reprises, Guillaume de Jumièges l'appelle *Silvam Vue-vram*. Faut-il entendre la forêt du Vièvre, voisine de Saint-Martin-Saint-Firmin (canton de Saint-Georges-du-Vièvre), qui, au xi° siècle, s'étendait depuis Saint-Étienne-l'Allier jusqu'à la Risle? Une charte citée dans les *Notes et Documents pour servir à l'histoire du département de l'Eure*, de M. A. Le Prévost [1], appelle la commune de Saint-Georges-du-Vièvre : *S. Georgius-de-Wevra* (1164).

D'après ce même ouvrage, d'une précision tout à fait scientifique, et ne s'appuyant généralement que sur des documents d'archives ou des sources de premier ordre, ce point ne serait pas douteux. On y lit même, à l'article de la commune de Saint-Philbert-sur-Risle, un passage présentant sous une forme plus vive et avec certaines variantes quelques-uns des faits relatifs à la naissance de Raoul d'Ivry et à cette fameuse chasse, ce qui nous détermine à les rapporter ici :

« Guillaume Longue-Épée avait commencé par vivre à la manière danoise, c'est-à-dire en concubinage, avec une femme nommée Sprote, et il en eut un fils, Richard. Cela ne l'avait pas empêché d'épouser, selon la loi chrétienne, Leudegarde, fille d'Héribert, comte de Vermandois. Il est problable que l'influence de Leudegarde fit bannir Sprote. Elle fut recueillie, dans sa détresse, par un homme très riche nommé Asperleng qui faisait valoir, entre les moulins du pays de Caux et les moulins de la Risle, une métairie faisant partie du domaine ducal. Cette métairie était située au bord de la vaste forêt de Vièvre que Rollon s'était réservée quand il partagea les terres de Neustrie entre ses compagnons. Asper-

[1] T. III, p. 116-117.

leng et Sprote eurent un fils nommé Raoul, qui se trouva le frère utérin du duc Richard.

« Un jour que Richard chassait dans la forêt de Vièvre, Raoul eut le courage et la fortune de lui sauver la vie. Il reçut en récompense la métairie de Saint-Philbert, avec toutes ses dépendances, y compris la forêt de Vièvre. De ce moment, cette métairie prit le nom d'aleu de Saint Philbert, et plus tard de baronnie. Raoul, devenu seigneur de Bayeux et d'Ivri, se maria et eut quatre enfants.....

« L'un, Jean, d'abord évêque d'Avranches, devint archevêque de Rouen. Ayant hérité de la seigneurie et terre de Saint Philbert il en donna la moitié à la cathédrale d'Avranches...... L'acte suivant confirme une partie des détails que nous venons de nommer. »

Suit une longue et intéressante charte par laquelle Guillaume le Conquérant (en 1076) confirme la donation faite par Jean, évêque d'Avranches, à l'église d'Avranches, de la moitié de la terre de Vièvre, « *terræ Guevre* ». Cette charte dit formellement que cette terre était arrivée aux mains de l'évêque Jean, fils du comte Raoul, comme bien de succession, « cujus hereditas erat[1] ».

Il semble que Raoul dut vivre à la cour des ducs normands absolument sur le pied de frère, puis d'oncle du souverain.

Lorsque Richard Ier, sur le point de mourir, s'est fait transporter au monastère de Fécamp, en 996, son frère est là. C'est lui qui, au nom sans doute des grands de Normandie, lui demande lequel de ses enfants devra régner après lui. Quand Richard a désigné son fils qui fut Richard II, le comte d'Ivry l'interroge encore au sujet des

---

[1] *Op, cit.*, t. III, p. 183.

autres : « Ils deviendront, répond le mourant, les fidèles
de mon fils Richard, en lui prêtant le serment d'une foi
sincère, et quand ils auront mis dans ses mains leurs
mains, comme symbole de leurs cœurs, on leur donnera
les terres que je te désignerai afin qu'ils puissent vivre
honorablement. » C'est enfin à la question de Raoul,
sur l'endroit de l'église de l'abbaye de Fécamp où il voudra être inhumé, qu'il fait cette réponse connue : que
le cadavre d'un grand pécheur ne doit point reposer dans
l'intérieur d'une église ; mais qu'il sera placé à l'extérieur et sous l'égout des toits[1].

Tel est le récit par lequel notre plus vieil historien,
Dudon, clôt son histoire. — Guillaume de Jumièges le
répète à peu près, sans toutefois parler de cette dernière
circonstance du lieu de la sépulture. Le trouvère Benoît
de Sainte-More, qui a développé longuement et d'une
façon intéressante le récit de Dudon, se garde bien de
l'omettre. Il y ajoute même ce détail, légendaire ou
recueilli par la tradition, que le lendemain des funérailles,
le comte d'Ivry et l'évêque qui avait présidé aux cérémonies voulurent revoir encore une fois leur frère et souverain, et qu'ayant fait ouvrir le cercueil ils trouvèrent
son corps dans un état de conservation parfaite :

> Si l' trovèrent, ce ert avis,
> Que toz fust sains, parlaus et vifs
> De lui eissi si duce odor
> Qu'encens ne basme ne licor
> N'i faiseient à comparer[2].

---

[1] Dudon de Saint-Quentin ; édition Lair, p. 297. — Guillaume de
Jumièges (liv. IV, c. xx).

[2] Benoît de Sainte-More, t. II, p. 377. V. aussi le *Roman de Rou*,
édition de F. Pluquet, Rouen, 1827, in-8°, t. I, p. 93.

Le nom de Raoul d'Ivry se trouve associé au souvenir
d'un de ces soulèvements populaires qui, de loin en loin,
viennent jeter la perturbation dans l'état social et dont,
après celui qui va nous occuper, la Jacquerie au xive siècle,
et la *Commune* au xixe, sont les plus connus et 'ont été
les plus terribles.

Donc, dans les premiers temps du règne de Richard II
(vers 997), les paysans normands se soulevèrent, prétendant se soustraire aux charges qui pesaient sur eux, et
bien plus, semble-t-il, s'emparer du sol même. « Dans
les divers comtés de la Normandie, dit Guillaume de Jumièges, les paysans formèrent, d'un commun accord, un
grand nombre de conventicules dans lesquels ils résolurent
de vivre selon leur fantaisie et de se gouverner d'après
leurs propres lois, tant dans les profondeurs des forêts que
dans le voisinage des eaux, sans se laisser arrêter par
aucun droit antérieurement établi. Et afin que ces con-
ventions fussent mieux ratifiées, chacune des assemblées
de ce peuple en fureur élut deux députés, qui durent
porter ses résolutions, pour les confirmer, dans une
assemblée tenue au milieu des terres.

« Dès que le duc en fut informé, il envoya sur-le-
champ le comte Raoul avec un grand nombre de chevaliers afin de réprimer la férocité des campagnes et de
dissoudre cette assemblée de paysans. Raoul, exécutant
ses ordres sans retard, se saisit aussitôt de tous les
députés et de quelques autres hommes, et, leur faisant
couper les pieds et les mains, il les renvoya *inutiles*, afin
que la vue de ce qui était arrivé aux uns détournât les
autres de pareilles entreprises et, rendant ceux-ci plus
prudents, les garantît de plus grands maux.

« Ayant vu ces choses, les paysans abandonnèrent

leurs assemblées et retournèrent à leurs charrues[1]. »

Les Trouvères normands se sont plu à amplifier ces faits, et grossissant sans doute avec l'exagération qui leur est habituelle la sévérité de la répression, ils en ont donné des détails d'une barbarie féroce et surtout d'une variété qui n'exista, peut-être, que dans leur imagination[2].

Peu après avoir réprimé ainsi la révolte des paysans, le comte d'Ivry qui semble, à la vérité, avoir été, suivant l'expression des historiens, le plus ferme appui de son neveu Richard, fut chargé par lui de le défendre contre la rébellion d'un frère de Richard II, Guillaume comte d'Hyesmes.

Voici comment s'exprime, à ce sujet, Guillaume de Jumièges :

« L'insolence de quelques méchants remplit d'orgueil et poussa à la rébellion un certain frère du duc, né du même père et nommé Guillaume : cet homme, ami de son frère, ayant reçu de lui en présent le comté d'Hyesmes pour s'acquitter envers lui des devoirs de chevalier, fut séduit par les artifices des méchants, dédaigna son seigneur suzerain et renonça à son service de fidélité. Après que le duc lui en eut fait des reproches plusieurs fois par ses messagers, comme il ne voulait pas se désister de son audacieuse rébellion, il fut fait prisonnier, de l'avis et par l'aide du comte Raoul. Enfermé dans la tour de la ville, il expia sa témérité par une détention de cinq années. ...Car, au bout de ce temps, il parvint à s'échapper de prison, avec l'aide d'un de ses chevaliers par le moyen

[1] Liv. V, c. II.

[2] Voir notamment Wace, *Roman de Rou*, t. I, p. 311; Benoît de Sainte-More, t. II, p. 389-396.

d'une très longue corde attachée à une fenêtre fort élevée. Se cachant le jour pour n'être pas découvert par ceux qui le cherchaient et marchant seulement la nuit, il finit par penser en lui-même qu'il vaudrait mieux pour lui tenter, au péril de sa vie, de solliciter la clémence de son frère, qu'aller chercher, sans espoir de rien obtenir, les secours de quelque roi ou de quelque comte. Tandis que, dans une telle disposition d'esprit, il suivait un certain jour son chemin, il rencontra le duc qui prenait le divertissement de la chasse dans la forêt de Vernon [?].

« Aussitôt, se roulant par terre à ses pieds, il lui demanda le pardon de ses fautes. Le duc, touché de compassion, et de l'avis du comte Raoul, le releva de terre, et lorsqu'il eut appris par son récit les détails de son évasion, non seulement il lui remit ses fautes, mais en outre, et dès ce moment, il l'aima avec beaucoup de bienveillance et comme un frère très chéri. Peu après, il lui donna le comté d'Eu et une très belle jeune fille nommée Lescelina, fille d'un certain homme très noble, nommé Turchetil[1]. »

Dans le récit du même fait, très amplifié par lui, Benoît de Sainte-More appelle la forêt où eut lieu le pardon de Guillaume d'Hyesmes la forêt « del Vernei »; il ajoute, de plus, que c'est sur le conseil de son oncle Raoul, que Richard II donna le comté d'Eu à Guillaume d'Hyesmes[2].

Robert Wace est aussi affirmatif sur ce dernier point[3] :

> « Par conseil li cunte Raul
> N'out mez el cunseil ke li sul,
> Li duna Ou et li cunté. »

[1] Guillaume de Jumièges, liv. V, c. III.
[2] Benoît de Sainte-More, t. II, p. 396-403.
[3] *Roman de Rou*, t. I, p. 316.

Le premier seigneur connu d'Ivry a donc tenu un rang prépondérant dans les affaires publiques de la Normandie, à la fin du xe siècle et au commencement du xie.

Sa naissance l'y prédestinait.

Un côté plus personnel de sa physionomie est le souci qu'il eut de faire écrire l'histoire des princes de sa famille. Cette préoccupation littéraire mérite l'attention, et on ne peut savoir trop de gré à Raoul d'Ivry d'avoir, par son insistance, et surtout par ses récits, suscité notre première histoire des ducs normands, celle de Dudon de Saint-Quentin. Ces faits ont été mis en plein relief par le savant éditeur de Dudon, M. Lair. Nous lui empruntons les passages suivants, pleins d'aperçus curieux sur Raoul d'Ivry :

« Les nouveaux ducs normands, dit M. Lair, avaient un désir ardent de perpétuer le souvenir de leurs actions... Le comte d'Ivri, Raoul, avait pris soin de recueillir toutes les traditions de la famille ducale, et il se trouvait en bonne position pour le faire puisqu'il était frère de Richard Ier, et qu'une seule génération le séparait des conquérants.

« C'est lui qui sollicita vivement Dudon à écrire son livre, et il paraît se l'être particulièrement attaché... C'est lui qui, selon la charte de 1015, sollicita pour lui les faveurs de Richard... Aussi, quand le doyen publia son œuvre, il déclara, dès la première page, que le fond en appartenait entièrement au comte d'Ivri.

« Mais quelle forme avaient les matériaux amassés par le guerrier normand ?

« Un savant du dernier siècle, très versé dans la connaissance de notre histoire de Normandie, l'abbé des Thuilleries, n'a pas balancé à y voir une œuvre écrite, qui aurait même subsisté à côté de celle de Dudon. Son opinion se fondait d'abord sur un texte de notre auteur :

« *Cujus* quæ constant libro hoc conscripta *relatu* digessi. »

« Mais les mots *relatus*, *relator* n'ont pas un sens assez précis et signifient plutôt récit fait de vive voix qu'histoire rédigée. Pourquoi, d'ailleurs, le comte aurait-il, avec tant d'insistance, pressé Dudon de refaire ce qu'il aurait fait déjà lui-même ?

« Une seconde raison a plus de valeur en apparence. Guillaume de Jumièges termine ainsi l'histoire de Richard Ier : *Hæc hucusque digesta, prout à Rodulfo comite, hujus ducis (Ricardi) fratre, magno et honesto viro NARRATA sunt, collegi*. On remarque, en effet, plusieurs différences entre les deux historiens, et nous aurons lieu de constater que Guillaume de Jumièges n'a pas copié servilement Dudon. Mais c'est interpréter, selon nous, trop largement son texte que d'y voir un livre qu'il aurait eu entre les mains : il faut l'expliquer par un passage de sa préface, où il dit : « Principium namque narrationis usque ad Ricardum II a Dudonis, periti viri, historia collegi, qui quod posteris propagandum chartæ commendavit, a Rodulpho comite, primi Ricardi fratre, diligenter exquisivit. » C'est ce que répète Orderic Vital, et ce qui démontre que, dans les deux passages, Guillaume de Jumièges ne parle que d'une seule et même chose, désignant l'histoire des ducs, tantôt par le nom de son rédacteur Dudon, pour ainsi dire, tantôt par celui de son auteur, Raoul d'Ivri, dont la naissance et le caractère emportaient une plus grande idée de véracité. »

Poursuivant sa discussion d'après d'autres arguments, qui n'ont pas trait à Raoul d'Ivry, M. Lair conclut :

« Nous croyons donc avoir suffisamment démontré que

Dudon écrivit la majeure partie de son *Histoire* d'après les renseignements du comte Raoul, autorité fort respectable ; que c'était là un fait si notoire, et que ces renseignements étaient si détaillés, qu'on croyait lire moins l'œuvre du doyen, dont les copistes supprimèrent souvent les amplifications, que le récit même du prince normand[1]. »

Il faut maintenant suivre Raoul, comte d'Ivry et de Bayeux (car il était aussi comte de Bayeux et n'est parfois désigné que sous ce dernier titre[2]), dans sa vie privée ; et aussi, spécialement, comme seigneur d'Ivry.

Le romanesque va y réapparaître, comme dans ce qui concerne sa jeunesse.

Quoi qu'il en soit des vagues renseignements relatifs à Ivry que nous avons pu recueillir pour les périodes antérieures, il semble que c'est au comte Raoul qu'on doit faire honneur de la construction du château-fort qui domina longtemps cette localité et, si souvent, fut assiégé ou pris et repris soit dans les guerres locales, soit dans les guerres générales.

Un historien d'Ivry dit bien avoir reconnu, dans les parties inférieures des ruines, des traces de construction romaine[3], mais on peut en douter. Au contraire, Guillaume de Jumièges, qui vivait peu après Raoul d'Ivry,

---

[1] Dudonis Sancti Quintini, *De moribus et actis primorum Normanniæ ducum*, nouvelle édition par M. Jules Lair, dans *Mémoires de la Société des Antiquaires de Normandie*, t. XXIII, 2ᵉ partie, Paris, 1865, in-4°, p. 27 à 30.

[2] A propos de Jean, évêque d'Avranches, puis archevêque de Rouen, Orderic Vital dit : « Erat enim filius Rodulphi comitis Bajocensium qui frater fuerat uterinus Ricardi senioris ducis Normannorum » (*Orderici Vitalis, angligenæ cœnobii Uticencis monachi, Historiæ Angligenæ libri tredecim* (*edidit*) *Augustus Le Prevost*, Paris, Renouard; 1838-1855, 5 vol. in-8°, t. II, p. 170.

[3] Voir plus haut, chapitre Iᵉʳ.

dit formellement que c'est « la comtesse Auberée, femme du comte Robert (lis. Raoul), qui, sur la crête de la montagne dominant la place d'Ivry, fit bâtir une tour très fortifiée, qui, ajoute-t-il, subsiste encore aujourd'hui [1] ».

Peu de temps après, Orderic Vital, à propos de faits postérieurs, entamait, sur la construction du château d'Ivry, cette fort curieuse digression :

« C'est une tour fameuse, énorme et très fortifiée, qu'Alberède, femme de Raoul, comte de Bayeux, a construite...

« On dit que cette dame, après avoir parachevé avec grande peine et à grands frais cette citadelle, fit trancher la tête de l'architecte Lanfred, dont le talent et la célébrité l'emportaient sur tous les autres, et qui, après la construction de la tour de Pithiviers, avait été le maître de l'œuvre de la tour d'Ivry, ne voulant pas qu'il construisît ailleurs une œuvre semblable. Plus tard, elle-même, à propos de ce même château, fut mise à mort par son mari, parce qu'elle avait voulu s'emparer de cette forteresse et l'en chasser [2]. »

---

[1] Voir la note suivante.

[2] « Hæc nimirum est turris famosa, ingens et munitissima, quam Albereda, uxor Radulfi, Bajocensis comitis, construxit, et Hugo, Bajocensis episcopus, frater Joannis, Rotomagensis archiepiscopi, contra duces Normannorum multo tempore tenuit. Ferunt quod præfata matrona, postquam multo labore et sumptu sæpefatam arcem perfecerat, Lanfredum architectum, cujus ingenii laus super omnes artifices qui tunc in Gallia erant, transcenderat, qui, post constructionem turris de Pedveriis, magister hujus operis extiterat, ne simile opus alicubi fabricaret, decollari fecerat. Denique ipsa pro eadem arce a viro suo perempta est, quia ipsum quoque ab eadem munitione arcere conata est. » *Orderici Vitalis, angligenæ, cœnobii Uticensis monachi Historiæ ecclesiasticæ libri tredecim*, t. III, p. 416.

Orderic Vital dit encore, sur l'année 1087, que le duc Robert « Guillelmo de Britolio dedit Ibericum, ubi arx, quam Albereda proavia ejus fecit, fortissima est. » (T. III, p. 263.)

On lit aussi dans Guillaume de Jumièges à propos de la réclamation de Guillaume de Breteuil (qui « cœpit calumniari oppidum Ivreii quia

Raoul d'Ivry se maria deux fois. Sa première femme s'appelait Alberède. Il l'aurait tuée. d'après Orderic Vital, ainsi qu'on vient de le voir. — Toujours est-il qu'il lui survécut, ainsi qu'il le dit dans une charte donnée par lui. en faveur de l'abbaye de Saint-Ouen de Rouen. Nous la donnons en note à cause des détails qu'elle renferme sur de nombreuses localités de la Haute-Normandie[1].

Il épousa ensuite une autre femme du nom d'Eremberge, que tous les historiens s'accordent à désigner comme étant la fille d'un seigneur du pays de Caux, mais dont ils écrivent le nom de façons très différentes[2].

fuerat Rodulfi comitis patris videlicet aviæ suæ ») : Comitissa enim Albereda uxor comitis Roberti. (ici lisez Rodulfi ?), in supercilio montis idem castro imminentis turrim munitissimam quæ usque nunc superest ædificare cœperat. » (Lib. VIII, c. xv.)

[1] 1011. — « Quapropter comperiat Normannorum tam presentium quam futurorum industria tradidisse et donasse me qui nuncupor Rodulfus comes peccator Ebroacassini consulatus et conjugem meam Albredam nomine ad locum sancti Petri ætherei clavigeri et sancti Audoeni Christi magnifici assessoris situm contra orientalem plagam in suburbio urbis Rodomensis tempore Hildeberti abbatis res meæ proprietatis et ditionis in fundo Bretuelfi scilicet d'Albued et Veneun et Killunt et Gutericmara cum ecclesiis et cum arabilibus terris cultis et incultis et cum luco. Post decessum vero meæ conjugis et Hildeberti abbatis donavi alias res meæ potestatis meique legitimi juris superstite abbate Henrico videlicet villam in comitatu Rodomagensi quæ dicitur Almaneir cum ecclesia et cum aqua et cum luco et cum arabilibus terris cultis et incultis et aliam villam quæ dicitur ad Sanctum Martinum cum ecclesia et cum arabilibus terris cultis et incultis, et cum nemore præmaximo et in Ebroacassensi comitatu, super fluvium Oduruæ duo molendina cum piscatura in loco qui Cokerellus sortitur nomen ; et in Bretevilla quæ est prope Fiscannum possessiones vavassorum et hominum qui de me tenent, et in villa prænotata quinque acras telluris ad sedem granchiæ et centum acras in loco qui dicitur Busens. » (Histoire de l'abbaye royale de Saint-Ouen, p. 422.)

[2] « Accepit autem (Rodulfus) mulierem quandam vocabulo Erembergam speciosam valde natam in quadam villa Calcini (al. Calcivi) territorii quæ dicitur Cavilla (al. Cachevilla). . . . .
« Genuit vero ex ea duos filios Hugonem, postea episcopum Bajocensem et Johannem Abrincatensem qui ad ultimum fuit Rothomagensis archiepiscopus. Filias etiam totidem habuit quarum una nupsit Osberno de Crepon de qua natus est Willelmus filius Osberni. Alteram duxit

C'est de cette seconde union que seraient nés ses quatre enfants, deux fils, et deux filles ; savoir :

1° Hugues, évêque de Bayeux ;

2° Jean, évêque d'Avranches, puis archevêque de Rouen ;

3° Une fille, mariée à Osbern de Crepon ;

4° Une autre fille, mariée à Richard de Beaufou.

D'après le *Mémorial historique des évêques, ville et comté d'Evreux*[1], Raoul d'Ivry, arrivé à un âge avancé, serait mort à Rouen, des suites d'une blessure reçue à la bataille de Cardif.

Richardus de Bello-Fago de qua genuit Robertum qui ei successit et filias plures. »

(Guillaume de Jumièges, l. VII, c. xxxviii.)

« Mortua itaque Albereda, Rodulphus aliam desponsavit mulierem, nomine Erembergam ex qua duos genuit filios, scilicet Hugonem et Johannem præsules præfatos. »

(*Neustria pia*, p. 670.)

Le trouvère Benoit, à la suite du passage cité plus haut au sujet de l'épisode de la chasse, dit seulement, immédiatement :

> Erenberge prist à moillier,
> Fille de riche chevalier
> De Chevillé en Chauz, ce truis
> Dunt il out fiz et filles, puis
> Evesque furent li dui fil

. . . .

(*Op. cit.*, t. III, p. 237.)

[1] *Annuaire du département de l'Eure*, Evreux, 1865, in-12 ; iiie partie, p. 25.

CHAPITRE III

Hugues, évêque de Bayeux, seigneur d'Ivry. — Il veut se révolter contre le duc de Normandie. — Le duc l'exile, s'empare du château et peut-être aussi de la seigneurie d'Ivry. — Donations et actes divers de Hugues. — Sa fille naturelle ; son petit-fils.

Ce fut Hugues, évêque de Bayeux, qui succéda à son père comme seigneur d'Ivry.

Turbulence, rébellion contre le duc de Normandie, mœurs déréglées, tout en lui donne l'idée d'un seigneur laïque plutôt que d'un personnage investi d'une haute dignité ecclésiastique.

Les historiens nous le montrent d'abord cherchant à se rendre indépendant du duc de Normandie, dans son château d'Ivry.

Dans quelles circonstances? C'est ce qu'il est difficile d'établir, les historiens modernes n'étant pas d'accord à ce sujet. On sait que, peu après l'avènement de Robert Ier au duché de Normandie, de graves dissentiments éclatèrent entre le nouveau duc et son oncle Robert, archevêque de Rouen et comte d'Evreux.

Ces dissentiments allèrent jusqu'à ce point que le duc assiégea Evreux dont l'archevêque s'enfuit et se rendit auprès du roi de France (1028). Cependant, bientôt une réconciliation complète eut lieu entre l'archevêque et le duc qui reconnut ses torts, eut désormais une entière confiance en l'archevêque et l'admit dans ses conseils[1].

Il y aurait lieu de croire, d'après une phrase de Guillaume de Jumièges, citée plus loin, que, dans cette division, Hugues avait pris le parti du duc contre son métropolitain. C'est aussi l'opinion d'un très érudit auteur d'une *Histoire ecclésiastique de la Normandie* qui s'exprime ainsi :

« La part que Hugues, évêque de Bayeux, avait sans doute prise à la division qui avait éclaté entre l'archevêque de Rouen, Robert, oncle du duc de Normandie, et son neveu, Robert, lui fit envisager leur réconciliation comme la ruine de son crédit ; et le dépit qu'il en eut le jeta dans un mauvais parti. Il s'allia à Guillaume de Bellesme qui était alors en rébellion ouverte avec le duc[2]. »

Enfin, volontiers j'aurais considéré comme faisant allusion à la conduite de l'évêque de Bayeux une lettre écrite par l'évêque Fulbert de Chartres à l'archevêque de Rouen, rapportée par les auteurs du *Gallia christiana*, lettre dans laquelle il plaint surtout l'archevêque Robert d'avoir été victime de la conduite d'un de ses frères et co-évêques, et lui souhaite de pouvoir l'amener à résipiscence en employant à la fois et la charité et les coercitions de l'autorité canonique[3].

---

[1] Guillaume de Jumièges, l. VI, c. III.

[2] *Histoire ecclésiastique de la province de Normandie, avec des observations critiques et historiques par un docteur en Sorbonne* (Ch. Trigan). Caen, 1759-1761, 4 vol. in-4°; t. II, p. 401.

[3] On lit, en effet, dans le *Gallia Christiana*, t. XI, col 27 : « Discordia non levis ipsi (Roberto Rothomagensi archiepiscopo) et Roberto duci, fratris sui filio, incesserat quam sic perstringit Guillelmus Gemeticensis lib. VI, cap. III... » ... Unde et Fulbertus Carnotensis episcopus ad eum antistitem scribens epist. IV, sic eum affatur : *Compatior tibi sancte pater, super adversis, quæ indignè passus es, præsertim ab eo, qui et se et sua tuæ fidelitati debuerat. Super illo quoque doleo vehe-*

Mais, chose à considérer, les savants auteurs du *Gallia christiana* déclarant ne pouvoir préciser auquel des suffragants de la province ecclésiastique la lettre fait allusion, il y a lieu d'hésiter avant de se prononcer là où ils ne l'ont pas voulu faire.

Quoi qu'il en soit, Guillaume de Jumièges, que nous prenons volontiers pour guide, comme étant le plus voisin des événements, s'exprime en ces termes après avoir parlé de la réconciliation du duc avec l'archevêque de Rouen, et de la répression de Guillaume de Bellesme :

« Tandis que ces événements se passaient, Hugues, fils du comte Raoul et évêque de Bayeux, s'aperçut que le duc voulait suivre le conseil des gens sages et renoncer aux siens.

« Il imagina alors cet artifice de munir en secret d'armes et de vivres le château d'Ivry, d'y établir une garnison, puis de s'en aller rapidement en France enrôler des chevaliers pour l'aider ensuite à s'y maintenir vaillamment. Mais le duc, se hâtant de prendre les devants pour déjouer ses projets, rassembla les troupes normandes ; et, le premier, mit le siège devant le château, empêchant ainsi qui que ce soit, ou d'y entrer, ou d'en sortir. Hugues, se voyant dans l'impossibilité d'y pénétrer, et inquiet sur le sort de ceux des siens qui y étaient enfermés, fit demander pour eux au duc la permission de s'en aller et ensuite les licencia incontinent. Lui-même resta longtemps en exil avec ceux qu'il avait appelés à son service.

menter fratre et coepiscopo nostro, dum staret, in tanta nunc flagitiorum et fascinorum præcipitia lapso... Habes enim ex Dei gratia charitatem, qua ipsum errantem revoces, frenum canonicæ districtionis, quo delrectantem coerceas, virgam qua ferias. His utere competenter. »

In quo contextu quempiam ex episcopis provinciæ Rothomagensis significari suspicamur, qui dum amborum vigeret discordia, in metropolitam suum turpiter insurrexit.

« Mais le duc, ayant ainsi laissé partir la garnison du château, le garda et le fortifia pour son propre
compte[1]. »

La forteresse d'Ivry resta certainement au pouvoir des
ducs de Normandie jusqu'en 1087 environ, ainsi qu'on
le verra en son lieu. Quant à la seigneurie proprement
dite, aux profits et émoluments, la question est délicate.
Je serais, cependant, porté à croire que la terre même
d'Ivry fut confisquée par le duc de Normandie. J'en ver-
rais, notamment, une preuve dans le silence que garde
sur le seigneur d'Ivry une charte du cartulaire de Saint-
Père de Chartres, remontant à peu près à cette époque.
Dans cet acte, par lequel Urson d'Ezy, chevalier, fils de
Germond, renonce à des droits qu'il revendiquait sur la
moitié de l'éclusage des moulins d'Anet, non seulement il
n'est pas fait mention du seigneur d'Ivry ; mais ce silence
devient bien plus significatif, lorsque l'on observe que
Urson prend à témoin de sa renonciation les « seigneurs
de la châtellenie d'Ivry », mention intéressante en elle-

---

[1] « Interea dum hæc geruntur Hugo, Rodulfi comitis filius, Bajocasinæ
urbis præsul perspexit quod Robertus dux vellet prudentium consilia
sectari et sua destituere ; quadam usus doli versutia, Ibrilicum castrum clam armis et alimoniis sufficienter munivit. Deinde custodes
posuit et Franciam ocius adiit ut inde milites conduceret qui viriliter
illum ad repugnandum juvarent. Dux vero fraudis ejus molimina ac-
celerans anticipare, contractis Normannorum copiis idem castellum præ-
occupavit obsidione, clausa egrediendi ab eo sive ingrediendi omnibus
facultate. Acujus ingressu cum se Hugo videret extrusum, sollicitus de
suis intra illud conclusis, libertatem abeundi per legatos a duce petiit ;
et eos inde protinus abegit. Ipse quoque cum suis quos expetierat
diutius extorris permansit. Dux vero, custodibus a castello amotis,
idem in deditione munitum suscepit.
(Guillaume de Jumièges, l. VI, c. v.)
Voir aussi sur ces événements et sur les menées de Hugues : Benoît
de Sainte-More, t. II, p. 531 et s. — Cf. Histoire des ducs de Normandie et des rois d'Angleterre, d'après deux manuscrits de la Bibliothèque du roi, publiée par Francisque Michel, 1 vol. in-8°. Paris, 1840,
p. 54.

même et qui sauve de l'oubli les noms de quelques seigneurs des environs [1].

Mais ce qui est sûr, c'est que l'on ne reverra plus Hugues de Bayeux mêlé aux faits de l'histoire générale du duché.

On retrouve seulement sa suscription sur les chartes de confirmation des biens de nombreux établissements religieux, tels que la collégiale de Saint-Quentin (1015), les monastères de Saint-Wandrille, du Mont-Saint-Michel, de Bernay, Jumièges, Fécamp, Cerisy, Conches, et d'autres.

Il échangea avec les moines de Fécamp la terre d'Argences que ceux-ci avaient reçue des ducs de Normandie.

Il paraît qu'il fallut que l'abbaye de Saint-Pierre de Préaux achetât très cher son désistement à des possessions sur lesquelles il prétendait avoir des droits résultant d'une convention passée avec le fondateur.

Il travailla à la construction de la cathédrale de Bayeux, présida à des translations de reliques dans sa cathédrale

---

[1] De exclusatio molendinorum Aneti.

(Ante a. 1034). — In nomine sanctæ et individuæ trinitatis, Patris videlicet et Filii et Spiritus Sancti. Ego, miles, Urso filius Germundi de Aisiaco, notum esse volumus omnibus christianis præsentibus atque futuris quia medietatem de exclusatio molendinorum Sancti Petri Carnotensis cœnobii, qui sunt ad Anetum, quam meus avus dederat Sancto Petro et mei antecessores auctorizaverunt, et ego per malum consilium calumniabar, ab hæc die, Sancto Petro quietam dimitto, ut et ego partem habeam in elemosinam meorum antecessorum. Et ut hæc noticia permaneat firma, vos, seniores de castello Ebriaco, in quorum præsentia hoc facio, testes estis Sancto Petro, quia ego manu mea illam firmavi, et ad quos pertinebat corroborandam proposui. S. Ursonis, filii Germundi, qui hanc cartam fieri jussit. Germundi vicecomitis. Hugonis, præpositi clerici, Gervini. Aitardi, fratris Germundi, qui hanc cartam fecit. Odonis, filii Ascelini Bordeti. Hugonis, fratris ejus. Bordonis. Odonis, filii Ragenodi. Borgereti. Guillelmi, filii Guascelini, recto nomine Achardi.

Cartulaire de l'abbaye de Saint-Père de Chartres, publié par M. Guérard (Collection des documents inédits de l'Histoire de France). Paris, 1840. 2 vol. in-4°; t. I, p. 118.

et assista au concile de Reims, pendant lequel il mourut[1].

Quelques-unes des chartes mentionnées ci-dessus comme portant la signature de Hugues, évêque de Bayeux, sont rapportées, en entier ou par extrait, dans les *Preuves de l'Histoire du château et des sires de Saint-Sauveur-le-Vicomte*, par M. Léopold Delisle [2].

Une autre est relative au couvent de Saint-Pierre-de-Préaux [3].

La biographie de Hugues, en tant qu'évêque de Bayeux, est étrangère à l'histoire d'Ivry. Nous signalerons uniquement, à son éloge, une charte-notice relative à ses revendications, énergiquement menées et couronnées de succès, de nombreux domaines dont l'église de Bayeux

---

[1] « [Hugo]... Subscripsit donationi factæ Sancto Quintino à Richardo II Normanniæ duce anno 1015, instrumento Willelmi Divionensis abbatis liberum asserentis Fructuariense monasterium an. 1017 et chartis pro monasteriis Fontanella 1020, S. Michaele de Monte 1022, Bernaio 1025, Gemetico 1025 et 1027, Fiscanno 1026, Cerasio 1032, Conchensi 1035. Turrim de Ibreio quam Albereda uxor Bajocensis comitis construxerat contra ducem Normanniæ multo tempore tenuit ; unde egressus diutius extorris permansit. Roberti Normannorum ducis interventu terram Argentias permutavit cum Fiscannensibus qui eam a Richardo duce tenebant. Terras Sancti Petri Pratellensis quas ob conventionem cum Humfrido fundatore invaserat, non sine magno pretio, restituit anno quo prius habitum Cadomi concilium de pace, 1047. Circa idem tempus assensum præbuit fundationi abbatiæ Fontanetensis. Dum cathedralem beatæ Mariæ ecclesiam inchoaret, sub finem ejus episcopatus inventa SS. Martyrum Ravenni et Rasiphi fratrum corpora Bajocas translata in majori ecclesia collocata sunt. Denique postquam concilio Remensi anno 1049 adfuisset Hugo eodem obiit et sepultus est juxta pyramidem a parte septentrionis. Filiam habuit Alberedam, Orderico teste..., quæ nupsit nobili viro Alberto de Crevento ex quo genuit Rodulfum militem strenuum ». (*Gallia Christiana*, t. XI, col. 353.)

[2] Léopold Delisle, *Histoire du château et des sires de Saint-Sauveur-le-Vicomte, suivie de pièces justificatives*. Valognes, 1867, in-8° ; preuves, p. 6, 6-7, 7, 9, 10-11.

[3] *Mémoires et notes de M. Auguste Le Prévost pour servir à l'histoire du département de l'Eure, recueillis par MM. Léopold Delisle et Louis Passy*. Evreux, 1862-1869, 3 vol in-8° ; t. III, p. 169.

avait été spoliée, et qu'il parvint à lui faire restituer[1].

Ce sera nous éloigner moins de notre sujet que de mentionner quelques donations faites par lui de biens qui lui appartenaient et étaient situés dans le département actuel de l'Eure. Elles pourront confirmer la remarque faite par M. A. Le Prévost, que Raoul d'Ivry devait posséder un peu partout des terres dans cette contrée.

Il avait possédé, à Guernanville, et son neveu Guillaume, fils d'Osbern, avait, après lui, possédé un domaine qui fut ensuite donné à l'abbaye de Saint-Evroult.

Un de ses chevaliers « qu'il aimait beaucoup », s'étant fait moine à Jumièges, sollicita l'évêque de Bayeux de donner à cette abbaye la terre de Rouvray qu'il tenait de lui à titre héréditaire. Hugues y consentit ; il fit même quelques autres dons ou concessions de franchises à l'abbaye. Mais il reconnaît, dans la charte, que, pour cela, il a reçu des moines un cheval d'un grand prix[2].

---

[1] Léopold Delisle, *Histoire de Saint-Sauveur-le-Vicomte*, preuves, p. 13 à 16.

[2] « Fulco decanus... ; aliamque terram similiter dedit, quam in eadem villâ [Guarlenvilla] Hugo Raiocensis episcopus ei dederat, quamque idem diu a Guillelmo Osberni filio, nepote præfati præsulis, tenuerat. » Ord. Vidal, t. II, p. 398-399.

« ... Ego Hugo Bajocassinæ urbis episcopus..., notum volo fore..., quod quidam meus miles, vehementer mihi carissimus, nomine Rodulphus..., monachilem habitum Gemmetico suscepit. Qui postea me adgressus petiit, ut quamdam terram, quam sæculo positus ex meo jure hereditario tenuerat, tam pro animæ meæ compendio quam pro innumeris sui obsequii laboribus Deo Sanctoque Petro cui se devoverat contraderem. Quæ terra vulgo vocitatur Rovrensis prope Auturæ fluvium sita. Cujus petitionibus libenter aurem accommodans, cum integritate eam tam in ecclesia quam in silvis, terris quoque cultis et incultis, ad usus servorum Dei Sancto Petro in Gemmetico solutam ac liberam a cunctis sæcularibus legibus tradidi possidendam. Dedi etiam Auturæ fluvium et transitum ejus liberum a teloneo, tam de propriis rebus quam de omnibus hominibus suis per illud commeantibus a confinio vallis usque ad terminum villæ quæ Fontanas dicitur. Pro quâ re a monachis loci illius unum equum magni pretii accepi. » (*Mémoires et notes de M. A. Le Prévost*, t. III, p. 45.)

Rappelons aussi que Hugues fit à l'abbaye de Saint-Amand de Rouen une donation assez importante comprenant plusieurs domaines.

La première abbesse de Saint-Amand était sa sœur, ainsi qu'il est dit expressément dans une charte où cette abbesse, Emma, dit qu'elle est veuve d'Osbern (Osbern de Crépon).

La charte qui émane de Hugues lui-même et porte qu'Emma est sa sœur « selon l'esprit et selon la chair » est extraite du cartulaire de l'abbaye de Saint-Amand, conservé aux archives départementales de la Seine-Inférieure[1]. On lui a assigné, comme date, l'année 1035. Cette dernière attribution suggère à M. Mauduit les observations suivantes :

« M. de Glanville, en attribuant à cette charte, qui n'en paraît pas porter, la date de 1035 n'est pas d'accord avec le P. Pommeraye qui lui donne la date de 1045. Dumoulin, à la chronologie duquel on ne saurait avoir qu'une confiance fort réservée, fixe, d'après Guillaume de Jumièges, la mort d'Osbern de Crépon, qui avait épousé Emma, sœur de l'évêque de Bayeux, à l'année 1039.

« S'il fallait accepter cette date, Emma n'étant devenue abbesse de Saint-Amand qu'après la mort de son mari, la charte de Hugues serait plutôt de 1045 que de 1035.

[1] « Ego Hugo Baiocassine urbis Dei gratia episc... ... terram quam vulgo dicunt Bothas, cum appenditiis suis videlicet ecclesiam et Bothe Bochelont et terram de Sallovilla et terram de Corratoribus et terram Rogerii Malpainace et terram Góscelini Belatita Christo et sancte ejus genetrici atque sancto Amando ob salutem anime mee condono in loco urbis Rothomagi de nomine ejus sancti Amandi nuncupato ad victum ancillarum Dei ibidem congregatarum quibus preest abbatissa Emma, spiritu et carne soror mea. »
M. de Glanville, *Note sur la terre de Boos*, dans les congrès archéologiques tenus par la Société française d'archéologie, t. XXVI, 1860, in-8°, p. 550-556.

Néanmoins, le P. Pommeraye présente Emma comme abbesse dès l'année 1030, ce qui semble une erreur palpable, puisque Osbern, son mari, est mort alors que Guillaume était duc déjà de Normandie, c'est-à-dire après 1035.

« Hugues avait bien une seconde sœur, dont le nom n'est pas connu et qui était mariée à Richard de Beaufou; mais celui-ci vivant encore en 1050, ainsi qu'il se voit par des chartes de Saint-Evroult où il fut témoin cette année-là, on ne saurait prendre sa veuve pour l'abbesse de Saint-Amand du nom d'Emma. »

Dans une autre charte, signée par cette abbesse de Saint-Amand, en 1050, elle parle encore de son frère, l'évêque de Bayeux comme s'il était vivant; cependant nous verrons tout à l'heure qu'il est à peu près certain qu'il mourut en 1049.

Enfin, toujours à propos de cette sœur de l'évêque de Bayeux, nommée Emma dans la première charte et Eumenie dans la seconde, l'historien de l'abbaye de Saint-Amand [1] s'était demandé s'il ne s'agissait pas là de deux sœurs différentes, abbesses l'une après l'autre du même monastère. Nous pensons, après lecture attentive des textes, qu'il s'agit d'une seule et même personne, dont le nom, chose qui n'est pas sans exemple, aura été écrit de manière différente, par les rédacteurs ou par les scribes.

Hugues de Bayeux ne tint pas une conduite plus régulière que son contemporain Robert, archevêque de Rouen et comte d'Evreux.

Il eut au moins une fille, qui s'appelait Alberède comme la première femme de Raoul d'Ivry. Elle épousa

---

[1] *Histoire de l'abbaye royale de Saint-Amand de Rouen*, par un religieux bénédictin de la congrégation de Saint-Maur, Rouen, 1662, in-f°, p. 5, 6, 8, 79.

un personnage nommé Albert de Cravent, qui faisait partie de la garnison de Pacy et la commandait peut-être.
Cette dame, dit Orderic Vital, se fit remarquer entre ses
contemporaines par la parfaite régularité de sa conduite.
Il rapporte d'elle un tout gracieux trait, digne de figurer
dans le portrait parfois un peu conventionnel de la pieuse
châtelaine du moyen âge.

Son fils, comme premier exploit du métier militaire,
attaqua un jour, non loin de Pacy, deux moines venant
du prieuré de Maule et leur déroba leurs chevaux. Les
moines, démontés, se rendent à pied à Pacy, vont faire
à Albert de Cravent leurs doléances de la spoliation
commise à leur préjudice par son fils. Albert de Cravent
les éconduit ; mais sa femme Alberède intervient à son
tour ; par ses plaintes, par ses objurgations, elle parvient
à fléchir son mari. Elle fit si bien, que, touché de repentir et comprenant la gravité de la faute commise par son
fils, il donna sa mule à l'un des moines, Guitmond, qui
paraît être le prieur de Maule, le fit accompagner par ses
hommes d'armes jusqu'à Bréval où était son fils, et força
celui-ci, par les adjurations les plus terribles, à rendre
aux moines tout ce qu'il leur avait pris. Guitmond, rentré
en possession de ses chevaux, revint à Pacy remercier
Albert de Cravent et sa femme, et obtint d'eux qu'ils
pardonnassent à leur fils la mauvaise action dont il s'était
rendu coupable [1].

Hugues mourut en octobre 1049, pendant qu'il siégeait
au concile de Reims [2].

[1] Orderic Vital, t. III, p. 32-34.
[2] Id.; t. III, p. 263 (note).

CHAPITRE IV

Il est peu question d'Ivry dans l'histoire pendant le
règne de Guillaume le Conquérant. Au contraire, vers la
fin de sa vie, on voit surgir, comme ayant des droits sur
Ivry, un grand nombre de personnages dont il est intéressant, mais peu facile, de déterminer avec précision la
situation respective, les droits et les prérogatives.

C'est ainsi qu'apparaissent à peu près simultanément :

1° La maison de Beaumont (remplacée bientôt par la
maison de Breteuil), en possession du commandement
supérieur du château pour le duc de Normandie, avec la
qualification de vicomte d'Ivry ;

2° La famille des seigneurs de Bréval, qui exerçait un
commandement, sans doute inférieur, ou avait des droits
subalternes à Ivry ;

3° Un certain Roger d'Ivry, échanson du duc Guillaume, qui fonda une abbaye à Ivry et dont la famille
disparaît, sans que l'on puisse suivre ses traces, de même

que l'on ne connaît, au juste, ni l'origine ni la nature de ses droits.

C'est de ce dernier que nous parlerons tout d'abord.

ROGER D'IVRY

« On ne sait pas, dit une note de M. Mauduit, de quelle famille était ce personnage et quelle fut l'origine de ses droits à la terre d'Ivry. On sait seulement, d'une façon certaine, qu'il fonda, en 1071, une abbaye d'hommes à Ivry. »

Mais tout ce qui concerne cette abbaye sera l'objet d'un chapitre spécial.

Il était échanson du conquérant de l'Angleterre ; et il est vraisemblable, d'après la lecture de l'article que le *Gallia christiana* consacre à l'abbaye d'Ivry, que ce titre devait déjà lui appartenir en 1071, et lui être donné dans la charte, aujourd'hui inconnue, par laquelle il fonda l'abbaye [1].

Il avait, sans doute, pris part à la conquête de l'Angleterre en 1066 [2].

Une note de M. A. Le Prévost, dans son édition d'Orderic Vital, dit : « Une confraternité authentique fort singulière exista entre ce seigneur et Robert d'Ouilly. Tous

---

[1] « Monasterium excitavit Rogerius de Ibreio Guillelmi regis Anglorum pincerna, qui consanguineorum et affinium mutuis se fœdantium cœdibus crimen exosus, hanc placandi numinis tesseram posuit *anno quinto postquam* Guillelmus comes Normannorum in bello superavit Anglos, hic est annus 1071, et alendis quindecim cum abbate monachis census idoneos delegavit... ». (*Gallia christiana*, t. XI, col. 652.)
Orderic Vital dit, incidemment, sur l'année 1093 : « ... In cœnobio monachorum quod Rogerius de Ibreio in honore sanctæ Mariæ construxerat... » (T. III, p. 414.)

[2] Orderic Vital, t. III, p. 25, note.

deux auraient conclu une de ces fraternités d'armes, dont il est souvent parlé, mais dont les constatations authentiques sont toujours intéressantes à relever [1]. »

Roger d'Ivry tenait de l'évêque Odo deux manoirs en Angleterre [2].

Il avait épousé, avant la confection du *Doomsday book*, Adeline, fille de Hugues de Grantemesnil, qui possédait plusieurs domaines en Angleterre [3].

Vers 1078, il commandait pour le duc de Normandie, dans le château de Rouen. Une discussion s'éleva, vers

[1] T. III, p. 361.

« Memorandum quod Robertus de Oleio et Rogerus de Iverio, fratres jurati et per fidem et sacramentum confederati, venerunt ad conquestum Angliæ cum rege Willelmo Bastard. »

M. Le Prévost n'indique pas la source où il a puisé ce texte, mais une note prise par M. Mauduit (*Recueil*, p. 778) dans *Monasticon anglicanum*... by sir W. Dugdale, 6 vol. in-f° en 8 parties, London, 1846, qui porte : « Abbaye d'Oseney, Robert d'Ouilly et Roger d'Ivry. Confraternité avec Jean [*sic*] d'Ivry », autorise à penser que cet acte s'y trouve peut-être, au tome VI, 1re partie, p. 248.

[2] Orderic Vital, t. III, p. 361 (note).

On lit dans le *Roman de Rou et des ducs de Normandie*, par Robert Wace, édité par F. Pluquet, Rouen, 1827, 2 vol. in-8°, t. II, p. 245 et p. 535, dans l'énumération des seigneurs normands qui ont pris part à la conquête de l'Angleterre :

Cil de Corcie et cil de Jort
I unt cel jor maint Englès mort.

M. A. Le Prévost avait pensé identifier Jort et Juri puis Ivri, attribuant la différence (considérable à la prononciation) à des erreurs de copies ou de lecture, très faciles au contraire à commettre; cependant la rime ne permet pas d'hésiter parce qu'elle ne prête, elle, a aucune équivoque. Impossible de supposer donc qu'il s'agisse là d'un seigneur d'Ivry.

Mais si Wace ne témoigne pas qu'un sire d'Ivry ait pris part à la conquête d'Angleterre, le fait n'en paraît pas moins certain, puisque M. A. Le Prévost fait remarquer que dans le Domesday-Book figure Roger de Juri ou Roger d'Ivry.

[3] Id. *ibid.*, p. 361 et 25. — Au sujet de leurs biens en Angleterre, M. Mauduit donne les références suivantes : Ord. Vit., Duchesne, p. 1029 B. — Doomsday-Book, vol. I, p. 62 v° XLIII ; p. 151 v° XLI ; p. 205 v°, XVII, p. 168 r° XLI, p. 205 v° XVII, p. 242, r° XX. — Anderson, I, 189. Voir aussi, sur son mariage : II, 436 (note), III, 360-361, III, 414 (note).

cette époque, à Laigle, entre le duc-roi et ses enfants ;
l'un deux, Robert, s'étant dirigé vers Rouen et ayant
voulu se saisir du château de cette ville, en fut empêché
par la vigilance de Roger d'Ivry, l'échanson du roi [1].

Il possédait évidemment des biens, soit à Ivry, soit aux
environs, car Orderic Vital nous apprend que pendant la
guerre entre le roi de France et le duc de Normandie,
en 1087, les Mantois ravageaient notamment les terres
de Guillaume de Breteuil aux environs de Pacy, et celle
de Roger d'Ivry [2].

Suivant M. A. Le Prévost, ayant encouru la colère
de Guillaume le Conquérant, dont il était l'échanson
favori, Roger d'Ivry perdit ses immenses domaines d'Angleterre, put à peine sauver sa vie par une prompte fuite
et mourut bientôt en exil. Sa femme Adeline et leur fille
Adelise restèrent en Angleterre et Adeline y mourut
vers 1110 [3].

[1] [Robertus]... cum pedisequis suis equitatum regis deseruit, Rotoma-
gum expetiit et arcem regiam furtim præoccupare sategit. Verum
Rogerius de Iberico, pincerna regis, qui turrim custodiebat, ut
conatus insidiantium præcognovit, contra fraudes malignantium diligenter arcem præmunivit, missisque legatis, ordinem rei domino
suo regi celeriter intimavit. » (Ordericus Vitalis, t. II, p. 296.)

[2] ... terram maxime Guillelmi de Britolio circa Paceium et Rogerii
de Ibreio devastabant, ductisque armentorum gregibus et captis hominibus, Normannos subsannantes immodice turgebant. (Ord. Vital., t. III,
p. 222.)

[3] Ord. Vital, t. III, p. 25 (note). Au sujet de cette disgrâce, M. Le
Prévost ne donne pas de référence mais, dans une notice indiquant
des possessions de l'église de Worcester dont elle avait été spoliée,
par force ou par fraude, on lit :
«Simili modo tempore Willelmi regis Rocgerius de Ivry invasit terram
Gloceastrescire quæ Humton nominatur domino Wlstano episcopo exis-
tente in legatione regis apud Ceastram. Et quia regnum adhuc tur-
batum et de episcopatu etiam inter Thomam archiepiscopum et
dominum nostrum altercatio, nulla hinc eo tempore poterat esse dis-
cussio. Hinc factum est ut usque hodie monasterium inde spoliatum
est. Nec ipse impune super rapina gavisus est. Nam vivens, cum esset
ditissimus et pincerna regis carissimus regalem incurrit iram, vix-

On ne s'explique pas bien, cependant, comment, si le fait de cette disgrâce est certain, ainsi surtout que sa mort *en exil,* on voit figurer au pied d'une charte accordée, le 24 avril 1089, à la cathédrale de Bayeux, la souscription « *Rogerius pincerna de Ivreio* [1] ».

« Il ne faut pas, ainsi qu'on l'a fait (observe M. Mauduit), confondre Roger de Beaumont avec Roger d'Ivry, qui, tous deux, à la même époque ont des droits sur Ivry. En effet, tous deux signent la charte octroyée en 1082 à l'abbaye de la Trinité de Caen par le roi Guillaume et la reine Mathilde [2] ».

Je ferai aussi remarquer, comme un fait singulier, que si cette charte porte la souscription : *signum Rogerii pincernæ de Ibriaco,* elle porte encore celle ci-contre : *signum Hugonis pincernæ.* Mais dans cette dernière, *Pincerna* était sans doute nom propre ?

Il semble qu'Ivry devait bien être le fief attaché à l'office d'échanson des ducs de Normandie, puisque le Registre du service des chevaliers dû au duc de Normandie porte :

Galerannus de Ivreio I militem de pincernatu, et sibi III milites et dimidium, et regi quod rex voluerit [3].

N'était cette dernière observation, j'aurais été assez porté à faire de Roger d'Ivry soit un riche habitant d'Ivry, de même qu'Orderic Vital appelle un riche bourgeois de

que fuga vitam ad modicum protexit, omnesque suas possessiones permaximas perdidit, et exul a patria ignominiose post parvum tempus obiit. »
Monasticon anglicanum..; by sir W. Dugdale ; London, Bohn, 1846 ; vol. I, p. 198.

[1] L. Delisle, *Histoire du château et des sires de Saint-Sauveur-le-Vicomte...,* preuves, p. 49.

[2] *GalliacCristiana,* t. XI, col. 72.

[3] Note de M. A. Le Prévost (Ord. Vital, t. III, 361.)

Meulan « Etienne de Meulan », soit le seigneur d'un fief
dépendant de la châtellenie d'Ivry, un de ces chevaliers
du château d'Ivry, « *seniores de castello Ebriaco...; milites
de castro Ebroïco* », dont nous avons parlé et dont nous
reparlerons. D'ailleurs, cette qualification de... « d'Ivry »
est également portée, à la même époque, par les auteurs
de la famille des futurs seigneurs d'Ivry, à une date où,
de l'avis d'un savant historien, et comme on le verra
ultérieurement, ils étaient seigneurs de Bréval, mais
n'exerçaient à Ivry que des fonctions subalternes.

Quoi qu'il en soit, de même que l'on n'est pas certain
de la nature et de l'étendue des droits de ce Roger sur
Ivry, de même il ne semble pas que ses représentants
aient joué un rôle quelconque dans la suite de l'histoire
de cette localité.

De plus encore, s'il était seigneur d'Ivry dès 1066,
comment expliquer qu'il ne paraisse pas au milieu des
incidents compliqués dont Ivry est le théâtre, et dans la
co-existence des droits des maisons de Beaumont, de
Breteuil et de Bréval ?

MAISONS DE BEAUMONT ET DE BRETEUIL

Le château d'Ivry est resté au pouvoir des ducs de
Normandie pendant tout le règne de Guillaume le Conquérant et jusqu'après l'avènement du duc Robert [1].

Dans les derniers temps du règne de Guillaume, c'était,
d'après Guillaume de Jumièges, Robert de Meulan qui
avait la garde de la tour d'Ivry pour le compte du duc

---

[1] « Habebat enim tunc temporis idem castrum Robertus dux Normanniæ in suo dominio sicut pater suus Willelmus rex per omne tempus
vitæ suæ habuerat. » (Guill. de Jumièges, liv. VIII, c. xv.)

normand, et il remplissait à Ivry les fonctions de vicomte[1].

Ces fonctions, Roger de Beaumont ne les possédait pas
à titre héréditaire, mais les tenait seulement de l'investi-
ture de Guillaume le Conquérant[2].

Il n'est guère d'événements auxquels il n'ait été mêlé,
et on a pu dire de lui qu'il fut « l'un des plus puissants
personnages et peut-être le politique le plus accompli de
son siècle après toutefois son souverain Henri Ier... Il en
était encore le gentleman le plus accompli. Tout le monde
modelait sa manière de parler sur la sienne, son cos-
tume sur le sien et l'imitait jusque dans l'heure de son
repas ; car l'histoire a remarqué qu'il n'en faisait qu'un
par jour[3] ».

C'était, d'ailleurs, un fait normal en Normandie que
le duc eût, dans les châteaux-forts dépendant des fiefs
appartenant même à ses plus puissants feudataires, des
capitaines à ses ordres, directement nommés par lui,
commandant des garnisons soldées par lui. Orderic Vital
dit qu'à la mort du Conquérant le comte d'Evreux chassa
du donjon la garnison royale ; il ajoute quelques lignes
plus loin : « C'est ainsi que les grands de la Normandie
chassèrent de leurs châteaux ceux qui les gardaient pour
le compte du roi. Le même auteur encore, lorsque en
1088 Eudes, évêque de Bayeux, conseille au duc Robert
de s'emparer des châteaux des barons normands, lui met
à la bouche ces paroles : « Votre père a eu, en effet, tous

---

[1] « Robertus comes Mellenti, turrim illam custodiens, vice-comitis
officio in prædicto oppido fungebatur. » (Guill. de Jumièges, id., ibid.)

[2] Orderic Vidal (t. III, p. 337) fait dire au duc de Normandie par le
fils de Roger de Beaumont, à propos de la citadelle d'Ivry : « Quod
pater tuus patri meo dedit habere volo. »

[3] Mémoires et notes de M. Auguste Le Prévost..., t. I, p. 206, 207.

« ces châteaux pendant sa vie. Il en confiait la garde à
« qui il lui plaisait [1]. »

C'est justement après le premier de ces passages
qu'Orderic Vital, parlant de la faiblesse du duc Robert,
qui accordait sottement tout ce qu'on lui demandait, dit
qu'il donna à Guillaume de Breteuil, Ivry, où Alberède,
bisaïeule de celui-ci, avait construit la très forte citadelle
qui existait encore, et, qu'en récompense, il accorda
Brionne à Roger de Beaumont, qui était alors chargé de
garder Ivry pour le compte du roi. Aucun doute ne peut
donc subsister.

Comme nous l'apprend la dernière phrase, ces fonctions de capitaine et de vicomte d'Ivry passent dans une
autre famille, non moins grande et non moins célèbre,
celle de Guillaume II, seigneur de Breteuil. Il était appa-
renté, des deux côtés, à la race ducale. Son père était
le fameux Guillaume Fitz-Osbern.

Son grand-père, Osbern, était fils d'Herfast, frère de
Gonnor, femme du duc Richard Ier [2].

De plus, il pouvait, par un autre côté de sa généalogie,
avoir des droits sur Ivry, puisque son grand-père Osbern
avait épousé une fille de Raoul, premier seigneur d'Ivry,
sœur par conséquent de l'évêque de Bayeux sur lequel
Ivry avait été confisqué.

---

[1] «... de dangione regios expulit excubitores... Sic proceres Neustriæ
de munitionibus suis omnes regis custodes expulerunt. » (Orderic
Vital, t. III, p. 262.) — ... Pater enim tuus omnia prædicta munimenta
in vita sua habuit, et quibuscumque voluit ad tutandum commendavit. »
(Id., t. III, p. 295.) — « Guillelmo de Britolio [dux Robertus] dedit Ibericum, ubi arx quam Albereda proavia ejus fecit fortissima est. Et Rogerio
de Bellomonte, qui solebat Ibericum jussu Guillelmi regis custodire concessit Brioniam. » (Id., t. III, p. 263.)
Voir aussi, à propos de ce droit des ducs normands, Robert de Tori
gni, sur les années 1161, 1174, 1177.
[2] Guill. de Jumièges, l. VIII, c. xv.

Lorsque Guillaume le Conquérant fut mort, alors que les seigneurs normands s'émancipèrent de toutes parts et profitèrent de la faiblesse de son successeur qui ne savait rien refuser pour se faire donner biens et prérogatives [1], Guillaume de Breteuil émit la prétention de rentrer en possession de la forteresse d'Ivry, *cœpit calumniari oppidum Ivreï quia fuerat Rodulfi comitis, patris scilicet aviæ suæ*, dit Guillaume de Jumièges.

Il paraît avoir mené cette affaire avec beaucoup d'adresse. Au lieu de faire valoir lui-même ses prétentions devant le duc, il commença par mettre dans ses intérêts Robert comte de Meulan, investi du commandement dans Ivry pour le duc de Normandie. A quelles conditions? Guillaume de Jumièges, à qui nous devons ces détails, ne le dit pas. Ce qu'il dit, au contraire, c'est combien Robert de Meulan gagna en remettant au duc la place d'Ivry : « Il agit avec son habileté accoutumée pour faire rendre le château à Guillaume de Breteuil. Il y mit cette condition qu'en échange des droits qu'il avait alors sur la place, il obtiendrait du duc Robert le don, en toute propriété, de Brionne qui touchait à ses autres possessions. De tout temps, cette place avait été une des résidences particulières des ducs normands, et ils l'avaient toujours conservée dans leur domaine particulier, sauf pendant un temps où Richard II l'avait donnée à Godefroi, son frère naturel. Le fils de ce dernier, Gislebert,

---

[1] V. Orderic Vital, t. III, p. 262, 263 :

« [Dux Robertus] cunctis placere studebat cunctisque quod petebant aut dabat, aut promittebat, aut concedebat. Prodigus dominium patrum suorum quotidie imminuebat, insipienter tribuens unicuique quod petebat : et ipse pauperescebat, unde alios contra se roborabat. » « .... Sic proceres Neustriæ de munitionibus suis omnes regis custodes expulerunt, patriamque divitiis opulentam propriis viribus vicissim expoliaverunt. »

l'avait possédée après son père ; mais, lui mort, elle avait fait retour au domaine ducal. Il existait toutefois, à l'époque actuelle, un petit-fils de Gislebert[1]. Désirant être délivré de toute inquiétude en face d'une revendication possible de la part de ce dernier, Robert de Meulan obtint du duc que l'on donnât, à son compétiteur éventuel, le château du Hommet en Cotentin, ce que le duc Robert, selon sa coutume, n'accorda que moyennant une grosse somme d'argent. »

Nous avons suivi ici le récit de Guillaume de Jumièges. Orderic Vital, beaucoup plus détaillé d'habitude et dont l'œuvre est généralement le développement circonstancié de ce que le moine de Jumièges n'a fait qu'énoncer, est, cette fois, beaucoup plus concis. Il n'est pas non plus d'accord avec lui sur le nom du capitaine qui gardait alors le château d'Ivry. D'après lui, ce ne serait pas Robert comte de Meulan, mais son père Roger de Beaumont[2]. Il est difficile de savoir qui des deux auteurs est

---

[1] « Egit itaque calliditate solita ut idem castellum Willelmo de Britolio redderetur ; hac tamen conditione, quatinus ipse pro eo, quod in ipso oppido nunc habebat, Brionium suæ terræ vicinum largitione ducis Roberti perpetuo possideret. Erat enim ab antiquis temporibus idem municipium unum ex propriis sedibus ducum Normanniæ. Unde semper illud in suo dominio hactenus habuerunt excepto quod secundus Richardus ipsum comiti Godefrido fratri suo naturali dederat et comes Gislebertus filius ejus post ipsum idem habuerat : sed eodem occiso, ad dominium ducum Normanniæ redierat. Et quoniam Rogerius filius Richardi idem castrum repetebat quia avus suus comes Gislebertus idipsam sicut dictum est antea possederat ; Robertus comes Mellenti, omni inquietudine carere gestiens egit apud ducem Robertum ut quoddam municipium nuncupatum Humetum situm in Constantiniensi comitatu daretur Rogerio filio Richardi, non solùm pro illa calumnia sopiendâ, verum etiam pro non minima pecuniæ summâ quam Rogerius, hac de causa, duci contulerat. » (Guill. de Jumièges, l. VIII, c. xv.)

[2] « Guillelmo de Britolio [dux Robertus] dedit Ibericum, ubi arx fortissima, quam Albereda proavia ejus fecit, fortissima est. Et *Rogerio de Bellomonte,* qui solebat Ibericum jussu Guillelmi regis custodire, concessit Brioniam quod oppidum munitissimum et in corde terræ situm est. » (1087.) Ord. Vital, t. III, p. 263.

dans le vrai. Au vieux Roger de Beaumont conviendraient mieux les expressions « calliditate solita » employées par Guillaume de Jumièges, et on se demande s'il ne se serait pas trompé en nommant ensuite le fils au lieu du père.

D'autre part, lorsque, dans la suite de son récit, Orderic Vital fait parler, vers 1090, de la témérité juvénile de Robert comte de Meulan, qui avait combattu à Hastings (1066), il va peut-être un peu loin [1].

« L'échange de la place d'Ivry contre Brionne, continue Orderic Vital, ne fut pas du goût du fils de Roger de Beaumont. — Quelque temps après (vers 1090, d'après une note de M. A. Le Prévost dans son édition d'Orderic Vital) [2], Robert comte de Meulan vint trouver le duc Robert et lui réclama arrogamment la citadelle d'Ivry. Le duc lui répondit qu'il avait donné à son père, en échange équivalent, Brionne place importante. — « Je « n'accepte pas cet échange, reprend Robert. Je veux la « place que votre père avait donnée au mien. Autrement, « par saint Nicaise, il vous en déplaira ».

Le duc fit emprisonner l'insolent.

Son père, le rusé vieillard Roger de Beaumont, laissa passer momentanément la colère du duc. Puis, au bout

---

[1] Parmi les combattants, Ord. Vital (t. II, p. 148) cite : *Rodbertus tiro, Rogerii de Bellomonte filius.*

[2] « Eodem tempore alia turbatio in Neustria surrexit. Robertus comes Mellenti, muneribus et promissis Guillelmi regis turgidus, de Anglia venit Rothomagum, ad ducem accessit et ab eo arcem Ibreii procaciter repetiit. Cui dux respondit: « Æquipotens mutuum patri tuo dedi Brioniam « nobile castrum pro arce Ibreii. » Comes Mellenti dixit : « Istud mutuum « non concedo, sed quod pater tuus patri meo dedit habere volo; alioqui « per sanctum Nigasium faciam tibi quod displicebit. » Iratus igitur dux illico eum comprehendi et in carcere vinciri præcepit et Brioniam Roberto Balduini filio custodiendam commisit. » Ord. Vital, t. III, p. 336-337.

de quelque temps, il vint le trouver. Il feignit d'approu-
ver la sévérité dont il avait usé à l'égard de son fils. Il ne
pouvait que féliciter le duc d'avoir châtié un jeune téméraire... Puis il vanta, dans un long discours, sa fidélité
inébranlable aux ducs normands, ses longs et importants services et conclut en demandant la liberté de son
fils, se portant garant de sa soumission et de ses services
futurs [1].

Au moment de cet incident, un peu avant, ou un peu
après (car la chronologie d'Orderic Vital n'est pas toujours rigoureusement déterminée), Ivry fut l'occasion de
luttes autrement graves et de longues guerres entre la
maison de Breteuil et un seigneur voisin, « guerre qui
causa des rapines, des incendies, des massacres dont
pleura toute la région environnante ».

Avant d'entrer dans le récit de ces luttes, il faut présenter au lecteur le second des acteurs de ces sinistres
péripéties, dont la famille est une des trois qui avaient
des droits à Ivry, et, pour cela, reprendre les choses de
plus haut.

---

[1] Id., *ib.*, t. III, p. 337-339. « Quia temerarium juvenem castigasti,
lætus gratias egi. Amodo, si placet vestræ serenitati, parcendum est
illi, relaxa castigatum, et fidelem tibi exhibebit famulatum. »

CHAPITRE V

3° Les seigneurs de Bréval. — Leur origine; fausses assertions
des généalogistes. — Les deux Robert, père et fils. — Diverses
donations faites par eux. — Ils n'ont pas été seigneurs d'Ivry
bien qu'en portant le nom. — Discussion ; exemples.

A deux lieues environ nord-est-nord d'Ivry se trouve le
village de Bréval, où s'éleva, vers cette époque, un château-fort, et qui appartenait à une famille qui tint un
rang distingué en Normandie au milieu du XIᵉ siècle.

Les généalogistes, qui ne doutent de rien et que rien
n'arrête, avaient voulu lui donner une origine quasi sou-
veraine.

A entendre un auteur anglais [1], elle descendrait du duc
Geoffroi de Bretagne. Il faut reconnaître, toutefois, que
cet auteur n'est pas absolument affirmatif sur ce point.

La Chesnaye des Bois [2] lui donne pour auteur Raoul
comte d'Ivry, frère de Richard II. Son procédé est bien
simple ! Les auteurs contemporains, Guillaume de Jumièges, par exemple, disent qu'il *eut deux fils*, l'histoire les connaît parfaitement. Le généalogiste lui en
supposa purement et simplement un troisième, inconnu
aux contemporains !... [3].

[1] J. Anderson, *Genealogical History of house of Yvery*, 2 vol. in-8°,
t. I, p. 3, 174.

[2] De la Chesnaye des Bois, *Dictionnaire de la Noblesse*, v° Ivry.

[3] Voir plus haut chapitre II.

Quoi qu'il en soit, cette famille était riche et puissante.

Robert, seigneur de Bréval, paraît avoir pris part à la conquête de l'Angleterre, ainsi que l'aîné de ses fils, qui lui succéda dans la suite [1].

La première mention que fait de lui Orderic Vital n'est pas datée. C'est à propos du don fait à l'abbaye de Saint-Evroult de l'église de Villegast, et de la dîme du lieu, donation faite par un certain Onfroy Harenc, sa femme et sa famille, et passée devant « le seigneur Robert, à Ivry, avec son consentement et celui de ses deux fils Ascelin-Goel et Guillaume [2] ».

Il est à remarquer que, si la donation est faite à Ivry, rien n'indique ici que ce Robert en fût seigneur. « Il ne pouvait être seigneur que de Bréval, et non d'Ivry comme on l'a avancé à tort, observe M. A. Le Prévost. Peut-être commandait-il dans cette place pour le duc de Normandie ou pour Guillaume de Breteuil [3]. »

Cependant, s'il n'est pas seigneur d'Ivry, ce personnage est, lui aussi, tout comme Roger d'Ivry le fondateur de l'abbaye, avec lequel il paraît n'avoir aucun lien, désigné sous le nom de Robert d'Ivry ou de Robert, chevalier du château d'Ivry, dans beaucoup de documents contemporains.

[1] Une note de M. Mauduit fait observer que Robert, seigneur de Bréval, devait être encore vivant en l'année 1086 (année où fut composé le *Doomsday book*) puisque ce document l'indique comme vivant encore. Anderson, *op. cit.*, I, 176.
Hollingshead's Battle abbey Roll.

[2] « Umfridus igitur cognomento Harenc et Havisa uxor ejus... concesserunt Deo et Sancto Ebrulfo ecclesiam de Villariis-Vastatis... Istud autem donum coram Domino Rodberto, apud Ivereium fuit factum, ipso concedente cum filiis suis Ascelino-Goello et Guillelmo. Ipse quidquid in eadem villa habebat concessit pro qua re totum beneficium loci et unam unciam auri recepit. » (Orderic Vital, t. II, p. 468, 469.)

[3] Orderic Vital, t. II, p. 469 (note).

Ce sont, d'abord, deux actes du cartulaire de Saint-Père de Chartres.

D'après l'un, qui semble de 1070, un certain Bernard, chevalier du château d'Ivry, *de castro Ebroico*, aurait donné à Saint-Père l'église de Nantilly, en vue du château d'Ivry, *in conspectu Ebroici castri*, et cette donation aurait été faite en présence et du consentement du seigneur et du donateur, savoir Robert, chevalier, d'Aubrée, sa femme, de Robert, son fils, et d'Hildeburge, femme de ce dernier[1].

Un autre acte, non daté, mais postérieur à 1062, apprend qu'Hildeburge femme de Robert, chevalier du château d'Ivry et bru de Gertrude, aurait (malgré sa piété, si c'est la bienheureuse Hildeburge dont il sera parlé plus loin ?) envahi, par force et violence, tout ce que Gertrude, sa belle-mère, avait donné à Saint-Père[2].

[1] « Ante a. 1070... Bernardus, miles de Castro Ebroico...; una cum consensu senioris mei Rodberti, filiique ipsius Rodberti, ex cujus beneficio est, cedo... quandam ecclesiam cum omni decima quæ in meo dominicatu erat..., in prospectu Ebroici castri in villa quæ Nantilliacus vocatur.

« Do itidem licentiam militibus meis ut, si concedere voluerint ex decimis quas ex me tenent, eidem loco, dent sine ullo contradictu... Testes hujus rei sunt ii quos subscripsimus Rodbertus miles cum Albereda uxore et Rodberto filio suo et Hildeburge uxore. Rodbertus monachus et Richardus fratres. Gualterius presbiter. Urricus clericus. Bernardus frater. Radulfus et Richardus fratres cum sorore Emma. Isnardus. Radulfus Pinguis lingua. Giradus, Tiberius. De hominibus Sancti Petri... » (*Cartulaire de Saint-Père de Chartres...*, p. 143.)

[2] « Anno 1062. — Une noble dame du nom de Gertrude avait donné à un prieuré dépendant de Saint-Père de Chartres ce qu'elle possédait « in Aiga-Curte ». Le prieuré en avait joui longtemps, même après la mort de la donatrice...

« Deinde, instigante diabolo quædam neptis ejus nomine Hildeburgis, uxor scilicet Rodberti militis de Castro Ebroico, vi et seculari potentiâ invasit omnia quæ Sancto Petro matertera ejus pro suâ contulerat animâ; et Dominum et apostolum ejus Petrum tam ipsa quam prædictus vir exhæreditaverunt, et mundanos homines heredes facere maluerunt. De quorum facinore nos interim tacentes, Deo equissimo judici, examinandum linquimus. » (*Cartulaire de Saint-Père de Chartres...*, p. 184.)

Il paraît téméraire, au premier moment, de traduire *castro Ebroico* par château d'Ivry. Cette traduction paraît d'autant plus contestable que le même cartulaire appelle, ailleurs, les moines d'Ivry : *monachos Ibreonenses* et Guillaume Louvel, seigneur d'Ivry : *Ebriaci castri dominus*. Mais Nantilly est bien en face du château d'Ivry, et très loin, au contraire, d'Evreux. De plus, si l'on observe que, dans ce dernier acte, il s'agit du péage de Nantilly, donné à Saint-Père de Chartres par Goel, son fils, on n'hésite pas à penser que les deux Robert, chevaliers *de castro Ebroico*, ne soient le grand-père et l'arrière-grand-père de Guillaume Louvel.

D'après ces actes, ce Robert, chevalier du château d'Ivry, a épousé une femme du nom d'Hildeburge : or Robert, seigneur de Bréval, avait pour femme Hildeburge, fille du seigneur de Galardon ; c'est encore une présomption nouvelle qu'il s'agit d'un seul et même personnage. Reste à expliquer comment cette pieuse dame aurait spolié les moines de Chartres ; mais cela rentre dans le domaine de la psychologie.

Enfin, il est si certain que l'on est dans le même milieu, qu'un des témoins d'un des actes est un Raoul *Pinguis Lingua*, évidemment le fils de Hugues Payen *Crassa Lingua*, qui s'appelait Raoul, et qui possédait des droits à Villegast dont la seigneurie dépendait de Robert, seigneur de Bréval [1].

Il faut encore attribuer à Robert, seigneur de Bréval, bien qu'il y soit encore appelé Robert d'Ivry, un accord fait, au xie siècle, en l'église Notre-Dame d'Ivry, entre ce Robert et les moines de Coulombs, accord d'après lequel

[1] Orderic Vital, t. II, p. 470.

les religieux exerceront seuls la justice sur les terres de Tilly, Mondreville et Saint-Hilier, et donnent, en reconnaissance, un calice à « *Saint-Ursin* »; probablement à la chapelle du château d'Ivry, dédiée à saint Ursin [1].

Un autre acte constatait que Robert d'Ivry ayant volé un calice d'or, d'une valeur de 60 livres tournois, appartenant à l'abbaye de Coulombs, et l'ayant vendu aux Juifs de Nogent 30 livres tournois, abandonnait aux moines de Coulombs, comme compensation, tout ce qu'il possédait à Saint-Hilier et tout ce qui y était tenu de lui [2].

Cette restitution était faite en présence de saint Anselme, abbé du Bec (1078-1093), et il y est énoncé que Robert allait se faire religieux. L'identification de ce personnage appelé Robert d'Ivry avec Robert, seigneur de Bréval dont nous parlons, est certaine, car Orderic Vital nous apprend, d'une part, qu'Ascelin Goel concéda, par charte donnée à *Saint-Hilier*, une exemption de péages dans tous ses domaines aux moines de Saint-Evroult, — et, d'autre part, que, par punition de Dieu, frappé d'une grave maladie « *in verendis* », ce personnage se détermina, par peur de la mort, à se faire religieux à l'abbaye du Bec [3].

[1] Accord entre les religieux de Coulombs et Robert d'Ivry par lequel ceux-ci exercent seuls la justice sur les terres de Tilly, Mondreville et Saint-Hillier; et, en reconnaissance, l'abbé de Coulombs donne un calice à Saint-Ursin, en témoignage dudit accord fait en l'église Notre-Dame-d'Ivry.

(Inventaire des pièces de l'abbaye de Coulombs, aux Archives départementales de Chartres, p. 361, — avec renvoi aux Grand et Petit Cartulaires.)

[2] *Id., ibid.*, p. 382. — Charte de Robert d'Ivry qui, pour restitution d'un calice d'or valant 60 l. t. qu'il avait volé à l'abbaye de Coulombs, et vendu aux juifs de Nogent 30 l. t., donne, avant de se faire religieux, tout ce qu'il possédait à Saint-Illiers tout ce qui était tenu de lui au dit lieu, en présence de saint Anselme, abbé du Bec (de 1078 à 1093).

[3] Orderic Vital, t. II, p. 468-471.

Enfin, la vie de la Bienheureuse Hildeburge, recueillie par les Bollandistes, n'appelle jamais son mari que Robert d'Ivry.

En résumé, diverses observations générales se dégagent de l'étude de ces documents :

D'abord, que tous les personnages, même appartenant à l'ordre nobiliaire, qui portent le nom d'un pays et y habitent, ne sont pas seigneurs de cette localité. Ils y résident, voilà seulement ce que leur nom prouve. Exemples : Roger d'Ivry, Robert d'Ivry, chevaliers tous deux, contemporains, non parents. La qualification « *dominus* », « *senior* » prouve *seule* la qualité de seigneur du lieu.

Il y avait ainsi une foule de petits centres, de microcosmes, où tout se passait en miniature, comme dans un petit État comprenant l'étendue d'une province. Un simple seigneur d'un fief ayant quatre à cinq lieues carrées d'étendue avait ainsi ses *chevaliers*, parfois même ses *barons*, ni plus ni moins qu'un duc de Normandie ou un roi de France [1].

De plus, lorsqu'il s'agit d'un château, plus ou moins fort, les seigneurs des environs, qui en relèvent peut-être, ou, tout au moins, y tiennent garnison, à trois, quatre, cinq au plus, suivant l'importance, sont tous, indifféremment, appelés chevaliers de ce château : *milites de castro Ebroico*.

D'autres fois, sans doute quand les dénommés ne sont pas tous chevaliers ou tous nobles, on les appelle seulement « seigneurs », « *seniores de castello Ebroico* ».

C'est ainsi que des chartes du cartulaire de Saint-Père de Chartres (1070 et 1062) contiennent ces qualifica-

---

[1] Orderic Vital parle (t. IV, p. 186) des *barons* d'Eustache de Breteuil. — Voir plus loin.

tions : « *Bernardus miles de castro Ebroico, consensu
Roberti, senioris mei... Hildeburgis, uxor Roberti militis
de castro Ebroico*[1]. »

De même encore, dans une charte antérieure à 1034,
déjà rappelée, Urson, chevalier, fils de Germond d'Ezy,
restituant à l'abbaye de Saint-Père de Chartres des redevances qu'il avait usurpées, dit : « Et pour que cette restitution soit assurée, vous, seigneurs du château d'Ivry en
présence de qui je fais cela vous êtes témoins à Saint-
Père, etc... »

[1] *Cartulaire de Saint-Père de Chartres*, p. 143, 184.

CHAPITRE VI.

La bienheureuse Hildeburge, épouse de Robert II, dit d'Ivry.
Sa vie.

Revenons maintenant au personnage qui nous occupe, à ce Robert, seigneur de Bréval, et dit Robert d'Ivry.

Il a épousé Hildeburge, fille de Hervé, seigneur de Galardon, et de Béatrix, sa femme. Il en eut trois fils : Ascelin-Goel, Guillaume, et Robert qui se fit religieux [1].

Les vertus de cette dame lui ont assuré une place dans les recueils des hagiographes. Les vies qui nous restent d'elle paraissent anciennes, et cette physionomie d'une assez grande dame du moyen âge mérite de fixer un instant l'attention comme document sur les mœurs, les opinions et les conditions sociales du XIe siècle.

Nous suivrons, en grande partie, la traduisant même souvent, la vie que donnent d'elle les Bollandistes [2] :

« Du temps du roi Philippe, fils du roi Henri, vivait Hildeburge, née de noble race, dans le pays chartrain, fille d'Hervé, seigneur de Galardon, puissant par ses richesses et ses honneurs, et de Beatrix, sa femme, elle aussi d'une race de la plus illustre noblesse. Ses parents

[1] La vie de cette dame, que nous allons citer, appelle l'un Willetin au lieu de Guillaume.
[2] *Acta Sanctorum...*, t. I. Junii ; p. 361 et s.

lui firent épouser un homme noble et pourvu de richesses, Robert d'Ivry »...

Elle en eut trois fils, l'aîné Ascelin surnommé Goel, le second Wiltin, tous deux insignes chevaliers ; le troisième, Robert, fut clerc...

Son mari se faisant vieux, touché de la grâce de Dieu, résolut de se faire moine, en reçut, non sans peine, l'autorisation de sa femme et des siens et ayant disposé de ses biens se fit religieux à l'abbaye du Bec.

Quand il fut mort, ses fils et ses amis conseillèrent à sa veuve de se remarier ; elle s'y résigna. Elle allait épouser un chevalier, noble, brillant par ses honneurs et ses richesses. Au jour fixé, son futur époux, avec une suite de nombreux chevaliers, vint la chercher chez elle. Elle s'était parée de vêtements précieux et de couleurs variées et descendait l'escalier de bois de sa demeure quand cet escalier s'écroula. Elle eut, dans sa chute, tout le corps meurtri, surtout les reins. Elle vit là un indice que son second mariage déplaisait à Dieu, et renonça à se remarier.

Dès lors sa vie fut une vie de mortification[1], d'abstinence, d'aumônes et de bonnes œuvres. Parcourant les couvents de moines et de religieuses, elle leur demandait l'association à leurs prières et à leurs bonnes œuvres, leur donnait selon sa richesse, et obtenait ainsi l'autorisation de demeurer dans les monastères de Saint-Père de Chartres, de Sainte-Marie de Coulombs, de Sainte-Marie du Bec, de Saint-Taurin d'Evreux et de Sainte-Marie d'Ivry.

---

[1] Voici, notamment, une de ces mortifications : «... per æstatem et per hyemem ad orationem procumbens, ventrem et genua nudabat, et sic terræ et pavimento adhærebat. Hoc plane ideo faciebat quatenus caro frigesceret, nec libidinis calorem sentiret. »

A Ivry, de ses biens et de ceux de son fils Goel, elle fonda une maison pour donner l'hospitalité aux hôtes, aux étrangers et aux pauvres. Elle y établit aussi un four et pourvut, selon ses moyens, aux dépenses nécessaires.

Mais les guerres fréquentes que ses fils faisaient à leurs voisins ne lui permettant pas de vivre dans le calme, elle demanda à son fils Goel de lui céder ce qu'il possédait à Joui-sur-Oise afin d'y vivre dans la retraite. C'est alors, dit son biographe, qu'elle fréquenta le couvent de Saint-Martin de Pontoise, près duquel elle se fit construire une maisonnette où elle demeura jusqu'à la fin de ses jours. Elle s'y fit même religieuse, dit-il ; mais une note des Bollandistes explique que ce mot doit signifier ici *recluse* ou tertiaire. « Comme elle avait appris le Psautier dans sa jeunesse, jour et nuit elle chantait des psaumes. » Il énumère ensuite, avec complaisance, les dons et générosités de toute sorte qu'elle fit à cette abbaye « qu'elle aima plus que toutes les autres qu'elle eût vues et connues »...

Elle ne put, malgré ses instances et ses prières, amener son fils Goel à lui donner sa terre de Jouy. Elle put seulement obtenir qu'il en accordât la jouissance aux religieux, tout le temps qu'elle vivrait et même encore une année après sa mort. Lorsqu'elle fut morte depuis une année, son fils tint à rentrer en possession de sa terre de Jouy. « Mais, une nuit qu'il dormait dans son lit, Goel rêva qu'il était dans l'église de Saint-Martin de Pontoise, entre l'autel principal et celui où se disait la messe du matin ; sa mère y lavait les pieds à trois pauvres. Lui-même tenait le bassin, l'eau et la serviette. A sa vue, sa mère, d'un air furieux, lui dit : « Impie spoliateur, pour-« quoi m'arraches-tu l'aumône que j'avais faite aux servi-

« teurs de Dieu ? » Et elle voulait le frapper d'un couteau à
manche blanc qu'elle tenait, ajoutant : « Si tu ne me rends
« mon héritage, tu mourras ! » A son réveil, il fit part de ce
songe à sa femme, fit venir le bon abbé Thibaud, lui rap-
porta ce qu'il avait vu et entendu, et rendit à l'abbé et
au couvent tout son héritage de Jouy. Sa femme Elisabeth
et ses fils Robert et Wiltin l'accordèrent aussi absolument,
devant témoins. »

Une remarque s'impose tout d'abord, au sujet de cette
singulière vision : savoir, qu'au point de vue juridique la
pieuse mais violente Hildeburge paraît n'avoir pas été
dans son droit. On voit, à un premier endroit, que son fils
lui avait donné Jouy pour y demeurer sa vie durant. Dans
la suite du récit, ses instances infructueusement réitérées
pour lui faire donner ce domaine à l'abbaye de Pontoise
prouvent encore que c'était une propriété absolue d'Ascelin Goel. En le reprenant, un an après la mort de sa
mère, il ne faisait que se conformer à la convention passée entre lui, sa mère et les moines. Sa mère était donc
dans son tort en le traitant de spoliateur.

Mais ce qu'il y a de sûr, c'est le fait lui-même du don
de la terre de Jouy, vu que, dans le chartrier de l'abbaye, existaient, au temps des Bollandistes, et la donation
d'Ascelin Goel, et sa confirmation par le roi de France.
Ce sont même ces pièces qui ont dû donner naissance à
la légende[1].

---

[1] Universis sanctæ Ecclesiæ filiis..., cognitum sit quomodo Hildeburgis, mater Goëlli de Ibriaco dedit Deo et sanctis confessoribus Martino
atque Germano, in eleemosynam pro mariti filiorumque suorum animarum remedio, quidquid habebat in valle Gaudiaci. Hanc quidem eleemosynam noluit tum temporis Goellus concedere ; sed Dei operante
clementia compunctus tandem concessit, uxoremque suam Isabel filios-
que suos Wilelmum atque Robertum concedere fecit supradictam eleemosynam videlicet quidquid hereditario jure possederat in valle Gaudiaci.

« Une autre fois, reprend le biographe d'Hildeburge, elle apparut encore à son fils Goel, tenant à la main une bourse vide, et lui dit de lui donner quatre livres de monnaie de Dreux. Il envoya alors à l'abbaye de Pontoise cette somme par Wiltin, son chapelain, pour célébrer un anniversaire pour sa mère, et il continua à le faire jusqu'à sa propre mort. Il donna aussi, jusqu'à sa mort, à l'abbaye de Pontoise, la dîme des livres sterling de revenu qu'il avait en Angleterre.

« C'est ainsi que cette pieuse religieuse effraya Goel son fils, l'adoucit et en fit un ami de l'abbaye et des moines de Pontoise.

ecclesiæ memoratorum confessorum pro anima sua et patris matrisque suæ et filiorum filiarumque suarum et uxoris suæ omniumque antecessorum suorum. Ut autem hoc..... constaret, testes hos adhibuit corum nomina subtitulata sunt. S. Roberti, Bastardi Rufi, filii ejusdem Goelli. — S. Gauterii de Sparnone fratris ejusdem Roberti. — S. Ingenulfi de Salsiaco. S. Hugonis Rufi. — S. Goelli Venatoris. Et hæc prolocutus est Willelmus, capellanus de Ibriaco, qui etiam huic dono interfuit. Haec charta fuit scripta jussu ejusdem Goelli, in abbatia Ibriacensi coram abbate ejusdem loci nomine Duranno et Theobaudo abbate Pontisarensi. »

On trouve aussi dans le cartulaire de Pontoise le passage suivant, relatant une confirmation de cette donation par Isabelle, femme d'Ascelin Goël.

« Quando Isabel, uxor supra dicti Goelli, eleemosynam supradictam apud Auctum castellum concessit (existimo esse Augum vulgo : *la ville d'Eu,* in Normannia), affuerunt eidem concessioni Willelmus capellanus, Garnerius major, et duo pueri obsides, quorum unus vocabatur Ormundus, filius Roberti vice-domini de Girberreio, alter vero dicebatur Robertus, filius Roberti Guhui. Adfuit etiam Aufridus famulus monachorum. Rogante denique et jubente prædicto Goello, excommunicati sunt ab abbate Theobaldo et a monachis. S. Martini Pontisarensis omnes qui hanc eleemosynam, quæ supra scripta est injuste calumniaverint aut per violentiam auferre tentaverint. Fiat, Fiat ! »

Cette confirmation aurait été faite à « Auctum » que les Bollandistes pensent être la ville d'Eu. Mais M. Mauduit estime justement qu'il faut lire « Anetum » et Anet, appuyant son dire de la note suivante : *Acta Sanctorum* ... de Mabillon, édition de 1701, VIe sæc., pars secunda, p. 832 et s. : Ysabelle, femme de Goel, confirma, au château d'Anet, les aumônes faites par son mari, p. 818.

Enfin un diplôme du roi Louis, daté de 1116, également reproduit dans les Bollandistes, a confirmé cette donation.

« La religieuse Hildeburge mourut dans une vieillesse avancée, pleine de jours et de bonnes œuvres, le troisième jour des nones de juin et fut inhumée dans l'église de Saint-Martin de Pontoise. Sur sa tombe eurent lieu de nombreux miracles, par la permission de Dieu, sous le règne de Notre-Seigneur Jésus-Christ. »

Lorsque, récemment, on orna de vitraux l'église Saint-Martin d'Ivry, on a eu la très heureuse et très intelligente idée de représenter, sur une des verrières, les principaux traits de la vie de la bienheureuse Hildeburge.

CHAPITRE VII

Ascelin Goel, vassal de Guillaume de Breteuil ; son portrait d'après
Orderic Vital. — Leurs guerres au sujet d'Ivry. — Discussion
critique des textes. — Récit des faits ; phases et alternatives de
la lutte. — Guillaume de Breteuil est fait prisonnier. — Il donne
sa fille naturelle en mariage à Ascelin Goel. — Il recommence
la lutte et recouvre enfin Ivry.

Celui de ses enfants qui succéda à Robert de Bréval fut
Ascelin Goel, qui, pendant quinze ans environ (1089-1103),
va jouer un rôle si important dans l'histoire d'Ivry. Jusqu'ici rien ne permettait de distinguer cette famille de
la multitude des seigneurs qui couvraient le territoire.
Désormais, au contraire, elle va émerger au-dessus de
ses pairs et tenir un rôle important dans les événements
qui se passeront dans la contrée.

Ascelin Goel nous apparaît en 1087 comme dirigeant
une escarmouche contre les Français aux environs de
Mantes. Les ravages qu'il avait exercés à la tête des forces
normandes, la veille de l'arrivée du duc Guillaume devant
Mantes, contribuèrent même à faciliter au Conquérant
l'entrée dans la ville. Les combattants de la garnison
n'avaient pas pu résister à l'envie d'aller constater les
dégâts faits par Ascelin Goel à leurs vignes et à leurs
moissons[1]. En leur absence, et la ville étant dégarnie de

---

[1] « Guillelmus ergo ultima mensis julii septimana cum exercitu suo

ses défenseurs, l'entrée en fut facile pour l'armée normande.

Peu après 1087, les historiens normands, Guillaume de
Jumièges et Orderic Vital, racontent, *ex abrupto*, les
luttes sanglantes dont Ivry fut l'objet et le théâtre entre
Guillaume de Breteuil, à qui la forteresse venait d'être
confiée par le duc Robert, et Ascelin Goel. Malheureusement rien, dans leur récit, ne permet de savoir exactement depuis quand et par suite de quelles circonstances
ce dernier ou sa famille avaient des droits sur Ivry et
surtout quels étaient, au juste, ces droits.

Un seul point est certain : Orderic Vital et Guillaume de
Jumièges le disent à maintes reprises : Ascelin Goel était
le vassal de Guillaume de Breteuil. Orderic Vital, notamment, lorsqu'il raconte les guerres de Guillaume de Breteuil et d'Ascelin Goel, ne manque presque jamais d'ajouter après le nom de Guillaume de Breteuil, ces mots :
« son seigneur », qui reviennent presque avec la mono-
tone régularité des épithètes d'Homère. Ascelin Goel est
dit, avec affectation, « son homme ». On voit bien que
le vieil historien, profondément imbu des idées de subor-
dination féodale et de hiérarchie qui régnaient de son
temps, ne peut se faire à cette pensée d'un vassal se
révoltant contre son seigneur, et, qui pis est, se révoltant avec succès !

Cette vassalité provenait-elle de la mouvance de quelque seigneurie ? ou de droits quelconques sur Ivry tenus
du seigneur ? C'est ce qu'il est moins facile de déter-

Madantum ex improviso venit et cum castrensibus mixtim intravit.
Milites enim occulte exierant ut viderent conculcationem segetum suarum et extirpationem vinearum suarum quas Ascelinus Goellus, pri-
die quam rex advenisset, cum Normannorum viribus devastaverat.
(Ord. Vital, t. III, p. 225-226.)

miner. M. A. Le Prévost, dont les notes sur Orderic Vital
sont un perpétuel et lumineux commmentaire de cet
historien, paraît penser qu'Ascelin Goel exerçait à Ivry, et
cela à titre héréditaire, la charge subalterne de prévôt
d'Ivry [1].

Un mot du moine de Saint-Evroult confirme cette conjecture. En faisant le récit des luttes dont nous allons
parler il dit, en effet, que Guillaume de Breteuil ayant,
à un moment, repris sur Ascelin Goel qui s'en était emparé sa tour (*turri*) d'Ivry, il lui enleva, *par représailles :*
« *præsidiatum Ibreii* », et le dépouilla de tout ce qu'il
possédait dans sa mouvance.

Il paraît résulter de là qu'en dehors de la *Tour* d'Ivry
(dont il s'était emparé sans droit et par violence), Ascelin Goel avait, en outre, à Ivry des droits à lui légitimement appartenant. Dans une note, M. Mauduit fait, à ce
propos, ces observations :

« Ascelin Goel avait-il, par ses services et son long
dévouement, obtenu, à l'égard d'Ivry, quelques promesses
contrariées et déçues par le don de cette terre qui fut
fait à Guillaume de Breteuil ? Cela ne serait pas invrai-
semblable et expliquerait très bien la répugnance si opiniâtre qu'il ressentait à accepter la suzeraineté du nouveau maître qu'une faveur, injuste à ses yeux, venait de
lui donner et la lutte acharnée qui, cinq ans durant, se
maintint entre eux. Si Goel n'avait commis qu'un acte de
félonie en enlevant à Guillaume le château d'Ivry que
venait de lui donner le duc Robert, comment expliquer

[1] M. A. Le Prévost dit dans son édition d'Ord. Vital (t. III, p. 343, note) :
« Il ne faut pas confondre la possession du château d'Ivry avec la
charge subalterne de prévôt d'Ivry qu'Ascelin Goel exerçait à titre
héréditaire, avant de s'être fait céder le château par Guillaume de
Breteuil, comme nous venons de le voir. »

que ce prince n'hésitait pas à accepter du chevalier félon la place ainsi conquise, par lui donnée, et à exiger de Guillaume mille à quinze cents livres pour la lui remettre ?

« Il peut y avoir à la conduite de Goel des motifs de justification inexpliqués par les historiens du temps, qui ne paraissent pas trop favorablement disposés à son égard : « Cet enfant de Bélial, » dit en parlant de lui Guillaume de Jumièges (lib. VIII, c. xv), « dont la méchanceté et la perfidie se sont perpétuées en ses enfants. » — Orderic Vital ne le ménage pas davantage : « Il se rendit « célèbre par ses fameux attentats sur ses voisins... Son « château de Bréval était rempli de cruels brigands. » (Ord. Vital, t. II, p. 469.) — « Il employa toute sa vie à désoler « ses voisins par la rapine et le meurtre. » (Id., t. III, p. 336.) — « Goel, dit-il encore ailleurs, était habile et rusé ; c'était un brigand et un violateur d'églises. » (Id., t. III, p. 445.) Faut-il voir là l'expression d'un jugement sévère, mais juste, ou au contraire l'expression d'une sorte d'animosité déterminée par son peu de ménagement pour les établissements religieux ? »

Ajoutons, cependant, au sujet de cette dernière conjecture, que les seigneurs de Bréval avaient fait des donations à l'abbaye de Saint-Evroult.

C'est cet Ascelin Goel qui fit construire et rendit très fort le château de Bréval[1], et lutta longtemps, à armes au moins égales, contre la puissante maison de Breteuil.

Nous avons maintenant à suivre et à examiner en détail les péripéties de cette lutte dont la possession d'Ivry fut

[1] « Castrum enim apud Brehervallum munitissimum construxit, sævis que prædonibus ad multorum perniciem replevit. « Ord.. Vital, t. III, p. 469.)

l'objet. Guillaume de Jumièges en a parlé; mais Orderic Vital, cet auteur qui nous fait peut-être le mieux de tous pénétrer dans la vie vraie du moyen âge, nous les a décrites avec un relief intense et des détails d'une absolue précision. Seulement, il faut savoir le lire. A vrai dire, les treize livres de son *Histoire ecclésiastique* ne sont pas une œuvre unique offrant, dans une marche uniforme et chronologique, la série continue et le développement successif des événements. Pour qui sait la lire, il y a, quelquefois et notamment ici, dans son œuvre, comme deux versions, deux éditions (toujours conformes quant au fond), mais renfermant chacune, au sujet d'un même événement, de menus faits et des incidents différents qu'il faut souder et réunir les uns aux autres. Pour les compétitions dont Ivry fut l'objet, il y a même mieux : car, à propos d'une donation faite à Saint-Evroult, il en dit, à un troisième endroit, quelques mots qui, à vrai dire, pourraient être pris comme le résumé ou le sommaire d'un chapitre consacré à ces événements.

Nous pensons, vu l'intérêt que ces points offrent pour l'histoire d'Ivry, devoir donner ici en note ces quelques lignes [1].

Nous rejetons aussi en note, avec les références, la discussion technique relative soit à la chronologie, soit

[1] Après avoir parlé de la donation de l'église de Villegast à Saint-Evroult, donation approuvée par Robert, seigneur de Bréval, il continue :

« Ascelinus autem Goellus, filius ejus, hereditario jure patrimonium ejus obtinuit et famosis fascinoribus super omnes contribules suos diu claruit... ... Arcem Ibreii furtim cum ingenti calliditate cæpit, dominumque suum Guillelmum Britoliensem bello vinctum comprehendit et in arctissimo carcere graviter coercuit. Mille libras Drocensium et præfatæ turris asylum ab illo pro redemptione violenter extorsit et Isabel, filiam ejus, uxorem duxit ex qua VII filios genuit. » (Orderic Vital, t. II, p. 469.)

à la coordination des faits, pour ne donner ici qu'un
récit suivi, et d'une lecture plus facile [1].

[1] « Ainsi que le fait remarquer, à diverses reprises, M. A. Le Prévost,
la chronologie d'Orderic Vital est souvent fort embrouillée. C'est le cas
pour les luttes entre Ascelin Goel et Guillaume de Breteuil au sujet de
la possession d'Ivry. La difficulté de la rétablir se complique ici, parce
que, dans le même livre, et à une cinquantaine de pages de distance,
Orderic Vital revient sur les mêmes faits, donnant chaque fois des
récits épisodiques différents. Qu'il en soit ainsi, M. Le Prévost a dû
s'en apercevoir ; ses notes, ses renvois, ses rappels, le montrent bien.
Seulement, comme l'épisode d'Ivry n'était pas son objet principal, il
n'a point appuyé sur ces répétitions, sur ce *doublet*.
Voici en quels termes Orderic Vital reprend, pour la première
fois, dans son livre VIIIᵉ, le récit des événements qu'il avait déjà brièvement résumés à l'occasion de donations faites à Saint-Evroult tant
par Ascelin Goel que par son père et ses enfants :
« Anno secundo postquam rex Guillelmus obiit, Ascelinus cognomento
Goellus Guillelmo Bretoliensi, domino suo, arcem Ibreii fraude surripuit
et Rodberto duci prodidit. Guillelmus autem pro redemptione arcis quâ
carere noluit MD) libras duci erogavit. Recepta vero turri, præsidiatum
Ibreii pro vindicta Goello abstulit, et omnibus rebus, quas sub sua
ditione habebat, eum spoliavit. Inde diutinum inter eos bellum fuit,
rapinis incendiisque, cum cædibus hominum, vicina regio luxit.
Almaricus de Monteforti, qui Fortis cognominabatur pro virtute quâ
vigebat et cunctis affinibus, qui secus eum commorabantur, audacia et
feritate formidabilis erat, dum in terram Guillelmi Bretoliensis ut leo
sæviens irrueret, et solus contra duos milites certamen iniret, ab uno
eorum, lancea in latere percussus est ipsoque die mortuus est. Quo
defuncto, Ricardus frater ejus patrium honorem adeptus est, et perniciem germani super Guillermum ulcisci summopere molitus est. »
(Ord. Vital, t. III, p. 332-333.)
Ce texte appelle une observation au sujet de la date. Orderic Vital
doit faire erreur en plaçant ce premier incident en 1089.
D'abord, parce qu'il est vraisemblable que Goel ne s'attaqua à son
seigneur, Guillaume de Breteuil, qu'après que la question de compétition
de la famille de Beaumont fut définitivement tranchée, — et elle ne le
fut qu'en 1090 au plus tôt.
Ensuite parce que Orderic Vital va, deux pages plus loin, placer les
représailles d'Ascelin Goel à la fin de février 1092, et qu'il est douteux
qu'il ait attendu plus de deux ans avant de chercher à reprendre Ivry.
Le récit qui précède nous a introduits *ex abrupto* dans le vif de la
lutte, sans nous en donner la cause. Orderic Vital va nous l'apprendre
en ces termes un peu plus loin :
« Anno ab incarnatione Domini Mᵒ XCIVᵉ rebellium conatus in Anglia
compressus est.... Tunc nimia guerra inter Guillelmum Bretoliensem et
Ascelinum Goellum orta est ; cujus occasio talis est. Guillelmus, frater
Goelli, juvenis miles, cuidam apud Paceium injuriam mulieri fecit.
Unde conquerenti Guillelmus Bretoliensis, ut justum principem decuit,
de contumaci adolescente legitimam rectitudinem tenuit. Ascelinus igi-

L'année 1089, la seconde après la mort de Guillaume le Conquérant, présenta cette circonstance qu'une rage de méchanceté sévit alors, avec une recrudescence inouïe, en Normandie et en infesta toutes les parties à la fois. C'est ainsi qu'une guerre trop cruelle s'éleva entre Guillaume de Breteuil et Ascelin Goel.

Voici l'occasion de cette guerre : le frère d'Ascelin Goel, jeune chevalier du nom de Guillaume, avait insulté une femme à Pacy (Pacy était une seigneurie appartenant à la maison de Breteuil). — Sur la plainte de la victime, ainsi qu'il convenait à un seigneur équitable, Guillaume de Breteuil voulut que la justice suivît son cours contre le jeune coupable. Ascelin Goel considéra comme un affront que son seigneur eût forcé son frère à comparaître publiquement en justice. Peu après, par une fraude ingé-

tur iratus est contra dominum suum, quod publice placitare cogeret fratrem suum. Non multo post, arcem de Ibreio ingeniosa fraude illi surripuit, et Rodberto, duci Normannorum, tradidit, a quo ille ingenti pondere argenti dato redemit. Postmodum inter illos pro hujusmodi furto immanis simultas furuit et uterque alteri nocere concupivit. » (Orderic Vital t. III, p. 412-413.)

Qui ne voit qu'ici c'est, évidemment, une reprise du récit précédent? La répétition des mêmes expressions le prouve encore. Quant au synchronisme : *anno 1094*, dans deux notes M. A. Le Prévost fait remarquer qu'il n'est exact dans *aucune de ses deux parties*, et ajoute : « Ces événements ayant précédé et amené le combat entre Ascelin Goel et Guillaume de Breteuil, que nous croyons avoir prouvé ci-dessus appartenir au mois de février 1092, il est impossible de les placer en 1094. »

Il faut maintenant retourner au premier récit :

« Eâdem septimanâ quâ Gislebertus, ut dictum est, inter Molinos et Aquilam interiit, Goellus contra Guillelmum Bretoliensem dominum suum campestri certamine dimicavit et secum habens Ricardum de Monteforti, magnamque multitudinem Francorum, hostilem exercitum contrivit. Guillelmum autem, cum multis aliis captum, in vinculis injecit, et squalore carceris sequenti quadragesima crudeliter afflixit, et rigorem quadragesimalis pœnitentiæ invitum pro peccatis suis subire coegit. Denique per hanc occasionem Ricardus de Monteforti et Hugo de Monte Gomerici, Gervasius de Novo Castello aliique plures Francorum et Normannorum una convenerunt et pacem inter Guillelmum et Goellum apud Brehervallum composuerunt. Tunc Guillelmus, ut pactum exigebat, Goello Isabel filiam suam in conjugium sociavit et pro

nieuse, (que malheureusement Orderic Vital ne spécifie
pas), il enleva à Guillaume de Breteuil la forteresse
d'Ivry. Craignait-il de ne pouvoir la garder ? voulait-il se
faire bien voir du duc Robert ? Se fit-il même, pour cet
acte de déférence, donner ou promettre quelque chose par
le duc ? Toujours est-il qu'il remit aux mains du duc
Robert le château dont il venait de s'emparer.

Guillaume de Breteuil ne se résigna pas à perdre définitivement son château d'Ivry. Il alla trouver le duc ; et,
comme il était dans les habitudes de ce prince de se faire
payer pour tout ce que l'on sollicitait de lui, même quand
cela était absolument juste, il exigea de Guillaume de
Breteuil une somme de 1500 livres pour le rachat de la
place : *pro redemptione arcis.*

redemptione sua mille Drocensium libras et equos et arma et alia
multa donavit. Quin etiam arcem Ibreii tristis et mæstus adjecit. Nefa-
rius itaque prædo his opibus admodum ditatus intumuit, et castellum
suum quod revera spelunca latronum erat, fossis et densis sepibus ad
multorum damna conclusit, ubi totam vitam suam rapinis et cœdibus
finitimorum exercuit. Ex conjuge sua septem filios genuit, quorum
nequitia nimis excrevit, et multos fletus viduarum et pauperum sævis
operibus excivit. (Ord. Vital, t. III, p. 335-336.)

Une note de M. A. Le Prévost dit que la semaine en question dans
ce paragraphe avait commencé le dimanche 22 février 1092.

Le second récit revient en ces termes sur ces mêmes événements, y
ajoutant quelques circonstances de plus :

« Mense februario, Ascelinus Ricardum de Monte Forti et familiam
Philippi regis sibi ascivit, et Guillelmum dominum suum, contra se
ad pugnam venientem audacter excepit, vicit et comprehendit, et exercitum ejus, captis quibusdam militibus, fugavit. Hac itaque victoria
elatus intumuit, dominumque suum et Rogerium de Glotis, aliosque
quos ceperat, crudeliter cruciavit. Nam per tres menses in castro
Brehervallo eos in carcere strinxit, et multotiens dum nimia hiems
sæviret, in solis camisiis aqua largiter humectatis, in fenestra sublimis
aulæ Boreæ vel Circio exposuit, donec tota vestis circa corpus vincto-
rum in uno gelu diriguit. Tandem, intercurrentibus amicis, pax inter
eos facta est, ac tali tenore Guillelmus egredi de carcere permissus est.
Isabel, filiam suam, Goello conjugem dedit, et tria millia librarum
cum equis et armis, aliisque multis sumptibus erogavit, et arcem de
Ibreio promisit. His ita compositis, Guillelmus liber extitit, sed pax
quam pepigerant parum duravit. » (Ord. Vital, t. III, p. 413.)

Une fois rentré en possession de la « tour » d'Ivry,
Guillaume de Breteuil enleva, par représailles, à Ascelin
Goel la prévôté d'Ivry, *præsidiatum Ibreii*, et le priva de
tout ce qu'il possédait dans sa mouvance.

Ascelin Goel n'était pas homme à se laisser ainsi dé-
pouiller. Il avait, parmi ses parents, dit quelque part
Orderic Vital, des personnages dans une haute situation
et entreprenants, *nobiles et animosos parentes*. Il fit à
son seigneur une longue et véritable guerre qui désola
tout le pays. Parmi ceux qui avaient pris son parti, on
compte de grands et de puissants seigneurs, les Montfort
notamment, de l'illustre race des seigneurs de Montfort-
l'Amauri. Amaury de Montfort, surnommé le Puissant à
cause de sa vigueur redoutable, et qui, par son audace et
sa cruauté, était un objet de terreur pour tous ceux qui
vivaient avec lui, trouva la mort dans l'un de ces combats.
Un jour que, tel qu'un lion rugissant, il faisait une incur-
sion dans les terres de Guillaume de Breteuil, il se trouva
seul en face de deux chevaliers, dont l'un lui transperça
le côté d'un coup de lance. Il mourut le jour même. Son
frère, Richard, hérita de ses possessions, et n'eut d'autre
pensée que de venger la mort de son frère.

Ascelin Goel, outre les Montfort, avait attiré à son parti
une grande quantité de seigneurs français. Il s'était, dit
ailleurs notre auteur, assuré le concours de la suite du
roi de France Philippe.

En février 1092 (du 23 au 29), les deux partis en
vinrent de nouveau aux mains. Cette fois, c'est Guillaume
de Breteuil qui semble avoir commencé le combat ; mais
le sort des armes ne lui fut pas favorable. Ascelin Goel
attendit de pied ferme son adversaire et sa troupe. Il fut
même assez heureux pour s'emparer de la personne de

Guillaume de Breteuil lui-même, de Roger de Glos, ainsi que de quelques autres chevaliers, et mit leur armée en fuite. Pendant trois mois, il fit subir à ses prisonniers, pour l'expiation de leurs péchés, malgré eux, une rude pénitence de carême. Il les avait emmenés dans son château de Bréval où ils étaient étroitement gardés. Souvent, quand le froid sévissait avec rigueur et quand tout était gelé, il les faisait transporter à l'étage supérieur du château, vêtus seulement de leurs chemises qu'il avait fait arroser d'eau. Puis il les faisait laisser exposés au vent du nord ou du nord-ouest jusqu'à ce que leur vêtement, entièrement gelé, ne formât plus qu'un seul bloc de glace. A la fin, des amis communs intervinrent. Des deux parts, on entra en conférence. C'est ainsi que Richard de Montfort, Hugues de Montgomeri, Gervais de Château-Neuf et plusieurs autres, tant Français que Normands, s'abouchèrent à Bréval même. On résolut de conclure la paix : Guillaume de Breteuil recouvra la liberté. Il dut payer au vainqueur une rançon de trois mille livres, des armes, des chevaux, bien d'autres frais encore. Triste et dolent, il dut, de plus, lui céder sa forteresse d'Ivry. Il lui fallut enfin donner sa fille Isabelle en mariage à son heureux et puissant vassal. Mais il faut remarquer que, d'après Guillaume de Jumièges [1], Isabelle n'était que la fille naturelle de Guillaume de Breteuil. Orderic Vital dit à deux reprises, qu'il dut payer une rançon de « mille livres de monnaie de Dreux » ; dans un troisième passage, il parle de trois mille livres. Ceci démontrerait que la monnaie de Dreux était trois fois plus forte que la monnaie dont il parle ailleurs.

[1] Liv VIII, c. xv.

La situation d'Ascelin Goel prenait ainsi une importance de plus en plus grande. Son château de Bréval, qu'il avait élevé dans un pays désert et sauvage, et qui était en réalité « une caverne de voleurs », fut par lui entouré de fossés et d'épaisses clôtures, pour le malheur de bien du monde, et Ascelin y passa toute sa vie à commettre des rapines et des meurtres sur ses voisins.

Une paix pareille ne pouvait durer ; — elle ne dura pas. Son caractère ardent l'y poussant, *inquietudine stimulante*, Guillaume de Breteuil ouvrit, de nouveau, l'année suivante, les hostilités[1]. Mal lui en advint d'abord. Son adversaire était maître du château-fort d'Ivry ; Guillaume voulut, pour l'en déloger, s'établir et se fortifier dans les bâtiments de l'abbaye. Ascelin Goel, descendant de la forteresse, conduisit ses hommes d'armes devant l'abbaye, et, aux environs de la Pentecôte, au moment des chaleurs torrides de l'été, il parvint à y mettre le feu. Les flammes consumèrent l'église, les bâtiments conventuels et tout le mobilier. Guillaume Alis, Ernaud fils de

---

[1] « Sequenti anno (1093, note A. L. P.), Guillelmus, inquietudine stimulante, guerram iteravit, et munitionem in cœnobio monachorum, quod Rogerius de Ibreio in honore sanctæ Mariæ construxerat, militibus suis constituit. Porro Goellus, qui arcem tenebat, copiam militum conduxit ad cœnobium, quod tunc spelunca latronum, proh dolor ! effectum fuerat, appropinquavit, et æstivis ardoribus circa pentecosten torrentibus, acriter impugnavit, ignem injecit, et edacibus flammis basilicam et ædes monachorum cum supellectili sua consumpsit. Tunc Guillelmus Alis, et Ernaldus, Popelinæ filius, aliique octo milites capti sunt, qui diu Goelli crudelitatem in ejus carcere nimis experti sunt. Guillelmus autem Britoliensis fugiendo vix evasit, ultionemque de tantis injuriis summo nisu concupivit. Dives herus, intrinsecus nimio dolore punctus, irascebatur quod homo suus contra se tanta vi grassabatur, et vires ejus per tres annos redemptionibus captorum, spoliisque pagensium nimis augebantur. Tandem Philippo, regi Francorum, DCC libras pepigit, et Rodberto, duci Normannorum, aliisque pluribus ingentem pecuniam promisit, si fideliter sibi adminicularentur, et hostiles copiæ subigerentur. » (Orderic Vital, t. III, p. 414-415.)

Popeline — (deux vassaux de la maison de Breteuil, sur lesquels on trouvera dans les notes de l'édition d'Orderic Vital quelques détails intéressants), — enfin huit autres chevaliers furent pris par l'heureux Ascelin et eurent, pendant leur captivité, à endurer les effets de sa cruauté. Peu s'en fallut que Guillaume de Breteuil ne fût pris, lui aussi, et n'eût à subir, de nouveau, quelques traitements dans le genre de ceux qui lui avaient été infligés, peu de temps auparavant dans le château de Bréval. A grand'peine, il avait pu s'échapper en fuyant.

Mais ces affronts ne pouvaient que surexciter ses chagrins et ses désirs de vengeance. Ce riche seigneur ne pouvait se consoler de voir un de ses hommes : *homo suus*, déployer une telle puissance contre lui. Pendant trois années, les forces d'Ascelin s'augmentèrent à l'excès des rançons qu'il recevait de ses prisonniers et des dépouilles des paysans. Guillaume de Breteuil fit alors une chose qui (je ne vois pas pourquoi) est qualifiée d'entreprise digne de mémoire et de coup d'audace par Guillaume de Jumièges : *quamdam rem dignam memoriâ ausus est incipere*. Il alla trouver et le roi de France et le duc de Normandie ; au premier, il offrit sept cents livres, à l'autre une grosse somme d'argent pour obtenir leur concours contre son ennemi. Il leur donna d'immenses présents, dit Guillaume de Jumièges. Il offrit à tous ceux qui consentiraient à le suivre de les prendre à sa solde et de les défrayer de toutes leurs dépenses.

En conséquence et ayant accepté ses propositions, le roi de France et le duc de Normandie vinrent, pendant le carême (de l'année 1094), mettre le siège devant Bréval[1].

---

[1] « Igitur quadragesimali tempore (1094), rex Franciæ et dux Normanniæ Brehervallum obsederunt, ibique ferè duobus mensibus laborave

Ils y restèrent près de deux mois. C'est à ce siège que se passa ce fait, si souvent remarqué et cité à propos du rôle des paysans et du clergé dans les armées du moyen âge, la présence des curés de campagne accompagnant leurs paroissiens avec leurs bannières, et celle des abbés à la tête de leurs hommes.

Là vint aussi Robert de Bellesme, qui amena avec lui un très ingénieux constructeur de machines, dont la sagacité habile servit ensuite aux chrétiens à s'emparer de Jérusalem. Devant la place, il construisit des machines, les fit rouler jusqu'au pied des remparts, et, par leur moyen, il lançait d'immenses pierres sur la forteresse et ses habitants. Il enseigna aussi aux assiégeants la manière de donner l'assaut, détruisit les retranchements et les circonvallations ; fit, enfin, tant de mal aux assiégés qu'ils furent forcés de se rendre.

Une vieille haine, remontant à des griefs déjà lointains, animait Robert de Bellesme contre Ascelin Goel ; aussi, voyant une occasion opportune pour sa vengeance, plus

<hr>

runt. Illuc presbyteri cum parochianis suis vexilla tulerunt et abbates cum hominibus suis coacti convenerunt. Illuc Rodbertus Belesmensis ingeniosissimum artificem adduxit, cujus ingeniosa sagacitas ad capiendam Jerusalem Christianis profecit. Hic machinas construxit, contra munimentum hostile super rotulas egit, ingentia saxa in oppidum et oppidanos projecit, bellatores assultus dare docuit, quibus vallum et sepes circumcingentes diruit, et culmina domorum super inhabitantes dejecit, tantisque calamitatibus adversarios ad deditionem coegit. Vetus odium inter Rodbertum et Goellum diu pro antiquis reatibus inoleverat, idemque Rodbertus, ut tempus ultionis opportunum viderat, Guillelmum Bretoliensem consilio et auxilio, plus quam omnes alii pares sui, adjuverat. Goellus autem probus et callidus, et prædo malignus, ecclesiarumque violator erat. Nobiles et animosos parentes habebat, quorum adminiculis Brehervallum in deserta et silvestri regione castrum firmaverat, et magnanimitate subsidiisque tanta præliorum pondera strenue pertulerat. Denique, ut tam magnos principes et animosos sibi summopere adversari prospexit, pacem a domino socero suo petiit, et gaudente Guillelmo impetravit eique tunc, regibus et ducibus diu vexatis, arcem de Ibreio honorifice reddidit. » (Orderic Vital, t. III, p. 415-416.)

que tous ses autres pairs il avait prodigué à Guillaume de Breteuil son aide et son concours.

Ascelin Goel, voyant tant de si courageux princes à ce point acharnés contre lui, demanda la paix à son seigneur et beau-père. Ce dernier fut heureux de la lui accorder, et Ascelin Goel, après avoir ainsi longtemps tenu tête à rois et ducs, rendit à Guillaume la forteresse d'Ivry, avec les honneurs de la guerre.

Guillaume de Breteuil resta, dès lors, jusqu'à sa mort, propriétaire paisible et incontesté de ce château[1].

Nous allons retrouver Ascelin Goel; mais disons, de suite, puisqu'il en a été longuement parlé ici, qu'il dut mourir vers l'an 1119[2].

---

[1] « Illud castrum sicut proprium quoad vixit securus possedit. » (Guill. de Jumièges, liv. VIII, c. xv.)

[2] En 1113, le roi Henri va à Saint-Evroult, et il accorde aux moines une charte de confirmation de biens qui fut signée à Rouen en présence notamment de Goel d'Ivry. (Orderic Vital, t. IV, p. 302.)

Cette charte, donnée en appendice (t. V, p. 199) porte : *signum Huelli de Ivreio*. C'est cependant évidemment d'Ascelin Goel qu'il s'agit. Toutefois, ce nom de Goel paraît être devenu comme un nom de famille, car une autre charte par laquelle Henri Ier confirme de nouveau les possessions de l'abbaye de Saint-Evroult (entre 1123 et 1128), porte comme témoin « *Goel de Ivreio* ». Ce doit être cependant le personnage que nous connaissons sous le nom de Guillaume Louvel. (Orderic Vital, t. V, p. 204.) Nous en reparlerons ailleurs.

CHAPITRE VIII

Succession de Guillaume de Breteuil ; ses neveux et ses enfants
naturels. — Guerres à ce sujet ; Ascelin Goel contre son beau-
frère, Eustache de Breteuil. — Il arrête un bourgeois de Meulan ;
paix générale.

Les possesseurs d'Ivry : — Distinction entre le château et la seigneurie. — Le château, au duc de Normandie. — La seigneurie,
à Eustache de Breteuil, qui réclame le château. — Négociations ;
otages ; traits de barbarie. — Eustache dépouillé de la seigneurie ; le château confié à Ascelin Goel.

L'histoire d'un seigneur n'étant qu'indirectement celle
du pays, je ne rappellerai que d'une façon sommaire que
Guillaume de Breteuil assista, en 1099, à la dédicace de
l'abbaye de Saint-Evroult, dont il fut un des bienfaiteurs [1].

Il était à la chasse où Guillaume le Roux fut tué et,
immédiatement, soutint avec énergie les droits de Robert
Courte-Heuse contre Henri Ier [2].

Il avait épousé Adeline, fille de Hugues de Montfort,
dont il n'eut pas d'enfants [3].

Il mourut à l'abbaye du Bec le 12 janvier 1103 et fut
inhumé dans le cloître de l'abbaye de Lyre que son père
avait fondée [4].

[1] Orderic Vital, t. II, p. 405-406; t. IV, p. 66.
[2] Id., t. IV, p. 87-88.
[3] Id., t. IV, p. 185.
[4] Id. t. II, p. 407.

Il laissa pour héritiers deux neveux : Guillaume de Guader et Rainaud de Grancei. Il avait aussi deux enfants naturels : une fille, Isabelle, mariée à Ascelin Goel, et un fils, Eustache de Breteuil.

Ses deux neveux s'efforcèrent de se mettre en possession de sa succession[1]. Mais, si l'on s'en rapporte à Guillaume de Jumièges, au moment même où l'on célébrait les funérailles de Guillaume de Breteuil, son fils Eustache se saisissait de toutes ses places fortes et s'y fortifiait. Il parvint même à s'y maintenir en sûreté pendant longtemps[2].

Orderic Vital ne donne pas ce détail de la prise de possession des biens de Guillaume de Breteuil à l'instant même de ses obsèques. Il dit seulement que cet héritage fut l'occasion d'une grande guerre entre les habitants d'Evreux, de Breteuil et des pays voisins, guerre qui désola la contrée. A l'en croire, Eustache aurait eu en sa faveur les sympathies des Normands qui se seraient livrés à lui, aimant mieux obéir à un compatriote, fût-il bâtard, qu'à un Breton ou à un Bourguignon, de naissance légitime[3].

Guillaume de Guader mourut bientôt après ; Rainaud de Grancei demeura donc seul compétiteur d'Eustache de Breteuil. Guillaume, comte d'Evreux, et beaucoup d'autres épousèrent la querelle du prétendant bourguignon. On est étonné de compter parmi eux Ascelin Goel, dont la

[1] Ord. Vital, t. IV, p. 186.

[2] « Dum exequiæ patris agerentur, omnes munitiones ejus occupans et muniens, omnem terram sui patris diutius hâc invasione quiete tenuit. » (Guillaume de Jumièges, lib. VIII, c. xv.)

[3] « Sed Normanni Eustachium... susceperunt quia compatriotam nothum quam Britonem seu Burgundionem liberum sibi præesse maluerunt. » (Orderic Vital, t. IV, p. 186.)

femme était la sœur naturelle d'Eustache. Comment Ascelin ne faisait-il pas cause commune avec son beau-frère,
normand comme lui, et enfant naturel de Guillaume de
Breteuil comme sa femme? C'est parce que, conformément à l'assertion de Guillaume de Jumièges, Eustache
de Breteuil aurait mis la main sur tout l'héritage, et
n'aurait pas voulu le partager avec sa sœur.

Toujours est-il que les partisans de Rainaud de Grancei,
y compris Ascelin Goel, firent tout le mal qu'ils purent
dans la contrée et la ravagèrent comme un pays ennemi.

Tous ces maux, cependant, servirent peu la cause qu'ils
défendaient. Eustache, ayant dans son parti plusieurs Normands, parmi lesquels Guillaume Alis, un des vassaux de
la maison de Breteuil, dont nous avons déjà rencontré le
nom, Raoul Le Roux, Thibault et ses autres barons :
aliosque barones suos[1], se défendait avec énergie. Il
fit alors un coup de maître. Il sollicita l'appui du roi
d'Angleterre. Non seulement celui-ci le lui accorda ; mais,
de plus, il lui donna en mariage sa fille naturelle, Julienne,
et ainsi lui assura, contre Goel et les autres, un secours
auquel il était impossible de résister[2]. Eustache, devenu
gendre du roi d'Angleterre, était, en effet, dès lors, le
personnage le plus en vue.

Le roi avait envoyé d'Angleterre en Normandie Robert,
comte de Meulan, avec ordre de commander au duc de
Normandie Robert et aux autres seigneurs d'épargner son
gendre et même de le défendre, contre ses ennemis. Beaucoup, devant cette attitude du roi, se soumirent. La veille,
adversaires d'Eustache, ils furent, le lendemain, à sa dévotion. Rainaud de Grancei et Ascelin Goel, au contraire,

[1] Orderic Vital, t. IV, p. 186.
[2] Id., *ibid.*, t. IV, p. 185-187. Cf., *ibid.*, p. 337.

furent plus hardis. Les prières du roi ne purent les empêcher de faire la guerre à son gendre. Partout, ils con-
tinuèrent à porter le meurtre et l'incendie. Mais la barbarie sauvage de Rainaud de Grancei qui, un jour, fit
périr, de sa propre main, à coups d'épée dans le ventre,
la garnison d'une place qui lui avait résisté, acheva
de le rendre odieux aux Normands. Il abandonna la lutte,
retourna dans son pays, et Eustache finit par obtenir
toute la succession de son père [1].

Mais, aussitôt, Ascelin Goel, à qui il était impossible de
vivre en paix, se mit sur les bras une nouvelle affaire qui,
toutefois, paraît se rattacher de près aux luttes précédentes et n'être qu'une manifestation de la rancune que
ce hardi personnage avait dû concevoir contre le comte
de Meulan, à raison de son intervention en faveur d'Eustache de Breteuil.

Donc, un jour qu'un riche bourgeois de Meulan, Jean
fils d'Etienne, revenait d'avoir un entretien avec son
seigneur le comte de Meulan, alors à Beaumont-le-Roger,
Goel le guetta, sans doute lorsqu'il traversait ses domaines,
et le fit prisonnier. Robert de Meulan fit tout ce qu'il put
pour délivrer son « bourgeois »; mais il ne put le « tirer
de la gueule du loup » qu'en mettant de son parti la
plupart des combattants des luttes dont on vient de parler. Ce fut, en effet, l'occasion d'un accord qui impliqua
à la fois, et Goel, et Eustache de Breteuil, et Raoul de
Conches, et Guillaume comte d'Evreux, et Amauri son
neveu, auquel le comte de Meulan dut promettre sa fille
alors âgée d'un an. Ce n'est qu'en conséquence de cette
pacification générale que Jean, le riche bourgeois, qu'Or-

---

[1] Orderic Vital, t. IV, p. 190.

deric Vital qualifie d'avare usurier, fut enfin, après une captivité de quatre mois, remis en liberté [1].

Ces scènes, dont les auteurs sont les compétiteurs à la possession de la seigneurie ou du château fort d'Ivry, sont autant de pages intéressantes pour l'étude de la vie féodale en Normandie, au commencement du xii° siècle. On comprend donc que nous nous y soyons quelque peu attardé.

Il nous faut, maintenant, préciser aux mains de qui étaient, depuis la mort de Guillaume de Breteuil, et la seigneurie, et le château-fort d'Ivry.

Comme nous l'avons déjà dit, il importe, en effet, de distinguer les deux choses. C'est faute de le faire que l'on se heurte à des difficultés qui deviennent alors insolubles ou à des assertions inconciliables. Or, voici ce qu'il en était :

Guillaume de Breteuil, cela est certain, était en possession de la seigneurie d'Ivry ; peut-être l'était-il aussi de la forteresse? A sa mort, tandis que sa succession était disputée, comme nous venons de le dire, il semble que la *seigneurie* d'Ivry, tout au moins, fût aux mains d'Eustache de Breteuil.

Orderic Vital, dans les passages visés plus haut, semble indiquer que c'est lui qui l'a emporté. Guillaume de Jumièges est encore plus affirmatif puisqu'il dit qu'Eustache de Breteuil a occupé, fortifié et possédé longtemps *tout* l'héritage de son père. En ce qui concerne Goel, sa lutte contre Eustache de Breteuil prouve bien qu'il n'était pas en possession de la succession du père de sa femme.

Quant au château, il est à peu près certain que, dès

---

[1] Orderic Vital, t. IV, p. 191.

cette époque, le roi d'Angleterre devait en être maître et y avoir un capitaine qui l'occupait en son nom. Ce qui n'est qu'une conjecture en 1103, devient une certitude en 1119.

En 1119, en effet, Eustache de Breteuil était poussé par ses parents et par ses amis à abandonner le parti du roi, et à épouser la querelle de son neveu Guillaume Cliton, *si le roi ne lui rendait la tour d'Ivry, qui avait appartenu à ses ancêtres.* Il suivit leurs conseils et se décida à formuler cette réclamation [1].

Le roi, comme cela arrive en temps de division et de compétitions de pouvoir, avait besoin de ne pas s'aliéner son gendre. C'était, en effet, « un des plus puissants seigneurs de Normandie, appuyé d'amis, de vassaux nombreux, possesseurs de châteaux très bien fortifiés ». Cependant, vu la situation de la place d'Ivry sur la frontière de la France, qui guerroyait pour Guillaume Cliton, « le roi refusa de satisfaire, quant à présent, à sa requête; mais il le lui promit, pour plus tard, et chercha à le calmer par de bonnes paroles ». Enfin, comme gage de sa fidélité, et comme sûreté réciproque, il lui donna en otage le fils de Raoul Harenc « qui gardait alors la tour » et qui « était un très brave chevalier ». En échange, Eustache de Breteuil remit au roi ses deux filles, les petites-filles du roi.

Alors se passèrent, des deux parts, des faits de barbarie dont on voudrait douter, bien qu'ils soient rapportés par un contemporain qui avait sans doute connu plusieurs des acteurs.

Eustache de Breteuil, donc, poussé à la révolte par

[1] Orderic Vital, t. IV, p. 336-339.

Amauri de Montfort, fait arracher les yeux au fils du châtelain Raoul Harenc. Le roi, paraît-il, ne craignit pas de livrer lui-même ses deux petites-filles à la vengeance de son châtelain qui, par représailles, leur fit aussi crever les yeux et, de plus, couper les narines. Il consola de son mieux le châtelain Harenc, le combla de présents et le renvoya à la garde de la tour d'Ivry.

Le reste des événements, savoir la mise en état de défense des quatre châteaux d'Eustache de Breteuil, Lire, Glos, Pont-Saint-Pierre et Pacy, le départ de sa femme Julienne pour présider à la défense de Breteuil, ne touchent qu'indirectement l'histoire d'Ivry.

Quelques incidents rapportés à ce sujet par les historiens paraissent plutôt relever des légendes populaires que de l'histoire.

Est-il croyable, ainsi que le dit Orderic Vital, que Julienne, enfermée dans le château de Breteuil, ait fait demander un entretien au roi son père et ait perfidement lancé une flèche contre lui ? L'est-il davantage que le roi en ait tiré cette vengeance, digne de figurer dans un fabliau, de faire rompre le pont du château, une fois qu'il eût été rendu, et d'y laisser seule sa fille qui, pressée par la faim, dut, au mois de février, traverser les fossés pleins d'eau, *nudis natibus*, sous les huées de l'armée de son père et des bourgeois de Breteuil qui tenaient pour le roi ?

Cette attitude des bourgeois de Breteuil, soit dit en passant, est un fait d'une portée générale, une indication fort précieuse pour la connaissance de l'état social de la bourgeoisie rurale au XIIe siècle et de ses rapports avec ses seigneurs, fussent-ils des plus grands de la province.

En même temps, on y voit une nouvelle et très caracté-

ristique distinction entre un bourg et un château, distinction sur laquelle repose également toute l'histoire
d'Ivry.

Ainsi, les « bourgeois » de Breteuil, aussitôt la venue
de Julienne, prévoyant que cette rébellion pourrait nuire
à plusieurs d'entre eux, vont en aviser le roi et le reçoivent
« dans leur ville, portes ouvertes, et avec empressement ».
En retour, le roi recommande expressément à ses troupes
de ne rien prendre dans le bourg. Puis, une fois maître
du château, détail d'une réelle importance, il « convoque
les bourgeois, les remercie, les honore de promesses et
d'avantages, et prend leur avis au sujet du capitaine à
qui il confiera la garde de la forteresse ».

Reportant, par une association d'idées qui s'impose,
notre pensée sur les habitants d'Ivry à cette époque, nous
concluons, par analogie, qu'eux aussi n'étaient évidemment pas les faibles paysans qu'une histoire arriérée peint
souvent ; mais que dès lors, par leur labeur, leur commerce, ils avaient, en face de leur seigneur, conquis
l'autorité que donne la fortune, jouissaient d'une réelle
autonomie et n'étaient point une *quantité négligeable* dans
l'organisme social.

Peu après, le roi restitua à Raoul de Guader, petit-
neveu de Guillaume de Breteuil, toutes les possessions de
ses ancêtres, à l'exception de Pacy, que détenait Eustache de Breteuil.

Sans doute, cette restitution comprenait la *seigneurie*
d'Ivry. Nous disons exprès la *seigneurie*, puisque la garde
du château était demeurée confiée au châtelain Raoul
Harenc, du moins d'après l'affirmation expresse d'Orderic
Vital.

Il est à remarquer, toutefois, que Guillaume de Jumièges

présente d'une façon différente les résultats de la défaite d'Eustache de Breteuil, et le règlement définitif de la succession de Guillaume de Breteuil qui en fut la conséquence.

D'accord en cela avec Orderic Vital, il dit bien qu'Eustache de Breteuil ne conserva que Pacy et fut dépouillé de tous ses autres biens. Toutefois, d'après lui, ces autres biens auraient été donnés par le roi, à Robert, comte de Leycester et à sa femme « ainsi qu'il l'a déjà dit ».

Enfin il ajoute expressément que « le château d'Ivry fut *rendu* à Goel et à ses fils [1] ».

Au surplus, cette divergence, en ce qui concerne le château d'Ivry, n'est qu'apparente. En effet, chose peu logique et que nous reverrons encore dans l'histoire à propos d'un seigneur d'Ivry vers 1390 et 1400, lorsqu'un souverain, roi de France ou duc de Normandie, nommait un personnage capitaine d'une place forte, celui-ci ne se rendait pas toujours lui-même dans la place confiée à sa garde, pour la défendre et la commander en personne. Ce titre de capitaine emportait des honneurs, des profits, des revenus. Le personnage se les appropriait, et, pour commander en son lieu, il désignait et payait, sans doute sur les revenus dont il jouissait à raison de sa dignité, un chevalier qui commandait et combattait pour lui. Je

---

[1] Après avoir dit que Julienne avait chassé la garnison royale du château de Breteuil, il continue : « qua de causa rex exacerbatus omnem illam hereditatem, quam non hereditario jure, sed sua pervasione, imo regis clementia hactenus possederat, non immerito illi abstulit. Castrum siquidem Ivreicense redditum est Goello et filiis suis. Ceteram terram, sicut jam diximus, Robertus comes Leycestriæ cum uxore sua postmodum accepit. Eustachio proinde Paceii oppidum solummodo remansit. »

(Guillaume de Jumièges, liv. VIII, c. xv.)

pense donc que c'est ainsi qu'Ascelin Goel fut investi du titre honorifique et des avantages de capitaine du château d'Ivry, tandis que Raoul Harenc put rester, sous ses ordres, capitaine effectif d'Ivry, comme il l'était déjà sous les ordres du duc de Normandie.

CHAPITRE IX

Ivry pris par Louis VI. — Robert et Guillaume Louvel, fils d'Ascelin Goel ; leur turbulence, leurs guerres. — Haute situation
de Guillaume Louvel ; son mariage ; sa révolte contre le duc de
Normandie. — Sa fuite au combat du Bourgtheroulde. — Ses
donations à divers établissements religieux. — Il est en pleine
possession de la seigneurie et du château d'Ivry.

L'ordre chronologique nous amène à mentionner ici un
événement dont il est surprenant qu'Orderic Vital, qui
parle souvent d'Ivry, n'ait pas fait mention : la prise
d'Ivry par Louis VI, en 1119.

C'était un incident de la guerre, à peu près continue,
qui avait pour objet la compétition de la Normandie entre
le roi Henri et son neveu Guillaume Cliton. Dans ces
luttes intestines, qui divisaient en deux partis les seigneurs
normands, le roi de France, cela allait de soi, devait soutenir, quand bien même il n'eût eu aucun titre sérieux,
le parti du prétendant.

C'est Suger qui, dans sa vie de Louis VI, nous
apprend que ce roi, avec des forces imposantes, s'empara
du très fort château d'Ivry et y mit le feu[1].

D'ailleurs, dans cette même année 1119, nous allons

[1] Irruens [Ludovicus] siquidem in Normanniam mirabili exercitu eam
depopulando, cum castrum munitissimum quod dicitur Ivriacum, multo
congressu expugnatum, incendio conflagrari effecisset, Britolium usque
pervenit. (D. Bouquet, *Recueil des Historiens de France....*, in-f°, t. XII,
p. 45.)

retrouver encore dans l'histoire, Ivry et la famille turbulente d'Ascelin Goel.

Ascelin Goel, de même qu'il avait combattu Eustache de Breteuil, gendre du roi, avant sa révolte contre son royal beau-père, avait aussi épousé, contre le roi, la querelle de son compétiteur, Guillaume Cliton. Il était mort en 1119 ; mais son fils Robert, qui lui avait succédé, avait dû suivre le même parti que son père, car Orderic Vital dit, sur cette année, qu'il « revint à résipiscence, le premier d'entre les ennemis du roi ; et, repentant des rébellions qu'il avait fomentées, il demanda son amitié au roi, l'obtint et y fut fidèle jusqu'à sa mort, qui était proche [1] ».

Quelques pages plus loin, et toujours sur cette même année 1119, Orderic Vital revient sur cette paix faite par Robert Goel.

« Le roi, dans sa sagesse, avait, comme nous l'avons dit, fait sa paix avec Robert Goel. Il lui avait confié, pour se l'attacher, la *forteresse* d'Ivry, et, comme il convenait, il en avait obtenu ses frères comme otages [2]. » Cette paix s'était conclue par l'entremise de Raoul le Roux, son beau-frère. Immédiatement, d'ailleurs, Robert Goel donna des preuves de son attachement sincère à la cause royale. En effet Henri, au moment d'assiéger Evreux, le chargea de harceler Amaury d'Evreux, de le retenir sur les bords de l'Eure, auprès d'Ivry. Ainsi fit-il, et avec succès, car, pendant qu'Amaury était ainsi occupé à combattre Robert Goel, le roi incendia Evreux, et en avisa, par un exprès, Robert Goel qui se fit un malin plaisir d'annoncer, lui-même, à Amaury le succès de cette manœuvre habilement concertée [3].

---

[1] Orderic Vital, t. IV, p. 343.

[2] Id., t. IV, p. 351.

[3] Id., t. IV, p. 351-352.

Robert mourut peu après l'année 1119. Il n'avait pas d'enfants, et son frère Guillaume, dit Guillaume Louvel, « obtint, avec toute sa succession, la forteresse d'Ivry [1] ».

GUILLAUME LOUVEL

Il semble qu'avec Guillaume Louvel sa famille, déjà riche un siècle auparavant, alors que son grand-père, seigneur de Bréval, n'avait que la charge subalterne de prévôt d'Ivry, arrive à son maximum de splendeur. En même temps, sa situation inférieure à Ivry grandit aussi ; elle a supplanté les anciens seigneurs du pays.

Turbulent et factieux, comme tous les siens, Guillaume Louvel est, en 1122, au nombre des principaux seigneurs qui conspirent contre le roi Henri. La levée de boucliers a pour meneur principal le jeune comte de Meulan, Galeran. Celui-ci, d'après les usages du temps, avait eu le droit et le devoir de marier ses trois sœurs. En les mariant, il avait cherché sans doute à leur donner des appuis et des protecteurs ; mais « en même temps, dit Orderic Vital, il chercha à se procurer à lui-même un entourage qui, de tous côtés, lui fût une force » dans sa révolte. Il les maria donc, toutes trois, « à de puissants châtelains, solidement appuyés de leurs vassaux, de leurs châteaux et de leurs grandes richesses ». Or, l'un de ceux qu'il choisit, comme réunissant ces conditions, pour en faire son beau-frère, fut Guillaume Louvel [2].

---

[1] [Guillelmus Lupellus, Ascelini filius...] qui, post mortem Rodberti Goelli, fratris sui, adeptus est cum toto patrimonio arcem de Ibreio.... » (Orderic Vital, t. IV, p. 441.)

[2] « Tres quippe sorores suas, ut illæ legaliter consolarentur, et ipse

Une fois la guerre déclarée, on va donc suivre, pas à pas, les faits et les démarches de Guillaume Louvel. Au mois de mars 1124, à la suite de son puissant beau-frère, il ravitaille la garnison de Vatteville qui tenait pour les conjurés, et combat l'armée royale qui assiégeait la place.

Les conjurés se dirigeaient vers Beaumont-le-Roger, leur place principale, lorsqu'ils furent attaqués par l'armée royale, qui les attendait au passage. C'est le combat connu sous le nom de combat du Bourgtheroulde. Les conjurés furent vaincus. Il faut lire, dans Orderic Vital, le récit très détaillé des délibérations qui précédèrent la bataille, de ce qui se passa dans les conseils de chacun des deux partis, les incidents de la bataille, le nombre d'hommes que comprenait chaque détachement, les détails stratégiques et, notamment, l'habile mesure des royaux qui placent en première ligne leurs archers, pour tirer sur la cavalerie ennemie et la démonter. Plus habilement encore une partie des chevaliers met pied à terre. Ainsi, d'abord, ils donnent confiance aux piétons ; puis cette infanterie nouvelle est une force dans la bataille. Plût à Dieu que l'on eût agi ainsi dans d'autres mémorables batailles de notre histoire !

Galeran de Meulan et deux de ses beaux-frères furent faits prisonniers et conduits au roi qui les retint longtemps captifs et confisqua tous leurs biens. Le troisième, Guillaume Louvel, fut moins malheureux, mais eut, cependant, toutes sortes de mésaventures. Pris par un paysan, il obtint de celui-ci qu'il le laissât aller, moyennant

nihilominus in omnes undique contribules suos corroboraretur, tribus præcipuis dederat oppidanis, quibus homines et municipia multœque divitiæ suppeditantur. Una scilicet data est..... ; tertia vero Guillelmo Lupello, Ascelini filio, qui, post mortem Rodberti Goelli, fratris sui, adeptus est, cum toto patrimonio, arcem de Ibreio. » (Orderic Vital, t. IV, p. 441.)

l'abandon de ses armes. Pour mieux le déguiser sans doute, le paysan le tondit comme un écuyer. Un épieu à la main, il se dirigea vers la Seine. Là, pour obtenir de la traverser, n'ayant pas d'argent, il dut abandonner au batelier ses chaussures ; et, pieds nus, il rentra chez lui, heureux, tout compte fait, de s'être, tant bien que mal, échappé. Évidemment, il avait préféré passer l'eau pour être plus sûr d'échapper aux mains des soldats du roi qui devaient cerner le pays pour arrêter les fuyards.

Plus heureux que ses beaux-frères, Guillaume Louvel, ainsi que quelques autres partisans de Guillaume Cliton, parvint à obtenir son pardon du roi qui, oubliant le passé, consentit à leur rendre sa faveur et à leur permettre de rentrer en possession de leurs biens [1].

On est quelques années sans entendre parler de Guillaume Louvel. L'histoire a, au contraire, consigné les déprédations et les ravages commis, en 1136, dans les environs d'Evreux par son frère Roger le Bègue [2], à la suite de Roger de Conches et d'autres partisans de Geoffroi, comte d'Anjou. L'année suivante, le roi Etienne l'assiège dans son château de Grossœuvre, le force à « faire la paix », ce qui, enfin, procure un peu de repos au pays [3].

Guillaume Louvel reparaît sur la scène vers 1155.

« L'année d'après, 1155, dit l'auteur d'une histoire du comté d'Evreux, Simon de Monfort comte d'Evreux, ayant eu quelque mécontentement de la part de Guil-

---

[1] Orderic Vital, t. IV, p. 455-459, 462-464.

[2] « Roger le Bègue, seigneur de Grossœuvre, *fils* de Guillaume Louvel, seigneur d'Ivri, » dit une note de M. A. Le Prévost (Ord. Vital, t. V, p. 75). Mais Robert de Torigny, dans un passage qui sera bientôt cité en note, dit expressément que Roger le Bègue était le *frère* de Guillaume Louvel.

[3] *Id.*, t. V, p. 75, 77, 89.

laume Louvel et de Roger le Bègue, gentilshommes du voisinage, fils d'Ascelin Goel qui avait commandé ci-devant dans le château d'Ivry, les congédia et ne voulut plus avoir affaire avec eux ; cette disgrâce ne les humilia point ; elle servit, au contraire, à les irriter encore davantage ; ils parlèrent mal du comte d'Evreux qui, ne croïant pas devoir supporter plus longtemps cette injure, ravagea toutes leurs terres et en ruina toutes les forteresses[1]. »

Robert de Torigny place cet événement en l'année 1152 et dit, au contraire, que le comte d'Evreux ravagea presque toutes les terres des fils d'Ascelin Goel, à l'exception de leurs forteresses[2].

Guillaume Louvel confirma, à une date non indiquée par Orderic Vital, les donations faites à l'abbaye de Saint-Evroult soit par ses prédécesseurs, soit par ses vassaux[3] ; il donna à l'abbaye d'Ivry la dîme de ses moulins (1142) et confirma la donation que sa mère leur avait faite d'une maison pour loger les hôtes[4].

Une charte du cartulaire de l'abbaye de Saint-Germain-des-Prés fait encore mention de lui en 1162[5].

---

[1] *Histoire civile et ecclésiastique du comté d'Evreux* [par Le Brasseur], Paris, 1722, in-4°, p. 147. En manchette, on lit: *Chronic. norm.*, p. 988.

[2] Discordia inter Simonem comitem ebroïcensem et filios Ascelini Goelli, scilicet' Willielmum Lupellum et Rogerium Balbum ; qua invalescente prædictus comes fere totam terram eorum depopulatus est absque firmitatibus. *Chronique de Robert de Torigny, abbé du Mont-Saint-Michel...*, publiée par M. Léopold Delisle. Rouen, 1872, 2 vol. in-8°, t. I, p. 278.

[3] Orderic Vital, t. II, p. 470.

[4] Notum sit omnibus Christi fidelibus quod Guillelmus Lupellus, divino munere fretus, anno ab incarnatione domini M. C. XLII, ipsa die resurectionis qui fuit XIII kal. mai, antequam sanctum evangelium legeretur, dedit monachis sancte Marie Ibreiensi ecclesie servientibus decimam omnium molendinorum suorum..., etc.
Huic autem dono addidit et confirmavit Heldeburgis matris sue scilicet domum ad hospitandum fratres egenos sive desolatos..., etc. (*sic*). (*Archives départementales de l'Eure*, H. 424.)

[5] D. Bouillart, *Histoire de l'abbaye de Saint-Germain-des-Prés*, p. 91.

Il avait aussi concédé aux religieuses de l'abbaye des Hautes-Bruyères, du consentement de sa femme Mathilde et de son fils Galeran, une redevance de blé sur ses moulins d'Ivry, et les revenus d'un hôte[1].

Une charte non datée, copiée au cartulaire de l'abbaye de l'Estrée, conserve le souvenir d'une donation de droits d'usage dans la forêt d'Ivry, consentie à cette abbaye par Guillaume Lunel (lisez : Louvel), Mathilde sa femme, et Galeran, leur fils[2].

Des actes consignés au cartulaire de Saint-Père de Chartres donnent lieu à quelques observations intéressantes pour Ivry et les environs.

L'un rappelle que Guillaume Louvel avait construit, à Ezy, des moulins, au-dessus de ceux de Saint-Père de Chartres, ce qui causait à cette abbaye un grave préjudice. Pour le réparer, il lui abandonna la dîme de ces moulins et de tous les profits qu'il en tirait, et, en plus, la dîme des cultures faites ou à faire dans la forêt, et d'autres dîmes encore. Il confirma aussi à l'abbaye la dîme du péage de Nantilly, avec le droit de recevoir directement et par les mains d'un receveur établi par elle, le péage de la dixième semaine. Cet acte et les suivants

---

[1] 1154-1162. Charte de confirmation par Henri II, roi d'Angleterre et duc de Normandie, aux religieuses des Hautes-Bruyères :

... Sciatis me concessisse et confirmasse... ; et tres modios frumenti in molendinis suis castri Ibrenensis, ex dono Guillermi Rupelli [Lupelli], atque quemdam hospitam Drogonica nomine liberum et quietum ab omni censu ex dono prædicti Guillermi Rupelli atque Mathildis uxoris ipsius et Galeranni filii eorum.

(Abbé P.-F. Lebeurier, *Notice historique sur la commune d'Acquigny*, Evreux, 1862, in-8°, p. 88.)

[2] *Inventaire sommaire des Archives départementales de l'Eure*, par M. G. Bourbon, Evreux, 1893, in-4°, II. 319.

On trouve aussi, en 1152, Guillelmus Lupellus, Mathildisque uxor ejus atque Galerrannus eorum filius. (Archives nationales, Q. 194, 1, cote 17 *bis*.)

présentent en outre cet intérêt de donner les noms de nombreux témoins, sans doute les principaux habitants d'Ivry et des environs à cette époque.

Ils affirmeraient encore, s'il en était besoin, la situation incontestable de Guillaume Louvel comme seigneur d'Ivry, puisqu'un don est fait *du consentement de Guillaume Louvel* ; une restitution d'une terre donnée à Saint-Père par Robert d'Ivry est faite, tant par repentir que *par amour du seigneur Guillaume Louvel*; ailleurs, enfin, ce qui a de l'importance — (on l'a déjà vu, et on le verra encore), — Guillaume Louvel est qualifié non plus seulement seigneur d'Ivry, mais *seigneur du château d'Ivry* [1].

Nous avons déjà dit que Guillaume Louvel avait épousé

---

[1] « Nous voulons qu'il soit su... que Guillaume surnommé Louvel, seigneur du château d'Ivry, « *Ebriaci castri dominus*, » a ainsi amendé le très grave préjudice qu'il a causé à notre église par la construction de ses nouveaux moulins d'Ezy situés au-dessus des nôtres. Il nous a donné en aumône toute la dîme de ses moulins faits au-dessus des nôtres, ainsi que du moulin qu'il avait construit « *in capite calciate Ebriaci. Totam quoque et census et thelonei et furnagii, nisi unius qui jam edificatus est furni, decimam de burgo in calciato ædificato; sed et totius agriculture, quam vel habet jam vel habiturus est in foresta eidem burgo prominente, decimam ecclesie nostre contribuit. Pedagii quoque de Nantilliaco decimam, a patre suo Goello donatam, nobis etiam ipse dono suo confirmavit, concedens nobis, ut, in decima quaque septimana, ad pedagium recipiendum habeamus libere receptorem nostrum...* » Les moines qui y demeureront pourront moudre, sans payer la mouture, les provisions à leur usage. Autant ses revenus augmenteront, soit dans le bourg de la chaussée, soit dans la forêt ou la terre du même côté de la rivière d'Eure, autant leur dîme augmentera... »

Il ajoute, à ces dons, tout ce qu'il avait fait donner aux moines, tant par sa femme et ses fils que par ses frères.

« *Et prioris quidem donationis testes sunt isti : Robertus Rufus, Rogerius capellanus, Gislebertus, Robertus Gauterii, Ricardus prepositus, Johannes filius Roberti Rufi, Ricardus Rufus, Reinoldus de Breherval, Ricardus aurifaber, Fulco de Cultura, Hilduinus mulnarius, Henricus filius Hugonis coci, Ricardus de Roinvilla, Hilduinus de Moncellis, Girardus mulnarius, Isnardus, Durandus; ex parte nostra Stabilis de Nantilliaco.....*

Sequentis vero donationis a Mahilde uxore ejusdem Willelmi et a filiis eorum Roberto et Galeranno et filiabus Elysabet et Helisent facte, testes

une sœur de Galeran de Meulan. Le P. Anselme dit qu'elle s'appelait Auberée et place ce mariage « vers 1117[1] ».

Mais, d'autre part, d'après diverses chartes ainsi que d'après un document déjà cité, consigné au cartulaire de Saint-Père de Chartres, sa femme aurait eu nom Mathilde[2] et il en aurait eu quatre enfants, Robert, Galeran, Elisabeth et Hélisent.

sunt isti : *ex parte eorum Gislebertus et Rogerius presbyteri, Radulfus Haimonis ; ex parte nostra...* »
(*Cartulaire de Saint-Père de Chartres*, p. 605-606.)

Les moines de Saint-Père de Chartres échangent avec « *Guido de Rubreio quamdam terram quam habebamus versus alnetum de Olins pro quâdam terrâ quam idem Guido habebat contiguam molendinis nostris de Esiaco... Concessit hoc uxor ipsius Guidonis et filii Radulfus atque Petrus ; sed et Willelmus Lupellus hoc concessit, videntibus Hugone Rufo et Stephano de Choanaria et Radulfo Hausman.* »
(*Cartulaire de Saint-Père de Chartres*, p. 569.)

Hugues, surnommé Neveu, réclamait la terre « *quæ dicitur de Bisart, prope Olins sita, a Roberto de Ebriaco ecclesie nostre antiquitus donata* » ; après l'avoir usurpée longtemps, tant par repentir que « *amore domini Willelmi Lupelli, ipso presente, apud Ebriacum, in portu Teoboldi Belli fabri* », il y renonce, ainsi que son fils... *Unde testes sunt quorum nomina subter annotata sunt : Guillelmus Lupellus, Guiardus Grossus, Rostardus et Gosmundus. Hi autem sunt quorum testimonio calumpnia eadem depulsa est offerentium se ad omnem quecumque adjudicaretur probationem quod terra de quâ agitur juris ecclesie nostre foret, quodque super ea nobis injuste calumpnia fieret : item Teobaldus Bellus faber, Radulfus Crassa lingua, Symon Crassa lingua, Paganus de Moncellis et Erchemboldus frater ejus Aucherius de Aneto, Hermerus de Aneto, Robertus Johannis de Salceto, Hugo de Revervilla, Robertus Rufus, Hugo Rufus, Rogerius Quesman, Radulfus Carnotensis, Hugo de Gila, Richardus prefectus Gaenvillaris, Gunterius de Nantilliaco.*
(*Cartulaire de Saint-Père de Chartres*, p. 601.)

[1] *Histoire généalogique des grands officiers de la Couronne*, 9 vol. in-fol., t. II, p. 404.

[2] C'est à elle qu'il faudrait attribuer une charte de 1185, dans laquelle Mathilde d'Ivry donne ou restitue à l'abbaye d'Ivry certaines dîmes à Ivry. (*Archives départementales de l'Eure*, H. 424.) Voir la partie de ce travail consacrée à l'histoire de l'abbaye.

CHAPITRE X

Galeran d'Ivry. — Il se range du parti de Henri le jeune. — Il est seigneur d'Ivry et maître du château. — Le duc de Normandie redevient maître du château, mais en laisse la garde aux seigneurs ; discussion. — Entrevue des rois de France et d'Angleterre à Ivry. — Donations de Galeran d'Ivry.

GALERAN D'IVRY

« Il est certain, dit M. Mauduit, que Galeran succéda à son père, et que Robert, qui paraît avoir été son frère, était son puiné. Il se voit bien, par une charte de donation par lui faite aux moines du Breuil-Benoît, qu'il était seigneur d'Ivry, que sa femme avait nom Regina et qu'il avait deux fils, Robert et Goel, et une fille nommée Mathilde [1].

« Quoiqu'on n'ait pas la date de ce document, il ne semble pas possible de le rapporter à un autre Galeran que celui dont nous nous occupons en ce moment. »

Orderic Vital, notre guide merveilleux pour l'étude de l'histoire locale et seigneuriale en Normandie, nous manquant depuis l'année 1141, il va falloir nous contenter, maintenant, de l'*ossature*, pour ainsi dire, de l'his-

---

[1] Ego Galerannus Ebreiensis dominus... hoc concessit Regina uxor mea et Robertus et Goel filii mei et filia mea Mathildis... Copie, s. d., d'une donation aux moines du Breuil sur la forêt d'Ivry.
Archives nationales, Q. 194, cote 17 *bis*.

toire, et de noms arides, au lieu de personnages agissant et se mouvant devant nous.

C'est ainsi que, sous l'année 1173, nous rencontrons dans Robert de Torigny, cette brève mention : « qu'après Pâques Galeran d'Ivry se rendit, lui, et son château, au jeune roi : « *vertit se et castellum suum ad regem junio-rem* [1] ».

M. Mauduit, dans ses notes, avait traduit : « Galeran d'Ivry se rangea du côté du roi *Louis le Jeune*, avec le château qu'il avait à sa disposition. » Il nous paraît, au contraire, d'après le contexte, et d'après les données générales des événements, que ce passage veut dire que Galeran s'attacha au parti du jeune Henri, fils du roi d'Angleterre Henri II. L'erreur est, d'ailleurs, bien excusable, le jeune prince ayant été demander un asile au roi de France *Louis le Jeune*.

Galeran d'Ivry était donc, auparavant, maître de son château d'Ivry. Il n'y avait donc plus à Ivry de châtelain gardant le château sans doute aux frais du roi-duc et y commandant pour lui.

C'était là une exception, car Robert de Torigny fait cette remarque suggestive sur les mœurs et l'état de fortune d'une partie des grands seigneurs français que le roi d'Angleterre, « à qui beaucoup des barons de France devaient de l'argent, et qui se les était attachés par de grands avantages et de grands dons », ayant été par eux instruit des projets hostiles du roi de France, fortifia ses

---

[1] Ann. 1173. — Post Pascha, Bernardus de Feritate vertit se et castellum suum regi juniori. Similiter Galerandus de Ibera, Goscelinus Crispinus, Gillebertus de Tegulariis, Robertus de Monte Forti, Radulfus de Faie, Gaufridus de Lizenone, Hugo de Sancta Maura et ipsius filius et Willermus camerarius de Tancharvilla veniens de Anglia.
Chronique de Robert de Torigny, abbé du Mont-Saint-Michel, publiée par M. Léopold Delisle. Rouen, 1873, in-8°, t. II, p. 38.

châteaux sur la frontière *et en changea quelques-uns des gardiens dont il se méfiait*[1].

Toujours d'après cet auteur, dont l'œuvre n'est souvent qu'une suite de sèches notes classées par ordre chronologique, en 1177, « Galeran, fils de Guillaume Louvel, étant mort, la tour d'Ivry, que le roi avait beaucoup désirée, vint aux mains du roi. Ni son père ni son aïeul n'en avaient été maîtres[2] ».

Un autre auteur, Benoit de Péterborough, n'est, toutefois, pas d'accord sur ce point avec le précédent.

D'après lui, Galeran d'Ivry lui-même serait venu à Rouen, en septembre 1177, trouver le roi Henri II, et il lui aurait rendu le château et la terre [ou la tour] d'Ivry, « à cette condition qu'il en resterait gardien pour le compte du roi, et, en garantie, il lui aurait donné son fils comme otage[3] ».

Les deux récits sont l'un et l'autre très vraisemblables. Peut-être l'un des deux est-il erroné? Cependant, ils ne sont pas inconciliables et, en les admettant tous deux comme des faits successifs, ils peuvent rester dans la vérité absolue des choses. Galeran d'Ivry, qui s'était

---

[1] 1174. — Rex autem Henricus senior, qui multos de baronibus Franciæ oberatos habebat et magnis obsequiis et donis eos sibi familiares fecerat, hoc cognito per eos, castella sua quæ erant in finibus Normanniæ juxta Franciam armis, militibus et victualibus munivit. Removit etiam quosdam custodes castellorum ne aliquam sibi fraudem facerent per receptionem inimicorum suorum et longam moram. (Rob. de Torigny, t. II, p. 50.)

[2] Mortuo Waleranno, filio Guillermi Lupelli, turris Ibreii venit in manum domini regis, quam multum cupierat, quam nec pater ejus nec avus habuerunt. (Rob. de Torigny..., t. II, p. 68.)

[3] Venit autem ibidem, scilicet Rothomagum, ad regem Wallerannus de Yveri et reddidit ei castellum et turrim de Yveri, ita quod ipse Wallerannus remaneret inde custos ad opus regis, et dedit inde regi filium suum in obsidem. (D. Bouquet, *Recueil des Historiens de France*, t. XIII, p. 171.)

révolté en 1173, peut bien avoir fait sa soumission en 1177, et obtenu la garde du château en donnant son fils comme gage de sa fidélité. Si, ensuite, il est mort quelques mois après en cette même année 1177, il est très probable que le roi, ayant son fils et héritier en son pouvoir, ait mis comme condition, avant d'investir le fils de la succession de son père, qu'il renoncerait à la garde de la tour d'Ivry.

C'est à Ivry que dut avoir lieu, en septembre 1177, une entrevue des rois de France et d'Angleterre qui fut suivie d'un traité connu sous le nom de traité d'Ivry.

Ce fut une de ces nombreuses tentatives pour terminer les différends multiples qui divisaient les deux couronnes. Un des griefs était le retard apporté, depuis longtemps, à un mariage décidé entre les enfants des deux souverains; cependant, le traité d'Ivry, dont nous avons le texte, laissa de côté ce point important à plus d'un titre, et décida seulement une croisade qui n'eut pas lieu.

Si nous ne sommes pas absolument affirmatif sur le lieu de l'entrevue des souverains, c'est que tous les auteurs anciens qui ont mentionné ce traité ne sont point d'accord sur l'endroit où l'on se réunit[1].

[1] Roger de Hoveden (dans *Rerum anglicarum scriptores*, Francofurti, 1601, p. 570) dit formellement :
« Rex Angliæ transfretavit in Normanniam et habito colloquio inter ipsum et regem Franciæ apud *Iveri* XI cal. octob. facta est amicitia et finalis concordia in hunc modum... »
Benoît de Péterborough dit que l'entrevue eut lieu entre Ivry... et une localité dont le nom n'a pas été écrit « [Rex Angliæ]..., nunciis ad regem Franciæ missis colloquium de pace et concordia cum eo capit inter Iveri et ****, in festo sancti Matthæi apostoli.... ». Il reprend après avoir parlé de Waleran et d'Ivry :
« Adveniente igitur festo sancti Matthæi apostoli, scilicet XI kal. octobris, præfati reges ad terminum et locum colloquii prænominatum venerunt cum principibus et majoribus regni sui : In quo colloquio rex Angliæ concessit regi Franciæ quod Ricardus Comes Pictaviæ filius ejus filiam ipsius in conjugem duceret. Et postea hanc pacem et concor-

Roger de Hoveden, très explicite à cet égard, dit que l'entrevue eut lieu à Ivry ; mais Robert de Torigny, qui d'ailleurs suppose à tort deux conférences , les place tantôt au gué de Saint-Rémy, tantôt près de Nonancourt.

Benoît de Peterborough dit que les rois se virent entre Ivry et ... »

Mathieu Paris cite Nonancourt.

Malgré ces divergences il semble certain qu'il faut opter pour Ivry. En effet, d'après Gervais de Cantorbery, une nouvelle entrevue de Philippe-Auguste et de Henri II en 1180 fut suivie d'un traité dont il nous donne le texte et où on lit : « Nous voulons qu'il soit su... que nous avons renouvelé l'alliance et l'amitié que mon seigneur Louis, roi de France, et moi Henri, avions conclue à *Ivry* [1]... »

---

diam subscriptam fide et sacramentis et scripto et utriusque sigillo confirmatum fecerunt inter se in hunc modum. »
Benedicti Petroburgensis abbatis Vita Henrici II Angliæ regis. (*Id., ibid., ut suprà.*)

Quant à Robert de Torigny, il semble moins bien informé qu'à l'ordinaire au sujet de l'entrevue des rois et du traité qui en fut la conséquence. Il croit qu'il y eut deux entrevues et deux traités. Une première fois, sur l'année 1177, il écrit :

« Mense Augusto, rex Henricus, assumptis filiis suis Henrico juniori et Richardo duce Aquitanorum et congregatis baronibus suis apud Vadum sancti Remigii cum rege Francorum loqutus est ea quæ ad pacem sunt et de susceptione crucis ad servicium Dei... » Sur ce passage, une note du savant éditeur, M. Léopold Delisle, dit : « Il s'agit du gué de Saint-Rémi-sur-Avre... » (Robert de Torigny, t. II, p. 67-68.)

Une seconde fois, sur l'année 1178, il reprend :

« Ludovicus rex Franciæ et Henricus rex Angliæ convenerunt ad colloquium, haut procul a Nonantiscurte, et ibi tractaverunt de pace et firma concordia inter eos et de susceptione crucis. » Sur ce passage, M. Léopold Delisle fait remarquer qu'il fait double emploi avec ce que Robert de Torigny a déjà dit, et qu'aux deux endroits, il est question du traité conclu en septembre 1177. (Id., *ib.*, t. II, p. 77.)

[1] In eodem colloquio, pax et concordia, fide et sacramentis hinc inde confirmata, facta est inter dominum regem Angliæ et novum regem Franciæ in hunc modum : « Ego Philippus Dei gratia rex Francorum et ego Henricus eadem gratia rex Anglorum, volumus ad omnium... pervenire notitiam quod fœdus et amicitiam, fide et sacramento median-

— 97 —

Il semble résulter de ce que nous avons dit plus haut que Galeran d'Ivry dut mourir en 1177. Pour épuiser ce qui le concerne, nous rappellerons qu'il fit, à une date indéterminée, donation à l'abbaye d'Ivry, en pure aumône, *des églises* d'Ivry, des dîmes et de tous les droits qu'il y percevait, ainsi que de la dîme du blé de sa forêt, et de la dîme de cette même forêt.

Cette donation ne nous est connue que par une charte confirmative du roi Henri d'Angleterre, charte qui n'est pas non plus datée, mais dont la rédaction doit se placer entre les années 1170 et 1189 [1].

Rappelons enfin, puisque le nom de Galeran y est inscrit, que, au rôle des fiefs normands, dressé en 1172 mais qui a été inséré en 1204, avec quelques annotations, dans les registres de Philippe-Auguste, on lit dans le paragraphe intitulé : In balliâ de Tenechebrai :... « Galeranus de Ivreio I militem de pincernatu, et sibi III milites et dimidium. Idem habet de Ivreio VIII milites et dimidium et regi quod rex voluerit [2]. »

libus innovavimus quam dominus meus Ludovicus, rex Francorum et ego Henricus firmaveramus inter nos coram Iveri... etc. (D. Bouquet, *Recueil des Historiens de France*, t. XIII, p. 182.) (Ex Gervasii Dorobernensis monachi chronico de regibus Angliæ sui temporis.) 1180, 28 juin, entre Gisors et Trie (4 kal. Julii inter Gisortium et Triam). Philippe-Auguste et Henri II renouvellent le traité d'alliance conclu à Ivry entre Louis VII et Henri II. L. Delisle, *Catalogue des actes de Philippe-Auguste*, Paris, 1856, in-8°, p. 4.

[1] *Archives départementales de l'Eure*, H. 403. Voir la partie de ce travail consacrée à l'abbaye d'Ivry.

[2] (D. Bouquet, *Recueil des Historiens de France*, XXIII, 697.)

CHAPITRE XI

Robert d'Ivry. — Le roi d'Angleterre à Ivry. — Ivry pris par Philippe-Auguste. — Sa réunion définitive à la France. — Robert
d'Ivry donne des cautions de sa fidélité au roi. — Droits d'usage
dans la forêt de Méré. — Actes et fondations de Robert d'Ivry. —
Époque présumée de sa mort.

ROBERT D'IVRY

1177 (?) — 1234.

Le fils de Galeran d'Ivry s'appelait Robert. On sait peu
de choses concernant ce seigneur.

Etait-il à Ivry, lorsque cette localité eut l'honneur de
recevoir de nouveau le roi Henri II, en 1189 ?

Notre vieil historien normand Du Moulin dit, en effet,
que cette année : « Le roi Henri fit quelque séjour à
Ivry pendant que ses Gwalois brûlèrent le château de
Damville, pillèrent les villages et retournèrent chargés
de butin. De là, faisant quelques cavalcades en France,
les ambassadeurs de Philippe lui demandèrent la paix [1]. »

En réalité, c'est un refuge que le roi d'Angleterre
venait chercher à Ivry.

En effet, il résulte de ce que dit Guillaume Le Breton

---

[1] Gabriel Du Moulin, *Histoire générale de Normandie*, Rouen, Osmont,
631, in fol., p. 418.

qu'en 1188, au moment où Henri II incendiait les possessions françaises aux environs de Mantes, Philippe-Auguste vint pour l'attaquer ; mais Henri refusa la bataille et se retira dans le château d'Ivry[1].

Placé absolument sur la frontière, Ivry devait être mêlé en réalité, comme sur le papier, aux hostilités sans cesse renaissantes, et aux traités sans cesse renouvelés entre la France et la Normandie.

Dans une de ces phases de la lutte entre Richard Cœur de Lion d'une part, et Philippe-Auguste appuyé par Jean sans Terre d'autre part, — en mai 1193, malgré un traité de paix récent, Philippe-Auguste, repoussé de Rouen qu'il avait attaqué, entreprit alors des conquêtes moins difficiles, et s'empara d'Ivry, de Pacy-sur-Eure, du Neubourg et de Beaumont[2].

Des négociations, demeurées sans effet, sont bientôt reprises entre Richard et le roi de France. Entre autres conditions, Richard proposait de donner en mariage sa nièce, la sœur d'Arthur de Bretagne, à Louis, fils de Philippe-Auguste. Il offrait, comme dot de la princesse, le Vexin, Gisors, Vernon, Ivry et une somme de vingt mille marcs d'argent.

Les deux rois devaient avoir une entrevue à Verneuil,

---

[1] Guillaume Le Breton, dans : Œuvres de Rigord et de Guillaume Le Breton, publiées pour la Société de l'histoire de France par H. François Delaborde ; Paris, 1882, in-8°, t. I, p. 189.

[2] ..... Atque ad faciliora exercitum negotia revocans munitiones *nobiles Pascy* et *Iveri* absque multa difficultate obtinuit. — (Ex Guillelmi Neubrigensis de Rebus Anglicis libro IV). *Recueil des Historiens de France*, t. XVIII, p. 38.

Guillaume Le Breton dit aussi dans sa *Philippide :*

..... Rex castella Philippus, — Diruit ad libitum, Gisorti mœnia frangit. — Jam sibi Paciacum, sibi jam subjicit Hibræam; — Jam Bellummuntem cœpit. D. Bouquet, *Recueil des Historiens de France*, t. XVII, p. 167.

vers la Toussaint, mais ce rendez-vous manqua et les hostilités reprirent [1].

C'est seulement quatorze mois plus tard, en janvier 1196, qu'un traité cédait définitivement à la France Ivry, Neumarché, Vernon, Gaillon, Pacy, Nonancourt et leurs châtellenies [2].

Tout changement de gouvernement amène forcément des oppositions et oblige, par contre, l'autorité nouvelle à recourir à des mesures spéciales pour se garantir.

Robert d'Ivry fut sans doute suspect au roi de France et le nouveau souverain de la Normandie ne consentit à le laisser en possession de ses forteresses d'Ivry et d'Avrilly qu'à la condition qu'il les lui rendrait quand il en serait requis. Pour plus de sûreté, il exigea que six seigneurs du voisinage : Manassès Mauvoisin, Pierre Mauvoisin, Guy Mauvoisin, Roger de Maule, Philippe de Blaru et Pierre de Richebourg, se portassent garants, sous peine de la perte de tous leurs biens, de la fidélité de Robert d'Ivry à remplir cet engagement [3].

[1] Depping, *Histoire de la Normandie, sous le règne de Guillaume le Conquérant et de ses successeurs*. Rouen, 1835, 2 vol. in-8°; t. II, p. 346-347, avec renvoi à Hoveden.

[2] 6 janvier 1195 [V.S.]. — Dans le traité conclu par Richard et Philippe-Auguste entre Gaillon et le Vaudreuil, Richard dit :
« Preterea quitationem illam quam comes Lecestrie domino nostro Philippo regi Francie fecit de castello Paciaci, tam in feodo quam in dominio cum castellaria sua et pertinentiis ipsius, ratam habemus et firmam.
Preterea quitamus regi Francie et heredibus suis in perpetuum jure hereditario, Novum mercatum, Vernonem, Gallionem, Paciacum, Ivriacum Nonercortem, cum castellariis eorum. »
Cartulaire Normand de Philippe-Auguste, Louis VIII, Saint-Louis et Philippe le Hardi, publié par Léopold Delisle, dans *Mémoires de la Société des antiquaires de Normandie*, t. XVI, Caen, 1852, in-4°, n° 1057.

[3] 1200, juillet. — Manassès Mauvoisin, Pierre Mauvoisin, Roger de Maule, Philippe de Blaru, Gui Mauvoisin et Pierre de Richebourg garantissent, avec promesse d'abandon de leurs biens, la promesse que

Peut-être même Robert d'Ivry, quoique seigneur du lieu, ne devait-il être qu'un simple capitaine pour le roi dans sa forteresse d'Ivry ?

Toujours est-il que, quelques années plus tard, quand le roi faisait dresser l'inventaire des armes et machines de guerre qui se trouvaient dans les châteaux du Vexin et de la Haute-Normandie, le château d'Ivry se trouve sur la liste, et on y constate la présence de trois balistes « *ad estrif* », et de trois à deux pieds [1].

La très habile et très intelligente politique de Philippe-Auguste le porta à vouloir connaître quels étaient, dans toutes les branches de l'administration de ses nouveaux domaines, les droits de chacun..., et les siens.

Un fragment d'acte au sujet des droits d'usage des riverains dans la forêt de Merei, nous apprend que trois chevaliers de la châtellenie d'Ivry, savoir : Robert d'Epieds, Geoffroy de Serez et Jean de « Braencol » y avaient droit de ramage ; ils devaient : le premier, un repas aux sergents de la forêt, le second, un septier d'avoine, et le troisième, un quartier de froment.

Enfin les habitants de quatre paroisses dépendant du fief d'Ivry : Serez, Lorei, Epieds, la Foletière, avaient, comme les habitants de Pacy, le droit d'y prendre du bois, moyennant une corvée de charrue par an, les autres coutumes, une poule et un quartier d'avoine [2].

Robert d'Ivry a faite au roi de lui livrer, quand besoin sera, les forteresses d'Ivry et d'Avrilly. — L. Delisle, *Cartulaire Normand*, n° 1065. — L. Delisle, *Catalogue des Actes de Philippe-Auguste*, n° 632. — Teulet, *Layettes du Trésor des Chartes*, t. I, p. 221.

M. Mauduit, à propos de cet acte, écrit : « M. L. Delisle dit avoir vainement cherché cette pièce aux Archives de l'Empire. Sur ma demande, on n'a pas pu l'y retrouver non plus. »

[1] (Vers 1210)..... Apud Ivriacum, III balistas ad estrif, et III ad II pedes... *Cartulaire normand*, n° 214.

[2] *Cartulaire normand*, n° 199.

Quelques années plus tard, le seigneur de Saint-André, dont le fief relevait d'Ivry, se voyait confisquer sa seigneurie par le roi de France qui l'octroyait, en récompense de ses bons services, à son cher et fidèle Pierre Mauvoisin. Mais la charte de concession avait bien soin de stipuler que les droits du seigneur d'Ivry seraient respectés, et que le nouveau possesseur rendrait au seigneur d'Ivry les mêmes services que le précédent lui rendait pour cette terre [1].

En 1191, Philippe-Auguste avait confié à Robert d'Ivry la garde du bois de Boscamp, ou Beauchamp, dont on ignore la situation topographique [2].

En 1195, le même Robert, sans doute, quoique désigné sous le nom de Goel qui était resté, pour ainsi dire, un nom patronymique des descendants d'Ascelin Goel, donne à l'abbaye de Saint-Taurin d'Evreux la chapelle du château d'Illiers et quelques autres droits [3].

[1] In nomine, etc., Notum quod cum nos acquisissemus terram Normanniæ, pro fideli servitio quod dilectus et fidelis noster Petrus Malusvicinus nobis exhibuerat, sicut propriam acquisitionem nostram dedimus et concessimus in hominagium ligium ad usus et consuetudines Normanniæ eidem Petro et heredi suo masculo de uxore sua desponsata, villam Sancti Andreae in episcopatu Ebroicensi, cum pertinentiis suis, perpetuo possidendam et totam terram quam Rogerus, quondam dominus dictæ villæ, tenuerat de domino Ibriaci, sicut idem Petrus modo eam tenet; ita quod idem Petrus et heres ejus legitimus reddat domino Ibriaci tale servicium quale servicium dictus Rogerus olim reddebat domino Ibriaci pro eadem terra. Actum apud Paciacum anno domini M. CC XIII mense Julio.
Mémoires et notes de M. Auguste Le Prévost, pour servir à l'histoire du département de l'Eure, t. III, p. 66.

[2] 1191. — Noveritis quoniam nos [Philippus rex Francorum] Roberto de Ivriaco dedimus ad custodiendum, quamdiu nobis placuerit, boscum nostrum de Bosco Campi, et ipse fidelitatem nobis fecit. Proinde, tibi precipimus quatinus des ei tantum quantum dabas Chenello, pro custodia de Bosco-Campi. Actum apud Fontem Bleaudi, M°, C°, XC°, I°.
(Cartulaire normand..., n° 26, et note, p. 275.

[3] 15 janvier 1195. — Gohellus de Ivreio dedit capellam quæ sita est intra castellum. Illeis liberam et quietam; furnos quoque totius villæ

Le nom de Robert seigneur d'Ivry se retrouve encore, en 1205, à propos des droits de coutume et de travers à Ivry[1], et en 1211, date à laquelle Philippe-Auguste atteste que Robert d'Ivry a donné son assentiment à une donation de rente faite par sa tante Aubrée d'Ivry, à l'église de Saint-Corentin, à Septeuil. Nous apprenons même par cet acte que le roi avait, antérieurement, racheté à cette puissante maison d'Ivry la terre de Bréval, qui semble avoir été le point de départ de sa splendeur, et lui avait, en échange, constitué une rente sur la prévôté de Mantes[2].

On verra, dans le chapitre que nous consacrerons à l'abbaye d'Ivry, que Aubrée d'Ivry avait épousé Simon d'Anet et que son neveu Robert d'Ivry donna, en 1209, son autorisation à une libéralité qu'elle avait faite à l'abbaye.

En 1213, il fait une donation aux moines de l'abbaye du Breuil[3].

Cette même année, il concède aux moines de l'Estrée

---

et castelli et decimam omnium quæ ad se pertinent et panis proprii et molendinorum et piscium stagni et terram convenientem ad habitandum et laborandum ; et si contigerit quod teloneum et transitus ibi capiatur, similiter decimam.

Charte en faveur de l'abbaye de Saint-Taurin à Evreux.

Gallia Christiana..., t. XI, instr., col. 140.

[1]. 1205. — R. Dominus de Ibreio...
Droits de coutume et de travers à Ivry.
(Archives nationales. Q. 194[2] — terrier de l'an 1300.)

[2] 1211, octobre. Paci. (Paciaci, *a.* 1211, *m.* oct.) Philippe-Auguste atteste qu'Aubrée d'Ivri, du consentement de Robert d'Ivri, son neveu, a donné à l'église de Saint-Corentin (commune de Septeuil, Seine-et-Oise), une rente de cent sous à valoir sur la rente de douze livres que le roi avait assignée à cette dame sur la prévôté de Mantes, en échange de la terre de Bréval.
(*Catalogue des actes de Philippe-Auguste...*, n° 1306, p. 300.)

[3] Anno 1213. — Robertus dominus de Ibreio... — Donation aux moines du Breuil.
(Archives nationales ; Q. 194[1], cote 17 *bis*.)

une rente de trois septiers de sel sur les redevances payées par les bateaux passant à Ivry. Cette donation était faite, tant dans un but de piété que pour être affranchi d'une redevance que les moines réclamaient de lui, comme ayant garanti (semble-t-il?) une rente donnée par un certain Nicolas de Offin.[1]

En 1216, il accordait, en outre, à l'abbaye de l'Estrée le droit de prendre du bois dans sa forêt d'Ivry[2].

Nous suivons encore pendant longtemps Robert d'Ivry, qui, certainement, devait être arrivé, en 1221, à un âge assez avancé puisque à cette date il souscrit, devant Philippe-Auguste, l'engagement que son fils, Galeran d'Ivry, le servira fidèlement et gardera loyalement le château de Montreuil[3].

---

[1] 1213. — Notum sit tam presentibus quam futuris quod ego Robertus dominus Ybreii dedi et per presentem cartam confirmavi monachis de Strata tres sextarios salis in redditu meo navium apud Ybreium ad festum omnium sanctorum annuatim in perpetuum reddendos pro salute anime mee et Gualeranni patris mei et pro quitacione dimidii modii salis quem ipsi a me ex dono Nicolai de Offin exigebant, ad sue assercionis probationem instrumentum sigilli mei munimine roboratum pretendentes. Actum anno ab incarnatione domini millesimo CC° tercio decimo.

Cartulaire de l'Estrée. *Inventaire sommaire des Archives départementales de l'Eure*, (H. 321).

[2] 1216. — Robertus dominus Ybreii..., Galerannus filius... (Donation à l'abbaye de l'Estrée du droit de prendre du bois mort dans sa forêt d'Ivry.)

Archives nationales; Q. 194[1], cote 17 *bis*.

On trouve aussi (même provenance) :

1215 (septembre). — Robert, seigneur d'Ivry. — (Vidimus.)

Et, aux Archives départementales de l'Eure : 1221, Ego Robertus, miles et dominus de Ibreio.

[3] (Ann. 1221, M. Marcio.) Robert d'Ivri garantit à Philippe-Auguste que Galeran d'Ivri, son fils, le servira fidèlement et gardera loyalement le château de Montreuil. (Sans doute Montreuil près Dreux, dit une note, p. 306.)

(*Cartulaire normand...*; n° 299.)

— *Catalogue des actes de Philippe-Auguste*, n° 2141 A. Indication d'une lettre de Galeran d'Ivri, du même contenu que l'acte précédent.

Enfin, ce qui prouve que Robert d'Ivry devait avoir alors une situation prépondérante, dans laquelle son âge entrait sans doute pour quelque chose, c'est qu'en janvier 1223 il est un des seigneurs en présence desquels, à Gisors, l'archevêque de Rouen promet au roi de conserver et d'observer les droits et libertés du duché de Normandie [1].

Nous connaissons un acte de l'année 1224, passé par son fils Galeran, et duquel il résulte que ce fils était déjà marié : mais comme Galeran ne s'y qualifie pas de seigneur d'Ivry, on doit en induire que son père vivait encore [2].

En effet, nous rencontrons Robert d'Ivry dans des actes dont l'un est daté de 1227 et l'autre paraît se placer vers cette même année.

Le premier est une approbation par l'évêque d'Evreux, en 1227, d'actes par lesquels Fouques de Marcilly, Gohier d'Aunay, Jean de Marcilly et Robert d'Ivry cèdent à l'abbaye du Breuil le patronage de l'église de Saint-Pierre de Marcilly. Il se serait pu, cependant, que Robert d'Ivry fût déjà mort, parce que l'approbation collective de quatre chartes spéciales peut n'être intervenue que plusieurs années après la confection de l'une ou de plusieurs d'entre elles [3].

---

[1] *Cartulaire Normand...*, n° 1129.

[2] 1224, décembre. — Transport fait par Galeran d'Ivry, vicomte de Melun et Agnès, sa femme, en faveur du roi Louis VIII, touchant les droits qu'ils avaient à Beaufort (?) pour 100 l. t. de rente en la prévôté de Loudun.

(Bibliothèque nationale. — Département des manuscrits; fonds français; 24132, p. 80.)

Ce même acte est cité dans de La Roque, *Histoire généalogique de la maison de Harcourt...*, Paris, Cramoisy, 1662, 4 vol. in-fol. (t. IV, p. 2035 et 2123.) — Cet auteur ajoute après Agnès : de Montreuil-Bellay et dit : Bellefond, au lieu de Beaufort.

[3] 21 février 1227 (V. S.) Approbation par Richard, évêque d'Évreux, de chartes de Fouques de Marcilly, Gohier d'Aunay, Jean de Marcilly et

Cette explication serait aussi admissible pour l'autre mention, se rattachant à la disgrâce du fameux Lambert Cadoc qui avait été comblé de possessions territoriales dans l'étendue du département de l'Eure, disgrâce datant de 1227. Dans un acte, non daté, on trouve une liste de seigneurs qui se sont portés cautions de l'ex-châtelain de Gaillon, et, sur cette liste, figure Robert d'Ivry.

Rien d'impossible à ce que l'acte de Robert d'Ivry remonte à une période antérieure à la disgrâce; ces cautions auraient été, uniquement, une garantie analogue à celle que nous avons vu tout à l'heure le même Robert d'Ivry donner pour son fils Galeran.

La liste comprend quatorze noms, parmi lesquels ceux de familles ou de seigneurs du voisinage, tels que les Mauvoisin, les Meulan, les seigneurs d'Aubevoie, de Bailleul... Robert d'Ivry se porte caution pour une somme de cent marcs, qui représente une valeur importante. Le marc valait deux livres, et la livre parisis, environ 27 fr. 19 de notre monnaie ; si l'on tient compte du pouvoir de l'argent, qui était, peut-être, cinq fois plus fort que maintenant, ces cent marcs représenteraient aujourd'hui environ vingt-sept à vingt-huit mille francs[1].

Voici, encore, d'après le quatrième cartulaire du chapitre cathédral d'Evreux, que nous consultons au dernier moment, quelques actes concernant Robert d'Ivry, qui présentent un certain intérêt, et dont l'un va démon-

---

Robert d'Ivry, chevaliers, donnant le patronage de l'église de Marcilly à l'abbaye du Breuil... — La charte de Robert d'Ivry porte : « ... *ego Robertus, dominus Iberii, dedi... abbatiæ bcatæ Mariæ de Brolio... quidquid ego et antecessores mei in patronatu ecclesiæ beati Petri de Marcilleio habueramus hereditate, jure aliquo seu consuetudine...* » *Gallia Christiana...*, t. XI, *instr.* col. 143-144.

[1] *Cartulaire normand.....*, n° 366.

trer encore mieux qu'il ne mourut que plusieurs années après 1227.

Vers 1216, le patronage de l'église de Jumelles était l'objet d'une compétition entre Robert d'Ivry et Gillebert de Jumelles, chevalier. Par charte du mois d'octobre 1216, ce dernier se désista de ses prétentions en faveur de Robert d'Ivry. Il mit, toutefois, à ce désistement, une condition curieuse au sujet de la *recommandation* des personnes et des terres. Il paraît se soumettre, pour la première fois, lui et sa terre, à la commandise ou vassalité du seigneur d'Ivry : « le seigneur d'Ivry, dit-il, sera tenu de me défendre et de me garantir, désormais, comme son homme, moi et mes biens[1]. »

Dix ans plus tard, Robert d'Ivry, par charte souscrite à Evreux en avril 1226, avec la volonté et le consentement de Galeran, son fils aîné, donnait et confirmait à Richard, évêque d'Evreux, le patronage de cette église de Jumelles[2].

Ajoutons tout de suite qu'en décembre 1232, Richard, évêque d'Evreux, — (on verra plus loin qu'il y a lieu de se demander si cet évêque est le même que le précédent), — donna au chapitre de l'église d'Evreux, ce même patronage de l'église de Jumelles, à charge, notamment, de célébrer quatre anniversaires, trois pour lui et un quatrième « pour le seigneur Robert d'Ivry, ses prédécesseurs et ses successeurs[3] ».

Robert d'Ivry vivait encore à cette époque; car il

[1] ..... *Dominus autem Robertus, me et terram meam, tanquam hominem suum custodire et garantizare de modo tenetur.....* Archives départementales de l'Eure ; G, 125, Registre. — (Actes relatifs à la paroisse de Jumelles, f⁵ 287-290).
[2] Id. *ibid.*
[3] Id. *ibid.*

approuva, immédiatement, cette donation, par un acte sur lequel nous reviendrons [1].

Il est certain, d'autre part, qu'il était mort avant 1234 [2].

[1] ..... *Dominus autem Robertus, me et terram meam, tanquam hominem suum custodire et garantizare de modo tenetur*..... Archives départementales de l'Eure; G. 125, Registre. — (Actes relatifs à la paroisse de Jumelles, fᵒˢ 287-290).

[2] 1234. — Arrêt de la même cour [l'échiquier de Normandie] en l'échiquier de Saint-Michel pour la vicomtesse de Melun, femme de Galeran d'Ivry, fils aîné de défunt Robert d'Ivry et Goel, fils puîné dudit Robert. De La Roque, *Histoire de la maison d'Harcourt*, t. II, p. 1838.

CHAPITRE XII

Galeran d'Ivry ; il meurt avant son père. — Mariages successifs de
sa veuve. — Procès au sujet de son douaire. — Ses enfants.
— Richard d'Ivry (?), évêque d'Evreux. — Querelle entre les
mineurs d'Ivry et R. Mauvoisin ; décision de saint Louis. —
Guillaume d'Ivry.

Des actes analysés jusqu'ici il résulte que l'un des
enfants de Robert d'Ivry, l'ainé, s'appelait Galeran ; nous
verrons qu'il mourut avant son père.

La chronologie des seigneurs d'Ivry est, d'ailleurs,
extrêmement difficile à établir dans le second tiers du
XIIIe siècle. Des généalogies comme celle de La Chesnaye
des Bois, il n'en faut pas tenir compte. De la Roque, lui-
même, dans son *Histoire de la maison d'Harcourt*, fournit
bien des masses de documents ; mais il a reculé devant
la tâche de les coordonner et de dresser des généalogies.
Si on le tente d'après lui, on se heurte à des difficultés
insurmontables, et, parfois, à des impossibilités.

Reste l'étude des documents authentiques. Voici les
renseignements qu'ils fournissent.

D'après un arrêt mentionné dans l'histoire de la maison
d'Harcourt, Galeran d'Ivry serait mort bien antérieurement
à l'année 1229, puisqu'en cette année sa veuve était déjà
remariée [1]. D'autres documents recueillis par Brussel, se

[1] A l'échiquier de Pâques 1229, à Rouen, avait été rendu, d'après de

rapportant aux années 1235, 1236 et 1237, nous montrent, d'une part, que les enfants de Galeran d'Ivry étaient encore mineurs, et, d'autre part, que la terre d'Ivry était aux mains du roi : *apparemment pour cause de la forfaiture de Robert d'Ivry*, dit le savant Brussel qui, généralement, n'énonce rien sans s'appuyer sur des documents certains. Cependant, il nous aurait paru plus naturel de penser que le roi jouissait des revenus d'Ivry d'après les règles ordinaires du droit féodal, et parce qu'il avait la *garde royale* des mineurs d'Ivry [1].

la Roque, *Histoire de la maison d'Harcourt* (t. IV, p. 2065), un arrêt entre la vicomtesse de Melun, *veuve* de Galeran d'Ivry, remariée à Etienne de Sancerre, et Goel, fils puîné, en bas âge, dudit Galeran. Il y est question de la veuve d'un autre Goel frère de Galeran.

Un document visé par le P. Anselme (t. II, p. 848) établit aussi qu'Agnès de Montreuil-Bellay était remariée, en troisièmes noces, dès avant 1236.

De la Roque dit cependant (t. II, p. 1838) qu'à l'échiquier de Saint-Michel 1234, il fut rendu un arrêt pour la vicomtesse de Melun, *femme* de Galeran d'Ivry, fils aîné de défunt Robert d'Ivry et Goel, fils puîné dudit Robert.

[1] Voici, sous une seule note, les extraits dont il va être parlé successivement, pris dans le *Nouvel examen de l'usage général des fiefs en France*, par M. Brussel, 2 volumes in-4°, Paris, 1727 :

II° vol., p. 1037. — « Ajoutez aux terres acquises par le Roi, en 1236, celle d'Ivry, dans la province de Normandie, et lisez, par forme de note, ce qui suit ici :

Dans le compte rendu par Renaud de Triecot (bailli du Vexin), pour le terme de la Toussaint 1236, il y est fait recette de la somme de 154 livres 2 sous 3 deniers provenant de la terre d'Ivry : *de terra Ibriaci* VII^{xx} XIIII lib. II s. 3 den. Et il paraît singulier que, dans le compte des prévôtez de France du terme de l'Ascension 1239, ce n'est plus le bailli du Vexin qui fait recette pour Ivry; mais cette terre y est employée pour une prévôté, non pas, toutefois, avec celles de France, mais immédiatement ensuite du montant total de la recette des Prévôtés de France en cette manière :

Summa præpositurarum xvi^m ii^{ce} *lxxvii l. vi s. viii d.*

Ibriacum : De tertio III^c *xxxiii l. vi s. viii d.*

Au reste, l'on voit par deux *jugez* de l'Echiquier de Normandie, des années 1235 et 1236, que le roi s'était emparé de la terre d'Ivry (apparemment pour cause de la forfaiture de Robert d'Ivry).

Voici ces deux *jugez* :

Scacarium Rothomagi de termino Paschæ, anno m° cc° xxxv°.

Judicatum est quod uxor domini Stephani de Sacrocesaris quæ fuit

Voici, en tout cas, ce qui résulte, et d'une note de
M. Mauduit, et de l'examen attentif des arrêts de l'échiquier de 1235 et 1236 cités par Brussel.

La veuve de Galeran d'Ivry, désignée tantôt sous le
nom de dame de Sancerre, tantôt sous celui de vicomtesse
de Melun, s'appelait Agnès, fille unique de Giraut III° du
nom, seigneur de Montreuil-Bellay. Elle épousa, en
premières noces, Guillaume II° du nom, vicomte de
Melun, dont elle eut des enfants. Guillaume de Melun
mourut le 4 mai 1221.

Elle se remaria à Galeran, baron d'Ivry. Elle lui survécut.

Puis, en troisièmes noces, elle épousa Etienne de Sancerre I°ʳ du nom, seigneur de Saint-Briçon, Châtillon-sur-
Loire, Marcheville, la Loupe, etc, bouteiller de France
en 1248.

(*uxor*) *Gualeranni de Ybriaco, non habebit dotem in terra de Ibriaco,
nisi de illa medietate de qua Gualerannus saisitus fuit.*

*Et uxor Goelli defuncti fratris Gualeranni habebit dotem de saisina
omni quam Goellus habuit tam ex (parte) patris quam ex parte matris*
(Livre St-Just, f° 19 v°).

Scacarium Cadomi anno domini m° cc° xxxvi° :

*In scacario apud Rothomagum vicecomitissa Meleduni quæ fuit uxor
Galleranni de Ybriaco, primogeniti defuncti Roberti de Ybriaco, petebat
a Rege, qui terram Roberti tenebat in manu sua, dotalitium totius terræ
secundum quod continebatur in carta Roberti defuncti. Goellus, frater
postnatus dicti Galeranni et filius Roberti, petebat saisinam patris sui
defuncti. Filii Galleranni, infra ætatem constituti, petebant victum
suum a Rege. Judicatum fuit quod Goellus haberet saisinam.* (Ibidem.)

Enfin, il est à remarquer que, dans le compte des *Prévôtez de France*
de la Toussaint 1237, il y est aussi, ensuite du montant total de la
recette de ces Prévôtez, compté ainsi de celle d'Ivry :

Ibriacum : 333 *l.* 6 *s.* 8 *d.*

Expensa :

Pro feodis et eleemosynis Ybriaci : 89 *l.* 2 *s.*

Pro cremento dotis relictæ Galeranni de Ibriaco : 15 *l.*

Pro dote relictæ Goelli de Ibriaco : 76 *l.* 8 *s.* 3 *d.*

Pro victu puerorum Ibriaci : 50 *l.*

Summa : 230 *lib.* 10 *s.* 3 *denarios.*

Debet : 102 *lib.* 16 *s.* 5 *den.* »

II° vol. app°°, p. cxlv. *Præpositi Breevallis, expensæ.....*

Monachi Ebriaci C *s.* (Compte général des revenus du Roy, 1202.)

L'arrêt de l'échiquier de Pâques 1235 décide que cette dame n'aura son douaire, dans la terre d'Ivry, que sur la moitié dont feu son mari, Galeran d'Ivry, avait été en possession avant son décès; et que la veuve d'un frère-puîné de feu Galeran, Goel d'Ivry, aura son douaire sur tous les biens que Goel avait eus, tant du côté de son père que du côté de sa mère.

L'arrêt de l'année suivante ne fait guère qu'interpréter le précédent et montrer, encore mieux, que le procès s'agitait entre les deux belles-sœurs qui avaient épousé, l'une, Galeran d'Ivry, décédé, et l'autre, Goel d'Ivry.

La veuve de Galeran réclamait, en vertu, paraît-il, d'une charte de feu son beau-père Robert d'Ivry, son douaire sur toute la terre d'Ivry alors aux mains du roi. Goel d'Ivry, qui, d'après les termes de l'arrêt de 1235, paraissait déjà décédé, mais qui, d'après celui de 1236, aurait été encore vivant, demandait la saisine des biens de feu son père. Enfin les fils, encore mineurs, de Galeran demandaient leur entretien au roi, qui touchait les reve-nus de leurs biens. Il fut jugé que Goel aurait la saisine qu'il réclamait.

Comme complément à ces arrêts, Brussel a relevé, dans le compte des Prévôtés de France de 1237, les très pré-cieuses mentions suivantes sur les recettes et les dépenses de la terre d'Ivry.

Les *recettes* se seraient élevées à 333 l. 6 s. 8 den.

Les *dépenses*, à 230 l. 10 s. 3 den.

Savoir : pour les fiefs et aumônes, 89 l. 2 s.

Pour l'augmentation de la dot de la veuve de Galeran d'Ivry, 15 l.

Pour la dot de la veuve de Goel d'Ivry, 76 l. 8 s. 3 den.

Pour l'entretien des enfants mineurs, 50 l.

D'où il serait résulté , au profit du trésor royal, un excédent de 102 l. 16 s. 5 den. Suivant le calcul dont nous avons déjà donné les bases, la somme consacrée à l'entretien des mineurs équivaudrait à environ 7.000 francs (6.797 fr. 50).

Deux chartes du quatrième cartulaire du chapitre cathédral d'Evreux vont nous permettre de restreindre, dans une certaine mesure, le vague des indications précédentes et d'éclairer un peu quelques points obscurs de la chronologie des seigneurs d'Ivry.

Un acte visé au chapitre précédent prouve que Galeran d'Ivry vivait encore en 1226 [1].

Au contraire, il était mort antérieurement au mois de novembre 1232. En effet, cette année, son père Robert, approuvant la donation que Richard, évêque d'Evreux, venait de faire au chapitre cathédral du patronage de l'église de Jumelles, énonce dans l'acte d'approbation qu'en reconnaissance le chapitre s'est engagé à célébrer l'anniversaire « de son père Galeran, de bonne mémoire, de ses fils Galeran et Robert déjà morts, de lui, de sa femme, de ses prédécesseurs et de ses héritiers, savoir : Goel, Guillaume et autres quand ils viendront à mourir [2] ».

Bien que nous étant imposé pour règle de ne parler que des seigneurs même d'Ivry, et non point de faire l'histoire généalogique de la famille des seigneurs, nous rappellerons, cependant, que vers l'époque où nous arrivons, d'après l'Historien du comté d'Evreux, un membre « de l'illustre famille des comtes d'Ivry », Richard d'Ivry, fut

---

[1] V. suprà, p. 107.

[2] ....., patris mei bone memorie Galerani et filiorum meorum Galerani et Roberti jam defunctorum....., et heredum meorum scilicet Goelli et Guillelmi et aliorum quando nos ab hac vita migrare contigerit.
(Archives départementales de l'Eure, G. 125, Registre, V°. Jumelles.)

évêque d'Evreux. Voici l'intéressante et très précise notice
qu'il consacre à ce prélat :

« Richard d'Ivry, dans le catalogue du sieur Lejau,
avait été confondu avec Richard de Saint-Léger, en sorte
que, de deux évêques, on n'en faisait qu'un, ce qui avait
obligé à supprimer Vaultier qui était entre deux et qui
avait tenu le siège peu de temps. Richard d'Ivry était de
l'illustre famille des comtes d'Ivry ; il fut fait évêque vers
l'an 1229.

« [En 1231], Richard d'Ivry, évêque d'Evreux, fut présent
avec Guillaume du Pont-de-l'Arche, évêque de Lysieux,
lorsque le roy tint ses grands jours à Bernay, le lundi, lendemain de la feste de l'apôtre saint Thomas. Il souscrivit
encore, dans le même temps, comme témoin à une donation que le roy d'Angleterre fit à l'abbaïe de Falaise. En
1232, il donna à l'église cathédrale d'Evreux le patronage
et la dixme de la parroisse de Jumelle et deux muids de
bled, mesure d'Evreux, à payer tous les ans pour célébrer
quatre anniversaires, trois pour lui et un pour Robert
comte d'Ivry, pour ses ancêtres, et pour ses successeurs.
— La même année, il souscrivit à deux chartes de l'abbaïe de Saint-Taurin, dont l'une est du mois de décembre
et l'autre du mois de février. En 1233, il travailla avec
Amaury de Meulant à la donation qui fut faite à l'abbé et
aux moines de la Croix, des bois de la forêt de Campenàrt,
autant qu'il leur en faudrait pour leur usage. Il mourut
le 4 d'avril de l'année 1234. On trouve en l'abbaïe de
Saint-Taurin une charte de l'an 1235 dans laquelle les
exécuteurs de son testament parlent de sa mort comme
étant arrivée un an auparavant [1]. »

[1] *Histoire civile et ecclésiastique du Comté d'Evreux* (par Le Brasseur),
Paris, 1722, in-4°, p. 183-184.

Qui pourrait croire que l'existence d'un personnage dont la biographie est ainsi documentée a pu être révoquée en doute ? Elle est cependant niée, encore de nos jours, par l'auteur de la *France pontificale*, M. Fisquet.

« En 1232, dit cet auteur[1], Richard de Saint-Léger, dans une donation, dit expressément que d'abbé du Bec il est devenu évêque d'Evreux. *Ce témoignage infirme complètement l'opinion de certains auteurs qui, fixant la mort de Richard de Saint-Léger en 1227, lui donnent pour successeur un évêque nommé Gauthier, qui serait mort en 1229 et qui aurait été remplacé par Richard d'Ivry, dont on marque le décès au jour même où celui de Richard de Saint-Léger est indiqué dans le nécrologe de l'abbaye du Bec et dans celui de Saint-Evroult.* »

Sans prendre parti dans le débat, je ferai observer que l'obligation que l'évêque Richard impose au chapitre d'Evreux en lui donnant le patronage de l'église de Jumelles, de célébrer un anniversaire pour les seigneurs d'Ivry, serait une présomption qu'il fût de cette famille des seigneurs d'Ivry.

Les documents dont on vient de faire usage ne donnaient pas les noms des enfants mineurs de Galeran d'Ivry ; ceux qui suivent vont nous apprendre que l'un d'eux, l'aîné sans doute, s'appelait Robert. Ils étaient encore tous mineurs en 1243. Ils avaient eu alors, paraît-il, une querelle avec Raoul Mauvoisin ; car, en 1243, saint Louis, pour assoupir une querelle entre Raoul Mauvoisin et Robin d'Ivry, ordonna à Jean de Marcilli, chevalier, et à Guillaume de Hallot, écuyer, d'aller à Rome et ne pas revenir avant un an ; de plus il décida qu'il serait fondé une

[1] Diocèse d'Evreux, p. 23.

chapellenie de 15 livres de revenu à la volonté de la reine Blanche sa mère; enfin que Raoul Mauvoisin recevrait 20 livres tournois pour ses pertes; et comme Robin d'Ivry et ses frères n'étaient pas encore majeurs, Adam, « vicomes Meledini » et Garin de Montulé se portèrent ses cautions [1].

Si, vers cette époque, le seigneur d'Ivry s'appelle Robert, comment, sur des listes de convocation au service militaire du roi de France, en 1236 et 1242, rencontre-t-on le nom de : Guillaume d'Ivry [2] ? L'explication est celle-ci : les listes portent non pas Guillaume *seigneur* d'Ivry, mais Guillaume d'Ivry. Or Guillaume d'Ivry

[1] Avril 1243. Ludovicus Dei gratia Francorum rex..... Notum facimus quod, cum contentio esset inter dilectum et fidelem nostrum Radulphum Malumvicinum, ex una parte, et Robinum de Ivriaco, ex altera, tandem, coram nobis facta fuit pax inter ipsos in hunc modum, videlicet : quod Johannes de Marciliaco, miles, et Guillelmus de Haleot, scutifer, ibunt Romam, et infra octabas nativitatis sancti Johannis Baptiste iter arripient ad eundum, et sitera (*sic*) Lucdunum supra Rodanum non redibunt quousque annus integer sit elapsus. Dictus vero Robinus de Ivriaco dabit et assignabit quindecim libratas annui redditus ad turonenses pro quadam capellania ad voluntatem carissime domine et matris nostre Blanche, illustris Francorum regine, assidenda, quas quindecim libratas redditus idem Robinus infra instantem Ascensionem Domini in terra sua competenti assidebit. Supradictus autem Robinus dicto Radulpho Malivicino pro deperditis suis viginti libras turonensium et Radulpho Porcherio decem libras infra dictam Ascensionem domini reddet et persolvet. Quia vero dictus Robinus de Ivriaco et fratres sui nundum ad ætatem pervenerunt, dilecti nostri Adam, vicecomes Meleduni, et Garinus de Montule, milites, se constituerunt plegios coram nobis de predictis quindecim libratis annui redditus pro quadam capellania, sicut dictum est superius, assidendis. Nos autem, ad petitionem partium, in hujus rei testimonium, presentibus litteris nostrum apponi fecimus sigillum. Actum Pontisare, anno domini millesimo ducentesimo quadragesimo tertio, mense Aprili....

Cartulaire normand, nº 1165, p. 319.

Archives nationales. Q. 194⁶ registre.

[2] Sur la liste des chevaliers semons à Saint-Germain-en-Laye, le 8 juin 1236, on lit :

« Guillelmus de Yvriaco. »

et parmi les seigneurs normands convoqués à Chinon, le 5 mai 1242 :

« Guillelmus de Ybriaco. »

D. Bouquet, *Recueil des Historiens de France*, t. XXIII, p. 725 et 728.

était vraisemblablement l'oncle du jeune Robert et s'acquittait du service militaire pour le compte des mineurs.

Une brève mention de la Chronique de l'abbaye de Lire à, du reste, conservé le souvenir de la participation de ce Guillaume d'Ivry à la première croisade de saint Louis. Ne voyant de l'histoire, — et cela est tout naturel, — que ce qui se passait à quelques lieues de son monastère, le chroniqueur n'a, à la suite du roi de France, trouvé à noter que quatre noms, le comte d'Artois, un de ses frères, Pierre de Courtenay, et « le seigneur W. d'Ivry », et c'est tout ! Je remarque, encore, qu'il ne dit pas : *W. seigneur d'Ivry*, mais *le seigneur W. d'Ivry*; ceci me porterait à persister dans ma pensée que ce croisé n'était pas le propriétaire d'Ivry. Seulement, la mention de la Chronique de Lyre démontre bien qu'il tirait son nom de la terre dont nous écrivons l'histoire[1].

C'est peut-être encore lui qui est le Guillaume d'Ivry, chevalier, seigneur d'Avrilly, que l'on rencontre dans un acte de 1268[2].

[1] « Anno Domini M CC XLVIII, mense Junii, in crastino Pentecostes, rex Ludovicus Franciæ et Robertus, comes Atrebatensis, et alius frater ejus, et dominus Petrus de Cortinaio, et dominus W. de Ybreio et plures alii nobiles, tam de Francia quam de Normannia perrexerunt ad terram Jerosolimitanam et applicuerunt apud Limechon... »
D. Bouquet, *Recueil des Historiens de France*, t. XXIII, p. 468.

[2] 17 mai 1268. — Ludovicus, Dei gratia Francorum rex..... Noveritis quod nos concessimus ex gracia Guillermo de Boceyo, militi, quod ipse percipiat et habeat, quamdiu nostre placuerit voluntati, usagium in bosco qui vocatur Boscus-Crispini, quod Guillermus de Ybreio miles et dominus de Aprileyo eidem contulit, ut dicitur, prout in litteris ipsius Guillermi de Ybreio super hoc confectis dicitur contineri. Quod quidem usagium dictus Guillermus de Ybreio concedere non poterat in dicto bosco, ut dabatur nobis intelligi, sine licentia nostra. Datum.....
Cartulaire normand, n° 727.

CHAPITRE XIII

Robert d'Ivry. — Ses procès : 1º pour la mouvance de Menilles, Boisset et Croisy ; curieuse enquête ; — 2º pour la justice sur la rivière d'Eure à Louviers ; conjectures sur ce point ; — 3º et 4º avec les habitants de Pacy, au sujet de la rivière d'Eure ; — 5º au sujet des juifs d'Ivry. — 6º Contestation avec le chapitre d'Evreux. — Époque de sa mort. — A-t-il eu un fils de même nom ?

Robert d'Ivry était certainement majeur en 1247[1]. A partir de 1250, il nous apparaît processif, plaidant contre tout le monde, les seigneurs ses voisins, l'archevêque de Rouen, le roi lui-même. Homme d'épée, il l'était peut-être ; mais c'est comme homme de chicanes et comme procédurier que nous le connaissons, car nous remarquerons qu'il perdit presque tous ses procès.

Vers 1250, il cherchait à étendre la mouvance de sa terre d'Ivry, aux dépens de ses voisins. C'est, du moins, ce qui semble ressortir des documents dont nous allons parler. A Boisset, à Menilles, à Croisy, il soutenait avoir des droits de seigneurie et de justice sur des hommes que les officiers de justice du roi de France disaient, au contraire, relever du roi à cause de la châtellenie de Pacy.

[1] Il approuve, cette année, une vente de dîmes consentie par Robert Crasselangue, chevalier. — (Archives départementales de l'Eure. G. 125, Registre : Vº Jumelles).

En ce qui concernait les hommes de Boisset et ceux du hameau du Malbuisson, ils étaient, disait-on dans l'intérêt du roi, tenus « du meisme membre de hauberc de Menilles, et le membre est tenu du roi en la chastelerie de Paci », le roi percevait des redevances seigneuriales sur ces hommes, et il avait la garde des enfants mineurs.

Même prétention du seigneur d'Ivry sur une grande partie du territoire de Croisi. Or, pour repousser cette prétention et établir les droits du roi, ses agents exposaient ainsi l'affaire :

La terre de Croisi et toutes ses appartenances furent l'objet d'un don du roi Philippe, fait « à un qui estoit appelé mestre Almari Coispel ; charpentier fu, et mestre de fere engins ». Ce point est à noter et montre, une fois de plus, que, même à cette époque, la possession des fiefs n'était pas exclusivement réservée à la noblesse ; que, comme toujours, les talents et le mérite, en tout genre, ont pu s'élever aux premiers rangs et arriver de pair avec l'aristocratie de naissance. C'était aux dépens des héritiers ou représentants de ce vieil ingénieur militaire que le sire d'Ivry voulait soustraire la plus grande partie de Croisi, une partie de la « vile de Vaus et la gregneur partie de la vile de Saint-Vincent. Et si weult ausin actrere le hamel que l'on apele les Molins qui fu monseigneur Johan de Croisilles [1] ».

Ces entreprises de Robert d'Ivry sur une partie des

___

[1] (Vers 1250.) A homme hanorable et saige chastelein de Paci, Godefroi le Blanc, chevalier, salud et amor. Je vos faiz asavoir que les homes de Boisset, porquoi le seigneur de Ivri plede a moi, de quoi il demande la seigneurie a avoir en sa baronnie, queu sunt tenuz du meisme membre de hauberc de Menilles et le membre est tenu du roi en la chastelerie de Paci e a li rois sur totes iceles osties et sus toutes iceles du membre rentes, c'est à savoir, jarbes en aoust, pain fetiz à Noel, et wes à Pasques ; et, se li hoir estoit en non aage, li membre

terres de Croisi donna lieu, toujours vers cette époque,
à une enquête dans laquelle furent entendus comme
témoins : six chevaliers, deux seigneurs de fief et huit
autres personnes. Nous l'analyserons en détail ; non seulement parce qu'elle intéresse directement un seigneur
d'Ivry, et les dépendances de la terre d'Ivry ; mais, aussi,
parce qu'elle est très précieuse pour préciser quels étaient,
alors, les droits respectifs du seigneur immédiat, ceux du
seigneur suzerain et ceux du roi sur une même terre.
Enfin, on ne sera pas surpris d'y voir planer les mêmes
incertitudes et les mêmes contradictions que dans nombre
d'enquêtes judiciaires actuelles.

Il ressort, d'abord, d'une façon certaine et incontestée,
de l'accord unanime de tous, qu'il y avait, sur le territoire
de Croisi, deux fiefs, l'un appartenant au roi, l'autre
appartenant à Robin d'Ivry.

Voici maintenant, et ceci rappelé une fois pour toutes,
pour éviter des redites à chaque déposition, ce que déclare
chacun des témoins.

Roger de Cocherel, chevalier, dit qu'il n'a jamais vu les
sergents de Pacy [c'est-à-dire ceux de la châtellenie de
Pacy, appartenant au roi], faire justice sur le fief de Robin,
à moins que ce ne fût faute audit Robin de l'avoir faite.

devant dit seroit en la garde lou roi o totes les apartenances ; e le
hameau de Malbuisson de Menilles ausinc du membre de hauberc.
  Item la terre de Croisi o toutes les apartenances furent du don li roi
Phelippe qui donna a I qui estoit apelé mestre Almari Coispel ; charpentier fu et mestre de fere engins et fu donnée la terre par point
de chartre. Et de ceu weult li sires de Yvrie soustrere la gregneur
partie de Croisie et une partie de la vile de Vaus et la gregneur partie de la vile de Saint-Vincent. Et toutes ces choses sunt de l'aparte-
nance de Croisie. Et si weult ausinc atrere le hamel que l'on apele
les Molins qui fu monseigneur Johan de Croisilles.
  Original non scellé, au trésor des chartes, Carton J. 1030, n° 49. (Cartulaire normand..., n° 491, p. 83.)

Jean de Hardencourt, chevalier, dit qu'un des fiefs appartient au roi, l'autre à Robin d'Ivry, et qu'Amauri et Denis Coispel ont fait hommage de ce fief au prédécesseur de Robin. Il ajoute qu'il n'a jamais vu que ledit Robin ou ses ancêtres n'y eussent pas exercé le droit de justice.

Jean Néel, chevalier, dit avoir toujours vu Robin et ses prédécesseurs faire justice sur leur fief. Il a bien vu, continue-t-il, les sergents de Pacy faire justice sur ce fief, et en a vu les hommes venir à la justice du roi à Pacy. Il ne sait, toutefois, si c'était à bon droit ou non. Mais, il sait bien que Denis Coispel était l'homme du prédécesseur de Robert d'Ivry pour le fief en question.

Guillaume d'Ecardenville, chevalier, dit avoir toujours vu les sergents de Pacy exercer la haute justice sur le fief de Robin d'Ivry.

Robert de Chambines, chevalier, a vu quelquefois Robert d'Ivry et ses gens réclamer la juridiction en matière de haute justice, mais il n'a pas vu qu'on la leur ait rendue.

Etienne Leblanc, chevalier, et le seigneur de Ménilles, disent, tous deux, avoir toujours vu la haute justice exercée, sur le fief litigieux, par les sergents de Pacy, et la basse par les gens de Robin.

Guillaume Lespicierre, de Pacy, et le seigneur de Fontaine n'ont jamais vu que les sergents de Pacy aient été empêchés de justicier sur le fief de Robin, comme sur celui du roi. Guillaume ajoute que, quand les gens de Robert d'Ivry prenaient des gages sur ledit fief, le prévôt de Pacy les faisait rendre en vertu de sa justice.

Raoul, dit Chevalier, fait la même déposition que Guillaume Lespicierre, et ajoute qu'il a toujours vu les sergents de Pacy recueillir eux-mêmes le fouage et l'écuage et les rendre ensuite au seigneur d'Ivry.

Raoul Morart fait la même déposition que le témoin précédent; mais, en outre, il donne ce détail intéressant que du temps du comte de Leycester (de la maison de Breteuil qui, on l'a vu, possédait autrefois Pacy), le seigneur d'Ivry, à raison dudit fief, faisait la garde au château de Pacy par un chevalier.

Enfin, d'après Richard Payen, Guillaume Louvet, André d'Orléans, Pierre Gabet, Simon Chevaler, les sergents de Pacy ont toujours exercé la haute justice sur ledit fief. Pour les causes peu importantes, les gens du seigneur d'Ivry venaient tenir leurs plaids à Saint-Aquilin [près Pacy], et cela par la justice du prévôt et des sergents de Pacy. Trois d'entre eux ajoutaient que le roi avait eu la garde de la terre dudit fief après la mort d'Amaury Coispel[1].

Robert d'Ivry eut, quelques années après, une contestation avec l'archevêque de Rouen relativement au droit de justice sur la rivière de l'Eure dans la traverse de Louviers (seigneurie appartenant à l'archevêque). Cette difficulté est d'un réel intérêt au sujet de l'étendue territoriale de la justice seigneuriale et de l'établissement des droits féodaux.

L'affaire dut durer longtemps et être considérée, par l'archevêque de Rouen, comme d'une haute importance, car il fit, pour elle, de nombreux déplacements.

Le 20 octobre 1254, consigne-t-il dans le registre de ses visites archiépiscopales, il se rend à Pont-de-l'Arche « pour traiter de la paix avec le seigneur d'Ivry ».

Le 30 novembre de la même année, il est, de nouveau, à Pont-de-l'Arche, toujours pour la même affaire.

---

[1] *Cartulaire normand.....*, n° 492, p. 84. — L'original, au Trésor des Chartes, carton J. 1034, pièce n° 66.

Le 26 juillet 1255, il est à Evreux, « au sujet d'un différend avec l'évêque » ; mais il y demeure encore le lendemain 27 « au sujet de l'affaire qu'il a avec le seigneur
d'Ivry[1] ». Voici de quoi il s'agissait :

Robert d'Ivry réclamait le droit de justice sur les
mêlées, les homicides et, plus généralement, toute justice sur les délits et faits quelconques accomplis sur la
rivière d'Eure, à Louviers et partout ailleurs où elle cou-
lait, à travers la seigneurie de l'archevêque pourvu que
ce fût dans le lit principal de la rivière, là où passaient les
bateaux. Il soutenait que, lui et ses prédécesseurs, y
avaient eu toujours justice et juridiction.

L'archevêque repoussait cette prétention et affirmait,
de son côté, que lui et ses prédécesseurs étaient en
possession de ces droits de justice et de juridiction.
On convint, de part et d'autre[2], en 1253, de choisir

---

[1] *Journal des visites pastorales d'Eude Rigaud, archevêque de Rouen*
(1248-1269), publié par Th. Bonnin, Rouen, 1852, in-4°, p. 190, 195,
222.

[2] 1253. — Cum esset contencio inter reverendum patrem O. Dei
gratia, Rothomagensem archiepiscopum, ex una parte, et dominum
Robertum de Ivriaco, militem, ex altera, super eo quod dictus nobilis
dicebat se habere omnem justiciam melleiarum, homicidiorum, et
quamlibet aliam in eos qui delinqunt in predictis et in quibuslibet
aliis, in aqua Eure apud Locum Veris, et alibi ubicunque fluat in majori
alveo dicte aque, ubi est cursus navium, per terram domini archiepiscopi, et se et predecessores suos usos fuisse justicia et jurisdictione
predictis in locis supradictis. Que negabat idem archiepiscopus,
asserens ad se pertinere jurisdictionem et justiciam melleiarum,
homicidiorum, furtorum et aliorum delictorum consimilium commis-
sorum in dicta aqua apud Locum Veris et alibi ubicumque fluat per
terram suam, et se et predecessores suos usos fuisse justicia et jurisdictione predictis in eisdem locis. Tandem consenserunt in hoc quod
duo eligantur a qualibet parte, juris qui inquirant diligenter per
testes legittimos et juratos qualiter dictus nobilis et sui predecessores
usi fuerint justicia et jurisdictione predictis in supradicto cursu
navium, et qualiter dictus archiepiscopus et sui predecessores usi
fuerint justicia et jurisdictione predictis in eodem loco ; et ille quem
ipsi invenerint ita usum fuisse seu suos predecessores, quod usus ille
sibi valere debeat secundum jus et consuetudinem terre, remaneat in

deux arbitres qui procéderaient à une enquête pour savoir
à qui appartenait le droit litigieux. Une autre clause de
la mission qui leur était conférée nous apprend que, des
deux côtés, il y avait eu main-mise sur certains objets
(lesquels? l'acte ne le dit pas). Mais, ces biens saisis
réciproquement par les parties contendantes, l'une sur
l'autre, devaient être déposés entre les mains des arbitres
qui les rendraient à celui qu'ils trouveraient, après
enquête, en avoir été injustement dépouillé.

Le registre de l'archevêque ne fait pas connaître le
jugement des arbitres.

Du reste, ce qui est déjà fort intéressant, c'est de voir
un seigneur prétendre, contrairement aux données du
droit féodal, un droit de justice dans le territoire de fiefs
infiniment plus importants que le sien. D'où pouvait
venir, sinon ce droit, au moins même cette prétention?

Ce n'était, certes, ni de la situation topographique ni de
l'importance territoriale du modeste bourg d'Ivry, comparé
à Louviers et à d'autres villes. Serait-ce de la donation de
ce droit de justice, qui aurait appartenu au duc de Normandie, lequel l'aurait cédé à son frère Raoul en lui con-
cédant la seigneurie d'Ivry? Ceci est le plus vraisemblable.

Etait-ce encore le même Robert qui était seigneur
d'Ivry en 1269? Cela est probable puisqu'un acte de 1270
va nous montrer que le seigneur d'Ivry portait alors le
nom de Robert. Toujours est-il qu'en 1269 le seigneur

pacifica possessione justicie et jurisdictionum predictarum, per dictum
dictorum duorum electorum. Consenserunt etiam quod illis duobus
restituantur, infra certam diem, omnia que occasione contentionis
predicte capta sunt et detenta, et ipsi duo de illis faciant et ordinent
prout sibi videtur expedire, et faciant emendari illi cujus bona inventa
fuerint, per dictum ipsorum, injuste capta fuisse vel detenta, habita
per ipsos super hoc inquisitione diligenti. (*Journal des visites pastorales d'Eude Rigaud*, p. 788.)

d'Ivry n'avait pas moins de trois autres procès — qu'il perdit d'ailleurs, — au sujet de droits qu'il prétendait exercer abusivement en vertu de sa seigneurie d'Ivry.

D'une part, il revendiquait contre le roi les droits de justice sur la rivière d'Eure depuis Ivry jusqu'à son embouchure, ainsi qu'il les avait antérieurement revendiqués contre l'archevêque de Rouen à propos de Louviers. Une décision du Parlement de Paris[1], rendue à la session de la Chandeleur 1269, déclara que cette prétention n'était pas fondée. On y voit que le seigneur d'Ivry avait la même prétention contre tous les autres seigneurs riverains de l'Eure, mais que, comme ils n'avaient pas été entendus, rien n'était décidé à leur égard.

A la même session, il avait émis, contre les « bourgeois » de Pacy, cette prétention exorbitante de les empêcher d'avoir un port à Pacy pour y décharger leurs marchandises venant de Rouen. Ne voulait-il pas les obliger à conduire leurs bateaux jusqu'à Ivry, afin d'y décharger les marchandises pour les reporter ensuite chez eux ? L'enquête à laquelle le Parlement fit procéder ne prouva rien en faveur du sire d'Ivry[2].

[1] 1269. — In parlamento Candelose... Item, orta questione super hoc quod dominus Ibreii dicebat se esse in saisina justicie in aqua Audure, ab Ibreio quousque dicta aqua veniat ad Secanam quantum ad mercaturas et naves et mesleias, gentibus regis e contra dicentibus dominum regem esse in saisina dicte justicie in dicta aqua in castellania Paciaci...
(Jugé que l'enquête n'a rien prouvé pour le seigneur d'Ivry...)
De aliis locis non fuit pronunciatum quia domini locorum non fuerunt vocati in ista inquesta. (Les Olim ou registre des arrêts rendus par la cour du roi sous les règnes de saint Louis, etc. Paris, imprimerie royale, 1839-1848, 4 vol. in-4°, t. I, p. 330.)

[2] Inqueste expedite et terminate Parisius in Parlamento Candelose anno domini M.CC.LXIX.
(Les habitants et bourgeois de Pacy disaient...) quod ipsi antiquitus in riperia Paciaci consueverunt et usi fuerunt mercimonia sua et naves honerare pacifice et ducere inferius, per ripariam, versus Rotho

Enfin, dans un troisième procès, il s'attaquait au roi lui-même, représenté par son bailli de Gisors, et soutenait avoir certains droits royaux sur des juifs qui avaient résidé dans sa baronnie depuis que le roi les avait chassés de ses domaines[1].

Il fut jugé que les juifs en question n'étaient par les *juifs du seigneur d'Ivry*, mais bien les *juifs du roi*, qui payaient seulement une redevance annuelle au baron d'Ivry pour résider sur sa terre. Toutefois, la cour décida que la redevance annuelle qu'ils avaient payée au seigneur d'Ivry, pour leur séjour, lui appartenait légitimement.

En même temps le seigneur d'Ivry avait également des démêlés avec le chapitre de la Cathédrale d'Evreux.

L'année suivante (1270), par une charte émanée de lui,

magum et reducere eas honeratas mercimoniis apud Paciacum, ipso domino de Ybreio se opponente et e contrario asserente quod talia non fecerant nec jus habebant faciendi hec cum portum non haberent apud Paciacum ; set erant ipse et predecessores sui in saisina quod, quando ipsi talia ducebant per aquam, ad portum suum de Ybreio dischargiabant et dischargiare tenebantur; quod eciam ipse et predecessores sui forisfacta que in castellania Paciaci, in dicta riparia, acciderunt, usi sunt justiciare et eorum expleta habere. Ad quod responderunt dicti homines quod usi sunt ut supra; quod eciam Ballivus domini regis vel ejus servientes usi sunt dicta forisfacta riparie expletare et justiciare in castellania Paciaci... (Enquête faite et examinée, il est jugé que les habitants ou bourgeois sont en possession des droits qu'ils allèguent, et qu'il n'a été rien prouvé permettant au seigneur d'Ivry de les troubler.)
Les Olim..., t. I, p. 315.

[1] Ann. 1269. — Conquerente domino Ybreii de ballivo Gisorcii quod eum dissaisierat de quibusdam judeis suis quos in terra sua habuerat a tempore quo dominus rex de domaniis suis licenciavit judeos, et petente eos sibi restitui, presertim cum ipse et predecessores sint et fuerint in saisina habendi judeos in baronia sua Ybreii, pronunciatum fuit..... quod super hoc non debebat audiri, cum dicti judei non essent judei ipsius, set in terra ipsius morati fuerant, certam firmam annis singulis sibi solvendo, imo erant judei domini regis. Voluit tamen curia quod sibi redderetur firma sua ab eis pro tempore quo moram fecerant sub terra ejusdem.
Les Olim..., t. I, p, 791.

« Robert, Sire d'Ivré » renonce à une contestation qu'il avait avec le chapitre d'Evreux, et consent à ce qu'il jouisse en paix d'une rente de trente-sept sous tournois qu'il avait acquise sur le fief de Gilbert de la Chapelle, en la paroisse de Jumelles[1].

Cette même année, d'après De la Chesnaye des Bois, Robert d'Ivry aurait été établi plège, de la part du roi, au combat qui se fit entre Jean de Blainville, Pierre et Jean de Préaux et Robert de Montenay. Malheureusement, cet auteur ne mérite pas confiance[2].

D'après l'*Histoire de la maison d'Harcourt*[3], il serait encore question de Robert d'Ivry, chevalier, dans le registre des *Olim* de l'année 1276. Le caractère litigieux de cet acte nous le ferait attribuer au même seigneur que les actes précédents.

En 1278, Robert d'Ivry est l'un des témoins d'une charte de Henri de Ferrières en faveur du prieuré de Boscmorel[4].

Au reste, au moins jusqu'en 1286, nous allons toujours rencontrer des personnages du nom de Robert avec la qualification de *seigneur* d'Ivry. Il n'y aurait pas impos-

---

[1] *Mémoires et Notes de M. Auguste Le Prevost*, t. II, p. 300.

[2] Nous donnons, tout entier, le paragraphe concernant non seulement notre Robert d'Ivry, mais encore son père ? qu'il appelle Guillaume. Ces deux citations suffiront à édifier le lecteur sur la valeur de la généalogie de la maison d'Ivry :

« Guillaume IIe du nom, baron d'Ivry et de Bréval, est nommé dans un rôle de la chambre des comptes de l'an 1236. Il laissa, de sa femme dont le nom est ignoré : Robert, qui suit, et Guillaume, chevalier.

« Robert IIe du nom, baron d'Ivry et de Bréval, signa avec Guillaume son frère à la fondation du prieuré de Boscmorel en 1267, faite par Guillaume, sire de Ferrières. Il fut ensuite établi pleige, de la part du roi, au combat qui se fit entre Jean de Blainville, Pierre et Jean de Préaux, et Robert de Montenay en 1270. »

[3] T. II, p. 1747 et 1842.

[4] *Histoire de la Maison d'Harcourt* (preuves), t. IV, p. 1191. — Texte de la charte.

sibilité absolue à ce qu'il s'agit d'une seule et même personne ; toutefois, on va voir qu'il se pourrait que deux
seigneurs du nom de Robert, le premier, grand-père et le
second, petit-fils du précédent, se soient encore succédé à
Ivry, renouvelant le cas que nous croyons s'être déjà
présenté.

Essayons, à défaut de dates certaines, de donner quelques indications qui pourront servir de point de départ
vers des solutions plus précises.

Il paraît y avoir eu, antérieurement à 1269, un décès
d'un membre de la famille d'Ivry, qui laissa pour héritier
un ou plusieurs mineurs. En effet, un arrêt du Parlement
de Paris, rendu en 1271 [1], reconnaît au roi, comme ayant
la garde de l'hoir d'Ivry, le droit de continuer une coupe
de bois commencée par feu son père. — Il est vrai que
la longueur des procès laisse quelque chose de vague sur
la date de ce décès. D'autre part, des procès commencés
par une partie sont quelquefois poursuivis sous le même
nom après la mort de celui qui les a intentés : nous
en avons des exemples dans ce chapitre même.

Deux années auparavant (1269), une décision absolument contradictoire ordonna au bailli royal de rendre à
Galeran d'Ivry, gendre de feu Pierre de Moret, chevalier,
le prix d'une vente de bois commencée par le défunt et
continuée par le bailli [2].

Cette fois, nous voici en présence d'un personnage sur
lequel nous possédons quelques renseignements.

Nous savons d'abord qu'il suivit saint Louis à la Croisade de 1269 [3].

[1] Boutaric, *Actes du Parlement de Paris...*, in-4°, n° 1648.
[2] Id., *ibid.*, n° 1388.
[3] 1269. — Galerens de Yvry est l'un des chevaliers qui accompagnent

Un acte de l'année 1282 nous apprend qu'il était mort; que sa femme portait le prénom de Marguerite, et qu'ils avaient eu un fils du nom de Robert[1].

L'Historien de la maison d'Harcourt vise aussi des chartes des années 1280, 1281, 1285, 1289, où noble dame Marguerite de Mouret est veuve d'un personnage du nom d'Ivry, chevalier; mais, au lieu d'être prénommé Galeran, il est appelé Jean d'Ivry[2].

De tout ceci, ne pourrait-on pas induire que Galeran, ou Jean, époux de Marguerite de Mouret, serait mort avant son père Robert, de sorte que son fils, prénommé aussi Robert, aurait succédé à son grand-père Robert, sans que l'identité de prénom permette de savoir à quelle date?

Les actes dans lesquels nous voyons figurer un personnage qualifié seigneur d'Ivry continueront encore long-temps à lui donner tous le prénom de Robert.

Ainsi, d'après un fragment de charte dont la date est dis-

---

saint Louis à la croisade. (Histoire de saint Louis, par Joinville, dans D. Bouquet, *Recueil des Historiens de France*, t. XX, p. 308).

Il figure aussi dans la liste intitulée : « Cy sont les chevaliers de l'hostel le roy pour la voie de Thunes. » (Id., *ibid.*, p. 307.)

Les personnages que concernent les mentions suivantes paraissent, au contraire, n'avoir pas possédé la seigneurie d'*Ivry* :

1271. — Nomina militum et armigerorum qui venerunt in exercitum Philippi III regis apud Apamiam (Pamiers), cum adversus comitem Fuxi profectus est anno 1271 :

Milites bannerii regis Navarræ :

Dominus de Paceio,

Reginaldus d'Yvry et Petrus d'Yvry fratres. — (D. Bouquet, *Recueil des Historiens de France*, t. XX, p. 541.)

1274. — Reconnaissance baillée par Jehan de Ivry écuyer ? Pierre de Villars, Rigaud, chevalier, Pierre de Grandchamp... touchant la garde qu'ils sont tenus faire à Meaux.

(Bibliothèque Nationale; Département des manuscrits, — fonds français, n° 24132, p. 171.)

[1] 1282. — Marguerite de Mouret, veuve de Galeran d'Ivry, chevalier, mère de Robert d'Ivry, lequel quitte 55 liv. de rente qu'elle avait sur les moulins foulons de Chartres. (*MS. fonds français*, n° 24132, p. 717.)

[2] *Hist. de la Maison d'Harcourt...*, t. II, p. 1840.

parue, mais qui doit se dater *vers* 1280, Robert, seigneur d'Ivry, accorda l'exemption du droit de *moute sèche* aux tenanciers cultivant des terres dans l'étendue de sa baronnie et sur le territoire d'Ivry[1].

On voit, dans une charte inédite, que, en juin 1286, Robert, sire d'Ivry, confirme à l'abbaye de la Noë une rente qui lui avait été cédée dans son fief de Gaudreville par Guillaume et Robert du Bois-Gencelin, chevaliers, frères, et encore deux acres de bois, à eux donnés par Bernard de Broquigné, sis près leur grange de Jumelles[2]; c'est le dernier acte qui se rapporte à Robert, seigneur d'Ivry.

Une autre charte, extraite des Archives nationales, nous apprend qu'à une époque antérieure la mère de Pierre de Chambly, chevalier et chambellan du roi, décédée avant 1293, avait acheté « à mon seigneur Robert d'Ivry, chevalier, et à Mme Marguerite de Mouret sa mère », 135 livres tournois de rente assis sur *l'argenterie*, c'est-à-dire sur le trésor royal, à Chartres[2]. Mais elle ne prouve pas que Robert vécût encore à la date de sa rédaction (juin 1293)[3].

---

[1] *Inventaire des Archives départementales de l'Eure*, H. 403.

[2] Juin 1286. Robert, sire d'Ivry.., nos otroion et confermon a religieus hommes l'abbé et le covent de la Noe…, cinquante souz tournoiz de rente les queus ils ont en nostre fié de Gaudreville, du don Guillaume du Bois-Gencelin et Robert du Bois-Gencelin, frères, chevaliers, jadis trespassez, assis sur tout le tenement Guillaume Viel et Jehan des Boscherons, et deux acres de bois quil ont du don Bernart de Broquigné, assis jouste les bois au diz Religieus de leur granche de Jumeles….. de nostre scel…..

Ce fut fet en l'an de grâce mil II^cIIII^xxVI u mois de Juing. (Scellé. Le sceau, dont il ne reste qu'un petit fragment, représentant un cavalier.)

(Charte de l'Abbaye de la Noe, à la Bibliothèque nationale. D'après une copie aux Archives départementales de l'Eure.)

[3] A tous ceux qui ces lettres verront et orront Jou Pierres, sires de Chambli, chevaliers et chambellens le Roy, fas savoir que comme noble dame ma chière mère madame Sebile eust acquis et achaté, ou tans que

ele vivoit, a mon segneur Robert d'Ivri, chevalier, et à ma dame Marguerite de Mouret, sa mère, sis vins et quinze livres de rente à tournois que il avoient chascun an en l'argenterie de Chartres, de la quele rente ma mère desus dite aumosna perpetuelement as cordelieres de Paris cent soldées à parisis de rente chascun an, et, pour une chapeleine qui est estorée pour lui à Biaumont-sur-Oise, vint livrées de rente à parisis et ainsi en demourassent quatre vins et trois livres de rente à Paris chascun an qui me vinrent de la succéssion de ma mère desus dite, sachent tuit jou ai donné, dois, délaisse, quite et otroi hiretablement et à tousiours à Perron de Chambli, segneur de Wirmes (Viarmes), chevalier et chambellenc du Roy, le dites quatre vins et trois livres de rente à parisis. Et promets que jamais riens n'i réclamerai. Et pour ce que ce soit ferme et chose estable à tousiours jou en ai baillé au dit Pierre, segneur de Wirmes, mon fils, ces présentes lettres scelées de mon propre scel qui furent faites l'an de grâce mil deus cens quatre-vins et treze ou mois de Jung. (Attache du sceau du sire de Chambly.)

(Archives nationales, J. 208, n° 10.)

CHAPITRE XIV

Guillaume, seigneur d'Ivry, grand veneur de France. — Anecdote. — Accord avec l'abbaye d'Ivry. — Terrier-coutumier de 1300. — Robert, seigneur d'Ivry. — Le roi de France à Ivry. — Guillaume, seigneur d'Ivry. — Jean, seigneur d'Ivry ; ses emplois financiers et militaires.

Robert d'Ivry était mort antérieurement à l'année 1295, et le seigneur d'Ivry portait alors le prénom de Guillaume, ainsi qu'il résulte d'un acte de cette année, constatant que le domaine de la Neuville dépendait alors de « home noble mon segnor Guillaume, sire d'Ivry, chevalier [1] ».

Nous apprenons qu'il était grand veneur de France, dans une anecdote racontée en ces termes par un historien du comté d'Évreux, qui la donne comme extraite des archives de l'abbaye de Saint-Sauveur d'Évreux :

« Quelque temps avant de mourir (vers 1298, l'évêque d'Évreux) permit à Alix de Mergiers, abbesse de Saint-

---

[1] *Mémoires et Notes de M. Auguste Le Prévost*, t. II, p. 470.

Joignons-y les deux mentions suivantes :

Obligation de 30 sous de rente annuelle contractée devant Rogier de la Chambre, garde du scel aux causes de la cour de Guillaume sire d'Ivry, chevalier, par Guillaume et Jean Le Suor, de la Haie, envers Olivier et Guillaume de la Follie (7 décembre 1295).

Inventaire des archives départementales de l'Eure. G. 122, n° 428.

Guillaume, seigneur d'Ivry, amortit une rente de 30 sous assise sur des biens situés à Neuville-la-Comtesse, donnée au chapitre d'Évreux par Pierre de *Platavo*, chanoine d'Évreux (27 février 1296).

Id. *ibid.*, n° 432.

Sauveur, le divertissement de la chasse du cerf dont la dixme lui appartenait suivant la donation faite par les fondateurs Richard et Simon, comtes d'Évreux. Cette dame aïant choisi un beau jour d'été alla en sa maison et seigneurie d'Arnières pour s'y divertir, accompagnée de Perrette de la Croisette, prieure du monastère, de Julienne du Plessix, de Julienne de Brione et d'Alix de Crève-cœur. Guillaume d'Ivry, grand veneur de France, prit cette occasion de chasser un cerf qui, poursuivi jusqu'aux abois, alla se jeter dans la rivière proche de Saint-Germain-lès-Évreux, où ces religieuses eurent le plaisir de le voir expirer. La nappe, dépouillée par Thomas de Saint-Pierre, fut portée en l'abbaïe de Saint-Sauveur où il se fit de grandes réjouissances au son des tambours, des trompettes et de plusieurs autres instruments [1]. »

Guillaume, seigneur d'Ivry, conclut, en l'an 1300, un accord avec l'abbaye d'Ivry. Comme cette convention intéresse la seigneurie d'Ivry et l'étude des droits féodaux, autant que l'abbaye d'Ivry, nous l'analyserons ici même.

En janvier 1300 donc, Jean, abbé d'Ivry et Guillaume, sire d'Ivry, chevalier, conviennent des points suivants :

Les religieux renoncent à la haute justice de leur fief du pré, de la rue de Garennes, des cinq maisons du bourg d'Ivry, de la couture de Brégniencourt et de tous leurs hôtes, mais ils stipulent quelques réserves à leur profit, au sujet des confiscations.

En échange, Guillaume d'Ivry renonce à demander aux hommes de l'abbaye « toulte ne taille, ne relief pour ost

---

[1] *Histoire civile et ecclésiastique du comté d'Évreux...*, p. 206. Le document en question paraît n'être pas aux Archives départementales de l'Eure. V. E. Izarn, *Notice Historique sur Saint-Germain-lès-Évreux*. Évreux, 1875, in-8°, p. 28, note 1.

ne pour chevalerie, ne pour mariage, ne nulle autre redevance », sauf celles dues à raison des héritages.

Les religieux avaient, en outre, soin de réserver expressément, non pas seulement dans leur intérêt mais dans
celui de tous les faibles, des humbles, des opprimés, le
droit d'*asile*, c'est-à-dire le salut et l'inviolabilité pour
quiconque se réfugierait dans leur abbaye. De cette sauvegarde devaient bénéficier tous ceux qui parviendraient,
disaient-ils, « en nostre court ou en l'anceinte de nostre
abbaye, ou en l'enceinte de notre aumosne du pré où les
povres sont herbergiez ». On ne pouvait « guetier ne
faire guetier, fors par dehors les anceintes des diz lieus »,
ceux qui s'y seraient réfugiés.

Enfin, ils se réservaient les droits et redevances qu'ils
percevaient, chaque dixième semaine, sur les péages et
autres redevances dues aux seigneurs, toutes les forfai-
tures de leurs foires de « la mi-aoust et de la septembresche » et le droit, pour leurs hommes, de moudre à
leur moulin.

Cette convention est relatée dans un registre terrier de
la seigneurie d'Ivry dont on trouvera, aux pièces justificatives, de nombreux extraits [1]. C'est, pour Ivry, un document d'une haute valeur, précieux pour la composition
féodale de la seigneurie, pour la topographie même
d'Ivry et la population, puisqu'il nous conserve le nom
d'une grande partie des habitants dont, sous le même
nom, une partie habite peut-être encore le pays. Il est
plus précieux encore parce que, par l'énumération des
droits et redevances perçus sur les denrées ou marchandises importées, exportées ou fabriquées sur place, il

[1] Archives nationales. Q. 1. 194².

rénseigne authentiquement sur le commerce, l'industrie locale, le mouvement économique et social d'Ivry à cette date reculée.

L'*Histoire de la maison d'Harcourt*[1] dit qu'en 1313, Robinet d'Ivry fut fait chevalier à cause de ses généreux exploits et son éclatante noblesse. Mais, comme il n'est pas qualifié seigneur d'Ivry, on ne peut affirmer qu'il en fût déjà le seigneur.

Robin, Robinet, Robillard, étaient des diminutifs du nom de Robert, qui impliquaient une idée de jeunesse, soit absolument parlant, soit relativement à un ascendant ou à un parent plus âgé. On se rappelle que, dans une enquête relative à un des procès d'un autre Robert d'Ivry, ce personnage y est appelé tantôt Robin, tantôt Robert.

Le jeune chevalier de 1313 est donc, vraisemblablement, le signataire d'une transaction passée, le mercredi devant la Saint-Martin d'Yver 1318 (8 novembre), entre Robert, seigneur d'Ivry, et Robert, évêque de Chartres...; pour raison du contredit patronage et administration de la maladrerie de la chaussée d'Ivri[2].

L'année précédente, le samedi 10 décembre 1317, le roi de France Philippe V était à Ivry. Il paraît avoir passé les jours précédents au Vaudreuil et à Cantelou (?) ; on le voit ensuite à Pinterville[3].

Il ne semble pas qu'il faille attribuer à un seigneur d'Ivry un accord passé, en 1319, entre Georges du Palais,

---

[1] T. II, p. 1848.

[2] Bibliothèque nationale. Département des Manuscrits ; fonds français, n° 24.134, p. 91.

[3] « Philippi quinti mansiones et itinera » : Apud Yvreium die sabbati X Decembris, per Regem. (Reg. LVIII, n° 49) [trés. des ch., J. J., n° 58.] Dans D. Bouquet, *Rec. des hist. de France*, t. XXI, p. 473.

hauberger du roi à Paris et Guillaume d'Ivry, chevalier[1].

Ce Guillaume d'Ivry était peut-être le même que Guillaume d'Ivry, chevalier, seigneur de Bordigny, localité
voisine d'Ivry, qui, en 1322, était propriétaire d'une
pièce de vigne à Breteuil[2].

On voit, dans l'ouvrage du P. Anselme, à la généalogie de la maison de l'Isle-Adam[3], que Guillemette de
l'Isle-Adam laissa une terre à Guillemette de Luzarches, sa
cousine « après l'année 1360, et mourut sans enfants
de Robert, baron d'Ivry ».

C'est peut-être du personnage qui nous occupe qu'il
s'agit ?

C'est, en effet, toujours un personnage du nom de
Robert que nous voyons qualifié seigneur d'Ivry en
l'année 1323[4].

Mais, d'autre part, en l'année 1333, nous sommes, au
moins, certains que le seigneur d'Ivry s'appelait Guillaume. C'est ce que nous apprend une charte de cette
année, par laquelle : Guillaume, seigneur d'Ivry, abandonne à l'abbaye du Bec les droits qu'il pouvait avoir sur
le patronage du Val-David[5].

---

[1] *Catalogue analytique des archives de M. le baron de Joursanvault,
contenant une précieuse collection de manuscrits, chartes et documents
originaux, au nombre de plus de 80.000.* Paris, 1838 ; 2 vol. in-8°, t. I.
n° 1051.

[2] Léopold Delisle, *Études sur la condition de la classe agricole
en Normandie*, p. 435.

[3] T. VIII, p. 790.

[4] Robertus, dominus d'Yvery, anno 1323. — Ms. du prieur de Mondonville. Bibliothèque Nationale, fonds français, n° 24126, p. 286. Robertus, dominus d'Yvry, miles 1323. Id. *ibid.*, n° 24132, p. 633.

[5] *Mémoires et Notes de M. Auguste Le Prévost...*, t. III, p. 320.
Le Val-David relevait d'Ivry en 1571-1572, en 1456 et sans doute bien
antérieurement.

Messire Thomas d'Ivry, chevalier, qui servit la couronne de France en 1338, ainsi que mess. Jean d'Ivry, chevalier bachelier, suivi de six écuyers, en 1339, 1340, doivent être de la famille des seigneurs d'Ivry, mais rien ne prouve qu'ils en aient été, eux-mêmes, seigneurs[1].

A partir de l'année 1344, nous savons, au contraire, que la terre d'Ivry appartenait à un seigneur du nom de Jean d'Ivry.

Jusques à quelle époque vécut-il ? On ne saurait le dire d'une façon précise, et voici pourquoi. C'est que, souvent, un historien, ou même un document d'archives, montre de gens de guerre, quittance... etc... se borne à dire : le seigneur d'Ivry, monseigneur d'Ivry, le baron d'Ivry. Ces mentions impersonnelles auraient besoin d'être éclairées par d'autres documents authentiques, contenant le prénom du personnage en question. Malheureusement, il s'écoule, parfois, une longue période d'années entre deux pièces nominatives ; et, dans l'intervalle, on ne peut déterminer à qui s'appliquent les faits ou documents qui ne donnent aucun nom.

Ce vague, qui nous poursuit presque perpétuellement en ce qui touche l'ancienne famille d'Ivry, est, notamment, fâcheux au sujet de Jean d'Ivry que nous voyons bien remplir des missions financières, mais à qui nous ne pouvons attribuer, avec certitude, la participation très honorable à certains faits de guerre accomplis vers 1358.

Quoi qu'il en soit, deux actes des 11 juillet 1344 et 18 juin 1347[2], nous montrent Jehan d'Ivry, sire d'Ivry,

---

[1] Histoire de la maison d'Harcourt, t. II, p. 1840.

[2] 11 juillet 1344. — Robert de Dreux, sire de Beu, Amaury de Meul-

chargé, avec deux autres chevaliers, Robert de Dreux et Amaury de Meulan, sire du Neubourg, de la levée d'une aide que les nobles du pays « de la cort de France et de Dunois » avaient gracieusement octroyée au roi pour servir, tant que la guerre durerait, à payer les nobles et soudoyers qui y seraient employés.

En 1346, il s'intitule « Jehan, seigneur d'Ivry, chevallier le roy nostre seigneur et lieutenant des mareschaux de France ». En cette qualité, il envoie aux Trésoriers des guerres, aux dates des 3, 4 et 6 août 1346[1], les

lent, sire du Neufbourg et Jehan d'Ivry, sire d'Ivry, chevaliers, commis et députés par le roi à lever ou faire lever... etc...
Bibliothèque Nationale, — département des Manuscrits. — Titres scellés Clairambault, t. XLII, p. 3113.

Lettres de Philippe de Valois, datées d'Arras, 18 juin 1347, aux chevaliers Robert de Dreux, souverain de son hostel, Amaury, de Meullans sire du Neubourg et Jehan d'Yvry, sire d'Yvry, relatives à une aide que les nobles du pais de la Cort de France et de Dunois lui ont gracieusement octroyée pour servir à payer, tant qu'elle durera, les nobles et soudoyers qui seraient employés à guerroyer. (Collection Leber, portef. A.)
(*Catalogue des Manuscrits des Bibliothèques des départements.* — Rouen, t. II, p. 109.)

[1] 3 août 1346. — Jehan, seigneur d'Ivry, chevallier le roy nostre seigneur et lieutenant des mareschaux de France, du commandement d'icelluy seigneur, aux trésoriers des guerres ou à leurs lieuxtenant salut. Nous vous envoyons enclos soubz nostre scel la monstre de Symon de Poligny, escuier et cinq escuiers de sa compaignie, receus à Rouan aux gaiges dudit seigneur, le IIIe jour d'aoust l'an mil CCCXLVI, ainsy montez comme contenu est en ladite monstre, si vous mandons que vous li faites prest, compte et paiement de ses gaiges en la manière qu'il appartiendra. Donné l'an et le jour dessus dict (scellé en cire rouge; fond croisillé; écu aux trois chevrons, légende en partie conservée).
4 août 1346. — Envoi, en tout semblable au précédent, de la montre de « Jehan Hue de Loraines...., le Prevost de Bruges, receue à Rouen aux gaiges du roy, le IIIIe jour d'aoust l'an mil CCCXLVI, montez ainsi et ou (?) la mande (?) [*lis.* : en la manière ?] que contenu est en la dicte monstre. » (Même sceau qu'à la précédente.)
6 août 1346. — Envoi, en tout semblable aux deux précédents, de la monstre « de Jean Chevrot, escuier, et un escuier de sa compagnie, receu à Rouan, aux gaiges dudit seigneur, le VIe jour d'aoust l'an mil CCC XLVI ainsi montez comme contenu est en la dite monstre ».
Même sceau ; légende brisée.
Ces trois documents proviennent, tous trois, de la Bibliothèque Nationale ; titres scellés de Clairambault, vol. 62, p. 4805.

montres de trois écuyers et de leur compagnie, reçus par lui, à Rouen, à ces mêmes dates.

De la Roque pense formellement que le Jean qui nous occupe est le baron d'Ivry qui fit partie de l'expédition d'Écosse. Il écrit en effet : « Un baron d'Ivry, dont Froissart ne dit pas le nom, fut du nombre des barons de France qui se trouvèrent, avec l'admiral de France et divers autres seigneurs, au secours des Écossais contre le roi d'Angleterre. Il s'y comporta avec beaucoup de vaillance. »

Puis il ajoute immédiatement :

« C'est ce même baron d'Ivry qui fut établi commissaire, l'an 1347, avec Robert de Dreux, seigneur de Bû et Amaury de Meullent, sire de Neubourg, pour lever un ayde en France. Ils ont scellé plusieurs lettres de leurs sceaux à ce sujet[1]. »

Or, nous savons, par les actes même cités à l'instant, que ce baron d'Ivry s'appelait Jean.

Lui-même encore fit montre à Rouen, le 26 juin 1355[2],

---

[1] *Histoire de la Maison d'Harcourt*, t. II, p. 1840.

[2] 26 juin 1355. — Les mareschaulx de Monseigneur le Dalphin de Viennois, ainsné fils et lieutenant du Roy notre seigneur et... de Feuqueray, chevalier, lieutenant, es balliages de Rouen, Caux et Gisors, de messire le Baudrain de la Heuze, chevalier, mareschal establi pour le païs de Normandie, à mestre Martin Everard, chanoine et official de Rouen, et le sire de Sainte-Beuve, Salut ; nous vous envoions, enclose sous noz seaulx, la monstre monseigneur d'Ivry banneret, luy et x chevaliers, xxix escuiers de sa compaignie, receuz à gages à Rouen aux termes (?) contenuz en la dite monstre sous le gouvernement dudit monseigneur le Dalphin montez si comme contenu est en ladite monstre et ce vous certiffions-nous sous noz seaulx estre vray. Si faitez faire audit monseigneur d'Ivry, pour luy et ses dictes gens d'armez, prest, conte et paiement de leurs gages par les commis et députez à ce faire par la manière qu'il appartiendra.

Donné à Rouen le xxvie jour du juing l'an mil ccclv.

(Deux sceaux en cire rouge, brisés en partie.)

Bibliothèque Nationale. — Cabinet des Titres. — Titres originaux, Ivry.

en qualité de chevalier banneret. Sa compagnie était, par son importance, en rapport avec sa situation personnelle. Elle comptait dix chevaliers, et vingt-neuf écuyers. Bien qu'il ne soit désigné que sous l'indication de Mgr d'Ivry, il est sûr que c'était bien notre Jean, puisque le 24 juin de la même année, un certain Collinet de la Fontaine, faisant montre à Rouen, était désigné comme écuyer de la compagnie de Jean, seigneur d'Ivry, chevalier-banneret [1].

[1] P. Anselme, t. VIII, p. 849.

CHAPITRE XV

Participation du seigneur d'Ivry (Jean ou Guillaume) à divers faits de guerre (1358-1367). — Guillaume, baron d'Ivry ; ses emplois. — Reçoit un don pour fortifier son château d'Argentan ; son mariage. — Difficultés sur la généalogie de la maison d'Ivry. *Ivry et le Comté d'Evreux* au xiv⁰ siècle. — Effets de ce voisinage. — Charles le Mauvais perçoit des droits à Ivry. — Il propose la place aux Anglais.

A partir de l'année 1358 jusqu'en 1367, on est assez embarrassé pour savoir quel était le prénom du baron d'Ivry, sur le compte duquel on trouve, dans les chroniques du temps, quelques menus faits assez intéressants.

Ainsi, on lit dans la *Chronique normande du* xiv⁰ *siècle* éditée par MM. A. et E. Molinier, sous l'année 1358 :

« Et en cette saison, fist le sire d'Ivry et Philippe Malvoisin et plusieurs autres bons chevaliers et escuiers du païs devers la riviere d'Eure plusieurs belles besongnes, et, en III places, ruèrent jus en pou de temps leurs ennemis en bonnes besongnes combatues moult durement, dont leurs ennemis estoient autant ou plus qu'ilz estoient [1]. »

---

[1] *Chronique normande du XIV⁰ siècle*, publiée pour la Société de l'Histoire de France, par A. et E. Molinier, Paris, 1882, in-8°, p. 139. Une note des éditeurs (p. 317) porte : Jean d'Ivry, chevalier banneret, servait, dès 1355, en Normandie. (Bibl. nat., *Pièces originales*, vol. 1561, doss. Ivry, nᵒˢ 2 et 3.) En 1365, un sire d'Ivry est capitaine de Mauves. (*Ibid.*, fr. 26 006, n° 240.)

En cette même année encore, « Monseigneur d'Ivry »
est un des seigneurs normands que la *Chronique des
quatre premiers Valois* nomme comme ayant combattu
contre les Jacques sous les ordres du roi de Navarre [1].

Mais tandis que, d'après les éditeurs de la *Chronique
normande*, il s'agirait toujours de Jean, seigneur d'Ivry,
si l'on croit, au contraire, de la Roque (sujet, il est vrai,
à caution), nous serions en présence d'un nouveau seigneur, du nom de Guillaume.

« On remarque, dit-il, par le compte de Guillaume
Eudes, trésorier des guerres, de l'an 1358, que Monseigneur Guillaume d'Ivry, chevalier, avait servi l'état. Il est
appelé seigneur d'Oissy ou d'Oissery en un autre rôle de
l'an 1360, et chevalier banneret en ceux de 1363 et 1368.

« C'est ce même Guillaume, seigneur d'Ivry, qui fut
témoin à l'hommage qui fut passé à l'hôtel Saint-Paul, à
Paris, par cinq notaires apostoliques et impériaux, le 13
décembre 1366, ledit hommage rendu à Charles V par
Jean, duc de Bretagne, comte de Montfort [2]. »

En ouvrant de nouveau la *Chronique des quatre premiers Valois* [3], nous y lisons les indications qui suivent :

Monseigneur d'Ivry est du nombre des seigneurs qui
reprennent Rolleboise sur les Anglais (en 1363).

L'année suivante, il est nommé parmi ceux de « la
chevalerie de Normendie » qui, sous les ordres de Bertran
du Guesclin, reprennent aux Anglais Mantes et Meulan.

Il fut même nommé « cappitaine » de la première de
ces deux villes par le duc de Normandie [3].

---

[1] *Chronique des quatre premiers Valois*, publiée pour la Société de
l'Histoire de France, par M. Siméon Luce. Paris, 1862, in-8°, p. 74.

[2] *Histoire de la maison d'Harcourt*, t. II, p. 1840.

[3] Page 136.

A partir de 1365, toute incertitude cesse ; le seigneur d'Ivry porte certainement le nom de Guillaume. Nous connaissons une quittance délivrée par « Guillaume, seigneur d'Ivry, chevalier banneret » le 27 avril 1365, laquelle nous prouve qu'il était aussi capitaine de la ville et forteresse de Bréval. Pour les gages de lui et de la garnison, pendant un mois, il reçut six cents livres tournois [2].

Par lettres des 6 mars 1364 et 1er juin 1365, « Loys, conte d'Estampes et Jehan, conte de Tancarville, lieutenant du roi de France ès parties de Normandie, du Perche et de l'évêché de Chartres, nomment conservateurs des trèves conclues entre le roi de France et Charles le Mauvais (1364) :

« Mess. Jehan, seigneur de la Ferté, et Mess. Claudin de Harenviller, mareschaus de Normandie, mess. Saquet de Blaru, le baron d'Ivry, mess. Guill. du Melle et mess. Mouton de Blainville [3]. »

Chronique des quatre premiers Valois...., p. 136, 137, 141, 142.

Dans le *Catalogue analytique des Chartes, documents historiques...* *provenant du cabinet de M. de M., en vente publique en mars* 1867. Paris, Charavay, 1867, in-8°, p. 47, on lit aussi : « 1365. — Lettres du roi qui donnent le commandement de la ville de Mantes au baron d'Ivry et au sire de Blaru. »

27 avril 1365. — Sachent tuit que nous Guille, seigneur d'Ivry, chevalier banneret, garde et capitaine de la ville et forteresse de Bréval, confessons avoir eu et receu de Nicolas de Mauregart, sergent d'armes du roy notre seigneur et receveur général des aides ordenés pour la guerre, la somme de six cens livres tournoiz pour les gaiges d'un mois de nous et des gens d'armes de notre compaignie, desservis et à desservir en la dicte garde, desquelles *vic* livres tournoiz nous nous tenons à bien paié et en quictons le dit Nicolas et touz autres à qui quictance en appartient.

Donné soubz notre scel le *xviie* jour d'avril l'an mil *ccclx* et cinq après Pacques.

Sceau en cire rouge ; écu brisé ; légende.

Bibliothèque nationale. Cabinet des titres. Série des volumes des titres scellés de Clairambault. Vol. CXV, p. 9015, 3e p.

Archives nationales, J. 617, n° 22.

Des lettres royales, du 21 octobre 1367 [1], le concernant donnent lieu à plusieurs observations et fournissent, par induction, quelques éclaircissements sur ce personnage lui-même, son mariage, et sur la famille des seigneurs d'Ivry.

Dans ces lettres, le roi dit que son féal chevalier et

[1] 21 octobre 1367. — Charles, par la grâce de Dieu, Roy de France, à touz ceulx qui ces présentes lettres verront, salut.

Notre amé et féal chevalier et conseiller, le Baron d'Ivry, nous a donné à entendre que, pour cause des guerres qui ont esté en notre Royaume et que on espère (?) y avoir, il li a convenu et conviendra soustenir grans pertes et domages et faire grans mises et despens pour la fortificacion, tuicion et deffense de son chastel et ville d'Argenten en Normandie, lequel est en frontière ; lesquelles fortificacions et fraiz il ne pourrait plus soustenir sans notre aide si come il dit. En nous suppliant que il nous veuille plaire li donner et ottroier deux deniers des douze deniers pour livre qui ont et auront cours en la dicte ville et chastel et en la banlieue d'iceux, ordenés pour la délivrance de notre très cher seigneur et père que Dieu absoille, pour li aider à supporter les fraiz et mises dessus diz ; savoir faisons que nous, eue considéracion aux choses dessus dictes, inclinanz à sa supplicacion, avons donné et ottroié, donnons et ottroions par ces présentes, de grâce espécial, au dit baron d'Ivry, les deux deniers de l'impôt des diz douze deniers pour livre qui ont et auront cours en ladicte ville, chastel et banlieue, de quelconques denrées et marchandises vendues en icelles et acoustumées paier imposicion, jusques à un an, à compter de la date de ces présentes. Si donnons en mandement à noz amez et féaux les généraux trésoriers à Paris sur le dit fait de ladicte délivrance et aux esleuz sur ce même fait, au Receveur ordené et establi en la ville et diocèse de Sees, que, de tout ce qui sera levé et receu des douze deniers pour livre dessus diz ès dictes ville, chastel et banlieue d'Argentan, durant le temps dessus dit, comptés et rabattuz avant toute euvre, mises, fraiz et rémissions, se aucunes en faisions, et pertes par deffaut de plègeries se aucunes en y avait, ils baillent sans contredit au dit chevalier ou à ses gens et députez les diz deux deniers de et sur les diz douze deniers quil recevront ou feront recevoir de la dicte imposicion si come dessus est dit, sans aucun délay ou empeschement, pour tourner et convertir en ce qui dit est, en le faisant joir et user de notre présente grâce voulons que tout ce qui sera baillé au dit chevalier ou à ses gens pour la dicte cause soit alloué ès comptes de cellui ou ceulx qui baillé et paié l'auront, par noz amez et féaux genz de noz comptes à Paris, sans aucune difficulté, nonobstanz ordenances, mandemens ou deffenses à ce contraires.

En tesmoing de ce nous avons fait mettre notre scel à ces lettres données à Paris xxi° jour d'octobre l'an de grâce mil ccc soixante et sept de notre règne le quart. (Plus de sceau.) Bibliothèque nationale. Cabinet des titres, titres originaux, — Ivry.

conseiller, le baron d'Ivry, a exposé qu'il avait eu et aurait encore à supporter de grandes dépenses pour la fortification et la défense de *son* château d'Argentan, et il lui octroie, en conséquence, deux deniers sur l'impôt de douze deniers pour livre ayant cours dans ladite ville, châtel et banlieue.

De cette expression : *son château* d'Argentan, on peut induire qu'il s'agit bien de Guillaume d'Ivry, chevalier, seigneur d'Oissery et de Saint-Pathus, qui, d'après le P. Anselme, épousa Marie de Montmorency, dame d'Argentan, laquelle, après la mort de ce seigneur, se remaria à Jean II, sieur de Châtillon-sur-Marne, avec lequel elle vendit plusieurs terres, notamment celle d'Argentan, le 26 février 1372, pour subvenir à ses folles dépenses [1].

Le même auteur, dans l'article qu'il consacre à son fils Charles, comme grand maître des eaux et forêts, dit expressément que son père Guillaume était *baron d'Ivry*, et ajoute que sa mère, Marie de Montmorency, après son second mariage avec Jean de Châtillon, conserva la tutelle de ses deux fils issus de son premier lit, Charles et Jean d'Ivry [2].

Autre observation : si nous devons ajouter foi à une monographie de la châtellenie d'Oissery, imprimée en 1876, notre Guillaume ne serait pas le fils du Jean d'Ivry qui le précède comme seigneur d'Ivry. Le père de notre Guillaume se serait également appelé Guillaume et aurait épousé une fille d'un seigneur du nom de Gérard Chabot, laquelle aurait apporté en dot à son mari les terres d'Oissery et de Saint-Pathus [3].

[1] P. Anselme, t. III, p. 573.
[2] Id., t. VIII, p. 879-880.
[3] Marguerite des Barres, seule fille et héritière de la Châtellenie

Plus tard, d'ailleurs, en parlant de Jean d'Ivry, fils cadet de Guillaume d'Ivry et de Marie de Montmorency, nous nous heurterons encore à des difficultés qui semblent insolubles, au sujet de Guillaume d'Ivry.

La seule chose qui paraisse sûre, car elle est corroborée par les pièces que nous possédons, c'est que Guillaume d'Ivry dut mourir jeune et que sa veuve Marie de Montmorency pouvait très bien être déjà remariée avec Jean II de Châtillon en 1372. Nous avons de Guillaume d'Ivry une quittance datée du 16 novembre 1368 [1]. Mais, d'autre part, quand nous poursuivrons l'histoire des possesseurs d'Ivry, nous verrons qu'il était mort antérieurement au mois de décembre 1369. Il nous faut, auparavant, dire quelque chose des rapports d'Ivry avec le nouveau comté d'Évreux.

Lorsque les rois de France créèrent, pour Louis de France, fils de Philippe le Hardi, et pour ses descendants, le comté d'Évreux, érigé bientôt en pairie, et auquel furent annexés successivement plusieurs domaines voisins, Ivry se trouva confiner aux possessions des comtes d'Évreux, devenus peu après rois de Navarre.

Quand Charles le Mauvais, comte d'Évreux, sera entré en

---

d'Oissery, épouse, vers 1280, Gérard Chabot, baron de Retz; ils n'ont qu'une fille qui apporte Oissery et Saint-Pathus en dot à Guillaume d'Ivry.

Guillaume II, leur fils, est seigneur d'Oissery par sa mère, il épouse vers 1260 [lis. 1360?] Marie de Montmorency, fille de Charles de Montmorency, et meurt jeune laissant deux fils sous la tutelle de leur mère qui se remarie à Jean de Châtillon.

(F. Labour. *La châtellenie suzeraine d'Oissery*, etc. Dammartin, 1876, grand in-8°.)

[1] 16 novembre 1368. — Sachent tuit que nous Guillaume, sire d'Yvry, congnoissons, etc... (avoir reçu 8 livres prises sur le revenu de l'arche du Pont de Mante).

Plus de sceau.

(Bibliothèque nationale, Cabinet des titres; titres originaux. — Ivry.)

révolte ouverte contre Charles V, on se doute qu'Ivry aura dû être l'objet de ses convoitises, et que ses habitants auront dû avoir à souffrir, soit au point de vue pécuniaire, soit à celui des faits de guerre, d'un si compromettant voisinage.

Déjà, vers 1325, Charles le Bel, confirmant l'érection du comté d'Évreux en pairie, et en donnant les lettres patentes au jeune comte Philippe et à Jeanne de France, sa femme, y ajoute des domaines comprenant les châteaux et seigneuries de Nonancourt, Ivry et Anet [1].

Cependant, il ne paraît pas que, en fait, et régulièrement au moins, Ivry ait jamais appartenu aux comtes d'Évreux de la maison de France. Que l'on lise les lettres du 21 juin 1404, par lesquelles le fils de Charles le Mauvais, Pierre, comte de Mortain, approuve, en ce qui peut le toucher, la cession des comté d'Évreux et autres villes et terres en Normandie, faite par son frère Charles III au roi de France, on y lira qu'il y renonce aux « conté, citez, villes, chasteaux, chastellenies, justices et seigneuries, terres, cens, rentes et revenues d'Évreux,... Pacy, Nonancourt, Esy,... Conches, Bretheul,... Nogent-le-Roy, Anet, Bréval, Monchauvet, Mante et Meulant [2] ».

Ivry n'y est pas nommé.

Anet et Bréval, notamment, où il y avait des châteaux, ont dû être pris de vive force sur Charles le Mauvais, lors de la guerre que lui fit le roi de France vers 1378 [3].

Charles le Mauvais, soit abusivement, soit à bon droit,

---

[1] Masson de Saint-Amand, *Essais historiques et anecdotiques sur l'ancien comté, les comtes et la ville d'Évreux*. Évreux, 1813-1815, 2ᵉ partie, p. 84.

[2] Recueil de pièces servant de preuves aux mémoires sur les troubles excités en France par Charles II, dit le Mauvais, roi de Navarre et comte d'Évreux [par Secousse], Paris, 1755, in-4°, p. 532.

[3] Id., *ibid.*, p. 455, 444 et *passim*.

comme comte d'Évreux et suzerain d'Ivry, ne se fit pas faute de lever des impôts à Ivry.

Un règlement de compte d'un des agents de son administration financière en Normandie porte, au chapitre des sommes qu'il avait reçues, la mention suivante :

« Item qu'il receut d'une aide cuillie en la terre d'Ivry, ou mois d'avril CCCLXVI, xxx fr[1]. »

Le 22 décembre 1369, le trésorier du roi de Navarre se trouvait lui-même à Ivry, d'où il envoyait un messager porter à Nogent-le-Roi des lettres de lui relatives à la levée d'une imposition[2]. Cette présence, un peu suspecte, autorise à penser qu'il était peut-être à Ivry pour y percevoir quelque imposition.

Enfin, il est certain que pour l'année 1370, le roi de Navarre perçut dans la *chastellerie* d'Ivry, comme dans la bourgeoisie et chastellerie d'Évreux, l'imposition de 2[s] pour livre, sur les vins et autres breuvages[3].

Là ne se bornaient pas ses entreprises. Il désirait faire annexer Ivry à ses possessions. Ainsi, le 26 mars 1370, dans un projet de traité entre le roi de France et Charles le Mauvais, il est convenu que ce dernier obtiendra la remise des châteaux d'Ivry et de Ferrière[4].

Bien plus, alors qu'il trahissait la France au profit de l'Angleterre qui lui demandait des gages, il disposait d'Ivry au profit du roi d'Angleterre, comme si ce château lui eût appartenu.

---

[1] E. Izarn et G. A. Prevost, *Le compte des recettes et dépenses du roi de Navarre en France et en Normandie, de 1367 à 1370.* Paris, 1885, in-8°, p. 421.

[2] *Id.*, p. 450.

[3] *Id.*, p. 47.

[4] *Revue historique des cinq départements de l'ancienne province de Normandie.* Pont-Audemer, in-8°, 2ᵉ année, 1836, p. 269.

Jacques de Rue, son chambellan, déclara dans un de ses interrogatoires que, dans un projet d'alliance avec le roi d'Angleterre contre la France, Charles le Mauvais proposait de livrer au roi d'Angleterre « les chasteaux et villes de Nogent-le-Roy, d'Anet, d'Ivry et de Nonancourt [1] ».

Dans ces luttes intestines, les seigneurs d'Ivry paraissent avoir suivi le parti du roi de France. Mal leur en advint, et, sans doute, aussi aux habitants.

Vers le mois d'août 1375, Pierre du Tertre, l'âme damnée de Charles le Mauvais, par ordre de Ferrando d'Ayens, gouverneur des domaines de Charles le Mauvais, assembla des gens d'armes et les conduisit à un fort que Charles d'Ivry faisait « faire de nouvel emparer à Brudepont (Breuilpont) en la terre du roi de Navarre. Mais, dit-il, quand il arriva, Ferrando était déjà maître du château. Une tourelle fut livrée aux flammes, et le reste fut rasé [2]. »

---

[1] Histoire civile et ecclésiastique du comté d'Evreux; preuves, p. 92.
[2] Histoire civile et ecclésiastique du comté d'Evreux; preuves, p. 70.

CHAPITRE XVI

Charles, baron d'Ivry. — Tutelle de son oncle, capitaine d'Ivry pour le roi de France. — Peu d'importance de la garnison. — Majorité de Charles d'Ivry. — Notice sur lui de M. H. Moranvillé. — Ses fonctions à la cour; faveurs et dons de toute sorte qu'il obtient.

Guillaume, baron d'Ivry, était mort antérieurement au mois de décembre 1369[1]. Il laissait une veuve et des enfants mineurs. Il paraît que sa veuve, même après s'être remariée, conserva la tutelle de leurs enfants, au nombre de deux au moins, Charles, l'aîné, et Jean, le puîné.

Il laissait aussi un frère germain, du nom de Charles d'Ivry.

La guerre avec l'Angleterre, et surtout celle avec Charles le Mauvais, dont les possessions entouraient Ivry de toutes parts, donnaient à cette localité une certaine importance. Le château était donc, suivant sa modeste dimension, tenu et gardé sur le pied de guerre. Après la mort de Guillaume, son frère, Charles, se trouva demeurer, par suite de diverses circonstances, « seul avec trois ou quatre personnes, en la garde du chastel d'Ivry ». Il le garda avec telle loyauté et diligence, que le roi l'en institua garde et capitaine. Cette garde, il la faisait aux

---

[1] Voir la note ci-contre et le chapitre précédent.

frais et dépens du défunt, de la dame d'Ivry sa veuve et de leurs enfants. Mais les biens du défunt ayant été partagés entre la veuve, les enfants et les exécuteurs testamentaires, le château se trouva dénanti de toutes provisions. Ceux qui le gardaient n'avaient de quoi y vivre ; et, s'ils l'abandonnaient, le château pourrait être en danger d'être perdu. Aussi, par ses lettres du 6 décembre 1369 [1], le roi, pour « obvier tous inconvéniens et périls qui, par def-

---

[1] 6 décembre 1369. — Charles, par la grâce de Dieu Roy de France, à noz amez et féaulx les généraulx trésoriers à Paris sur le fait de la délivrance de nostre très chier Seigneur et père que Dieu absoille, salut et dileccion. Oye la supplicacion de nostre amé Charles d'Ivry, frère germain du sire d'Ivry, nagaires trespassé, disant que come, après la mort de son dit frère, il soit demeuré seul avecques trois ou quatre personnes en la garde du chastel d'Ivry auquel, après le décez de son dit frère morut (?) bien viels (?) personnes, et pour la bonne loyaulté et diligence que nous avons sceu que il a faite en la dicte garde, l'ayons comis et institué capitaine et garde du dit chastel et lequel il a gardé aux frez et despens communs du dit trespassé, de la dame d'Ivry sa femme et de ses enfans. Et il soit ainsi que les biens meubles dudit trespassé et des dessus nommés, après son décez, ont esté partis l'une partie à la dicte dame, l'autre aux enfans et l'autre aux exécuteurs dudit deffunt. Et, par ce, ne sont aucuns biens demourez au dit chastel ; et n'a le dit suppliant ne ses compaignons qui au dit chastel sont pour cause de la dicte garde, de quoy vivre, ne soustenir ne se pourroient en ycelle garde, et pourroit estre ledit chastel en péril de perdre par deffaut de garde, si come il dit, se par nous n'estoit sur ce pourveu de remède convenable. Pour ce est-il que nous, voulans obvier touz inconvéniens et périls qui, par deffaut de bonne garde, se pourroient ? ensuir au dit chastel, et afin que ledit suppliant et ses compaignons estans en la dicte garde aient leur gouvernance de vivre, voulons et ordenons que ledit suppliant puisse lever, prendre et recevoir touz les prouffis des revenuez et émolumens de la ville et baronnie d'Ivry, tant ordinaires come extraordinaires, des aydes, imposicions, xiie, vie et iiiie, molage et autres, par nous ou de par nous mises sus en la dicte ville et baronnie, tant come il nous plaira et jusques ad ce que autrement en aions ordené. Si vous mandons et enjoignons estroittement que de nostre dit octroy et ordenance vous faites et laissiez joir et user ledit suppliant paisiblement sanz lui mettre ni souffrir estre mis en ce aucun empeschement car ainsi nous plaist-il estre fait, nonobstant ordenances, mandemens ou deffenses faitez ou à faire au contraire. Donné en nostre hostel de Saint-Pol-lez-Paris le vie jour de décembre l'an de grâce mil ccc soixante-neuf et de nostre règne le sixième.
Par le Roy, nous présent en ses requestes signé J. de Vernon (?)
Bibliothèque Nationale ; Cabinet des titres, titres originaux ; Ivry.

faut de bonne garde pourroient ensuire au dit chastel », accorda au capitaine « touz les prouffis des revenuez et émolumens de ladite ville et baronnie d'Ivry, tant ordinaires come extraordinaires des aydes, impositions, XIIe, VIe et IIIIe, molages et autres » par le roi ou de par le roi mis dans ladite ville et baronnie.

Le 20 avril 1370 [1], Charles d'Ivry donnait au receveur du diocèse d'Evreux quittance de 120 livres, qu'il touchait en vertu des lettres précédentes.

Voilà une situation bien nette, toute naturelle et qui aurait paru devoir se prolonger jusqu'à la majorité des mineurs. Nous devons donc chercher la portée et la nécessité de nouvelles lettres royales, du 1er juillet 1378 [2].

[1] 20 avril 1370. — Sachent tous que je Charles d'Ivry, escuier, cognois et confesse avoir eu et reçeu de Guillaume Basire, eslue et receveur ou diocèse d'Evreux sur le fait des aides ordennez pour la deffense du royaume, la somme de VI^{xx} livres pour cause de certaines aides les quelles le roy nostre sire a voulu que je les aye euez et recuez pour tourner et convertir en paiement des gens d'armes qui gardoient le chastel de la dite ville, lequel escuier en est garde et capitaine. De laquelle somme je me tieng pour bien payé et agréé; et acquitte ledit Guillaume..... etc...

Sceau (en partie brisé), en cire rouge, portant trois chevrons et pour brisure, une aigle éployée au canton dextre supérieur, Légende Challes...

Bibliothèque nationale ; Cabinet des titres, titres originaux ; Ivry.

[2] A touz ceulx qui ces lettres verront Hugues Aubriot, chevalier, garde de la prevosté de Paris, salut : savoir faisons que nous l'an mil cccix dix-huit, le jeudi viiie jour de juillet, veismes unes lettres du Roy nostre seigneur scellée de son grant scel en double queue contenant la forme qui s'ensuit :

Charles, par la grâce de Dieu Roy de France à tous ceulx qui ces présentes lettres verront, salut : savoir faisons que nous, désirans le chastel et ville d'Ivry, estans à présent, pour certaines causes, en notre main et gouvernement, estre bien et loyaulment gardez à la seurté et proffit de nous, du pais environ et de tout notre royaume, confians à plain du senz, loyauté et diligence de notre amé et féal chambellan Charles d'Ivry, ycellui avons fait, ordené et establi et par ces présentes, de notre certaine science et grace especial, faisons, ordenons et establissons chastellain capitaine et garde des diz chastel et ville, aux gaiges de six cens francs d'or par an et aus autres droiz, proffiz et emolumenz acoustumez tant comme il nous plaira pour lui, deux

qui, d'ailleurs, ont le mérite de nous renseigner encore sur la garde et la défense du château.

Le roi y déclare qu'il désire que « le chastel et ville d'Ivry, estans à présent, pour certaines causes, entre nostre main et gouvernement », soit bien et loyalement gardé. Comment Ivry était-il en la main du roi? En vertu du droit de garde royale des mineurs.... peut-être. Mais peut-être encore est-ce à cause des menées de Charles le Mauvais qui, on l'a vu précédemment, venait de proposer aux Anglais de leur livrer Ivry. Toujours est-il que le roi en nomme châtelain et capitaine Charles d'Ivry qu'il appelle son chambellan, et auquel, outre les droits, profits et émoluments accoutumés, il donne six cents francs d'or de gages annuels.

hommes d'armes et six arbalestes que ordenné avons estre et que promis nous a tenir continuelment à la garde et seurté des diz chastel et ville pour nous et en notre nom bien et loialement garder et défendre en la manière que juré le nous a de faire, contraindre touz ceux qui a contraindre seront à y venir faire guet et garde de jour et de nuit, si comme il en sera besoing, et de faire toutes autres choses à la garde et défense d'iceulz chastel et ville qui a bon et loial chastellain et capitaine pueent et doivent appartenir; voulanz, à lui et à ses députez es choses dessus dictes et ès circonstances et deppendances d'icelles, de touz à qui il appartiendra, estre entendu et obéy diligamment. Et nous mandons, par ces mesmes lettres, au Receveur des revenues tant ordinaires comme extraordinaires de la viconté d'Evreux, qui ores est ou sera pour le temps à venir, que les diz gaiges de six cens frans par an il paie et délivre au dit Charles ou à son certain mandement, pour ceste année commençant le xvie jour de juing derrenier passé que il a esté de par nous institué en la dicte garde et dores en avant, aux termes et en la manière acoustumez, lesquelz ainsi paiez, par en rapportant quittance et le transcript de ces présentes soubz scel auctentique pour la première foiz, seront allouez ès comptes du dit Receveur par noz amez et féaulz les gens de noz comptez à Paris sens contrèdit. En tesmoing de ce nous avons fait mettre notre scel à ces présentes.

Donné à Paris, le premier jour de juillet l'an de grâce mil ccc soixante dix huit et de notre règne le quinzième.

Ainsi signées: par le Roy, P. Cadoret; et nous en ce présent transcript avons mis le scel de la dicte prévosté l'an et le jeudi (?) dessus diz. (Signé) Ferrebouc.

Bibliothèque Nationale. Cabinet des Titres; Titres originaux, Ivry.

La garnison n'est pas nombreuse, « deux hommes d'armes et six arbalestes ». Il est vrai qu'en outre il a pouvoir de contraindre à y venir faire guet et garde, de jour et de nuit, tous ceux qui y sont astreints.

Il est à remarquer que, dans des quittances de ses gages[1] comme capitaine d'Ivry, postérieures à ces lettres, Charles d'Ivry ne prend pas la qualité de chambellan du roi. Mais sur deux (20 avril 1370 et 24 août 1378), son sceau qui porte une *brisure* (une aigle éployée au canton dextre supérieur), montre bien qu'il n'était pas l'aîné de la famille.

La qualification de seigneur de Breudepont [Breuil-pont] qu'il prend, dans une quittance du 11 décembre 1378[2], l'identifie avec le Charles d'Ivry, qui vit, en 1375, détruire et incendier par les gens de Charles le Mauvais les fortifications qu'il faisait élever dans son château de Breuilpont.

Charles d'Ivry, seigneur de Breuilpont, capitaine, mais non pas seigneur d'Ivry, et tuteur de ses deux neveux,

[1] 14 août 1378. — Sachent tous que je Challes d'Yvry, chevalier, cappitaine du chastel et ville d'Yvry pour le roy nostre sire, ay eu et reçeu de Pierre Tranchant, receveur des revenues extraordinaires dudit Yvry, la somme de soixante-six francs deux tiers, etc., pour mes gaiges qui deus m'estoient à cause de la dite cappitainerie de depuis le xxie jour de juing que je fu ordené à prendre gaiges, jusques au premier jour d'aoust enssuivant. De laquelle somme, etc.
Sceau de cire rouge, aux armes d'Ivry (3 chevrons), avec signes de brisure en chef.
13 septembre 1378. — Autre quittance. — Mêmes termes exactement, sauf la somme qui est de cinquante francs d'or « qui deus m'estoient pour mes gaiges, à cause de ladite cappitainerie pour le mois d'aoust dernier passé ».
(Même sceau sur cire rouge.)
(Bibliothèque Nationale ; Cabinet des titres ; Titres originaux, Ivry.)
[2] 11 décembre 1378. — Sachent tous que je Charles d'Ivry, seigneur de Breudepont... (quittance de 8 livr. par., pour rente sur les revenus de Mante.)
Plus de sceau.
(Bibliothèque Nationale ; Cabinet des titres ; Titres originaux, Ivry.)

était mort antérieurement à l'année 1382. C'est ce qui ressort de deux mentions, très concises, consignées dans des analyses d'actes, faites au xviie siècle (?) par un prieur de Mondonville, dont les manuscrits, d'une écriture très ténue et difficile à lire, sont conservés à la Bibliothèque nationale. Il y est énoncé que Charles, baron d'Ivry, était alors tuteur de son frère, Jean, et, aussi, que Jeanne de Vendôme était veuve? de défunt Charles d'Ivry, seigneur de Breuilpont [1].

Il est certain qu'à partir de 1382, au moins, Charles d'Ivry, fils aîné de Guillaume d'Ivry et de Marie de Montmorency, devint baron d'Ivry.

Courtisan, grand amateur de tournois, tour à tour favori ou en disgrâce auprès de Charles VI; grand maître, à deux reprises, des eaux et forêts de France, poète même, paraît-il, ce personnage eut une existence assez mouvementée. Aussi eut-il des ennemis, notamment un Parisien, auteur d'un pamphlet politique, intitulé le Songe véritable, qui le signale, avec un certain nombre d'autres seigneurs, à l'animadversion publique. L'éditeur du Songe véritable, M. H. Moranvillé lui a consacré une notice pleine de menus faits et presque entièrement documentée de pièces inédites. — Nous la reproduisons tout entière. Cette note, d'ailleurs, nous

---

[1]. 1382. — Carolus, baro de Ivriaco et dominus de Oisseriaco, tutor Johannis fratris sui et Joannæ Seneschalli Augi et Joanna de Vendosme ejus uxor vidue [ou vidua] defuncti Caroli de Ivriaco, domini de Bruldepont, tutrix liberorum suorum et dicti defuncti.

Joannes (?) dominus de Feritate-Fresnelli; marescallus Normanniæ et Joannes (?) de Saquainville, dominus de Blarou militis tutoris dictorum liberorum.

(Manuscrits du prieur de Mondonville.) (Bibl. Nat.; Département des manuscrits; fonds français, n° 24129, p. 680.)

On lit aussi dans un autre volume du même recueil (MS. n° 24123, p. 286) : — Carolus, baro de Iverio et dominus de Oisserio, tutor Johannis fratris sui... anno 1382.

paraît pouvoir donner une idée de l'érudition précise et sûre qui aurait distingué l'œuvre de M. Mauduit, s'il lui avait été donné de la rédiger et de la mettre au jour, car il connaissait une partie de ces documents, qui sont copiés ou analysés dans son recueil.

« Charles, baron d'Ivry, issu d'une bonne famille normande, fut, tout jeune, attaché à Charles VI alors dauphin. Il était « enfant servant d'escuelle » en même temps qu'Adam III de Gaillonnel. Il semble qu'il ait fait ses premières armes dans l'expédition que Jean de Vienne dirigea en Ecosse, ce qui lui valut, en 1386, un don de 1.000 livres qui lui fut octroyé par le roi [1]. Il fit aussi partie de l'expédition de Gueldre, en 1388, où il mena vingt-cinq lances. L'année suivante, il joûta, à Saint-Denis, au tournoi donné par le roi, le jour où ses cousins d'Anjou furent armés chevaliers. La même année, il prit part à un second tournoi qui fut couru pour célébrer l'entrée d'Isabeau de Bavière à Paris. Il était alors chevalier tranchant de Charles VI, l'accompagna dans le voyage de Languedoc, et remplit les devoirs de sa charge à Toulouse, le jour de Noël 1389. Il continua à joûter devant le roi, par exemple, en mai 1391, à Compiègne où il reçut, en récompense, un fermail d'or garni de cinq grosses perles et d'un rubis.

« En échange de ses services assidus, il recevait les étrennes accoutumées, non seulement du roi qui lui donnait, le 1er janvier 1399, 18 hanaps ; mais du duc de Bourgogne qui, le 1er janvier 1390, lui fit remettre « un fermail d'or d'une alouette garni de 3 perles, 1 balay ». Il suivit l'armée royale au Mans lors de l'expédition

[1] Sur ce don, voir, aux Pièces justificatives, une quittance du 26 avril 1390.

fatale où éclata la folie de Charles VI, et se trouvait assez
près du roi.

« On constate qu'en février 1393 il recevait une pension de 1.500 francs sur les coffres royaux. Il était en
même temps chambellan.

« Il reçut sa part des dépouilles des Marmousets et, en
1394, se fit attribuer la terre de Saint-Sauveur-le-
Vicomte [1], confisquée sur Bureau de la Rivière, ce qui ne

[1] Charles, baron d'Ivry, ne conserva pas jusqu'à sa mort la seigneurie
complète de Saint-Sauveur-le-Vicomte.

Charles VI, par ordonnance du 25 mai 1413, réunit la vicomté de
Saint-Sauveur à celle de Valognes et révoqua la concession qu'il lui avait
faite de la confiscation de Godefroi de Harcourt [à qui Saint-Sauveur
avait appartenu]; mais il déclara, en même temps, qu'il resterait capitaine de Saint-Sauveur.

Dans de nombreux actes, le baron d'Ivry institue des officiers pour y
rendre la justice, défendre ses droits et recevoir ses revenus.

En 1403, ses gens, eu égard « à la mortalité », y font des remises considérables à plusieurs fermiers.

Chose singulière, avant comme après l'ordonnance de mai 1413, ce
capitaine ne commandait pas, en personne, dans la place qui lui était
confiée, mais se faisait remplacer dans ces fonctions. — V. Léopold
Delisle, *Histoire du château et des sires de Saint-Sauveur le Vicomte*,
p. 244 à 248.

Les quatre quittances qui suivent, empruntées à la Bibliothèque nationale, Département des manuscrits; titres originaux, V° Ivry, ont trait à
la possession de Saint-Sauveur-le-Vicomte par le baron d'Ivry :

2 avril 1400 [vieux style]. — Sachent tous que je Charles, baron d'Yvery,
seigneur de Saint-Sauveur-le-Vicomte... (reçu de 200 l. t. sur l'année
entière commençant à Saint-Michel 1399).

Sceau en cire rouge.

19 février 1402. — Sachent tuit que nous Charles d'Yvry, seigneur du
lieu de Saint-Sauveur-le-Vicomte et de Neauhou.... (reçu de 500 l. t., du
receveur de Saint-Sauveur et de Neauhou sur le dû dites terres).

Sceau en cire rouge.

27 janvier 1409. — Sachent tuit que nous Charles, baron d'Yvry, seigneur de Saint-Sauveur-le-Vicomte... (quittance de   en don
du roi sur les revenus de Saint-Sauveur).

(Sans sceau.)

19 janvier 1413. — Sachent tuit que nous, Charles, seignour et baron
d'Ivry et seignour de Saint-Sauveur-le-Vicomte... (reçu de 400 l. t. sur
la recette de Saint-Sauveur).

Signé : Charles d'Ivry.

Sceau de cire rouge. La légende est différente des autres sceaux, deux
mots sont très apparents.

l'empêchait pas de toucher les dons que son maître lui faisait encore, tels qu'une gratification de 4.000 francs, faite le 29 octobre 1393.

« C'est à cette époque qu'il eut des difficultés avec le duc d'Orléans relatives à ses droits sur la « forest de « Restz ». Le 2 mars 1396, il était présent quand Pierre de Craon voulut faire entériner ses lettres de grâce. Il paraît avoir été assez en faveur pour que la reine lui adressât des messages. Outre les cadeaux dont il était gratifié, il avait, comme chevalier tranchant et comme chambellan, des droits sur les pièces d'orfèvrerie dans lesquelles il avait servi le roi.

« En même temps, il avait droit à du sel non gabellé ; c'était là une complaisance qui allait loin.

« Il était assez avant dans la faveur royale pour que Clisson, au moment où Pierre de Craon avait tenté de l'assassiner, se fût occupé de la façon dont il le recevrait à dîner le lendemain.

« Un autre signe de cette exceptionnelle faveur, c'est un don de 4.000 francs « en recompensacion de la revenue « des ysles de Charcy et Grenesy qu'il [Charles VI] avait « donnez à Mgr le conte de Tancarville, au vidame de « Laonnois et à moy[2] à départir entre nous par égal por- « cion ».

« Je ne m'attarderai pas à relever ses présences au Conseil, ni les dons de robes, de haquenées, d'argent, d'orfèvrerie, qui lui étaient faits par le roi, la reine, le duc d'Orléans.

---

[1] Voir, aux Pièces justificatives, les quittances et pièces des 2 janvier 1398, 31 juillet 1399, 17 octobre et 21 décembre 1401, 10 décembre 1406, 26 décembre 1408.

[2] Voir aux Pièces justificatives, quittance du 27 février 1398.

« Son rôle politique n'était pas moins considérable, puisqu'il fut un des témoins du traité entre les ducs d'Orléans et de Bourgogne, le 14 janvier 1402.

« En 1410-1411, le baron d'Ivry accompagna le roi de Sicile à Rome [1]. Malgré son attachement évident au parti d'Orléans, Charles d'Ivry était en assez bons termes avec Jean sans Peur, pour que celui-ci l'accueillît à sa table.

« A la Pentecôte 1411, Charles d'Ivry se livra encore à son exercice favori, et parut dans un tournoi qui eut lieu devant le roi à Saint-Pol ; celui-ci lui donna même 200 francs d'or pour l'aider à s'équiper.

« Le 19 septembre 1412 [2], le baron d'Ivry fut choisi pour remplacer Pierre des Essarts, qui résigna les fonctions de souverain maître des eaux et forêts. Il paraît que cette résignation coûta 6 000 francs au roi. Il ne jouit pas longtemps de ces honneurs : le 12 mai 1413 [3], il était en pleine disgrâce. « Comme nous aions nagaires « entendu que Charles de Yvry, chevalier, nagaires nostre « chambellan et souverain maistre et général réformateur « des eaux et forests de nostre royaume ait été et soit con- « sentant et coupable de certaines entreprises et conspira-

[1] Voir aux Pièces justificatives, les lettres royales des 3 avril 1410 et 10 juin 1411, relatives à un don de 2.000 fr. qui lui fut fait à cette occasion.

[2] D'après Félibien (*Histoire de Paris*, t. I, p. 498), Charles d'Ivry aurait déjà été grand maître des eaux en 1408. — D'après une quittance du 7 avril 1415, ses gages étaient de 1.200 livres tournois par an.

[3] B. n. ; Cabinet des titres. Série des volumes des titres scellés de Clairambault : vol. VIII, p. 437, 1re pièce. — Lettres données par le roy à Paris, le 12 mai 1413, portant privation pour Charles d'Ivry, chevalier, naguères notre chambellan, de l'office de souverain maître et général réformateur des eaux et forêts, pour avoir pris part à des entreprises et conspirations contraires à l'intérêt du roy ; et nomination, à sa place, de Robert de Aunay, dit Le Gallois.
(Pièce sur parchemin.)

« cions nagaires machinées, comme on dit, par aucun de
« nos subgez contre nous ou au préjudice de nostre bonne
« ville de Paris... » Il fut remplacé par Robert d'Aunoi,
dit le Galois. Ceci donne à supposer que Charles d'Ivry,
très ménagé par les *Remonstrances de l'Université et de
la ville de Paris à Charles VI*, fut loin d'être défavorable
aux Cabochiens.

« Cependant, moins de trois mois après, il avait su rentrer en grâce, et, le 17 août, il fut rétabli dans sa charge [1].
On le retrouve, en 1414, conduisant aux habitants de
Compiègne, alors en pleine révolte, les otages qu'ils
réclamaient au roi avant de traiter. La même année, on
l'envoya, avec le sire de Ligne, et 200 « bacinets », à
Cambrai, pour tenter, sous la médiation du duc de Brabant et de la comtesse de Hainaut, un accommodement
avec le duc de Bourgogne. L'année suivante, au mois
d'avril, il partit en ambassade [2], en compagnie de l'archevêque de Bourges, de l'évêque de Lisieux, du comte de
Vendôme, du sire de Braquemont et du secrétaire Gón-
tier Col, auprès du roi d'Angleterre afin de traiter d'une
paix d'ailleurs impossible. Monstrelet dit qu'il périt à
Azincourt avec son fils ; mais Nicolas de Baye, dans son
journal, relate que le 19 novembre 1415, alors que le sire
de Graville s'appuyait sur le bruit de la mort du grand
maître des eaux et forêts et réclamait sa charge, le pro-

---

[1] Voir au sujet de cette rentrée dans les fonctions de grand maître
des eaux et forêts, les mentions ou analyses de pièces des 1er mars et
30 novembre 1414, 7 avril 1415, aux Pièces justificatives.

[2] A cette occasion deux saufs-conduits successifs lui furent accordés
par le roi d'Angleterre, le premier, en date du 13 avril 1415, valable
jusqu'au 8 juin, pour lui et 50 personnes.

Le second, en date du 6 juin 1415, valable jusqu'au 7 juillet, pour
60 personnes.

Rymer, *Fœdera...* Londini, 1729, t. IX, p. 219 et 221.

cureur du baron d'Ivry s'opposa à ces prétentions en affirmant que son commettant était prisonnier des Anglais à Marck [1]. Il paraît que Charles d'Ivry ne mourut qu'en 1421, dans les rangs des partisans du Dauphin en Picardie.

« Son nom se recommande à l'attention par des titres littéraires ; on a de lui une réponse au *Livre des cent ballades*, édité par le marquis de Queux de Saint-Hilaire, p. 221.

« Charles d'Ivry avait épousé Béatrix d'Harcourt. Il était seigneur d'Oissery.

« C'est en cette qualité qu'il fit tout pour se concilier les bonnes grâces d'Arnoul Boucher, à l'occasion de l'achat que fit ce personnage de la terre de Mitry qui relevait de la châtellenie d'Oissery.

« Il est probable que c'est avant son entrée en fonctions de grand maître des eaux et forêts (il touchait en cette qualité un traitement annuel de 1.200 francs d'or), que Charles VI lui concéda un droit de chasse temporaire et limité dans la forêt d'Anet.

« Enfin, j'ignore à quelle date il lui donna, en même temps qu'aux sires de Hangest et de Bacqueville, une

---

[1] Mardi xix° jour de novembre 1415.

Maistre J. Le Bugle, procureur du baron d'Ivry, s'est opposé et oppose que aucun ne soit receu à la maistrise générale des Eaues et Forests soubz umbre de ce que l'en disoit que le dit baron estoit trespassé en la besoigne que ont eu les Angloiz contre le Roy, car ledit Baron estoit et est prisonnier en la main des Angloiz en la ville de Merc près de Calaiz.

Ce dit jour, le seigneur de Graville a requiz estre receu en office de général Maistre des Eaues et Forests que tenoit le baron d'Ivry qu'il disoit estre mort, allegans, par l'occupation des Angloiz, ennemiz du royaume, entour Harefleu, avoir perdu sa terre qui monstoit à bien V mil libvres, ce que a refusé la court, obstant l'opposition dessus dicte.

Journal de Nicolas de Baye..., publié pour la Société de l'histoire de France par A. Tuetey ; Paris, 1888, t. II, p. 224-225.

somme totale de 2.000 francs d'or, à prendre sur la
forfaiture d'Auberguener Bombert, usurier, prisonnier
à Mons en Hainaut[1]. »

[1] Mémoires de la Société de l'Histoire de Paris et de l'Ile-de-France,
t. XVII (1890). Paris, 1891, in-8°. *Le songe véritable*, pamphlet politique
d'un Parisien du xve siècle, édité par H. Moranvillé, p. 263 et note
p. 364-367.
    Il va sans dire que la notice consacrée au baron d'Ivry par M. H.
Moranvillé est appuyée, presque à chaque mot, de textes inédits ou de
références, que nous n'avons pas cru devoir reproduire.

———

CHAPITRE XVII

La notice si documentée que l'on vient de lire doit,
cependant, être complétée sur quelques points et, peut-
être aussi, rectifiée sur certains autres. C'est ainsi que le
P. Anselme, dans la note qu'il consacre au baron d'Ivry
comme grand maître des eaux et forêts, nous apprend
que, jeune encore, il s'était livré à des excès (?) sur un
sergent, et que cette *jeunesse*, comme disent souvent les
actes de cette époque, lui avait nécessité l'octroi de
lettres de rémission en 1380.

« Charles, baron d'Ivry, dit-il, seigneur d'Oisery, chevalier, conseiller et chambellan du roi, obtint rémission, au
mois de mai 1380, de quelques excès commis sur la personne d'un sergent[1]. Depuis, il servit le roi en ses guerres
avec trois chevaliers et quarante-quatre écuïers, qui furent
reçus à Saint-Just le 22 août 1383, et servoit avec le même
nombre de chevaliers et d'écuïers en 1388. » L'indica-

---

[1] P. Anselme, t. VIII, p. 879.

tion de la montre du 22 août 1383 a été empruntée par le
P. Anselme à l'historien de la maison d'Harcourt[1]. Nul
doute qu'elle n'énonce un chiffre parfaitement exact.

Seulement... en avril 1385, Charles d'Ivry faisait
montre, non plus de quarante-quatre écuyers, mais seulement, outre lui, chevalier banneret, de deux chevaliers
bacheliers et six écuyers. Nous avons, à la fois, sous la date
du 17 avril 1385, la montre même reçue à Amiens, et,
sous la date du 27 des mêmes mois et an, une quittance
de ses gages à cette occasion[2].

Sur les services militaires de Charles d'Ivry, citons de
suite un petit fait, postérieur de trente ans à cette montre.
Il est tout à l'honneur de son ardeur, que l'âge n'avait
point tempérée ; mais, justement, sa précipitation même,
— comme trop souvent — compromit le succès d'une opé-
ration militaire :

Devant les murs d'Harfleur, en 1415, les Français
cherchaient, de temps en temps, à engager dans des escar-
mouches les Anglais du siège. Dans l'une d'elles, un

[1] T. II, p. 1839. Il y est porté comme chevalier Banneret.

[2] Première pièce. « La monstre de Messire Charles d'Yvry, chevalier
Banneret, deux autres chevaliers bacheliers et six escuiers de sa com-
paignie reçue à Amiens, le xviie jour d'avril CCC IIIIxx et cinq.
  Et premièrement :
Le dit mess. Charles, banneret
Mess. Jehan de Lassy [ou Lussy] ;
Mess. Eustace de Berruee ?
  Escuiers :
Simon de Flacourt;
Phes Dalot;
Guille d'Ivry, dit bastart ;
Robin Louvel ;
Phes de Bellay [ou Belloy];
Colin Berart;
(Bibliothèque Nationale, Cabinet des Titres, dossier Ivry.)
  Deuxième pièce :
27 avril 1385. — Sachent tuit que nous Charles d'Ivry, chevalier, con-
fessons avoir eu et reçu de Guillaume Denfernet, trésorier des guerres

jour, « les Anglois estoient en advanture de perdre une grande perte si la chose eust esté bien conduicte. Mais le baron d'Ivry se monstra trop tost ; pour quoy les Anglois laissèrent à chasser les François et retournèrent à leur siège à peu de perte [1] ».

Le P. Anselme continue, en ces termes, la biographie de notre personnage :

« Il fut paié, en 1396, d'une somme qui lui étoit due par le roi. Deux ans après, il assista, comme parent, au mariage du comte de Rouy avec Élizabeth de Montagu, fille du grand-maître ; et, sur un différend que ce comte avoit avec la reine de Sicile, il fut consulté comme parent, le 15 avril de la même année 1398. Le roi le gratifia d'une somme de quatre mille livres, le 15 avril 1406, en considération de ses services, et lui donna, aussi, la confiscation des biens de Godefroy de Harcourt, pour laquelle il eut procès contre Jean, comte de Harcourt, en 1406 et 1413. Il fut envoié en ambassade, avec l'évêque de Saint-

du roy nostre seigneur, la somme de quatre cens trente huit livres tournois en prest pour le paiement de deux mois, fait à deux fois et en deux lieux, c'est assavoir tant sur les gaiges de nous banneret, deux chevaliers-bacheliers et VI escuiers de ma chambre, comme d'un franc d'or d'estat pour chacun homme d'armes de nostre compaignie, à nous ordonné par le roy nostre dit seigneur prendre et avoir chacun mois, oultre les gaiges de nous et de nos dites gens deservis et à déservir en cette présente année, que le roy nostre dit seigneur met présentement sus pour le passage d'Escoce en la compaignie et soubz le gouvernement de messire Jehain de Vienne, admiral de France, chief et capitaine de la dite armée, de la quelle somme de CCCC XXX VIII livr. dessus dite nous tenons à bien content et paié. Donné à Arras, soubz nostre scel le xxviie jour d'avril, l'an mil CCC IIIIxx et cinq.

(Scel en cire rouge ; même écu avec supports, un lion et un aigle, avec cimier à moitié fruste.)

(Bibliothèque Nationale ; Département des manuscrits ; titres scellés Clairambault ; vol. LXII, p. 4805.)

[1] *Chronique de Jean Lefèvre, seigneur de Saint-Remy*, publiée pour la Société de l'Histoire de France, par François Morand ; Paris, 1876, in-8°, t. I, p. 230.

Flour, vers le duc de Bretagne, au mois de juillet 1409 ;
vers le duc de Brabant et la comtesse de Hainaut, en
1414 ; et, l'année suivante, vers le roi d'Angleterre, avec
l'archevêque de Bourges, l'évêque de Lisieux, le comte
de Vendôme et le sire de Braquemont. Il avoit été ordonné, par élection du conseil du roi, souverain maître
et réformateur des eaux et forêts de France, sur la résignation de Pierre des Essars, par lettres du 19 septembre 1412. Il en fit le serment le 26 suivant, et fut
privé de cette charge, sous prétexte de certaines conspirations qu'il avoit machinées, et la charge supprimée par
les nouvelles ordonnances, nonobstant lesquelles il y fut
rétabli, le 17 août 1413, et donna quittance sur ses gages
de cet office, le 7 avril 1415 après Pâques... C'est pour
raison de cette charge qu'il eut, depuis, procès contre le
comte de Tancarville et le sire de Graville, les 19 novembre
et 4 janvier 1415, 18 mai et 14 août 1416. Il fut l'un des
exécuteurs du testament de Jacques de Bourbon, comte
de la Marche, du 23 juin 1415, et se trouva, la même année,
à la bataille d'Azincourt combattant sous le comte de
Vendôme, qui commandait l'aile gauche de l'armée française, et fut tué dans une rencontre en Picardie en 1421,
tenant le parti du dauphin contre le duc de Bourgogne.

Il fut aussi chambellan du Dauphin, duc de Guyenne,
qui le gratifia d'une somme le jour de ses noces [1]. »

Notons encore qu'il percevait une rente annuelle de dix
livres tournois sur les recettes du pont de Mantes [2].

[1] P. Anselme, t. VIII, p. 879-880.

[2] 3 novembre 1393. — Sachent tuit que je Charles seigneur d'Ivry
chambellan du roy..... (quittance de..... livres dues sur le revenu
du pont de Mantes).
Sceau de cire rouge.
3 novembre 1403. Quittance donnée par Charles, baron d'Ivry, sei-

Il n'était pas le seul de sa famille à percevoir des droits de cette nature, car, en 1398, un certain Guillaume d'Ivry, écuyer, qui, sur l'écu armoirié de son sceau portait la barre de bâtardise et cette sincère légende, GUILLE BASTARD D'IVERY, recevait une livraison de sel à laquelle il avait droit, à cause de sa femme, « sur les acquis des bateaulx passans par dessoubz le pont de Mante.[1] ».

Que Charles d'Ivry fût très en faveur auprès de Charles VI, les nombreux dons qu'il obtint du roi le prouvent manifestement. Cela ne l'empêchait d'ailleurs pas, comme presque tous ceux qui menaient la vie de cour, d'être obéré et même d'avoir du mal à payer ses fournisseurs, si nous en croyons une lettre royale réitérant l'ordre de lui payer un don de 2.000 francs, pour l'indemniser de ses dépenses du voyage de Rome à raison duquel il se serait « endébté à plusieurs marchans, lesquelx il ne

gneur d'Oissery, chambellan du roi, à Nicolas de la Hèze, voyer et receveur de Mante, de dix livres tournois à lui dues au terme de la Toussaint dernier passé à cause des dix livres tournois de rente annuelle qu'il prend sur la recette du pont de Mante.

Sceau en cire rouge, assez bien conservé, écusson à trois chevrons, supports, cimier. Légende *Charle d'Ivery.*

3 novembre 1405. — Sachent tuit que je Charles, baron d'Ivry, seigneur d'Oissery et chambellan du roy (quittance de 10 liv. sur le pont de Mante).

Sceau en cire rouge.

(Bibliothèque Nationale ; Cabinet des titres ; titres originaux, vº Ivry).

28 décembre 1398. — Sachent tous que je, Guillaume d'Ivry, escuier, confesse avoir eu et receu de Jehan de Cerisy, grenetier du grenier à sel establi pour le roi nostre sire à Mante, une muie à cause par raison de tel... droit (?) que? je puis avoir à cause de ma fame sur les acquis des bateaulx passans par dessoubz le pont de Mante. Delaquelle muie de sel je me tieng pour bien content et en quitte le dit grenetier...

Scellé d'un sceau en cire rouge portant trois chevrons et une barre, et autour : *Guille bastard d'Ivery.* — Joli petit sceau.

(Bibliothèque Nationale ; Cabinet des titres ; titres originaux, vº Ivry.)

peut bonnement païer sans avoir aucunement paiement des diz ll^m francs[1] ».

Son frère n'était guère moins en faveur. En effet, comme lui, son frère cadet Jean, seigneur de Rosny, faisait, en 1391[2], partie du grand conseil. Lorsqu'une ordonnance, très sagement motivée, vint réduire le nombre excessif des membres du grand conseil royal, Jean disparaît, mais le baron d'Ivry est un des grands seigneurs qui furent maintenus[3].

Il y a, à la Bibliothèque impériale, dit M. Léopold De-lisle, dans le volume LXII des *Titres scellés de Clairam-bault*, p. 4805 et suivantes, plusieurs exemplaires de deux sceaux de Charles d'Ivry. Sur le premier, qui est attaché à des actes de 1385, 1394, 1398 et 1401, on voit un écu chargé de trois chevrons ; la légende semble être ainsi conçue : CHARLES D'IVERY. Sur le second, qui pend à des actes de 1405, les mêmes armes, avec un lambel à trois pendants ; légende : S. CHARLES D'IVRI[4].

Nous ne nous expliquons pas bien la présence de la *brisure* sur le second de ces sceaux.

S'agirait-il d'un autre personnage du même nom ?

---

[1] 10 juin 1411. V. pièces justificatives.

[2] Des lettres royales (relatives au retour à la couronne de biens donnés par le roi de Navarre), adressées au bailli d'Evreux, le 17 août 1391, portent cette mention : ... « Leue... en la chambre des comptes, au burel..., présens mess. estans au burel c'est assavoir maistre Jehan Pastourel, président, m^e. Jehan Cirte, Robert d'Achies, sire Jehan de Rueil, m^e. Nicolas de Plancy, sire Regn. de la Chapelle, m^e. Yves Drieu, Mahieu sire de Linières et sire Guy Chrétien. Et, après ce, en la présence de mes dis seigneurs et de Mons. de Montagu, Mons. de Blarru, le baron d'Ivry, Mons. Braquet de Braquemont, Mes. Jehan d'Ivry seigneur de Rony. Archives Nationales. Trésor des Chartes, J. 219, n° 30.

[3] 28 juillet 1406. *Recueil des Ordonnances* (?).

[4] *Histoire de Saint-Sauveur-le-Vicomte*, p. 336.

Le P. Anselme[1] décrit ainsi les armes du baron d'Ivry, sur son sceau : *d'or, à trois chevrons de gueules* ; supports un lion et un griffon ; cimier, une tête de dogue avec un collier.

On a vu que, d'après M. H. Moranvillé, Charles d'Ivry aurait eu pour femme Béatrix de Harcourt. Cependant, d'après le P. Anselme, d'après de la Roque, et, aussi, d'après les documents du temps, Béatrix de Harcourt aurait été femme, non du baron d'Ivry, mais de son frère puîné Jean, sire de Rosny.

Dans la généalogie de la maison de Vendosme, le P. Anselme[2] dit que Jeanne de Vendosme, dame de Ville-preux (fille d'Amaury de Vendosme, seigneur de la Chartre-sur-Loir, qui servait en Saintonge en 1350, et de Marie de Dreux), épousa, en premières noces, Charles, baron d'Ivry ; en secondes noces, Jean de Vieuxpont ; et en troisièmes noces, Jean Le Sénéchal, sieur de Limosis. — S'il fallait s'en rapporter à l'extrait trop concis et peu lisible des manuscrits du prieur de Mondonville, cette Jeanne de Vendosme, avant d'épouser Charles, baron d'Ivry, aurait été déjà veuve de l'oncle du baron d'Ivry, Charles, seigneur de Breuilpont[3].

Mais le P. Anselme, à un autre endroit[4], dans la généalogie des Savoisy, cite, comme cinquième enfant de Philippe de Savoisy mort en 1398, « Catherine de Savoisy, dame d'Ivry en 1388 », et il continue immédiatement : « elle pouvait avoir épousé Charles, seigneur d'Ivry, chambellan du roi en 1407 ».

[1] T. VIII, p. 879.
[2] T. VIII, p. 729.
[3] Voir plus haut, p. 155.
[4] T. VIII, p. 551.

Un point seul semble incontesté, c'est que Charles, baron d'Ivry, ne laissa pas d'enfants et que ses biens passèrent à son frère Jean d'Ivry, dont nous parlerons bientôt.

La savante notice consacrée par M. H. Moranvillé au baron d'Ivry nous a appris qu'il était poète et que l'on connaissait de lui au moins une pièce de vers.

Il nous a semblé que c'eût été une lacune de ne pas la reproduire ici.

Deux mots d'explication préliminaire sont nécessaires :

Le livre des *Cent Ballades* traite (sous cette donnée, passablement banale, d'un jeune chevalier auquel apparaissent successivement des personnages imaginaires qui le conseillent en sens opposés), cette question, non moins banale : lequel vaut mieux, en amour, de la fidélité ou de l'inconstance. Treize personnages historiques auraient répondu, dont trois seulement préconisent les amours volages. Le baron d'Ivry n'est point de ceux-là.

Sans être bien remarquable, sa ballade a de la grâce et est au-dessus de ce que l'on appelait naguère de la poésie d'almanach.

> De fausseté et d'amer loiaument
> Parlent plusieurs, dont aucuns veulent dire
> Qu'il vault trop mieux pour vivre liement
> Prier Belon, et sadaier Mabire,
> Guignier d'un œil à Agnez, et sousrire
> A Marote, qu'estre vray amoureux
> D'une sans plus ; mais ce n'est point le mieux.
> De faire ainsy s'amour par tout commune :
> Quant est de moy, je ne suis point de ceulx,
> Car je me tieng et me tendray à une
>
> Et sy mettray sens et entendement,
> Cuer et povoir, à fausseté despire,

Et ses servans qui vont communément
Ainsi par tout priant femmes à tire.
Tout leur bien c'est d'eulx oïr escondire,
D'estre haïz et huez comme leux.
Volentiers sont d'autrui bien envieux,
D'eulx parjurer n'acomptent une prune :
S'y n'ay cure de leur vie ne d'eulx,
Car je me tieng et me tendray à une.

Pour ce ne vueil plus tenir parlement
De leur estat, car chascun le doit faire.
Mais quant uns homs aime bien chièrement
Celle seule qu'Amours lui fait eslire,
Pour acquérir sa grâce qu'il désire
Il met peine d'estre bien gracieux,
Hardy, vaillant, gent, joly et joieux,
D'estre preudoms, de vivre sans rancune :
Or vueille Amours que je devieigne ytieulx,
Car je me tieng et me tendray à une.

Prince loial, se nul, soit jeune ou vieulx,
Sert faulseté, on le mette en telz lieux
Qu'il ne voie jamais soleil ne lune.
Faulseté hé, et ses gens et leurs jeux,
Car je me tieng et me tendray à une [1].

Si l'on admet, avec l'éditeur, que l'auteur du livre des *Cent Ballades* est Jean Le Seneschal, chevalier, chambellan du roi, capitaine de Vire, sénéchal d'Eu, seigneur de Bondeville et de Limesy en la vicomté de Rouen, on remarquera, comme coïncidence singulière, qu'après la mort de Charles d'Ivry, sa veuve se serait remariée avec l'auteur du livre des *Cent Ballades* [2].

[1] *Le livre des cent ballades contenant des conseils à un chevalier pour aimer loialement et les responses aux ballades.....*, publié par le marquis de Queux de Saint-Hilaire ; Paris, 1868 ; in-8º, p. 221-222 ; et *Complément...*, paru en 1874.

[2] V. p. 169. Faisons remarquer que la seigneurie que le P. Anselme appelle Limosis doit être Limesy (arrondissement de Rouen).

La date de sa mort n'est pas mieux connue que son ou ses mariages.

M. H. Moranvillé, d'après le P. Anselme et d'après les auteurs à peu près contemporains, la fixe à l'année 1421; M. Mauduit se refuse à accepter cette date.

Voici ce qu'il dit :

« Dans les Mémoires de Pierre de Fenin, édités par Denys Godefroy à la suite de l'Histoire de Charles VI, par Jean Juvenal des Ursins [1], on lit, à propos de la journée de Mons-en-Wimeu, 31 août 1421, « là, entre autres, mou-« rurent (des Dauphinois), le baron d'Ivry... » En marge, l'éditeur met cette note : « Pierre d'Argency, baron « d'Ivry. » C'est évidemment à cet événement que se reporte le P. Anselme quand il dit que *Charles d'Ivry fut tué, en 1421, dans une rencontre en Picardie, tenant pour le Dauphin contre le duc de Bourgogne.* Mais cet historien est à rectifier en ce qu'il prend, pour le baron d'Ivry à cette époque, Charles qui était mort depuis plusieurs années déjà.

« En effet, on voit que Jean, sire d'Ivry, avait fait hommage au roi pour la baronnie d'Ivry, le 29 décembre 1416 [2]; Charles, son frère, à qui il succédait, était donc mort à cette époque.

[1] Paris, Imprimerie royale, 1653, in-f°, p. 489.

[2] 29 décembre 1416. Charles, par la grâce de Dieu roy de France, à nos amés et feaux les gens de nos comptes et trésoriers à Paris, aux baillis et vicomtes d'Evreux, de Senlis, de Chartres et de Nantes ou à leurs lieutenants, salut et dilection. Savoir vous faisons que notre amé et féal chevalier et chambellan, Jehan, sire d'Ivry, nous a aujourd'hui fait hommage... des terres et baronnies d'Ivry, de Saint-André en la Marche et du Parc, tenus en mouvance de nous à cause de notre comté d'Evreux, des terres et châtellenies d'Oissery, de Bulou, de Breudepont, de la Chapelle (?), de Bréval... Donné à Paris le XXIX° jour de décembre (déchirure), et de notre règne le XXXVI° [1416]. Archives nationales. Section administrative, p. 269, cote 3613.

« Il est à peu près hors de doute que Charles, baron d'Ivry, trouva la mort à la bataille d'Azincourt où il est certain qu'il se trouvait. — La liste donnée par Monstrelet porte, en effet, parmi ceux qui y assistaient : le seigneur d'Ivry et son fils Messire Charles[1]. — Jean, lui, vivait bien certainement encore après cette désastreuse journée. Quand de la Roque et le P. Anselme disent que Jean, baron d'Ivry, mourut à Azincourt, ils commettent une erreur facile à rectifier en substituant le nom de Charles à celui de Jean, son frère, qui lui survécut et lui succéda. »

Il semble que M. Mauduit ait raison. Charles d'Ivry dut mourir bien avant 1421, et son frère Jean, dont nous parlerons tout à l'heure, n'est pas mort à Azincourt. — Seulement, M. Mauduit commet une légère erreur en conjecturant que Charles, baron d'Ivry, dut trouver la mort dans cette funeste bataille. Il y fut seulement fait prisonnier et il était détenu à Merck, en novembre 1415, ainsi qu'il résulte du passage déjà cité du *Journal de Nicolas de Baye*, greffier du parlement de Paris, qui a noté l'incident auquel donna lieu la demande prématurée de sa succession à la place de grand maître des eaux et forêts.

Écrivant l'histoire d'Ivry, nous ne devons pas omettre de signaler qu'à la fin du XIVe siècle, et, au moins, jusqu'en 1413 et 1414, les seigneurs d'Ivry résidaient encore à Ivry. C'est ce que l'on apprend par diverses pièces de ces deux dernières années, dans lesquelles il est mentionné que le receveur et vicomte de Saint-Sauveur, pour le baron d'Ivry (qui en était seigneur), envoya plusieurs

[1] Recueil de M. Mauduit, p. 578.

fois son clerc, Robin Cauchon, de Saint-Sauveur à Ivry[1].

Mais il y a des preuves plus explicites que Charles d'Ivry résidait à Ivry alors qu'il n'était pas à la cour du roi, où devaient souvent l'appeler ses fonctions de chambellan et sa situation de courtisan, presque de favori. En effet, parmi les reçus qu'il a donnés à cause des gratifications de sel qui lui étaient faites, plusieurs portent expressément, que le don lui est fait « pour son hostel d'Ivry », « pour la guarnison et despense de son hostel d'Ivry[2] ».

Des lettres royales, du 3 février 1404[3], constatent que, ce jour, Charles d'Ivry a fait aveu pour sa baronnie d'Ivry et ses autres seigneuries. Malheureusement, nous n'avons pas l'aveu lui-même.

Ivry, qui en 1177, a donné son nom à un traité entre les rois de France et d'Angleterre, fut encore, en 1413, le lieu de réunion des ambassadeurs chargés de négocier la paix entre les factions d'Orléans et de Bourgogne[4].

Nicolas de Baye, greffier du parlement de Paris, a noté

[1] L. Delisle, *Histoire du Château et des sires de Saint-Sauveur-le-Vicomte*, p. 245, note 3; avec cette référence : Cabinet des titres, 1re série des titres originaux au mot *Cauchon*.

[2] Voir pièces justificatives, actes des 2 janvier 1398, 31 juillet 1399, 26 décembre 1408, déjà cités.

[3] Archives Nationales, p. 269, cote 3506.
Paris, 3 février 1404. Lettres du roi déclarant que son amé et féal chevalier, chambellan et conseiller le sire d'Ivry lui a, ce jour, fait foi et hommage de la seigneurie, baronnie... et appartenances d'Ivry et de Saint Andrieu en la Marche, de la terre d'Oissery, et des... de la terre et chatellenie de Bullou (Bullou, arrondissement de Châteaudun, canton de Brou, Eure-et-Loir). Id., *ibid.*, cote 3613.

[4] 31 août et 11 septembre 1413. — Charles, duc d'Orléans, envoie Robert de Tuillière et le sire de Braquemont à Ivry et à Pontoise, pour conférer avec les ambassadeurs du roi de Sicile et des ducs de Bourbon, de Berry et d'Alençon sur les moyens de procurer la paix au royaume.
4 pièces originales avec sceaux.
(*Catalogue analytique des archives de M. le baron de Joursanvault*,

dans son journal, sous la date du 13 juillet, que le parlement délibéra sur une cédule commençant ainsi :

« C'est en effet le rapport fait par les ambassadeurs du roy envoyez à Yvry devers les messages du roy de Sicile, de messeigneurs de Berry, de Bourgoigne, d'Orléans et d'Alençon et depuiz envoyez à Verneuil devers ledit roy de Sicile, lesdits seigneurs d'Orléans et d'Alençon et aussi devers le duc de Bourbon.

« Premièrement, au dit lieu d'Yvry trouvèrent les messaiges des cinq seigneurs dessus dis, de Sicile, de Berry, de Bourgoigne, d'Orléans et d'Alençon ; après ce qu'ilz leur eurent exposé ce dont ils estoient chargiez de par le Roy en très bonne disposition d'entendre et eulx employer au bien du Roy et de son royaume et en la bonne amour et union desdis seigneurs qui audit lieu les avoient envoyez, etc... »

Mais, bientôt, le siège des conférences est transféré à Verneuil, puis ailleurs encore ; et, enfin, après quatre jours de négociations, un projet de traité fut arrêté entre les princes du sang, et la paix conclue fut publié le 8 août[1].

Jean d'Ivry, chevalier, frère puîné de Charles, épousa, en premières noces, Béatrix de Harcourt, et, par ce mariage, fut seigneur de Rosny[2].

Il est nommé, avec sa femme Béatrix de Harcourt, à l'échiquier de 1400[3].

---

contenant une précieuse collection de manuscrits, chartes et documents. Paris, Techener, 1838, 2 vol. in-8°, t. I, p. 17.)
V. aussi Félibien, t. IV, p. 556. — L'Histoire civile et ecclésiastique du Comté d'Evreux, p. 275, parle de Vernon et de Verneuil.
[1] Journal de Nicolas de Baye... publié pour la société de l'Histoire de France, par A. Tuetey. Paris, 1888, in-8°, t. II, p. 117-118.
[2] P. Anselme, t. VIII, p. 880, et t. V, p. 160.
[3] Histoire de la maison d'Harcourt, t. IV. p. 1260.

Il se remaria, en secondes noces, avec Ide de Saquain-ville, fille de Jean, seigneur de Blaru et d'Ide de Beaus-sart. Par suite de ce second mariage, et aussi, peut-être, d'une combinaison ingénieuse, qui lui aurait germé dans la tête du vivant de sa première femme en prévision de la mort de celle-ci, il se retrouva, par sa seconde femme, seigneur de Rosny, qui appartenait à sa première épouse. On lit en effet dans les *preuves* de l'*Histoire de la Maison d'Harcourt* : « Bien qu'après la mort de Jean d'Ivry, seigneur de Rosny et de Béatrix d'Harcourt, la terre de Rosny deut échoir à Béatrix de Beaussard, et à Hugues de Melun, son époux, néanmoins Jean d'Ivry, voyant qu'il n'avait point d'enfants de sa femme, la persuada d'en disposer en faveur d'Ide de Beaussard, sa cousine ger-maine, ensuite de quoi elle mourut, et le même Jean d'Ivry se remaria avec Ide de Sacquainville, fille du sei-gneur de Blarru et de ladite Ide de Beaussard qui lui don-nèrent en mariage cette terre de Rosny dont il jouit jus-qu'à sa mort à Azincourt [1]. »

On a déjà vu qu'il est impossible d'admettre que Jean d'Ivry ait été tué à la bataille d'Azincourt, puisque, d'après un acte authentique, il faisait aveu au roi de la baronnie d'Ivry le 29 décembre 1416.

De plus, une des notes si concises du prieur de Mon-donville analyse des actes de l'année 1417 dans lesquels il figure [2].

[1] *Histoire de la maison d'Harcourt*, t. IV, p. 1260. Conf. P. Anselme, t. V, p. 160.

[2] 1417. Quittance du lundy 3 apvril baillée par hault et puissant sei-gneur monseigneur Jehan, bastard d'Orléans, comte de Dunois, pour raison des contrats de l'an 1417, sous le scel de la prevosté de Paris, passée? par Messire Jehan seigneur et baron d'Ivry en faveur de Mes-sire Guillaume des Essars, seigneur d'Ambleville et de Sénerpont? et dame Jacqueline d'Angennes, sa femme; contrats de ratification passés

Nous savons peu de chose sur lui. Du vivant de son frère, il avait été bailli du Cotentin. En 1414, il était en procès avec un seigneur de Pelletot, alors en possession de cette charge, et demandait qu'elle lui fût rendue.

Entre autres arguments, il invoquait sa grande noblesse et les services de son père et de son grand-père, tous deux morts sur le champ de bataille [1].

Mais, ici, nous remarquons, encore une fois, combien les généalogies sont quelque chose de peu sûr, et remplies, à la fois, d'impossibilités et de contradictions lorsque l'on les scrute de près et qu'on veut rapprocher, les uns des autres, divers documents concernant un même personnage.

Voyons, par exemple, l'assertion de Jean d'Ivry, disant que son père a été tué à Poitiers. Si, comme dit l'historien de la maison d'Harcourt, ce Guillaume, seigneur d'Oisery, est le même que Guillaume, seigneur d'Ivry, qui assista à l'hommage du duc de Bretagne en 1366, et est mentionné comme vivant dans des documents des années

sous le scel d'Aunel ? le 28 décembre audit an, par dame Jehanne de la Veue ? femme du dit sieur baron d'Ivry. Aultre contrat passé sous le scel de Tours ? portant cession des...? 300 liv. de rente par la dite Jacqueline d'Angennes femme ? de feu messire Adam dit Ercouet, ? chevalier, en faveur de messire Ambroise de Loré.
(*Mémoires du prieur de Mondonville.* — Bibl. Nat. ; Département des manuscrits ; fonds français, 24129, p. 204.)

[1] [1414]. Le mardy 5 juin en là cause du sieur de Pelletot, d'une part, et messire J. d'Ivry, d'aultre, Pelletot requiert estre restitué au bailliage de Constantin ; et d'Ivry proteste au contraire, et dit qu'il est noble chevalier et de grande génération.., que son ayeul mourut en la bataille de Crécy et son père fut à la bataille de Poitiers où fut tellement navré qu'il en mourut, et lui a moult bien servi le roi en la compaignie du bon connestable, et fut en la besongne des Flandres où fut navré de 18 playes, et avoyr esté, en l'absence du dit Pelletot, pourvu du dit bailliage.
(Bibliothèque Nationale ; Département des manuscrits ; fonds français ; n° 24132, p. 530.)
Voir aussi la même indication, plus sommaire encore, dans la Roque, *Histoire de la maison d'Harcourt*, t. II, p. 1842.

1360, 1363, 1366, 1368, il n'est pas mort de blessures
reçues à la bataille de Poitiers ! D'autre part, Marie de
Montmorency, sa femme, ne peut être tutrice de ses
enfants dès 1342 [1] !

Enfin, en 1382, son fils puîné, Jean, ne peut pas être
encore mineur, ni, par conséquent, avoir pour tuteur
son frère aîné Charles, ainsi qu'il résulterait d'un document reproduit dans les manuscrits du prieur de Mondonville [2].

Nous ne saurions dire, exactement, quand mourut Jean
d'Ivry.

Ce fut le dernier de son nom qui posséda la baronnie
d'Ivry ; et, comme nous ne retrouverons, d'une façon
expresse, le nom du nouveau seigneur qu'en 1424, nous
suivrons maintenant Ivry et son château sous la domination anglaise.

[1] *Histoire de la maison d'Harcourt*, t. II, p. 1840, 1839.

[2] 1382. — Carolus baro de Yvriaco et dominus de Oisseriaco, tutor
Johannis fratris sui et Johanna (?) Seneschalli Augi et Johanna de
Vendosme ejus uxor vidue (?) (ou vidua ?) defuncti Caroli de Yvriaco
domini de Bruldepont, tutrix liberorum suorum et dicti defuncti,
Joannes (?) dominus de Feritate-Fresnelli marescallus Normanniæ et
Joannes (?) de Saquainville, dominus de Blarou, militis (?) tutoris (?)
dictorum liberorum.

(Bibliothèque Nationale. Département des manuscrits ; fonds français,
n° 24129, p. 680.)

1382. — Carolus, baro de Yvereio et dominus de Oisserio, tutor
Johannis fratris sui. (Id., *ibid.*, n° 24.126, p. 286.)

CHAPITRE XVIII

Ivry pendant la guerre de Cent ans. — Prise d'Ivry par les Anglais.
— Ses possesseurs anglais. — Ivry surpris par les Français en
1424. — Devient le point central des opérations des deux partis;
leur situation respective. — Ivry capitule. — Repris momentanément vers 1437, et définitivement en 1449. — Le château est
détruit.

Il semble que c'est au mois de mai 1419 qu'Ivry
tomba, pour la première fois, au pouvoir des Anglais.
On lit, en effet, dans l'abrégé des grandes chroniques de
Saint-Denis :

« Pendant le temps des trêves données pour pouvoir
appointer, les Anglois, comme faulceurs de leur foy, le
douziesme jour de mai en l'an mil quatre cent dix-neuf,
prindrent par amblée le chastel de Yvry-la-Chaucée,
lequel estoit fort et avantaigeux pour guerre. Parquoy
furent les trêves rompues et firent guerre Françoys et
Anglois, nonobstant que se tenist encore ladite journée
[de négociations] près de Vernon, par les seigneurs[1]. »

Un document authentique de la chancellerie anglaise
confirme à deux jours près cette assertion de la Chronique[2].

---

[1] *Abrégé françois des grandes chroniques de Saint-Denis,* à la suite de
la *Chronique de J. Chartier,* éditée par M. Vallet de Viriville. Paris,
1858, in-12, t. III, p. 218.

[2] L'appointement fait par entre Mesires Guillem Garnison, Robert

Mais, d'autre part, il est à observer que la *Chronique de Normandie* place le siège d'Ivry au mois de septembre 1418 :

« Le siège fut mis devant Ivry par le duc de Glocester en septembre 1418, le jour même où Château-Gaillard fut rendu..., et dura cedit siège quarante jours et fut la ville prinse d'assaut et le chasteau par traité [1]. »

Roos, Waulter Beauchamp et Jehan Montegomery, chivalers, et Jehan S—eches, escuier, commis du très hault et puissant prince Monsieur Humfrey fils et frère de roys, Duc de Gloucestre, conte de Pembrôke et grant chamberlaine d'Engleterre d'une part et Pierre Dorgessin capitayne du chastell et dongeoon d'Ivry, Charloe de Gencourt, Stenue Stondet, Synlonet Deselins, Calvi de Garennes, Bertran de Fronse et Jehan de Marconville, escuiers, d'autre part.

Premièrement est accordé que le dessus dit Pierres Dorgessin, capitayne du dit chastell et dongeon par le consentement de tous les chivalers, escuiers, bourgoys et inhabitants de la dite garnison et forteresse rendra et de fait baillera ès mains du dit très hault et puissant prince Monsieur le duc de Gloucestre pour et en nom du très hault, très excellent et très puissant prince le roy de France et d'Angleterre le dit chastell et dungeon d'Ivry le xive jour de ce présent moys de May et ce sans fraude ou mal engyn.

Item est accordé que tous les vivres qui pour le présent sont en le dit chastel et dungeon du dit lieu d'Ivry, demourreront illocques sans riens d'iceux estre transportés hors, et ont les dessusditz Pierres Dorgessin, les chivalers, escuiers, bourgoys et inhabitants en le dit chastell et dongeon promis que entre cy et l'entre de la dite rendue ne serra fait ne souffert être fait des ditz vivres gaste ne destruction quelconque mais en useront raisonablement come ils fesoient devant ceste present composition.

Item est accordé que toute l'artillerie de diz chastell et dungeon (c'est assavoir) lances, haches, arcs, arbalestres, flèches, viretons et tous autres abillements pour arbalestres, poudres, canons et autres habillements quelconques quelconques de la guerre, etc.

Donnez à Yvry, le xe jour de may, l'an de grâce MCCCC et dix-neuf. (Rymer, *Fœdera, Conventiones*... Londini, 1729, t. IX, p. 585.)

[1] *L'Histoire et Cronique de Normandie*, à Rouen chez Martin le Mesgissier, 1581, f° 174 v°.

Si il est certain qu'Ivry n'est tombé au pouvoir des Anglais qu'en 1419, comment s'explique l'acte ci-dessous, de la Chancellerie anglaise, donnant pouvoir, à la date du 23 juin 1418?, à Jean Blount de traiter avec le baron d'Ivry et avec le capitaine du château et de la ville d'Ivry !

De potestate commissa Johanni Blount, militi, ad tractandum nomine regis, cum barone de Yvery, ac capitanei castri et ville de Yvery, necnon cum capitaneo castri et ville de Drewes, ac etiam cum quibuscumque capitaneis castrorum et villarum de alligancia sua

Quoi qu'il en soit, d'ailleurs, il importe de noter, comme intéressant directement la vie matérielle des habitants d'Ivry, qu'à peine les Anglais étaient-ils maîtres de cette place, que, par deux actes différents, la chancellerie anglaise fit proclamer, d'abord, une sauvegarde pour les habitants, et, ensuite, un ordre aux marchands des environs d'Ivry de se rendre, deux fois par semaine, aux marchés d'Ivry pour pourvoir à son approvisionnement[1].

La conquête de la Normandie eut pour résultat la dépossession de tous les Normands qui restèrent fidèles au roi de France. « Le roy d'Angleterre, dit Jean Chartier, fit crier publiquement parmy les villes que tous gens d'église, nobles et autres, qui vouldroient lui faire le serment de fidélité et hommage, demourassent seurement sur leurs bénéfices, terres et seigneuries et qu'ils veinssent devers luy ou ses lieutenans, pour ce faire. A quoi la plus grande partie des seigneurs et nobles furent refusans, cognoissans qu'il n'estoit pas leur naturel seigneur. Pourquoi il donna et distribua leurs terres et possessions à ses sujets et serviteurs anglois pour tenir

existencium, de omnibus negociis, rebus, causis et materiis, aliter non expressis. Teste rege, apud villam regis de Loviers, XXIIIᵒ junii. (Rôles Normands et Français et autres pièces tirées des Archives de Londres, par Bréquigny, dans Mémoires de la Société des Antiquaires de Normandie, XXIIIᵉ vol., 1ʳᵉ partie. Paris, 1858, in-4°, n° 1171.)
Nota. — M. Mauduit datait cet acte : 23 juin 1422. La date par année n'étant pas répétée à chaque acte, nous pouvons nous tromper, mais il nous semble être de l'année 1418. Lui-même, dans un autre extrait, d'après l'édition de 1743, donne la date : ann. 1418-1419.
[1] Catalogue des roles Gascons, Normands et Français conservés dans les Archives de la tour de Londres.... Londres, 1743, 2 vol. in-f°, t. I, p. 315. De salva gardia pro parochianis de Yvry (A. D. 1419-1420).
T. I, p. 322. — De proclamatione facienda quod omnes mercatores apud Yvry se properent et mercatum ibidem bis in septimane teneant A. D. 1419-1420).

et posséder, à tous jours, à eulx et à leurs heoirs, comme nouvel conquérant [1]. »

Les seigneurs d'Ivry demeurèrent fidèles à la fortune de la France. Ils furent donc dépossédés.

Nous allons voir cette seigneurie passer, en conséquence, dans différentes mains.

Dans une liste contenant le nom des villes et châteaux conquis en France par le roi d'Angleterre et celui des commandants qu'il y établit, le paragraphe 63 est ainsi conçu :

« *At Ayvry la Chance : the duc of Gloucester; après, Arthur de Bretaigne conte per don du roy* [2]. »

Sous cette forme, il est facile de reconnaître Ivry-la-Chaussée. Nous verrons, en effet, que le château d'Ivry a appartenu à Arthur de Bretagne de Richemont. De plus, cette liste est dressée à peu près par régions. Or, le château qui suit est celui de Damville [écrit Daneville].

Il ne semble pas qu'il reste de traces de la possession d'Ivry par le duc de Glocester, énoncée dans ce document que nous venons de citer, autres que la capitulation rappelée plus haut. Il en est tout autrement en ce qui concerne celui qui le remplaça, le comte de Richemont. Arthur de Bretagne, plus connu sous le titre de comte de Richmond, tenure féodale située dans le comté d'York et depuis longtemps possession des ducs de Bretagne, était fils de Jean IV, duc de Bretagne. Né en 1393, connétable de France en 1425, il devint duc de Bretagne, sous le nom d'Arthur III, en 1456.

[1] Chronique de Charles VII... édition Jannet. Paris, 1858, t. III, p. 224.

[2] Rôles Normands copiés par de Bréquigny. Dans *Mémoires de la Société des Antiquaires de Normandie*, t. XXIII, 1re partie. Paris, 1858, in-4°, p. 249.

Il combattit dans les rangs des Français à la bataille d'Azincourt et fut fait prisonnier. Il fut libéré par un traité particulier en date du 22 juillet 1420[1], traité dans lequel il consentit à devenir le vassal et l'allié de Henri V. En conséquence, il servit dans l'armée anglaise aux sièges de Melun et de Meaux, de juillet 1420 à juin 1422. En juillet 1422, il se rendit en Bretagne. Il y était quand mourut Henri V. Après la mort de ce roi, qui le déliait de son serment personnel, il ne participa plus à aucun fait de guerre dans les rangs de l'armée anglaise.

C'est en récompense de ce premier abandon, peu honorable, de la cause de la France qu'Arthur de Richemont obtint de l'Angleterre le don d'Ivry[2].

La *Chronique de Normandie* place expressément la prestation de l'hommage du comté d'Ivry, par Arthur de Richemont, à Henri V, dans la salle du château de Rouen, pendant le cours ou à la fin de la session des États de Normandie de janvier 1421.

Un acte du 17 janvier de cette année, relatif à son élargissement[3], ne le qualifie pas encore de comte d'Ivry. Le premier document lui donnant ce titre paraît être un acte du 29 novembre suivant[4].

Cet acte est ainsi analysé, avec la référence suivante, par M. Mauduit : « (Rymer, *Fœdera*, t. X, p. 157) : Sauf-conduit donné, *per ipsum regem*, en son château de Rouen, le 29 novembre 1421, à Arthur, comte d'Ivry,

[1] *Chronique de Charles VII*, par Jean Chartier, édition Vallet de Viriville, t. III, p. 239.

[2] Ces renseignements sont empruntés à M. Germain Lefèvre-Pontalis, *Épisodes de l'invasion anglaise. La guerre de partisans dans la Haute-Normandie* (1424-1429), dans *Bibliothèque de l'École des Chartes*, année 1895, p. 436-437.

[3] Rymer, *Fœdera*, t. II, part. III, p. 199.

[4] *Ibid.*, part. IV, p. 43.

« son très cher frère », pour retourner en Angleterre, avec les hommes qu'il en avait amenés au secours du Roy de France, avec le roy d'Angleterre (A. D., 1421, ann. 9).

Sorti de Bretagne pour figurer avec son frère, le duc Jean, aux négociations de la triple alliance d'Amiens, en avril 1423, il prend encore part, en mars 1424, à Amiens, au conseil tenu par les ducs de Bedford et de Bourgogne; mais c'est son dernier acte d'adhésion officielle au système anglais.

En octobre 1423, il avait épousé Marguerite de Bourgogne, l'aînée des sept sœurs de Philippe le Bon, veuve du Dauphin, Louis, duc de Guyenne, frère aîné de Charles VII, mort en 1415.

En février 1424, se rendant de Bourgogne à Amiens, il avait séjourné quelque temps à Paris avec son beau-frère, Philippe le Bon [1].

Peut-être doit-on placer à ce moment son premier dessein d'abandonner la vassalité de l'Angleterre. Toujours est-il que d'Amiens, à l'issue des conférences, il rentre par mer en Bretagne, abri sûr qu'il ne quitte que pour venir trouver Charles VII à Angers, le 20 octobre 1424. L'épée de connétable, qui lui fut remise à Chinon, le 7 mars 1425, fut sa récompense [2].

D'autre part, il ne semble pas que le roi d'Angleterre ait mis beaucoup de précipitation à le punir de sa nouvelle défection, car c'est seulement un acte de Henry VI, en date de Paris, le 12 juillet 1427, qui lui retira définitivement la « comté, terre, seigneurie et baronnie d'Ivry »

---

[1] G. Lefèvre-Pontalis, *op. et loc. cit.*

[2] Id. *ibid.*, p. 436-437.

et les donna à John Holland, comte de Huntingdon[1]. »

Les Anglais ne restèrent pas longtemps paisibles possesseurs du château d'Ivry. Dès 1424, un hardi coup de main, secondé par des intelligences dans la place, le leur enlevait.

La Geste des Nobles dit, sur cette année : « Gérault de la Paillière, cellui an conquist Ivry par aguet que tenoist le conte de Richemont[2]. »

« Reprendre Ivry, coûte que coûte, va devenir le but constant des efforts des Anglais, une sorte d'obsession, a dit, dans un ouvrage tout récent, M. Germain Lefèvre-Pontalis. Concentration de troupes, dépenses pécuniaires, ils ne reculent devant rien pour recouvrer Ivry. Nos documents abondent sur ces deux points. »

Comme M. G. Lefèvre-Pontalis a fait du château d'Ivry le point central d'un tableau dans lequel il étudie, avec autant d'érudition que de vivacité, la situation morale de la Normandie sous la domination anglaise, et l'état d'âme des populations, notamment de la population rurale en face de l'étranger, nous lui empruntons l'exposé suivant de la situation. Après l'étude d'un autre épisode, il arrive à celui d'Ivry[3] :

« Ivry est à Arthur de Bretagne, comte de Richemond, qui figure encore, à cette heure, dans les rangs anglais, mais dont le détachement se laisse déjà pressentir.

« L'écuyer breton Pierre Glé, capitaine du château au moment de la surprise, n'a pu être appelé à ce poste de

---

[1] G. Lefèvre-Pontalis, *op. et loc. cit.*, p. 438; avec renvoi à (Arch. nat., J. J. 173, n° 752, cité par Longnon, *les Limites de la France*, p. 67).

[2] (Ed. Vallet de Viriville, p. 196.)

[3] Germain Lefèvre-Pontalis, *Épisodes de l'invasion anglaise. La guerre de partisans dans la Haute-Normandie (1424-1429)*, dans *Bibliothèque de l'école des Chartes*, année 1895. Paris, in-8°, p. 436 et s.

confiance qu'avec son assentiment, sinon sur sa présentation même. Cette observation qu'autorise pleinement, à ce qu'il semble, la nationalité de ce commandant de place, peu remarquée jusqu'ici, offre une importance dont les oscillations du prince breton, son humeur ondoyante et les desseins ambigus qu'il commence peut-être à méditer aident à saisir le sens et la valeur.

« Quoi qu'il en soit, Pierre Glé, qui laisse enlever Ivry par négligence et faute de guet, — par trahison, — le fait est reconnu, — machinée à l'intérieur soi-disant à son insu, ne paraît pas s'être senti la conscience bien pure, ni tous scrupules bien nets. Après avoir commencé par fuir en lieu sûr, dans la crainte de passer en jugement, il parvient à regagner sa grâce quelques mois plus tard, en mars 1424, par la protection de ses parents et alliés, en ce moment encore fidèles de nom au système anglais. »

Ces faits résultent en partie d'une lettre de rémission délivrée à Pierre Glé, écuyer, commis, capitaine et garde du château d'Ivry-la-Chaussée et à Adine de Soyécourt-Mouy, sa femme, les restituant, à la requête de leurs parents et amis, en possession de leurs biens saisis par suite de défection et d'absence. A propos de la surprise d'Ivry, il y est dit « lui étant en icelui, aucun des nos adversaires, d'aguet et par traïson machinée à insu dudit Glé y entrèrent. » (Arch. nat., J. J. 172, n° 442.)

Géraud de la Paillière est donc installé dans Ivry, au passage de l'Eure, entre Dreux et Pacy, à l'extrême limite de la Normandie, menaçant Evreux, coupant Dreux de Mantes et pouvant se lancer vers la région parisienne. La ligne de l'Eure, entre Dreux et Chartres par Nogent-le-Roi, est toute aux mains de l'invasion étrangère. Celle de l'Avre, de Dreux à Verneuil, par Tillières-sur-Avre, lui appartient aussi, renforcée de Châteauneuf-en-Thimerais, des lieux forts de Crécy-Couvé, de Courville et de Maillebois. Mais un coin français, du côté du Perche, s'enfonce vers Ivry avec Senonches, Beaumont-les-Autels et Nogent-le-Rotrou.

Géraud de la Paillière s'est jeté dans le château avec une garnison de choix, un gros de 400 hommes d'armes, à cheval pour la plupart, compagnie de gens d'élite « tous de renom ». Une armée bourguignonne, menée par le sire de l'Isle-Adam, expédié par Philippe le Bon, à la requête des Parisiens inquiets, en août 1423, s'est en vain présentée devant la place, premier assaut demeuré, jusqu'ici, ignoré et qui atteste l'émoi jeté, dans Paris même, par la surprise de cette position menaçante. Le succès de la journée de la Gravelle paraît avoir balayé ce corps de siège insuffisant.

Libre d'entraves, la garnison d'Ivry, de l'automne de 1423 au printemps de 1424, reprend et continue sa course jusqu'à la forêt de Breteuil, menaçant Damville où se tient un poste anglais. Un menu fait le prouve : c'est une lettre de rémission accordée, en 1425, à un certain Robert Desloges, journalier, de Goderville dans le pays de Caux, fixé à Damville, qui, environ deux ans auparavant, avait été fait prisonnier et enrôlé par les Français d'Ivry, et avait pris part à quelques incursions de la garnison.

Cette garnison inquiétait même la place d'Evreux, au delà de laquelle ses cavaliers se montrent, à plusieurs reprises, dans le village de Cierrey, dans le village de Dardez, sur la route de Louviers. Les Français d'Ivry sont en relations avec les compagnies de partisans jusque dans un rayon d'une incroyable étendue. Ils recrutent des déserteurs anglais du voisinage, des Français égarés dans les rangs ennemis. Des gens du pays vont et viennent entre Ivry et Evreux : dans les hameaux d'alentour, ils trouvent des guides, des pourvoyeurs de vivres.

C'est encore dans les lettres de rémission, ce miroir de la vie réelle, que M. G. Lefèvre-Pontalis a trouvé tous ces détails.

Il cite une lettre de rémission accordée, en mars 1425 (Archives Nationales, J. J. 173, n° 87), à un habitant même d'Ivry, Massot-Dubusc, pelletier, soupçonné d'avoir, à l'époque de la « prise ou ravissement » d'Ivry, participé « à certaine couerie que l'on avoit faicte vers la ville d'Evreux et ès faubourcs d'icelle ».

D'une autre lettre (Arch. Nat., J. J, 173, n° 166), il résulte qu'un cultivateur de Cierrey, près Evreux, Durand Morel, avait servi de guide à la même époque, à un détachement français qui passait par son village « à certaine journée passée, ainsi qu'ils alèrent faire une course en la ville de Dardès près nostre dicte ville d'Evreux ». Ensuite, Durand Morel était allé rejoindre les Français d'Ivry.

Comme l'effet moral et l'importance de ces événements d'Ivry sont bien visibles dans les lettres dont cet humble cultivateur a été l'objet! « Deux ans a, ou environ, y est-il dit par la chancellerie anglaise, alors que noz ennemis et adversaires tenoient et occupoient noz ville et chastel et forteresse d'Ivry, iceulx nos ennemis, à puissance de gens d'armes et de trait, faisoient, de jour en jour, continuel-lement, plusieurs et diverses courses en nostre païs et duchié de Normandie et ailleurs, tant devant nos villes

et chasteaulx et forteresse, comme au plat pays et fou-
loyent et grevoyent nos hommes et subgez en mainte
manière, tant de raençons comme autrement, en telle
manière qu'il a convenu nostre povre peuple estant et
demourant au plat pays soy estre appatissié a grant
somme de deniers pour ce et afin qu'il peust vivre et
labourer et aussi pour obvier à greigneur inconvéniens. »

De l'autre extrémité de la Normandie, comme on l'a
vu, dit M. Lefevre-Pontalis (renvoyant à un précédent
chapitre : *les Partisans et les ligues françaises*), les insur-
gés du pays de Bray leur expédient les prisonniers qu'ils
font sur l'ennemi, les captifs de marque, trésors vivants
qu'il s'agit de conserver en lieu sûr.

Un moment, en avril de cette année, Gaillon est surpris
par les Français ; c'est un point d'appui pour Ivry, qui
n'est qu'à dix lieues... Gaillon est reperdu bientôt. Mais
Ivry, avec son commandant alerte, sa cavalerie bien
montée toujours en route et par les chemins, partout à la
fois, en course et en coup de main, qui menace et affame
la Normandie, reste le pivot principal de la grande opé-
ration tactique qui se prépare, et que tous les symptômes
destinent à devenir l'occasion de quelques furieux corps
à corps.

« L'occasion est mûre pour un soulèvement. Communes du plat pays, leurs abbés à leur tête, petits gentilshommes ruraux, féodaux du métier des armes, ne seraient
pas longs à retrouver leurs chefs naturels, et, en dépit
de toute passion politique, leur sens de Français, si le
mouvement partait de haut, si l'exemple venait des plus
forts et des mieux armés... »

Telle est la situation quand, vers la mi-juin 1424, le

gouvernement anglais se décide à faire investir la forteresse d'Ivry, dont la position avancée, la menace toujours
présente, devient une obsession sans trêve. Le 12 juin,
le comte de Suffolk est devant la place. Le 5 juillet,
avant l'apparition du corps de secours français qui paraît
s'être organisé pour la levée du siège, Giraud de la Paillière
a capitulé pour le terme prochain du 15 août...

Un choc décisif est imminent.

Le 13 août, le duc de Bedford est à Évreux et prend
ses dispositions de combat... L'armée française atteint,
elle-même, les approches d'Ivry, en touchant la vallée
de l'Avre. Ce même jour 13, ou le lendemain tout au
plus, l'Avre passée, elle campe à Nonancourt, ainsi postée
à mi-distance d'Ivry à Verneuil.

Dans l'après-midi du lendemain 14, veille de la Notre-
Dame d'août, l'armée anglaise tout entière, partie le
matin même d'Évreux, occupe déjà fortement, la première, la position maîtresse qui commande l'approche
d'Ivry contre tout secours offensif survenu de l'extérieur.
C'est là qu'elle passe la nuit, « en une belle plaine au-dessus des vignes », attendant tellement le choc pour les
premières heures du matin qui va suivre, que Bedford
fait dresser une croix et bénir solennellement la place,
afin que les morts du lendemain soient certains de reposer
en terre sainte. La nuit du 14 au 15, et la matinée du
lendemain, l'armée anglaise les passe ainsi devant Ivry,
sous les armes.

Telle est la position où la trouve, vers trois heures de
l'après-midi, une reconnaissance de cavalerie jetée en
avant par les commandants de l'armée française en
marche.

Mais, d'autre part, à cette heure même, Ivry se rendait.

Jean de Wavrin, sire de Forestel, soldat écrivain, et témoin oculaire, place le fait « droit à ceste heure » où les pourparlers de la capitulation se trouvaient déjà accomplis, les otages rendus et les commissaires anglais en possession du château, la garnison française ne l'ayant pas encore matériellement évacué cependant, c'est-à-dire, comme il a été établi, un peu après trois heures. Cette reconnaissance se composait d'une quarantaine de cavaliers bien montés. La version du *Journal d'un bourgeois de Paris*, qui la porte au chiffre de 500 hommes, et place le fait au quatorze août, ne paraît pas admissible.

Toujours est-il qu'il y eut là un moment d'angoisse et d'attente dramatique des deux parts, chez les assiégeants formés en bataille et chez les assiégés sur le point d'évacuer la place et déjà en voie d'en livrer les portes.

Wavrin a raconté l'impression de l'armée anglaise et sa formation immédiate en bataille.

Le journal d'un bourgeois de Paris, dévoué aux Anglais et plein de fiel pour les Français qu'il appelle les *Arminaz*, nous peint, lui aussi, successivement, les préparatifs et les impressions des deux camps.

D'abord, les mesures prises par le régent d'Angleterre qui « fist semondre son ost partout, et quand ils furent venus si furent armez à dix milliers, tous hommes deffensables, lesquelx il ordonna moult saigement, car il se mist en une plaine moult belle, et, par derrière luy, avoit ung tertre moult haut, parquoi il n'avoit garde par derrière, car nul ne peust bonnement descendre de la dite montaigne par devers eux sans grant travail. En ce temps, les Arminaz approuchèrent plus et plus l'ost du régent. Quant il le sceut, s'y fit ordonner ses batailles, et les pria de bien faire...; les Arminaz envoyèrent coureux montez

daventaige pour aviser l'ost du dit régent : quant les
coureux virent son ost en si belle ordonnance, si s'en
retournèrent, comme gens effrayez, à leurs gens en leur
disant que très grant folie seroit d'assembler, et que le
mieux seroit de s'en retourner chascun en sa garnison. Si
s'advisèrent après d'une trayson ; car ils envoyèrent à
une lieuë près de l'ost du régent environ cinq cents
hommes d'armes, bien montez et armez, lesquelx firent
semblant de venir pour lever le siège, dont ils n'avoient
talent ne hardement ; et ceux qui estoient dedans le
chastel eulx orgueillirent et commencèrent à crier et à
braire, et disant parolles moult villeneuses et despites au
régent et à ses gens ; car ils cuidèrent bien, à cette foys,
estre secourus et deslivrez quant ils virent les cinq cents
hommes ; car leur pensée estoit que ce fust l'avant-garde
des Arminaz. Mais autrement estoit ; car ils n'estoient
ainsi venus que pour ce que bien sçavoient que le régent
les attendroit en la place. Si ne se bougèrent du lieu où
ils estoient, dont les deux osts povoient voir l'ung l'autre
et, cependant que là se tenoient, les Arminaz faisoient
retourner leur charroy et leur train le plus tost qu'ils
povoient pour eulx enfuir sans riens perdre ne sans coup
férir. Quant ceulx qui devant l'ost du régent estoient
venus, orent tant esté illec que bien que fust l'ost à pié
eslongné trois ou quatre grosses lieuës, si montèrent
moult tost, et s'enfouirent après leurs gens qui tiroient
vers le Perche[1]. »

L'étude de la situation morale des partis en présence,
de la marche et des mouvements stratégiques ne doit
point faire négliger la partie purement narrative des évé-

---

[1] Michaud et Poujoulat, *Nouvelle collection de mémoires relatifs à l'histoire de France*, t. III, p. 241.

nements. Monstrelet a peint ainsi la reprise d'Ivry par les Anglais et la capitulation qui l'a précédée :

« Environ ledit mois de juing, ledit duc de Bethfort feit assiéger la ville du chasteau d'Ivry. En brief après le siège fut la ville gaignée par puissance. Et le chastel, qui estoit fort et bien garny de gens d'armes, tint environ un mois ; au bout duquel les assiégez feirent traicté avec les Anglois promettant à livrer ladicte forteresse la nuit de l'Assumption Nostre-Dame, en cas qu'ils n'auroient secours du Roy Charles, puissant assez pour les combattre et demourer victorieux sur la place. Après lequel traicté, seuretez prinses de chacune partie, se deffeit ledit siège…

« *Comment le Duc de Bethfort alla à grand puissance tenir sa journée devant Ivry, laquelle ville et forteresse luy furent rendus.*

« Août 1423. — Cy dit l'histoire qu'environ huict jours en août de cest an, le duc de Bethfort assembla plusieurs hommes d'armes, archiers et capitaines anglois ; c'est à sçavoir les comtes de Salsebery et de Suffort, le seigneur de Villeby et plusieurs autres capitaines tant de Normandie comme d'ailleurs, jusques au nombre de dix-huict cens ou environ hommes d'armes et huict mille archiers lesquels il conduisit et mena jusques à Ivry pour estre à la réddition d'icelle, dont, par avant, est faicte mention ; et tant chevaucha, à tout son arroy, qu'il vint devant Ivry la nuict de l'Assumption Nostre-Dame ; et tout ce jour se tint en battaille, attendant ses ennemis, lesquels estoient très grand nombre, et bien dix-huict mille combattans soubs la conduicte du duc d'Alençon, des comtes d'Aumale, de Ventadour, de Tonnaire, de Douglas et de Bosquen et de Moiry, du vicomte de Mardanne, du seigneur de la Faïette et plusieurs autres seigneurs et princes de grand renommée et estoient à trois lieuës près dudit lieu d'Ivry ou environ; lesquels envoyèrent quarante des mieux courans et plus expers de leur art et les mieux montez pour adviser le conteunement de leurs adversaires. Lesquels courans, voyant de loing le duc de Bethfort et ses gens en moult belle ordonnance, retournèrent en leur ost et furent chassez et poursuivis des Anglais. Et eux venus, dirent ce qu'ils avaient trouvé et veu. Et adoncques les seigneurs dessus nommez du party du Roy Charles, non voyans pour lors leur advantage, retournèrent tres-tous ensemble jusques à la ville de Verneuil au Perche qui, pour lors, tenoit le party du roy Henry...

« Gérard de la Paillière, qui étoit capitaine d'Ivry, voyant que l'heure estoit venue et passée que son secours devoit venir, alla devers le duc de Bethfort, qui estoit en bataille devant, pour attendre ses ennemis, et lui présenta les clefs de la forteresse, en lui requérant sauf conduit pour luy en aller selon le contenu du traité, tant pour luy comme pour ses gens, lequel luy fut accordé.

« Et lors ledit Gérard, présent ledit duc, tira une lettres lesquelles il lui monstra en disant : Or voy-je qu'aujour-d'huy m'ont failly dix-huict grans seigneurs du party du roy nostre sire, lesquels m'avoient promis de moy donner secours, ausquelles lettres estoient attachez leurs sceaux; et, incontinent, feurent seurement au dessusdit duc quatre gentilshommes des gens dudit Gérard.

« Item, après, ledit duc de Bethfort print conclusion de poursuivre les François qui à ceux d'Ivry avoient promis de donner secours et qui près de là estoient venus comme dit est.. »

Revenant, un peu plus loin, sur les mêmes faits, Mons-trelet nous fait connaître que le sauf-conduit accordé à la garnison d'Ivry permettait aux défenseurs de s'en aller avec tous leurs biens; mais sans emmener les prisonniers qu'ils avaient. Il continue :

« Et lors commeit ledit duc capitaine de ladicte ville un chevalier de Galles renommé en armes, accompaigné de plusieurs souldoyers. Et après les dessus dictes choses accomplies, le propre jour de l'Assumption, se partit ledit duc de Bethfort, à tout sa puissance, de devant Ivry, et se meit à chemin pour poursuivir ses ennemis et alla loger en une grosse ville en tirant vers le Perche, nommé Dainville en Vaisseux. [1] »

Après ces récits des faits généraux, il est intéressant de connaître certains détails plus précis, les uns sur les forces militaires même et sur les officiers qui prirent part à ces faits d'armes, les autres sur les dépenses qu'ils occasionnèrent et les impôts au moyen desquels on y fit face.

Ivry était alors une place très forte et très importante pour la défense de la frontière. Aussi le Régent n'hésita pas à y envoyer ses troupes les mieux aguerries et la meilleure partie des garnisons de la Normandie. Tous les capitaines reçurent l'ordre de se trouver à la journée d'Ivry.

Le comte de Suffolk avait sous ses ordres 68 lances et 204 archers à cheval. Il passa ses premières montres devant Ivry, le 12 juin 1424. A sa *retenue*, il faut joindre celle de Jean de Harpelay, bailli d'Evreux, forte de 46 hommes d'armes à cheval et de 71 hommes de trait; plus 14 hommes d'armes à cheval et 44 archers de la garnison de Cherbourg, amenés par Jean Colle, et

---

[1] *Chroniques d'Enguerran de Monstrelet.* Paris, Pierre l'Huillier, 1572, 3 vol. in-4°, t. II, f° 13, r° et v° et 14, r°.

18 hommes d'armes à cheval et 54 archers de la compagnie de Monseigneur Guillebert de Harsalles, chevalier banneret, capitaine de Dreux.

Le 5 juillet, Giraut de la Pallière remit au comte de Suffolk 10 otages qui devaient répondre de sa parole.

Le contingent fourni par le duché se composait de 53 lances, 84 hommes d'armes à cheval, 370 hommes d'armes à pied, 886 archers à cheval, 655 archers à pied, ce qui fait un total de 2.048 hommes. Mais, ce n'était là qu'une faible partie des troupes anglaises. Un témoin oculaire de la bataille de Verneuil, Wavrin de Forestel dans sa *Chronique*, nous apprend, en effet, que l'armée de Bedford se composait de 1.800 hommes d'armes, et 8.000 archers, sans compter les renforts qui vinrent le joindre à Évreux, sous la conduite de l'Isle-Adam, de Jean de Neufchâtel et de Thibaut de Montagu [1].

De nombreux documents font connaître les impôts mis sur la Normandie par les Anglais, pour se procurer l'argent nécessaire à la reprise d'Ivry et du Mont-Saint-Michel.

La seconde réunion des états de Normandie sous la domination anglaise eut lieu quelques mois après la mort de Henri V, dans les premiers jours de février 1423. Les députés furent convoqués à Vernon. Les commissaires du roi d'Angleterre leur exposèrent l'importance qu'il y avait, pour la sûreté de la province, à s'emparer du Mont-Saint-Michel, d'Ivry, et de quelques autres places encore occupées par les Français.

Dans une autre session, au mois de juillet de la même

[1] *De l'Administration de la Normandie sous la domination anglaise, aux années 1424, 1425, 1429, d'après trois comptes de la recette générale de Normandie, conservés à la bibliothèque impériale (9.436.4 ; 9.436.5 ; 9.436.6)* ; par Ch. de Beaurepaire. Caen, Hardel, 1859, in-4°, p. 47.

année, ils votent 60.000 livres tournois « pour le paiement des souldoiers ordonnez pour la garde, sceurté et
deffense du païs et duchié de Normandie et pour le recouvrement des places d'Ivry, le Mont-Saint-Michel, Dreux et
autres voisines du dit païs[1] ».

Telle était l'importance attachée par les Anglais à la
reprise de ces places, et, nommément à celle d'Ivry, que,
ainsi qu'il arrive souvent, les dépenses avaient dépassé
les prévisions et excédé les crédits.

Ivry avait déjà été repris par les Anglais, quand la
journée d'Ivry[2] était un des événements invoqués, peu
après, devant les états, pour leur expliquer comment il
se faisait que les dépenses avaient considérablement
dépassé le chiffre de l'aide accordée par eux. En effet,
des lettres, datées du 12 octobre 1424[3], relatives à la
levée d'une aide, font mention des dépenses faites, entre
autres motifs, « pour estre et tenir la journée prinse alentour de nos dits ennemis devant Yvry, et après devant Verneuil au Perche, au mois d'aoust derrenièrement passé ».

Disséminées un peu partout, des pièces de comptabilité
attestent et montrent l'emploi des deniers imposés à la
Normandie, et ce qui fut dépensé pour l'affaire d'Ivry.

Trois documents sur ce point ont été extraits par
M. Mauduit du British Museum[4]. Ils figureront aux pièces
justificatives.

---

[1] Ch. de Beaurepaire, *les États de Normandie sous la domination anglaise,* dans : Recueil des travaux de la Société libre d'agriculture,
sciences, arts et belles-lettres de l'Eure, 3ᵉ série, t. V. Evreux, 1859,
in-8°, p. 362, 365.

[2] Id., *ibid.,* p. 369.

[3] Id., *ibid.,* p. 512.

[4] 24 juillet 1423, 5 novembre 1423, 22 décembre 1424 ; voir aux Pièces
justificatives.

Les précieux comptes de Pierre Sureau (déjà étudiés par M. de Beaurepaire)[1] ont été aussi compulsés par lui. La rapide analyse qu'il en a faite et que nous donnons en note, et qui se rapporte exclusivement à Ivry, montre que presque toute l'armée anglaise fut concentrée sous les murs d'Ivry[2].

Après la bataille de Verneuil, la forteresse d'Ivry fut démolie, aussi ne voit-on pas figurer Ivry au nombre des places fortes de Normandie dont les garnisons sont indiquées aux années 1424, 1425 et 1429, d'après les trois comptes de Pierre Sureau[3].

---

[1] Deniers paiez par le dit receveur général (Pierre Sureau), par l'ordonnance de mon dit seigneur le régent du royaume de France, duc de Bedford, à plusieurs cappitaines de gens d'armes et de traict, ordonnez par mon dit seigneur mectre et tenir le siège devant la ville et forteresse d'Ivry-la-Chaussée, que tenoient et occupoient les ennemis et adversaires du Roy et de mon dit seigneur, comme, par lettres patentes de mon dit seigneur, données à Vernon, le xixᵉ jour de juillet l'an mil cccc xxiiii expédiées par mon dit seigneur le trésorier, le xxviᵉ jour du dit mois, appert : 4.404 livres 7 deniers.

Deniers paiez par le dit receveur général, par l'ordonnance de mon seigneur le Régent, à plusieurs seigneurs, chevaliers, cappitaines de gens d'armes et de traict, tant des retenues des villes et des forteresses comme autres pour la journée d'Ivry et la Bataille de Verneuil. 15.344 liv. 12 s.

Ch. de Beaurepaire, *De l'administration de la Normandie sous la domination anglaise*, p. 19.

[2] Bibliothèque Nationale, département des Manuscrits, fonds français, nᵒˢ 4485, 4488 et 4491.

Au nᵒ 4485, p. 292 : Au comte de Suffolk... pour quarante jours entiers du 22 juin 1424, qu'il fit ses monstres devant la place d'Ivry ;

P. 292. La garnison de Cherbourg envoyée au siège d'Ivry;

P. 295. Reddition d'Ivry-la-Chaussée, le 15 août 1425 ;

P. 296. Garnisons au siège d'Ivry : — garnison de Falaise, Alençon, Dreux, Château-Gaillard, Louviers, Caudebec, Montjoye et Saint-Germain-en-Laye, Gournay, Meulun [ou Meulan] et Poissy, Domfront, Argentan, Bayeux, Arques, Saint-Lô, Vire, Evreux, Pont-de-l'Arche, Gisors, Vernon, Caen, Coutances, Parc-l'Évêque [Pont-l'Évêque ?], Touques, Montivilliers, Harfleur.

Les capitaines de toutes ces places étaient au siège d'Ivry.

On voit, de la page 292 à la page 306, les paiements qui leur ont été faits.

[3] De Beaurepaire, *Op. cit.*, p. 31 et suivantes, et p. 48.

Cousinot, dans sa *Geste des Nobles*, dit aussi, expres
sément, en terminant le récit de la reprise d'Ivry par les
Anglais en 1424..., « ledit Girault rendit la place...; si
firent Anglois abatre le Chastel ».

C'est donc, vraisemblablement, à cette date qu'il faut
placer la fin de la fameuse forteresse bâtie pour Albereda au xe siècle, par l'architecte Lanfred.

Mais ce ne fut pas la fin des événements de guerre,
prises et reprises, dont Ivry devait être témoin et l'objet.

En effet, par suite d'un hardi coup de main, sans
doute pareil à celui de Gérault de la Paillière, mais
dont l'histoire a conservé moins de preuves, Ivry dut
être, peu après, repris par les Français. Nous apprenons,
par une demande d'argent faite aux États de Normandie
par le roi d'Angleterre, en 1437, que, récemment, les
Anglais venaient de faire de grosses dépenses pour le
siège de « certaines forteresses » et la reprise d'Ivry. Le
22 avril 1437, Henri VI ordonne la levée d'une aide destinée à rembourser les avances de fonds faites par divers
grands seigneurs, et qui avaient permis à Talbot, maréchal de France, et à Guillaume de Neuville, seigneur de
Faucamberge, de se porter, vers la fin de janvier, sur Ivry
dont ils avaient réussi à s'emparer [1].

Ce double fait de la destruction du château en 1424
et de la reprise d'Ivry en 1437 avait éveillé l'attention de
M. Mauduit. N'y avait-il pas là contradiction ?

« Pour concilier ces différents textes, se demanda-
t-il, faut-il admettre qu'on aurait relevé la forteresse
d'Ivry, ce que ne rend guère admissible la pénurie
d'argent où on était à cette époque ? Ou bien ne faudrait-

---

[1] De Beaurepaire, *les États de Normandie*, p. 407.

il pas croire que le fait de 1437 se rapportait, non à la forteresse, mais bien à la ville d'Ivry qui était entourée de murailles ? »

Nous partageons absolument l'avis de M. Mauduit.

Il semble que la plupart des chroniqueurs ne mentionnent pas expressément le fait de la reprise définitive d'Ivry sur les Anglais. Dès 1441, Évreux et Conches étaient au pouvoir des Français, ils n'étaient donc pas loin d'Ivry.

Mais la prise de cette localité étant attribuée à Dunois, elle devrait, alors, se placer dans sa campagne de 1449 ; et, précisant davantage, on pourrait en fixer la date entre ces limites extrêmes : prise de la ville de Verneuil, 19 juillet 1449 et siège de Vernon, 28 août 1449.

Reprenons maintenant où nous l'avons laissée l'histoire des seigneurs d'Ivry.

CHAPITRE XIX

Ambroise de Loré, baron d'Ivry au droit de sa femme. — Origine
et quotité des droits de celle-ci. — Notes sur Ambroise de Loré.
— Sa veuve épouse Pierre Petit ; aveu qu'il rend pour la baronnie d'Ivry. — Ses contestations et ses procès avec sa belle-fille,
mariée à Robert d'Estouteville. — Robert d'Estouteville rachète
les droits des co-propriétaires de la baronnie. — Jacques, son fils.
— Comptes à lui rendus. — Sa mort ; ses filles.

« En ce temps-là, dit, sur l'année 1423, Bernard
de Girard, seigneur du Haillan [1], Ambrois de Loré était
baron d'Ivry et de Saint-André en la Marche. C'était un
brave et vaillant chevalier. »

Belleforest dit aussi [2] : « Un gentil écuyer, nommé
Girault de la Pallière, gascon, prit le château d'Ivry sur
les gens du comte de Richemont, qui le tenait par don
des Anglais, car la seigneurie appartenait à Messire
Ambroise de Loré. »

L'origine de ses droits, ou, pour parler plus exactement, des droits de sa femme, est facile à établir. Il n'y
a pour cela qu'à retourner, c'est-à-dire à présenter sous
la forme descendante, une très précise analyse des titres
et de la filiation ascendante des propriétaires d'Ivry, pendant près de cent cinquante ans, analyse qui se trouve
dans un des terriers de la baronnie d'Ivry.

Le dernier seigneur du nom d'Ivry était Jean, encore

---

[1] *Histoire générale des roys de France.* Paris, 1627, 2 v. in-f°, t. I, p. 918.
[2] *Annales de France,* 1572, in-f°, p. 304.

vivant en 1417. Sa succession, objet de longs procès, semble avoir été partagée par quarts.

Trois de ces quarts auraient été recueillis par les représentants d'une certaine Guillemette d'Ivry, qui a épousé Foulques de Marcilly, et serait morte avant 1387.

Du mariage de Foulques de Marcilly et de Guillemette d'Ivry est née Catherine de Marcilly; et cette Catherine de Marcilly, qui se trouva hériter de sa mère, épousa Ambroise de Loré, auquel elle apporta en dot ses droits sur la terre d'Ivry.

Par anticipation, d'ailleurs, et pour ne pas scinder les documents sur lesquels nous nous appuyons, nous donnons ici un tableau de la filiation des seigneurs de la terre d'Ivry jusqu'au moment où elle fut vendue en 1547, et nous insérons, en note, dans son entier, l'analyse qui nous a guidé [1].

GUILLEMETTE D'IVRY,
mariée à FOUQUES, seigneur de Marcilly, v. 1386.

CATHERINE DE MARCILLY,
mariée à AMBROISE DE LORÉ, † 1446, puis à P. PETIT.

AMBROISE DE LORÉ,
leur fille, † 1466; mariée à ROBERT D'ESTOUTEVILLE, † 3 juin 1479.

JACQUES D'ESTOUTEVILLE,
† 1509, époux de GILLETTE DE COÉTIVY.

CHARLOTTE D'ESTOUTEVILLE,
épouse de CHARLES DE LUXEMBOURG, † 1530.

ANTOINE DE LUXEMBOURG,
† 1557.

LOUIS DE LUXEMBOURG,
† 1571.
Vend sa baronnie d'Ivry,
à Diane de Poitiers, le 6 août 1547.

[1] Dans *l'inventaire des titres et papiers concernant la propriété des baronnies d'Ivry et Garennes*, dressé du temps du duc Louis-Joseph de.

Comme nous l'avons déjà dit plusieurs fois, la biographie détaillée d'un seigneur est un peu un hors-d'œuvre, relativement à l'histoire d'une localité, et cela est vrai, surtout lorsqu'il ne semble pas que ce personnage ait même résidé dans sa seigneurie, ce qui est le cas d'Ambroise de Loré.

Rappelons seulement que, comme homme de guerre et comme administrateur, il a joué un certain rôle.

Il prit part active aux faits de guerre qui s'accomplirent sous le règne de Charles VII. Il y aurait, dit Belleforest, acquis une gloire immortelle[1].

Remarquons, au sujet de sa carrière et de l'histoire des seigneurs d'Ivry, que de la Roque, généralement précis dans ses citations, désigne comme ayant pris part à des faits de guerre, en 1422, parmi un certain nombre de gens de guerre : « entre autres, Ambroise de Loré, Louis de Tromagon, *le baron d'Ivry*, les seigneurs d'Aussebosc, de Fontaines du pays d'Anjou...[2] »

S'il ne commet pas une erreur, quel peut être ce baron

Vendôme (Archives nationales, Registre, Q. 194.6), on lit, p. 19... « Une liasse de 11 pièces qui établissent le droit de propriété de Robert d'Estouteville qui estoit (?), à cause d'Ambroise de Loré, sa femme, fille et héritière de Caterine de Marcilly, fille et héritière de Foucques de Marcilly qui estoit héritier pour trois quarts de Jean baron d'Ivry, en la dite baronnie d'Ivry, tant en la dite qualité que comme ayant acquis de Claudin d'Amfreville et Charlotte Marescot sa femme que de Charles Marescot aussi héritier pour un quart dudit Jean d'Ivry, l'autre quart en ladite baronnie, auquel Robert d'Estouteville, Jacques son fils a succédé ; et, par son décès, la baronnie, par le partage de ses biens fait entre Charlotte d'Estouteville et sa sœur, qui avait épousé Gabriel, baron d'Alègre, ladite baronnie seroit échue à Charlotte d'Estouteville, jadis épouse de Charles de Luxembourg, auxquels Louis de Luxembourg, leur fils puîné, auroit succédé, décrettée au siège d'Ezy, en 1548, sur ledit Louis de Luxembourg et la dame sa mère et adjugée à Madame de Valentinoys ».

[1] *Histoire de la maison d'Harcourt*, t. III, p. 682 et passim.

[2] *Histoire de la maison d'Harcourt*, t. I, p. 422 ; cf. t. III, p. 491.

d'Ivry, nommé presque immédiatement après Ambroise
de Loré ? Un co-propriétaire ? ou bien la fille d'Ambroise
de Loré aurait-elle été déjà mariée ?

Il suivit Jeanne d'Arc dans quelques-uns des épisodes
de sa mission.

Le 12 mai 1456 le duc d'Alençon déclare, dans sa
précieuse déposition au procès de réhabilitation, qu'une
grande partie des circonstances relatives au siège
d'Orléans lui a été rapportée par Ambroise de Loré : « *et
hoc audivit dici pluries domino Ambrosio de Loré nuper
præposito Parisiensi* [1]. »

Comme prévôt de Paris, il aurait donné un magnifique
exemple de courage civil : « Il fut, dit Félibien[2], nommé
prévost de Paris, en 1437. Dans l'été et l'automne de
l'année 1438, la peste et la famine désolaient Paris;
50.000 personnes en étaient mortes. Tous les grands
avaient quitté Paris pour échapper à l'atteinte du fléau.
Cependant il y avait à craindre que les Anglais, maîtres
encore de quelques places aux environs de cette ville, ne
profitassent de cette occasion pour y rentrer.

Dans ces circonstances Ambroise de Loré promit
de ne pas quitter sa ville et de la protéger contre l'ennemi. »

On lui prête aussi un trait de vertu semblable à celui
si connu de Bayard :

Lorsqu'il s'empara de Caen, pendant la foire Saint-
Michel 1432, on rapporte qu'un de ses capitaines lui ayant
offert une demoiselle d'une rare beauté qu'il avait faite

---

[1] Procès de condamnation et de réhabilitation de Jeanne d'Arc, dite
la Pucelle... publiés par Jules Quicherat. Paris, 1841-1849, 5 vol. in-8°,
t. III, p. 93-94.

[2] *Histoire de Paris*, 5 vol., t. II, p. 829.

prisonnière, Loré la fit reconduire en sûreté à Falaise, chez son père qui l'avait amenée à la foire[1].

Mais, nouvelle preuve de l'incertitude de l'histoire, *le Journal d'un Bourgeois de Paris*, œuvre, il est vrai, ardente et passionnée, le peint comme un homme de débauche et tout à fait méprisable!... Qui sait, cependant? l'homme est *ondoyant et divers*, les deux récits peuvent être vrais l'un et l'autre. Voici donc ce que dit le *Bourgeois* :

« Item, la vigille de l'Ascension (1446) fut enterré le prevost de Paris nommé Ambroys Loré, baron de Juille [*lis. Ivry*]; mains amant le bien commun qui nul prevost que devant luy eust esté puis quarante ans, car il avoit une des femmes qu'on peust voir en tout Paris, la plus belle et honeste et fille de nobles gentils gens de grant ancienneté, et si estoit si luxurieux qu'on disoit pour vray qu'il avoit trois ou quatre concubines qui estoient droites communes et, supportoit partout les femmes folieuses, dont trop avoit à Paris par sa lascheté ; et acquist une très maulvaise renommée de tout le peuple ; car a peine povoit-on avoir droit des folles femmes de Paris, tant les supportoit et leurs m....relles[2] »

D'après les Mémoires de messire Michel de Castelnau, seigneur de Mauvissière, Ambroise de Loré, prévôt de Paris, portait : *d'hermines, à 3 quintefeuilles d'or*[3].

Suivant Le Féron, ou son continuateur Denys Godefroy, (aux *Prévôts de Paris*, f° 14 v°), il aurait porté *de sable au lion d'argent couronné, armé et lampassé d'or*.

---

[1] G.-J. Lange. *Ephémérides normandes*, 2 vol. in-8°, Caen, 1833-1834, t. II, p. 197-198.

[2] *Journal d'un bourgeois de Paris*. Dans la *Collection des Mémoires de l'histoire de France* par Michaud et Poujoulat, t. III, p. 297.

[3] Par J. Le Laboureur, Paris, 1659, 2 vol. in-f°, t. I, p. 73 (note de M. Mauduit).

De cette belle et honeste dame envers laquelle il se serait si mal conduit, Ambroise de Loré avait eu, au moins, une fille nommée, comme lui, Ambroise, qui épousa Robert d'Estouteville. Il paraîtrait, d'après un arrêt cité par de la Roque, qu'il en aurait eu une autre mariée à Claudin d'Amfreville [1].

Félibien dit, dans son *Histoire de Paris* [2], qu'Ambroise de Loré est mort en mai 1446.

Est-ce parce qu'elle n'avait pas gardé bon souvenir de son mari, ou pour un autre motif? Toujours est-il que sa veuve se remaria avec un certain Pierre Petit, chevalier.

« On ne sait, a écrit M. Mauduit, quel était ce P. Petit. Était-ce un de ces chevaliers dont, au dire de Lacurne-Sainte-Palaye (*Mémoires sur l'ancienne chevalerie*, édition de 1826, t. I, p. 267), les riches veuves récompensaient quelquefois, du don de leur main, le zèle à les bien protéger? »

Ce second mariage dut être mal vu par les enfants de son premier lit. Sa fille Ambroise était déjà mariée antérieurement au 16 septembre 1447, et elle avait dû apporter en dot, à son mari, Robert d'Estouteville, la baronnie d'Ivry, car, à cette date, ce dernier fait hommage au roi pour les baronnies d'Ivry et de Saint-André en la Marche, les seigneuries de Bray-du-pont [Breuilpont] et châtellenies de Moessy, d'Oissery et de Bullou [3].

Ainsi s'explique ce fait que Robert d'Estouteville prend le titre de baron d'Ivry, bien avant le beau-père de sa femme. Cette circonstance avait frappé M. Mauduit, qui,

[1] *Histoire de la maison d'Harcourt*, t. II, p. 1838 à 1843.
[2] Page 837.
[3] *Histoire de la maison d'Harcourt*, t. I, p. 577-580.

à propos d'un autre document[1], remarquait : « En tête d'un aveu du 9 octobre 1453, Robert d'Estouteville aurait pris la qualité de baron d'Ivri, ce qui est difficilement admissible, puisque Pierre Petit, qui l'a précédé, faisait aveu pour la baronnie d'Ivri, encore en 1456. »

Robert d'Estouteville donc contesta au second mari de sa belle-mère les prétentions qu'il formula, au nom de celle-ci, non seulement à l'usufruit, mais même à la toute propriété de la baronnie d'Ivry.

En tête d'un aveu qu'il rendit au roi, le 25 juin 1456[2], Pierre Petit explique que l'usufruit, possession et jouissance de la seigneurie d'Ivry lui ont été déjà adjugés par sentence et arrêt du Parlement, contre l'empêchement qu'y avait mis messire Robert d'Estouteville, chevalier, au droit de la dame sa femme. Il ajoute qu'au regard du droit de propriété il est encore actuellement en procès avec le dit d'Estouteville devant Messieurs des requêtes de l'hôtel du Roi. Nous parlerons ailleurs de cet aveu.

Pierre Petit et sa femme vivaient encore, tous deux, le 25 octobre 1461. A cette date, imitant les traditions de piété des seigneurs du moyen âge, les deux époux fondaient, à l'abbaye d'Ivry, moyennant vingt écus, deux messes à célébrer à la chapelle du Portail[3].

Quant à Catherine de Marcilly, elle vivait encore le 5 juillet 1463, car il résulte de lettres royales délivrées à cette date, que Robert d'Estouteville et sa femme ne pouvaient faire foi et hommage au roi, au moins pour la

---

[1] Cité dans *Mémoires et Notes de M. Auguste Le Prévost*, t. III, p. 292.

[2] V. Pièces justificatives aux *Aveux, Terriers et Comptes*.

[3] *Archives nationales*, Q. 194[1].

baronnie de Saint-André, « qui leur appartient par don fait en faveur du mariage d'eux deux par Catherine de Marcilly, mère de la dite Ambroise, qui a et détient tous les titres et enseignements et ne les veut rendre aux suppliants[1]. ».

Ambroise de Loré, dame d'Ivry, mourut en 1466 [2].

Les enfants qu'elle laissait étaient encore mineurs, et sous la tutelle de leur père, en juin 1469 [3].

C'est Robert d'Estouteville qui réunit, aux trois quarts qu'il possédait du chef de sa femme, le quatrième quart, qui s'était trouvé détaché lors du partage de la succession de Jean d'Ivry. Au moment où il le racheta, ce quart était entre les mains de Claudin d'Amfreville, de Charlotte Marescot, sa femme, et sans doute aussi de Charles Marescot[4]. On sait seulement que ce fut un sujet de procès interminable. Une sentence était rendue, le 9 janvier 1470, entre Claudin d'Amfreville et sa femme d'une part, et J. (?) d'Estouteville de l'autre. Elle ne mit pas fin aux contestations. Quatre ans plus tard, le 27 novembre 1474, une transaction intervenait entre Robert

---

[1] *Archives nationales,* P. 269, cote 3308, — 5 juillet 1463. — Louis par la grâce de Dieu roy de France, à nos amés et féaux les gens de nos comptes et trésoriers à Paris, au bailli d'Evreux et vicomte dudit lieu ou à leurs lieutenants, salut. Reçu avons humble supplication de notre amé et féal conseiller et chambellan Robert d'Estouteville, chevalier et Ambroise de Loré sa femme, tenus de nous faire foy et hommage à cause de la baronnie, terre et seigneurie de Saint-André en la Marche qui leur appartient par don fait en faveur du mariage d'eux deux par Catherine de Marcilly, mère de la dite Ambroise, qui a et détient tous leurs titres et enseignements et ne les veut rendre aux suppliants pourquoi ce leur est chose impossible de bailler à présent le dénombrement desdites terres et baronnies ; nous leur donnons terme, respit et délai de bailler ledit dénombrement jusqu'à un an prochain.

[2] P. Anselme, t. VIII, p. 99.

[3] *Archives nationales,* Q. 194[3].

[4] Voir la note page 203 ci-dessus.

d'Estouteville, gardien de Jacques son fils, et Claudin d'Amfreville et sa femme, transaction par laquelle les époux d'Amfreville renoncèrent à tous droits sur la baronnie d'Ivry, moyennant la somme de cent vingt livres tournois de rente foncière [1].

Quelle était l'origine des droits de Claudin d'Amfreville sur Ivry ? Il est difficile de se prononcer. D'après l'analyse que nous suivons, on ne le voit pas. Ce serait du chef de sa femme Charlotte Marescot sans doute ; mais à quel titre ? D'autre part, la transaction de 1474 appelle la femme d'un Claudin d'Amfreville, Isabeau du Mesnil. Enfin, un arrêt de 1500, dit qu'elle était la fille du prévôt Ambroise de Loré [2].

La maison d'Estouteville, cependant, disons-le tout de suite pour ne point avoir à y revenir, n'était pas encore au bout des contestations qui devaient lui être suscitées au sujet de la propriété de cette baronnie. Malgré la transaction de 1474, les représentants de Claudin d'Amfreville voulurent exercer le droit de clameur lignagère sur le quart qui lui avait appartenu.

Ce fut seulement en 1500 qu'un arrêt du parlement de Rouen maintint définitivement en possession du quatrième quart de la baronnie d'Ivry la maison d'Estouteville « qui en prit les armes entre ses quartiers [3] ».

---

[1] 9 janvier 1470. — Sentence du bailli d'Évreux rendue entre Claudin d'Amfreville et sa f° (sic) d'une part et J. (?) d'Estouteville d'autre part, sur leurs droits en la succession d'Ivry contenant leurs raisons et soutiens dont acte leur aurait été donné.
Archives nationales, Q. 194, Registre.
On lit aussi f. 19 ᴿᵒ — 27 novembre 1474. — Devant Ogier et Catier ? notaires à Rouen, transaction entre Claudin d'Amfreville, Isabeau du Mesnil sa femme et Robert d'Estouteville, gardien de Jacques, son fils. Les époux d'Amfreville renoncent à tous droits sur la baronnie d'Ivry, moyennant 120 livres tournois de rente foncière.
[2] Voir la note suivante.
[3] 1500. On voit par un arrêt de cette année que la succession de feu messire Jean d'Ivry chevalier était contestée entre messire Jacques

Robert d'Estouteville, dit encore de la Roque, eut de grands différents à l'échiquier de Normandie, en 1446, 1454, 1455, 1465 et 1466 pour les baronnies d'Ivry et de Saint-André contre Raoul seigneur d'Arly[1].

Le 21 juillet 1466, Louis XI lui accordait un délai d'une année pour bailler aveu et dénombrement de sa baronnie d'Ivry et de Saint-André-en-la-Marche ; ce répit était motivé « par la continuelle occupation qu'il a en notre service, telle qu'il n'a pu vaquer à savoir et enquêter la vraie valeur et déclaration de la baronnie..., et aussi obstant que plusieurs, qui à cause de sa dite baronnie tiennent de lui en fief, ne lui ont pas encore baillé par écrit le dénombrement et aveu des choses qu'ils tiennent[2] ».

d'Estouteville, chevalier prévôt de Paris, messire Charles d'Espoy, chevalier, dame Ambroise de Loré femme de Robert d'Estouteville, ayant eu la garde noble de Jacques son fils, Jean d'Arly, dit Sarrazin, Claudin d'Amfreville et la demoiselle sa femme, fille de feu Ambrois de Loré et dame Catherine de Marcilly, son épouse, depuis remariée à Messire Jean (sic) [lis. Pierre] Petit et fille de feu Fouques de Marcilly ; mais, enfin, la succession de la baronnie d'Ivry passa en cette branche d'Estouteville qui en prit les armes entre ses quartiers. (Histoire de la maison d'Harcourt, t. II, p. 1838 et s.). On lit aussi l'analyse suivante de cet arrêt, dans l'Inventaire, déjà cité, des titres de la baronnie d'Ivry (Fº 20). — 2 avril 1500. — Arrêt du parlement de Rouen entre Charles de Poix héritier du dit Claudin d'Amfreville, Charlotte Marescot sa femme et Mathieu d'Arly, demandeurs, d'une part, et ledit Jacques d'Estouteville, d'autre part, sur leurs différends résultant de la clameur que le dit de Poix aurait fait signifier audit Robert d'Estouteville ès dits noms, pour avoir droit de clameur lignagère et [ès ?] quart en la baronnie d'Ivry vendu par lesdits d'Amfreville et d'Arly audit Robert d'Estouteville ; par lequel arrêt ledit Jacques d'Estouteville a été maintenu en la propriété et jouissance du dit quart en ladite baronnie d'Ivry, et ledit de Poix, condamné aux dépens.

[1] Histoire de la maison d'Harcourt, t. I, p. 577.

[2] Archives nationales, P. 269, cote 3809, 21 juillet 1466. — Louis par la grâce de Dieu roy de France... Reçu avons humble supplication de notre amé et féal conseiller et chambellan, Robert d'Estouteville, chevalier, prévôt de Paris, baron d'Ivry et de Saint-Andry en la Marche, soutenant que puis aucun temps en ça il nous a fait les foi et hommage lige que tenu était faire à cause de sa dite baronnie d'Ivry et de Saint-Andry en la Marche et ses appartenances, mais obstant la continuelle occupation qu'il a en notre service, telle qu'il n'a pu vaquer...

Il existe encore aux Archives nationales quatre registres de comptes de recettes et dépenses de la baronnie d'Ivry du temps de Robert d'Estouteville, savoir pour les années 1468-1469 ; 1470-1471 ; 1473 à 1476 et 1477 à 1478[1].

Celui de 1470-1471 contient, sur l'appauvrissement du pays et la dépopulation à cette époque, des renseignements qui, s'ils ne font que confirmer une vérité bien connue, n'en ont pas moins un intérêt local.

Il renferme aussi des détails très curieux sur les fiefs et les revenus.

Robert d'Estouteville, seigneur de Beine, baron d'Ivry et de Saint-André-en-la-Marche, fut prévôt de Paris et chambellan des rois Charles VII et Louis XI, pour le service desquels il prit Saint-Valery sur les Bourguignons et se trouva au combat de Montlhéry l'an 1465 ; il était quatrième fils de Guillaume d'Estouteville...

Il succéda à la garde de la prévôté de Paris, par la résignation de Jean d'Estouteville, son frère, en 1446[2].

Robert d'Estouteville fut rétabli, le 4 novembre 1465, dit Monstrelet, dans la charge de prévôt de Paris dont le roi l'avait privé, et cela à cause de sa belle conduite à la bataille de Montlhéry.

---

savoir et enquêter la vraie valeur et déclaration de sa baronnie d'Ivry et de Saint-Andry à la Marche et de ses appartenances, et aussi obstant ce que plusieurs qui, à cause de sadite baronnie tiennent de lui en fief, ne lui ont pas encore baillé par écrit le dénombrement et aveu des choses qu'ils en tiennent, icelui conseiller suppliant ne nous pourrait encore bailler par écrit le dénombrement et aveu des dites choses... Nous, ce considéré et autres causes à ce nous mouvant, avons audit suppliant donné... terme, souffrance et délai, jusqu'à un an prochain.

[1] On en trouvera des extraits aux *pièces justificatives*. — *Aveux, terriers et comptes.*

[2] *Histoire de la maison d'Harcourt*, t. I, p. 177.

Il mourut en juin 1479, à Paris, après en avoir été prévôt quarante-trois ans.

Ce fut Jacques d'Estouteville, seul enfant mâle de Robert d'Estouteville, qui hérita de la baronnie d'Ivry. Il était, dit de La Roque, seigneur de Baine, de Caenchïe, de la Mothe d'Alincourt, de Blainville et de Moessy, baron d'Ivry, Saint-André-en-la-Marche et d'Asq. Il fut chambellan du roi, capitaine du château de Goulets, et succéda à son père comme prévôt de Paris, en vertu de lettres royales du 10 juin 1479. Il l'était encore en 1499. Il épousa Gilette de Coëtivy, fille d'Olivier de Coëtivy, seigneur de Taillebourg, sénéchal de Guyenne, et de Marie de Valois, dame de Roian et de Marnac, qui était fille naturelle de Charles VII et d'Agnès Sorel [1].

Il fut chargé, en juin 1493, de reconduire Marguerite d'Autriche à son père Maximilien, roi des Romains. Depuis encore, il fut employé en diverses ambassades et négociations par le roi Louis XII [2].

Le 15 juin 1479 [3] il obtenait un délai d'un an pour bailler aveu de ses baronnies d'Ivry - la - Chaussée, Saint-Andry-en-la-Marche et autres terres, délai motivé « sur les autres besognes et affaires où il est de présent occupé à l'occasion du trépas de feu notre cousin, son père ».

---

[1] *Histoire de la maison d'Harcourt*, t. I, p. 577 et s. ; P. Anselme, t. VIII, p. 99.

[2] P. Anselme, t. III, p. 729.

[3] 15 juin 1479. — Délai d'un an de bailler aveu pour ses baronnies d'Ivry-la-Chaussée, Saint-Andry-en-la-Marche, et *autres terres et seigneuries y désignées*, accordé à « notre amé et féal cousin, conseiller et chambellan, Jacques d'Estouteville, escuier, seigneur de Beyne, baron d'Ivry et de Saint-Andry-en-la-Marche », motivé sur les « autres besognes et affaires où il est de présent occupé à l'occasion du trépas de feu notre cousin son père et autrement ».

Archives nationales, P. 269, cote 3578.

Nouveau délai lui était accordé, le 6 août 1480 [1].

Il avait, enfin, fait foi et hommage le 5 novembre 1483 [2]. Mais, des termes de l'acte qui lui en accuse réception, il semble résulter qu'il ne l'aurait fait que sous le coup de la mesure coercitive de la saisie. Encore est-il qu'il n'était pas même complètement en règle, et qu'il devait encore donner, de ses terres, l'aveu et le dénombrement.

Nous avons encore un certain nombre de comptes qui lui furent présentés.

Entre autres détails intéressants, nous apprenons, par le *Registre des Comptes de* 1479 *à* 1482, que, pendant cette période, « la tour d'Ivry près la cohue dudit lieu fut faite et construite toute neuve, l'an de ce présent compte, en laquelle sont les prisons dudit Ivry ».

Les comptes de construction y sont détaillés.

C'est, sans doute, à cette tour que s'applique un article du compte de 1486-1487, constatant paiement d'une somme de 50 sols à Colin Deschamps pour ouvrages de son métier faits « en la tour d'Ivry ».

Cette même année, on payait aussi à Gervais Labbé et à Colin Deschamps, charpentiers, pour avoir refait les ponts dudit Ivry, tant les ponts des Moulins que le pont Brétheil, la somme de 64 sols.

---

[1] 6 août 1480. — Souffrance d'aveu pour Jacques d'Estouteville... (mêmes qualifications qu'aux lettres du 15 juin 1479, et mêmes terres, plus Villiers-Saint-Ouen (Villiers-Saint-Orien) et Lommeteau). *Archives nationales*, P. 269, cote 3379.

[2] 5 novembre 1483. — Lettres du roi reconnaissant que son amé et féal cousin, conseiller et chambellan Jacques d'Estouteville, seigneur de Beyne, baron d'Ivry et de Saint-Andrieu en la Marche, prévôt de Paris, a fait foi et hommage, ce jour, pour lesdites baronnies; ordre de le laisser en jouissance, nonobstant toutes saisies et main-mises pourvu qu'il baille, dedans temps dû, son dénombrement et aveu. *Archives nationales*, P. 269, cote 3922.

Ivry, du reste, est maintenant définitivement abandonné
par ses seigneurs. Sans doute cet abandon, déjà constaté
dans l'aveu de Pierre Petit, en 1456, datait du moment
où les Anglais se sont emparés d'Ivry. Jusque-là, les
seigneurs y résidaient, non peut-être dans le château-
fort, mais au lieu dit la Malmaison [1].

C'est le village de Garennes qui se trouva hériter de la
prérogative — (en définitive avantageuse) — du séjour
des seigneurs.

Le compte de l'année 1479 nous apprend ce fait.

Etienne de Beaurepaire, abbé commendataire d'Ivry,
séjourne, en octobre 1479, en l'hostel du sire d'Ivry,
à Garennes.

En décembre 1479, Jacques d'Estouteville séjourne à
Garennes pendant plusieurs jours.

Le vendredi 21 janvier 1480, il arrive de nouveau à
Garennes. Il y reçoit Mme de Torcy [2], le trésorier et le
bailli de Rouen ; malgré ces réceptions, la dépense du
mois n'est que de XII livres VII deniers tournois. Il
résulte du chapitre des mises et dépenses que Jacques
d'Estouteville venait souvent à Garennes et qu'il y recevait, qu'il y avait maison nantie, et le compte contient de
curieux détails sur ces séjours et les dépenses qu'ils
occasionnaient.

Bien que n'habitant plus Ivry même, Jacques d'Estouteville ne se désintéressait point d'arrondir sa baronnie.
Le 15 décembre 1485, il achetait, de Jean Dubus,
écuyer, seigneur de Saint-Germain-de-Fresnay et de la

[1] V. Aveu de 1456.

[2] Mme de Torcy doit être Françoise de la Rochefoucauld, femme de
Jean d'Estouteville, seigneur de Torcy, grand maître des arbalétriers
de France. (P. Anselme, t. VIII, p. 98.)

Buschaille, moyennant cent écus d'or au coin du roi, le
fief, terre et seigneurie de la Buschaille, assis en la
paroisse Saint-Martin d'Ivry[1].

Jacques d'Estouteville mourut en 1510.

Il avait eu de son mariage deux filles, Charlotte et
Marie.

Sa femme lui survécut.

Elle se remaria avec Antoine de Luxembourg, fils
puiné du connétable de Luxembourg qui eut la tête tranchée en 1475[2]. Cet Antoine de Luxembourg fut comte
de Brienne, de Roussi, puis de Ligni, baron de Rameru
et de Pinei, vicomte de Machaut, etc... Louis XII l'employa en diverses négociations importantes, le fit son
chambellan ordinaire et le rétablit dans ses biens par
lettres expresses données à Blois le 29 mai 1504.

Il s'était déjà marié deux fois. Un des enfants de son
second mariage épousa, comme nous allons voir, une des
filles du premier lit de sa troisième femme.

[1] 15 décembre 1485. — Vente par Jean Dubus, escuyer, seigneur de
Saint-Germain de Fresnay et de la Buschaille à J. d'Estouteville, du
fief, terre et seigneurie du dit lieu de la Buschaille, assis en la
paroisse Saint-Martin d'Ivry, moyennant 100 écus d'or du coing du
roy. — Acte devant Thomas et Jehan Delestang, clercs tabellions
jurés en la vicomté d'Ivry.
Archives nationales, Q. 194[45].

[2] Tous les détails généalogiques ou biographiques concernant les
membres de la maison de Luxembourg, et pour lesquels il n'y a point
d'indication de référence, sont empruntés au Dictionnaire de Moreri,
V° Luxembourg.

CHAPITRE XX

D'après l'intitulé d'un compte de la baronnie d'Ivry pour l'année 1510, Charlotte et Marie d'Estouteville, auxquelles ce compte est rendu, puisqu'elles étaient héritières de leur père, étaient encore mineures, et il n'y est pas dit qu'elles fussent mariées. Il en résulterait aussi que non seulement leur mère, mais aussi son second mari, Antoine de Luxembourg, étaient encore vivants.

Quoi qu'il en soit, c'est vers cette époque que Charlotte, l'aînée, dut épouser le fils d'un premier mariage de son beau-père : Charles de Luxembourg. — Disons tout de suite que la seconde, Marie (qualifiée aussi, parfois, de dame des baronnies d'Ivry et de Saint-André, parce qu'elle fut quelque temps dans l'indivision avec sa sœur), épousa, en 1513, Gabriel, baron d'Alègre. Mais la baronnie d'Ivry ayant été attribuée à sa sœur, nous n'avons pas à en parler.

Charles de Luxembourg était, cependant, certainement marié antérieurement au 26 janvier 1510 [V.S. ??]. Car, à cette date, il obtint un répit de trois mois pour faire hommage des baronnies d'Ivry et de Saint-André et d'autres terres, advenues à lui « à cause du mariage fait et consommé entre lui et damoiselle Charlotte d'Estouteville, son épouse, et à damoiselle Marie d'Estouteville sa [belle] sœur mineure chacune pour moitié et par indivis [1] ».

Le 22 mai 1511, il faisait foi et hommage, toujours pour lui et sa belle-sœur, Marie « de Touteville » qualifiée encore mineure d'ans. Dans un nouvel hommage de ces deux baronnies, hommage motivé par l'avènement d'un nouveau roi, il paraît ne parler qu'en son nom [2].

[1] 26 janvier 1510. — Lettres du roi accordant à son cher et amé cousin Charles de Luxembourg, baron d'Ivry et Saint-Andry en la Marche, terme, souffrance, répit et délai de trois mois pour faire foi et hommage des baronnies d'Ivry et Saint-Andry en la Marche, de la seigneurie et châtellenie d'Oesery, de la seigneurie et châtellenie de Beyne, à lui advenues « à cause du mariage fait et consommé entre lui et damoiselle Charlotte d'Estouteville son épouse, et à damoiselle Marie d'Estouteville, sa sœur mineure d'ans chacune la (?) moitié et par indivis par le trépas de feu Jacques d'Estouteville leur père... Si ces terres et seigneuries, ou d'autres de ses biens ou revenus, avaient été saisis, la saisie devrait être, incontinent, levée...
(*Archives nationales*, P. 270, cote 4108.)

[2] 22 mai 1511. — Lettres du roi déclarant que son amé et féal cousin Charles de Luxembourg, comte de Roussy, tant pour lui que comme ayant le gouvernement, garde et administration de Marie de Touteville, damoiselle mineure *dame* [d'ans] sa sœur, a fait ce jour-d'hui foi et hommage pour les baronnies, terres et seigneuries d'Ivry et de Saint-André en la Marche... Il devra en bailler dénombrement et aveu en temps dû.
(*Archives nationales*, P. 269, cote 3984.)

2 décembre 1517. — Lettres du roi reconnaissant que Charles de Luxembourg, comte de Brienne, Ligny, et Roussi, a, ce jour, fait foi et hommage pour les baronnies, terres et seigneuries d'Ivry et Garennes.
(*Archives nationales*, P. 270, cote 4008.)

Nous avons encore le compte qui lui fut rendu en 1515.

Charles de Luxembourg, comte de Brienne, de Ligni, de Roussi, etc.., chevalier de l'ordre de Saint-Michel, et capitaine de cinquante hommes d'armes, servit utilement et avec zèle le roi François Ier qui le fit son lieutenant général en Picardie et gouverneur de Paris. Il mourut en 1530.

Charlotte d'Estouteville survivra pendant près de vingt années à son second mari. Comme la baronnie d'Ivry lui appartenait en propre, c'est elle qui devait continuer à en jouir et à en être propriétaire. Il résulte, cependant, de nombreux actes dont nous avons l'analyse qu'elle eut à ce sujet des difficultés avec ses enfants. Elle paraît avoir donné successivement à deux d'entre eux cette même baronnie. Ces divisions de famille sont souvent le résultat d'une situation obérée ; en effet, nous allons voir la maison de Luxembourg forcée bientôt de vendre Ivry, si même elle n'en est pas expropriée par une saisie judiciaire.

Tandis qu'à Ivry, comme ailleurs, les grands seigneurs désertaient les campagnes, et abandonnaient le séjour de leurs terres, il y restait, ou il s'y formait, une petite noblesse inférieure, qui se recrutait soit parmi des cadets pauvres d'ancienne famille, soit parmi les propriétaires de petits fiefs relevant de la baronnie, soit parmi les officiers de justice et autres.

Ainsi, dans la *Recherche de la noblesse de l'élection d'Evreux, en 1523,* trouvons-nous mentionnées comme demeurant à Ivry trois personnes ; une d'elles y exerçait les fonctions de lieutenant du vicomte d'Ivry. On y lit :

« Marc de Comtes, demeurant à Ivry, a produit sa généalogie et plusieurs lettres justificatives. »

« Jacques Masquerel, sieur du Bois-Millon, demeurant à Ivry. — Ses ancêtres sortis cadets de la maison
d'Hermanville en Caux ; et porte : *d'argent à une fasce
d'azur diaprée d'or accompagnée de trois roses de gueules
deux en chef, une en pointe.* »

« Nicolas de Villers, lieutenant du vicomte d'Ivry et y
demeurant, a produit sa généalogie avec lettres justificatives, et porte *de sinople à trois signes (cignes) au naturel*[1]. »

Ce dernier nom me suggère une remarque qui me
semble avoir son intérêt : ces familles, comme elles rem-
plaçaient, de fait, les seigneurs absents, voulaient aussi,
parfois, les imiter par des fondations pieuses. Ainsi,
en 1499, Pierre de Villiers, peut-être père de Nicolas, et
comme lui vicomte d'Ivry, avait fondé, en l'église d'Ivry,
une chapelle en l'honneur des Saintes-Sœurs[2].

Si l'on désire avoir, pour les premières années du
xvie siècle (vers 1502 ?), la liste des habitants d'Ivry à cette
époque, on la trouvera dans un registre provenant du fond
du chapitre d'Evreux, actuellement aux archives départementales à Evreux[3].

Ce registre renferme, pour 103 paroisses du diocèse,
dont Ivry, les noms des habitants, hommes et femmes ;

---

[1] *Recherche de la noblesse de l'élection d'Evreux*, publiée par l'abbé
P.-F. Lebeurier, dans l'*Annuaire administratif du département de
l'Eure*, année 1868. Evreux, Huet, 1868, in-12, p. 248, 264, 277. —
D'après une note de l'éditeur, un autre manuscrit donne les armes de
Marc de Comtés, qui y est appelé Le Conte ; ces armes sont « un escusson
escartelé l'un d'azur chevronné d'or, semé de trois croix de gueules, et
l'autre quartier d'argent à bandes de gueules chargé de trois tourteaux
de sable ». Ce même manuscrit appelle « le Villiers » Nicolas de Villers.

[2] 23 février 1499. — Décret de la chapelle nouvellement fondée et
érigée en l'église d'Ivry en l'honneur des Saintes-Sœurs, par Pierre de
Villiers, vicomte d'Ivry.
(Extrait des pouillés aux Archives départementales de l'Eure.)

[3] Série G, n° 136 (f° 60).

les curés et les prêtres figurent en tête ainsi que les personnes nobles.

Il a dû servir à constater le paiement de redevances dues au chapitre par ces habitants. Ces sortes de listes intéressent bien plus l'histoire d'une localité que les biographies de seigneurs qui n'y ont jamais vécu. Comparées aux pièces de l'époque actuelle, elles renseignent sur les mutations survenues dans les familles. Elles peuvent aussi apprendre, à ceux de même nom, habitant encore le pays, le nom de déjà lointains aïeux.

Charlotte d'Estouteville avait eu un certain nombre d'enfants. Nous ne parlerons ici que de deux de ses fils, Antoine et Louis, qui ont eu, par indivis, et peut-être l'un et l'autre en vertu de cessions successivement consenties par leur mère, des droits sur la baronnie d'Ivry. Un troisième fils fut, on le verra, abbé d'Ivry.

Antoine II de Luxembourg, comte de Brienne, de Ligni, etc,... fut capitaine de cinquante hommes d'armes, colonel des légionnaires de Champagne et de Brie. Il épousa, l'an 1535, à Crémieu en Dauphiné, Marguerite, fille de René, bâtard de Savoie, comte de Villars, de Tende, etc... et d'Anne de Lascaris. Il défendit, en 1544, Ligni contre l'empereur Charles-Quint et mourut en 1557.

Louis, son frère puîné, comte de Roussi, chevalier de l'ordre de Saint-Michel, se distingua par son mérite et par ses services sous les règnes de François Ier et d'Henri II. On pourrait dire aussi, un peu méchamment, qu'il se distingua également par son singulier mariage.

Louis de Luxembourg, en effet, épousa Antoinette d'Amboise, fille de Charles d'Amboise, seigneur de Chaumont, amiral, grand maître, maréchal de France et gouverneur de Paris en 1495 et de Jeanne de Graville.

Cette Antoinette d'Amboise avait alors 10 enfants vivants, de 18 qu'elle avait eus de deux précédents mariages. Elle attira habilement à elle Louis de Luxembourg, âgé alors de vingt-quatre ans à peine, tandis qu'elle en avait cinquante, et l'épousa, à l'insu de sa mère et de ses parents. Leur contrat est du 25 juin 1543.

Elle mourut le 24 juin 1552, sans enfants de ce troisième mariage, qu'elle avait contracté dans l'année de la mort de son second mari.

Louis de Luxembourg mourut en 1571[1].

Les comptes de la baronnie d'Ivry des années 1523 et 1533 existent encore aux Archives Nationales. Le second est rendu à « noble et puissante dame Madame Charlotte d'Estouteville. »

Mais, dès cette dernière date, — sinon beaucoup plus tôt — la mésintelligence existait dans la famille ; car, le 3 février 1534[2], devant les notaires de Paris, la veuve de Charles de Luxembourg donne procuration pour suivre un procès contre Antoine de Luxembourg, son fils aîné.

L'année suivante[3], — est-ce en conséquence de ce procès, ou plutôt par suite d'un accommodement ? — elle

---

[1] J. Le Laboureur. *Les tombeaux des personnes illustres.* Paris, 1642, in-4°, p. 172, 177, 184.

Une note de M. Mauduit, d'après l'*Histoire des comtes et ducs de Luxembourg...* par M° Nicolas Vignier, Paris, 1639, p. 808, dit, au contraire : « Louis de Luxembourg..., sa femme Antoinette d'Amboise, morte le 11 mai 1571. »

[2] 3 février 1534. — Procuration passée devant notaires, à Paris, par Charlotte d'Estouteville, veuve de Charles de Luxembourg, comte de Brienne, pour suivre un procès contre Anthoine de Luxembourg, son fils aîné.

Archives nationales, J.-J., 591. — Inventaires du Trésor des Chartes, faisant suite à celui de Dupuy, t. II, p. 664. — (Renvoi à J. 1044, 36.)

[3] 1535, 7 juin. — Charlotte d'Estouteville abandonne à Anthoine de Luxembourg, tant en son nom qu'en celui de ses frère et sœur, la baronnie d'Ivry à charge de rente et sous réserve d'usufruit.

(*Archives nationales,* Q. 194¹, cote 9°.)

abandonne la baronnie d'Ivry à son fils Antoine, à charge de rente et sous réserve d'usufruit. Elle déclare qu'elle fait cet abandon tant au nom de ses autres enfants qu'au sien propre.

Il semble donc que c'est une affaire réglée et qu'Antoine est seul et définitivement propriétaire d'Ivry. En effet, le 20 février 1537[1], Antoine fait au roi foi et hommage pour la baronnie d'Ivry « à lui appartenant par (?) don à lui fait en contrat de mariage par la comtesse de Brienne, sa mère ».

Le 19 avril 1539, le même Antoine, rappelant, dans les mêmes termes, et la donation à lui faite par sa mère, et les foi et hommage de février 1537, sollicite et obtient délai pour passer aveu et dénombrement de la baronnie d'Ivry.

Mais, d'autre part, ne voilà-t-il pas que sept jours auparavant, le 12 avril 1539[2], le frère d'Antoine, « Louis de Luxembourg, chevalier, comte de Roussy, baron d'Ivry-la-Chaussée, etc. », avait fait aussi, au roi, les foi et hommage auxquels il était tenu « pour raison de sa baronnie, terre et seigneurie d'Ivry-la-Chaussée » ! Qu'était-il donc advenu du don fait à Antoine, l'aîné, par sa mère ? On peut se le demander avec d'autant plus de raison, qu'en 1540, à

---

[1] *Archives nationales*, P. 270, cote 4331.
20 février 1537. — Reconnaissance de foi et hommage à « notre amé et féal cousin Anthoine de Luxembourg, comte de Brienne, Ligny et Roussi, vicomte de Marsault et baron d'Ivry » pour la dite baronnie d'Ivry à lui appartenant par ? don à lui fait en contrat de mariage par la comtesse de Brienne, sa mère.
Id., *ibid.*, cote 4332. — 19 avril 1539. — Le même Anthoine de Luxembourg obtient, pour la même terre, délai et souffrance de donner aveu et dénombrement.

[2] *Archives nationales*, P. 270, cote 4276.
12 avril 1539. — Semblable reconnaissance de foi et hommage à « notre très cher et amé cousin, Loys de Luxembourg, chevalier, comte de Roussy, baron d'Ivry-la-Chaussée... pour ladite baronnie d'Ivry »

deux reprises peut-être, les 8 mai et 20 août[1], déclaration
de la valeur et revenu annuel de la baronnie d'Ivry était
baillée par : Charlotte d'Estouteville, veuve de Charles
de Luxembourg, jouissant, par usufruit, de la dite baronnie
et par : Louis de Luxembourg, à présent propriétaire de
ladite baronnie ! A cette période, il semble vraiment qu'il
n'est plus du tout question du don fait à Antoine lors de
son contrat de mariage, car voilà que, par un nouvel acte,
en juin 1547[2], Charlotte d'Estouteville abandonne *à son
second fils Louis de Luxembourg* l'usufruit qu'elle s'était
réservé sur la terre d'Ivry, à charge de payer les dettes
qui le grevaient.

C'est que le moment était venu où Mme de Luxembourg
et ses fils allaient être obligés de vendre la baronnie
d'Ivry. Cette vente fut, d'abord consentie en forme de
vente volontaire par contrat du 6 août 1547[3]. Elle est faite
par Louis de Luxembourg. Il déclare qu'il est propriétaire par suite d'un partage intervenu entre lui et son

[1] 1540, 8 mai. — C'est la déclaration de la valeur et revenu annuel de
la baronnie d'Ivry que baille... Charlotte d'Estouteville, veuve de
Charles de Luxembourg, ladite dame baronne et jouissant par usufruit
de ladite baronnie d'Ivry... et... Louis de Luxembourg, à présent
propriétaire de ladite baronnie d'Ivry.
(*Archives nationales*, Q. 194[1], cote 12.)
20 août 1540. — Déclaration ou dénombrement par Charlotte d'Estouteville, et Louis de Luxembourg de la baronnie d'Ivry tenue en foi
et hommage du roi à cause de son comté d'Evreux.
(*Archives nationales*, Q. 194[b], Registre f° 22.)

[2] 1547, juin. — Charlotte d'Estouteville abandonne à son second
fils, Louis de Luxembourg, l'usufruit qu'elle s'était réservé de la terre
d'Ivry, à charge de payer les dettes qui le grèvent.
(*Archives nationales*, Q. 194[1], cote 9.)

[3] (*Archives nationales*, Q. 1, 194, 10-13.)
6 août 1547. — Devant Jean Letellier et Pierre Lelong, notaires
royaux en la ville et prévôté de Château-Thierry, vente, par Louis de
Luxembourg, à Diane de Poitiers de la baronnie d'Ivry qui lui appartenait par partage fait entre lui et Antoine de Luxembourg, son frère.
Charlotte d'Estouteville, leur mère, conservait une rente sur cette
baronnie, aux termes de cet acte.

frère. Il est énoncé au contrat que leur mère conservait une rente sur la baronnie. L'acquéreur était Diane de Poitiers.

Il est à croire, cependant, que les enfants de Charles de Luxembourg s'étaient décidés trop tard à faire ce sacrifice, et qu'ils étaient déjà sous le coup des poursuites de leurs créanciers; en effet, au bout de cinq mois, le 2 janvier 1548[1], par suite de la saisie réelle pratiquée contre Charlotte d'Estouteville et ses fils Antoine et Louis de Luxembourg, un décret de justice adjuge, moyennant 200.000 livres tournois, la baronnie à la même Diane de Poitiers.

Les discussions d'intérêts subsistèrent, avant comme après la vente, entre les deux frères, au sujet du partage du prix. Antoine et sa femme Marguerite de Savoie avaient fait opposition au décret de saisie, mais, le 25 avril 1548, par un seul acte ou par deux actes différents[2], Antoine et sa femme se désistent de leur opposition au décret. Ils en donnent main-levée à Louis et transigent avec lui, à l'occasion de leurs droits respectifs sur la baronnie.

Enfin, le 11 juillet 1549, Louis de Luxembourg renonce à demander à sa mère une somme de 42 060 livres, par

---

[1] 2 janvier 1548. — Décret de la baronnie d'Ivry, saisie réellement sur Charlotte d'Estouteville et Antoine et Louis de Luxembourg, ses enfants, adjugée à Diane de Poitiers pour 200.000 l. t.
(*Archives nationales*, Q. 174 ; Reg. invent[re].)

[2] 25 avril 1548. — Anthoine de Luxembourg, comte de Brienne et de Ligny et Marguerite de Savoye, sa femme, se désistent de leur opposition au décret d'Ivry.
(*Archives nationales*, carton Q. 194[1], cote 7.)
25 avril 1548. — Transaction entre Louis et Antoine de Luxembourg à l'occasion de leurs droits sur la baronnie d'Ivry et main-levée par ce dernier de son opposition au décret.
(*Archives nationales*); Q. 194[6]. Registre.)

lui payée pour sa mère à des créanciers de celle-ci ; par le même acte, sa mère lui donne la baronnie de Garennes et la seigneurie de Moette[1].

C'est ainsi que la baronnie d'Ivry sortit des mains de la maison de Luxembourg, qui, quelques années plus tard, ne devait plus rien posséder dans la contrée, car cette baronnie de Garennes et cette seigneurie de Moette, Louis de Luxembourg les vendait aussi, le 8 août 1552, en même temps que celle de Grand-Marché, à Diane de Poitiers en contre-échange de 3.000 livres de rente[2].

La nouvelle propriétaire d'Ivry possédait déjà la terre d'Anet, qui touche Ivry, et jusqu'à la Révolution (sauf peut-être pendant peu d'années), ces deux terres ne cessèrent d'appartenir aux mêmes propriétaires, de très grands seigneurs, ou des membres de la Maison de France qui n'habitèrent jamais Ivry. Tandis qu'Anet devient un séjour princier dans la double acception du terme, Ivry est réduit à n'être que le très modeste et presque invisible satellite de son superbe et glorieux voisin. L'histoire des seigneurs d'Ivry pourrait donc se borner à démarquer celle des seigneurs d'Anet. Nous ne le ferons pas, ayant déjà dit que l'histoire d'un seigneur étranger à la localité n'était que très indirectement celle du pays.

Nous ne dirons donc que l'indispensable de ces grands seigneurs, dont la vie est si connue. Nous nous attacherons particulièrement à noter ce qui, de chacun d'eux, a un rapport quelconque avec Ivry.

[1] (*Archives nationales*, Q. 1. 194, 10-13.)

[2] 8 août 1552. — Contrat de vente à titre d'échange [*sic*] par Messire Louis de Luxembourg à Madame Diane de Poitiers, veuve de Louis de Brézé, de la baronnie de Garennes, Moette et Grand-Marché, leurs appartenances et dépendances en contre-échange de 3.000 livres de rente. (*Archives nationales*, Q. 194, cote 9.)

La nouvelle baronne d'Ivry a été peinte et jugée en ces termes par Davila :

« Diane, de l'ancienne maison des comtes de Poitiers, était douée, en la fleur de son âge, d'une rare et singulière beauté, d'un entregent plein d'accortise, d'un esprit vif, capable de tout, et de ces autres qualités excellentes qui mettent, pour l'ordinaire, les jeunes femmes en faveur et en estime...

« Le peuple ne pouvait endurer son extrême avarice, l'accusant des nouveaux impôts dont on le chargeait.

« Après la mort de Henri II, dans une assemblée de quelques députés des provinces, à Pontoise, le prince de Condé et les frères de Coligny proposèrent, pour acquitter les dettes énormes du royaume, que les biens donnés par le feu roi soient restitués au trésor. — C'était frapper directement Diane et les Guise. De là, union plus intime entre ces derniers et le connétable de Montmorency contre les Condé et le parti Huguenot.

« Les Guise, pour se soutenir à la Cour, cherchèrent à s'assurer les bonnes grâces de Diane. Le mariage de l'une de ses filles avec le duc d'Aumale, outre qu'il les conduisait à ce but, promettait à leur famille une riche succession [1]. »

Le prix par lequel Diane de Poitiers achetait Ivry représenterait aujourd'hui une somme énorme.

Elle obtint encore du roi, à la date du 27 septembre 1547 [2], la remise du droit de treizième (ou droit de mutation) dû à l'occasion de cet achat.

---

[1] *Histoire des guerres civiles de France*, de H.-C. Davila, traduite par J. Baudoin. Paris, 1644, in-f°, p. 16.

[2] (*Archives nationales*, Q. 194, 6.) — 27 septembre 1547. Le roi fait don à Diane de Poitiers du treizième de l'acquisition de la terre d'Ivry.

Peu de jours auparavant, le 22 août 1547, devant le bailli d'Ivry, son procureur avait pris possession de la terre, seigneurie et baronnie d'Ivry [1]. Cette pièce, assez intéressante, contient le nom des officiers de la baronnie et celui d'un certain nombre des habitants, témoins de cette prise de possession et, sans doute, les principaux du pays.

Le 4 juin 1551 [2], elle faisait, en personne, ès mains du chancelier de France, les foi et hommage auxquels elle était tenue pour sa nouvelle acquisition.

Il semble, vraiment, que ceux qui représentent Diane de Poitiers comme extrêmement intéressée n'ont fait que dire la vérité. Tout comme un petit propriétaire, elle ne cherche qu'à arrondir sa terre d'Ivry et à en tirer le meilleur parti possible ; c'est une administratrice émérite.

Elle veut dégrever son acquisition des charges auxquelles elle est soumise. Depuis fort longtemps, la baronnie était grevée d'une rente foncière de 120 livres, condition de la renonciation d'une branche de cohéritiers à leurs droits. Diane de Poitiers rachète cette rente, moyennant un capital de 2.400 livres (2 juin 1549) [3].

[1] *Archives nationales*, Q. 194, cote 5ᵉ.

[2] 4 juin 1551. — Henry, par la grâce de Dieu roi de France, à..... savoir vous faisons que notre très chère et très amée cousine Dyanne de Poitiers, duchesse de Valentinois, dame de la baronnie, terre et seigneurie d'Ivry, nous a, ce jourd'hui, en sa personne, fait ès mains de notre amé et féal conseiller et garde de nos sceaux Mᵉ Jehan Bertrand, seigneur de Rendeville, les foi et hommage que tenue nous était faire pour raison de la dite baronnie, terre et seigneurie d'Ivry. *Archives nationales*, P. 270, cote 4439.

[3] 2 juin 1549. — Acte par lequel Hector Vyppart et Marguerite d'Amfreville, sa femme, vendent moyennant 2400 l. t. à la duchesse de Valentinois la rente foncière de 120 l. t., assise sur la terre d'Ivry. *Archives nationales*, Q. 194ᵉ.

Cette même année, elle se fait donner des lettres patentes lui accordant ses droits de péage anciens.

Auparavant, elle avait acquis des anciens propriétaires d'Ivry la baronnie de Garennes. Elle jugea à propos, et avantageux sans doute, de réunir sa nouvelle acquisition à la précédente ; et, en conséquence, en mars 1558, par lettres royales, la baronnie de Garennes fut réunie et incorporée à celle d'Ivry, sous le seul titre de baronnie d'Ivry [1].

Un aveu de Charles de Lorraine, du 7 mai 1579, conservé aux archives départementales de la Seine-Inférieure, porte que cette réunion, en ce qui concerne la haute justice, a eu lieu « pour le soulagement des sujets, par le privilège et autorité du feu roi Henry, que Dieu absolve ».

Disons, puisque l'occasion s'en présente, que, d'après un inventaire des titres dressé au xviiie siècle [2], la baronnie de Garennes se serait composée d'une seule paroisse et aurait été démembrée originairement de la baronnie de Saint-André.

Le 12 novembre 1561, Diane de Poitiers passe un contrat avec Jean de Villiers, sieur du Bochet (qui pourrait bien être le receveur qui lui présente le compte de la baronnie d'Ivry, en 1549), contrat aux termes duquel elle reçoit, en échange, la terre dite le Bochet [3].

La baronnie d'Ivry, avec ses droits seigneuriaux, notamment sa participation à la nomination des abbés d'Ivry, tout cela, pour elle, n'est qu'une ferme, une occasion de lucre et de profit, dont sa toute-puissante influence lui permet de tirer tout le parti possible.

[1] *Archives nationales*, Q. 1.194, cote 16.
[2] *Archives nationales*, P. 2043.
[3] *Archives nationales*, Q. 194. cote 23.

En 1548, elle fit obtenir à Philibert de l'Orme les abbayes de Saint-Eloy de Noyon et d'Ivry. « Mais, dit M. l'abbé Chevalier dans son *Histoire de Chenonceau*[1], nous avons quelque honte à ajouter que, toujours rapace, elle partageait avec lui le revenu de cette dernière abbaye, revenu qui montait à 1.300 livres. Il conserva ce bénéfice jusqu'en 1560, époque à laquelle il le résigna en faveur de Jacques de Poitiers, frère naturel de Diane. »

Quand nous en viendrons à l'histoire de l'abbaye nous verrons, d'après une histoire manuscrite rédigée à l'abbaye même, que, soit du temps de Philibert de l'Orme, soit lorsqu'elle l'eut fait remplacer par son frère, Diane de Poitiers passa avec les moines divers arrangements très désavantageux pour l'abbaye.

D'autre part, cependant, il est juste de reconnaître que, d'après un mémoire judiciaire du xviiie siècle, dont nous reparlerons au sujet de l'église d'Ivry, Diane de Poitiers « avait formé le dessein d'établir un chapitre à Ivry. Le plan de l'église qu'elle lui destinait répondait à sa magnificence ordinaire. Elle en jeta les fondements ; mais, toutefois, il ne fut pas donné suite au projet, soit qu'elle l'eût abandonné, soit que ses héritiers se missent peu en peine de l'exécuter. »

Quatre comptes de la baronnie d'Ivry, rendus à Diane de Poitiers, existent encore : ce sont ceux des années 1548-1549, 1549-1550, 1554-1555, et 1556. — Le premier, le plus intéressant, se retrouvera analysé, en partie, aux pièces justificatives[2].

---

[1] Lyon, Paris, 1868, in-8°, p. 277. — A la page 281 du même ouvrage. Lettre signée : P. Delorme, abbé d'Ivry.

[2] Voir pièces justificatives : *Aveux, comptes et terriers.*

« Diane de Poitiers mourut en 1566. Elle laissait, de son mariage avec Louis de Brézé décédé en 1531, deux filles, Louise et Françoise. Louise, l'aînée, à qui échut la baronnie d'Ivry, avait épousé Claude de Lorraine, duc d'Aumale [1].

« Claude de Lorraine, duc d'Aumale, devint baron d'Ivry aux droits de sa femme Louise de Brézé, et le demeura depuis 1566 jusqu'à sa mort, 14 mars 1573. Il était né le 1er août 1526. Il avait épousé Louise de Brézé le 1er août 1547, et Henri II, qui avait protégé cette union, avait, à cette occasion, créé Claude duc d'Aumale [2]. De ce mariage sont nés onze enfants, dont la plupart sont morts avant leur père. Nous n'en mentionnerons que deux : Charles, qui suit, né le 25 janvier 1555 ; et Claude, abbé du Bec, général des galères de la religion, dit le chevalier d'Aumale, tué devant Saint-Denis, le 3 janvier 1591. »

Le *Cabinet historique* [3] mentionne, comme se trouvant aux Archives nationales (t. CLIX °cote 8), le partage entre M. le duc d'Aumale, à cause de Louise de Brézé, sa femme, et Françoise de Brézé, duchesse de Bouillon, des biens de la duchesse de Valentinois, leur mère, — 15 avril 1567.

---

[1] A partir de cet endroit, pour la série des seigneurs d'Ivry, nous avons utilisé les notes écrites par M. Mauduit en octobre 1854, dont il disait : « ce premier travail, fait avec quelque rapidité et sans aucune espèce de plan, n'a pour but que de remplacer le chaos par un commencement d'ordre sur lequel il soit possible d'asseoir quelque chose de certain. » — Nous mettrons entre guillemets tout ce que M. Mauduit a rédigé. Et nous intercalerons, en leur lieu, les additions dont nous trouverons les éléments dans ses cahiers de notes prises depuis 1854, ou ailleurs.

[2] Par acte passé par devant Fromont et Ecorchevel, notaires royaux en la châtellenie d'Ezy, le 7 juin 1561, Louise de Brézé partagea les quatre châtellenies d'Anet, Bréval, Mont-Chauvet et Nogent-le-Roi, avec sa sœur Françoise, veuve de Robert de la Marck.
(*Description du château d'Anet* [par Lemarquant], Chartres, 1777, in-12, p. 88.)

[3] T. XXI, 2e partie, p. 165.

Le 16 janvier 1573, le duc d'Aumale rendit, pour la baronnie d'Ivry, attribuée à sa femme, un aveu qui se trouve aux Archives nationales [1].

Claude de Lorraine fut tué par un coup de canon, devant La Rochelle, le 14 mars 1573. Son fils Charles lui succéda dans la baronnie d'Ivry.

« Charles de Lorraine, duc d'Aumale, n'avait que dix-huit ans au décès de son père. Il se trouva, jusqu'à sa majorité, sous la tutelle et garde-noble de Louis de Lorraine, cardinal de Guise, évêque de Metz, son oncle (1576). Aux mois de juillet, août et octobre 1576, son oncle présentait encore, en sa qualité de tuteur, aux cures de La Futelaye, du L'Habit et de Neuville.

« Dès le 4 avril 1577, Charles de Lorraine présentait lui-même à la cure de La Futelaye.

« Il épousa, en novembre 1576, Marie de Lorraine, fille de René de Lorraine, marquise d'Elbeuf, sa cousine, qui mourut en 1616.

« Des quatre enfants issus de ce mariage, Anne de Lorraine seule survécut. Elle épousa, en 1618, Henri de Savoie, duc de Nemours. »

Le 7 mai 1579, il rendit, pour les baronnies réunies d'Ivry et de Garennes, un aveu très détaillé que l'on trouvera aux pièces justificatives.

D'après l'inventaire des titres que nous avons déjà cité, peu après la mort de son père il aurait déjà rendu aveu pour cette même terre (7 mai 1573), et sa mère Louise de

---

[1] 16 janvier 1573. — Aveu fait au roi par Claude de Lorraine, duc d'Aumale, pair et grand veneur de France, gouverneur et lieutenant du roi au pays de Bourgogne, seigneur des châtellenies, baronnies, terres et seigneuries d'Anet, Ivry et Garennes, au droit de Loyse de Brezé sa femme, des baronnies, terres et seigneuries d'Ivry.
(*Archives nationales*, Q. 194 (sic).)

Brézé en aurait donné dénombrement le 16 juillet 1573.[1]

C'est pendant qu'il était seigneur d'Ivry qu'eut lieu, sur le territoire de la baronnie, la bataille d'Ivry à laquelle il prit lui-même une part directe dans l'armée de la Ligue.

Charles de Lorraine eut une existence très mouvementée.

Ce personnage, duc d'Aumale, pair et grand veneur de France, gouverneur de Picardie, fut, d'après le P. Anselme, fait chevalier du Saint-Esprit le 1er janvier 1579. Depuis, s'étant attaché au parti de la Ligue, il mit le siège devant Senlis qu'il fut obligé de lever le 17 mai 1589 et servit à celui de Dieppe et au combat d'Arques ; il commanda l'aile gauche de l'armée des ligueurs à la bataille d'Ivry, en 1590, et fit lever le siège que le roi avait mis devant Paris et devant Rouen. Les habitants d'Amiens, dont il était gouverneur, le chassèrent de leur ville pour se soumettre au roi.

En 1592, il commandait l'arrière-garde de la Ligue près Caudebec, et, dans la nuit du 20 mai, fit traverser la Seine à la cavalerie et à l'infanterie françaises.

Après la conversion du roi, alors que les princes délibérèrent sur la conduite à tenir, tandis que le duc de Lorraine était de l'avis de la paix, le duc d'Aumale, au contraire, prince d'un naturel opiniâtre et revêche, était décidé plus que jamais à suivre les armes et avait résolu en lui-même de soumettre sa personne et les places qu'il avait en mains à la puissance des Espagnols, plutôt que de se réduire à la discrétion et à l'obéissance du roi.

Il se retira dans les Pays-Bas, et, après la trêve, ayant

[1] *Archives nationales,* Q. 194[6].

attiré les Espagnols en Picardie et s'étant trouvé avec eux à la surprise d'Amiens en 1597, son procès lui fut fait pour crime de lèse-majesté et il fut condamné, par arrêt du parlement de Paris, à être tiré à quatre chevaux et écartelé, ce qui fut exécuté en effigie. Il mourut à Bruxelles en 1631 [1].

Lors de sa condamnation, il avait été dit, rapporte l'*Histoire des derniers troubles de France* attribuée à Pierre Mathieu, que sa belle maison d'Anet serait rasée et le bois d'alentour coupé ; mais cette décision ne fut point exécutée.

Il avait obtenu l'érection de cette terre d'Anet en principauté, par lettres patentes du mois de février 1583 [2].

Nous verrons plus tard qu'Ivry fut saisi sur sa mère en 1614.

[1] *V. Histoire des guerres civiles de France*, de H.-C. Davila, traduite par J. Baudoin, Paris, 1644, in-f°, passim. — P. Anselme, t. VIII, p. 732. — *Histoire des derniers troubles de France*, etc., 1599, p. 65 et passim.

[2] *Description du château d'Anet*, Chartres, 1777, petit in-12, p. 92.

CHAPITRE XXI

BATAILLE D'IVRY

C'est à l'histoire générale qu'il appartient d'étudier la bataille d'Ivry, soit dans ses conséquences, soit même au point de vue stratégique et anecdotique.

Un volume au moins pourrait être composé sur ce fait militaire. La *littérature* du sujet ne prendrait guère moins de place. M. Mauduit paraît avoir été tenté, un moment, d'entrer dans cette voie longue et difficile.

Il semble, cependant, que *l'Histoire d'Ivry* ne doit s'attacher spécialement qu'aux faits qui touchent plus directement son territoire ou sa population ; à rechercher dans quelle mesure le bourg même d'Ivry a été mêlé à la bataille, quelles conséquences elle a pu avoir pour les habitants d'alors, ce qu'ils ont vu, ce qu'ils en ont ressenti et comment ils l'ont appréciée, et, en un mot, à étudier *la bataille d'Ivry à Ivry*. Ce point de vue restreint n'est pas sans fournir quelques données d'un réel intérêt.

Ainsi, avant même d'arriver au jour de la bataille (14 mars 1590), nous apprenons, par un passage du Registre de la Charité d'Ivry, que le 2 février précédent, le Roi était entré, de vive force, dans Ivry, qui, de même que son seigneur — (ou peut-être à cause de son seigneur, le duc d'Aumale), — tenait le parti de la Ligue.

On y lit ce qui suit :

« Le jour de la N.-D⁰ de Chandeleur an V⁰ IIII ˣˣ et dix fut la ville d'Ivry prinse par assault par le Roy à raison que on fut refusant luy ouvrir les portes pour aultant que les habitants tenoient pour la Saincte Unyon dont monseigneur le duc Daumalle estoit l'un des chefs aveque ? monsieur de mayne. A laquelle prinse de ville fut tué huict hommes et plusieurs blessés jusques à trente ou quarante, la ville pillée et les hommes prins à rançon. »

Quelques jours après, le 14 février 1590, après avoir inscrit la mention du baptême d'un enfant, le curé de Saint-Martin d'Ivry écrit immédiatement : « Ce dit jour Nonancourt a esté pillé et prins pour avoyr voulu résister au Roy de Navarre [1]. »

Toutefois, pour entrer dans la pensée de M. Mauduit qui s'était préoccupé de la partie militaire de la bataille d'Ivry, nous reproduirons ici, tout entière malgré sa longueur, et telle qu'il l'a copiée, une étude moderne qui semble devoir offrir les plus grandes garanties d'exactitude et d'autorité, ayant été rédigée, est-il dit, sur des documents recueillis et discutés par le comité d'état-major de l'armée.

Henri IV, décidé à enlever aux ligueurs la place de Dreux, qui protégeait la communication de Rouen et Orléans, vint camper sous ses murs le 23 février 1590. Mayenne, de son côté, résolut de marcher au secours des assiégés; et les forces dont il pouvait disposer se réunirent près de Mantes.....

« Informé de l'arrivée des troupes que commandait le comte d'Egmont et du retour de Mayenne, le roi avait

---

[1] Registre de catholicité, à la mairie d'Ivry.

présumé que les ligueurs passeraient la Seine et tente-
raient de faire lever le siège de Dreux. Il prit, en conséquence, de sages dispositions pour, qu'averti de leur
marche, il eût le temps de réunir ses troupes et de se
préparer à combattre.

Trois détachements étaient chargés d'observer tout le
cours de la Vesgre, parce qu'on supposait que Mayenne,
débouchant par Mantes, se porterait sur cette rivière.
Le maréchal d'Aumont occupait Ivry et le château d'Anet.
Enfin M. de Rosny avait pris position sur l'Eure, en
face de Pacy. Sa compagnie, les compagnies d'arquebusiers de Badet et de James formaient le corps dont il
avait le commandement. Toute l'infanterie fut rassemblée
sous les murs de la place de Dreux et les travaux avan-
cèrent rapidement.

Dès le 3 mars, l'artillerie battait le mur d'enceinte.....

Tel était l'état des choses lorsque les chefs des
postes d'observation, établis sur l'Eure et sur la Vesgre,
firent savoir au roi que, le 9 mars, l'armée de la Ligue
avait passé la Seine vis-à-vis de Mantes. Henri sentit que,
de la bataille que Mayenne venait lui présenter, dépendrait
à la fois et le sort de la place et celui de la campagne ; aussi
n'hésita-t-il pas un moment à lever le siège pour marcher
à l'ennemi.

Plusieurs motifs le décidaient à combattre. La retraite
de son armée en Normandie aurait, en y portant le théâtre
de la guerre, ruiné une province dont il tirait d'immenses
ressources ; et en se dirigeant vers la Loire, il aurait cessé
de menacer Paris où se trouvait le foyer de la révolte.
D'ailleurs, l'ardeur de ses troupes lui paraissait un gage
assuré de la victoire.

Le 11, il porta son avant-garde à Nonancourt. On suppose qu'ayant une cavalerie plus brave et mieux exercée que celle de l'armée ennemie, son but était de faire croire à Mayenne qu'il se retirait sur Verneuil et de l'attirer ainsi dans les plaines qui séparent Ivry de cette dernière ville.

Mayenne, le jour où s'était effectué le passage de la Seine, avait eu son logement dans les terres de M. de Rosny : il arriva le lendemain à Dammartin. Le duc d'Aumale, qui commandait son avant-garde, fit replier les détachements de l'armée royale qui se trouvaient sur la Vesgre.

Le comte d'Egmont se porta sur Ivry, que le maréchal d'Aumont fit évacuer. Un détachement de ligueurs, que commandait Savigny, sieur de Rosne, fit contre Pacy quelques démonstrations.

Le 13, les troupes de la Ligue, qui s'étaient concentrées autour d'Ivry, marchèrent sur Verneuil. Mayenne ne s'attendait pas à rencontrer l'armée royale en deçà de cette ville ; aussi M. de Rosne, qui commandait son avant-garde, n'avait-il reçu que des ordres relatifs au logement des troupes.

Le roi avait suivi de près le mouvement de ses troupes légères : ayant appris, à son arrivée à Nonancourt, que l'armée ennemie avait passé l'Eure, il résolut de marcher sur Ivry, fit aussitôt ses dispositions, et les communiqua, sur-le-champ, aux maréchaux de Biron et d'Aumont. Le fils du premier, dont le roi avait déjà, dans plusieurs circonstances, éprouvé l'habileté, remplissait les fonctions de maréchal de camp général : on le désignera, par la suite, sous le nom de baron de Biron.

Henri lui prescrivit de faire marcher l'armée dans l'ordre suivant lequel elle devait combattre. Nous ferons remarquer, à cette occasion, que le principe qui dicta cette disposition devait, plus tard, servir de base à la théorie des manœuvres.

Le 13 mars au matin, les troupes arrivèrent vers le village de Saint-André, situé à 3 lieues ouest d'Ivry ; de là, elles marchèrent vers Foucrainville. On pense qu'en suivant cette direction Henri avait eu l'intention de traverser la partie de la plaine où sa marche devrait rencontrer le moins d'obstacle.

Une description du terrain sur lequel vont agir les deux armées jettera de la lumière sur le récit des événements ultérieurs.

Si, à partir de Châteaudun, on suit, de l'est à l'ouest, la ligne de partage des bassins de la Seine et de la Loire, on reconnaît qu'après avoir traversé le plateau de la Beauce, cette ligne s'élève sur une chaîne de collines d'où de nombreux cours d'eau descendent dans des directions opposées. C'est sur la pente septentrionale de cette chaîne que coule l'Eure, un des principaux affluents de la Seine. A deux myriamètres environ du point où les deux rivières se réunissent, la première reçoit l'Iton ; à quatre myriamètres au-dessus, la Vesgre se joint à l'Eure. Près du confluent de ces deux cours d'eau et sur la rive gauche du dernier, se trouve le village d'Ivry, qui a donné son nom à la bataille.

En continuant de remonter l'Eure, on rencontre l'Avre et la Blaise, affluents de gauche ; le bourg de Nonancourt est situé sur le premier de ces ruisseaux, la ville de Dreux sur le second.

L'Eure, après les orages, éprouve des crues très rapides, la vitesse et le volume de ses eaux deviennent alors très considérables ; mais, dans son état ordinaire, elle est guéable sur un grand nombre de points.

Trois gués se présentent à peu de distance d'Ivry :
l'un, que l'on trouve au-dessus de ce village et en face
du château d'Anet, se nomme le gué de la Tourmiole ;
les deux autres, qui correspondent, le premier, au
hameau de Bûchaille, l'autre à la ferme de Nantilly, sont
moins facilement praticables.

A Ivry, l'Eure se divise en trois bras, sur chacun desquels un pont en bois a été construit. Il paraît que ces
ponts existaient à l'époque de la bataille, et qu'ils servirent au passage des troupes de la Ligue.

L'Avre, quoique beaucoup moins considérable que
l'Eure, n'offre, cependant, qu'un petit nombre de gués.

Beaucoup de châteaux forts s'élevaient sur les bords
de ces deux rivières lorsque les Anglais étaient maîtres
de la Normandie ; leurs ruines subsistent encore. Un
lieu que l'on nomme Gouttières, dans la forêt d'Ivry,
était occupé par l'un de ces châteaux.

Le village actuel de Saint-André est assis sur d'anciennes
fortifications : celui dont parlent les historiens a disparu,
mais un moulin marque le centre de l'emplacement sur
lequel il était situé.

Entre les rives gauches de l'Eure et de l'Avre, et la
rive droite de l'Iton, s'étend une vaste plaine dont les
ondulations seraient difficilement décrites ; c'est sur la
carte qu'il faut en chercher les formes. Le sol de cette
plaine est généralement fertile et propre, surtout, à la
culture des céréales. Il nourrit de nombreux troupeaux ;
des bois en couvrent quelques parties ; les plus considérables sont les forêts d'Ivry et de Méré. Leur surface
paraît avoir peu varié depuis le XVIᵉ siècle.

Il y a lieu de croire que ce que les historiens nomment
la *Haie des prés* n'est autre chose que la lisière de la

forêt de Méré, qu'aujourd'hui encore les habitants dé-
signent sous le nom de Haye d'Epieds. A une époque où
c'était surtout dans les relations orales que les historiens
puisaient les circonstances des batailles qu'ils avaient à
décrire, on a pu facilement confondre avec la Haie
d'Epieds celle située dans la plaine. Cette conjecture
offre d'autant plus de vraisemblance que, dans aucune partie du champ de bataille, il n'existe de prairie.

Entre Epieds et Saint-André se trouve l'origine d'un
ravin qui aboutit à la vallée de l'Eure un peu au-dessus
d'Ivry.

Le village de Saint-André se trouve à peu près au
milieu de la plaine.....

Le champ de bataille comprend les territoires de
plusieurs communes, dont les plus considérables sont
Batigny, Foucrainville, Epieds et Serez. La Neuvillette,
qui n'est maintenant qu'un hameau, est plusieurs fois
nommée par les historiens ; il faut que cette commune
ait décru, à mesure que celles qui l'environnaient se sont
agrandies.

Les seules communications qui traversent le champ
de bataille sont des chemins vicinaux en terrain naturel.
Les grandes routes les moins éloignées sont celles qui,
de Paris, mènent à Cherbourg et à Rennes : toutes deux
se dirigent à peu près de l'est à l'ouest. La première
passe par Pacy et Evreux ; la seconde par Nonancourt et
Verneuil.

Le 13 mars, à midi, l'avant-garde du roi aperçut les
coureurs ennemis. On fit un changement de front, et, en
moins d'une heure, tous les corps se trouvèrent en
bataille dans l'ordre qui leur avait été assigné. La
gauche s'appuyait à Foucrainville ; la droite se trouvait

près de Batigny. Le roi attendit, pour faire de nouvelles dispositions, qu'il eût reçu des rapports exacts sur ce que faisait l'ennemi. Ayant appelé La Curée, un des hommes les plus audacieux de l'armée, il lui prescrivit de se porter, à la tête de 50 chevaux, vers un moulin qui se trouvait entre Saint-André et Batigny, d'y faire halte et d'envoyer quelques hommes à la découverte. La cavalerie légère se tint prête à soutenir cette reconnaissance. Elle était divisée en deux corps : l'un, commandé par le comte d'Auvergne, l'autre sous les ordres de Géony.

La Curée n'ayant pas, du moulin, aperçu les corps ennemis, se porta vers Neuville. Un détachement de l'armée de la Ligue avait été envoyé dans ce village pour y marquer les logements. On en donna aussitôt avis au roi et au baron de Biron. Celui-ci fit avancer 100 chevaux que conduisait Géony. Soutenu par ce renfort, La Curée se décide à pénétrer dans Neuville. Au moment où il atteignait les premières maisons, on vit 100 cavaliers ennemis et quelques lansquenets qui sortaient par l'extrémité opposée : deux des derniers furent atteints et conduits au roi ; mais on ne put tirer de ces prisonniers aucun renseignement utile. La Curée, s'étant de nouveau porté en avant, parvint à faire prisonniers deux officiers suisses qui marchaient avec quelques soldats de leur nation. Lorsqu'il les présenta au roi, il trouva, dans les paroles affectueuses de ce prince, le digne prix de son dévouement.

Sur ces entrefaites, les troupes royales s'étaient avancées en conservant leur ordre de bataille. Henri, ayant enfin découvert, de Neuville, l'armée de la Ligue, put juger par ses propres yeux de sa force et de sa position :

la certitude de combattre excita parmi ses troupes la plus vive allégresse.

Mayenne n'avait su que ce jour-là même, que l'armée du roi s'avançait pour le combattre. L'avis lui en fut donné par M. de Rosne qui, comme on l'a vu, marchait à la tête de l'avant-garde. Il arrêta aussitôt son mouvement et fit mettre ses troupes en bataille, en avant des hameaux de la Haye et de la Neuvillette. Une ferme se trouvait à peu près à égale distance du front de son armée et de celui de l'armée royale : il y porta 500 arquebusiers. Henri, s'étant aperçu de cette disposition, fit avancer une partie de ses propres gardes et leur ordonna de déloger l'ennemi de la ferme. Ce mouvement fut appuyé par les chevau-légers qui avaient pris part au coup de main de La Curée. Les arquebusiers, dont la position était hasardée, se retirèrent presque sans combattre. Il était 4 heures ; le maréchal de Biron, ayant jugé qu'il n'y aurait point de bataille ce jour-là, s'occupa, de concert avec son fils, de déterminer, pour la nuit suivante, l'emplacement des troupes. Le reste du jour, les deux armées restèrent en présence. Celle du roi reçut quelques renforts venus de Dieppe, d'Evreux et de Pont-de-l'Arche. Des seigneurs normands arrivèrent avec 300 cavaliers d'élite.

A la nuit close, les troupes royales campèrent entre Batigny et Foucrainville. Le quartier d'Henri IV avait été marqué dans ce dernier village ; mais, avant de s'y rendre, le roi reconnut le terrain environnant, visita ses postes, et ce ne fut qu'à 9 heures du soir qu'il arriva dans le logement qui lui avait été préparé.

Pendant la nuit, des éclaireurs s'étaient avancés du côté de l'ennemi : leurs premiers rapports inquiétèrent le roi ; il crut, un moment, que l'armée de la Ligue avait repassé l'Eure ; mais, bientôt, on acquit la certitude qu'après un mouvement rétrograde elle avait campé à moins d'une demi-lieue en arrière du terrain qu'elle avait occupé d'abord. Sa nouvelle position avait, sur la première, un faible commandement. La gauche des ligueurs s'appuyait au ravin dont nous avons parlé plus haut et elle se prolongeait, par la droite, jusqu'à une très petite distance de la berge de la vallée d'Eure. Il est vraisemblable que Mayenne avait supposé que, pour venir l'attaquer, Henri tournerait la tête du ravin.

Le 14, avant le jour, un coup de canon fit prendre les armes aux troupes du roi : ce fut encore le baron de Biron qui les rangea en bataille, et les dispositions furent les mêmes que celles de la veille. L'armée royale était forte de 8.000 hommes de pied et de 2.500 chevaux environ. Les différents corps dont elle se composait furent, de la gauche à la droite, répartis de la manière suivante :

1° Le maréchal d'Aumont avec un escadron de 300 chevaux que flanquaient deux régiments d'infanterie française (les historiens ne font pas connaître les noms de ces régiments).

2° Le duc de Montpensier, ayant sous ses ordres 300 chevaux, des lansquenets de Lenty et 500 arquebusiers tirés des différents régiments.

3° Le roi, à la tête de son escadron, fort de 600 chevaux disposés sur cinq rangs : le premier rang était composé de princes et de grands seigneurs. Ce corps d'élite avait à sa gauche les régiments de Wischer et Hartmans ; à sa droite, celui d'Arreger et les compagnies de Grissach, dont la réunion portait aussi le nom de régiment. Ainsi tous les corps helvétiques se trouvaient sur le champ de bataille ; car, à la fin de l'année 1589, le manque d'argent avait forcé Henri IV de licencier le régiment de Galaty. La force totale des troupes suisses de l'armée royale ne s'élevait pas alors à plus de 2.500 hommes.

4° Le régiment d'infanterie des gardes ; ceux de Brigneux, de Vignolles et de Saint-Jean. Ces quatre corps d'infanterie ne comptaient pas plus de 2.000 hommes environ ; chacun d'eux avait dix ou douze enseignes.

5° Enfin deux régiments d'infanterie, forts chacun de 400 hommes, se trouvaient à la gauche de la ligne de bataille.

En arrière des quatre régiments des gardes, de Brigneux, de Vignolles et de Saint-Jean, le maréchal de Biron commandait la réserve. Elle était composée d'un escadron de 200 chevaux d'élite, de 250 reîtres dont Schomberg devait prendre le commandement, et de deux régiments d'infanterie française. Ces reîtres étaient les seuls cavaliers allemands qu'Henri IV eût alors à son service. Dès son arrivée en France, cette cavalerie voyait bientôt ses rangs s'éclaircir.

Il paraît que les reîtres étaient placés d'abord sur la ligne de bataille, et que ce fut pendant l'action qu'ils reçurent l'ordre d'aller renforcer les réserves. Cette circonstance sert à expliquer pourquoi Schomberg combattit comme simple gendarme dans l'escadron du roi, dont son ardeur ne lui permit pas de s'éloigner.

Le front de l'armée était couvert par une espèce d'avant-garde disposée ainsi qu'il suit : les compagnies de Badet et de James, qui arrivèrent avec M. de Rosny au moment où la bataille allait s'engager, furent placées en avant de l'escadron du roi ; elles étaient fortes chacune de 150 chevaux. A leur gauche se trouvait l'escadron du baron de Biron qui comptait 250 chevaux, et deux corps de cavalerie légère que commandaient le comte d'Auvergne et le sieur de Givry. L'artillerie, composée de 4 pièces de canon et de 2 couleuvrines, fut mise en batterie dans les intervalles qui séparaient ces troupes : elle était sous la direction de M. de la Guiche.

Chaque corps d'infanterie avait jeté des enfants perdus en avant de son front.

On voit que l'armée royale avait, relativement à sa profondeur, un front peu étendu. Cette disposition, et les événements de la bataille, semblent annoncer que le but du roi était de percer la ligne ennemie avec son centre renforcé. Au commencement du XIXe siècle, une disposition semblable décida plusieurs fois de là victoire ; et nous ferons remarquer, à cette occasion, qu'il est peu de combinaisons militaires dont on ne trouve le germe dans les campagnes de Henri IV.....

L'escadron du roi est le seul corps de cavalerie dont les diverses relations de la bataille aient indiqué la profondeur. Il est vraisemblable que, dans les autres escadrons, la formation était à peu près la même. Dans l'infanterie, les hommes étaient ordinairement disposés sur dix de hauteur.

Ces observations peuvent également s'appliquer à l'armée de la Ligue.

Cette armée comptait environ 3.500 chevaux et 13.000 fantassins ; elle n'avait que 4 bouches à feu. Sa ligne de bataille présentait un croissant, dont la concavité était tournée vers l'armée du roi. Voici dans quel ordre étaient disposés, de la droite à la gauche, les différents corps dont elle se composait :

1º Un régiment d'infanterie française fort de 400 hommes ;

2° Seize cents vieux lansquenets, restes des corps d'infanterie allemande que le duc de Lorraine avait envoyés en France à diverses époques. C'étaient, s'il faut en croire d'Aubigné, les meilleurs fantassins de Mayenne. Ils avaient pour chef le capitaine Saint-Paul, qu'il ne faut pas confondre avec un officier du même nom qui servait dans l'armée du roi;

3° Un régiment d'infanterie française, fort de 400 hommes;

4° Un corps de 800 arquebusiers.

Deux escadrons de cavalerie légère, forts de chacun 300 chevaux, étaient en bataille en avant de ces corps d'infanterie : ils étaient composés de Français, d'Italiens et d'Albanais; de Rosne marchait à leur tête;

5° Six cornettes de reîtres, de 50 chevaux chacune, flanqués à gauche par un régiment d'infanterie française fort de 800 hommes;

6° Dix cornettes de reîtres, formant ensemble 500 chevaux; elles étaient commandées par les comtes d'Ost frères;

7° Le régiment suisse de Phiffer, composé de 12 enseignes, fortes chacune de 200 hommes. A sa droite et à sa gauche, cinq enseignes françaises, dont chacune contenait environ 200 fantassins;

8° Les lances wallonnes du comte d'Egmont, au nombre de 1.200;

9° La compagnie de Mayenne, avec celle du duc de Nemours et du chevalier d'Aumale; en tout 500 chevaux;

10° Quatre cents arquebusiers espagnols à cheval, récemment venus des Pays-Bas;

11° Le régiment suisse de Béraldingen, fort de 2.400 hommes. A gauche de ce corps, 10 enseignes d'infanterie française, de 100 hommes chacune. La force des deux régiments suisses fait supposer que, depuis leur arrivée en France, ils avaient reçu des renforts ;

12° Un régiment français, fort de 800 hommes ;

13° Un régiment wallon à peu près de même force. Cette partie seulement de l'infanterie qu'avait amenée le comte d'Egmont prit part à la bataille ; il est vraisemblable que le reste de cette infanterie était resté sur la rive droite de la Seine ;

14° Huit cents fantassins français, avec l'artillerie, dont la garde leur avait été confiée. Une ligne d'enfants perdus couvrait le front de bataille.

Comme à Coutras, les deux armées offraient un contraste remarquable : les armes des ligueurs, disent les historiens du temps, étaient brillantes d'or et de clinquant, tandis que les soldats du roi n'étaient chargés que de fer.

L'armée de la Ligue restant immobile dans sa position, le roi résolut de ne pas différer l'attaque. Après avoir placé comme nous l'avons indiqué plus haut, les troupes que commandait Rosni : « *Quant à vous*, dit-il à son ami, *venez avec moi, je veux vous apprendre aujourd'hui votre métier.* » Bientôt, l'armée entière s'ébranla ; mais, après une courte marche, le roi fit faire halte, et rectifia les distances et les alignements. Il passa ensuite devant le front de ses troupes ; et sa présence, aussi bien que ses discours, portèrent l'enthousiasme au plus haut degré parmi elles. Ayant rencontré Schomberg, auquel il avait, deux jours auparavant, parlé avec vivacité : « *Je vous ai blessé*, lui dit-il, *mais je connais votre mérite, pardonnez-moi.* » La réponse du capitaine allemand n'est pas moins remarquable que ces nobles paroles : « *Il est vrai que*

Votre Majesté me blessa l'autre jour; aujourd'hui, elle me
tue : car l'honneur qu'elle me fait m'oblige de mourir
pour son service. » Schomberg tint parole.....

Lorsque l'armée fut à portée de canon de l'ennemi, le
roi ordonna au sieur de la Guiche de faire commencer
le feu; l'artillerie de Mayenne répondit, mais sans produire beaucoup d'effet, les canonniers qui la servaient
étant peu exercés.

On a vu que M. de Rosne se trouvait à la droite de
l'armée de la Ligue avec un corps de cavalerie légère : l'artillerie royale lui faisant éprouver des pertes considérables,
il s'élança pour la charger. Le maréchal d'Aumont
s'aperçoit de ce mouvement, s'élance contre le corps
ennemi, le prend en flanc et le met en désordre. Les
rangs de son escadron n'avaient point été rompus par
cette charge. Sans se laisser emporter par l'ivresse de
ce succès, il se rapproche de l'escadron du roi.

Les deux corps de reîtres, placés en arrière de la
cavalerie légère que commandait de Rosne, avaient suivi
le mouvement de cette cavalerie et s'étaient portés avec
beaucoup de résolution vers l'artillerie du roi ; mais,
ayant été chargés par les escadrons de Givry et du comte
d'Auvergne, ils tournèrent bride en tirant leurs pistolets
en l'air, et criant qu'ils étaient aussi de la religion. Dans
leur fuite, ils se jetèrent sur les troupes placées au centre
de l'armée de la Ligue et y produisirent un désordre qui
influa sur les événements ultérieurs.

L'infanterie de Mayenne les arrêta en leur opposant le
fer de ses piques. Les lanciers wallons du comte d'Egmont s'ébranlèrent pour rétablir le combat, et dérober
à l'armée du roi le désordre qu'avait occasionné la fuite
des reîtres. Chargée par eux, la cavalerie légère du comte

d'Auvergne et de Givry fut enfoncée. Elle aurait été entièrement défaite si le baron de Biron et le duc de Montpensier n'avaient marché rapidement pour la soutenir : les Wallons plièrent à leur tour et vinrent se rallier à la droite de l'escadron de Mayenne. Ce fut alors seulement que s'ébranla ce corps d'élite. Exécuté plus tôt, son mouvement aurait pu être décisif ; mais occupé de rétablir l'ordre dans le centre de son armée, le chef des ligueurs avait laissé échapper l'occasion de s'assurer la victoire.

Henri avait, au plus haut degré, ce coup d'œil rapide et cette vigueur d'exécution qui manquaient à son adversaire. Il sentait que le moment de charger avec les meilleures troupes était venu : « *Compagnons*, s'écrie-t-il, *Dieu est pour nous ; voilà ses ennemis et les vôtres ; voilà votre roi ; si vos cornettes vous manquent, ralliez-vous à mon panache blanc, vous le trouverez toujours au chemin de la victoire et de l'honneur.* »

Il s'élance aussitôt à la tête de son escadron : une décharge des arquebusiers espagnols à cheval ne l'arrête pas un moment. La mêlée fut terrible. Le roi, combattant comme un simple gendarme, courut les plus grands dangers, et tua de sa main plusieurs cavaliers ennemis. Schomberg périt à ses côtés. Parmi les braves qui se pressaient autour de lui, il en fut sur le corps desquels trois lances se rompirent. D'Egmont, après avoir montré la plus brillante valeur, fut tué d'un coup de pistolet. Une partie des cavaliers wallons se fit jour à travers la cavalerie royale et s'avança jusqu'à peu de distance de la réserve.

Le maréchal de Biron prit alors part au combat. La marche du corps qu'il commandait jeta l'épouvante dans la cavalerie de Mayenne qui déjà luttait difficilement contre les escadrons du roi ; elle tourna le dos sur tous les points ; le roi la poursuivit l'épée dans les reins et s'empara de trois étendards wallons. La rapidité de sa course l'avait séparé des siens : s'étant aperçu que douze ou quinze cavaliers seulement l'accompagnaient, il s'arrêta près du point indiqué par la pyramide qui existe encore aujourd'hui.

Ses troupes avaient continué de marcher : lorsqu'elles le revirent, des cris de *Vive le roi !* se firent entendre de toutes parts. La joie fut d'autant plus vive que son éloignement avait causé plus d'alarmes. Henri Pot de Rodes, atteint, pendant la mêlée, d'un coup de feu qui l'avait privé de la vue, fut emporté par son cheval. Un chevalier qui l'accompagnait portant un panache blanc semblable à celui du roi, les bruits les plus sinistres circulèrent un moment ; mais, bientôt, le baron de Biron, le maréchal d'Aumont et le duc de Montpensier, qui avaient rallié leurs escadrons, furent réunis autour du monarque. Le maréchal de Biron les suivait à la tête de la réserve : Henri alla au devant de lui : « *Sire*, lui dit le maréchal, *vous avez fait le devoir du maréchal de Biron, et le maréchal de Biron a fait ce que devait faire le roi.* »

De tous côtés, l'infanterie royale s'avançait dans la plaine pour soutenir le mouvement de la cavalerie ; le désordre était à son comble parmi les ligueurs. Au lieu de protéger la retraite de l'infanterie, leurs escadrons fuyaient à toute bride. Les lansquenets ne tardèrent pas à être atteints ; et, soit qu'ils eussent refusé de mettre bas les armes, soit qu'il y eût dans l'armée royale une vive animosité contre ces étrangers, on ne leur fit point de quartier : 4.300 restèrent sur la place.

L'infanterie helvétique de l'armée de la Ligue, quoique

abandonnée à elle-même au milieu d'une vaste plaine, faisait bonne contenance. Le roi fit avancer contre elle son
artillerie : l'infanterie de la droite, qui n'avait point
encore combattu, se disposa à l'attaquer. Les Suisses
allaient subir le même sort que les lansquenets ; mais le
souvenir des services que leurs ancêtres avaient rendus à
la couronne de France, et celui des vicissitudes de la
bataille de Dreux, se présentèrent alors à l'esprit du roi
et il fit suspendre l'attaque. Sommés de se rendre, les
Suisses déposèrent leurs armes : l'acte qui leur laissa
leurs enseignes et qui leur accorda des vivres et de
l'argent, jusqu'à ce qu'ils fussent retournés dans leur pays,
ne fut rédigé qu'après la bataille.

Après avoir si vaillamment combattu pour la victoire,
le roi voulut en recueillir le fruit en ne laissant pas de
relâche à l'armée vaincue. Il prit le galop avec ce
qu'il put réunir de cavalerie : le prince de Conti, le duc
de Montpensier, le comte de Saint-Paul, le maréchal
d'Aumont et le sieur de la Trémouille le suivirent ; en
même temps, il ordonna au maréchal de Biron d'accélé-
rer sa marche.

La retraite des troupes de la Ligue s'opérait suivant
deux directions. Le duc de Nemours, Bassompierre, le
vicomte de Tavannes, de Rosne et quelques autres passèrent l'Eure au gué de la Tourmiole et prirent la route
de Chartres ; Mayenne, avec la plus grande partie de ce
qui lui restait de troupes, se dirigea sur Ivry.

On a vu que, vers la fin de la bataille, le roi avait
suspendu la poursuite jusqu'à ce que les régiments de
Phiffer et de Beraldingen eussent mis bas les armes.
Cette circonstance donna le temps à Mayenne de repasser
l'Eure à Ivry et de détruire les ponts. Beaucoup de

fuyards, et surtout les reîtres, perdirent ainsi tout moyen
de retraite : une partie se noya, en essayant de franchir
la rivière à la nage ; d'autres, après avoir cherché un
asile dans les bois voisins du champ de bataille, tombèrent sous les coups des paysans, plus impitoyables
pour eux que les soldats. Un grand nombre se barricada
dans les rues d'Ivry. Le maréchal de Biron ayant reçu
l'ordre d'attaquer ce village avec son infanterie, les bar-
ricades n'arrêtèrent les vainqueurs que quelques instants : 400 reîtres et beaucoup de cavaliers et de fantassins français furent tués dans les rues[1] ; l'artillerie et
les bagages qui s'y étaient encombrés tombèrent au
pouvoir des troupes royales.

Pendant l'attaque d'Ivry, le roi avait fait chercher un
gué pour sa cavalerie. Ceux de Buchali et de Nantilly
ayant paru trop dangereux, il remonta la rivière et la
franchit au gué de la Tourmiole. Mayenne s'était dirigé
vers Mantes : la cavalerie royale suivit ses traces jusqu'au milieu de la nuit et fit bon nombre de prisonniers.
Le roi soupa et coucha au château de Rosny.

Les fuyards étant arrivés sous les murs de Mantes, on
refusa d'abord de les recevoir ; mais ils parvinrent à
faire croire aux habitants que le roi avait été tué et on
leur ouvrit alors les portes.

Quoique la bataille n'eût duré que trois heures, le
roi n'en avait point encore gagné d'aussi décisive. Du
côté des ligueurs, 2.400 hommes de pied et 1.000 cava-

---

[1] Le *Discours véritable de la victoire obtenue par le roy en la bataille
donnée près le village d'Evry* (sic)... inséré dans les Mémoires de la
Ligue, t. IV, p. 239 à 243, considéré par M. Poirson comme quasi offi-
ciel, et suivi par M. de Saint-Yon... ajoute ce détail : que beaucoup
des reistres se noyèrent « estans contraints, pour empescher les rues
afin que l'on ne les peust suivre, de couper les jarets de leurs chevaux et en faire des remparts dans les dites rues ».

liers restèrent sur le champ de bataille. Le nombre des prisonniers fut encore plus considérable ; à peine un quart de l'armée de Mayenne parvint à s'échapper ; toute son artillerie et beaucoup de ses enseignes tombèrent entre les mains des vainqueurs. L'armée du roi, au contraire, ne perdit pas 500 hommes.

L'infanterie montra dans cette journée plus de vigueur que dans les batailles précédentes : celle que commandait le maréchal de Biron se distingua particulièrement ; cependant ce fut encore la cavalerie qui joua le principal rôle, et lorsque celle des ligueurs eut été mise en fuite, la victoire cessa d'être disputée [1]. »

Il faut maintenant reproduire ici, et en place d'honneur, une lettre originale du duc de Mayenne, adressée par lui au roi d'Espagne pour lui annoncer l'issue de la bataille de Garennes (Ivry), lettre dont M. Mauduit était l'heureux et sans doute fier possesseur.

Je n'ai pas vu, dans ses cahiers, de qui il l'avait acquise ; je n'ai pas non plus vu l'original. Il la considérait comme inédite. Après avoir consulté la correspondance du duc de Mayenne, publiée sur le manuscrit de la bibliothèque de Reims par Henry et Loriquet [2], il écrivait : « Dans l'avant-propos de ce livre (p. VIII), il est dit que le manuscrit de Reims, qui est publié, pourrait s'intituler : « Lettres missives du duc de Mayenne, lieute-« nant général de l'Estat et couronne de France pendant « dix mois de son gouvernement, du 11 novembre 1590

---

[1] Fragments de l'histoire militaire de la France, Guerres de religion, de 1585 à 1590, rédigés d'après les documents recueillis et discutés avec soin par le comité d'état-major, par le colonel de Saint-Yon, secrétaire de ce comité. (Extrait du *Spectateur militaire*, recueil périodique mensuel), Paris, Anselin, 1834, in-8° ; 158 p., avec 3 plans.

[2] Reims, 1860, 2 vol. in-8°.

« au 1ᵉʳ juin 1591. » Il n'y avait donc pas à y rencontrer la
lettre de Mayenne au roi d'Espagne du 11 avril 1590,
lettre dont j'ai l'original. »

Voici cette lettre :

« SIRE,

« Je ne faictz poinct de doute que vre matᵉ ne soit
avertie avant que mes lres viennent en ses mains, de
l'accident qui nous est arrivé par la perte de la bataille
au lieu de Garennes. Mais comme je recognois Luy estre
plus obligé qu'à Prince qui soit au monde, et que c'est
soubz son auctorité et avec ses armes et moiens que nous
avons combattu, aussi estimé-je estre de mon debvoir,
luy en rendre compte particulier, et de la supplier très
humblement qu'il luy plaise juger de ceste rencontre
avec sa prudence accoustumee, et par les raisons ou plû-
tost nécessitez qui mont forcé dy venir et par le debvoir
que Jy ay faict que par l'evenement qui estoit en la main
de Dieu, lequel en a voulu ainsi disposer pour noz
péchez. Estans arrivez en nostre armee les forces qu'il
avoit pleu a vostre matᵉ nous fre envoier des pays-
bas soubz la conduicte de Monsieur le comte Degmont,
Je me deliberay aussitost de faire lever le siege que noz
ennemis avoient mis devant Dreux, ville fort affectionnee,
et qui après avoir soustenu deux assaultz estoit resolue
quoy qu'elle fust foible de s'ensepvelir plus tost en sa
ruyne que de tomber entre leurs mains. Je ne le pouvois fre sans passer une petite rivière non gaeable tou-
teffois qui estoit entre eulx et moy. Je le fiz sans péril,
n'aiant lors l'ennemy volonté de combattre pour ce qu'il
estoit plus foible que nous, et attendoit sept ou huit cens
chevaulx françois qui se joignirent trois jours après à

luy, la plus part la veille, le jour mesme, et deux heures devant le combat. Aiant mis en conseil ce qu'il falloit faire, ladvis de tous les capp^{nes} fut de venir à la bataille, leurs raisons que noz forces estoient egales ou plus grandes que celles de nos ennemis, que rien ne pouvoit venir en ñre armée pour l'accroistre de deux mois. Au cont^{re} Monsr de Longueville et Monsr de la Noue nestoient qu'à quatre ou cinq journees de celles de noz ennemis, avec mil reistres, douze cens lansquenetz, quatre cens chevaulx françois et mil hommes de pied qui marchoient en diligence pour s'y joindre. Que nous serions contrainctz de reculer après, et habandonner Paris ou se jecter dedans pour le deffendre qui eust esté un grand dommage et perte de reputation. Ilz adjoustoient les plainctes des villes et provinces qui lassees des incommoditez de la guerre crioient incessamment qu'on la feist finir par un combat ou par la paix. Et sembloit a chacun si l'Ennemy avoit mauvais succez qu'estant son armee composee du tout de cavalerie françoise que cette perte seroit sa ruine entiere. Ces raisons ne m'eussent poinct meu de changer la resolution que javois prise dès le commencem^t de ceste guerre de ne hazarder jamais un combat gñal que ce ne fust avec tres grand advantage. Cest la necessité seule et craincte de perdre ñre armee sans combat qui my a forcé. Car au mesme temps nos suisses qui estoit la principalle force de larmee et que javois retenuz avec diverses esperances, protesterent publicquement et par escript que ceste occasion passee ils se vouloient retirer si on ne leur donnoit une grande somme de deniers sur la solde qui leur estoit deue du passé, et pour l'advenir si monsieur le legat ne s'obligeoit et prenoit à sa charge au nom de sa Steté de les paier, les deux nous estoient impossibles, il n'y avoit argent pour la solde du passé ny espoir aucun den recouvrer si promptement et par lres de sa S^teté monsieur le legat avoit commandem^t exprez de ne nous poinct accorder ce secours. Noz reistres diminuez et reduictz à petite trouppe estoient prestz de se mutiner et de nous quicter aussi par le mesme deffault de paiement. Sa S^teté à Rome accusoit publicquement nre cunctation. Chacun crioit par les provinces que pour mon ambition particuliere je ne voulois pas fre finir noz miseres je voioy que noz ennemis accreuz des nouvelles forces qui se debvoient joindre à eulx me contraindroient bien tost à venir garder Paris dans les murailles, qui estoit leur ruine pour le desordre des soldatz entre lesquelz on ne peult mectre aucune police sans argent, une grande perte de reputaôn et la haine et mespris dun chacun. Que venant au combat je pouvois par raison en esperer bon succez et ny venant pas que le mal estoit certain. Ceste necessite my fit resoudre. Le lieu de la bataille fut egal et sans avantage pour les uns et pour les autres, les trouppes disposees et conduictes avec si bon ordre que quand on fust prest de se joindre, les ennemis eurent tel estonnement que cinq ou six cornettes de cavallerie des leur senfuirent plus de quatre lieues sans retourner au combat. Le desordre et la vraie cause de ñre mal fut que noz reistres estonnez de quelques coups de canon et harquebuzes qui donnerent parmy eulx s'enfuirent aussi tost en groz, et se vindrent renverser sur ma cornette et trouppe qui debvoit combattre avec moy qui estoit denviron trois cens chevaulx françois, la plus part des quelz emportez et mis en desordre ne peurent venir à la charge. Partie des lances estrangères qui estoient à ma main

gauche prist estonnement aussi de ceste routte et se retira
sans y venir. Ce qui restoit avec moy qui nestoit que six
ou sept vingtz chevaulx y vint très bien, comme fit aussi
Monsieur le comte d'Egmont qui estoit à ma main droite
avec quatre cens chevaulx des pais-bas. Mais ceste petite
trouppe aiant à soustenir l'effort des Ennemis qui estoient
au moins de reste deux mil bons chevaulx ne peult resis-
ter long temps. Je puis asseurer vre ma^{té} que de cent ou
six vingtz gentilzhommes qui estoient demeurez avec moy
il ny en eust qu'asi un seul qui ne soit demeuré mort
blessé ou pris. M'estant trouvé après avoir outre passé de
beaucoup la cornette du Roy de Navarre, accompagné de
deux des miens seulement avec lesquelz jessaiay à lins-
tant de rallier quelques trouppes, mais il ny eut moien
de mectre ensemble trente chevaulx tant lestonnement
estoit grand. Ne laiant peu faire au champ de la bataille, je
me mis encore en debvoir de le faire à demy quart de
lieue près d'un passage ou chacun se retiroit à la foulle,
les capp^{nes} et soldatz navaient poinct doreilles pour
mouyr, et mes commandemens ou prieres ne servoient
que de haster leur fuitte, l'ennemy nous retombant sur
les bras. Tout ce que je peuz faire la riviere passée fut de
les ramener à Mante pendant que lennemy sarrestoit à
piller le bagage et aux gens de pied, mesmes à nos
Suisses qui demeurez les derniers au champ de bataille
furent contrainctz se veoians habandonnez de se rendre.
Ce malheur qui par le jugement de la raison ne pouvoit
advenir et ne se pouvoit prevoir a donné grand advantage à noz Ennemis plus par la reputation que par l'effect
pourveu qu'il ne soit suivi dautres mauvais accidens et
que nous aions tost de nouvelles forces pour arrester leur
progrez. Car de leur costé ilz nont poinct faict ce gain,

sans dommage. Ilz y ont perdu plus de cent cinquante gentilzhommes, entre lesquelz il y en a plusieurs de qualité. Il ne nous a poinct aussi diminué le courage et la résolution de perseverer constamment jusques à la mort en la deffence de ceste S^te cause. Ceulx qui ont suivy ñre party se monstrent de mesme plus affectionnez que jamais, Et les peuples et bonnes villes plus confirmees en leur premiere ardeur et resolution, faisans cognoistre qu'en ce qui est de leur religion ilz ne sont poinct legers. Ce qui nous mect plus en peine, Sire, est la ville de Paris, contre laquelle ñre Ennemy va dresser tout son effort non qu'elle ne soit plus ferme en ceste adversité qu'elle ne fut onques, mais cest un gros corps qui ne peult supporter long-temps les incommoditez d'un siege. Outre que sa perte accroistroit grandement en argent et moiens nos Ennemis, l'exemple en serait perilleux. Je faiz tout ce qui est en moy po^r mectre gens ensemble et le secourir à quelque hazard que ce soit. La necessité d'argent est telle parmy nous qu'elle nous mect au desespoir et nous oste le moien de lever grand nombre de françois comme nous pourrions fre sans doubte, ce qui est tres necessaire tant pour nous fortiffier que po^r affaiblir noz Ennemis. Cest de vous seul, Sire, de qui nous pouvons attendre ce secours, et à qui nous voulons debvoir entierement ñre salut. Je supplie tres humblement vre ma^té qu'elle considere sil luy plaist l'importance de nostre conservaôn. Et que les desseings de noz Ennemis accreuz par leur prosperité passent desia plus avant qu'à sasseurer de cest estat. Et que pour relever ceste cause et faire cognoistre à chacun qu'elle doibt demeurer victorieuse, Il ne la fault plus secourir peu à peu. Un grand effort pour un coup y fera un changement certain, apportera grande reputation et gloire à vre ma^{té} nous obligera à luy rendre très humble et perpetuel service. Au contraire sil y a de la longueur en ñre secours ou quil soit faible, Nrê Ennemy aiant desia de la prosperité, et estant assisté avec ardeur de tous ceux qui desirent pour divers respectz son establissement dont le nombre est tres grand dedans et dehors le Roiaume, Ceste cause iuste de soy et qui semble estre si bien appuiêe se perdra au grand dommage et à la ruine presque certaine de Xpienté. De moy Sire je proteste que fort ou faible je ne deffaudray iamais à aucun debvoir et finiray mes jours avec l'accomplissement du serment que iay faict Et que iay encor protesté et repeté par les lres que Jay escrit à vre ma^{té} au depart de Monsieur Taxis qu'est dy mourir plus tost que de l'habandonner. En ceste volonté ie prieray Dieu quil mantienne vre ma^{té},

« Sire, en tres parfaicte santé tres heureuze et tres longue vie. De Soissons ce xie jour d'Avril 1590.

« Vostre tres humble tres obeissant et tres affectionné serviteur.

CHARLES DE LORRAINE.

(Cachet aux armes.)

Suscription :
A sa Magesté catholicque.

Cette pièce porte la mention de classification qui suit :

(Original
Del duque de
Lorraine).

CHARLES DE LORRAINE.

E. 599.
13.

Nous n'avons pas trouvé cette lettre dans les papiers remis à la *Société libre d'agriculture de l'Eure.*

CHAPITRE XXII

La bataille d'Ivry à Ivry. — Mention faite sur le registre de catholicité de la paroisse Saint-Martin. — Mention sur le registre de
la Charité. — Morts et inhumations à Ivry. — Renseignements
pris à Ivry au XVIIIe siècle. — Estampe contemporaine de la bataille. — Poésie de M. Ange Petit.
La pyramide d'Ivry à Epieds. — Notes sur les divers monuments
commémoratifs.

Revenons, maintenant, à Ivry même; voyons ce qui
s'y est passé et ce qu'on y a pensé de la bataille du
14 mars 1590.

Les deux lettres ci-dessous, relatives à l'épilogue de la
bataille, intéressent la localité elle-même :

Lettre de M. le maréchal de Biron à M. du Haillan...,
camp de Mantes, le 24 mars 1590 :

« ... Le roi, les poursuivant (les ligueurs), en défit plusieurs par les chemins jusques au bourg d'Ivry qui est long
et a trois ponts. Les ennemis s'embarrassèrent dans ce
bourg, ne pouvant passer. Les premiers firent des barri-
cades et rompirent un pont, qui fut la cause de leur
entière ruine, car le roi, voyant cela, alla à Anet passer
la rivière d'Eure et manda de haster des gens de pied
pour aller dans ce bourg ; ce qui fut promptement exécuté et pense qu'il y fut tué quatre cens homes de cheval, ce qui est plus que si on avait tué en campagne qua-

tre mille homes de pied. Outre ce, il fut tué plusieurs gens de pied, de toutes nations, qui s'estoient sauvés en partie à bonne heure. On prit quatre pièces d'artillerie et tout leur bagage où il y en avait de précieux et de l'argent. Le roi ayant passé à Anet, poursuivit la victoire jusqu'auprès de Mante[1]. »

Autre lettre :

« ... Sa majesté se mit à suivre la victoire..... laissant le maréchal de Biron avec le corps d'icelle (armée) qui suivoit après.....

« Le temps que S. M. arrêta à pardonner aux Suisses donna grand avantage à ceux qui se retiroient, de sorte que quand elle fut arrivée à Ivry elle trouva que le duc de Mayenne avoit piéça passé et avoit après lui rompu le pont, ce qui fut cause de la mort et perte d'une infinité des siens, spécialement des reistres dont une grande partie se noyèrent...

« S. M. fut conseillée de venir passer la rivière au guet d'Anet[2]. »

Mais nous avons hâte d'arriver aux souvenirs ou documents locaux.

Un des prêtres de la paroisse de Saint-Martin d'Ivry, et un des membres de la confrérie de la charité ont, tous deux, consigné sur les registres dont ils étaient dépositaires alors le souvenir de l'événement capital dont le bourg et les villages voisins venaient d'être le théâtre.

Voici, exactement, ce qui se lit dans un des registres de la paroisse de Saint-Martin d'Ivry : « Mil V^{cc} IIII^{xx} dix, mars :

« *Le merquedy quatorzeiesme dud. moys a esté baptisée*

---

[1] Recueil A. Z., à Fontenay, 1745-1762, in-12. — Lettre J, p. 157.

[2] Même recueil. Lettre M, p. 72-73.

Barbe, fille de Jehan Le Grand et de Jehanne ses père et mère..... (etc.) »

En marge de cet acte qui, ainsi que le suivant, daté du lendemain, n'est pas écrit de la même main et avec la même encre que ceux qui précèdent et suivent, on lit cette note, écrite de la main qui a rédigé l'acte de baptême du 17 mars et avec cette même encre :

Ced. jour et an la bataille a esté faite par le Roy Henry IIII contre les princes mess^rs dumayne et dennenours, le champ du côbat entre les villages de Boucey et Espietz et la victoire demeurée aud. Roy Henry de Bourbon quatriesme.

« Le chiffre *IIII* et les mots *henry de bourbon quatriesme* ne sont pas, a observé M. Mauduit, de la même main ni de la même encre. Ils auront été ajoutés quelques jours après, par le curé ou un de ses vicaires.

« A Ivry, on était sur les terres de Charles d'Aumale, l'un des plus fougueux ligueurs. Le 14 mars 1590, le rédacteur de la note pouvait, sans trop se compromettre, qualifier Henri *roi*, il était roi de Navarre ; mais le qualifier *IVe* : et, par conséquent, roi de France, il ne l'aura pas osé. C'est plus tard que les additions ont été faites. »

Quant au rédacteur du registre de la charité, à la suite du passage déjà cité, relatant la prise d'Ivry par le roi le 2 février, il continuait :

« *Le merquedi XIIIIe jour du moys de mars ensuyvant fut donnée une bataille dont la vittoyre fut obtenue par le Roy pour auoir prins trop tost l'espouvente les gens dud. sieur de mayne et trahison qu'ils commirent ; laquelle bataille fut donnée entre les villages de Boussey, Espiedz, Serez et Foucrainville et fut tué entre aultres de remarque le conte daigremont qui conduisoit les espagnols ; enterrés en le lieu furent les d. gendeguerre poursuyvis et tué* *plusieurs en ce lieu des reistres jusques a LX ou IIII*ˣˣ.»

Le fort de la bataille, dite d'Ivry, n'ayant pas eu lieu sur le territoire d'Ivry, ce n'est point dans les registres de la charité d'Ivry, mais dans ceux de la charité d'Epieds, que l'on pourrait puiser les éléments relatifs aux pertes éprouvées par les deux partis. Le registre de la charité d'Ivry donne, toutefois, quelques renseignements, au sujet soit d'officiers qui y sont venus mourir, soit des soldats tués, après la bataille, à Ivry même. Il s'y rencontre, par exemple, mention de l'inhumation d'un capitaine du nom de Gamardet ; d'un gentilhomme mort : maison de l'appoticquaire ; de la mise en terre d'hommes au nombre de « quarante et plus » ; de « plusieurs corps morts »... ; de « troys enterrés en une fosse... ; de deux autres recouverts prez les murs du parc[1] ».

La maison de Jean Le Gendre, bailli d'Ivry et de Garennes, attaché au duc d'Aumale, fut dévastée après la bataille d'Ivry ; ses meubles et ses papiers furent livrés aux flammes[2].

[1] Pour le decedz d'un capytaine Gamardet II. s...
Pour le decedz d'un mort maison de J. Ciboult II. s...
Pour le decedz d'un gentilhomme mort maison de l'appoticquaire.
Myses communes
Plus payé à Pierre Gaille pour des   qui furent donnés ? à un capytaine pour l'empescher de coucher en ce lieu XXX solz t.   pour ce XXX s.
Payé à plusieurs hommes pour avoir porté et enteré plusieurs hommes tuez après la bataille en le lieu jusque a quarante et plus : cent dix sols.
A Jacques Havard pour une fosse où il en fut enterré troys.
Paie de despenses faictes par six des frères après avoir porté et enterré plusieurs corps morts.
Payé à Robert Lothon... XLI s.
Paie à Jehan Rousseau.... avoir couvert les corps enterrez après la bataille XXIIII s.
Paie à Robert Girard, pour en avoir recouvert deulx autres prez les murs du parc II s. XI d.
[2] Charpillon. *Dictionnaire historique des communes du département de l'Eure.* Les Andelys, 1879, grand in-8°, t. II, p. 445.

Si c'est bien après la bataille qu'eut lieu ce pillage, il n'a nul rapport, direct ou indirect, avec la mort « de Monsieur le bailli d'Ivry, décédé le dimanche xviie jour de février », ainsi qu'on le voit dans le registre de la charité.

Vers 1759, des travaux de terrassements amenèrent la découverte de cadavres de soldats inhumés non loin de l'église Saint-Martin ; le curé d'alors consigna ce détail dans le registre des baptêmes de la paroisse Saint-Martin d'Ivry pour l'année 1759. A la fin du registre, après une référence à l'*Histoire ecclésiastique* de M. Fleury (t. XXXVI, p. 289), il écrit : « Le 14 mars 1590, le roy Henry remporta une grande victoire contre le duc de Mayenne près le bourg d'Ivry et, peu après, une seconde dans le bourg même.

« M. Chevalier, de Touvoye, ayant fait creuser et emporter beaucoup de terre en 1740 sur la butte, devant l'église, pour se faire un jardin, en a découvert la vérité, car on y a trouvé quantité d'ossements de toute espèce pêle-mêle, des cuisses et des jambes encore dans les bottes avec les éperons ; quantité de petits boulets en fonte dont j'en ai gardé un ; et les anciens m'ont dit avoir vu un gros orme sur ladite butte, ulcéré et fracassé par la mitraille. C'est la première fois qu'on trouve Ivry qualifié de bourg dans l'histoire. »

Signé : « MESLIN, curé. »

Puis il ajoute ce détail, conservé peut-être par tradition : « Après la bataille le roy Henry IV se reposa sous un poirier appelé l'Ente ; à la place duquel Messieurs Dangus, avocat, et Lacroix, géographe, ont élevé une grande pierre avec une inscription. Ensuite le roy vint à Ivry et logea aux Deux Anges, dans une chambre qu'on appelle encore la chambre d'Henry IV. »

A peu près à la même époque, un professeur au collège royal d'Evreux, Durand, auteur de plusieurs études d'histoire locale, écrivait au *Journal de Verdun* de 1762, sur le *véritable* lieu où s'était passée la bataille dite d'Ivry, une lettre précieuse en ce qu'elle contient diverses particularités recueillies ou constatées sur les lieux. Après avoir parlé, entre autres choses, de l'extrait du registre de l'état-civil déjà cité, il continue :

« Je fus exprès, ces vacances dernières, pour m'informer, sur les lieux, du véritable champ de bataille. Je m'adressai, en conséquence, à M. de Boussey, sur la seigneurie duquel elle s'est donnée en partie. Il se fit un vrai plaisir de me donner les notions que je désirais, et qui ont un grand rapport avec notre extrait baptistaire. Je vous les communique, Monsieur, pour en faire part au public.... (Henry IV, voulant empêcher le duc de Mayenne de passer la rivière d'Eure), fit, cependant, tant de diligence qu'il n'étoit qu'à une lieue et demie d'Ivry lorsque le duc déboucha dans la plaine de la Malmaison, tenant au bourg d'Ivry, et marchoit traversant celles de la Couture et de Boussey, pour aller occuper le village d'Epieds, qui fit sa droite, appuyée à un bois, appelé la Haye d'Epieds, et sa gauche, de Tourneboisset, hameau de Garenne, où l'on voit encore les vestiges de très larges fossés qui pouvoient former une redoute.

« Ceci est d'autant plus probable que la tradition est qu'une butte, qui existe encore aujourd'hui dans les vignes de Boussey, étoit l'emplacement d'une batterie du duc, qui étoit très bien pour tirer sur les troupes qui occupoient depuis la Breuille-Evrart, ou le Bravillevaret, jusqu'à Epieds, venant à marcher pour attaquer l'armée du duc.

« Le roi, étant arrivé le 13 dans la plaine de Foucrain-ville, fit ses dispositions et marcha par la plaine de Serez au village d'Epieds, qui devint sa gauche, ayant sa droite appuyée aux hameau et bois de Breuille-Evrat, paroisse de Serez.

« (Il y a, dans la plaine de Foucrainville, un vivier con-tenant à peu près deux acres, que la tradition assure avoir été fait par Henri IV, pour abreuver et désaltérer son armée. Selon M. de Boussey, cela n'est pas vraisem-blable, le roi n'y ayant fait que coucher; encore ses troupes durent-elles être en mouvement toute la nuit.)

« L'attaque commença au village d'Epieds, le mercredi matin 14 mars 1590.

« Le roi, ayant forcé la droite du duc et obligé ses troupes d'abandonner Epieds et la Haye, qui est un bois taillis, il fit marcher son armée par un quart de conver-sion sur sa gauche qui ne bougea, et la rendit parallèle à l'armée ennemie à Lente, triège de la seigneurie d'Epieds, où se donna le grand choc, et où l'armée du duc, mise en déroute, fit sa retraite avec beaucoup de désordre au bourg d'Ivry. Là, n'ayant qu'un pont, et suivi des troupes du roi, il y eut un sanglant combat où le duc perdit bien du monde.

« Le duc, ne voyant de salut que dans une prompte retraite, pour se la faciliter fit rompre le pont, et arrêta par là le roi, qui, ne pouvant plus suivre, craignit qu'il ne voulût fortifier la garnison de Dreux. Henri IV chercha les moyens de l'en empêcher, en passant au gué de la Tour-niolle au dessous du pont des Cordeliers, proche Anet, avec ce qu'il avoit de troupes les plus légères, se mettant, par cette marche, entre Dreux et l'armée du duc, qui ne pensoit à rien moins, puisqu'il fut à toute bride à Mantes, avec ce qui put le suivre. Le reste se retira à Chartres.

« Pendant que le roi remplissoit son objet de ce côté, les troupes qu'il avoit laissées sur le champ de bataille passèrent l'Eure au gué de l'Épine, proche Neuilly, à une petite demi-lieue d'Epieds, et le tout le joignit à Rony, chez M. de Sully, où il coucha.

« Telles sont, Monsieur, les connaissances que m'a données M. de Boussey, qui en quittant Pallas s'est donné tout entier à Minerve...

« J'ai l'honneur d'être, etc.

« DURAND[1],

« Professeur au collège royal d'Evreux. »

A Garennes, dit M. de Pulligny dans son ouvrage sur l'Art préhistorique dans l'Ouest, notamment en Haute-Normandie[2], il existe des vestiges de nombreux retranchements à la Croix-Tuetin. Les monticules sont les tombes des soldats tués à Ivry-la-Bataille, ou plutôt à la suite de la bataille d'Ivry.

Il ne semble pas qu'il y ait beaucoup de plans ou de représentations anciennes de la bataille d'Ivry possédant une valeur documentaire.

« Au cabinet des estampes de la Bibliothèque nationale, il n'existe, sur ce combat, que deux petites estampes allemandes du temps représentant des bataillons de combattants[3]. »

[1] Opuscules et mélanges historiques sur la ville d'Evreux et le département de l'Eure [par Bonnin], Evreux, 1845, in-12, p. 208-210.
[2] Recueil des travaux de la Société libre d'agriculture de l'Eure, IVᵉ série, t. IV., Evreux 1879, in-8°. p. 417.
[3] Histoire de France, Henri IV, 1589-1590. Q⁵. 23, nᵒˢ 261, 262.

Mais, en revanche, M. Mauduit en possédait une qu'il a décrite en ces termes, avec amour et avec précision :

« Au mois de novembre 1876, j'ai acheté, de la librairie Menu à Paris, une ancienne gravure hollandaise représentant l'ordonnance de la bataille d'Ivry.

« La partie du haut est occupée par les diverses parties de l'armée de la Ligue indiquée sous ces dénominations : Gens de pied Fr. — Lansquenetz. — Gens de pied Fran. — Reistres. — Gens de pied Fran. — Suisses. — Gens de pied Fran. — Cavallerie de Picardie. — Cavallerie du pays bas. — Cornette blanche de M. du Mayne. — Cavallerie du pays bas. — Gens de pied Fra. — Suisses. — Gens de pied en Fran. — Gens de pied Fran. — Harquebuziers à cheval du pays bas. — (Cinq pièces de canon.) — Reistres. — Harquebuziers à cheval. — Chevaulx legiers, M. de Nemours. — Harquebuziers à cheval — Enfantz perduz.

« La partie inférieure est occupée par l'armée royale, sous les diverses indications suivantes : A l'extrême côté gauche, façade d'église avec petit clocher au devant de laquelle est écrit : Ivry ; ensuite, en allant sur la droite :

Enfantz perd.

Puis 6 pièces de canon.

Chevaulx ligiers M. de Givry.

Chevaulx ligiers M. le Grand Prieur de Frà.

Monsieur le Baron de Biron, mar^{al} de camp.

Et à l'extrême droite :

Enfantz perdus.

Gens de pied Franc.

Lansquenetz.

Gens de pied Fr.

M. le Mar^{al} d'Aumont.

.Gens de pied Franc.

Suissens.

Le Roy.

Régiment des guardes Fran.

Suisses.

Gens de pied Fran.

M. le Mar^{al} de Biron.

Gens de pied Franc.

Suisses.

Gens de pied Fr.

Reistres du baron de Créange.

Harquebusiers à cheval.

M. du Humière.

« Au dessous de cette gravure et dans le cadre même se trouvent les vers suivants [sur quatre lignes seulement ?]

> Hie siechstu wie gelegen seint
> Gegeneinander bey de feindt
> Bey Dreux einer gwaltigen statt
> Alda Navarra gewanner hatt.

> Wider von Meigne ein grossen slacht
> Als er versoren all sein macht
> Zeuchter von dann und last Egmont
> Mit dem Daumal auch fest zu grunt.

« *Et, à la suite, en français :*

« Voyci l'ordonnance et le plan de la Chaussée d'Ivry près la ville de Dreux où le roy de Navarra a gaigne apres bataille, le 14 jour de mars l'an 1590. »

« Cette gravure, entièrement composée de groupes de combattants rangés en bataille et assez gentiment dessinés, est large de 0^m,275 et haute de 0^m,208, entre les lignes.

« Elle a, en dehors, une marge de 2 à 3 centimètres. »

(Nous n'avons pas trouvé cette gravure dans les papiers remis à la *Société libre d'Agriculture de l'Eure*).

Au point de vue artistique seulement on peut signaler : à Florence, dans la gallerie dei Uffizi, salle de Niobé, sous le n° 140, un tableau de Rubens : *Henri IV à la bataille d'Ivry*, dont un voyageur, Valery, a écrit « qu'il avait tout le feu du sujet et du héros ».

La journée d'Ivry fut plus célébrée par la poésie que reproduite par les arts du dessin.

L'œuvre qui suit, signée d'un nom cher à la Société libre d'agriculture, celui de M. Ange Petit, historien de Damville, mettant en opposition les souvenirs qu'évoquent Ivry d'une part, Anet de l'autre, a sa place tout indiquée à la fin de ce trop long chapitre.

IVRY ET ANET

RÊVERIE

« Ici, de vieux tombeaux que la mousse a couverts,
« Là, des murs abattus, des colonnes brisées. »

(Thomas.)

Sur ces bords tranquilles, où l'Eure
Promène son cours incertain,
Oh ! de combien de faits l'écho, dont la voix pleure,
Revit le souvenir lointain !
Que de noms éclatants dans l'air vibrent encore !
Des gloires du passé chaque lieu se décore.
De ton surnom guerrier, montre-toi fier, Ivry :
Un héros t'en dota dans un jour de victoire ;
Et toi, séjour charmant, Anet, tu dois ta gloire
Aux amours d'un autre Henri.
Ici, le démon des batailles
Changea les verts sillons en champ de funérailles ;

La terre au loin tremblait sous les lourds escadrons ;
    Comme la voix d'un vaste orage
    Hurlaient, s'animant au carnage,
Et le bronze tonnant et les aigres clairons...
    Du Béarnais voyez la blanche flamme
    Flotter au plus fort du danger ;
    Entendez-vous ce cri parti de l'âme :
« Épargnez les Français, mort au seul étranger ! »
Là, dans ce frais vallon, où l'art et la nature
Créèrent à l'amour un élégant abri,
Où partout l'œil retrouve, unis par la sculpture,
Le chiffre de Diane et celui de Henri !...
Des illustres amants, enivrante ambroisie,
    La musique et la poésie
    Parfumaient les limpides jours,
    Loin du tumulte, loin du monde ;
    Et le seul murmure de l'onde
    Berçait mollement leurs amours.
    De ces jours de gloire ou de fête
Qu'est-il resté ?... Les os de quelque obscur ligueur,
Quelque glaive rouillé, dont la rencontre arrête
    Le soc aux mains du laboureur ;
    Une colonne à la mesquine base,
    Qui, se courbant sous le temps qui l'écrase,
    Semble attendre un nouvel affront...
Car déjà de sa base une fois arrachée,
    Elle a vu, sur le sol couchée,
    La poussière souiller son front !
Devant ces murs brunis où la main de l'artiste
    Fit respirer le marbre et l'or,
    On s'arrête, on admire encor...
    Mais, bientôt, le regard s'attriste,
En voyant tant d'objets que le temps a flétris :
    Beauté morte, pâle et vaine ombre,
    Se voilant d'un feuillage sombre
    Et dormant parmi les débris.
    C'est que dans le monde tout passe ;
    C'est que du temps le souffle efface
Les pas du conquérant et ceux de la beauté.
    Ce qui n'est plus a-t-il jamais été ?...

Aux lieux où le trépas fit sa moisson sanglante,
J'ai vu la plaine jaunissante
Livrer ses épis d'or au tranchant de la faux.
Où Diane jadis, à l'ombre du feuillage,
Contemplait sa riante image
Dans le cristal mouvant des eaux...
J'ai vu (c'était fête au village)
Une jeune fille s'asseoir ;
Puis, vers le cours plaintif de l'onde,
Laisser tomber sa tête blonde
Et rêver aux danses du soir.

Si le nom de *bataille d'Ivry* n'est qu'improprement donné au combat livré entre Henri IV et les ligueurs, le nom de « pyramide d'Ivry » est moins exact encore, au sens propre du mot, puisqu'elle est érigée sur le territoire d'une autre commune, celle d'Epieds.

Mais il faut entendre cette appellation dans le sens large et, alors, c'est bien ainsi qu'on doit appeler la pyramide commémorative de la bataille d'Ivry.

Par une déduction logique, une histoire d'Ivry, pour ne pas paraître incomplète, doit mentionner l'histoire des monuments (?) qui, successivement, ont eu pour but de conserver, sur la place même, le souvenir de la bataille.

Le 15 mai 1758, Louis Charles de Bourbon, comte d'Eu, alors possesseur du château d'Anet, et qui devait peu après devenir propriétaire de la baronnie d'Ivry, alors aux mains du roi, fit placer, à l'endroit où était le poirier sous lequel Henri IV se reposa après la bataille, une pierre d'un pied de large sur quatre de haut, entourée de bornes, avec cette inscription : *C'est ici le lieu de l'Ente où se tint Henri IV le jour de la bataille d'Ivry, le 14 mars 1590.*

Des vieillards du pays, morts en 1765 octogénaires, ont

vu cet arbre, dans leur jeunesse, tomber sous la faux du temps.

Ce modeste souvenir consacré à la mémoire de ce prince n'était qu'une pierre d'attente qui devait servir à lui ériger un monument plus digne de son objet.

Le fils du comte de Toulouse, enfant légitimé de Louis XIV et de Mme de Montespan, le duc de Penthièvre, grand-amiral de France, qui se distingua d'une manière si honorable, sous le maréchal de Saxe, à la bataille de Fontenoy, le 10 mai 1745, étant devenu propriétaire du château d'Anet, des baronnies d'Ivry et de Garennes, acheta, de plusieurs habitants d'Epieds, 114 perches de terrain, dont il forma un emplacement sur lequel il fit élever, sous l'inspection de Martin Goupil, son ingénieur en chef, une pyramide en l'honneur de ce grand Roi. En creusant, on trouva les racines du poirier dont il s'agit, qui furent portées au château d'Anet. La pierre érigée par le comte d'Eu fut mise dans les fondements. Cet édifice, composé de pierres calcaires, avait trente pieds d'élévation. La face du midi était ornée d'un médaillon ovale, en marbre noir, enrichi d'un bas-relief représentant le buste de Henri IV, d'une grande ressemblance, couronné de lauriers. La face du nord offrait un médaillon en marbre blanc de 30 pouces de largeur et de hauteur, sur lequel étaient gravées les armes de France, avec cette inscription en lettres d'or : *Ici se reposa Henri IV sous un poirier appelé Ente, après avoir gagné la bataille d'Ivry, donnée le 14 mars 1590.*

Cette pyramide était surmontée d'une très belle double fleur de lis dorée. Elle fut renfermée par un grillage en fer, et quatre bornes en pierre de taille placées aux angles, pour la préserver de tout accident. On environna l'emplacement de fossés et d'une double haie vive qui était entretenue avec soin. Ce monument coûta trente mille francs à celui qui l'a consacré à l'un des héros dont la France s'enorgueillit. Il a été souvent visité par des étrangers et par des personnes de toutes les classes de la société. Dans la tourmente révolutionnaire, la pyramide d'Ivry ne devait pas être respectée.

« A cette époque désastreuse, des misérables, étrangers au département de l'Eure, profitèrent des ténèbres de la nuit pour couvrir de boue la tête auguste de ce bon Roi. Ils n'auraient pas commis impunément, en plein jour, ce lâche attentat dans une province où sa mémoire est si vénérée. Dans la crainte que ces malfaiteurs osassent porter, de nouveau, leurs mains impies et meurtrières sur ces trophées, le duc de Penthièvre fit enlever le buste de Henri IV, les fleurs de lis, les armes de France, les inscriptions ; on les transporta au château d'Anet, où ils furent placés dans l'appartement qu'avait occupé le grand Dauphin, fils de Louis XIV.

« Ainsi dépouillé de ses plus beaux ornements, ce monument semblait n'être plus exposé aux coups de la barbarie ; mais il suffisait qu'il eût été dédié à cet illustre chef de la branche des Bourbons pour exciter la rage de le renverser[1]. »

Lorsque après une visite au champ de bataille d'Ivry le Premier Consul eut ordonné la réédification du monument, un procès-verbal de la pose de la première pierre fut rédigé dans les termes suivants :

« Ce jour, 24 octobre 1804 (2 brumaire an XIII), Nous,

[1] Extrait du *Précis de la vie de M. Lieudé, baron de Sepmanville, avec des détails sur Henri IV et la pyramide d'Ivry*, par Auguste Gady (du Calvados), Versailles, 1817, in-8°.

Préfet du département de l'Eure, nous sommes rendu à la plaine d'Ivry, accompagné du général Delaroche, commandant la subdivision de l'Eure, de son état-major et d'un détachement de hussards ; de Mrs Carillon, conseiller de préfecture ; Cahouet, ingénieur en chef ; Granger, ingénieur d'arrondissement ; de Mrs Ledier, maire et adjoint de la commune d'Ivry, comme aussi de plusieurs des maires et adjoints, et des gardes nationales des communes circonvoisines et d'un nombreux concours de citoyens.

« Parvenus au lieu où la colonne doit être construite d'après les ordres à nous donnés par Sa Majesté l'Empereur, lors de son passage à Evreux, nous nous sommes arrêtés sur ce sol illustré par la victoire de Henri IV et par la présence récente du Héros, chef de la grande Nation.

« Monsieur le Maire d'Ivry s'est d'abord expliqué en ces termes :

« Monsieur le Préfet,

« Si les monuments que l'on érige en l'honneur des grands hommes servent, en les immortalisant, à transmettre à la postérité le souvenir de leurs hauts faits, ne sont-ils pas aussi destinés à agrandir nos âmes, enflammer le génie, et faire naître l'ambition des vertus civiles et guerrières qui font la gloire d'un Gouvernement et la force d'un Empire.

« La colonne qui décorait ces lieux a pu disparaître un moment ; mais la mémoire du héros du seizième siècle n'a pas péri. Bonaparte, en parcourant cette plaine fameuse, a voulu faire revivre un monument de l'amour et de la reconnaissance des Français ; c'était en élever un à lui-même. Rapprocher dans ma pensée ces deux grands

19

hommes, fut pour moi, Monsieur le Préfet, lors du passage
de Napoléon à Ivry, l'effet d'un sentiment bien naturel.
Il est flatteur pour nous de voir la main d'un administrateur
chéri poser la première pierre d'un monument qui rapproche deux siècles de gloire et de félicité. »

« Nous étant, ensuite, approché jusque sur la fondation
du monument, avons prononcé le discours suivant :

« Messieurs,

« C'est dans ces plaines, que, le 14 mars 1590, un des
rois dont la France s'honore, Henri le Grand, remporta une
victoire signalée sur les ennemis de l'État et prépara la
restauration de l'ordre public ébranlé par le fanatisme
et les factions. Longtemps après, sur ces sillons, témoins
muets de la journée d'Ivry, un Prince à qui l'humanité
secourue doit une juste reconnaissance, spécialement
dans ce département, fit élever une pyramide à Henri IV
et à la victoire, à cet endroit où le bon Henri, sous un
poirier, s'était endormi de fatigue après la bataille. La
faulx du temps avait moissonné l'arbre ; à son tour, le
vent destructeur de l'anarchie a soufflé, le monument a
dû crouler sous les coups des dévastateurs ; mais aucune
force humaine ne peut arracher les faits au burin de
l'histoire. Le souvenir en restait aux Français, comme la
tradition de quelques détails particuliers s'est transmise,
d'âge en âge, dans ces contrées.

« Napoléon, l'Empereur aujourd'hui glorieusement
régnant, alors Premier Consul, s'est montré dans ces
cantons ; il a parcouru les diverses positions militaires de
cette plaine. Les Héros révèrent la mémoire de ceux qui
leur ressemblent ; elle est, en quelque sorte, leur patri-

moine. L'œil du vainqueur de Marengo a cherché les trophées du vainqueur d'Ivry, ils avaient disparu. Il en a ordonné la restauration. La gloire de Henri et des braves qui l'ont secondé se trouve ainsi associée à celle de Bonaparte.

« Guerriers, compagnons des travaux de Napoléon, fonctionnaires publics, et vous tous citoyens ici présents, c'est en votre nom que je m'écrie : « Puisse ce monument, dont j'ai l'honneur de poser aujourd'hui la première pierre, se conserver comme le souvenir des deux Héros et de leurs hauts faits ! qu'il soit aussi durable que l'amour respectueux des Français pour Napoléon !

« *Vive l'Empereur !* »

« Ce discours terminé, une boîte en plomb, remplie de poudre de charbon, a reçu une feuille de cuivre gravée. Le motif du monument, sa destruction, sa restauration y sont succinctement tracés. Quelques pièces de monnaie y ont été jointes comme médailles ; le tout, scellé dans une pierre creusée exprès, a été placé au point le plus central de la fondation. Nous avons procédé à la pose de la première pierre, avec le sentiment religieux qu'inspire le motif touchant de cette cérémonie, etc., etc...

« Inscriptions gravées sur les quatre faces de la Pyramide élevée sur le champ de bataille d'Ivry :

Façade : *Napoléon Empereur à la mémoire de Henri IV. Après la bataille d'Ivry, le Roi se reposa en ce lieu, et s'endormit sous un poirier.*

Face opposée : *Les grands hommes aiment la gloire de ceux qui leur ressemblent.*

Face latérale à droite : *L'an XI de la République fran-*

çaise, le 7 brumaire (29 octobre 1802), Napoléon Bonaparte, premier consul, après avoir parcouru cette plaine, a ordonné la réédification du monument destiné à consacrer le souvenir de Henri IV et de la victoire d'Ivry.

Le 2 brumaire an XIII (24 octobre 1804), l'an premier du règne de Napoléon :

A. Cl. Masson de Saint-Amand, préfet du département de l'Eure, a posé la première pierre de cette pyramide, élevée par les soins et sur les dessins d'André Cahouet, ingénieur en chef.

Face latérale à gauche : Les malheurs éprouvés par la France à l'époque de la bataille d'Ivry étaient le résultat de l'appel fait par les différents partis aux nations espagnole et anglaise. Toute famille, tout parti qui appelle les puissances étrangères à son secours, a mérité et méritera, dans la postérité la plus reculée, la malédiction du Peuple Français.

Paroles de Napoléon sur le champ de bataille[1]. »

[1] Essais historiques et anecdotiques sur l'ancien comté, les comtes et la ville d'Evreux, par Masson de Saint-Amand, 2 vol. in-8°, 1813-1815.

Quelques détails curieux sur cette pyramide ont été consignés par M. E. Veuclin dans le numéro du 15 octobre 1895, du journal le Courrier de l'Eure.

Il est à noter, enfin, qu'en 1809, la Société d'Agriculture avait mis au concours une poésie sur « le rétablissement de la pyramide de Henri IV, dans la plaine d'Ivry, par les ordres du premier consul. » Peut-être l'intérêt manifesté dès 1809 par la Société pour le passé d'Ivry a-t-il été pour quelque chose dans la détermination prise par M. Mauduit de lui confier le soin de publier son Histoire d'Ivry.

CHAPITRE XXIII

Alerte à Ivry en 1593. — Dons ou délais accordés au sujet d'Ivry à
la duchesse d'Aumale. — Ivry saisi par les créanciers du duc
d'Aumale. — Adjugé à la duchesse de Mercœur. — César de
Vendôme, baron d'Ivry au droit de sa femme. — Location d'une
branche du tabellionage. — Louis-Joseph de Vendôme. — Il fait
une donation à la fabrique de Saint-Martin d'Ivry.

Si la bataille d'Ivry est un gros événement qui, même
au point de vue restreint de l'histoire locale, nous permet
de revivre un peu la vie de nos pères du XVIᵉ siècle, il ne
faut pas oublier que les alertes, les préoccupations cau-
sées par la crainte d'un coup de main étaient alors, dans
la vie courante, des accidents bien plus nombreux que la
grande histoire ne peut le dire. A certaines époques, dans
certaines régions, c'était l'existence de chaque jour.

Quelques semaines avant la grande bataille, la *ville*
d'Ivry est prise par les Royaux, quelques hommes y trouvent la mort. Trois ans plus tard, au cours des dissensions
d'alors, y eut-il un nouvel épisode sanglant? En tout cas,
on en craignit un, car à la fin du Registre des actes de
baptêmes... de la paroisse Saint-Martin, pour l'année 1593,
on lit : « Rechercher le papier et registre de la confrérie
Monsᵣ Saint-Nicolas pour avoyr notification et congnoissance des enfants baptisés en l'année Vᶜᶜ IIIIˣˣ treize, pour
avoyr esté le présent registre caché et réconsé pour les

grandes incursions et séjournement des gens de guerre en
ce dit lieu.

(Signé :) « Lefebvre. »

Il est vraisemblable que les baronnies d'Ivry et de
Garennes, après — sinon même avant — la rébellion
ouverte du duc Charles de Lorraine et sa fuite à l'étranger, restèrent aux mains de sa mère, à qui, d'ailleurs,
elles appartenaient en propre. Cette dame ne fut pas
compromise dans l'esprit du roi par la conduite de son fils,
car, le 15 janvier 1600, Henri IV fait don à la Duchesse
d'Aumale des droits de relief par elle dus à cause du
décès de Claude de Lorraine, son mari, pour les baronnies
d'Ivry et Garennes [1].

Ce don prouve que les droits de mutation, quand ils
étaient dus par des grands seigneurs, n'étaient pas payés
promptement ; Claude de Lorraine était mort depuis
vingt-sept ans. De plus, en 1607, don fut fait par le roi à
la dame duchesse d'Aumale « ... de ce qui peult estre
deub de relief, demi-relief et autres droicts à cause
de sa baronnie d'Ivry, Garennes et autres terres et
seigneuries relevant de cette couronne [2] ».

Les seigneurs n'étaient pas plus exacts à donner aveu
et dénombrement. En effet, il est procédé, le 6 novembre 1602, à la saisie féodale de la baronnie d'Ivry faute
de dénombrement. Mais, sous le coup de cette mesure de
rigueur, Mme la Duchesse d'Aumale obtient, le 18 mars
1603, un arrêt de la chambre des comptes de Rouen qui
lui accorde temps de trois mois pour donner son aveu

[1] *Archives nationales*, Q. 194 °.
[2] (Table des registres mémoriaux de la Chambre des comptes de
Normandie, dans *Mémoires de la Société des Antiquaires de Normandie*,
t. XVIII, p. 81.)

et dénombrement, et surséance, pendant ce temps, de la saisie féodale [1].

S'il est permis d'ajouter foi absolue à un auteur qui écrivait vers 1807, le champ de bataille d'Ivry, et peut-être Ivry même, auraient reçu, en 1603, la visite du roi Henri IV, qui, dans la plénitude de sa puissance, serait venu, avec la reine Marie de Médicis, revoir le lieu où, ne faisant encore que courir après la couronne de France, il avait remporté une victoire sur ses adversaires.

Le voyage royal, à Evreux, est certain et bien connu; mais, après avoir dit que Henri IV et la reine Marie de Médicis arrivèrent à Evreux le 23 septembre 1603, notre auteur continue : « Le lendemain Henri IV parcourut la plaine d'Ivry, théâtre de sa gloire ; tous les habitants des campagnes vinrent lui offrir un tribut d'amour et d'admiration. Il reçut leurs hommages et leurs félicitations sous le même poirier où il s'était reposé après avoir gagné la bataille du 14 mars 1590. Il se fit représenter ceux qui avaient le plus souffert des fureurs de la ligue et il leur donna des preuves de sa bienfaisance. Lorsqu'il voulut quitter cette plaine célèbre, toute la population le supplia et obtint la grâce de lui former un cortège jusqu'à Evreux [2]. »

Il nous faut le dire, ce qui peut rendre ce récit suspect est que Le Brasseur ne parle pas, dans son *Histoire du comté d'Evreux*, de cette visite royale à Ivry.

Mais voici le moment où la situation financière embrouillée de Charles de Lorraine va faire passer Ivry en d'autres mains.

---

[1] *Archives nationales*, Q. 194 [6], p. 23.
[2] *Précis de la vie de M. Lieudé, baron de Sepmanville*, etc., p. 57, 58.

Charles de Lorraine avait emprunté beaucoup d'argent à rente de Marie de Luxembourg, douairière de Philippe-Emmanuel de Lorraine, duc de Mercœur. Il avait aussi d'autres et d'assez nombreux créanciers, parmi lesquels les sieurs Hennequin de Bouville et Lefebvre. Ces créanciers, vers 1609, firent saisir ses biens. A une époque quelconque de la procédure de saisie, la duchesse de Mercœur se fit subroger à ces créanciers saisissants, et reprit, en son nom, la poursuite de la saisie réelle qu'ils avaient fait faire sur lui, au moins en ce qui touche la terre d'Anet ; et, par arrêt du Parlement de Paris, du 10 février 1615, elle s'en rendit adjudicataire moyennant 400.000 livres[1].

Ces renseignements, empruntés à un ouvrage sur Anet, très précis sur la situation de Charles de Lorraine, ne parlent que de cette terre.

Ivry était-il compris dans cette procédure ? Non sans doute.

En tout cas, en ce qui concerne cette seigneurie, à laquelle celle de Garennes était réunie, nous savons que, dès le 22 février 1609, elle était saisie réellement par ses créanciers. Elle avait été adjugée, également, à la duchesse de Mercœur, par arrêt de la cour du Parlement de Paris, moyennant la somme de 500.000 livres[2].

---

[1] *Description du Château d'Anet...* ; 1777, in-12, p. 93.

[2] Compte du receveur des baronnies d'Ivry et de Garennes pour l'année 1609 (*Archives nationales*, Q. 194°).
On lit aussi dans l'*Inventaire des titres et papiers concernants la propriété des baronnies d'Ivry et Garennes leurs appartenances et dépendances situées au comté d'Evreux et appartenantes à Monseigneur Louis Joseph duc de Vendôme...*, qu'il représente : « haute et puissante princesse Madame Marie de Luxembourg sa bisayeulle paternel, vivante duchesse douairière de Mercœur et veuve de haut et puissant seigneur Monseigneur Philippes Emanuel de Lorraine, vivant duc de Mercœur, à laquelle dame lesdites baronnies d'Ivry et Garennes avoient esté adju-

gées sur Messire Charles de Lorraine duc d'Aumale par décret d'adjudication qui lui en auroit [été passé ?] par arrest de la court de parlement
de Paris du 24 Novembre 1614..., moyennant la somme de 500.000 livres,
le dit inventaire fait ainsi qu'il en suit...

(Archives nationales, Q. 194⁶ (Registre).

Voici, enfin, quelques extraits d'un Registre de 38 f^{ets} gr. in-4°, sur
parchemin, contenant le décret des baronnies d'Ivry et de Garennes,
le 24 novembre 1614.

A tous ceulx qui ces présentes letres verront, Denis Dehère et Gaston
de Grieu, conseilliers du roy notre sire en sa cour de parlement de
Paris...

F° 14 v°. — Le chef de laquelle baronnye est assis en la ville dudit
Ivry qui estoit anciennement close de murs et fossés, joignant la quelle
sur la croupe d'une montagne souloit avoir ung château lequel à l'occasion de la guerre avenue en ce royaume par les Anglais a esté mis à
totale destruction et ruine. Auquel château il y avoit donjon, basse-
cour, tours, portes, fossés, clôture de grosses murailles qui estoit
anciennement une forteresse du pays et duché de Normandie, comme
il y a encore vestiges et apparences tant en la place du dit château
que ès murailles et fossés de la dite ville en la quelle il y a bourg, bour-
gade [bourgage ?] et droict de bourgeoisie... maison et lieu d'aul-
mosne de présent en ruyne.

F° 17 v°. — foires... Saint-Martin d'esté..., Nostre-Dame de mi-août,
la Nativité Nostre-Dame, le jour Saint-Jehan-Baptiste, le jour Saint-
Laurent et le jour Saint-Michel.

F° 18 v°. — Il y a en la dite ville deux halles : l'une appelée les
grandes halles scize en la grand'rue du dit Ivry et l'autre appelée les
halles a bledz.

Droit de prendre sur chacun baril de harens en basteau ou ha-
rengue (?) 4 den. tz. — pour chacune... [?] 12 den. — et pour chacun
basteau chargé de sel une mine valant 2 minotz mesure du dit Ivry
avec 27 den. tz. pour le droict du dit baron. — pour le cent de morue
4 den. — pour toutes marchandises à poids de chacun millier 3 sous
4 den. — pour chaque estallage de sel vendu aux dits marchés et
foires une poignée de sel. — pour un cheval chargé de sel 1 den. —
pour la somme de mule, ou à col 1 maille... — pour chacune charrette
chargée de sel 2 den.

F° 18 v°. — Depuis la rivière d'Ennet au lieu nommé la Tournielle ou
division... les débats, querelles, questions faites sur la dite rivière
depuis le commencement d'icelle jusqu'au dedans (jusqu'aux Damps ?)
et près le Pont de l'Arche par les marchands et toutes aultres personnes..., la cour, cognoissance, correction et juridiction appartiennent
à la justice dudit Ivry.

F° 20 v°. — Le pré Le Conte avait été donné aux religieux en échange
de leur dixme sur la forêt d'Ivry (19 arpens de pré).

F° 29 v°. — Les foires de la my-aoust et de la Nativité étaient aux
dits religieux... Sont tenus les abbé et religieux faire le service divin
en leur abbaye en prières et oraisons pour les barons prédécesseurs et
successeurs dudit Ivry et faire chanter par chacun jour en la chapelle
St Ursin du château du dit Ivry, de laquelle chapelle ils doivent avoir
les oblations, et jouxte icelle avoir une habitation de maison a eux

Cette dame fit foi et hommage le 14 janvier 1615 [1].

Marie de Luxembourg, duchesse de Mercœur.

(1614-1623)

« Marie de Luxembourg, fille de Sébastien de Luxembourg, duc de Penthièvre, vicomte de Martigues, etc... surnommé le chevalier sans peur, et de Marie de Beaucaire, naquit à Lamballe, le 15 février 1562.

Elle fut mariée, le 12 juillet 1579, à Philippe Emmanuel de Lorraine, duc de Mercœur. Le duc de Mercœur fit sa soumission au roi Henri IV, en 1598. Il est mort le 19 février 1602, à Nuremberg. Son oraison funèbre fut prononcée en l'église Notre-Dame de Paris, par saint François de Sales, le 27 avril 1602 [2].

De ce mariage étaient nés deux enfants : Philippe, mort jeune, le 11 décembre 1590, et Françoise de Lorraine, duchesse de Mercœur, mariée à César de Vendôme, fils légitimé d'Henri IV.

Marie de Luxembourg mourut le 16 septembre 1623, à Anet, laissant sa succession à sa fille unique, la duchesse de Vendôme. »

---

appartenante, et pour ce que la dite chapelle est en ruine lesdits abbé et religieux continuent et font le service en l'église de la dite abbaye.
F° 30 v°. — Atrier à Evreux ou droit de justice en un lieu dit la Corne de Cerf... La baronnie s'étend à 2 lieues au delà d'Evreux.
F° 36 v° et 37 v°. — L'adjudication est prononcée au profit de la Duchesse de Mercœur moyennant 500.000 liv.
Archives nationales. Q, 1, 194 [4].

[1] *Archives nationales*, Q. 1,194 [6]. Registre, p. 24.

[2] Aix. J. Couraud et Phil. Coignat, 1605, petit in-8°. — Voir aussi : *Histoire de Filipe Emanuel de Loraine, duc de Mercœur*. Cologne, P. Marteau, 1689, in-12.

César, duc de Vendôme. Françoise de Lorraine, épouse de César de Vendôme.

(1623-1669)

« Françoise de Lorraine, duchesse de Mercœur, épousa, au mois de juillet 1609, César duc de Vendôme, d'Etampes, de Mercœur, de Beaufort, de Penthièvre, fils naturel de Henri IV et de Gabrielle d'Estrées, né au château de Coucy en 1594. — Ce mariage avait été arrêté dès 1598, lorsque le duc de Mercœur fit sa paix avec le roi.

De ce mariage sont nés :

1° Louis, cardinal de Vendôme, mort le 6 août 1669 ;

2° François, duc de Beaufort, mort le 25 juin 1669, et

3° Elisabeth, duchesse de Nemours.

César de Vendôme mourut le 22 octobre 1665 et sa femme le 8 septembre 1669.

Françoise de Lorraine conserva la jouissance de la baronnie d'Ivry jusqu'à sa mort.

On la voit, en cette qualité, présenter, le 8 janvier 1667, à la cure du Cormier.

Louis de Vendôme, leur fils, décéda le 6 août 1669, laissant deux enfants :

Louis Joseph de Vendôme, né en 1654 ;

Philippe, né en 1655.

A la mort de sa mère [*lisez :* sa grand'mère], Louis Joseph devint, par succession, baron d'Ivry. »

Peu de faits intéressant Ivry sont parvenus à notre connaissance durant le temps pendant lequel César de Vendôme, puis sa veuve, en furent propriétaires.

Nous ne relèverons pas, en effet, les mentions contenues

dans un pouillé manuscrit conservé aux Archives de l'Eure et constatant les présentations faites, en vertu de leur droit de patronage, à diverses cures dépendant de la baronnie d'Ivry.

Au contraire, il importe de signaler que le 19 avril 1639, devant Delabarre, tabellion à Anet, fut passé, entre le seigneur et les habitants, un contrat en forme de transactions, par lequel César de Vendôme partage avec les habitants d'Ivry les communes dites des Fontaines[1].

Nous mentionnerons encore, pour faire connaître le mode de fonctionnement des offices ministériels d'alors, affermés (comme maintenant encore quelques droits de péage), que, le 10 septembre 1658, Guillaume Auger, avocat, demeurant à Ivry, adjudicataire du tabellionage du lieu, baille à ferme, pour quatre années, à Me Charles de Courtonne, demeurant à Foucrainville, *le tabellionnage, branche de Neuville, consistant ès paroisses dudict Neufville, Bastigny et Foucrainville dépendant dudict tabellionnage d'Ivry.*

Le bail ne paraît concerner que les matières mobilières et personnelles, il est encore accompagné d'une foule de réserves et de restrictions..., néanmoins il est fait moyennant le prix et somme de vingt-huit livres tournois par an[2]...

On possède encore, aux Archives nationales[3], le papier de la recette des droits seigneuriaux de la baronnie d'Ivry et Garennes des années 1645, 1646, 1647, jusques et y compris 1662.

---

[1] *Archives nationales*, Q. 194⁶. Registre, f⁰ 39 v⁰.
[2] Minutes du Notariat, à Ivry.
[3] Q. 194³. Registre de 275 p.

« Louis-Joseph, duc de Vendôme

(1669-1712)

« Fils aîné de Louis, cardinal, duc de Vendôme, et de Laure Mancini, il naquit le 1er juillet 1654. Le 21 mai 1710, il contracta, avec Marie-Anne de Bourbon, mademoiselle d'Enghien, une union que le roi avait désirée. Sa femme était fille de Henri-Jules de Bourbon, prince de Condé, et d'Anne, princesse palatine de Bavière.

Par leur contrat de mariage, passé devant les secrétaires d'État le 13 mai 1710[1], le prince de Vendôme, en faveur du mariage, fit donation à sa femme, entre autres biens, des terres d'Anet, d'Ivry et de Garennes.

Il mourut sans postérité à Vinaros, en Espagne, le 11 juin 1712. C'est en vertu de cette disposition qu'à sa mort sa veuve devint baronne d'Ivry[2]. »

[1] Voici (*Archives nationales*, Q. 194,7 registre) les termes mêmes de la clause contenue dans le contrat de mariage du duc de Vendôme, en date du 13 mai 1710. : « en faveur dudit mariage, le prince futur époux fait, par ces présentes, donation entre vifs, pure et simple et irrévocable en la meilleure forme que donation peut valoir, à la dite future épouse, des biens ci-après déclarés... Anet, Ivry et Garennes en Normandie ».

[2] Les extraits suivants de la *Description d'Anet* déjà plusieurs fois citée, présentent, d'une façon différente, les mêmes rapports de parenté et les divers incidents des partages de succession, et contiennent, en outre, quelques détails nouveaux :

César de Vendôme laissa deux enfants :

1° Louis de Vendôme ;

2° Le duc de Beaufort.

Louis de Vendôme épousa, en 1651, Laure Mancini, dont il eut deux enfants :

1° Louis-Joseph de Vendôme ;

2° Philippe de Vendôme.

Après la mort de sa femme, il embrassa l'état ecclésiastique et fut fait cardinal ; il mourut en 1669.

Louis-Joseph de Vendôme, son fils aîné, est mort le 10 juin 1712. Il

La duchesse de Vendôme mourut le 11 avril 1718 ; et, en vertu du contrat ci-dessus, elle ne laissa dans sa succession que des acquêts dont madame la princesse sa mère fut héritière, à l'exception des trois terres situées en Normandie et qui ont été partagées entre ses héritiers collatéraux, ainsi qu'il suit : savoir, entre M. le Duc et ses frères et sœurs, représentant M. le Duc, leur père, mort le 4 mars 1710, Madame la Princesse de Conti et Madame la Duchesse du Maine, sœur de la défunte [1].

Combien est-il vrai que dans toutes les familles, petits nobles, grands seigneurs, et jusqu'aux branches de la maison royale, les fortunes tendent invinciblement à disparaître, tout au moins à s'amoindrir !

Un arrêt du conseil, du 27 juillet 1675, ordonna que

fut seigneur d'Ivry. Il avait épousé, le 15 mai 1710, Mademoiselle d'Enghien, Marie-Anne de Bourbon Condé.

Il mourut sans enfants. Sa veuve jouit de ses biens jusqu'à sa mort en avril 1718.

Après la mort de Madame de Vendôme tous les biens qu'elle tenait de la donation de son mari, étant des acquêts en sa personne, passèrent à Madame la Princesse, sa mère, qui les posséda jusqu'à sa mort, arrivée le 23 février 1723.

Tous les biens de la succession de cette princesse restèrent indivis entre ses enfants et petits-enfants, tant de la ligne de Condé que de celle de Conti, jusqu'au mois de décembre 1732 que le partage fut fait.

Les baronnies d'Ivry et Garennes échurent aux princes et princesses de Conty; la principauté d'Anet, à la duchesse du Maine.

A la mort du Duc et de la Duchesse du Maine (1736 et 1753), le Prince de Dombes succéda à sa mère dans la possession d'Anet, puis, après lui, son frère le comte d'Eu a recueilli sa succession.

Le 14 septembre 1773, il vendit au roi Anet et ses autres biens libres, mais en s'en réservant l'usufruit. Il continua donc d'en jouir jusqu'à sa mort.

Mais, antérieurement, par contrat d'échange fait avec le roi, le 19 mars 1762, il lui avait abandonné la souveraineté de Dombes et il en avait reçu, en contre-échange, entre autres biens, les baronnies d'Ivry et Garennes, ainsi que la propriété du comté de Dreux et de la châtellenie de Sorel ; il mourut le 13 juillet 1775.

[1] *Archives nationales*, Q. 194,7 Registre.

tous les biens non substitués de la maison de Vendôme seront vendus pour le paiement des dettes du duc de Vendôme, alors âgé de dix-huit ans, ne réservant que les duchés de Vendôme et de Beaufort, la principauté d'Anet et la baronnie d'Ivry pour soutenir le rang du prince[1].

Ivry resta donc à la maison de Vendôme, source unique de revenus, *immeuble de rapport*, oserions-nous presque dire. Cependant, Louis-Joseph de Vendôme se rappela, au moins un jour, Ivry et ses devoirs de bienfaisance :

Le 23 juin 1683, — 75 l. de rente furent données par lui à la fabrique de Saint-Martin-d'Ivry[2].

---

[1] Abbé Chevalier, *Histoire de Chenonceau*. Lyon, Perrin, in-8°, p. 455.
[2] *Archives nationales*, Q. 194. Registre, f° 83 v°.

CHAPITRE XXIV

Marie-Anne de Bourbon, douairière de Louis-Joseph duc de Vendôme.

(1712-1718)

« Née le 24 février 1678, elle mourut le 11 avril 1718.

La princesse palatine, sa mère, aurait eu la jouissance d'Anet jusqu'à sa propre mort, 23 février 1723.

Elle laissait pour héritiers ses deux sœurs :

Marie-Thérèse de Bourbon, mariée à François-Louis de Bourbon, prince de Conti ;

Anne-Louise Bénédicte de Bourbon, mariée à Louis-Auguste de Bourbon, duc du Maine. — Et, aussi, les trois fils de Louis de Bourbon, son frère prédécédé, qui étaient : Louis-Henri de Bourbon, duc de Bourbon ;

Charles de Bourbon, comte de Charolais;

Louis de Bourbon, comte de Clermont.

Cette succession resta indivise jusqu'au partage qui en

fut fait en 1723[1]. Il fut approuvé par lettres patentes du mois de mai de la même année.

La baronnie d'Ivry échut à la branche de ses neveux.

La baronnie de Garennes, désunie de celle d'Ivry, fut choisie par Madame la princesse de Conti. »

Louis-Henri de Bourbon, duc de Bourbon.

(1692-1740)

Charles de Bourbon, comte de Charolais.

(1700-1760)

Louis de Bourbon, comte de Clermont.

(1709-1771)

« Comme héritiers mâles de la duchesse de Vendôme, et en vertu du partage de 1723 dont on vient de parler, ces trois princes devinrent propriétaires de la baronnie d'Ivry, chacun pour un tiers, de 1718 à 1734.

« Leurs droits passèrent au prince de Conti, ainsi qu'on va l'expliquer. »

Louis-François de Bourbon, prince de Conti.

(1733-1747)

« Né à Paris, le 13 août 1717, il avait épousé, le 22 janvier 1732, Louise-Diane d'Orléans, Mademoiselle de Chartres, fille du Régent, Philippe, duc d'Orléans.

« Déjà propriétaire de la baronnie de Garennes, comme

---

[1] L'État, très détaillé, des trois lots qui furent faits, se trouve aux *Archives nationales* (Q. 194 ¹⁰).

héritier de Marie-Thérèse de Bourbon, son ayeule, décédée le 20 février 1732, il devint propriétaire de celle
d'Ivry :

1° Pour un tiers, en vertu de l'acquisition qu'il en fit du
comte de Charolais, par contrat devant Roger, notaire à
Paris du 28 mars 1733, en contre-échange de l'usufruit de
la terre de Trye ;

2° Pour un autre tiers, par l'échange qu'il en fit avec
le prince de Condé, par contrat devant le même notaire,
du 12 juin 1734, en contre-échange du tiers de la terre
de Charleville ;

3° Pour le dernier tiers, par acquisition faite du comte
de Clermont, par contrat devant le même notaire, du
29 novembre 1734, moyennant 228.710 liv.

« Le 10 juillet 1734, fut partagée la succession de Marie-
Thérèse de Bourbon-Conty, qui était devenue, ainsi qu'on
l'a vu, propriétaire de Garennes. Cette terre se trouvant
alors revenir aux mains de Louis-François de Bourbon-
Conty, les baronnies d'Ivry et de Garennes furent réunies,
de nouveau, par lettres patentes, du mois de mars 1735.

« Le 20 août 1736 [1], le tout fut distrait de la mouvance
du comté d'Evreux, parce que le comté d'Evreux venait
d'être cédé au duc de Longueville, et afin de permettre
au prince de continuer à ne faire hommage qu'au roi, et
de tenir ses terres purement du roi, à cause de son duché
de Normandie.

« Par contrat passé devant Jourdain et Bronod, notaires

[1] 1736. 20 août. — Lettres patentes portant distraction de mouvance
des terres d'Ivry et Garennes, du Comté d'Evreux, à cause de la cession
de ce comté par le roi au Duc de Longueville, et disant que les dites
terres et baronnies relèveront à l'avenir du roi à une seule foi et hommage à cause de son duché de Normandie.
Archives nationales, Q. 194⁶. Registre, p. 29.

au Châtelet de Paris, le 19 septembre 1747[1], le prince de
Conti céda au roi Louis XV, à titre d'échange, ses terres
d'Ivry et Garennes pour en jouir à partir du 1er juillet
précédent. Le procès-verbal d'estimation dressé à cette
occasion a été clos le 24 janvier 1752.

« Le prince de Conti mourut le 2 juillet 1776. »

Au moment où le prince de Conti allait les céder au
roi, ses baronnies d'Ivry et de Garennes lui rapportaient
un revenu annuel de 43.000 liv.

Tel est, en effet, le prix par lequel il les avait données à bail à un sieur Joseph Faurin, de Paris, pour

---

[1] Le contrat d'échange susénoncé établit, en ces termes, l'origine de
propriété :

« Les terres d'Ivry et Garennes appartenant à M. le prince de Conty,
savoir : la terre de Garennes comme échue à lui seul par la succession
de Mad° Marie-Thérèze de Bourbon, princesse de Conty, son aïeule
conformément à la disposition de la coutume de Normandie suivant
laquelle il n'est dû qu'un *mariage avenant* à Madame la duchesse de
Chartres, sœur de mondit seigneur et à laquelle dame princesse de
Conty, aïeule, la terre était échue par le partage de la succession de
Mad° Marie-Anne de Bourbon, duchesse de Vendôme, sa sœur. Et, à
l'égard de la terre d'Ivry, elle appartient à mondit seigneur prince de
Conty, savoir : un tiers au moyen de l'acquisition qu'il en a faite de
Monseigneur Charles de Bourbon, comte de Charolais, prince du sang,
par contrat passé devant Roger et son confrère, notaires à Paris, le
28 mars 1733 ; un autre tiers, comme l'ayant aussi acquis, à titre
d'échange, de Monseigneur Louis Henri duc de Bourbon, prince de
Condé, prince du sang, par contrat passé devant ledit Roger et son
confrère, le 12 juin 1734 ; et le troisième et dernier tiers, au moyen de
l'acquisition qu'il en a faite de Monseigneur Louis de Bourbon, comte
de Clermont, prince du sang, par contrat passé devant ledit Roger
et son confrère, le 29 septembre 1734, moyennant la somme de
228.710 livres... auxquels seigneurs prince de Condé, comte de Cha-
rollais et comte de Clermont ladite terre d'Ivry appartient, pour les
portions sus-dites, comme héritiers mâles de madame deffunte
duchesse de Vendôme, leur tante, et comme comprise dans le premier
lot, par eux choisi, du partage des biens de sa succession, homologué
le 8 avril 1723... lesquelles terres d'Ivry et Garennes, qui avaient été
désunies en faveur de la princesse de Conty en 1723, ont été, depuis,
réunies en faveur de mondit seigneur prince de Conty, comme seul
propriétaire des dites deux terres. »

Les lettres patentes approuvant l'échange sont du mois d'octobre 1747.
(*Archives nationales*, Q. 194.)

une période de neuf années, du 1er janvier 1743 au 31 décembre 1751[1].

Lorsque le roi Louis XV fut devenu propriétaire, par contrat d'échange du 19 septembre 1747, le fermier Faurin dut, à partir de l'entrée en jouissance, rendre compte de son exploitation aux fermiers généraux. Son compte, rendu pour trois années et demie, du 1er juillet 1747 au 1er décembre 1750, offre de l'intérêt. Il renferme souvent des détails rétrospectifs sur l'origine et la cause des articles de recette et de dépense. Il donne la physionomie exacte et le mécanisme intérieur d'une grande seigneurie au siècle dernier, nombre, hiérarchie et gages de tout le personnel depuis les officiers de justice, bailli, procureur, jusqu'aux gardes-chasse.

Il renseigne aussi sur les derniers temps des justices seigneuriales.

Pendant la période qu'il embrasse, il fut prononcé, à la haute justice d'Ivry, au moins une condamnation à mort.

Mais il est important de noter que la condamnée (c'était une femme) interjeta appel. C'est même à cause des frais de son transport à Rouen que nous avons connaissance de la décision. Il ne faut pas oublier, en effet, que ces justices seigneuriales, et ce n'était que trop juste ! ne statuaient pas en dernier ressort.

Les amendes judiciaires avaient produit les chiffres, encore assez élevés et très variables, de 476 liv., 169 liv. et 200 liv.[2].

---

[1] *Archives nationales*, Q. 194.

[2] Voir aux pièces justificatives quelques extraits de ce compte rendu.

Le Roi Louis XV.

(1747-1762.)

La baronnie d'Ivry rentra donc dans le domaine royal par suite de l'échange rappelé plus haut ; et alors les officiers de cette terre se qualifièrent d'officiers royaux... « Nous, P. Doubleau, (dit l'un d'eux), notaire royal à Ezy, et, pour le roi, en ses baronnies d'Ivry et Garennes[1]. »

« Elle en sortit bientôt par un nouvel échange que le roi fit avec Louis-Charles de Bourbon, comte d'Eu, par contrat devant Baron, notaire à Paris, du 19 mars 1762. Le comte d'Eu abandonnait au roi la principauté de Dombes, et, en récompense, le roi lui cédait diverses terres, au nombre desquelles étaient Ivry et Garennes.

« Cet échange fut ratifié par lettres patentes du même mois[2]. »

Louis-Charles de Bourbon, comte d'Eu, pair de France, duc du Maine et d'Aumale.

(1762-1775.)

« Il était né à Sceaux, le 15 octobre 1701, et était le second fils du duc du Maine. Il mourut sans postérité, le 18 juillet 1775.

---

[1] En 1752 étaient : Drouin, procureur fiscal d'Ivry ;
Du Tillet, juge verdier des baronnies d'Ivry et Garennes ;
Birault, procureur fiscal de la verderie d'Ivry ;
Drevet garde-marteau et inspecteur des baronnies.
Leurs gages étaient :
Pour le premier 20 livres ; pour le deuxième 80 livres ; pour le troisième 50 livres ; pour le quatrième 800 livres.
(*Archives nationales*, Eure, Q. 194.)
[2] *Archives nationales*, Q. 194[7] ; Registre.

« Par contrat passé devant Duclos-Dufresnoy, notaire à Paris, le 14 septembre 1773, ratifié par lettres patentes du 23 janvier 1774, le comte d'Eu vendit au roi la plus grande partie de ses domaines moyennant 12 000 000 liv. et en s'en réservant la jouissance sa vie durant.

« A sa mort, par contrat devant Arnaud, notaire à Paris, du 28 août 1775, les commissaires du roi, d'accord avec le duc de Penthièvre, héritier du comte d'Eu, ont résilié l'acte de vente de 1773, de sorte que tous les biens qui y étaient compris sont rentrés dans la succession du comte d'Eu [1].

« La baronnie d'Ivry avait-elle été comprise dans cette vente ? Il importe assez peu de le savoir pour établir précisément la succession des possesseurs de cette terre, puisqu'il est certain que, par suite de la réserve de jouissance faite par le comte d'Eu et de la résiliation du contrat de 1773, elle est passée directement, des mains de ce dernier, en celles du duc de Penthièvre son unique héritier. »

Trois brèves notes qui suivent, consignées, (par le curé probablement), sur les registres de l'état civil de la paroisse de Saint-Martin, intéressent l'histoire d'Ivry et de ses habitants, d'une façon plus directe que la liste chronologique de ses seigneurs, puisqu'elles portent soit sur l'état climatérique, soit sur la cherté ou l'abondance des denrées, et sont représentatives, ou du bien-être physique ou de la souffrance et des craintes des habitants.

---

[1] 28 août 1775. — Devant Arnaud, notaire à Paris, le roi vend au Duc de Penthièvre les domaines par lui acquis du Comte d'Eu pour se libérer des 12 millions de livres et des autres charges de la vente du 14 septembre 1773.

(Il n'y est pas parlé d'Ivry, cependant il devait être compris dans la vente.)

(*Archives nationales*, Eure, Q. 194[7].)

On ne saurait les transcrire sans en être reconnaissant au prêtre qui y a noté ce qu'il ressentait plus ou moins, personnellement, et aussi, d'une façon réflexe, en la personne de ses paroissiens.

« En cette année et la suivante, il y a eu une chèreté constante ; le blé, en 52, a valu 11 et 12 écus ; et, en 53, 8 et 9 écus le septier ; et l'avoine 3 l. t., 4 et 5 s. le minot, et, par conséquent, grande misère parmi le peuple[1]. »

En marge d'un acte du mois d'avril 1764, on lit :

« Le 6 et 7 de juin, les vignes et les petites fèves ont beaucoup souffert par la gelée, chose inouïe à nos ancêtres. »

Puis, au registre de 1766 :

« En l'an 1766, il y a eu une si grande abondance de grains, que, de mémoire d'homme, on n'en avait jamais vu une pareille. Les granges, les écuries, les caves, tout était plein et pourtant il a fallu faire des meules dans les cours ; et, cependant, le blé n'a pas été à bon marché. »

« 1767. — Abondance de grains, disette de vin et de cidre et tout bien cher, et grande misère, et froid bien piquant, plus qu'en 1709 et 1740. »

Louis-Jean-Marie de Bourbon, duc de Penthièvre.

« Fils de Louis-Alexandre de Bourbon, comte de Toulouse et de Marie-Victoire-Sophie de Noailles, il naquit à Rambouillet, le 16 novembre 1725, et mourut au château de Bizy le 4 mars 1793[2].

---

[1] Note à la fin du registre des baptêmes de la paroisse Saint-Martin d'Ivry, année 1752.

[2] Une déclaration à lui rendue par l'abbé d'Ivry lui donne les titres et qualités de... « très haut, très puissant, très excellent prince Mon-

« Aux termes des lettres de légitimation des enfants de Louis XIV, données à Saint-Germain-en-Laye, en janvier 1680 et novembre 1681, le duc de Penthièvre, seul rejeton survivant des princes légitimés, devait hériter des biens laissés par le comte d'Eu [1].

« C'est à ce titre qu'il devint baron d'Ivry.

« Il fut le dernier. La noblesse héréditaire et les titres de noblesse avaient été abolis par le décret du 19-23 juin 1790.

« Il laissa pour seule héritière Louise-Marie-Adélaïde de Bourbon, née à Paris, le 13 mars 1753, mariée le 5 avril 1769 à Louis-Philippe-Joseph d'Orléans, père du roi Louis-Philippe, et décédé le 23 juin 1821 ».

Une sorte d'auréole de bonté et de bienfaisance entoure le nom du duc de Penthièvre.

En ce qui concerne Ivry, on doit noter le don d'une rente de 200 livres qu'il fit à la fabrique de l'église Saint-Martin en 1778 [2].

Cette réputation trouverait encore une confirmation bien caractéristique (à moins qu'il ne faille y voir un artifice de langage et une flatterie intéressée), dans une délibération, prise en assemblée générale, par les habitants

---

seigneur Louis-Jean-Marie de Bourbon, duc de Penthièvre, de Châteauvillain, de Rambouillet, d'Aumale, Vernon, Andely et Gisors, prince d'Anet, comte d'Eu, de Dreux, Beu, Armainvilliers et de Brie-Comte-Robert, baron de Sceaux, Garennes, Ivry et autres lieux, chevalier des ordres du roi et de la Toison d'Or, amiral, grand-veneur de France, gouverneur et lieutenant général pour sa majesté en la province de Bretagne. »

(*Archives départementales de l'Eure.*)

[1] Ces lettres stipulaient, en effet, que les princes légitimés et leurs descendants se succéderaient réciproquement les uns aux autres, selon l'ordre des successions légitimes.

[2] Registre des assemblées, délibérations et actes de la fabrique de Saint-Martin d'Ivry, à la date du 12 avril 1778.

d'Ivry au sujet d'une difficulté qu'ils avaient avec le fisc, et aussi avec l'adjudicataire des bois de la forêt d'Ivry.

A raison, semble-t-il, de leurs droits d'usage dans les bois, ils avaient été inscrits au rôle des impôts sous cette cote : *les occupants des bois d'Ivry*. Ils résolurent, dans une délibération en date du 5 décembre 1784, de protester contre cette mesure. Ils le firent dans les termes suivants, qui dégagent soigneusement de la personnalité de ses représentants, le duc de Penthièvre, auquel ils rendent un chaleureux hommage :

« 5 décembre 1784. — Les syndic et habitants d'Ivry, qui ont reçu une assignation à la requête d'un sieur Bourdon, adjudicataire des bois de la forêt d'Ivry appartenant à S. A. S. Monseigneur le duc de Penthièvre, s'assemblent pour nommer et nomment pour leur procureur M. Levaigneur, qui n'aura à dire pour les habitants autre chose, sinon qu'ils déclarent entièrement s'en rapporter à justice sur la demande qui leur est formée par le sieur Bourdon, « leur intention n'étant point d'avoir ni d'essayer un procès avec la dite A. S... Ils se tiennent trop heureux de l'avoir pour leur prince ; ils ont même pour leur Seigneur trop de reconnaissance, d'obéissance, de soumission et de respect pour en avoir la moindre idée..... »; pourquoi lesdits habitants déclarent formellement s'en rapporter à la bonté ordinaire de Sa dite Altesse sérénissime, à la justice de MM. de son conseil, ainsi qu'à celle de Monseigneur l'intendant et de ses officiers de l'élection ; à l'effet de quoy, il sera délivré deux expéditions de la présente délibération, l'une pour être envoyée, avec copie de ladite signification du sieur Paul Bourdon, à Sa dite Altesse Sérénissime ; et l'autre à Monseigneur l'intendant de Rouen sur la justice duquel lesdits habitants ont pleine et entière confiance, ne présumant pas qu'ils peuvent (*sic*) être chargés de la cotte portée sur leur rolle sous la désignation : *Les occupants des bois d'Ivry* » [1].

Vers cette époque, les habitants d'Ivry, sans doute, et, en tout cas, l'emplacement du champ de bataille, reçurent une visite princière, celle d'un hôte de leur Seigneur qui résidait alors à Anet.

Le prince Henri, frère du roi de Prusse, vint, en septembre 1784, chez le duc de Penthièvre, au château d'Anet, et, le lendemain de son arrivée, celui-ci le conduisit visiter les lieux où avait eu lieu la bataille d'Ivry. Florian adressa au prince une pièce de vers pour consacrer le souvenir de cette visite [2].

Nous touchons aux derniers jours de l'ancien régime, et les traces du régime féodal, déjà mort depuis longtemps, vont disparaître; notons donc ses derniers actes d'existence.

Aux Archives de l'Eure [3], un registre plumitif des audiences de gruerie, ou juridiction forestière (1780-1790), dira ce qu'était une des branches de la justice seigneuriale.

Un autre acte apprend (fait remontant d'ailleurs déjà à plusieurs siècles), que les fiefs ou terres nobles sont envahies par toutes les classes sociales. En 1782, un boucher de Paris est seigneur d'un plain-fief de haubert relevant de la baronnie d'Ivry [4].

[1] Registre des actes et délibérations de la fabrique de Saint-Martin d'Ivry, à la date.

[2] Portaire, *Mémoires pour servir à la vie de M. de Penthièvre*, Paris, 1808, in-12, p. 153-155. — et Honoré Bonhomme, *Le Duc de Penthièvre, sa vie, sa mort, d'après les documents inédits*, Paris, 1869, in-12, p. 133.

[3] Série E. 211.

[4] 25 mai 1782. Aveu rendu au duc de Penthièvre... « par Théodore

Enfin, à défaut des seigneurs qui, depuis longtemps, ont déserté leur poste, les agents de ceux-ci sont assez semblables au valet qui se fait passer pour le seigneur lui-même dans le *Nouveau seigneur de village*. Le subordonné d'un des officiers de la seigneurie d'Ivry, M. Godinot, lieutenant au bailliage d'Ivry, écrit, le 7 septembre 1788, aux marguilliers, pour réclamer que le pain bénit lui soit présenté par distinction soit dans le chœur au rang qu'il y doit tenir, soit à toute autre place de l'église où il se trouvera[1]!

Maréchal, boucher à Paris, pour le fief Milbert, à Foucrainville. » — Dans un acte du même jour, on lit que le fief Milbert est mouvant et relevant en plein fief, foy et hommage de la baronnie d'Ivry. (Minutes au Notariat d'Ivry.)

[1] Registre des actes et délibérations de la fabrique de l'église Saint-Martin d'Ivry à la date.

CHAPITRE XXV

Notes diverses sur la baronnie d'Ivry. — Etendue de la baronnie, ses droits et prérogatives. — Les Terriers et les Comptes. — Armes des divers seigneurs. — Liste des officiers de justice, des tabellions et notaires.

Arrivés à la fin de l'ancien régime, nous rassemblons ici, sur la seigneurie d'Ivry, quelques notes qui auraient été moins à leur place disséminées dans les chapitres qui précèdent.

Nous n'essaierons pas de faire, à l'occasion de la baronnie d'Ivry, un exposé du système féodal, que sa brièveté nécessaire rendrait banal, imprécis et incomplet.

Nous pourrions, au moins, analyser les *aveux* et les *comptes* ou *terriers* (ces derniers d'un intérêt et d'une abondance exceptionnels) que nous possédons encore. Mais déjà qu'est-ce qu'un aveu si ce n'est une analyse et un résumé des droits pécuniaires ou honorifiques d'une seigneurie ?

Autant vaut y renvoyer le lecteur. Il trouvera aux pièces justificatives deux aveux de la baronnie d'Ivry :

L'un du 25 juin 1456 ;

Le second du 7 mai 1579.

Tous deux se ressemblent, comme il convenait d'ailleurs ; aussi, après avoir transcrit intégralement le premier, nous avons, pour ne pas grossir démesurément ce volume, supprimé, dans le second, les passages qui ne faisaient que reproduire presque textuellement le premier, ne donnant que ce qui présente des variantes ou fournit des détails nouveaux, notamment au sujet des arrière-fiefs ou de leurs propriétaires.

Remarquons seulement et uniquement ceci :

Ivry n'était pas une bien grande seigneurie ni comme étendue ni comme revenu, au moins au moyen âge.

D'après l'aveu de 1456, elle comprenait cinq à six lieues de long et trois ou quatre de large et encore je crois que, sur le terrain, le rédacteur de l'aveu eût été fort gêné de prouver son dire sans entamer les seigneuries voisines. La preuve, c'est qu'il reconnaît que la rivière d'Eure ne dépend de sa seigneurie que sur une longueur de deux lieues environ.

Eh bien ! cette baronnie avait tous les droits quasi-régaliens, tous les droits qui appartenaient autrefois au duc de Normandie — tels que l'aide de fouage ou monnéage et le droit de percevoir les redevances pour la destruction des loups au taux où les perçoit le roi de France, le droit royal de tiers et danger, etc...

En 1456, le seigneur a encore cette prétention qu'avaient déjà ses prédécesseurs du xiiie siècle, d'avoir droit de justice et connaissance des délits qui se commettent sur tout le cours de la rivière d'Eure jusques aux Damps près le Pont-de-l'Arche.

Le seigneur d'Ivry, comme seigneur d'Ivry, présentait à :

La chapellenie de Saint-Fiacre de Mousseaux ;

La chapellenie de Notre-Dame de Mousseaux le Bois ;

La cure du l'Habit ;

— de La Futelaye ;

La cure de Mouettes ;

—   Neuville ;

—   La Neuvillette ;

—   Serez.

Dans l'Etat des fiefs que fit dresser, en 1172, Henri II, roi d'Angleterre et duc de Normandie, état qui, peu après 1204, fut inséré, avec quelques annotations, dans les Registres de Philippe-Auguste [1], on lit que le seigneur d'Ivry devait au Duc de Normandie le service d'un chevalier, à raison de sa dignité d'échanson, et celui de trois chevaliers et demi à raison, sans doute, de sa terre d'Ivry. Il devait, de plus, avoir droit d'exiger, des seigneurs qui relevaient de lui, le service de huit chevaliers et demi, et le roi pouvait exiger d'eux ce qu'il lui plaisait.

Lorsqu'eurent lieu les convocations pour l'*Ost de Foix*, sous Philippe le Hardi, la terre d'Ivry n'était plus taxée qu'à trois chevaliers. Les chevaliers qui faisaient actuellement ce service étaient Jean de Croisilles, Bertrand de Tillières et Guillaume de Courcelles [2].

Parmi les nobles du bailliage d'Evreux, qui avaient

---

[1] Galeranus de Ivreio I militem de pincernatu, et sibi III milites et dimidium. Idem habet de Ivreio VIII milites et dimidium, et regi quod rex voluerit.

Recueil des Historiens de France, t. XXIII, p. 697. V. aussi p. 705.

[2] Dominus Robertus d'Yvry debet servitium trium militum per XL dies eundo et redeundo. — Gisortii.

Et infrà : § VII — milites bailliviæ Gisorcii.

Johanes de Croisselles, Berthaudus de Tilleriis, Guilelmus de Creceilles milites, pro Roberto d'Yvri, milite, qui debet servicium per quadraginta dies videlicet trium militum eundo et redeundo ; et jam fecerunt XXIIII dies.

(*Var. en note :* Johannes de Crozilles, Bertrandus de Tilleriis, Guillelmus de Corcelles *et* Johannes de Ivreio).

Id., ibid. t. XXIII, p. 768, 777.

séance à l'échiquier de Normandie, figure le comte d'Ivry[1].

Quant aux terriers ou comptes, je crois qu'ils forment, par la date reculée des premiers, par leur nombre et par leur étendue, une série fort remarquable. Le plus ancien est de l'an 1300, le second de l'an 1380. Leur copie produirait plusieurs milliers de pages d'impression.

Il est même impossible de songer à les analyser. Nous donnons, du plus ancien, d'assez longs extraits aux pièces justificatives... — Quant aux autres, il a fallu se borner, d'après les notes de M. Mauduit, à en reproduire les titres, avec, çà et là, un ou deux renseignements pris au courant de la plume. Encore nous sommes-nous arrêtés au milieu du xvie siècle (1556).

ARMOIRIES DES FAMILLES QUI ONT POSSÉDÉ LA BARONNIE D'IVRY

Il nous a paru qu'il valait mieux réunir ici toutes ces indications, plutôt que de les disperser dans les précédents chapitres.

Les armoiries des premiers seigneurs d'Ivry sont : *d'or à trois chevrons de gueules.*

Le sceau dont se servait le seigneur d'Ivry en 1239, a été décrit ainsi, au xive siècle, par le copiste d'un des cartulaires du chapitre d'Evreux, à la suite de la transcription d'une charte émanée de ce seigneur : « scellée en las de fil ouvré à l'eschiquier et cire blanche d'un grand seel où est figurey un homme d'armes à cheval,

[1] Houard, *Dictionnaire de droit normand*, Rouen, 1780, 3 vol. in-4°; t. II, p. 76.

l'espée au poing, l'escu à trois chevrons pendu à son col, le tout sain et entier en séel et escripture ; et estoit escrit au dos : « Lictere domini de Ibreio super decimis et jure patronatus de Jumellis, anno m. cc. xxx ix »[1].

Marcilly : *d'or à un chevron de sable.* (*Armorial du* XIVe *siècle,* édité par M. Douet d'Arc.)

Amfreville : *d'argent à une aigle de sable à pied et bec de gueules ;*

Marescot : ?

Loré : *de sable au lion d'argent, couronné, armé et lampassé d'or.*

Petit : ?

Estouteville : écartelé au 1er et 4e *fascé d'argent et de gueules au lion de sable brochant sur le tout,* qui est d'Estouteville ; au 2e et 3e *d'azur à la croix d'argent cantonnée de 16 croisettes recroisettées au pied fiché d'or,* qui est de Garancières-Blainville[2].

Luxembourg : écartelé au 1er et 4e *d'argent au lion de gueules, la queue nouée, fourchée et passée en sautoir, armé et couronné d'or, lampassé d'azur,* qui est de Luxembourg ; au 2e et 3e *de gueules à une comète à 16 rays,* qui est de Baux[3].

Diane de Poitiers : parti au 1er *d'azur à huit croisettes d'or posées en orle autour d'un écusson d'azur bordé d'or et chargé d'un autre écusson d'argent,* qui est de Brézé ; au 2e écartelé au 1er et 4e *d'azur à six besants d'argent, au chef d'or,* qui est de Poitiers Saint-Vallier ; au 2e *d'azur semé de fleurs de lys d'or, au franc quartier d'ar-*

---

[1] A. Chassant, *Dictionnaire de Sigillographie pratique,* 1860, p. 31.
[2] P. Anselme, t. VIII, p. 87.
[3] *Id.* t. III, p. 729.

gent *à trois croissants mal ordonnés de gueules*; au 3e *d'argent aux emmanchés de sable*, qui est de Ruffi[1].

Lorraine-Aumale : au 1er et 4e, les grands quartiers de Lorraine-Guise, savoir : coupé de 4 en chef et 4 en pointe : le 1er *fascé d'argent et de gueules de 8 pièces*, qui est Hongrie ; le 2e *semé de France au lambel de trois pendants de gueules*, qui est Anjou-Sicile; le 3e *d'argent à la croix potencée d'or, cantonnée de quatre croisettes de même*, qui est Jérusalem ; le 4e *d'or à quatre pals de gueules*, qui est Aragon ; au 1er de la pointe, *semé de France à la bordure de gueules*, qui est Anjou ; au 6e *d'azur au lion contourné d'or couronné, armé et lampassé de gueules*, qui est Gueldre ; au 7e *d'or au lion de sable armé et lampassé de gueules*, qui est Flandres ; au 8e *d'azur semé de croix recroisetées au pied fiché d'or à deux barbeaux adossez de même*, qui est Bar ; sur le tout *d'or à la bande de gueules chargée de trois alérions d'argent* qui est Lorraine ; *au lambel de trois pendants de gueules* sur le tout, en chef.

Au 2e et 3e, grands quartiers : de Bourbon-Vendôme[2].

Lorraine-Mercœur : porte comme Lorraine-Guise, le premier grand quartier ci-dessus avec cette différence que le lambel est d'azur.

Bourbon-Vendôme : *d'azur à trois fleurs de lys d'or, au bâton de gueules péri en bande, brisé de trois lions d'argent.*

Bourbon-Conti : *d'azur à trois fleurs de lys d'or, au bâton de gueules péri en bande, à la bordure de gueules.*

Bourbon-Penthièvre : *d'azur à trois fleurs de lys d'or, au bâton de gueules péri en barre.*

---

[1] J. Guigard, *Armorial du Bibliophile*, Paris, 1870, in-8°, t. I, p. 10.
[2] P. Anselme, t. III, p. 491, 787, 793.

Liste des baillis, et vicomtes de la haute justice de la Baronnie d'Ivry dressée d'après l'examen des titres où leurs noms et qualités se trouvent énoncés[1].

Baillis.

1300. Guillaume de Mirebel.

1403. Jehan Polin.

1473-1489. Robert Delafontaine.

Avant 1515. Jacques Morisse.

1515. Syphorien Duchemyn.

Entre 1510 et 1530, Syphorien de Changy.

Ce nom, trouvé dans un inventaire fait du temps de Louis-Joseph de Vendôme, ne doit être que la défiguration commise par un copiste du nom de Syphorien du Chémyn. Nous n'inscrivons donc ce nom de Changy que pour mémoire, ne l'ayant rencontré dans aucun titre du temps.

1537-1549. Jacques Maquerel.

1550-1562. Louis Foynard.

1567-1586, Noël Chenu, licencié ès lois, bailli vicomtal.

1590-1614. Jean Legendre.

1617-1628. Philippe de Goussainville.

1628-1653. Christophe Legendre.

1654-1691. Jean Levaigneur. — Il est décédé à Ivry, le 5 novembre 1699, à l'âge de 78 ans. Vraisemblablement il conserva ses fonctions jusqu'à cette dernière

[1] D'après M. Mauduit.

époque. Il n'est fait mention d'aucun autre bailli dans l'intervalle.

1706-1719. Jean-Baptiste Levaigneur.

1734-1745. Jacques Vallée.

1752-1767. (Vacance).

1758. François Drouyn.

1773-1785. Mathurin Alexandre Béniard. — En 1748, lors de son mariage, à Ivry, il était avocat au parlement et notaire à Damville.

1789. Augustin Maurice Godinot.

Vicomtes.

1456. Guy Maquerel.

1464-1478. Gilles ou Guillaume Lecoq.

1481-1489. Florentin de Contes.

1499-1522. Pierre de Villiers.

1547. Pierre de Macher.

1551-1555. Lancelot Legendre.

1558-1559. Etienne Deheaumont.

A partir de 1567, au moins, l'office de vicomte fut réuni à celui de bailli dans la baronnie d'Ivry, car on voit paraître, à cette époque, Me Noël Chenu, qualifié bailli vicomtal.

Les dates que nous avons inscrites au regard des noms contenus aux deux listes qui précèdent sont les dates extrêmes auxquelles nous avons trouvé ces noms mentionnés dans des actes du temps, notamment dans des aveux. Il reste donc permis d'admettre que les fonctions de ces baillis ou vicomtes ont commencé avant ou se sont continuées après les dates qui seules se sont révélées à nous avec certitude. »

Liste chronologique des tabellions et notaires établis en la haute justice, vicomté et baronnie d'Ivry, en résidence a Ivry[1].

Tabellions.

1456. Thomas de Lestang.

1465-1468. Pierre de Villiers.

1468. Louis Broquet.

1551. Robert Barrey.

1551. Blaise Duboc.

1547. Jehan Lattelais.

1547. Guillaume Charité.

1598. Estienne Lattelais.

1598. Noël Rocher.

1614. Pierre Adam.

Notaires d'Ivry.

14 décembre 1537. Jacq. Duchemin, et Clément Charité, tabellions à Ivry.

13 mai 1542. Jacques Duchemin et Jean Lattelais, tabellions à Ivry.

6 décembre 1570. Sébastien Drouet et Pierre Couel, tabellions à Ivry.

21 décembre 1603. Pierre Adam, tabellion.

13 février 1607. Pierre Bence et Pierre Lefrançois, tabellions à Ivry.

Mai 1613 et janvier 1615. Estienne Flustault et Pierre Adam.

[1] Cette liste est formée de la réunion des notes prises par M. Mauduit, dans les minutes du notariat de Saint-André, jusqu'en 1652, et dans celles du notariat d'Ivry pour la suite.

3 mai 1619. Estienne Flustault et Estienne Lattelais.

Août 1626. Adam, notaire.

9 août 1627. Pierre Adam et Estienne Lattelais.

Confais ou Confestz (Josué). Principal tabellion juré, commis et établi aux baronnies d'Ivry et de Garennes, 1642-1648.

1er novembre 1652. Louis Chevalier, tabellion.

Oger ou Auger (Guillaume), 1653-1661.

Il signe d'abord Oger, puis Auger à partir du mois de mars 1657.

1657. Il prend Nicolas Daufresne pour adjoint.

1657. Il afferme à Charles de Courtonne le tabellionage de Neufville.

1659. Louis Drouet, son adjoint ordinaire.

Doubleau (Pierre, l'aîné), principal tabellion à Ivry. 1663-1668.

1663. Greffier du siège d'Ezy.

1664-1666. Notaire royal à Ezy.

1664-1666. Guillaume Auger pris pour adjoint.

Daufresne (Nicolas), 1668-1681.

1680. Jean Lattelais son adjoint ordinaire.

Daufresne (François), 1681-1715.

1681. Latelais (Jean), son adjoint.

Doubleau (Noël), principal tabellion au bailliage d'Ivry, 1724-1735.

Doubleau (Pierre), 1735-1779.

1779. 16 décembre, décédé dans ses fonctions.

De La Salle (Pierre-François), reçu par commission au notariat royal d'Ivry et d'Ezy pour en faire les fonctions en l'absence de Pierre Doubleau, 1766-1768.

Drevet (Charles), commis à l'exercice du tabellionage royal pour l'absence du commis notaire royal, 1767.

(Dans l'intervalle de l'exercice de De La Salle, on rencontre quelques actes de Pierre Doubleau, comme on en rencontre de De La Salle dans le temps d'exercice de Drevet.)

Doubleau (Pierre-Jean-Baptiste), 1780-1783.

Devaux (Jean-Pierre), 1783-1789.

Darius (Bernard-Severin), 1789-1790.

Legendre (Nicolas-Joseph-Louis), 1791-an VI.

Levaigneur (Gabriel-François), 1786-1808.

Fourey (André), an VI-1816.

(A résidé d'abord à Ivry jusqu'au 7 pluviôse an XII, puis à Garennes jusqu'au 1er janvier 1810 et a fini son exercice à Ivry.)

Bance (Frédéric-Geneviève), 1816-1833.

Rousseau (Gabriel-Isidore), 1833-1843.

Fontaine (Simon-Pierre), 1843-1860.

Coignard (Louis-François), octobre 1860.

Thorel (Joseph-Pierre), 1874.

Maucuit (Oscar-Antoine), juin 1892.

CHAPITRE XXVI

La révolution à Ivry. — Manifestations contre les droits seigneuriaux. — Serment prêté par un des curés. — Election d'un
autre ; notes sur lui. — Deux partis à Ivry. — Le culte catholique y est exercé publiquement, malgré la municipalité, sauf
pendant peu de temps. — *La société populaire* à Ivry ; ses
adresses violentes. — Fête pour la prise de Toulon.
L'administration municipale et cantonale. — Ivry quelque temps
justice de paix et chef-lieu de canton. — Historique de ses
réclamations postérieures.

A Ivry, comme ailleurs, les premiers moments de la
Révolution suscitèrent ces vagues sentiments d'impres-
sionnabilité et de crainte confuse qui précèdent ou accompagnent les grandes crises et les périodes de trouble,
dans l'ordre social aussi bien que dans l'organisme[1].

Aux environs du 14 juillet 1790, il dut y avoir quelque
démonstration hostile contre les poteaux, emblèmes de
la justice seigneuriale, soit à Anet, soit à Ivry.

La bonté du duc de Penthièvre, à laquelle nous avons
vu les habitants d'Ivry rendre hommage, n'empêcha pas
ses vassaux de prendre, contre ses droits seigneuriaux,
une attitude hostile.

[1] M. Mauduit avait relevé dans les *Archives du Bibliophile*, n° 62,
17 517, la mention d'un journal révolutionnaire : « *L'Espion des campagnes ou les veillées de la plaine d'Ivry* ». D'après la Bibliographie
des journaux révolutionnaires de Deschiens, ce journal n'aurait eu que
six numéros en décembre 1789. Mais diverses raisons nous font penser
qu'il ne s'agit pas d'Ivry-la-Bataille.

La lettre suivante, écrite à M. Nugues, procureur fiscal à Anet, par l'intendant du duc de Penthièvre, le 7 juillet 1790, est instructive à cet égard :

« J'ay reçu, Monsieur, votre lettre du 14 de ce mois. Il ne faut point s'exposer à des insultes du peuple.

« Il faut supprimer tous les poteaux de justice. — Il ne faut point toucher aux poteaux indicatifs des routes.

Tachés [sic] que le tout se passe avec beaucoup de tranquilité. Evitons toujours de faire murmurer le peuple, qui est dangereux aujourd'hui [1]. »

L'année suivante, dans la nuit du 4 août, ce sont deux carcans aux armes du duc de Penthièvre qui sont abattus ; et, pour que rien ne soit perdu, la garde nationale s'empare des odieux bois et se réchauffe avec [2].

De même qu'aux jours d'émeute, le boutiquier parisien ferme prudemment ses volets, et qu'en cas de mauvaise rencontre on met instinctivement la main sur la poche où l'on a son porte-monnaie, ainsi on pressent à Ivry un danger pour les objets précieux appartenant à l'église de Saint-Martin.

On lit au registre de la fabrique, sous la date du 31 octobre 1790 : — Il a été arrêté que l'argenterie de l'église serait déposée chez M. le curé de la paroisse, pour être plus en sûreté, sans, toutefois, que ledit sieur curé soit tenu d'en répondre, en cas qu'elle soit volée chez lui [3].

---

[1] Extrait de 26 pièces manuscrites, achetées par M. Mauduit, chez Voisin [libraire à Paris ?], en mai 1880.

[2] 4 août 1791. — Destruction dans la nuit de deux carcans aux armes de Penthièvre qui se trouvaient l'un sur la place de la Halle et l'autre près des grands moulins. Le bois a servi à chauffer la garde nationale.
(Notes prises, à Ivry, sur les registres de la municipalité et de la paroisse.)

[3] Registre des actes et délibérations de la fabrique de l'église Saint-Martin d'Ivry.

Cela n'empêche pas, d'ailleurs, que l'exercice du culte catholique ne soit continué et que l'on ne fasse des travaux très importants à la contretable de l'église Saint-Martin. M. Pierre Lédier, administrateur du directoire du district d'Evreux, qui s'était déjà montré le très libéral bienfaiteur de l'église, consent à faire l'avance des sommes nécessaires au paiement de tous les ouvriers, pour le compte du trésor qui était obéré[1].

Le 30 janvier 1791, M. Charles Huvey, curé de la paroisse Saint-Jean, prêta le serment constitutionnel. On savait, sans doute, que le curé de l'église Saint-Martin, l'abbé Cirette, refuserait de le prêter, car, le 9 mai 1791, on procédait, suivant les lois nouvelles, à l'*élection* d'un curé pour cette église. Nous sommes heureux de reproduire ici l'intéressante notice que

---

[1] Nous, maire, officiers municipaux, procureur de la commune, notables, marguilliers et principaux habitants du commun général du bourg d'Ivry, trois heures après midi, nous sommes assemblés, au son de la cloche, en la chambre commune du dit lieu..., aux fins de délibérer sur les moyens à prendre, pour payer Louis Massue, charpentier, Cornillon et Batrel menuisiers, Cusson et Renaut (?) serruriers, Laurent père et fils et Dumay, maçons, J^h Baudoin, vitrier, tous ouvriers demeurant à Ivry que nous avons choisis le..... de ce mois pour travailler à la reconstruction de la contre-table de l'église Saint-Martin.....

Le trésor de la fabrique, loin d'offrir des ressources, est obéré. Dans cette situation gênante le s^r Pierre Ledier, administrateur du directoire du district d'Evreux, présent à notre assemblée, ayant comblé la paroisse de ses bienfaits au point de nous avoir donné tout ce qui pouvoit contribuer à l'ornement et à la décoration de notre paroisse, a, pour comble de sa générosité et de sa libéralité, offert de faire l'avance nécessaire pour payer tous les dits ouvriers... Les marguilliers ont été autorisés à rembourser le dit Pierre Ledier des premiers deniers qu'ils recevront...

(Signé) P. Maulvault, Le Boullenger, procureur de la commune, Levaigneur, maire, Petit, Martel, Le Marié, P. Ledier, Nainville, Guérin, Fr^ois Grandhomme, L. Denis, Fr^ois Botrel, Jouvin, Renaut [?], Dumay, L. Massue, F.-G. Fremanger, greffier.

(Registre des actes et délibérations de la fabrique de l'église Saint-Martin d'Ivry. [S. d. entre le 14 novembre 1790 et le 31 juillet 1791.]

M. Mauduit avait rédigée sur ce prêtre constitutionnel[1].

« Suivant les renseignements fournis par M. Marage, après informations auprès des plus anciens d'Ivri, M. Leblond (Charles-François) était d'une stature très avantageuse et d'une prestance pleine de dignité en même temps que d'expression de bienveillance. Il était fort apprécié en effet et aimé à cause de son caractère obligeant.

Natif de Saint-André, paraît-il, il avait été vicaire de la paroisse de Saint-Pierre d'Evreux.

D'après la nouvelle loi sur la constitution civile du clergé (12-24 août 1790, titre II, article 32), il se trouvait ainsi, sauf le temps, éligible à une cure.

M. Cirette, curé de Saint-Martin, ayant refusé le serment, il fut procédé, en vertu des dispositions du décret des 27 novembre et 26 décembre 1790, à une élection (Décret du 12 juillet-24 août 1790, titre II, article 1er), pour le remplacer.

C'est ainsi que M. Leblond fut élu curé d'Ivri, le 9 mai 1791.

Le 19 du même mois, son élection fut approuvée par l'évêque d'Evreux Lindet, qui lui conféra l'institution canonique.

---

[1] 1791, 30 janvier. Charles Huvey, curé de Saint-Jean, prête le serment prescrit par le décret du 17 novembre 1790.

1791, 9 mai. Election de Charles François Leblond, comme curé [de la paroisse Saint-Martin] d'Ivry.

1791, 19 mai. Approbation de son élection et institution canonique par l'évêque Lindet.

1791, 22 mai. Le dit Leblond prête serment.

1791, 26 septembre. On dit encore la messe à l'église Saint-Jean.

1791, 22 octobre [?]. Le curé Cirette remplacé à défaut de serment.

1792, 23 septembre. Les curés Leblond et Huvey prêtent de nouveau serment.

(Registres de la municipalité [?] d'Ivry.)

Le 22 mai 1791, un dimanche, le nouveau curé arrivait à Ivri pour prendre possession de ses fonctions. La garde nationale, drapeau tricolore en tête et suivie d'un grand concours d'habitants, se transporta au-devant de lui jusqu'à la côte de la Malmaison, sur le chemin de Saint-André, pour lui faire une réception qui témoignait de ses bons sentiments pour lui.

Le même jour, avant la messe, il prêta serment en présence des officiers municipaux et du peuple et fut installé[1].

Le 23 septembre 1792, par suite sans doute des appréhensions que faisaient naître les dispositions du décret du 26 août précédent, sur la déportation des ecclésiastiques non sermentés, M. Leblond prêta de nouveau serment, en même temps que M. Huvey.

Le 10 novembre 1792 (sans doute pour l'exécution des dispositions du décret des 20-25 septembre précédent, titre I, article 1er et suivants), M. Leblond, curé, est élu officier public pour recevoir les actes de l'état civil.

Le 6 octobre 1793, le Comité de surveillance (*Décret des* 21-23 *mars* 1793, I, 934) était nommé à Ivri. Etait-ce le signal des suspicions qui avaient pu atteindre M. Leblond lui-même ? Toujours est-il qu'il fut enlevé la nuit, transporté et retenu une année dans les prisons de Paris.

[1] On continua à faire quelques travaux dans l'église :

5 février 1792. — Dans l'assemblée des marguilliers anciens et nouveaux annoncée au prone de la messe paroissiale et au son de la cloche, à l'issue de la messe et tenue à la tablette..., Le Marié, marguillier en exercice, est autorisé à faire des travaux pour modifier les dispositions de l'autel.

(Cet acte, qui n'est signé de personne, mais d'une orthographe régulière, a été probablement écrit par le curé constitutionnel Leblond.)

(Registre des actes et délibérations du conseil de fabrique de l'église Saint-Martin.)

Dans cette grave situation, il ne fut pourtant point abandonné par ses paroissiens. On voit, sur le registre des délibérations et actes de la commune d'Ivri (folio 15 v°) que le 21 ventôse an II (11 mars 1794) « le Conseil général de la commune adopte, pour le citoyen Charles François Leblond, ex-curé constitutionnel d'Ivri, détenu en une maison d'arrêt à Paris, un certificat de civisme chaleureux ».

Remis en liberté, M. Leblond, après la tourmente, ne voulut pas reprendre l'exercice du saint ministère et rentra dans la vie séculière.

Par un décret impérial du 22 fructidor an XII (9 septembre 1804), il fut nommé juge de paix du canton de Saint-André (Eure). Installé dans ses fonctions le 7 nivôse an XIII (28 décembre 1804), il ne les quitta que le 23 juin 1836.

Il est décédé à Saint-André, le 1er mars 1840, âgé de 79 ans[1]. »

La présence d'un curé constitutionnel n'empêcha pas l'église Saint-Martin d'être profanée au commencement de l'année 1794. C'est ce que nous apprend une note datée du 28 janvier 1794, consignée dans les Registres de l'époque.

Les événements avaient suivi leur cours.

Le 22 mai 1792, la garde nationale d'Ivry plantait un arbre de la liberté ; mais ces manifestations républicaines n'avaient pas lieu de l'avis unanime de la population ; car, quelques semaines plus tard, le dit arbre était « couvert d'ordures fétides par les conspirateurs [2] ».

---

[1] (Ces derniers renseignements, ajoute M. Mauduit, m'ont été fournis par M. Guérin, juge de paix à Saint-André, dans une lettre du 15 mars 1873.)

[2] 22 mai 1792. — Les gardes nationaux et citoyens d'Ivry plantent un

Le 24 nivôse an III, cinquante prisonniers de guerre arrivaient à Ivry ; la municipalité, prévenue à l'avance, avait disposé, pour les loger, l'église Saint-Jean et son presbytère [1].

L'exercice du culte schismatique fut de peu de durée. Ni sa modération personnelle, ni son serment n'avaient préservé le malheureux curé constitutionnel des persécutions des terroristes.

Il semble, par contre, que les catholiques aient toujours formé à Ivry un groupe sans doute important et convaincu.

Dès le 20 thermidor an II, l'ancien prieur de l'abbaye d'Ivry, dom Louis Alexandre Théodose de Beaussart, qui avait dû s'éloigner d'Ivry pendant les plus mauvais jours de la terreur, déclarait à la municipalité « élire domicile dans la commune d'Ivry ». Il dit qu'antérieurement, il résidait à Rouvres. Cela prouve qu'il se sentait en

arbre de la liberté qui, dans la nuit du 3 au 4 juin suivant, est couvert d'ordures fétides par les conspirateurs.
[Registres municipaux d'Ivry ?]

[1] Registres des délibérations et actes de la commune d'Ivry.
F° 94. 28 frimaire an III :
En exécution de l'arrêté de l'agent national du district d'Evreux, du 22 fructidor, prescrivant l'établissement de dépôt de prisonniers de guerre à Pacy, Ivry et Conches, la municipalité choisit pour cet objet les ci-devant église et presbytère de Saint-Jean. L'appropriation exigera peu de frais : la construction de deux cheminées en bloc dans les chapelles et le bouchement, avec de la bauge, de toutes les fenêtres qui ne seront pas utiles.
F° 97. 9 nivôse an III :
Marché passé avec les citoyens Laurent père et fils pour l'exécution de ces travaux.
24 nivôse. Dans l'après-midi les prisonniers de guerre arrivent à Ivry.
F° 104 v°, 16 nivôse an III :
Etat des effets envoyés d'Evreux à Ivry pour le casernement de 50 hommes au dépôt des prisonniers de guerre.
F° 138 v°, 10 messidor an III :
La municipalité envoie à l'administration du district à Evreux, les effets de casernement des prisonniers de guerre du dépôt d'Ivry.

communauté d'idées avec une fraction des habitants.

Quelques violents n'en accomplissaient pas moins leur œuvre de guerre à la religion et de destruction et de profanation des choses et édifices appartenant au culte catholique.

C'est la spoliation de tout ce qui appartient au culte, aux édifices religieux ou aux confréries ! En ventôse an II, deux habitants d'Ivry transportent au district une cloche de Saint-Martin pesant environ 3000, et trois autres, dont le poids n'est pas indiqué ; puis deux autres petites cloches, une de l'église Saint-Jean, et une de la chapelle de l'abbaye.

Le 29 brumaire an III, état général est consigné aux registres de toutes les argenteries, fers, matières de cloches, provenant des églises de l'abbaye, de Saint-Martin et de Saint-Jean, de la confrérie et des dons patriotiques envoyés à Paris.

Mais une fâcheuse conséquence de ce zèle se manifesta bientôt. Comme on avait enlevé les grilles de fer qui fermaient le cimetière, les bestiaux y pénétraient librement. Il fallut, le 4 ventôse an III, s'occuper de faire faire de nouvelles clôtures en bois.

Ces événements sont ainsi relatés au commencement du registre destiné à consigner les délibérations du conseil de fabrique après la réorganisation officielle du culte :

« A peine la Terreur a-t-elle été à l'ordre du jour que les impies terroristes, en proférant les blasphèmes les plus atroces, ont brisé le tout (dans l'église) et déchiré les tableaux par lambeaux, sans que le maire et les officiers municipaux y aient fait la moindre opposition.

« L'église ainsi dévastée, il n'était plus possible d'y

célébrer le culte et ils ont poussé leur fureur jusqu'à briser toutes les vitres, établir dans le chœur et les sous-ailes des forges, y faire ferrer les chevaux et y commettre toutes les indécences imaginables.

« L'église a resté dans cet état depuis le 28 janvier 1794 jusqu'au 1er avril 1795, époque où les fidèles chrétiens, profitant du décret de la liberté du culte, se sont empressés de la rétablir. Elle a été rebénite le samedi-saint suivant et la messe y a été chantée solennellement le jour de Pâques par dom de Beaussart, ci-devant prieur de la dite abbaye, que Dieu, par un effet de sa bonté ineffable, nous avait conservé pour remplir une fonction si auguste et procurer aux fidèles la joie que peut inspirer une pareille cérémonie ; car, après avoir fait les outrages les plus sanglants, persécuté et chassé le digne pasteur de notre église, ils ont fait venir un curé constitutionnel à qui ils ont fait subir le sort le plus cruel, quoique d'ailleurs fort tranquille et ne cherchant qu'à se rendre utile à la commune, et cela peu de temps après la mort de notre légitime pasteur, l'ont livré au tribunal révolutionnaire qui l'a condamné à la déportation après avoir traîné sa malheureuse vie de cachots en cachots pendant un an ».

Dès le 7 germinal an III, les catholiques étaient assez nombreux et assez sûrs de l'opinion publique pour pouvoir se réunir ostensiblement dans l'église Saint-Martin même qui venait d'être profanée, pour s'occuper des réparations à y faire pour la remettre en état ; même, les réparations étaient déjà commencées !

Bien plus, deux jours après, le 9 germinal an III[1]

---

[1] Registre des délibérations et actes de la commune d'Ivry.

[Dimanche 29 mars 1795, jour des Rameaux], « la majeure partie des habitants d'Ivry et des fermes environnantes s'assemblent pour se rendre à la ci-devant église Martin pour y faire dire la messe à laquelle ils avaient toujours assisté à leurs jours de repos ».

Le corps municipal se présente à eux, pour leur faire entendre que ce lieu appartient à la république, et que personne n'a le droit de se l'approprier. Il donne lecture de l'article 3 du décret du 3 ventôse. Le peuple se retire.

Mais, le 16 du même mois [5 avril 1795, jour de Pâques], la majorité des citoyens y fait dire la messe, et le peuple y assiste en grand nombre.

La municipalité en adresse son rapport à l'administration.

Les mêmes registres (f° 140 v°) nous apprennent que, le 23 messidor an III, le citoyen de Beaussart déclare qu'il se propose d'exercer le ministère du culte catholique romain, dans l'étendue de la commune.

Bien plus, le conseil général de la commune se prononce, *officiellement*, peu après, pour le rétablissement du culte catholique[1].

Dom de Beaussart exerça donc sans encombre le ministère de la religion jusqu'au mois d'octobre 1797. Puis vint, pour lui aussi, le moment des persécutions.

Les lignes suivantes, empruntées aux notes de M. Mauduit, vont les faire connaître :

« D'un registre des baptêmes et mariages de la paroisse de Saint-Martin d'Ivry, depuis le 14 avril 1795,

---

[1] F° 152 v°. 16 vendémiaire an IV.
Le conseil général de la commune déclare que son intention est d'exercer le culte catholique dans la ci-devant église Saint-Martin, promettant de se conformer à la loi.

— 323 —

jusques et y compris l'année 1805, étant à l'église d'Ivry, j'ai extrait les notes et remarques suivantes :

« Ce registre contient, dans son commencement, des baptêmes d'enfants de paroisses voisines, telles que La Couture, Garennes, La Chaussée, Nantilly, Guainville, le culte n'y étant point encore rétabli. Il est écrit de la main de M. de Beaussart, sans signatures de lui jusqu'au 9 mai 1802. Il y a une interruption du 5 octobre 1797 au 24 mai 1801.

« Cette interruption est expliquée par la mention portée par M. de Beaussart sur ce registre que : « dé-« noncé, pour la 5ᵉ ou 6ᵉ fois, pour faire des actes de « naissance et de mariage..., pour avoir corrompu l'es-« prit public de tous les environs d'Ivry, enfin pour avoir « conspiré sourdement contre la sûreté de la république, « il a été obligé de fuir le 5 octobre 1797, à 3 heures « de l'après-midi, pour éviter la gendarmerie nationale « qui arriva pour l'enlever une heure au plus après son « départ. Forcé de se cacher, puis en prison, mis en « liberté par le jury de Versailles qui ne trouva point lieu « à accusations sur tous les chefs de dénonciation ci-des-« sus mentionnés, condamné à la déportation par le « commissaire du pouvoir exécutif près le département « de l'Eure, dans le même temps qu'il était détenu dans « les prisons de Versailles; et, comme tel, obligé de se « cacher de nouveau, malgré le prononcé du jury spé-« ciaux (sic), il ne reparut que lorsque l'arrêté de Buona-« parte remit les prêtres déportés en liberté de revenir. « De retour à Ivry, il ne pensait qu'à s'occuper chez lui « lorsque des sollicitations souvent réitérées de reprendre « les fonctions curiales le décidèrent enfin, et il reprit « les fonctions le jour de la Pentecôte 24 mai (1801). »

IVRY. 22

« Mais dès février 1803, c'est M. Picquenot qui est curé d'Ivry. Si M. de Beaussart figure aux actes de l'état civil, c'est désormais, y est-il écrit, « du consentement de M. Picquenot, curé de cette paroisse ».

« Ce registre se termine par un acte du 19 décembre 1805 signé : de Beaussart.

« A partir de l'installation de M. Guillaume Lemaître comme desservant d'Ivry (29 décembre 1805) et pendant les deux seules années qu'il paraît avoir exercé ses fonctions, on ne voit plus figurer le nom de M. de Beaussart aux actes; mais, à partir de 1807, il y figure de nouveau jusqu'à la mort de M. Picquenot. Il disparaît alors complètement. »

En même temps qu'une partie de la population montrait un sincère attachement à la religion, une autre fraction était autrement bruyante, bien que peut-être beaucoup moins nombreuse.

Il existe aux Archives Nationales toute une série de pièces relatives aux démarches et pétitions ou adresses des habitants d'Ivry.

En voici une brève analyse :

Le 17 juin 1793, des citoyens d'Ivry se rendent à la Convention nationale, « afin de s'assurer des faits qui leur avaient été annoncés par leurs administrateurs ». Ayant reconnu « la fausseté et le mensonge de ces administrateurs, ils les vouent au mépris [1] ».

Combien étaient ces mécontents de l'administration? Une note prise par M. Mauduit et ainsi conçue : « 19 juin 1793 Procès-verbal de la Convention nationale; adresse de *trois* habitants d'Ivry » ne nous donne-t-elle pas la réponse [2]?

[1] Archives nationales. Section législative et judiciaire. Cote C. 11-492
[2] Id. *Ibid.* Cote C. 11-535.

Vingt jours après, nouvelle adresse des « véritables républicains sans-culottes d'Ivry » qui demandent des armes.

Conformément d'ailleurs aux instructions de l'Assemblée nationale, la prise de Toulon fut célébrée par une fête nationale dont les organisateurs furent sans doute très fiers, car ils s'empressèrent d'en adresser, à l'Assemblée nationale, le procès-verbal ci-joint auquel nous laissons la parole :

« Procès-verbal de la fête célébrée à Ivri en l'honneur des vainqueurs de Toulon.

Aujourd'hui 20 nivôse, l'an deuxième de la république française une et indivisible, tous les habitans de la commune, désirant conserver le souvenir de la fête intéressante qu'ils ont célébré (sic) en l'honneur des vainqueurs de Toulon, ont arrêté qu'il en seroit dressé procès-verbal.

Le rendez-vous étoit donné sur les dix heures du matin, devant la maison commune. S'y sont trouvés réunis et dans l'ordre ci-après :

La garde nationale formant deux haies ;

Le citoien Président de la Société populaire portant un drapeau tricolor (sic) et entouré d'un grouppe de vieillards représentant la société populaire;

Un groupe de jeunes filles vêtues de blanc ornées de guirlandes de lierre et portant des couronnes;

Le citoien Baulieu vieillard militaire portant un faisceau d'armes et accompagné de deux de ses fils blessés en combattant les ennemis de la patrie; le faisceau portant pour inscription : *Aux vainqueurs de Toulon;*

Le juge de paix et ses assesseurs;

Les membres composant le comité de surveillance ;

Les membres du conseil général de la commune;

Une trouppe de citoiens et de citoiennes de tout âge et de tout sexe.

Le cortège, en cet ordre, s'est rendu au lieu ordinaire des séances de la société populaire où ont été placés deux drapeaux offerts par le conseil général de la commune, l'un sur la partie extérieure la plus élevée de l'édifice, et l'autre au-dessus du fauteuil du président. Là il a été chanté, par trois jeunes filles, un hymne en l'honneur de la Montagne.

Le cortège, ayant repris sa marche, s'est rendu au pied de l'arbre de la liberté, le citoien Baulieu a déposé le faisceau qu'il portait et sur lequel ses deux fils ont placé une couronne de lierre.

Il a été chanté un hymne à la liberté et à l'égalité, un des strophes, relatif à nos jeunes guerriers, a donné occasion aux jeunes filles de poser des couronnes sur la tête des jeunes Baulieu blessés en défendant la Patrie, ce qui a été exécuté au milieu des plus vifs applaudissements. Cet hymne a été suivi par un autre sur la reprise de Toulon, et d'un cantique patriotique à l'Être suprême.

Tous les citoiens se sont mêlés et ont dansé la carmagnole au milieu des cris de : vive la République, vive la Montagne, vive les vainqueurs de Toulon, en se jurant union et fraternité, et la garde nationale a reconduit à la maison commune les autorités constituées.

Tel est le récit vrai de la fête, simple mais touchante, que les citoiens d'Ivri ont célébré en l'honneur des vainqueurs de Toulon. Puissiez-vous, citoiens représentants, y voir l'expression des sentiments patriotiques qui animent les républicains d'Ivri. Ils saisissent cette occasion pour vous témoigner leur reconnaissance des efforts constants que vous faites pour leur bonheur et vous invitent, au nom du Salut public, à rester inébranlables à votre poste jusqu'à ce que tous les tirans coalisés aient fléchit les genoux devant notre sainte liberté et reconnu la république française. Tandis que vous attaquerez les ennemis extérieurs, les républicains d'Ivri, sentinelles vigilantes, attaqueront et pulvériseront les ennemis intérieurs.

Vive la république ! Vive la montagne !

POUR LES CITOIENS D'IVRI :

(signé) Pᵉ MAULVAULT, maire.

F. G. FREMANGER, greffier[1]. »

Il est, d'ailleurs, juste d'ajouter, qu'heureusement ces terribles républicains d'Ivry firent plus de bruit que de besogne.

Rappelons ici une de ces *bagatelles qui peignent*, selon l'expression du duc de Saint-Simon, et qui montrent l'état de nervosité maladive qui règne dans l'air pendant les époques de trouble.

« Pierre Brasseur, cordonnier, d'Ivry-la-Bataille, pour porter un gilet « fond rose, parsemé de fleurs de lys imprimées en faux or, fut, le 18 frimaire an II, arrêté, un instant détenu à Rouen, et conduit, le 18 pluviôse, au tribunal révolutionnaire de Paris, par ordre du Comité de surveillance de Rouen ».

Il convient d'ajouter, à l'honneur d'Ivry, que la commune et le comité d'Ivry intervinrent en faveur de leur concitoyen[2].

Nouvelle adresse est mentionnée dans le procès-

[1] Archives nationales. Section législative et judiciaire. Cote C. 11-931.
[2] F. Clérembray, *La terreur à Rouen*, dans : *La Normandie, revue mensuelle, historique, archéologique, littéraire*; Rouen, in-8º, 13ᵉ année, août 1898, p. 372.

verbal de la séance de la Convention du 2 ventôse an II [1].

Le 28 germinal de la même année, la société populaire d'Ivry envoie ses dons patriotiques[2].

Jusqu'à cette époque, Ivry, situé sur les bords de la rivière de l'Eure, s'était appelé Ivry-la-Chaussée.

Il fallait rompre avec ces traditions du passé; Ivry s'y intitule : *Ivry-la-Hauteur* ?... Antiphrase sans doute ? Cela fait penser aux vers d'Alfred de Musset :

> L'univers, mon ami, sera bouleversé,
> On ne verra plus rien qui ressemble au passé,
> Les riches seront gueux, et les nobles infâmes,
> Etc.....

Voici, d'ailleurs, cette liste, et l'adresse transmise en même temps[3] :

« Au citoyen Président du comité des secours à Paris : Ivry-la-Hauteur, le 24 germinal l'an 2 de la république française.

La Société d'Ivry-la-Hauteur s'empressera toujours, citoyen député, de donner des preuves de son attachement pour la République, nos frères les citoyens qui la composent (*sic*) sont prest à répandre jusqu'à la dernière goutte de leur sang pour le soutien des principes de liberté et d'égalité qui doivent animer tout bon patriote et pour le maintien de la Convention nationale qui est leur plus ferme appui. Peu fortunés, il n'est pas en leur pouvoir de donner beaucoup pour nos frères d'armes; ils auraient bien désiré être en état d'ajouter aux objets que nous t'envoyons en

[1] Archives nationales. Section législative et judiciaire. Cote 11-943.
[2] Id. *Ibid.* C. 11-1002.
[3] Id. *Ibid.* C. 11-1029.

leur nom par le citoyen Lecomte messager et dont voici
le détail :

Une aulne environ d'étoffe écarlate ;

Cinquante-deux chemises ;

Deux draps ;

Quatre paires de bas ;

Une cravate en soie ;

Seize paires de souliers ;

Une paire de brocquains ;

Un paquet de vieux linge ;

Un de charpie ;

Quatre sabres ;

Quatre baudriers ;

Deux épées ;

Un couteau de chasse ;

Un habit ;

Une veste ;

Une culotte ;

Trois épaulettes en or et laine ;

Un hausse-col ;

Une giberne avec son baudrier ;

Quatre-vingt-seize livres en or ;

Cent livres deux sous en argent,

Et soixante-quatre livres six sous en assignats et sous.

Nous t'envoyons aussi une adresse que tu voudras bien
remettre au citoyen président de la Convention, qui
exprime nos sentiments envers elle.

Reçoit, citoyen député, l'assurance de nos sentiments
pour tout ce qui peut concourir au bien de la République
une et indivisible.

Salut et fraternité.

Signé : Delaunay, président ; Bénard, vice-sécrétaire. »

Le 24 germinal, adresse nouvelle, remplie des imprécations et des menaces les plus effroyables contre ceux qui oseraient parler de roi ou de régent.

Enfin, une autre adresse est présentée à la séance du 5 floréal an II. Ce fut peut-être la dernière ; car les meilleures choses ont une fin ; et, avant prairial an III, la Société populaire d'Ivry avait cessé d'exister ! En effet, le 4 de ce mois, le citoyen Éloy Brunet fils, greffier de la « ci-devant Société populaire », remet à la municipalité les registres de ses procès-verbaux et actes, ensemble le registre d'épurement des citoyens de ladite commune pour être déposés aux archives.

Une sorte d'émeute, causée par l'appréhension de la famine, éclata le 3 fructidor an III (20 août 1795). Malgré les remontrances des officiers municipaux, la majeure partie des citoyens et citoyennes emportent de la maison commune où ils étaient déposés des sacs de blé qu'ils se partagent[1].

Entre ces énergumènes, entre cette Société populaire, si exaltée, au moins en paroles, et entre les partisans de l'ordre et de la religion catholique, le rôle de l'administration municipale dut présenter des difficultés. Notons ici les noms des maires et le temps de leur administration. Généralement ils restèrent peu en fonctions :

« On voit, par un acte du 23 décembre 1790, que le maire était alors M. Gabriel-François Levaigneur.

« Le 13 novembre 1791, les habitants, réunis en vertu du décret du mois de décembre 1789 et des lettres patentes du roi du mois de janvier 1790, pour procéder à la constitution de la nouvelle municipalité d'Ivry, élisent

[1] Registre des délibérations et actes de la commune d'Ivry.

pour maire M. François-Hyacinthe Lecerf. Le 26 du même mois, il prête serment en cette qualité.

« Le 2 décembre 1792, il est procédé, en vertu de la loi du 19 octobre précédent, au renouvellement de la municipalité. Le citoyen Lecerf est réélu comme maire ; mais, peu de temps après, il fut appelé, par élection, aux fonctions de juge de paix, pour lesquelles il opta. En conséquence, les habitants, convoqués pour élire un nouveau maire, appelèrent à ces fonctions, par le scrutin du 16 décembre 1792, le citoyen Pierre Maulvault.

« Le 13 juillet 1793, il donna sa démission ; mais, le 23 du même mois, sur l'instance de ses collègues, il consent à la retirer. »

« D'après la constitution du 5 fructidor an III (22 août 1795) (art. 179), les communes dont la population est inférieure à 5.000 habitants ont, non plus un maire, mais un *agent municipal* et un adjoint.

Or voici, d'après les signatures des registres de l'état civil, les noms des agents municipaux d'Ivry :

Du 18 frimaire an IV (9 décembre 1795) au 14 ventôse an V (4 mars 1797) : Jouvin (Léon-François), agent municipal.

20 vendémiaire an VI (11 octobre 1797) au 30 ventôse an VI (20 mars 1798) : Lemaître (Pierre), agent municipal.

Le 4 prairial an VII (23 mai 1799), acte signé : Noinville (Pierre), agent municipal.

Un acte du 13 vendémiaire an VIII (5 octobre 1799) est signé : Lemaître (Pierre), agent municipal.

Une loi du 28 pluviôse an VIII (17 février 1800), ayant rendu aux chefs de toutes les municipalités le nom de maire, à partir du 28 germinal an VIII, M. Lemaître (Pierre) signe : *maire provisoire*.

Le 1er brumaire an IX (22 octobre 1800) : M. Pierre Ledier était maire ; il l'était également en l'an XI et en 1806 [1]. »

La nouvelle organisation territoriale avait établi une justice de paix à Ivry, et lui avait, aussi, donné le titre de chef-lieu de canton. Le siège de justice de paix fut bientôt supprimé.

Voici les noms des juges de paix :

12 janvier 1791. — 25 novembre 1792 : Georges Délérablée, juge de paix d'Ivry.

15 décembre 1792. — Vendémiaire an V : François-Hyacinthe Lecerf de la Boullaye, juge de paix d'Ivry.

Le répertoire des actes de la justice de paix d'Ivry commence le 23 janvier 1791 [2].

La justice de paix d'Ivry fut supprimée en 1801.

Mais Ivry demeura chef-lieu de canton, d'après le tableau annexé à la loi du 28 pluviôse an VIII (17 février 1800), concernant la division du territoire français et l'administration [3].

Ce titre aussi lui fut enlevé bientôt ; car, dès 1808 [4], on

[1] Un arrêté du préfet du 20 décembre 1812 le nomme maire.

[2] (Notes prises au greffe de la justice de paix de Saint-André.)

[3] Le canton d'Ivry comprenait vingt-quatre communes : Bois-le-Roi, Boussey, Bueil, Champigny, Chanu, La Couture, Croth, Epieds, Ezy, La Futelaye, Garennes, Gratheuil, Heurgeville, Ivry, le Lhabit, Lignerolles, Lorey, Marcilly-sur-Eure, Mousseaux, Mouettes, Neuilly, la Neuvillette, Saint-Laurent-des-Bois, Villiers-en-Desœuvre.

[4] Lettre du grand-juge ministre de la justice à M. le maire d'Ivry.
Paris, le 27 avril 1808. Le ministre de l'intérieur m'a renvoyé, Monsieur, une pétition par laquelle la commune d'Ivry sollicite le rétablissement de l'ancien canton dont elle était le chef-lieu. Je ne pourrai m'occuper de cette demande que lorsqu'elle m'aura été adressée par le Préfet de votre département avec son avis et celui du sous-préfet de votre arrondissement.
Recevez, Monsieur, l'assurance de mes sentiments affectueux.
Le grand-juge ministre de la justice.
(Signé) : RÉGNIER.

voit commencer la série des demandes, toujours infructueuses, présentées par Ivry pour voir rétablir son ancienne dignité.

Ces demandes furent renouvelées, notamment, en 1829[1], à l'occasion du passage de Mme la Dauphine qui, cependant, avait bien voulu y prendre intérêt ; puis en 1879[2].

En nivôse, pluviôse et ventôse an VI, on procéda à la

---

[1] On lit dans l'inventaire des papiers de la mairie d'Ivry, fait en 1830 par M. de la Boullaye, maire démissionnaire :

N° 60. Une liasse contenant un accusé de réception de la part de S. A. R. Madame la Dauphine d'un placet que lui aurait présenté le maire, à la suite de son passage du 18 mai 1829, lequel avait pour objet d'obtenir que le titre et rang de canton lui [la commune d'Ivry] fut rendu. Par décision du 17 août 1829, M. de la Bourdonnaye, ministre de l'Intérieur, débouta Ivry de cette demande.

Mme la Dauphine y avait pris intérêt.

[2] Délibération du conseil municipal d'Ivry, reproduite dans le journal le Courrier de l'Eure, du 21 septembre 1879.

Le Conseil,

Considérant que le bourg d'Ivry a été chef-lieu de canton jusqu'en l'an VIII ;

Qu'une bonne partie des anciens documents et pièces concernant cet ancien canton se trouve dans les archives d'Ivry-la-Bataille ;

Qu'il n'existe entre Saint-André, chef-lieu du canton actuel, Ivry et ses environs, aucun moyen de communication ;

Que le canton de Saint-André, composé de 31 communes, est le plus étendu de tous ceux du département ;

Que la partie du canton la plus éloignée du chef-lieu, c'est-à-dire la vallée d'Eure, est justement la plus populeuse et la plus industrieuse, celle qui, par conséquent, devrait particulièrement se trouver à proximité des administrations dont la ville chef-lieu a le privilège exclusif, justice de paix et bureau d'enregistrement ;

Qu'à l'exception de ces deux administrations, exclusivement réservées aux villes chefs-lieux (sic), Ivry-la-Bataille possède, dès à présent, toutes celles qui caractérisent les centres importants, notamment : notariat, office d'huissier, recette des contributions indirectes (la plus importante de l'arrondissement), gendarmerie, bureau de poste, télégraphe, médecin, pharmacien, chemin de fer, banque ;

Émet le vœu qu'un nouveau canton, dont le chef-lieu serait Ivry, soit créé au moyen des communes de la vallée d'Eure et de celles limitrophes faisant aujourd'hui partie du canton de Saint-André, auxquelles on pourrait adjoindre celles du canton de Pacy éloignées de leur chef-lieu qui faisaient partie de l'ancien canton d'Ivry et qui se trouvent encore aujourd'hui comprises dans la circonscription de la gendarmerie et du bureau des contributions indirectes d'Ivry.

vente de quelques biens-fonds dépendant de la succession de « la veuve Orléans », situés à Ivry ou aux environs.

Les mises à prix formaient un total de 150.530 fr. 70 c. Les enchères montèrent à près de trois millions (2.902.820 francs), évidemment parce que les paiements furent faits en assignats[1].

Le 18 vendémiaire an VIII, le canton d'Ivry fut mis en état de siège pour le débarrasser des brigands, nous apprennent les registres de l'administration municipale et cantonale.

Nota. — L'histoire d'une commune est généralement close avec le xviiie siècle. Mais diverses notes prises par M. Mauduit prouvent qu'il voulait pousser son histoire jusqu'à l'époque actuelle. Pour nous conformer à sa pensée, nous avons donc, dans les chapitres qui suivent, utilisé ses notes, et même nous les avons complétées de notre mieux.

[1] *Vente des biens de la veuve Orléans :*

2 nivôse an VI. La ferme de la Malmaison contenant 330 arpents de terre et 8 arpents de pré, vendue à Pierre Jean Nicolas Picaudot, de Paris, pour 570.000 fr., sur la mise à prix de 51.390 fr.

2 nivôse an VI. Les grands moulins mis à prix 47.655 fr., adjugés au même pour 404.000 fr.

7 nivôse an VI. Le four bannal mis à prix 548 fr. 70 c., adjugé à Gilles Daniel d'Ivry pour 820 fr.

27 pluviôse an VI. — La Buchaille et le Courtanson, contenant 168 arpents, mis à prix 49.627 fr. 50 c. ; adjugé à Casimir Thorel, demeurant à Forêts, 1.851.000 fr.

7 ventôse an VI. Six îles sur la rivière, mises à prix 1.309 fr. 50 c. ; adjugées à Leboullenger-Capelle d'Evreux, 80.000 fr.

(Renseignements pris aux Archives de l'Eure.)

CHAPITRE XXVII

Époque contemporaine. — Visite du Premier Consul. — Les troupes étrangères à Ivry en 1815. — Visite de la duchesse d'Angoulême. — Le bienheureux J.-D. Laval. — Notes diverses.

En 1802, Ivry, et le terrain sur lequel eut lieu la bataille dite d'Ivry, eurent la visite du Premier Consul.

« Le Premier Consul et Madame Bonaparte, dit une relation du temps, sont partis de Saint-Cloud, le 7 brumaire [an XI], à 6 heures du matin, accompagnés de Madame de Luçais, du citoyen de Luçais, préfet du palais, des généraux Soult, Bessières, Caffarelli, du chef de brigade Beauharnais, etc...

... D'Anet, le premier consul s'est rendu sur le champ de bataille d'Ivry. Pour le parcourir, il est monté sur un bidet de poste. Le général de brigade Laroche, commandant le département de l'Eure, lui ayant offert le sien : « Je ne démonte jamais un général, » lui répondit le premier consul.

Il ordonne que la colonne d'Ivry soit relevée.

D'Ivry, le premier consul devait passer par Pacy pour se rendre à Evreux, mais, ayant remarqué sur la carte un chemin plus court, il le suivit et rentra à Evreux pendant que le préfet l'attendait sur la route de Pacy, d'où il ne revint qu'une heure après [1]. »

[1] *Voyage fait par le Premier Consul en l'an XI de la République dans*

Les détails qui suivent, intéressants pour Ivry, écrits
en 1817, complèteront la concision de la relation quasi-
officielle que nous venons de donner.

« Le 29 octobre 1802, à une heure d'après-midi, Napoléon Bonaparte arriva à Ivry avec une partie de sa suite.
M. Pierre Ledier, qui en était maire, lui adressa ces
mots :

« Général, la petite ville d'Ivry ne devait jamais s'at-
« tendre à vous posséder dans son sein. Vos exploits lui
« rappellent ceux d'un héros qui, jadis, dans la plaine
« dont elle porte le nom, sut vaincre et pardonner. Vos
« regards sont dignes des hauts faits qui s'y sont passés,
« et ils laisseront à la postérité le souvenir de deux
« grands hommes. »

« Bonaparte, qui, dès lors, avait l'intention de s'emparer du trône des descendants de Henri IV..., parut
très satisfait de ce discours. Il descendit de voiture à
Boussay, monta à cheval, accompagné de MM. de La
Roche, commandant le département de l'Eure, Georges
de Lérablée, maire d'Epieds, De Bras, garde-général des
forêts d'Ivry, et autres personnes du pays et de sa suite.
Il parcourut, avec beaucoup d'intérêt, cette plaine célèbre,
s'arrêta à l'endroit où Henri IV s'était reposé après la
bataille.

« Tous ceux qui l'entouraient éprouvèrent une vive
émotion, suivie d'un morne silence qui annonçait le vœu
de voir rétablir le monument. Mais, comment en sug-
gérer l'idée à l'ennemi des Bourbons ? Néanmoins, M. De
Bras lui dit : « Général, voici la place où a existé la pyramide érigée par le duc de Penthièvre à la gloire de

les départements de l'Eure et de la Seine-Inférieure, Rouen, V. Guilbert
[s. d.], in-8°, p. 5-6.

Henri IV. » « Nous avons fait notre possible, s'écrièrent les maires d'Ivry et d'Epieds, pour sauver ce monument qui retraçait des souvenirs si chers à nos concitoyens. »

« Le Premier Consul s'aperçut de l'impression que le nom de Henri IV faisait éprouver à ceux qui étaient présents ; et comme, alors, il cherchait à réparer les maux de la Révolution et à plaire au peuple Français, il dit : « Cet emplacement est digne de mémoire, et la pyramide sera réédifiée, » ce qui inspira la joie la plus vive. Il donna, de suite, des ordres à ce sujet. C'est un des traits qui l'honorent le plus. Heureux pour la France s'il n'eut pas flétri ce juste hommage au chef immortel de la dynastie des Bourbons en faisant arrêter à Ettenheim... et immoler... l'infortuné duc d'Enghien, dernier rejeton et seul espoir d'une race féconde en héros dont il aurait perpétué la renommée, et par l'exécrable 20 mars 1815 qui a plongé le royaume dans un abîme de calamités.

« Avant de quitter la plaine d'Ivry, il se fit indiquer les noms des communes environnantes et des diverses positions que l'armée de Henri IV et celle du duc de Mayenne occupaient le jour de la bataille. Il se rendit, par Cracouville, à Evreux où il arriva à quatre heures du soir [1]. »

Une lettre du préfet de l'Eure, M. de Gaville, conserve le souvenir du passage et du séjour à Ivry, en 1815, d'un corps de troupes des Alliés [2].

[1] Auguste Gady, *Précis de la vie de M. Lieudé, baron de Sepmanville, avec des détails sur Henry IV et la pyramide d'Ivry ;* Versailles, Jacob, 1817, in-8°, p. 71 et suiv.

[2] *A M. le Maire du bourg d'Ivry :*

Evreux, le 9 octobre 1815.

Je vous informe, Monsieur, que le 12 de ce mois, un corps de troupes, fort d'environ 2.600 hommes et de 2.000 chevaux, arrivera dans votre

« Quelques années avant la révolution de 1830, a écrit M. de Reiset dans le Journal le *Courrier de l'Eure*[1], Mme la duchesse d'Angoulême, en passant par Ivry, voulut rendre hommage à la gloire de son ancêtre en parcourant les lieux qu'il avait illustrés. Elle était accompagnée, dans cette excursion, de M. Lecerf-Laboulaye, maire d'Ivry, de Mgr de Clausel de Montcalm, évêque de Chartres, de la marquise de Vaudreuil et de la vicomtesse de Sourches, qui, la nuit précédente, lui avait offert chez elle une fête splendide et donné l'hospitalité. Au pied de la pyramide, un bouquet fut présenté à cette princesse par Mme de la Bigottière, dont la famille descend d'un gentilhomme de ce nom, qui lui-même prit part à la bataille d'Ivry ».

M. Mauduit précise et rectifie ainsi :

« C'est le 18 mai 1829, que Madame la duchesse d'Angoulême passa à Ivry.

« Un gentilhomme du nom de la Bigottière était, en effet, capitaine des gardes du duc de Mayenne à la bataille d'Ivry. Mais, M. Jacques Rose Chevallier de la Bigottière, décédé le 30 juin 1858, était étranger à cette ancienne famille. C'est de l'acquisition du fief de la

commune ; et que, le 15, un autre corps de 10.600 hommes et de 600 chevaux y prendra également logement.

Occupez-vous, à l'instant, et de concert avec les maires des communes qui vous environnent, d'assurer le logement et la subsistance de ces troupes.

En vous annonçant, Monsieur, ce nouveau passage militaire, bien onéreux sans doute, j'ai la satisfaction de vous annoncer aussi que c'est un départ définitif, ce qui doit beaucoup nous encourager pour ce dernier sacrifice.

J'ai l'honneur, Monsieur, de vous saluer avec la plus parfaite considération.

Le préfet de l'Eure,

(*Archives de la mairie d'Ivry.*)   Marquis de Gaville.

[1] Numéros des 15 et 26 juin et 15 juillet 1858.

Bigottière par son père, qui était de la maison du duc de Penthièvre, qu'est venue l'addition du nom de cette terre à celui de la famille, qui était Chevallier. »

Dans une lettre du préfet de l'Eure au maire d'Ivry, en date du 25 septembre 1829[1], on voit que l'état général de la dépense faite à Ivry lors du passage de S. A. R. la Dauphine, le 18 mai précédent, montait à la somme de 187 fr. 78 c.

Vers 1830, exerça pendant cinq ans la médecine à Ivry, un jeune médecin, Jacques-Désiré Laval, qui s'y convertit, entra dans les ordres et mourut missionnaire en 1864, à l'île Maurice, où il mérita le surnom d'*Apôtre des Noirs*.

L'Eglise s'occupe maintenant de sa canonisation, et une lettre épiscopale de Mgr l'Evêque d'Evreux, en date du 29 juin 1895, s'exprime ainsi à son sujet[2] :

« C'est dans un petit village de notre diocèse, à Croth, sur les bords de l'Eure, que naquit le serviteur de Dieu, Jacques-Désiré Laval, le 18 septembre 1803, de parents aussi distingués par leur piété et leur esprit chrétien, que par la probité et les sentiments d'honneur, qui étaient comme de tradition dans sa famille. C'est dans Notre diocèse que s'écoula son enfance, sous les yeux vigilants d'une pieuse mère, qui s'appliquait à nourrir son âme non moins qu'à bien former son corps, mais qui lui fut, hélas ! trop tôt ravie ; c'est dans Notre diocèse, sous la direction de son oncle, curé de Tourville-la-Campagne, qu'il fit ses premières études ; c'est dans Notre diocèse que plus tard, après avoir reçu le diplôme de docteur, il

---

[1] *Archives municipales d'Ivry*.

[2] *Semaine religieuse du diocèse d'Evreux*, 17ᵉ année ; numéro du 6 juillet 1895, p. 362-363.

vint exercer la médecine, et pendant cinq ans, à Saint-André d'abord et à Ivry-la-Bataille ensuite, fit auprès des malades l'apprentissage de cette vie de dévouement qui lui était réservée ; c'est dans Notre diocèse qu'il entendit l'appel de Dieu et correspondit à la grâce, en prenant la résolution d'embrasser le sacerdoce.

C'est dans Notre diocèse enfin, que devenu prêtre, l'abbé Laval fit ses débuts dans l'exercice du saint ministère, et qu'il donna libre carrière au zèle dont il était dévoré pour la gloire de Dieu et le salut des âmes.

Vers 1839, en effet, il fut nommé curé de Pinterville par Mgr Salmon du Chatellier, et plus tard, sans cependant quitter Pinterville, desservant d'Acquigny. Dans l'une et l'autre de ces deux paroisses, son souvenir est encore vivant, et sa mémoire reste en vénération. On parle encore de sa piété, de ses mortifications, de sa charité envers les pauvres ; déjà il laissait pressentir ce qu'il serait plus tard.

Vous le voyez, Nos Très Chers Frères, le Père Laval nous appartient ; il est à nous, non moins qu'aux habitants de l'île Maurice.

Nous devons donc désirer aussi ardemment qu'ils le désirent eux-mêmes, que sa cause triomphe ; nous devons donc souhaiter que bientôt l'Église soit en mesure d'inscrire solennellement son nom au catalogue des Saints. Demandons-le à Dieu par la prière..... »

Ivry n'a pas oublié le jeune médecin du premier tiers de ce siècle. Sa belle-sœur disait, vers 1894, à M. le curé d'Ivry, qu'au tombeau du bienheureux, les noirs se rendaient par milliers et obtenaient, par son intercession, bien des guérisons et des grâces célestes.

Ce souvenir n'est pas près, il faut du moins l'espérer, de s'éteindre à Ivry, puisque l'on a eu la louable pensée de consacrer un vitrail de l'église à quelques traits de la vie de missionnaire du P. Laval.

La suite de l'histoire d'Ivry ne peut se trouver, à vrai dire, que dans les délibérations du conseil municipal, dans celles du conseil de fabrique, ou dans les archives de la mairie. Nous donnons, en note, les extraits des délibérations du conseil municipal, faits par M. Mauduit, jusqu'en 1855, et que nous n'avons pas pu pousser plus loin[1].

---

[1] Extrait des registres des délibérations du conseil municipal d'Ivry, du mois d'avril 1819 jusqu'au 18 juin 1855 :

Acceptation du legs de 300 francs de rente, fait aux pauvres d'Ivry par le sieur Pierre Ledier, par son testament du 14 novembre 1826.

28 mai 1812. Testament de M. Picquenot, curé, décédé à Ivry, le 21 septembre 1813, par lequel il lègue à la commune d'Ivry, le presbytère par lui acquis de M. Lecerf, à la charge, par ladite commune, d'une messe basse les premiers vendredis de chaque mois, et d'un service le jour anniversaire de sa mort, et de distribuer annuellement 75 francs aux pauvres, le tout à perpétuité.

Démisssion de M. Maulvault le 16 septembre 1830.

M. Lemoine nommé maire le 17 septembre 1830.

MM. Marie, curé, Postel et Maulvault, refusent le serment comme membres du bureau de bienfaisance, le 21 septembre 1830.

26 septembre 1830. Election des officiers et sous-officiers de la garde nationale.

30 août 1835. Le conseil vote 10.000 francs : 1.600 francs pour une pompe à incendie et le surplus pour la construction de la route départementale de Saint-André à Ivry.

9 novembre 1835. Indemnité à la demoiselle Carpentier institutrice.

26 mars 1838. Approbation du projet d'échanger les bâtiments de l'école contre la propriété du sieur Marc, proche les halles, moyennant 2.200 francs de soulte à ce dernier.

23 septembre 1838. Délibération d'aliénation des pâtures des Fontaines (10 arpents) pour pourvoir au paiement de la soulte et à l'appropriation de la maison d'école, acquise de M. Marc.

9 décembre 1838. Démission de M. Lemoine de ses fonctions de maire et de conseiller municipal. Démission du conseil municipal fondée sur les difficultés apportées par l'administration supérieure à la réalisation de l'échange pour la maison d'école.

13 janvier 1839. Installation des conseillers réélus.

M. Lemoine a été renommé maire, le 18 décembre 1839, et installé

Le nouveau cimetière d'Ivry a été béni le 23 novembre 1863 par Mgr Devoucoux, évêque d'Évreux[1].

Il n'est pas, dans nos contrées, de commune qui n'ait à noter quelques souvenirs de la guerre de 1870-1871 : enfants du pays tués ou blessés, ou ayant conquis des

le 19 janvier 1840. L'intérim a été rempli par M. Doubleau, adjoint.

23 novembre 1839. Avis qu'il y a lieu d'affermer les pâtures communales.

26 juillet 1840. Avis de l'établissement d'une nouvelle foire, la veille de Quasimodo.

1840. Construction des ponts des Grands moulins.

24 juillet 1841. Sur l'avis du départ de Mlle Carpentier, institutrice, le Conseil demande qu'elle soit remplacée par une religieuse.

21 octobre 1839. [?] Ordonnance royale qui autorise l'aliénation des pâtures des Fontaines.

8 mai 1842. Approbation du projet d'acquérir la maison Vigneron pour 17.000 francs.

27 octobre 1844. Le Conseil vote 1000 francs pour l'établissement du chemin de fer de Cherbourg.

5 août 1845. Demande : 1° d'acquisition de la maison Lemaître ; 2° de reconstruction du pont Bretel ; 3° d'établissement d'arches à la chaussée.

9 février 1846. Avis de participer à l'établissement d'une chaussée sur Eure-et-Loir.

Arrêté du 9 mars 1848, par lequel les commissaires du département de l'Eure nomment MM. Cauvry, Delasiauve et Martel membres d'une commission provisoire chargée d'administrer la commune d'Ivry en remplacement des maire et adjoint, qui sont révoqués.

Expression des regrets de la révocation des maire et adjoint (délibération du 14 mars 1848).

13 juin 1848. Démission de M. Delasiauve.

7 octobre 1848. Installation des nouveaux conseillers. Jusqu'à ce que le conseil ait été complété, le conseiller premier inscrit remplira les fonctions de maire avec l'assistance des deux conseillers suivants.

22 octobre 1848. Élection, par le conseil municipal, de M. Lemoine comme maire et de M. Marc comme adjoint.

5 août 1849. Demande de translation du cimetière.

5 août 1849. Demande d'autorisation de vendre ce qui reste de la halle.

17 janvier 1850. Dernière séance où M. Lemoine figure comme maire. Les fonctions en sont remplies par l'adjoint.

21 août 1852. Séance dans laquelle, après lecture d'un arrêté du préfet du 14 du même mois qui le nomme maire, M. Lemoine déclare n'en pas accepter les fonctions.

31 octobre 1852. Installation de M. Lemoine fils, nommé maire par arrêté du 22 octobre.

18 juin 1855. Arrêté de nomination de M. Lemoine fils comme maire.

[1] *Almanach liturgique du diocèse d'Évreux*, année 1865, p. 74.

grades, logement ou réquisitions de guerre… Sans réponse aux questions que nous avons à plusieurs reprises adressées par écrit, dans la seconde moitié de l'année 1898, à M. le maire d'Ivry, tant sur ce point que sur plusieurs autres ayant trait à l'histoire contemporaine de la commune, nous nous bornerons à copier, sans nous porter garant de leur exactitude, les lignes suivantes d'une notice sur Ivry :

« Ivry, lors de l'invasion allemande, a su se rappeler les sièges meurtriers d'autrefois. Il s'est encore défendu. La garde nationale, avec les mobiles de l'Ardèche, ont arrêté cette race d'Allemands pendant deux mois entiers. La conduite de cette garde nationale a appelé l'attention de M. Fleau, alors préfet de l'Eure, qui adressa une lettre à la mairie dans laquelle il déclare : QUE LA GARDE NATIONALE A BIEN MÉRITÉ DE LA PATRIE [1] ».

La ligne de chemin de fer, dite de Saint-Georges à Acquigny, sur laquelle se trouve la station d'Ivry, a été livrée à l'exploitation le 1er mai 1873 [2].

Depuis quelques années, une grande et assez belle mairie a été construite à Ivry.

Plus récemment encore, l'éclairage par l'électricité y a été établi ; mais, sur ces faits encore, n'ayant pas obtenu de réponse aux lettres écrites à M. le Maire, il nous faut nous en tenir à ces trop vagues mentions qui peut-être, dans l'avenir, pourront, malgré leur concision, rendre quelque service et faciliter de plus amples investigations.

Pour terminer, nous donnons en note un article statis-

[1] Notice sur Ivry-la-Bataille, par Morbois-Martel, fabricant de peignes à Ivry-la-Bataille. — Pacy-sur-Eure et Evreux, 1873, broch. in-8°, p. 75.
[2] V. journal le Courrier de l'Eure, numéro du 26 novembre 1891.

tique sur Ivry, emprunté à un excellent *Dictionnaire des communes du département de l'Eure*, imprimé en 1882[1].

Il ne nous reste maintenant qu'à reprendre, dans des chapitres spéciaux, divers sujets qui devaient être traités à part.

[1] Ivry-la-Bataille, arrondissement d'Evreux, canton de Saint-André, sur l'Eure, à 60 mètres d'altitude. — Population 981, ménages 326. — Surface territoriale 776 hectares. — Contributions foncières 6.180 francs; chef-lieu de perception pour Ivry-la-Bataille, Bois-le-Roi, la Couture-Boussey, Croth, Ezy, Garennes, le l'Habit, Marcilly-sur-Eure, Mouettes. — Eglise paroissiale ; presbytère. — Ecole communale de garçons, école communale de filles. — Bureau de bienfaisance. — Contributions indirectes : circonscription administrative d'Evreux; receveur particulier ; receveur buraliste : Bueil (Neuilly) ; la Couture-Boussey ; Ezy (Croth) ; Garennes, Ivry-la-Bataille, Villiers-en-Désœuvre : 6 recettes buralistes, 8 communes, 67 débits de boissons, 8 débits de tabac, 4610 arbres à cidre. — Patentés 109. — Bureau de poste-télégraphe municipal. —Chemin de fer d'Orléans à Rouen (station). — Routes départementales n° 21, de Rugles à Pacy, avec embranchement à la limite d'Eure-et-Loir ; n° 23 de Louviers à Dreux ; chemin de grande communication n° 59. — 1 notaire, 1 huissier, 1 officier de santé, 1 pharmacien, une sage-femme. — Distance aux chefs-lieux de département et d'arrondissement 31 kil., de canton 14 kil. — Puits de 18 mètres. — Brigade de gendarmerie et chambre de sûreté. — Droits de marché, 605 fr. — Foires : la veille de la *Quasimodo* (bestiaux, lutherie) ; le 24 juin *saint Jean-Baptiste* (bestiaux, cuirs, lutherie, mercerie); le 10 août *saint Laurent* (chevaux, bestiaux, mercerie, lutherie); le 29 septembre *saint Michel* (bestiaux, cuir, lutherie, etc.) — Marché le samedi (halle). — Biens communaux 9 hectares. — Sol : alluvions, graviers anciens des vallées, calcaire siliceux, calcaire grossier, argile plastique, craie blanche. — Agriculture, céréales. — Industrie : fabriques de billes de billards, de chandelles, de chaux, de cuirs ; manufacture d'instruments de musique ; moulins à blé; fabrique de peignes en corne de bœuf et buffle, spécialité de décrassoirs ; pétrins mécaniques, moulins à tan, tanneries.

Dépendances : l'Abbaye, la Buchaille, la Cense, les Grands Moulins, la Malmaison, la Motte, le Moulin-l'Abbé, Saint-Victor, Thouvoie.

CHAPITRE XXVIII

Si, comme on l'a vu, le vocable de la principale église
d'Ivry autorise à penser que cette localité remonte, en tant
que paroisse, aux époques les plus lointaines, l'église
actuelle de Saint-Martin est, au contraire, d'une construction assez récente.

C'est un bel édifice, à trois nefs, sans transepts, construit en pierre de taille, sans doute à deux reprises, et
dont les parties les plus anciennes ne datent vraisemblablement que des premières années du xvie siècle ou de la
fin du xve.

Un *Mémoire signifié pour l'abbé de Monclar, abbé
commendataire de Notre-Dame d'Ivry, contre les fabri-
ciens de la dite église*, le 24 juillet 1769, devant le Conseil du Roi [1], à l'occasion du procès entre l'abbé et les
habitants d'Ivry, ainsi analysé par M. Mauduit, va nous

---

[1] Un exemplaire de ce Mémoire, imprimé à Paris, chez P. de Lormel,
rue du Foin, en 1769, appartenait à un propriétaire d'Ivry, M. Maul-
rault.

révéler plusieurs particularités intéressantes de l'histoire de cet édifice :

« La question du procès était tout simplement de savoir si les habitants d'Ivry étaient tenus aux réparations des nefs latérales ou bas-côtés de leur église paroissiale de Saint-Martin, ou si, au contraire, ces réparations devaient rester à la charge du gros décimateur (l'abbé), déjà obligé aux réparations du chœur et cancel.

« Diane de Poitiers, duchesse de Valentinois, et baronne d'Ivry, avait formé le dessein d'établir un chapitre à Ivry. Le plan de l'église qu'elle lui destinait répondait à sa magnificence ordinaire.

« Elle en jeta les fondements ; mais bientôt, soit qu'elle eût abandonné ce projet, soit qu'après sa mort ses héritiers se missent peu en peine de remplir ses pieuses intentions, le vaisseau n'étant plus destiné qu'à servir d'église paroissiale pour 1 000 à 1 200 âmes de communion, on crut devoir le réduire. On se contenta de bâtir le chœur et la moitié de la nef du milieu et des nefs latérales.

« Tel était l'état de l'église lors de la commende de Monseigneur le Grand Prieur de Vendôme en 1668.

« Sous cette première époque le chœur n'était pas aussi long qu'il l'est aujourd'hui (1769). Son vaisseau était élevé de douze pieds au-dessus de la nef du milieu.

« En 1688, un ouragan abattit les parties des toits trop élevées ; et, par défaut de réparations, l'église tomba presque en ruine [1]. En 1705, les habitants firent consta-

---

[1] C'est évidemment à cet ouragan de 1688, dont les désastreuses conséquences pour les monuments normands sont bien connues, que fait allusion la note ci-dessous, inscrite en marge de l'acte d'inhumation d'une veuve Delisle, décédée le 21 octobre 1763 à l'âge de 98 ans : « La sous-ditte veuve Delisle m'a dit qu'il y avait 78 ans le jour de

ter les réparations à faire au chœur et au cancel ; elles
s'élevèrent à la somme de 2.900 livres que le Grand
Prieur fut condamné à payer, comme tenu aux dites répara-
rations, par arrêt au Grand Conseil, du 11 septembre 1705.

« Cet arrêt n'aurait pas été exécuté.

« Les réparations étaient devenues si considérables
qu'elles équivalaient à une nouvelle construction ; les habitants firent, avec M. le Grand Prieur, un arrangement aux
termes duquel ils se chargeaient des réparations à la
charge de ce dernier, moyennant la somme de 9.000 livres qu'il s'engageait de leur fournir.

« La transaction constatant cet arrangement est du
13 septembre 1721. On y retrace tout ce qui s'est passé
depuis 1705. Les plans, profils et devis y sont annexés.

« Le Grand Prieur de Vendosme mourut en 1726.
L'abbé Anisson lui succéda dans la commende d'Ivry
Son premier soin fut de faire procéder à un état des réparations de la totalité de l'abbaye. Voici, dans le procès-
verbal, ce qui concerne le chœur de Saint-Martin :

« Nous nous sommes transporté en la principale
église paroissiale du dit bourg d'Ivry, fondée sous l'invocation de Saint-Martin, pour voir et visiter le chœur et
cancel de ladite église, dont Messieurs les abbés de ladite
abbaye sont décimateurs, où étant, en la présence du
sᵗ curé de ladite église, des sʳˢ Drouin et Pain, principaux
habitants et syndics, et Doubleau receveur de ladite
abbaye, avons visité le chœur, contenant la longueur

Saint-André, une heure après minuit, que la voûte et la flèche de notre
église avaient été emportées par un ouragan ; qu'elle avait alors 18 ans,
qu'il en était tombé 36 livres de plomb dans la cheminée de son père. »
(Registre des actes de l'état civil de la paroisse Saint-Martin d'Ivry.)
Cependant, aucune des deux références chronologiques (qui d'ailleurs
ne concordent pas !) ne donne la date de 1688 ?

environ de 52 pieds, sur 23 de largeur, et 40 de hauteur ; construit en sa totalité de pierres de tailles (*sic*), décoré de croisées et soutenu de piliers buttants par les côtés ; et, au droit des angles, des portes coupées de la partie du fond du chœur…, deux grands vitraux de croisées à côté du maître-autel, de la hauteur de 24 pieds. Mention pour mémoire que nous avons remarqué qu'anciennement le chœur de la dite église n'était que de la longueur de 36 pieds, au lieu de 52 qu'il est de présent, ce que nous avons reconnu par deux enfoncements qui paraissent encore dans l'ancien mur de maçonnerie, à droite des seconds piliers du dit chœur au-dessus du couronnement des pilastres d'architecture, où paraît avoir été placée la traverse de la balustrade de la séparation du chœur dans la nef. »

« Cette transaction de 1721, attaquée par le curateur à la succession du Grand Prieur, fut maintenue par arrêt du Grand Conseil, du 28 juin 1735.

« L'abbé Anisson se démit de son abbaye en 1760. Le roi nomma à sa place l'abbé de Monclar, qui plaidait avec les habitants pour les réparations devenues nécessaires à leur église par suite de l'ouragan de 1688 !

« En résumé, voici les phases de ce procès :

« 1688. Dégâts causés à l'église par un ouragan.

« 1705, 11 septembre. Arrêt du Grand Conseil qui condamne l'abbé, même par saisie, à 2.900 livres pour réparations.

« 1721, 13 septembre. Transaction entre les habitants et l'abbé Philippe de Vendosme.

« 1735, 28 juin. Arrêt du Grand Conseil qui, sans s'arrêter aux lettres de rescision obtenues par le curateur à la succession de M. de Vendôme contre la dite transaction, ordonne qu'elle recevra son exécution.

« 1762, 7 décembre. Jugement du juge d'Ezy, séant à Nonancourt, qui condamne l'abbé, provisoirement, à certaines réparations.

« 1764, 19 juillet. Ce jugement est confirmé à Evreux sur l'appel de l'abbé.

« 1764. Quelques mois plus tard les habitants demandent à l'abbé de Monclar les réparations auxquelles il est tenu. C'est la cause du procès pendant en 1769, devant le Grand Conseil. »

Un juge des plus compétents a apprécié en ces termes l'église d'Ivry, au point de vue artistique et purement architectural et en même temps il a fait justice du préjugé qui l'attribue à Philibert de l'Orme.

« Comme l'architecte de Pontaudemer, celui d'Ivry-la-Bataille avait une singulière tendance à exagérer la hauteur des nefs. — En examinant les fenêtres de l'abside qui sont coupées vers le milieu par les voûtes actuelles, on peut se faire une idée de l'élévation à laquelle atteignit primitivement l'édifice. — Aussi, peu de temps après l'achèvement de l'église confiée à ses soins, en résulta-t-il une catastrophe dont il est facile, même aujourd'hui, de mesurer toute l'étendue. Sauf le mur extérieur, qui est daté de 1537 (sur un des contreforts de l'abside), rien ne put être conservé, et force fut de reprendre, jusque dans leurs fondements, les piliers destinés à soutenir le poids des voûtes. Mais, outre que l'on était dans les dernières années du règne de Henri II, c'est-à-dire à une époque où peu de monuments religieux résistaient encore à la transformation générale, il eût paru insensé de ne pas profiter des leçons de l'expérience.

Le nouvel édifice présenta donc moins d'élancement que l'ancien, et toutes les arcades, à droite et à gauche, répondirent par leur arrangement à ce que l'on connaissait des préceptes de Vitruve. — L'ornementation très simple se compose de pilastres doriques, qui, groupés quatre à quatre autour d'un noyau rectangulaire, sauf du côté intérieur de la grande nef où ils sont surmontés d'un entablement complet, servent à recevoir les différentes retombées des arcs. — Du reste, nous n'insisterions pas sur ce point si on ne s'était plu à répéter que nous avions là une composition de Philibert de l'Orme. Car, suivant une manière de raisonner assez commune, il a suffi que la chose fût possible pour qu'aussitôt on affirmât sa réalité. Or, chacun sait, d'une part, que le grand architecte travailla longtemps dans le voisinage, au célèbre château d'Anet, de l'autre, que parmi les titres dont il avait à se parer figurait au premier rang celui d'abbé d'Ivry.

« Mais à cela nous répondrons qu'à moins de documents certains, on ne peut attribuer à un maître ce qui manifestement est en désaccord avec son habituelle manière de faire. Si Philibert de l'Orme eût seulement fourni le plan de l'église en question, nous ne verrions pas, par exemple, la corniche d'un entablement dorique, privée de la plupart des membres dont elle se compose, s'appuyer directement sur la frise qu'elle ombrage à la manière d'un appentis. Très certainement l'architecte qui, durant le XVIᵉ siècle, a peut-être le plus cherché la correction, ne saurait, dans la circonstance, être mis en cause. C'est d'un autre côté qu'il faut tourner les yeux, si toutefois il y a intérêt à connaître l'auteur d'une œuvre qui ne se recommande guère à notre admiration[1]. »

[1] Léon Palustre, *La Renaissance en France.* (Neuvième livraison.) Normandie, Paris, Quantin, 1883, in-folio, p. 216-217.

On trouvera, en note, quelques menus faits concernant l'église d'Ivry, pendant le xviiie siècle [1].

Le 5 mai 1777, la Fabrique de l'église Saint-Martin prend une délibération au sujet de la reconstruction du presbytère [2].

Le projet fut mis à exécution car, le 21 juin 1778, une nouvelle délibération a trait à la répartition à faire entre les *bien-tenants*, de 3.940 livres, prix de l'adjudication de la reconstruction à neuf de la maison presbytérale.

Pour en revenir à l'église, il y a peu de chose à y signaler, sauf une cloche qui, sans doute, sonna le tocsin le jour de la bataille d'Ivry. On en trouvera l'inscription et la description, ainsi que celle de plusieurs curieux tableaux, dans l'intéressante lettre que nous sommes heureux de reproduire ici intégralement, bien qu'elle traite aussi d'autres points de l'histoire d'Ivry. Elle fait connaître la méthode scrupuleuse employée par M. Mauduit,

---

13 juillet 1753. Il est décidé qu'on bouchera la porte de l'église du côté des fonts baptismaux.

(Registre des assemblées, délibérations et actes de la fabrique de Saint-Martin d'Ivry.)

15 août 1778. Mention d'un marché à passer pour raccommoder l'horloge et lui faire sonner les quarts.

Le tonnerre tomba sur le clocher de l'église Saint-Martin, en 1780, ou 1781. On lit en effet dans les comptes de la fabrique (année 1780-1781) ; *payé à Moulin pour avoir ôté les décombres le jour de la foudre...* et on y voit aussi que l'on a payé près de 800 livres pour la réparation du clocher, endommagé sans doute par la chute de la foudre.

23 mars 1783. Délibération décidant la suppression de la sacristie qui était derrière le maître-autel, et la construction d'une nouvelle-sacristie en dehors de l'église, au midi.

Le curé s'engage à faire faire cette bâtisse moyennant 150 liv. que lui promet le trésor. — Et, en effet, dans le compte de dépenses de l'exercice 1786-1787, on lit : Dépenses... « A M. le curé pour la bâtisse de la sacristie... 150 livres. »

(Registre des actes et délibérations de la fabrique de l'église Saint-Martin [aux dates indiquées]).

[2] Registre des actes et délibérations de la fabrique de Saint-Martin d'Ivry.

dans ses recherches, et montre comme il savait puiser aux bonnes sources. Elle est, en outre, un témoignage des relations qui unissaient l'auteur des *Recherches sur Ivry* avec un des esprits les plus fins et des érudits les plus perspicaces du département de l'Eure, M. Raymond Bordeaux.

« Evreux, 1er décembre 1854.

« Mon cher Mauduit,

« Je profite de l'occasion de notre confrère Emile Colombel pour vous transmettre copie des dernières notules qui me restent encore sur votre cher Ivry.

Vous vous rappelez de notre ascension au clocher et de la peine que vous avez eue à faire le tour de la vieille cloche, dont vous me dictiez, une à une, les lettres de l'inscription. Voici la copie de cette dictée, où vous retrouverez, fidèlement conservée, l'orthographe, toujours fantaisiste, des fondeurs du bon vieux temps.

AN LAN DE GRASSE MIL Vᶜᶜ XXXVIII FUT FAICTE POUR LES HABITANS D'IVRY ℨ PORTE LE NON SAINT-MARTIN PATRON DUDICT LIEU.

Cette légende, comme il vous en souvient, est en lettres gothiques allongées : je n'ai pas besoin de vous expliquer la valeur du signe Z, c'est un *et*.

Vous désirez sans doute aussi les inscriptions que j'ai relevées sur deux des quatre tableaux suspendus dans les bas-côtés de l'église et qui ont quelque valeur, surtout à Ivry, puisqu'ils sont, en quelque sorte, du cru. Sur l'un d'eux, on lit : (Je conserve la disposition des lignes et la disposition des lettres capitales.)

FAIT PAR FRÈRE FRANÇOIS HALLEBAYE DE LA VILLE DE LIÈGE DU TEMPS DE RÉVÉRAND PÈRE DOINVILLE GARDIEN DE CE COUVENT D'ANET LE 9 SEPTEMBRE 1719.

Sur un autre, nous avons déchiffré une légende presque identique, sauf un mot que nous n'avons pu lire puisque nous n'avions pas d'échelle :

FAIT CE TABLEAU
PAR FRANÇOIS HALLEBAYE R. M.
DU TEMPS DU R. P. DOINVILLE
GARDIEN DU COUVENT
D'ANET 1720.

Mais je ne me rappelle plus les sujets représentés sur ces quatre grandes toiles, vraiment curieuses pour le pays, et qui, à elles seules, constituent une sorte de musée local.

En refeuilletant le sus-dit album, fidèle gardien des impressions de notre fameuse excursion, je ne trouve plus rien qui vaille au fond du sac. Voici toutefois trois chapiteaux des arcatures placées au pied du vieux mur de l'abbaye, au midi, qu'un autre dédaignerait, mais que je vous adresse cependant, vu votre sainte ardeur pour *le lieu qui vous a vu naître.*

Vous les trouverez ci-inclus.

Quant à un Lebrasseur, cet in-quarto se montre, à ce qu'il paraît, fort rarement, car je ne l'ai jamais rencontré chez les bouquinistes. Les bourgeois d'Evreux le tiennent en certain honneur, et en font une sorte d'héritage de famille qu'on n'expose pas aux hasards de l'encan. C'est ainsi qu'un jour les habitants d'Ivry serreront précieusement dans l'armoire, l'in-8° qu'un avocat du pays de Bray, né au pied du donjon des vieux comtes d'Ivry, aura écrit vers le milieu du XIX° siècle sur cette localité historique. Il sera en grande vénération auprès des antiquaires de ces temps futurs qui apprécieront vivement la solide critique de ses investigations.

Probablement qu'à cette époque les *Antiquaires de Normandie* feront imprimer à la vapeur, ce que ne font pas ceux de 1854 ; car, en fait de nouvelles des Rôles de Bréquigny, je sais seulement que l'impression du volume est commencée, ce qui ne dit pas quand elle finira.

J'espère bien, à quelque jour, quoique je ne sois pas du nombre des antiquaires rapides, vous adresser, enfin, un relevé des passages du d'Hozier relatifs à Ivry.

Dans le nombre, des pièces achetées par le conseil général pour les archives de l'Eure et signalées par M. Delisle dans le *Bulletin Monumental*, je ne remarque que celle-ci qui vous va : « 1423. — Aide de 80.000 l. l. ordonnez présentement estre mis sus pour le paiement des soudoyers ordonnés pour la garde, sceurté et deffence d'icelui pais, subjuguer les places du Mont-Saint-Michel et d'Ivry, entretenir justice et extirper les briganz (sous la rubrique *Bernay*, p. 423, t. XX).

Adieu, mon cher confrère, croyez-moi toujours
Votre bien dévoué.

RAYMOND BORDEAUX. »

« Une des cloches de l'église Saint-Martin d'Ivry a été enlevée à l'époque de la révolution et portée à l'église de La Couture-Boussey. Elle y est encore. On y voit un écusson à 3 fleurs de lys, puis le nom de *Jehan le Roy* (le fondeur sans doute) ; puis trois mots, le premier de deux lettres, les deux autres de chacun quatre lettres que nous n'avons pu bien lire, et : *mil V^c XXXIII je fus faicte et nommée Michel par les habitans d'Ivry.* »

Nous noterons maintenant que, dès le 8 juin 1806, le

conseil municipal d'Ivry votait des fonds nécessaires à la célébration, les jours de dimanche et de fêtes, d'une seconde messe, rendue nécessaire par le mouvement des affaires et les rapports commerciaux avec les communes environnantes.

Enfin les analyses faites par M. Mauduit des registres de délibération du conseil de fabrique, depuis l'an III jusqu'à l'année 1861, rappelleront quelques petits détails intéressants[1].

Au XIXᵉ siècle encore, comme au XVIIIᵉ, l'église d'Ivry se trouva menacer ruine. Mais cette fois sa réparation ne donna pas lieu à des contestations et à des procès. Les subventions et la générosité des habitants y pourvurent. Le 30 septembre 1892, l'évêque d'Evreux procédait, après des travaux équivalant presque à une reconstruction,

---

[1] 7 germinal an III. Assemblée à l'église des citoyens d'Ivry pour pourvoir aux réparations de l'église et au paiement des ouvriers qui ont employé leur temps à réparer.

4 vendémiaire an V. Assemblée à l'issue de la messe.

Les travaux de rétablissement de l'église depuis le 5 avril 1795 jusques et compris août 1796, ont coûté, en assignats, 1303 liv. 14 s. et en numéraire 10 liv. 13 s.

17 mars 1811. — Délibération où il est mention d'un legs de 500 francs fait par demoiselle Catherine Chevalier, décédée épouse de Jean François Viel, en date du 24 septembre 1779.

4 avril 1824. Délibération où il est mention que : M. de Beaussart, par son testament olographe du 25 mai 1820, a légué à l'église de Saint-Martin tous les vases sacrés et ornements qu'il y avait mis et déposés du moment où la dite église a été rouverte à la suite de la révolution et pendant le temps qu'il l'a desservie, lesquels consistent en burettes d'argent, bassins, boîtes aux saintes-huiles, paix, ciboire argenté avec coupe en argent, calice en argent avec coupe et patène dorées, les linges et ornements, etc., à charge de 150 messes ; que la commune d'Ivry doit la plus grande reconnaissance à la mémoire de M. de Beaussart (décédé à Verneuil l'an 1822), pour tous les soins spirituels qu'il a donnés dans les temps malheureux de la révolution et à la suite.

4 juin 1829. Délibération où on voit que Madame Lefèvre d'Anet, a fait donation à la fabrique de l'église d'Ivry d'une somme de 1.200 francs, suivant son testament passé devant Maître Jouvin, notaire à Abondant.

3 octobre 1830. Délibération dans laquelle on lit que le curé ayant mis sous les yeux du Conseil toutes les robes autrefois appartenant

à la bénédiction de l'église : M. le curé d'Ivry résumait
les efforts de ses paroissiens dans un discours qui sera la
dernière page de l'histoire religieuse d'Ivry :

« La tour de l'église, dit-il, qui est un beau spécimen
de l'architecture religieuse du xvᵉ siècle, a été bâtie sur le
massif de craie blanche qui forme l'ossature des collines
de cette partie de la Normandie. Pendant plusieurs siècles
cette couche résista parfaitement au poids des constructions. Mais en 1882, par suite d'infiltrations qui pénètrent
jusqu'à la roche crayeuse, la tour subit un mouvement
important, un tassement qui produisit un surplomb de
80 centimètres sur une hauteur totale de 28 mètres. La
tour toute en pierre de taille et estimée du poids considérable de un million huit cent mille kilogrammes, en s'in-
clinant, entraîna la dislocation d'une partie des trois nefs,
se lézarda elle-même, broya arcs-doubleaux et piliers en
pierre adjacents, mit en ruine tout le bas de l'église.

aux frères de charité, lesquelles remises à la fabrique par les dits
frères moyennant une somme de 25 francs cinquante centimes qui leur
a été payée par M. Le Prince, trésorier, le 28 décembre 1823, pour
frais de façon, sont presque entièrement mangées par les souris et
par les vers et que le Conseil a décidé qu'elles devaient être anéanties
par le feu, ce qui a été exécuté, et conséquemment qu'elles ne pourraient être redemandées à aucun des membres de la fabrique.

1ᵉʳ décembre 1832. Installation de M. Joachim Ducôté, nommé desservant de la succursale d'Ivry par institution canonique du 27 novembre.

28 mai 1842. Le Conseil décide l'érection d'un autel en marbre et le
dallage du chœur.

Il décide aussi l'ouverture d'une croisée derrière l'autel, avec le
vitrage et le fer pour la garnir.

7 août 1842. — L'autel et le dallage sont terminés. Ces travaux coûtent
4.397 fr. 75.

6 août 1854. Prise de possession de la cure d'Ivry par M. Marage.

6 juillet 1856. Le Conseil décide l'acquisition, moyennant 2.500 francs,
de l'orgue présenté à l'essai depuis le 1ᵉʳ juin.

20 juillet 1856. Installation d'un suisse à l'église.

1857. Carrelage de la chapelle Sainte-Anne.

16 mai 1858. Erection d'un chemin de la Croix.

10 janvier 1861. Installation de l'abbé Houel comme vicaire.

Pendant 8 jours où la tour fit son triste travail, on vit des hommes que l'on peut appeler sans peur, venir au milieu des sinistres craquements de la tour, des arcades, des piliers et des voûtes, dresser des étais énormes, semblables à des arbres, pour arrêter quelque peu, si c'était possible, la chute de toute l'église. Ces étais, depuis 12 ans, Monseigneur, remplissaient la moitié de l'église, qui, dès lors, ne servait plus au culte. Il était triste et bien pénible de voir cette grande église ainsi réduite, respirant le deuil, la ruine ! Et mon vénérable et saint prédécesseur, M. l'abbé Marage, un ancien supérieur du Séminaire de Pont-Audemer, lui, si dévoué au culte de la maison de Dieu, l'ayant ornée de tous ces riches vitraux que vous apercevez, mourut, après 7 ans d'un pénible spectacle ; il mourut soumis à la volonté de Dieu, mais navré de n'avoir pu relever, ni espérer relever de ses ruines ce temple qu'il aimait tant. En ce jour où j'aime publiquement à louer sa mémoire, qu'il doit être heureux et pour lui et pour tous ceux qu'il aimait !

« En 1890, après la restauration du presbytère qui coûta près de 3 mille francs, un projet de restauration de l'église fut très sérieusement mis à l'étude et je dois dire à la louange de la municipalité, de la population, comme à la gloire de l'architecte et de l'entrepreneur, que le projet de restauration fut, sans trop de difficultés, aussi bien demandé et accepté que conçu et exécuté.

« Voici assez brièvement les travaux qui furent réalisés.

« On commença par consolider la tour au moyen de 2 forts chaînages en fer à la hauteur du 1er et 2e cordon. Ces chaînages furent rendus rigides par des tendeurs et terminés à leurs extrémités par de fortes ancres. Le beffroi des cloches fut également consolidé et relié aux

murs par de fortes poutres à double T, solidement
reliées et ancrées aux murs extérieurs. Ainsi on était en
droit d'espérer que la tour ne formerait plus qu'un ensemble rigide et ne pouvant plus subir de déformations.

« Ces précautions préliminaires prises et les crevasses
de la tour ayant été bouchées et les joints de maçonnerie refaits du haut en bas, après un dégradage profond,
on commença la reprise des fondations de la tour.

« A cet effet on creusa tout autour de la tour et successivement une série de puits blindés, et, par galeries, on
s'avança jusqu'au milieu des murs de la tour. Ces puits
et ces galeries furent remplis de béton, de mortier, de
ciment Portland et sable de Seine, de manière à ce que
la nouvelle fondation reposât sur le solide. Le même travail fut fait à l'intérieur afin de joindre intimement les
massifs de béton extérieurs aux massifs intérieurs. Ensuite
un bétonnage général fut établi sur la surface intérieure
de la tour.

« Par surcroît de précautions on jugea utile de contre-
buter encore l'ensemble des massifs en béton au moyen
de contreforts en maçonnerie qu'on obtint en faisant à
10 mètres de profondeur, jusqu'au solide, un certain
nombre de puits, dans la direction de l'effort de glissement de la tour, de façon à neutraliser complètement
cet effet de glissement, dans le cas où il viendrait à se
produire. Ces puits furent remplis de maçonnerie et reliés
intimement aux massifs de béton.

« Et tous ces travaux, Monseigneur, délicats, difficiles,
dangereux, magnifiques à contempler se sont effectués
en 6 mois et sans le moindre accident.

« Et en ce moment, Monseigneur, les cinq cloches de
la tour s'ébranlent gaies et tranquilles ; le bourdon de

3000 qui a sonné en 1590 la victoire de Henri IV près de nos murs, vous l'avez entendu jeter heureux ce matin aux échos de la vallée ses notes graves et joyeuses; c'était pour fêter votre arrivée. Sa tour est demeurée inclinée, mais comme d'autres, elle est à présent très solide. »

Après avoir parlé des travaux nécessités par la consolidation de la tour, M. le curé décrit ceux qui ont été exécutés dans les différentes parties de l'église; la dépense totale a été de 70.000 francs [1].

Pour servir de complément à cet exposé, et comme l'histoire locale doit s'attacher à sauver de l'oubli tous les souvenirs, je donne, en note, une longue et intéressante lettre que M. l'abbé Tremblay, curé d'Ivry, a bien voulu m'écrire en réponse à une question que je lui avais posée sur les découvertes archéologiques qui auraient pu se produire au cours des travaux [2]. Ce m'est une occasion, que je saisis avec empressement, de remercier M. le curé d'Ivry de sa parfaite complaisance. On en sent encore plus vivement le prix, lorsque, d'autres côtés, on n'a pas même pu obtenir de réponse.

[1] *Semaine religieuse d'Evreux*, 16e année, n° du 13 octobre 1894.

[2] « ...... Certains restes de construction, si je me souviens bien, ont été trouvés à quatre ou cinq mètres de profondeur en creusant pour y établir les fondations du nouveau portail. Ces constructions étaient très solides et du même genre que celles qu'on a retrouvées faisant mur entre chacune des deux dernières arcades, touchant d'un côté la sacristie et de l'autre la tour. On a eu bien de la difficulté à entamer ces restes pour pouvoir jeter du béton et faire le dallage actuel. Je ne sais, mais à mon avis, ces murs anciens retrouvés pourraient être ceux de l'église d'autrefois, puisque l'église d'Ivry a été démolie pendant les guerres, à plusieurs reprises.

A dix mètres de profondeur, on a retrouvé des ossements, il est vrai, mais pas des ossements d'hommes. L'expertise a incliné pour des ossements d'un animal, plus probablement d'un cheval. L'endroit où on a fait cette trouvaille a été réputé un ancien ravin, où peut-être on jetait des boues, ou plutôt une ancienne tranchée où un cavalier aurait pu laisser sa monture. Non loin de ces quelques ossements, on

Je rappellerai encore, pour mémoire, que l'église Saint-Martin d'Ivry possède de jolis fonts baptismaux de la fin du xvᵉ siècle; une pierre tombale de la renaissance presque entièrement effacée; une inscription commémorative du don du presbytère par M. le curé Picquenot, et, enfin, une bonne suite de vitraux modernes sortis des ateliers de M. Duhamel-Marette, d'Evreux.

a trouvé un coussinet d'affût de mortier (qui m'a été donné). Il est tout en bronze et même, je crois, un peu argenté. Tout près, on a ramassé un éclat de mitraille qui, de l'avis de l'architecte, devait bien avoir 300 ans! Ce qui me fait supposer que le ravin en question n'est réellement qu'une vraie tranchée faisant suite aux autres tranchées qui sillonnaient autour du château-fort, et dont on aperçoit encore l'alignement.

Quelques pièces à l'effigie de Henri II à Henri IV ont été trouvées à quelques mètres seulement; je ne les ai pas.

A dix mètres, on a aussi trouvé une gargouille en pierre, au bout de laquelle était un croissant (se trouve chez M. Lemaire).

Ces trouvailles peuvent, à mon avis, s'expliquer par ce fait historique qu'en 1449 le château-fort, je crois, a été démoli, presque rasé à coups de canon. L'église aura eu une de ses gargouilles brisée, elle sera tombée dans la tranchée; ainsi, aussi, on comprend la présence au fond de cette tranchée, du quartier de mortier, de l'éclat de mitraille et de la fameuse « tête » de cheval.

Dans les démolitions qui, par adjudication, appartenaient à l'entrepreneur, les ouvriers ont découvert, dans les anciens murs du portail de l'église, une grosse tête de lion en pierre (que M. Ed. Lemaire a obtenue), et une vieille statue du divin Crucifié, que je possède et qui remonte au xvᵉ siècle. Comment cette statue s'est-elle trouvée dans les murs, dans une cachette? A-t-elle été apportée là il y a 400 ans? Viendrait-elle de l'abbaye et n'aurait-elle été là que depuis la révolution? Problème insoluble!

En fouillant le bas de l'église pour y mettre du béton, on a (à 0ᵐ,40), mis à nu beaucoup d'ossements humains. Que de têtes humaines ont été trouvées! et, je dois l'ajouter, ont été respectueusement mises de côté pour être convenablement transportées au cimetière. Détail curieux : les ouvriers ont fait sortir sous leurs pioches plusieurs petites bouteilles en terre cuite, semblables à une petite gourde de pèlerin. Je n'ai pu en conserver une, car tout se présentait brisé par les pioches. Il y avait comme de la cendre dans ces bouteilles. Je me suis demandé si ces cendres dans une gourde de pèlerin, ne voulaient pas signifier que l'homme, ici-bas, n'est qu'une cendre qui voyage en pèlerin pour sa sublime destinée qui est le ciel. Simple idée de moi! En tout cas cette idée est vraie, même si elle n'explique pas ce dont je parle..... »

Après l'histoire de l'église même, plaçons ici un document relatif à l'histoire religieuse proprement dite, au
siècle dernier, et aux dissensions entre les Jansénistes
et les Jésuites. Nous en devons la connaissance à M. Ern.
Guillemare, membre du conseil d'administration de la
Société libre de l'Eure, qui avec une parfaite bonne grâce
nous le communique pendant que ce chapitre est à l'impression.

C'est un article nécrologique, presque une biographie,
contenu dans les *Nouvelles Ecclésiastiques* du 22 mai
1777, concernant un enfant et habitant d'Ivry.

Nous le reproduisons ici à peu près en entier, car c'est
une esquisse assez suggestive d'une figure de pieux bourgeois d'un petit bourg au siècle dernier, en même temps
qu'un monument de l'état des esprits à cette époque. Il
semble, en effet, que cette note déforme un peu les objets
et les voit avec des verres grossissants, témoin ce qu'on
y lit : « qu'il rebâtit toute entière l'église de sa paroisse ».
Comme il s'agit de l'église Saint-Martin, ainsi qu'il
résulte du contexte, il suffit de la voir pour se con-
vaincre de l'inexactitude de l'allégation.

« Du diocèse d'Evreux.

« Le bourg d'Ivry sur Eure a perdu l'année dernière un respectable Laïc, M. *Michel Chrétien*, licencié en droit. Né dans ce même
lieu le 1er janvier 1698, d'une honnête famille, il y fit ses premières études chez les Bénédictins, et se rendit ensuite à Paris
dans la Maison de Sainte-Barbe. Avec les secours que cette excellente école fournissait alors abondamment, il ne fit pas moins de
progrès dans la piété que dans les lettres, et il mérita d'y exercer
des emplois de confiance, tels que ceux de Maître de philosophie,
de théologie, etc.. S'étant trouvé engagé par quelques circonstances à distribuer des livres de piété, il s'acquittait de cette
bonne œuvre avec zèle, sans distinction de personnes connues ou
inconnues; ce qui occasionna une visite que fit chez lui l'exempt

Tapin. Mais cette visite n'eut aucune suite fâcheuse, et il continua sa distribution, en usant néanmoins d'un discernement que l'exempt même lui avait conseillé.

M. Chrétien revenait des vacances, pour reprendre ses exercices à Sainte-Barbe, le jour que M. Hérault exécuta le renversement de cette école de bénédiction. Apercevant de loin la foule qui s'était assemblée devant la porte, et apprenant ce qui l'occasionnait, il revint prudemment sur ses pas, et évita par ce moyen une lettre de cachet, qui fut distribuée sur le champ à chacun des Maîtres de cette Communauté sans exception. Pour se soustraire à des recherches ultérieures, il quitta l'habit ecclésiastique, qu'il avait pris lorsqu'on l'établit Maître de philosophie, comme c'était l'usage à Sainte-Barbe ; et après un séjour de quelques mois à Paris, il revint dans sa patrie, où il a constamment donné toute sorte d'édification. Il y a mené une vie de retraite, occupée de la prière, de la lecture et du travail des mains. Sa famille, qui est nombreuse, fut le premier objet de ses soins. Il sçut procurer une éducation chrétienne à ses neveux et nièces, en les plaçant dans de bonnes pensions ; et en même temps il instruisait par lui-même leurs pères et mères. Tous les soirs on s'assemblait chez lui pour faire la prière en commun, et souvent elle était précédée d'une lecture de piété. Les dimanches et les fêtes, il faisait une instruction, à laquelle assistaient les personnes de sa famille et d'autres. Sa charité pour les pauvres était inépuisable : il les nourrissait et les habillait ; il payait et logeait un Maître et une Maîtresse d'école, qui enseignaient gratuitement ; il fournissait aux enfants les livres nécessaires, répandait des livres de piété dans le bourg et dans les environs, soutenait de sa bourse et de ses conseils la veuve et l'orphelin : donnant aux uns, prêtant aux autres ; plusieurs familles sont redevables à ses secours, venus à propos, d'avoir été préservées de leur ruine.

Il eût été impossible à M. Chrétien de faire face à tant de bonnes œuvres avec ses seuls revenus. Mais plusieurs personnes l'aidaient, croyant ne pouvoir mieux placer leurs aumônes qu'en les lui confiant, pour seconder son zèle. Une sage économie réglait tellement la distribution de ces charitables dépôts, qu'ils semblaient se multiplier entre ses mains. L'église de sa paroisse étant fort délabrée, il la rebâtit toute entière, la décora, la pourvut de linge et d'ornemens, sans rien diminuer de ses secours envers les pauvres et les affligés. Personne ne mérita mieux que lui d'être appelé le père de ses concitoyens. Il les portait tous dans son cœur, et s'efforçait de faire régner parmi eux l'amour et la pratique de la vertu. Dur à lui-même, autant qu'il était compatissant envers les autres, il menait une vie tendue et pénitente. Pendant le carême, il ne prenait son unique repas que le soir. Il assistait à tout l'office de sa paroisse, surtout les dimanches et les fêtes ; et se mêlait avec plaisir parmi les habitants du lieu pour le chant et les cérémonies. Rien ne lui paraissait petit, dès qu'il s'agissait de contribuer à la décence du service divin.

Une vie si exemplaire le rendit suspect de la chimérique hérésie. Aussi éprouva-t-il des tracasseries et des menaces dans plusieurs occasions. Il lui fallut soutenir des disputes contre des Grands-Vicaires et des Curés. Mais il eut toujours la satisfaction de les faire convenir qu'il était irréprochable dans sa foi, comme dans sa conduite. Feu M. Penel, curé de la Chaussée, diocèse de Chartres, fut le seul qui s'obstina à lui refuser ce témoignage. Quelques maisons de cette paroisse étant situées près d'Ivry, M. Penel avait grand soin de recommander à ceux qui les occupaient, de ne point envoyer leurs enfants aux petites écoles d'Ivry, surtout à celle des filles, parce que, disait-il, la maîtresse les prêche. Dans le vrai, elle ne faisait autre chose que leur enseigner le catéchisme. Ce curé, bulliste des plus ardens, s'appliquait à décrier M. Chrétien dans Ivry même, chez les Bénédictins de l'abbaye, chez les particuliers, chez les curés et les autres ecclésiastiques du lieu et des environs.....

Comme M. Chrétien lisait nos *Nouvelles* et les procurait à plusieurs personnes, ce fut un prétexte au curé de sa paroisse, qui le confessait depuis plus de vingt ans, de refuser de l'entendre davantage. Ce laïc si respectable fut donc obligé de chercher un autre confesseur, et il eut de la peine à le trouver par le soin qu'on avait pris de le noircir dans le canton. Cependant au bout de deux ans, son propre curé, par une inconséquence singulière, voulut bien le confesser de nouveau, sans lui parler des motifs pour lesquels il l'avait renvoyé, et il a continué depuis. Durant la dernière maladie de M. Chrétien, ce curé étant mort, on lui proposa de se confesser au curé de Saint-Jean, qui est une petite paroisse du bourg d'Ivry. Il l'accepta, dans l'espérance qu'il n'éprouverait point de difficulté de sa part. Mais ce curé débuta par lui demander s'il était vrai qu'il fût Appelant : à quoi le pieux malade répondit : « Oui, monsieur, je le suis, et j'espère que Dieu me fera la grâce de mourir dans l'attachement à mon appel. » Le curé ne lui en laissa pas dire davantage, et se retira en déclarant qu'il ne pouvait en conscience le confesser. On eut recours à un autre curé du diocèse d'Evreux, ami du malade et de la famille, qui malgré la rigueur du froid vint à pied, et le confessa. Il fut ensuite administré fort décemment par le vicaire desservant de St-Martin, sa paroisse. M. Chretien mourut le 5 février 1776, dans sa 79e année.

M. Chrétien avait souscrit la Lettre des Curés et autres Ecclésiastiques de Paris à M. le Cardinal de Noailles, contre le Concile d'Embrun. Cette lettre est des mois de mars et avril 1728. »

L'histoire religieuse d'Ivry pendant la Révolution a déjà été esquissée dans un chapitre précédent et il en sera encore parlé tout à l'heure au sujet des curés de l'église Saint-Martin.

Enfin, aux pièces justificatives on trouvera un état des biens et revenus possédés, au moment de la révolution, par les deux églises et par la confrérie de charité.

ANCIENS REGISTRES DE CATHOLICITÉ

Aux archives de la mairie d'Ivry existe un registre d'actes de baptême, relié, qui réunit deux cahiers, dont chaque feuillet a été visé et coté. Le premier cahier comprend 140 feuillets, du xvij^e d'octobre mil v^{cc}iij^{xx}v à pareil jour de mil vi^{cc}xvi, pour la paroisse Saint-Martin. Le second cahier comprend 106 feuillets du dimanche xxixe jour de janvier mil vi^{cc}xvii au mardy iij^e jour d'octobre mil vi^{cc}xlix, pour la paroisse de Saint-Jean.

Les feuillets de ce registre sont cotés de 1 à 140 et de 1 à 106, et paraphés par Dangus.

LISTE CHRONOLOGIQUE DES CURÉS DE L'ÉGLISE SAINT-MARTIN D'IVRY DEPUIS LA FIN DU XVe SIÈCLE.

A la fin de cette liste, M. Mauduit avait écrit :

« La présente liste a été dressée d'après les recherches

et par les soins de F. J. M...., d'Ivri, pour l'église Saint-Martin, d'Ivri, au mois de mars M. D. CCC L XX III ».

Nous l'avons continuée jusqu'à l'année 1897.

Au concile provincial que tint l'archevêque Eudes Rigaud à Pont-Audemer en janvier 1259, il avait convoqué, pour représenter le diocèse d'Evreux, les doyens d'Ivry et de Laigle.

Le 9 février de la même année, en se rendant à Chartres, l'archevêque de Rouen passait à Pacy et à Ivry.

« Francart (Jean), de 1482 à 1495 ;

De Contes (Jean), de 1495 à 1511 ;

Chéron (Robert), en juillet 1511 ;

De Hellenvilliers (Claude), en décembre 1511 ;

Gongnier (Godefroy), avant 1524 ;

Poltier (Robert), de 1545 à 1557 ;

De Villiers (Jacques), de 1557 à 1574 ;

Godefroy (Jean), de 1574 à 1576 ;

Busot (Etienne), de 1576 à 1577 ;

Choppin (Jean), de 1577 à 1585 ;

Godefroy (Pierre), de 1585 à 1586 ;

Lefebvre (Claude), de 1586 à 1638 ;

Godefroy (Robert), de 1639 à 1668 ;

Le Charpentier (Louis), en 1679 ;

Jourdain (Antoine), de 1679 à 1680 ;

Porre (Jean), de 1680 à 1685 ;

Girardin (Pierre-François), de 1685 à 1712 ;

De Peironenc (Joseph-Louis), de 1712 à 1741 ;

De Lorme (Augustin), en 1741 ;

Vacance de la cure, de 1741 à 1743 ; les fonctions curiales sont remplies par :

Haubert (Jean-Baptiste) ;

Et Petit (Jean-Alexandre).

Préau (Jean), de 1743 à 1750 ;

Meslin (Nicolas), de 1750 à 1774.

Décédé en fonctions, à Ivri, le 14 décembre 1774, à l'âge de 63 ans.

Vacance de la cure en 1774 et 1775 ; les fonctions curiales sont remplies par :

Deschamps, vicaire.

Guilbert (?) (N.) en 1775 ;

Cirette (N.), 1776-1791.

Vacance de la cure par suite de la suppression de l'exercice du culte, de 1793 à 1801.

De Beaussart (Louis-Alexandre-Théodose)[1], 1801 à 1802. Dernier prieur de l'abbaye royale de Notre-Dame d'Ivry ; desservant approuvé par le vicaire apostolique administrateur du diocèse d'Evreux. Il a exercé les fonctions curiales du 24 mai 1801 au 26 décembre 1802. Il avait, par intermittence, célébré les cérémonies du culte dans l'église de Saint-Martin d'Ivry, du mois d'avril 1795 au mois d'octobre 1797.

Décédé au monastère des religieuses bénédictines de Saint-Nicolas de Verneuil le 7 août 1822, à l'âge de quatre-vingt-deux ans. Par son testament, du 25 mai 1820, il a donné à l'église de Saint-Martin d'Ivry tous les vases sacrés et ornements qu'il y avait mis lors de la restauration du culte.

Picquenot (Joseph-Henri), 1802-1805. Ancien curé de Neuville et doyen rural d'Ivry, avant la révolution. Installé le 26 décembre 1802, démissionnaire pour cause d'infirmités le 11 décembre 1803.

Lemaître (Guillaume), 1805-1807. Institué le 28 no-

---

[1] Il a déjà été parlé de lui dans le chapitre consacré à la Révolution.

vembre 1805 et installé le 29 décembre suivant. Il a exercé ses fonctions jusqu'au mois d'avril 1807.

Sur le registre de l'évêché d'Evreux où est consignée sa nomination comme curé d'Ivry (8 nivôse an XIV) on trouve : — « Ancien titulaire M. Picquenot » — et, en marge : « Il a donné sa démission le 20 frimaire. Cette démission est fondée sur des infirmités réelles et bien connues ; cependant M. Picquenot reste à Ivry et rendra tous les services que son âge et ses infirmités lui permettront » [1].

On lit sur les registres conservés à Ivry : — « An XIV, 5 frimaire (28 novembre 1805), Institution canonique de M. Guillaume Lemaître comme desservant. Son installation a eu lieu en présence de M. Picquenot. »

(De nouveau) : Picquenot (Joseph-Henri), 1807-1813. Il a repris, au mois d'avril 1807, ses fonctions curiales qu'il a remplies, avec le concours du prieur dom de Beaussart, jusqu'à sa mort, arrivée à Ivry, le 24 septembre 1813. Par son testament du 28 mai 1812, il a donné à la commune d'Ivry le presbytère actuel.

Coudevillain (Jean-Louis), 1814-1820.

M. Coudevillain était né à Saint-André le 20 janvier 1767. Successivement curé de la Forêt-du-Parc, de Saint-André et d'Ivry, de 1814 à 1820 ; nommé archiprêtre doyen des Andelys le 6 juin 1820 ; mort aux Andelys le 16 juillet 1833, curé de Notre-Dame du Grand-Andely et chanoine honoraire de la cathédrale d'Evreux. (Renseignements fournis par M. l'abbé Porée, vicaire du Grand-Andely, dans une lettre du 10 mars 1873.)

Marie (Eustache), 1820-1832. — L'abbé Marie, prêtre

[1] Lettre de M. l'abbé Lebeurier (archiviste départemental), à M. Mauduit, du 30 juin 1857.

desservant de la paroisse Saint-Martin d'Ivry, de 1820 à 1832, avait été, à cette dernière époque, appelé à la cure décanale de la Madeleine de Verneuil en possession de laquelle il est mort le 18 février 1864, âgé de 71 ans.

Ducôté (Joachim), 1832-1839. — Installé le 1er décembre 1832, il est décédé à Ivry le 11 mai 1839, âgé de 37 ans.

Jouen (Joseph-Louis-Alexandre), 1839-1854. En 1854, il quitta Ivry pour aller remplir les fonctions de curé doyen de Conches.

Marage (Louis-Jacques), 1854-1889. — Installé le 6 août 1854, l'abbé Marage est décédé dans cette commune le 30 août 1889. Il était né à Ferrières-Saint-Hilaire (canton de Broglie), le 24 février 1813. Ordonné prêtre en 1840, à Évreux, vicaire à Louviers, supérieur du petit séminaire de Pont-Audemer, curé de La Bonneville puis curé à Ivry depuis 1854, il avait administré cette paroisse pendant 35 ans. Il était chanoine honoraire d'Évreux.

M. l'abbé Tremblay, alors vicaire à Saint-Ouen de Pont-Audemer, a été nommé curé d'Ivry en septembre 1889. Il a mis une extrême complaisance à répondre à diverses questions que nous lui avons adressées.

ÉGLISE SAINT-JEAN DU PRÉ

Nous savons peu de chose de cette église.

Une note inscrite par le curé de Saint-Martin, sur un registre de catholicité, à la date du 22 février 1586, apprend qu'en cette année la chapelle du château a été renversée (?) et que les bois ont servi à bâtir l'église de Saint-Jean.

On possède encore, à la mairie d'Ivry, un registre de catholicité de la paroisse Saint-Jean commencé au mois de janvier 1617.

Il existe aussi, aux archives de la paroisse d'Ivry, un « *Livre de comptes pour l'église parochiale de monsieur Saint-Jean du pray d'Ivry-la-Chaussée, commençant en l'année 1623..., et finissant à l'année 1673.* »

On y trouve des détails complets sur les biens de cette église.

Enfin, les archives de la mairie d'Ivry gardent encore l'état très détaillé des biens fonds et rentes appartenant à cette paroisse, ainsi que de ses charges, état dressé en 1703, à l'occasion d'un règlement sur l'enregistrement des biens de main-morte.

COPIES ET NOTES

PRISES SUR DES PIÈCES TROUVÉES AUX ARCHIVES
DE LA MAIRIE D'IVRY

« Je soussigné Augustin Bouilly, prestre curé de Saint-Jean du Pré d'Ivry, doyenné du dit Ivry, diocèse d'Evreux, autorisé par Monsieur le grand archidiacre pour avoir le soin du temporel de l'église paroissiale de Saint-Jean du Pré dudit Ivry, pour satisfaire aux déclarations du Roy rendues au sujet d'un enregistrement des domaines appartenant aux gens de main-morte, déclare que le revenu de ladite église consiste aux biens et héritages cy après :

	livres.	sols.	deniers.
1° Une pièce de pré à Oulins, contenant environ cinq quartiers, affermée à Binay d'Anet, moyennant.	6	10	»
2° Une petite maison, avec jardin, sise à Ivry, rue de l'Abbaye, contenant environ 10 perches, donnée par Me Guillaume Charpentier, curé de la dite pa-			
A reporter.	6	10	»

	livres.	sols.	deniers.

Report. . . . . 6 10 »

roisse, par son testament du 19 novembre 1646, et
servant de presbytère . . . . néant.

3° Un quartier et demi de pré à Oulins, affermé
(Daufresne, tabellion à Ivry, 1687) . . . . 5 »

4° 6 vergées 25 perches de terre labourable, à
Boussé, en 7 pièces, acquises moyennant 248 livres
8 sols 9 deniers par contrat passé devant Nicolas
Daufresne, tabellion à Ivry, le 28 avril 1669, affermées. 12 »

5° Deux acres trente perches de terre labourable,
en 7 pièces, à Serez, données par M° Charles Levaigneur, par contrat passé devant Pierre Doubleau
et Jean Latelais, tabellions à Ivry, le 20 janvier 1664;
les dites terres affermées. . . . . 10 »

6° Une petite maison couverte en chaume, avec
son petit jardin, sise à Ivry, rue de Garennes, proche
les deux croix, affermée. 3 10

7° Une autre maison contiguë, affermée. . . . . 9 »

Total. . . . . 46 »

Rentes de la dite église :

1° 4 livres de rente annuelle données par Jean Flu-
tault, curé de la dite paroisse, en 1610 . . . . . . 4 »

2° 3 livres de rente données par Jean Ledier, marchand tanneur à Ivry, le 24 juillet 1615. . . . . . 3 »

3° 10 sols de rente à prendre sur les héritiers Jean
Comme. (Confez, tabellion à Ivry, 1637. Richer, tabellion au dit Ivry, 1661). . . . . » 10

4° 3 livres de rente (contr. devant Auger, tabellion à Ivry, 31 juillet 1655). . . . . 3 »

5° 3 livres de rente données par la veuve de Jean
Levaigneur (contrat devant le dit Auger, le
30 aoust 1657) . . . . 3 »

6° 3 livres de rente sur les héritiers Ledier (contr.
devant le même, le 5 juillet 1661) . . . . 3 »

7° 4 livres de rente données par Crétien, curé de
Boussé, le 16 mars 1664. . . . . 4 »

8° 10 livres de rente sur les hérit. Deschamps,
(contr. devant Doubleau, tabellion à Ivry le
13 avril 1666). . . . . 10 »

livres. sols. deniers.

9° 5 livres de rente sur Louis Simon (Daufresne, tabellion, 15 février 1671)   5   »   »

10° 13 livres de rente sur les hérit. de Noël Ledier (contr. du 1er juin 1677, devant Evrard, tabellion royal à Esy)   13   »   »

11° 25 sols de rente donnée par Lair, prestre, le 3 décembre 1686 (Daufresne) . . . .   »   25   »

12° 3 livres de rente cédées par Jean Levaigneur, bailly d'Ivry, 18 mars 1686 (Daufresne)   3   »   »

13° 9 livres de rente Ferran (1677)   9   »   »

14° 5 livres 11 sols 1 denier sur Pierre Ledier (1686).   5   11   1

15° 10 livres 14 sols données par Charles Levaigneur, écuyer, sieur de la Motte, porte-manteau de son Altesse Royalle monseigneur le duc d'Orléans (1697, Daufresne)   10   14   »

16° 26 sols de rente, par le même. . . . .   »   26   »

Cinq arpents de terre labourable à la Muette, dit lieu d'Ivry, affermés.   5   »   »

Un arpent de terre en 2 pièces, à Tourneboisset, affermé   3   6   »

Toutes les quelles parties de rente ci-dessus montent à la somme de 84 livres 6 sols.

Laquelle somme de 84 livres 6 sols de rente, jointe à celle de 54 livres 6 sols des fermages, donne 138 livres 12 sols.

Charges de la dite église.

Réparation du bâtiment, entretien d'ornements et linges, par an.   30   »   »

Cire du luminaire, par an, environ   12   »   »

Porte-croix, sonneur et sacristain, par an. . . .   6   »   »

Au sieur curé pour ses honoraires pendant l'année pour acquitter toutes les messes de fondation . . .   97   4   »

Aux prêtres et autres assistants   14   11   »

Aux chantres des obits pour l'année   3   »   »

A M. le grand archidiacre pour la visite chaque année . . . .   »   17   6

A M. le doyen pour l'apport des saintes huiles. .   »   5   »

Somme totale des charges 163 livres 17 sols 6 deniers.

Affirmé par le curé, le 27 juin 1703.

Signé : A. BOUILLY. »

« L'église Saint-Jean, m'écrit M. le curé d'Ivry, se voit encore avec ses quatre murs et sa toiture rue de l'Abbaye. Par une suite de divers propriétaires, elle est en ce moment du domaine de M. Armand Jean. Cette église ou chapelle n'a que ses murs. Sa toiture ne tient pas du tout, mais le propriétaire, par un sentiment très délicat, ne veut pas l'abattre... Si elle m'appartenait, j'essaierais peut-être de la restaurer, bien qu'il n'y ait aucun style, aucune beauté à conserver, mais simplement un souvenir précieux à faire revivre. Cette église peut avoir 15 à 18 mètres de long sur 8 à 10 de large, autant du moins que je me le rappelle.

« Tout près, et adjacent, dans une propriété appartenant à M. Ozanne, entrepreneur de maçonnerie, se trouve un appartement de forme un peu circulaire, avec fenêtres cintrées, et que l'on dit être l'ancienne sacristie... »

LISTE DES CURÉS DE L'ÉGLISE SAINT-JEAN D'IVRY

(D'après le grand pouillé du diocèse d'Evreux.)

1. Gatian le Jolys.
2. Jean Le Mousnier, 9 janvier 1475 ;
3. Gilles le Maistre, mai 1480 à février 1483 ;
4. Jean Hellande, 7 avril 1483 à mars 1487 ;
5. Jean Latières (?) 1487 à 1489 ;
6. Guillaume Pinel, mai 1489 à janvier 1493 ;
7. Nicolas Jean, février 1493 à 1494 ;
8. Raoul de Salloys, 1494 à 1499 ;
9. Raoul Letourneur, 1499 à 1524 ;
10. Etienne Letourneur, 1524 à 1547 ;
11. Robert de la Mare, 1547 à 1552 ;
12. Dom Jacques de la Garenne, 1552 à 1556 ;

13. Raymond Maillard, 1556 à 1557 ;

14. Guillaume Payen, 1557 ;

15. Antoine Mirauld, 1557 ;

16. Jacques de Crot, démissionnaire en 1564 ;

17. Jacques de Villiers, 1564 à 1574 ;

18. Mathurin Osmont, 1574 à 1578 ;

19. Jourdain Quérité, 1578 à 1589 ;

20. Richard Eschard, 1589 à 1608 ;

21. Jean Flustault, 1608 à 1610 ;

22. Baptiste Brazon, 1610 à 1611 ;

23. Guillaume Charpentier, 1611 à 1652. (Par son testament en date du 15 novembre 1646, donateur du presbytère de Saint-Jean.)

24. Robert Godefroy, 1652 à 1653 ;

25. Guillaume Chanu, 1653 à 1670 ;

26. Eustache Sibout, 1670 à 1680 ;

27. Augustin Bouilly, 1680 au 17 juillet 1711, date de son décès ;

28. Louis Confès, 1711 à 1717 ;

29. Thomas Le Feuve, 1717 au 8 octobre 1721, date de son décès ;

30. Joseph Gallet, 1721 au 13 avril 1736, date de son décès ;

31. Nicolas Foubert, 1736, décédé le 23 mars 1773, à 72 ans, après 38 ans de cure ;

32. Saffray, 1769 [? *lis.* 1773 ?] à 1786 ; nommé ensuite curé d'Epieds, il administra la paroisse Saint-Jean jusqu'à la nomination de M. Huvey ;

33. Charles Huvey, 1787, jusqu'à la suppression de cette paroisse ; décédé le 8 mars 1852, à Moisville, âgé de 97 ans.

CHAPITRE XXIX

CHARITÉ D'IVRY

Les cahiers de M. Mauduit contiennent la note suivante sur la charité d'Ivry :

« La confrérie de charité d'Ivry a été fondée et établie en l'église Saint-Martin du dit lieu par lettres et ordonnance de Guillaume de Cantiers, évêque d'Evreux, sous la date du 31 mai 1401.

« Par sentence de l'official d'Evreux du 9 mars 1651, elle a été reconnue pour être la plus ancienne de l'officialité [1].

« Une partie seulement de ses registres se retrouve aujourd'hui dans les archives de la mairie d'Ivry. On y voit les noms de toutes les personnes faisant partie de

---

[1] Sentence à Evreux du 9 mars 1651 par laquelle il appert que la charité d'Ivry a été maintenue pour avoir l'honneur aux inhumations auparavant celle de Garennes et reconnue pour être la plus ancienne de l'Officialité.

(Inventaire des papiers de la Charité d'Ivry. Registre de la municipalité ; séance du 30 juillet 1793.)

Les frères de la charité avaient eu le droit d'aller à l'offrande avant les marguilliers.

Deux sentences de l'Official d'Evreux, des 16 et 25 août 1607, rendues

cette association charitable, puis l'état très détaillé de toutes les recettes et dépenses.

« Il est regrettable que les registres des premières années aient disparu; car, tenus avec le soin qu'on remarque dans ceux qui restent, ils n'eussent pas manqué d'offrir une foule d'éléments intéressants, pour l'histoire locale surtout.

« Le plus ancien de ceux conservés actuellement à la mairie d'Ivry ne remonte qu'à l'année 1571 et le plus récent s'arrête à l'année 1642 [1].

« Encore, cette période de 71 années ne se trouve pas complète; il y manque les papiers de quatorze années : 1575, 1578, 1586, 1590, 1591, 1597, 1604, 1609, 1624, 1625, 1627, 1637, 1638 et 1640.

« Les deux premiers feuillets manquent aux registres des années 1611, 1630 et 1631 ; celui de l'année 1642 est incomplet ; plusieurs feuillets en ont été détachés.

« Les papiers de la charité antérieurs à l'année 1571 ont existé sans doute, et quand on sait qu'en 1563 les calvinistes ont envahi Ivry et pillé le monastère, il est permis de croire que leur fureur ne se sera pas arrêtée là, et qu'en saccageant l'église où se trouvaient ces papiers, ils les auront détruits pour toujours.

en faveur de la charité d'Ivry pour la préséance contre les charités de Saint-André et Garennes.

Autre, du 20 février 1614, contenant pareil règlement contre la dite charité de Saint-André.

Une autre, du 6 juillet 1638, en pareille matière contre la charité d'Anet.

Une autre, du 28 janvier 1651, contenant pareil règlement contre la charité de Garennes avec un mandemeut du 5 novembre 1650.

Une autre, du 9 mars 1651, contenant pareil règlement contre la charité de Garennes.

(Liasse concernant les titres des droits honorifiques de la charité.)

[1] De renseignements pris en 1856, sur les anciens papiers de la charité étant à la cure, il résulte que lors d'un inventaire dressé en 1720, les registres de la charité existaient alors pour les années 1569 à 1610, sauf les années 1570, 1604 et 1609 qui manquaient.

« Deux années ont disparu sans doute sous la main de quelque chercheur indiscret, 1590 et 1591.

Mais le registre coté de l'année 1589 commence à partir du dimanche après la fête de l'Assomption pour aller jusqu'à pareil jour de l'année 1590. Il comprend donc l'époque de la bataille d'Ivry ; et on y trouve quelques faits relatifs à ce mémorable événement.

« Au surplus, il nous a été donné de trouver ces registres dans une telle confusion avec mille paperasses inutiles, que nous ne serions pas éloigné de croire que ce désordre même les a, en certain temps, sauvés de la destruction qui a atteint les autres trop mal protégés par leur bon ordre.

« Cette ancienne institution, anéantie pendant la Révolution, par la confiscation de ses biens et la suppression des cultes, s'était relevée avec la liberté rendue aux idées et aux pratiques religieuses. Elle s'éteignit enfin en 1823 à la suite d'un différend soulevé par l'humeur jalouse et envahissante d'un jeune desservant.

« Les registres et comptes de la charité qui se trouvent encore aux archives de la mairie d'Ivry peuvent se diviser en deux séries :

« La première comprend les registres ; recueils très détaillés où l'on retrouve pour chaque année la liste de toutes les personnes faisant partie de la confrérie, le détail de ses biens et revenus, ses recettes, aumônes et dépenses et enfin l'énumération de toutes les personnes inhumées par ses soins.

La seconde ne comprend que des comptes sommaires par recettes et dépenses présentés chaque année par le prévost

Lettre du préfet de l'Eure en date du 9 septembre 1823, à laquelle se trouve jointe une note du maire (Archives municipales d'Ivry).

Première série.

1571, 1572. (Claude de Lorraine);

1573. (Duchesse d'Aumale et ses enfants) ;

1574. (Duc d'Aumale et ses frères et sœurs) ;

1576. (Charles de Lorraine. Mort de Jacques de Poi-tiers) ;

1577. (Charles de Lorraine, sa femme, ses frères et sœurs) ;

1579. (*Ut suprà.* Obit de Charlotte d'Estouteville);

1580, 1581, 1582, 1583. (Charles de Lorraine, sa femme ses frères et sœurs) ;

1584. (*Ut suprà* et, en outre, Henri de Lorraine leur fils) ; feuilles mêlées ;

1585. (*Ut suprà*, moins Henry de Lorraine) ;

1587, 1588, 1589. (*Ut suprà*) ;

1592, 1593, 1594 (Duc de Lorraine, sa femme et leurs enfants) ;

1595, 1596. (*Ut suprà.* Jehan Legendre, bailly d'Ivry) ;

1598. (*Ut suprà.* Dom Louis Blondeau, religieux et novice depuis 1592) ;

1599, 1600, 1601, 1602, 1603. (*Ut suprà*) ;

1605. (*Ut suprà.* Mort du moine Mallard) ;

1606, 1607. (*Ut suprà*) ;

1608. (*Ut suprà.* Membres : les curés de Garencières près Montfort-Lamaury, de Milmont et de Saint-Saens près Rouen) ;

1610, 1611. (*Ut suprà*). Le titre de 1611 manque;

1612. (Charles de Lorraine naguères baron d'Ivry). (Fauxbourg Saint Martin) ;

1613. (Charles de Lorraine baron d'Ivry) ;

1614, 1615. (Charles de Lorraine et sa fille) ;

1616, 1617. (Charles de Lorraine, naguères baron d'Ivry) ;

1618, 1619. (Charles de Lorraine, baron d'Ivry) ;

1620. (*Ut suprà*). (Lettres de constitution de la charité) ;

1621, 1622. (Charles de Lorraine, baron d'Ivry) ;

1623. (Les deux premiers feuillets manquent) ;

1626, 1628, 1629. (Point de baron) ;

1630, 1631. (Les deux premiers feuillets manquent) ;

[Une note marginale de M. Mauduit porte : Les registres des années 1633 et 1634 à 1635 ont été retrouvés depuis et sont réunis aux autres].

1636. (Point de baron) ;

1639. (*Ut suprà*). Robert Godefroy a succédé à Lefebvre dans la cure de Saint Martin) ;

1641. (Point de baron) ;

1642. (Incomplet ; feuillets détachés) ;

1645. (Premiers feuillets manquent).

Seconde série.

1695, 1696, 1697, 1698, 1699, 1700, 1702, 1703, 1704, 1706, 1707, 1710, 1714, 1715, 1716, 1717, 1721, 1722, 1723, 1725, 1726, 1727, 1729, 1732, 1733, 1734, 1735, 1738, 1739, 1740, 1741, 1742, 1747, 1755, 1756, 1764, 1765, 1767, 1768, 1770, 1772, 1776, 1777, 1778, 1779, 1780, 1781, et 1783.

REMARQUES

Le 29e article du chapitre de la dépense commune de l'année 1611 porte :

à Me Anthoine Martel pour avoir faict le martyrologe de

ladite charité, peint icelluy et fourni la paincture.....
12 livres ; pour le vélin y employé 20 s.

Sur l'un des registres se trouvent ces vers :

Quem fovet in terris ignem chari aurea virtus
Lucibus æternis ardebit vectus Olympo.

« L'inventaire fut fait des papiers de la mairie d'Ivry,
en 1830, par M. de la Boullaye, maire démissionnaire ;
on trouve l'énonciation de pièces diverses intéressant la
charité d'Ivry. »

M. Mauduit a pris la peine d'examiner chacun des
registres de la charité ; des noms, de menus faits seront
ainsi sauvés de l'oubli. Mais en ce qui concernait le
registre de l'année 1589, non content d'une courte analyse,
il avait eu la patience de le copier tout entier.

Il ne dut pas le regretter ; outre quelques mentions pré-
cieuses sur la bataille d'Ivry, déjà utilisées par nous, il s'y
rencontre une multitude de détails locaux.

C'est d'abord comme un annuaire détaillé d'Ivry à cette
époque ; mieux qu'un annuaire ! car on y rencontre non
seulement des noms et prénoms, mais presque toujours
ceux du conjoint et des enfants des habitants. — Mêmes
renseignements, quoique moins détaillés, pour cinquante-
trois localités des environs, qui contenaient des affiliés,
souvent le curé et le seigneur en tête. Ceci prouve l'influence et l'estime que possédait la Confrairie ! Viennent
ensuite, dans le plus grand détail, les rentes et revenus
dus à la confrairie, où se rencontrent des mentions utiles
pour la topographie d'Ivry et pour la transmission des
propriétés ; puis, enfin, non moins intéressantes, les
dépenses diverses.

Nous regrettons que l'abondance des documents déjà

utilisés ne nous permette pas de l'insérer aux pièces justificatives.

« On voit par les anciens papiers de la charité, a-t-il noté quelque part, que des donations lui ont été faites et des sentences rendues en sa faveur en 1446, le 11 mars 1497 et le 18 mai 1499.

« Une donation, notamment, lui fut faite par Gilles Cadouel le 7 août 1491 [1].

« En 1535, Charlotte d'Estouteville, baronne d'Ivry, lui faisait donation de 10 sous de rente. »

Il est à remarquer aussi que, par contrat du 20 octobre 1697, les membres actuels de la charité s'engagèrent eux-mêmes et obligèrent aussi tous leurs successeurs, à l'avenir, à se cotiser pour faire célébrer un service solennel, dans des conditions soigneusement spécifiées, pour l'âme de chacun des frères qui aurait rempli, avant de mourir, toutes les fonctions jusqu'à celles d'échevin, prévôt et ancien inclusivement [2].

L'inventaire ci-dessous, dressé en 1777, des objets divers et ornements appartenant à la charité d'Ivry, n'est pas sans offrir quelque intérêt.

18 août 1777.
Inventaire des ornements de la Charité

Deux chasubles ;

Une croix d'argent massif ;

Une grande croix de cuivre argenté ;

Deux grands chandeliers en cuivre argenté ;

Quatre chandeliers et un pied de croix en cuivre.

[1] Sic, sur les cahiers de M. Mauduit, à la suite de la liste des tabellions à Ivry, depuis 1537.

[2] Archives de la Charité d'Ivry.

Une croix de cuivre avec ses chandeliers ;

Une grande croix de cuivre en couleur avec ses chandeliers pareils ;

Deux chandeliers de fer ;

Une grande bannière neuve en damas bleu céleste, portant devant, l'image de la sainte Vierge, et derrière, l'image de saint Martin ;

Une autre vieille bannière de même grandeur, en damas bleu céleste ;

Une autre bannière en drap bleu plus petite ;

Un bâton de la sainte Vierge, en bois doré, avec son image ;

Deux bénitiers, l'un en cuivre argenté, l'autre en cuivre jaune ;

Un livre missel avec le pupitre ;

Un très beau calice en argent fin ciselé avec sa patène ;

Dix cierges à ressorts ;

Deux draps de corps, dont un très grand, presque neuf, et l'autre vieux et plus petit ;

L'habillement du sonneur, savoir : une tunique en velours bleu céleste portant l'image de saint Martin et de la Vierge devant et derrière avec la robe et les rabats ;

Plusieurs chaperons servant ordinairement aux frères, ainsi que tous les bonnets carrés qui sont dans la confrérie ;

Un coffre peint en bleu, dans l'église, près du banc de la charité, dans lequel sont enfermés, sous trois clefs, tous les contrats et pièces de la dite charité ;

Enfin deux sonnettes.

Sans parler d'autres divers menus objets de linge pour le service.

Enfin, en 1790, l'Etat des biens et rentes envoyé conformément à la loi accusait les chiffres suivants :

Rentes annuelles. . . . . 456 liv. 11 s. 11 den.
Biens affermés . . . . 210 — 19 —

A Ivry, comme d'ailleurs dans une grande quantité de localités rurales, il convient de mentionner, au nombre des établissements de bienfaisance dus à l'esprit de piété et de charité du moyen âge, l'existence d'une *léproserie*.

Celle d'Ivry pourrait, d'après ce que l'on va voir au sujet du patronage, avoir été fondée par les seigneurs.

« Il en est très anciennement fait mention au *Gallia Christiana* à propos de l'abbaye de Coulombs.

« D'après une note contenue dans les manuscrits du prieur de Mondonville (t. IX, p. 91), le mercredi devant la Saint-Martin d'Ivry (1348), transaction intervint entre Robert, seigneur d'Ivry, d'une part, et Robert, évêque de Chartres, pour raison du contredit patronage et administration de la Maladrerie de la chaussée d'Ivry. »

L'aveu de Pierre Petit (1456) porte en effet que le patronage de cette maladrerie est alternatif entre lui et l'évêque de Chartres.

Au contraire, le registre terrier de 1515 parle seulement du droit du baron d'Ivry. Dans le passage relatif aux cures et chapelles dont le seigneur est patron on lit en effet : « La maladrerie d'Ivry, séant en France en la chapelle de... »

Le nom de cette chapelle, ou omis, ou illisible au registre terrier de 1515, nous est donné par l'aveu de Charles de Lorraine en 1579... « Item près de la dicte ville et au dedans de la paroisse de Doullins [*sic*] y a une chapelle fondée de Saint-Michel, malladrerie, maison et lieu pour loger les mallades de lèpre, de laquelle chapelle la présentation nous appartient une fois, et l'autre à l'évêque de Chartres au droit du roi. »

« Dans les lettres de foi et hommage des terres d'Ivry et Garennes par le duc de Vendôme, du 6 février 1681, on voit que les biens de la chapelle Saint-Martin d'Oullins ont été réunis à l'hôpital de Houdan. Sur les circonstances dans lesquelles a pu s'opérer cette réunion, voir *Notice historique sur la maladrerie de Voley...*, Romans, 1870, p. 26 et 27. »

CHAPITRE XXX

Les écoles. — Ecole de filles au xviiie siècle. — Fondation d'une
école par les époux Viel; actes. — Nomination du maître. —
Achat d'une maison d'école; participation de la *charité*.

Ce n'est que pour le xviiie siècle que nous possédons
des documents détaillés sur les *Ecoles* d'Ivry. En 1749,
déjà il y avait une maîtresse d'école à Ivry[1].

A partir de 1777, des pièces d'un certain intérêt nous
montrent comment se *fondait* une école rurale. Ce qui ne
prouve pas qu'il n'y avait pas d'école antérieurement.

Fondateurs, avec leurs sentiments expliqués en termes
touchants, initiative ou rôle du commun des habitants
dans la rétribution des maîtres, dans le choix d'un local;
tout ceci se trouve exprimé d'une façon curieuse et vivante
dans les actes eux-mêmes, auxquels il faut laisser la
parole.

En 1777, le 7 juin, d'après un acte reçu devant Pierre
Doubleau :

Les sieur et dame Viel, désirant donner des marques
évidentes de leur attachement aux habitants du bourg

---

[1] *Registre des assemblées, actes et délibérations de la fabrique de Saint-
Martin d'Ivry* (à la date de mai 1749), aux Archives paroissiales d'Ivry.
On se souvient aussi que, d'après les *Nouvelles ecclésiastiques*, citées
plus haut, (p. 362), un habitant d'Ivry, Michel Chrétien, y aurait payé
et logé, vers le milieu du xviiie siècle, « un maître et une maîtresse
d'école qui enseignaient gratuitement. »

d'Ivry, d'où ils tirent l'un et l'autre leur naissance, et faciliter aux mêmes habitants pauvres les moyens d'élever leurs enfants dans la crainte de Dieu et l'instruction de la sainte religion catholique, apostolique et romaine ont cru ne pouvoir mieux manifester leurs intentions qu'en fondant à perpétuité dans le dit bourg d'Ivry un maître d'école... pour commencer ses exercices à la Saint-Martin d'hyver 1779;

Il n'aura d'autre rétribution et salaire que ce qui lui est attribué par la donation ;

Il instruira les enfants dans la religion chrétienne conformément au catéchisme du diocèse d'Evreux ;

Il leur apprendra à lire, à écrire et les quatre premières règles de l'arithmétique.

Sous quelque prétexte que ce soit il n'admettra à l'école ou instruction publique aucune femme ni fille, et il lui sera interdit expressément d'enseigner la langue latine.

Pour cette fondation, les Sieur et Dame Viel donnent à perpétuité au bourg d'Ivry trois cent cinquante livres de rente annuelle pour le maître d'école, à prendre et recevoir :

1° 240 livres, au capital de 6.000 livres, du sieur Denis Egasse et de la dame Louise Ledier, son épouse, demeurant à Ivry, suivant le contrat de constitution devant Hugues, notaire à Bu, le 14 juin 1768;

2° 60 livres au capital de 1.200 livres, de Pierre Sapience et Agathe Grosbois sa femme, suivant le contrat de constitution devant Doubleau le jeune, notaire à Anet, le 9 mai 1777;

3° 50 livres au capital de 1.000 livres, de François Hyacinthe Lecerf de la Boullaye, procureur fiscal à Ivry, et de Louise Françoise Ledier, son épouse, suivant contrat de constitution devant Doubleau, notaire à Ivry, du 28 décembre 1776.

En cas de remboursement, les capitaux devront être remplacés solidement.

D'un procès-verbal dressé par un notaire, le 22 juin 1777, à la tablette de l'église Saint-Martin d'Ivry, il résulte que les habitants ont accepté, avec reconnaissance, la donation des époux Viel et ont chargé les marguilliers de leur en porter, à Anet, leurs remerciements.

Un service solennel après leur décès pour le repos des âmes des donateurs a été promis aux frais de la fabrique.

Le fondateur s'était réservé le droit de nommer le maître d'école.

Il exerce ce droit dans un acte ainsi conçu :

« Nous Jean François Viel, avocat en parlement, conseiller du roy en l'élection d'Evreux, bailly de Saint-André, et autres lieux, seigneur de Nantilly, désirant remplir les vues de la fondation d'un maître d'école faite par nous et feue dame Catherine Chevallier, mon épouse, le 7 juin 1777, en faveur des enfants du bourg d'Ivry, lieu de notre naissance, nous avons cru qu'il était de notre devoir de ne rien négliger pour trouver un sujet de bonnes mœurs et capable de remplir la place. Après bien des recherches et informations pour y parvenir, nous avons fixé notre choix sur le sieur Croville, maître d'école de la paroisse de Dammartin, diocèse de Chartres.

« Nous ne sommes déterminé à le préférer à tous ceux qui se sont présentés à nous que parce qu'on lui a rendu les témoignages les plus avantageux. C'est donc dans la confiance qu'il remplira les devoirs de la place à l'avantage et utilité des enfants et à la satisfaction et édification des pères et mères, qu'en vertu du droit que nous

nous sommes réservé par l'acte de fondation et accepté par Messieurs les habitants du bourg d'Ivry, nous nommons, par ces présentes, le sieur Croville pour remplir les devoirs et les charges de la dite fondation, au jour de Saint-Martin d'hiver 1779, et jouir des émoluments attachés à la place, le tout comme il est porté aux actes de la fondation, à la condition toutefois que le sieur Croville présentera notre nomination dans une assemblée générale de Messieurs les habitants du bourg d'Ivry convoqués à cet effet, et qu'il sera agréé à la pluralité des voix ainsi qu'il est marqué dans l'acte de notre donation.

Fait à Anet ce 16 octobre 1779.

Signé : « VIEL. »

Cette nomination, point à noter, était donc subordonnée à l'acceptation des habitants d'Ivry et des curés des deux paroisses. Ils agréèrent la nomination dans un acte ainsi conçu :

« Nous curés et habitants du bourg d'Ivry soussignés, assemblés à l'issue des vespres, ce 24 octobre 1779 ;

« Vu la nomination du Sieur Croville pour remplir la place de maître d'école au bourg d'Ivry, faite par M. Viel, fondateur de la dite école, considéré les bons témoignages qu'il rend du sieur Croville, nous l'avons accepté pour remplir cette place d'une voix unanime.

Signé : « CIRETTE, curé de Saint-Martin d'Ivry ; SAFFRAY, curé de Saint-Jean, D'ANDRÉ DE SAINT-VICTOR, LEVAIGNEUR, Pierre MARTEL, Pierre MAULVAULT, Prosper EGASSE, LE BOULLANGER, François-Charles DENIS, JOUVIN l'aîné, NOINVILLE, LEMOULLE, LEVAIGNEUR (autre), LETELLIER, Pierre DESCHAMPS et GUÉRIN. »

« Les habitants estimèrent bientôt qu'il y avait lieu d'acheter une maison d'école.

« Le 7 novembre 1779, à l'assemblée..... : Le sieur Cirette, curé de Saint-Martin, nous a exposé qu'il est avantageux pour le bien de la paroisse de faire l'acquisition d'une maison pour loger le maître d'école ; qu'il s'en présente maintenant une à vendre avec cour, cave et jardin, appartenant à Madame veuve Vesque ; que cette maison et son emplacement sont propres et commodes pour y recevoir les enfants ; que la paroisse pourrait en faire l'acquisition moyennant la somme de 1.200 livres, un quart de vin et une corde de gros bois et quelques bourrées, et à la charge de la paroisse de fournir à la dite dame veuve Vesque un logement commode, sa vie durante ; il nous a représenté, de plus, qu'on a présentement 300 livres de Monseigneur le duc de Penthièvre, 300 livres de Monseigneur l'archevêque d'Arles, abbé commendataire de l'abbaye d'Ivry ; que la charité de Saint-Martin s'est obligée par un acte de donner 300 livres, le tout pour contribuer à l'achat d'un logement pour faire les écoles et loger le maître ; qu'il y a toutes espérances que des personnes charitables, qu'on ne peut nommer de ce moment, fourniront le surplus ; qu'enfin après la mort de la dite dame veuve Vesque, il reviendra 50 livres à prendre chaque année sur les 350 livres de la fondation pour faire les réparations de la maison qu'on aura acquise ; tout considéré, nous habitants du bourg d'Ivry, avons jugé qu'il est très avantageux pour le bien de la paroisse et l'éducation des enfants de faire l'acquisition de la maison de la dame veuve Vesque ; en conséquence nous avons nommé, par le présent acte, Messieurs Denis fils, Boulenger et Louis Ledier, tous trois trésoriers actuels de l'église Saint-Martin, pour traiter avec la dame Vesque de l'acquisition de sa maison, d'un loyer de maison pendant sa vie et de faire toutes les autres formalités requises à cet effet, promettant de tenir bien fait ce qu'ils auront fait.

Signé : « CIRETTE, curé ; François-Charles DENIS, Le BOULLENGER, Pierre LÉDIER, D'ANDRÉ DE SAINT-VIC-TOR, LEGENDRE, LEVAIGNEUR, PÉRIER, P. MAULVAULT, TRUCHON, P. SIBOUT, MOULIN, SIBOUT père, JEANJEAN, Alexis MARION, SIBOUT l'aîné, JOUVIN le jeune, Prosper EGASSE, NOINVILLE. »

Voici, extraite des registres de la charité d'Ivry, la délibération à laquelle il est fait allusion dans l'acte qui précède :

« 22 août 1779. — En l'assemblée de la charité, le curé Cirette expose : qu'il serait utile pour l'éducation des enfants d'Ivry de faire bâtir ou acheter une maison propre et commode pour loger le maître d'école dont M. et Mme Viel, d'Anet, ont fait la fondation, afin que le maître puisse veiller et instruire les enfants commodément ; que Mgr le duc de Penthièvre et Mgr l'archevêque d'Arles, abbé d'Ivry, ont donné chacun cent écus pour cette bonne œuvre. Les frères de charité voulant marquer leur affection et leur bonne volonté pour le bien de la paroisse ont voté cent écus par an à payer pendant trois années pour contribuer à acheter ou bâtir la dite maison. »

« 13 février 1787. — Les frères décident de payer 50 livres par an au maître d'école, en déduction des 200 livres qu'ils restaient devoir, n'ayant payé que 100 livres sur les 300 livres promises. »

Le 29 septembre 1782, les marguilliers et habitants d'Ivry acceptent la nomination faite par M. Viel de la personne d'Antoine Guillaume, maître d'école à Flacourt, pour remplir ladite place à Ivry... Les écoles [les classes] seront de 2 h. 1/2 chacune, matin et soir ; il n'y aura aucun jour de congé ; les vacances seront du 1er août au 8 septembre[1].

Les émoluments du maître d'école furent, en 1787, l'objet de la délibération et des résolutions suivantes :

« 4 février 1787. — Les curés, marguilliers et principaux habitants du bourg d'Ivry, assemblés à la tablette, pour délibérer sur les honoraires du maître d'école, arrêtent ce qui suit :

« Il lui sera payé :

« 1° 52 liv. des deniers provenant de la fondation ;

« 2° 50 liv. des deniers du trésor ;

« 3° 50 liv. des deniers de la charité après que les frères en auront fait une délibération.

« Le dit maître demeure autorisé à faire payer les écoliers en état de payer, et sans toutefois qu'il puisse les renvoyer faute de paiement.

« Dans le cas où les deniers de la fondation d'école, hypothéqués sur la succession du sr Egasse, viendraient à rentrer à la fondation, on remplira le maître de la totalité des 300 livres qui lui sont accordées par la fondation.

« Il remettrait alors aux écoliers les sommes qu'il aurait perçues d'eux pendant le temps que la succession du sr Egasse serait restée en souffrance. Il tiendra, en conséquence, état des sommes qu'il aurait reçues d'eux[2]. »

---

[1] Registre des actes et délibérations de la fabrique de Saint-Martin d'Ivry.

[2] Ibid.

Les engagements ne pouvaient pas toujours être exactement tenus, car, à la date du 16 août 1789, Guillaume, maître d'école, fait reconnaître qu'il lui reste dû 562 liv.[1].

La révolution, puis un procès, ne firent que compliquer les choses, et déterminèrent le maître, mal payé, à se pourvoir ailleurs. Il fallut en choisir un autre. Cette fois, il ne paraît pas qu'on ait songé le moins du monde au droit de nomination du fondateur ou de ses héritiers. Seulement, bien entendu, on avait gardé leurs biens.

La délibération est rédigée en ces termes :

« 8 *août* 1790. — Nous curé (il n'y a nulle signature de curé à cette délibération), marguilliers, et principaux habitants, assemblés au son de la cloche, avons examiné l'acte de nomination du sieur Antoine Guillaume, ci-devant maître d'école de présent à Nonancourt. Réfléchissant sur la nécessité où se trouvent les enfants de cette paroisse, à défaut d'instruction chrétienne, d'apprendre à lire et écrire, l'arithmétique et autres instructions nécessaires relativement aux affaires du commerce social ; pourquoi, désirant, autant qu'il dépend de nous, leur procurer cet avantage si important pour eux et pour la satisfaction des pères et mères, disons qu'en ce moment il est de toute impossibilité de pouvoir, comme par le passé, payer les honoraires à un maître d'école, jusqu'au moment où le procès de MM. et madame Egasse soit terminé définitivement, ou que Messieurs les officiers de l'assemblée primaire en aient autrement ordonné en faveur des pauvres :

« A ces causes, nous avons nommé et nommons pour maître d'école de notre bourg le sieur François Guil-

---

[1] Registre des actes et délibérations de la fabrique de l'église Saint-Martin.

laume Frémanger, demeurant en ce lieu, à la charge par
ce dernier d'instruire et enseigner, en son âme et conscience, les enfants qui lui seront confiés, de la religion
chrétienne, leur enseigner à lire, écrire et les quatre premières règles de l'arithmétique, de veiller sur les enfants
de son école à l'église pendant les messes et vêpres,
parce que les pères et mères seront tenus d'obliger leurs
enfants à se placer sur les bancs ordinaires, dans la chapelle de la sainte Vierge ; à défaut de ce faire, le maître
demeure autorisé à les renvoyer à cause de leur refus de
se conformer à cette règle de son école.

« Les écoles du matin et celles du soir seront de deux
heures ou deux heures et demie chacune ; point de congé
lorsqu'il se trouvera des fêtes dans la semaine. Les vacances
commenceront le 1er aoust de chaque année et la rentrée
se fera au 8 septembre suivant. Au moyen de quoi nous
avons accordé et accordons audit Frémanger la maison des
écoles et dépendances pour par lui en jouir en tous profits à compter du 1er septembre prochain jusqu'au temps
qu'il finira d'enseigner et d'instruire ses écoliers.

« En outre, les pères et mères des enfants écoliers seront
tenus et obligés de payer chaque mois dix sous pour ceux
qui n'écrivent pas et quinze sous pour ceux qui écrivent,
de même pour ceux qui calculent et ce en attendant qu'il
en soit autrement ordonné.

« Fait et arrêté les jour et an que dessus et avons signé
après lecture faite :

> *Signé* : « Pierre MAULVAULT, Louis LEDIER, ROUS-
> SEAU, LETELLIER le jeune, GRANDHOMME, MAULVAULT
> le jeune, Louis DENIS et MOYEZ. »

Peu de temps après, le nouveau maître d'école donnait

sa démission, pour les motifs énoncés en l'acte ci-après qui pourvoit à son remplacement et contient quelques dispositions intéressantes :

« 31ᵐᵉ jour de Juillet 1791. — François Guillaume Frémanger expose à l'assemblée qu'il ne peut remplir la double fonction de greffier et de maître d'école. Il demande à être déchargé des écoles. Les maire, procureur, officiers municipaux et habitants « désirant procurer aux enfants de « ce lieu les instructions chrétiennes et utiles » ont, à sa place, nommé Guillaume Caillon, demeurant au dit Ivry, maître d'école à charge d'enseigner à lire, écrire et calculer jusqu'à la quatrième règle, et d'instruire les enfants de leurs devoirs envers Dieu et envers les hommes, de leur enseigner leur catéchisme, au moins une fois la semaine, de veiller exactement sur les enfants de son école pendant le service divin.... Les écoles seront de cinq heures par jour.... Il ne pourra faire d'autre état que celui d'enseigner les enfants... Il sera obligé d'enseigner douze pauvres du lieu gratuitement. — Paieront : ceux qui lisent de l'écriture de main, écrivent et calculent, 15 sous ; pour les petits écrivains en grosse, qui lisent et ne calculent pas, dix sous. Il prendra jouissance entière de la maison à la Saint-Martin prochain.

Signé : « F. G. Frémanger, greffier, Caillon, Levaigneur, Lemoine, Martel, Hodan, Maulvault, Gervais, Laurent, Lepouzé, P. Grandhomme, Sibout jeune, Pihan, François Grandhomme, Denis père, Julien Bouvier, Cavé, Langlois, Laurent Hinout, Dumay, Moulin, procureur de la commune. »

CHAPITRE XXXI

Commerce, industrie, navigation de l'Eure. — Navigation de
l'Eure dès le XIIIe siècle. — Importance du transit au XVIe siècle.
— Détails statistiques dans un compte. — Redevances seigneu-
riales. — Décadence du transit.

Industrie locale au XIIIe siècle. — Mesures diverses de police et
de protection. — Manufacture de draps en 1715. — Époque
actuelle ; exposition de 1889.

Il nous faut, aujourd'hui, un certain effort d'esprit pour
nous persuader qu'au moyen âge Ivry communiquait, par
eau, avec Rouen ; que l'Eure y était navigable ; et conséquemment qu'une certaine industrie a pu s'y développer
à une époque où les cours d'eau étaient à peu près
l'unique moyen de communication entre les localités pour
les produits du commerce et de l'industrie.

Et cependant cela est incontestable ! Dès le XIIIe siècle,
les procès soutenus par le seigneur d'Ivry en font foi, Ivry
communiquait par eau avec la capitale de la Normandie[1].

Le registre terrier de 1300 dit aussi : « Chascun batel
montant toutesfoiz qu'il vient de Roen à Yvri, il doit
1 mine de sel quant il amaine du sel. » Ce même coutumier
parle aussi de cuirs, de harengs, de céréales importés par
eau à Ivry.

Au XVe siècle, vers 1446, l'Eure était en état de porter
des bateaux de trente-deux tonneaux, depuis Nogent-le-Roi

---

[1] Voir ce que nous avons dit plus haut p. 125.

à quelques lieues au-dessus de Chartres, jusqu'à la Seine,
« qui était moult belle chose et proffitable tant pour le pays
d'environ comme pour les frontières d'Evreux, Louviers et
païs voisins des dits marchés ». Cependant, il restait encore
beaucoup à faire, et Charles VII ordonna aux baillis de
Chartres et d'Evreux « de faire réaument et de fait, aux despens des bourgeois de Chartres ou d'autres qui libérale-
ment y voudraient aider, mettre ladite rivière, de Chartres
à la Seine, en telle disposition et ordonnance que les
vaisseaux et bateaux y pussent passer, repasser, chargés
de denrées et marchandises et vides, aussi et au mieux et
par les lieux que par gens expers à ce connaissant ils
trouveraient estre plus propres, convenables et profitables
pour le bien public[1] »...

Des lettres patentes, du 7 octobre 1455, avaient pour
objet l'établissement d'un chemin de halage sur le bord de
la rivière[2].

Jusqu'ici nous connaissons, par tous les documents, ce
fait de la navigation par la rivière d'Eure, mais nous ignorons quelle en est l'importance.

Pour le milieu du XVIe siècle, au contraire, un compte de
la baronnie d'Ivry comprend, un à un, le nombre de tous
les bateaux montés ou descendus par la rivière et le détail
minutieux des denrées ou marchandises dont ils étaient
chargés.

[1] Ch. de Beaurepaire, *De la Vicomté de l'eau de Rouen*. Dans *Recueil
des travaux de la Société libre d'agriculture, sciences, arts et belles-
lettres de l'Eure*, 3e série, t. III, Evreux, 1856, in-8°, p. 314-315.

[2] 1455. Lettres patentes de Charles, roi de France, pour faire un chemin [par eau?] depuis Chartres jusqu'à la rivière de Seine ; faire
couper les herbes afin de rendre la rivière navigable et faire restituer
les nouveaux droits de péage qui avaient été levés en vertu d'anciennes
lettres patentes, sans permission du roi.
(*Archives nationales*, Q. 194e. Registre.)

Quel n'est pas notre étonnement en face des constatations suivantes faites par M. Mauduit :

« De ce compte, il appert que pendant les douze mois
écoulés du 1ᵉʳ octobre 1547 au dernier jour de septembre
1548 il est passé par Ivry 437 bateaux montants et 367 descendants !

« On trouve aussi le détail suivant dans le « Chapitre de
recepte faite du revenu du travers par eau à commencer
du 18ᵉ jour d'aoust 1547 jusqu'au dernier jour du mois de
septembre au dit an 1547 dont aperera la dite recette par
les marchandises cy après dénommées. »

Dans cette période il est monté 23 bateaux et il en est
descendu 19. De ces derniers, il en est descendu, le 26
septembre, sept portant :

Le 1ᵉʳ 108 pièces de vin,

Le 2ᵉ 107,

Le 3ᵉ 90,

Les 4ᵉ et 5ᵉ, 182,

Le 6ᵉ 93,

Et le 7ᵉ, 90.

Voici, maintenant, pris au courant de la plume par
M. Mauduit, le relevé des marchandises et de leurs quan-
tités telles qu'elles ont acquitté les droits et figurent sur
quelques feuillets :

32 lautz 10 baris de harenx ;

Une botte morue ;

Seize ballons de pastel ;

Trois lautz et demi de harenc ;

Dix boucaulx de harenc ;

Une pièce noyre ;

Un saulmont destaing ;

Dix pièces euvre de pays ;

Une pipe noyre ;

Cinq bottes blanches ;

Cinquante-deux milliers et demy de fer ;

Quatre baris dhuille ;

Trois poinsons morue ;

Dix pains de suif poysant deux mille livres ;

Quatre poinsons d'allun ;

18 demy baris de beure ;

33 pottes de beure ;

2 tables de plum ;

3 balles garance ;

2 poinsons de pommes ;

2 pièces de mercerye ;

— boys — vin — bled — pierre — layne ;

pippes de vin ;

4 pièces de pays ;

4 baris de talc (?) ;

1 panier d'orenjes ;

4 barattes de beure ;

26 pièces noyres — blanches ;

7 meulles ;

1 balle de drapt ;

Un demy poinson de figues ;

21 pox de beure ;

Huit cent de brésil ;

Troys milliers de plum ;

Deux boucaulx de harenc sor :

Un panier corde ;

Une demye queue d'huille dolif ;

16 bottes garance ;

Sept vingt dix cuirs ;

Une pièce de febves ;

Plastre ;

Deux boucaulx dallun ;

25 pièces de pruneaulx ;

Troys cornuyaulx de plum

Quatre cens filz de Richard ?

Pierres pour la maison de Madame ;

Baris de pastel ;

24 balles de pastel ;

33 milliers euvre de pays, garence, brésil et estaing ;

Un pacquès de fil de laton ;

Unze lautz de maquereau ;

Un ballot de chambre ;

Ung ballot daultruche ;

Ung sac de poil ;

Quatre lautz neuf baris de maquereau ;

Deux poinsons de bled ;

Une pièce de campras ;

Cinq bottes de suif poysant quatre milliers ;

Quatorze demyes queues de maqueriau ;

2 baris de tarc ;

2 baris scavon ;

Balle de layne ;

Deux pacquets de papier ;

17 baris docre ;

Pendant ce mois d'avril 1549, il est monté grande quantité de pierres, bois, fer et plâtre pour les bâtiments de MADAME [à Anet]. »

L'abondance de nos documents ne nous permet pas de reproduire tout le détail de ce compte pendant les douze mois de l'année.

On trouvera donc seulement le relevé textuel de deux mois, octobre et mai, aux pièces justificatives.

En 1579, Ch. de Lorraine duc d'Aumale possédait, au droit des baronnies de Garennes et d'Ivry, toute la rivière depuis Tourville en la paroisse d'Anet, jusqu'au village de Bueil. Son bailli connaissait des délits commis sur la rivière; l'appel de ses sentences ressortissait au bailli d'Evreux. — Les bateaux et *harangues* qui passaient par la porte de la Garenne devaient 7 s. 6 d. t. On prenait, sur chaque bateau chargé de sel, un boisselet; en d'autres termes, un tiers du minot de gabelle. Le bateau neuf devait en outre une paire de gants.

A Ivry même on percevait droit de travers et de coutume, à savoir : sur chaque baril de harengs 4 d. t., sur chaque demi-queue de vin 12 d. t., sur un bateau chargé de sel une mine équivalente à deux minots mesure d'Ivry, sur le cent de morues 4 d., sur chaque millier de marchandises 3 s. 4 d. t., avec 27 d. t. en plus pour le droit du bateau[1].

Nous ne pouvons, quelque intéressant que soit le sujet, poursuivre l'histoire de la navigation commerciale par la rivière d'Eure; disons toutefois que, d'après un registre de 1749, on constate qu'il est passé à Ivry, pour les dix précédentes années, une moyenne de 27 bateaux seulement par an. Mais en 1747, les bateaux ne passent plus par suite du mauvais état de la rivière. — Onze greniers à sel s'approvisionnaient par la rivière[2].

Veut-on avoir une vue d'ensemble sur le mouvement industriel et commercial d'Ivry, non plus seulement par eau, mais en général : on n'a qu'à consulter, à cet égard, le Terrier-coutumier de l'an 1300. On y trouvera, à côté

---

[1] Ch. de Beaurepaire, *De la vicomté de l'eau...*, p. 318-319.

[2] *Archives nationales*, Q. I, 194[1], f. 97, 98. Ce vol. de 277 f[ets], contient, dit M. Mauduit, de nombreux et utiles renseignements.

de la nomenclature des marchandises et denrées qui passaient seulement en transit, l'indication de celles qui s'y
vendaient ou s'y fabriquaient. Tous les corps de métier
y étaient représentés, fabricants de chausses, sueurs,
cordonniers, mégissiers, pelletiers, brasseurs de bière.

Il n'y avait pas moins de onze étaux de bouchers; on
comptait douze gords ou pêcheries sur la rivière.

Les moulins à foulon remontaient à une époque plus
ancienne encore; car on voit, par l'inventaire des titres de
l'abbaye de Coulombs, aux Archives départementales à
Chartres, que les religieux de Coulombs avaient, au
XIIe siècle, des droits à percevoir sur les foulonniers
d'Ivry[1].

Les vignes étaient très nombreuses, en 1300[2]; on en
connaît même des mentions antérieures[3].

L'aveu du seigneur d'Ivry, en 1456, constate cependant
qu'à ce moment, les vignes y étaient en non-valoir.

Une telle activité commerciale n'allait pas sans entraî-
ner une surveillance de tous les instants, des mesures
et réglementations incessantes, pour maintenir l'écoule-
ment régulier des eaux[4], la navigabilité de la rivière, la

[1] *Recueil*, p. 479 [pas de référence].

[2] Voir Terrier-Coutumier de 1300.

[3] Léopold Delisle, *Etudes sur la classe agricole... en Normandie...*
p. 432.

[4] L'an de grâce mil cinq cens vingt deux, le Mercredi, second jour
de Juillet, à Ivry, devant nous Pierre de Villiers, viconte du dit lieu,
il a esté ordonné à Pierre Le Vigneron, procureur de Katerine, veufve
de deffunct Guillot de Lisle, Jehan Guillot et Pierre dictz de Lisle,
mettre les chaussées de la Rivière ou russeau d'eaue, descendant au
moullin à than appartenant aux dessus dictz, pour eux et leurs cohéritiers, en estat deu et convenable dedens troys sepmaines du jour-
d'huy, à la requeste et instance de honneste personne Amiot de Boys-
mare, procureur et recepveur de Messieurs les Relligieux, abbé et
couvent de Notre-Dame d'Ivry, sieurs du fief de Sainct-Jehan-du-Prey,
en enssuivant les commandemens et dillacions pour ce fuire. Aussy a

manœuvre des écluses ou portes par où passaient les bateaux. Cette dernière charge incombait parfois aux riverains[1].

esté ordonné aud. Procureur et recepveur faire mettre en estat deu ung petit trou, ou caveau d'eaue qui chiei sur l'héritage de mesdits sieurs, au lieu monstré. Aultrement que, en déffault de ce faire, mesdits sieurs sont autorisés, après le dit terme passé, à faire faire, aux despens des dessus dits, les dites chaussées, deuement et prouffitablement, ce que les dessus dits ont accordé. sauf leur rescor, ainsi qu'ilz verront bon estre sur leurs dits cohéritiers. Et a esté recogneu, par les dessus dits, estre redevables envers mes dictz sieurs de deux poulles de rente, par chacun an, au terme de noel, dont des arrérages du temps passé, mesdits sieurs sont auctorisez à faire faire exécusion au prix de douze deniers tournoys pour chacune poulle, de leur consentement, en tant que deu en est du temps passé pour cause et droicture de passer par les dessus dictz ou ayant leur droict et rapasser par le chemyn et lieu à aller de la venelle du chemyn venant au moullin à bled de mesdits sieurs pour aller au moullin à than des dessus dits. En la faisance et payement desquelles deux poulles de rente, chacun an, audit terme de Noel, ilz confessèrent estre subgects pour eulx et leurs dits cohéritiers. Et donné en mandement au sergent qu'il appartient, ces présentes mettre à exécution deue. Donné comme dessus.

Signé : E. CHARITÉ, avec paraphe.

Au dos de l'original est écrit :

« Moulin à tan proche le moulin a bled de Monsr l'abbé. Obligé à racomoder les chaussées du moulin à tan, et à payer deux poules de redevance annuelle pour la liberté de passer et repasser par devant le d. moulin à bled. Avec la Reconnoissance par sentense du Vicomte d'Ivry du 2ᵉ juillet 1522 et de l'ierre Ledier et Pierre Maillard en 1686. »

(La présente copie faite sur l'original en parchemin, par moi paléographe soussigné.

Evreux, ce 22 février 1852. *Signé :* Alph. CHASSANT.)

(L'original entre les mains de M. Lemoine, propriétaire à Ivry. Février 1852.)

[1] D'un aveu en papier, communiqué par M. Simon Fulgence, propriétaire à Ivry-la-Bataille, est extrait ce qui suit :

De très hault et excellent Prince Monseigneur Charles de Loraine, Duc d'Aumalle, Pair et grand Veneur de France, baron de la Baronnie d'Ivry, Nous Isabeau Hogues, veufve, en dernières nopces, de défunct Gérault Lemère, Roger et Richard dictz Chrestien, frères, Pierre Chrestien l'aisné et Léonarde, veuve de défunct Mathurin de La Croixs, Tenons et advouons tenir de nostre dit seigneur, à cause de vostre dite Baronnye d'Ivry, un moullin à ten, scitué et ascis sur le cours de la grande Rivière d'Heure, proche du Pont Notre-Dame par où pasces les bateaux vrangues, avec la court, place et lieu estant à l'entour, et devant ledit moullin aboutant les d. lieu et moullin sur la dite rivière ; d'aultre bout la Vᵗᵉ Jacques Robidas, et d'un costé la Rue allant à

Il fallait aussi protéger les marchands de la localité contre la concurrence des étrangers. En 1581, une redevance de 30 l. était payée par les bouchers d'Ivry au baron pour éloigner de leur marché les bouchers étrangers[1].

Le 3 février 1592, était rendue, au bailliage d'Ivry, une sentence contenant les règlements et statuts de la communauté des maîtres tailleurs d'habits de la ville d'Ivry[2].

En voyant mentionner dans les titres de la baronnie d'Ivry un mémoire de travaux à la brasserie d'Ivry, on serait tenté de se demander si, à ce moment au moins (1565), la brasserie n'était pas aux mains du seigneur[3].

En 1715, des lettres patentes autorisèrent l'établissement d'une « manufacture royale de draps fins à Ivry[4] ».

l'abaye, avec les circonstances et dépendances d'icelluy Moullin, auquel moulin, moy, Vᵛᵉ Lemère, par chascun an de l'année ay droict de fère mouldre et batre ten une sepmaine et demye à moy succédée de mes prédécesseurs. . . . .

. . . .

Et, oultre les charges dessudites, Nous submettons d'entretenir la porte estant sur lad. rivière par où pasce lesd. bateaulx, et icelle faire ouvrir et fermer quand *mestier* en sera ; parce que les bastellyers conduisantz les bateaulx montans en la dicte Rivière, nous sont tenus paier dixs deniers pour bateaulx et oultre, pour l'ouverture et fermure d'icelle porte, douze deniers tournoiz suivantz nos poscessions et de nos prédécesseurs, pascez sont quarante ans et depuis et où serions requis clore ledit moullin et fermer les esceaulx pour la commodité d'iceulx bateaulxs, etc. . . . .

Baillé présenté et affirmé véritable par les descudictz advouantz à honorable homme Mᵉ Jehan Legendre licensiez es loixs, procureur de Monsʳ pour icelluy accepter ou contredire, devant nous Nouel Chenu, licencyez es loixs, Bailly dud. lieu d'Ivry, le xiijᵉ de septembre mil vᶜᶜLXXVIII, sauf à blasmer...

Signé : LATELAIS, avec paraphe.

(Original en la possession de M. Simon Fulgence, propriétaire à Ivry, fevrier 1872.)

[1] *Archives nationales.* Q. 194⁶, fᵒ 72.

[2] *Archives nationales.* Q. 194⁶.

[3] 1565. Mémoire de réparations à la brasserie d'Ivry. (*Archives nationales.* Q. 194⁶. reg. Inventaire des titres des baronnies de Garennes et Ivry.)

[4] *Copie de lettres patentes par lesquelles le roi Louis XV autorise*

« Cette autorisation n'est pas restée à l'état de lettre morte ; les lettres patentes du roi ont été lues à Ivry, à l'issue des messes paroissiales de Saint-Martin et de Saint-

l'établissement d'une manufacture royale de draps fins à Ivry (3 novembre 1715).

Les sieurs Jean Lebrun, bourgeois de Paris, et François Pain, ci-devant contre-maître de la manufacture royale de draps fins, façon d'Espagne et de Hollande, établie au faubourg St-Marcel à Paris, exposent au roi que cette manufacture, quoique forte et bien entretenue, suffit à peine à livrer aux marchands de Paris et du royaume la dixième partie des marchandises qu'ils demandent. Ils supplient le roi de leur permettre d'établir à Ivry une manufacture semblable, avec les privilèges énoncés plus bas.....

Le roi, prenant en considération que, pendant douze ans, le sieur Pain avait conduit la fabrique du faubourg St-Marcel, avec tout le succès possible et au contentement de tous les marchands du royaume, accorde, par ses lettres patentes ci-après, la permission qui lui est demandée.

« Louis, par la grâce de Dieu, roi de France et de Navarre, à tous ceux qui ces présentes lettres verront, salut. . . . .

. . . .

Nous avons, par ces présentes, signées de notre main, permis et permettons aux dits Jean Lebrun et François Pain, d'établir au dit bourg d'Ivry, en Normandie, pendant le dit temps de vingt années, une manufacture de draps fins, façon d'Espagne et de Hollande ; d'y faire construire, à cet effet, des moulins à foulon, et faire fouiller de la terre glaize, dans les lieux qui s'y trouveront propres dans l'étendue de cinq lieues aux environs du dit bourg d'Ivry, après, néanmoins, avoir dédommagé, de gré à gré, les propriétaires des dits lieux ; comme, aussi, leur avons permis de mettre, au chef des draps de leur fabrique, ces mots : *Manufacture royale d'Ivry.* Faisons déffenses à toutes personnes de contrefaire la dite marque à peine de confiscation et de trois mille livres d'amende.....

Voulons que les dits Jean Lebrun et François Pain, leurs familles et tous ceux qui seront employés en la dite manufacture, jouissent de l'exemption de la taille et autres impôts, logemens de gens de guerre, guet et garde et de toutes charges publiques, pourvu, toutefois, qu'ils n'y ayent point esté imposés par le passé, et qu'ils ne fassent aucun autre travail et commerce que pour la dite manufacture.

Permettons aux dits Lebrun et Pain d'associer à la dite manufacture telles personnes que bon leur semblera, sans que, pour raison de ce, les Nobles puissent être réputés avoir dérogé à la Noblesse, dont, en tant que besoin est ou seroit, Nous les avons relevés et relevons par ces présentes, sans qu'ils ayent besoin d'obtenir de nous d'autres lettres de réhabilitation. . . . .

Donné à Vincennes, le 3me jour de novembre, l'an de grâce 1715 et de notre règne le premier. Signé : Louis, et plus bas, par le Roi, le duc d'Orléans régent présent. »

Jean, le 13 mars 1718. Plus d'une année après, le bailli d'Ivry était saisi d'une plainte faite par les sieurs Lebrun et Pain au sujet de voies de fait que quelques habitants d'Ivry auraient exercées contre les ouvriers de leur manufacture.

« Sur cette plainte, il est intervenu une transaction, sous signatures privées, qui a été déposée au bailli d'Ivry, le dimanche 14 mai 1719, avec une copie imprimée et certifiée des lettres patentes ci-dessous rapportées[1]. »

Comme importance commerciale, Ivry n'a pas dégénéré.

Au cours d'articles historiques sur Ivry insérés dans les n⁰ˢ des 15 et 26 juin et 15 juillet 1858 du *Courrier de l'Eure*, M. de Reiset écrivait :

« Ivry est devenu une ville industrieuse. Elle compte aujourd'hui plusieurs fabriques dignes d'intérêt. On y trouve de fortes tanneries, et les cuirs qu'on y prépare sont renommés depuis des siècles. On les emploie particulièrement pour la chaussure et pour la sellerie. Les principaux fabricants de cuirs d'Ivry sont MM. Delahaye, Lemoine et Jean-Jean. MM. Martel s'y distinguent dans la fabrication des peignes et des billes de billard.

« Les restes de l'ancienne abbaye sont aujourd'hui transformés en une manufacture de passementerie, appartenant à un Anglais, M. Groves, qui la dirige d'après un système de son invention. »

Les récompenses obtenues par les habitants d'Ivry,

[1] (Les lettres, rapportées à la note précédente, se trouvent avec la transaction, au registre du greffe du bailliage d'Ivry, de l'année 1719, déposé aux archives du tribunal civil de première instance de l'arrondissement d'Evreux.)

aux diverses expositions universelles, témoignent hautement du mérite de leurs industries[1].

[1] Récompenses accordées à la suite de l'Exposition universelle de 1889 à des habitants d'Ivry :

Classe 13. — Instruments de musique. — Médaille de bronze à M. Eugène Thibouville.

Classe 29. — Maroquinerie, Tabletterie : Médaille de bronze à MM. Quidet, père et fils : mention honorable à MM. Damours et Auguste Petit ; et à M. H. Martel (billes de billard).

Classe 48. — Matériel et procédés des industries alimentaires : médaille de bronze à Mme veuve Durvie.

Classe 59. — Machines et instruments utiles dans divers travaux : médaille de bronze à M. Luce (machine à scier les dents de peigne).

Classe 72. — Liqueurs : Médaille d'argent à M. Lemaire.

Voir Journal *Le Courrier de l'Eure* des 1, 2 et 3 octobre 1889.

Voir aussi : Charles Fortier, *Le département de l'Eure à l'Exposition universelle de* 1889, Évreux, 1890, in-8°, p. 152, 157, 243, 253, 306.

CHAPITRE XXXII

Archéologie, topographie, notes diverses. — Les ruines du château;
les propriétaires. — Maison du xvie siècle. — Découvertes archéologiques. — Anciens plans. — Armoiries de la ville.

Nous empruntons à un érudit archéologue, M. Louis
Régnier, les lignes qui suivent, sur les ruines du château-
fort d'Ivry :

« Bâti à la fin du xe siècle, par l'architecte Lanfred,
dont on connaît la fin tragique, le château d'Ivry fut souvent remanié depuis cette époque reculée. La disposition
générale de ses trois enceintes, étagées suivant la pente
de la colline, doit appartenir au plan primitif; mais l'état
de dégradation complète dans lequel nous sont parvenus
les faibles restes des constructions ne permet pas de
préciser certains points intéressants ; de savoir, par
exemple, à quelle date furent ajoutées les tours qui, çà et
là, flanquent les courtines. Quant au donjon élevé par
Lanfred, il n'en subsiste, tout au plus, que les parties
inférieures, et encore ne peut-on rien affirmer à cet égard.
Les parties supérieures furent rebâties plus tard, probablement au xiie siècle. On constate qu'un glacis régnait
au pied des murailles et qu'une étroite galerie courait
dans leur épaisseur, au niveau du sol du *castrum*. Les
deux voûtes, l'une en berceau, l'autre sur croisée
d'ogives, qui recouvrent l'étage souterrain ont été ajou-

tées soit au xiie soit au xiiie siècle. Ce donjon, dont les murs ont près de trois mètres d'épaisseur, formait un rectangle divisé par un mur de refend et mesurait, à peu près, 18 mètres de longueur, sur 10 mètres de largeur [1] ».

Quelques assises en *opus spicatum*, qui se voient encore, justifient l'opinion de M. Louis Régnier sur l'époque reculée de l'ensemble des constructions.

Au temps où il commençait ses recherches historiques sur Ivry, M. Mauduit, pour satisfaire sa curiosité personnelle de juriste, avait étudié la question de la propriété de l'emplacement du château depuis la révolution. Sa note, en forme de consultation juridique, doit avoir sa place au bas de cette page [2].

[1] Louis Régnier, dans le *Bulletin de la Société des amis des arts du département de l'Eure*, n° xiii, année 1897, Evreux, 1898, in-8°, p. 61.

[2] *Château d'Ivry. — Emplacement. — Propriété :* Depuis de longues années, M. Denis, propriétaire à Bréval, est en possession de l'emplacement de l'ancien château fort d'Ivry. Il a succédé, dans cette possession, à son père qui l'avait avant lui.

Pour une partie de cet emplacement qu'il a fait enclore et fermer, sa possession est exclusive ; mais, pour le surplus, elle ne se révèle que par l'existence d'arbres qu'il a fait planter sur le terrain, et peut-être aussi, par la dépaissance qu'y exercent les troupeaux de son fermier de la Cense.

Bien que les habitants d'Ivry aient toujours joui et usé du libre accès et de la libre circulation sur la partie non close, il faut bien reconnaître que là se sont bornés leurs actes sur ce terrain.

Néanmoins, l'opinion commune, répandue dans le pays, est que M. Denis n'est point propriétaire régulier du château, et qu'il n'a point de titres.

Plusieurs fois déjà des voisins se sont trouvés en contestation judiciaire avec lui sur sa qualité de propriétaire du château ; ils ont succombé. Sa longue possession, sans doute, le dispensait de justifier de titres qu'il n'a pas été contraint d'exhiber.

Quoi qu'il en soit, en dehors de sa possession, nul ne connaît ses titres.

Dans le cours de nos recherches sur les documents qui se rattachent à l'histoire d'Ivry, nous avons eu l'occasion d'acquérir la connaissance de faits qui nous permettent de consigner nos appréciations sur le caractère de la détention de M. Denis.

Nous avons été témoin des doutes qui s'élèvent encore aujourd'hui, parmi les plus anciens habitants d'Ivry, sur la propriété qu'il s'attribue, et nous nous sommes pris à penser qu'il pouvait être de quelque intérêt pour la commune de rechercher si elle devait renoncer à jamais à la propriété des ruines qui se rattachent à son histoire.

Voici donc ce que nous savons :

Par acte passé devant Pierre Doubleau, notaire à Ivry, le 21 février 1765, Louis-Charles de Bourbon, comte d'Eu, alors baron d'Ivry, « donna à nouveaux cens » à M. Pierre Ledier, m^d, — Denis Egasse — Pierre Ledier, laboureur — Pierre Anfrye — Louis Denis — et Pierre Hodan, l'emplacement de l'ancien château et les friches contiguës, parties desquelles étaient alors en labour, et faisaient partie de la garenne aux lapins de Garennes. « Louis Denis (c'est le père de M. Denis), compris « l'emplacement de l'ancien château, contenant 12 arpens, 68 perches, « a eu 21 arpens 28 perches ».

Le total des terres données à cens était de 108 arpens 12 perches.

Nous avons trouvé ces renseignements aux archives départementales d'Eure-et-Loir, à Chartres, section des Plans, sur un petit plan géométrique de l'emplacement de l'ancien château d'Ivry.

Il est donc certain que le père de M. Denis tenait à cens du baron d'Ivry, dès 1765, cet emplacement. Mais à quelles conditions particulières ? C'est ce que l'acte du 21 février nous eût appris; malheureusement la minute n'en existe pas au notariat d'Ivry. Le notaire d'alors donne lui-même, par une note portée sur son répertoire, l'explication de cette absence. Si quelques-uns des actes portés au répertoire, dit-il, ne se trouvent pas parmi les minutes, c'est qu'ils auront été remis aux archives particulières de Monseigneur (le comte d'Eu, baron d'Ivry).

Les archives du comte d'Eu étaient au château d'Anet, et se trouvaient aux mains du duc de Penthièvre au moment de la Révolution. Que devinrent-elles alors ? C'est ce qu'il serait bien difficile d'indiquer avec quelque certitude. Pourtant, il paraît certain que la plus grande partie se retrouva, vers 1824, aux Archives du Royaume, à Paris, dans le fonds Penthièvre. A cette époque et sur les demandes du duc d'Orléans, plus tard Louis-Philippe Ier, héritier, par sa mère, du duc de Penthièvre, toutes les pièces composant ce fonds lui furent remises. C'est donc dans les archives de la maison d'Orléans qu'il serait permis, aujourd'hui, d'espérer retrouver l'acte du 21 février 1765, afin d'en consulter les dispositions.

(A une date ultérieure, M. Mauduit a ajouté en marge : La minute de cet acte se trouve au notariat de Saint-André parmi les actes reçus par M. Doubleau.)

Si cet acte a transféré la propriété du vieux château à M. Denis père, en en dépouillant le comte d'Eu, tout est dit ; son fils en est bien aujourd'hui le légitime propriétaire et sa possession est conforme à son titre.

Mais si, au contraire, cet acte n'a investi M. Denis père que d'un droit de possession et de jouissance à titre purement précaire, il constituerait un obstacle à ce qu'il pût se prévaloir de sa longue possession, pour en faire dériver son droit de propriété. Aujourd'hui, les successeurs du comte d'Eu, les enfants du roi Louis-Philippe, pourraient exciper contre M. Denis des dispositions des art. 2236 et 2237 du code civil.

En l'an VI, aux mois de nivôse, pluviôse et ventôse, l'administration du département de l'Eure fit procéder à la vente des biens dépendant de l'ancienne baronnie d'Ivry, qui appartenaient à la duchesse d'Orléans et qui avaient été confisqués sur elle comme émigrée. Cette vente n'ayant pas compris l'emplacement de l'ancien château, donné à cens à M. Denis, on serait porté à en inférer.qu'il n'avait pas été considéré comme appartenant encore à la duchesse d'Orléans. Mais, en cela aussi, l'administration aurait pu commettre une erreur.

Ce qu'il est permis de considérer comme certain, c'est que M. Denis *tenait à cens* du seigneur d'Ivry l'emplacement du vieux château.

Dans cette situation, quel était le caractère de sa possession ? Possédait-il comme propriétaire ? Possédait-il, au contraire, pour autrui ? Pothier, (*Traité des Cens*, Section 1re, art. I § 3 et art. III, § 2) enseigne que le seigneur possédait en quelque façon l'héritage par son censitaire qui ne pouvait conséquemment lui opposer aucune prescription contre sa *seigneurie directe*, et que le censitaire devait être déchargé du cens si la chose venait à périr. C'est dire que la propriété était non dans les mains du censitaire, mais dans celles du seigneur.

Maintenue sous l'empire du régime féodal, la famille Denis eût été, sans doute, impuissante à se prévaloir de sa seule possession et du titre de 1765 pour prétendre à la propriété; mais des lois nouvelles ne sont-elles pas venues changer sa situation, changer le caractère de sa possession ? C'est ce que nous allons examiner.

Après diverses dispositions moins radicales, la Convention, par un décret du 17 juillet 1793, supprima, sans indemnité, toutes redevances ci-devant seigneuriales, droits féodaux, *censuels*, fixes et casuels, n'exceptant que les rentes ou prestations purement foncières et non féodales.

L'article 6 de ce décret enjoint aux ci-devant seigneurs, feudistes, commissaires à terrier, notaires ou tous autres dépositaires de titres constitutifs ou récognitifs de droits supprimés par le décret ou par les décrets antérieurs rendus par les assemblées précédentes, de les déposer dans les trois mois de la publication du d. décret, au greffe des municipalités des lieux. Ceux qui seraient déposés avant le 10 août 1793 devaient être brûlés le d. jour en présence du conseil général de la commune et des citoyens. Le surplus devait être brûlé à l'expiration des trois mois. Suivant l'article 7, ceux qui seraient convaincus d'avoir caché, soustrait ou recelé des minutes ou expéditions des actes qui devaient être brûlés, devaient être condamnés à cinq années de fers.

L'effet de cette loi n'a-t-il pas été, en affranchissant M. Denis de toute redevance censuelle envers le seigneur d'Ivry, de lui laisser la pleine propriété de l'emplacement du vieux château ?

Les diverses décisions rendues pour l'application du décret du 17 juillet 1793, semblent conduire à ce résultat.

Pourtant, si par l'acte de 1765 le comte d'Eu eût baillé à cens non à perpétuité mais pour une période de temps déterminée, le décret de 1793 n'eût pas été applicable à M. Denis, ou ses successeurs n'eussent pu se prévaloir de la suppression du cens féodal et eussent dû restituer, à l'expiration du bail, les biens qu'ils avaient tenus à bail à cens.

Aux difficultés qui s'élèvent contre l'espérance de pouvoir retrouver l'acte du 21 février 1765, il faut ajouter la présomption que cet acte a pu être brûlé en exécution de l'art. 7 du décret de 1793. Cette présomp-

Aux archives du département d'Eure-et-Loir [1], se trouve un plan géométrique dressé à l'occasion du contrat de fieffe qui a motivé les observations de M. Mauduit. On lit au bas :

« *Plan et figure d l'emplacement de l'ancien château d'Ivry et friches contiguës partie desquelles sont actuellement en labour et qui faisaient partie de la garenne aux lapins de Garennes, donnés à nouveaux cens par S. A. S. Mᵍʳ Louis Charles de Bourbon, comte d'Eu, baron d'Ivry, par actes passés devant Mᵉ Pierre Doubleau, notaire audit lieu d'Ivry, le 21 février 1765, à MM. Pierre Ledier, marchand, Denis Egasse, Pierre Ledier, laboureur, Pierre Anfrye, Louis Denis et Pierre Hodan.*

Louis Denis, compris l'emplacement de l'ancien château, contenant 12 arpens, 68 perches, a 21 arpens, 28 perches.

tion pourrait même trouver sa confirmation dans l'absence de ces titres au notariat d'Ivry.

(Ce paragraphe n'a plus sa raison d'être, M. Mauduit ayant retrouvé l'acte en question. Il a aussi ajouté en marge : La concession a été faite à perpétuité par l'acte de 1765.)

En résumé, il y a bien plus de 30 ans que M. Denis possède.

S'il a possédé en dehors de toute condition précaire il a acquis aujourd'hui la propriété.

Si on prétend repousser contre lui l'effet de cette longue possession, il faut établir qu'elle n'a eu lieu qu'à titre précaire et, en l'absence de l'acte du 21 février 1765, cela paraît à peu près impossible

Il demeurera donc propriétaire du vieux château, non comme l'ayant acquis, mais par le bénéfice des lois révolutionnaires.

15 janvier 1857.

M. Louis-François-Charles Denis, proprᵉ du vieux château, est décédé à Bréval le 6 novembre 1858, dans sa 86ᵉ année, laissant pour héritiers trois enfants adoptifs ;

La vente du vieux château d'Ivry est annoncée par les héritiers pour le 9 août 1861, au tribunal de Mantes.

La contenance indiquée est de 9 hect. 36 a. 22 c.

Celle indiquée en 1765 était de 21 arpents 28 perches (l'arpent d'Ivry de 100 perches, est de 46 ar. 485) : ou, en mesures métriques, de 9 h. 88 a. 18 c. C'est donc à peu près la même chose.

(Voir aux annonces du *Courrier de l'Eure* du 18 juillet 1861).

[1] Série E. 144.

Le total des terres données à cens est de 108 arpens, 12 perches.

— Non loin de l'église, dans la rue de Garennes, se voit une curieuse maison à pans de bois, connue sous le nom de maison de l'ange, et qui a été reproduite dans la *Normandie Monumentale*, éditée au Havre par M. Lemale, il y a peu d'années.

Elle offre dans son ornementation un cachet très personnel. Les pièces principales sont sommées de quadrupèdes, assis, la tête contournée ; chaque pièce, décorée d'arabesques, candélabres, etc., est sommée, en guise de chapiteau, de la représentation du même animal. Est-ce une allusion au nom, à la profession, ou aux armoiries du propriétaire ?

Sur le poteau central, on voit un saint Martin, et, au-dessous, un médaillon circulaire dans lequel est sculptée une tête de femme vue de profil. Sur le poteau de droite, se voit un autre saint ; sur celui de gauche était sculpté un autre sujet qui a été scié peut-être pour installer un des fils électriques.

Il résulte des renseignements que M. le curé d'Ivry a bien voulu me fournir que, d'après la tradition locale, Henri IV aurait couché dans cette maison la nuit qui suivit sa victoire.

Elle appartient maintenant moitié à M. Bernot, maître de chapelle de l'église d'Ivry, et moitié à Mlle Fournot, qui la loue à M. Delarue, boucher. Il est aussi de tradition que la charpente des greniers, qui est en bois de châtaignier, proviendrait de « l'ancienne forêt de châtaigniers plantée autour d'Ivry par les premiers ducs de Normandie ».

M. de Reiset, dans des articles sur Ivry, insérés dans

le journal *Le Courrier de l'Eure*, des 15, 26 juin et 15 juillet 1858, écrivait en parlant des vestiges du temps passé subsistant à Ivry :

« Nous y avons vu une des pierres tumulaires de l'ancienne église de l'abbaye, qui sert maintenant de fléau au pont à bateaux. D'après une tradition populaire, elle serait celle du comte Raoul de Bayeux, fondateur de l'abbaye. »

Une note marginale de M. Mauduit rectifie ainsi ce texte :

« Cette pierre est une statue tumulaire qui, malgré sa mutilation, révèle un assez bon style. Il n'y a pas, dans le pays, de tradition que cette statue serait celle du comte Raoul, lequel ne fut point, d'ailleurs, le fondateur de l'abbaye...; mais il est au contraire certain que c'est l'image de Jacques de Poitiers arrachée de sur son tombeau dans la chapelle du portail ».

« J'ai eu en ma possession, écrit ailleurs M. Mauduit, deux pièces de monnaie trouvées à Ivry et qui pourraient bien être de cette époque [règne de Charles VI]. Elles se ressemblaient toutes deux et étaient minces et de la grandeur d'une pièce de deux francs à peu près. Sur l'une des faces se trouvaient, au milieu, deux écus, le premier aux armes de France (3 fleurs de lys) et le second écartelé aux armes de France et d'Angleterre (3 léopards superposés), avec le mot *Héricus* au-dessus et, en légende, ces mots : *Francorum et anglie rex*, avec une fleur de lys. Sur la face opposée se trouvait, au milieu, une croix sous les bras de laquelle étaient, à gauche, une fleur de lys et, à droite, un léopard avec ces mots en légende : *Sit nomen dni benedictū*, le tout sans date ».

Ailleurs, encore, il a consigné la note suivante :

« En faisant, en 1855, des fouilles dans une propriété sise à Ivry dans la rue de Garennes, au pied de la côte du vieux château, on a trouvé, renfermées dans un petit sac, 90 pièces de monnaies d'argent; j'en ai vu 5 appartenant à M. Achille Martel; quatre étaient des demi-blancs à l'écu de Charles VI, l'autre était un gros tournois de Philippe IV le Bel ».

Ivry a pour armoiries *d'or à trois chevrons de gueules*, « blason attribué peut-être un peu arbitrairement aux anciens comtes du lieu », dit M. Canel, dans son *Armorial des villes et corporations de la Normandie* [1].

A cette observation M. Mauduit répond, avec infiniment de raison : « Cette attribution n'est pas le moins du monde arbitraire. Elle est conforme aux empreintes des sceaux de divers membres de la famille d'Ivry apposés à plusieurs actes sur parchemin qui se trouvent encore aujourd'hui au cabinet des titres de la Bibliothèque Impériale ».

Un acte du 15 février 1654, conservé dans les minutes du Notariat d'Ivry, montre qu'Ivry avait la prétention d'être une VILLE, et traitait seulement Anet de bourg. On y lit:

« Nicolas Colier, praticien, au bourg d'Anet, pays français, estant de présent en ceste *ville* d'Ivry, pays de Normandie, etc... »

Sur la topographie d'Ivry, il faut enfin consulter un : « *Plan de la ville d'Ivry et dépendances relevant et mouvant de la baronnie. Levée et arpentée [sic] par Pierre de la Croix, Ingénieur et arpenteur juré par les soins et diligences de M. Charles Dangus, écuyer, seigneur du Buisson-sous-Sorel et Coutumel, le 16 octobre 1743* [2].

---

[1] 2ᵉ édition, 1863.

[2] *Archives départementales d'Eure-et-Loir*. (Section des Plans), E. 145.

ABBAYE D'IVRY

CHAPITRE PREMIER

Histoire résumée de l'abbaye, dans un manuscrit du xvIIIᵉ siècle. — Reprise de quelques faits. — Concession de foires. — Etat matériel et moral de l'abbaye au xIIIᵉ siècle.

La fondation de l'abbaye d'Ivry fut une des manifestations de ce mouvement religieux qui, au milieu du xIᵉ siècle, fit surgir, de toute part, des abbayes sur le sol Normand. Dans le discours qu'il prête à Guillaume le Conquérant sur son lit de mort, Orderic Vital[1] lui fait dire, en effet, que sous son règne, il ne fut pas fondé moins de dix-sept couvents de moines et dix de religieuses. Nous devons convenir que l'abbaye d'Ivry est une de celles à laquelle s'attachent le moins de souvenirs. — Son histoire n'a tenté aucun écrivain moderne. Nous suivrons en grande partie et presque textuellement, pour ce que nous avons à en dire, un manuscrit écrit au siècle dernier, par un religieux de cette abbaye, (Dom Blondeau, semble-t-il?), dans l'abbaye même, et qui fait partie des archives départementales de l'Eure[2].

« Ce monastère, y est-il dit, fut fondé par le comte

---

[1] Orderic Vital, t. III, p. 241.
[2] *Arch. Eure*, G. 1797.

Roger, échanson, *pincerna*, de Guillaume, duc de Normandie, l'an cinquième après qu'il eut conquis l'Angleterre, selon la charte qui porte ces mots : *in anno quinto postquam Guillelmus comes Normanorum in prœlio superavit Anglos*, *ego Rogerius, pincerna.....*, etc., ce qui revient à l'an 1072 de Notre Seigneur.

Le premier abbé fut un religieux de l'abbaye de Coulombe, nommé Pierre. Dans le même temps, Guillaume le Conquérant, roy d'Angleterre, confirma la fondation de la dite abbaye. Le titre doit être dans le chartrier de Coulombe. On n'en a icy qu'une copie imparfaite où il n'y a point de date.

L'église est dédiée à la mère de Dieu et à l'apôtre saint Pierre. Les papes ont accordé plusieurs privilèges à l'abbaye d'Ivry, particulièrement le pape Innocent IV, dans une bulle donnée à Latran, l'an 1244, le 2e de son pontificat.

Ce souverain pontife prend sous la protection de saint Pierre et du Saint-Siège le dit monastère, et confirme, par le détail, tous les biens qu'il possédoit et particulièrement ceux qui étoient situés sur le diocèse de Chartres.

L'an 1226, l'abbé et Couvent de la Croix-Saint-Leufroy reçoivent en société ceux d'Ivry, et promettent de faire au décès de chaque religieux un office, etc..

L'an 1233, les abbé et religieux d'Ivry et ceux de Saint-Magloire, de Paris, firent encore une union et société de prières. Voici la copie des deux chartes qui font voir les coutumes de ce temps là et les prières et autres bonnes œuvres qu'on faisoit pour les morts[1] ».

---

[1] Sciant omnes, tam posteri quam moderni, quod ego Gaufridus, abbas ecclesiæ sanctæ Crucis et Beati Leufredi, assensu communi ejusdem ecclesiæ conventus, concessi in perpetuum abbati et conventui

Les papes Alexandre III et Nicolas III la première année de son pontificat (*sic*), confirmèrent les biens de l'abbaye d'Ivry.

Un roi d'Angleterre, nommé Henri IV, les avoit aussi confirmés. La chartre est dans le chartrier. Le pape Alexandre (*sic*) en fait mention dans sa bulle.

Luc, évêque d'Évreux, l'an 1209, et Mathieu aussi évêque d'Évreux, l'an 1302, confirmèrent tous les biens que l'abbaye d'Ivry possédoit alors dans leur diocèse après l'information qui en avait été faite.

Ce monastère a été ruiné plusieurs fois. Un pape (et selon toute apparence, ce fut encore Innocent IV), accorda vingt jours d'indulgence à ceux qui aideraient de leurs facultés à la réédification du monastère qu'on reba-

---

Sanctæ Mariæ de Ibreis societatem hujus loci tanquam uni ex nostris ita tamen quod cum alicujus monachorum ipsorum obitum audierimus, pro eo faciemus unum officium de conventu : et unusquisque sacerdotum nostrorum quandam missam pro eo celebrabit; qui vero non fuerint sacerdotes quinquaginta psalmos decantabunt. Nuncius autem qui diem obitus et calendam nobis attulerit, plenariam et integram unius monachi, in die illa, *recipiet* procurationem et nomen ipsius monachi defuncti in martirologio nostro denotabitur. Actum anno domini M° CC° XXVI.

Omnibus præsentes litteras inspecturis, Ludovicus, beati Maglori Parisiensis abbas et ejusdem ecclesiæ humilis conventus, salutem in Domino. Noverint universi præsentes pariter et futuri quod nos, cum ecclesiâ beatæ Mariæ de Ibreio hujusmodi societatem constituimus quod capitula ecclesiæ nostræ et ecclesiæ de Ibreio sint inter se communia. Cum vero brevis alicujus defuncti ecclesiæ de Ibreio vel plurium, ad nos oblatus fuerit, officium unum in conventu et missam generalem celebrabimus. Quislibet etiam nostrum sacerdotali officio fungens, pro dicto defuncto vel pro pluribus defunctis unde brevis oblatus fuerit, unam missam celebrabit. Cœteri vero inferioris ordinis, psalmos, conversi, orationes consuetas perorabunt; et hœc omnia facient pro nobis. Audito vero obitu beatæ Mariæ de Ibreio abbatis, nós in monasterio et in refectorio tricenarium integrum faciemus. Fratres vero ecclesiæ beatæ Mariæ de Ibreio pro defuncto abbate nostro idem facere tenebuntur. Ut autem hœc societas perpetuis temporibus perseveret, ad majorem ipsius firmitatem præsentes litteras sigillis nostris roborandas. [*Sic* ?] Datum anno Domini. M° CC° xxxiii° mense Januario.

tissait, selon les termes de la bulle, d'une manière somp-
tueuse et magnifique ; *monastérium ipsum, nimia vetus-*
tate consumptum, reparare incœperint opere plurimum
sumptuoso... et, ut tam pium opus valeat consummari
etc..., viginti dies de injuncta sibi pœnitentia miseri-
corditer relaxamus prœsentibus post biennium minime
valituris. Datum Lugdini Cal. Martii pontificatus nos-
tri 2°.

En effet, le reste du portail de l'ancienne église, qui
subsiste encore aujourd'hui, est un morceau d'architecture
et de sculpture qui fait assez voir que l'église a été
autrefois beaucoup plus considérable qu'elle ne l'est à
présent[1].

Philibert de l'Orme, abbé du dit monastère, dans l'aveu
qu'il donna au roi en l'année 1549, y déclare que la dite
abbaye, tant l'église que les lieux réguliers, étoient dans
une telle ruine qu'ils ne pouvoient être réparés pour dix
années du revenu.

Le 22 juillet de l'année 1667, fut passé concordat avec
les religieux anciens de la dite abbaye pour l'introduction
des religieux de la congrégation de Saint-Maur dans le
dit monastère.

Le 24 janvier 1669 fut passé autre concordat avec son

---

[1] Une *Histoire de l'abbaye d'Ivry*, imprimée dans le *Calendrier histo-*
rique d'Evreux de 1750, par Durand, professeur au collège royal d'Evreux,
qui déclare être redevable à Dom Blondeau, prieur de l'abbaye, de plusieurs recherches curieuses, contient, après la phrase que l'on vient
de lire, ce passage intéressant : — « Ce portail, qui sert présentement
« d'entrée au monastère, représente sur son cintre la Sainte-Trinité
« avec les symboles des quatre évangélistes ; aux côtés sont placées
« cinq grandes figures. Celles qui sont à gauche en entrant représen-
« tent le duc Guillaume roi d'Angleterre et ses deux fils Robert et
« Guillaume ; et de l'autre côté Roger d'Ivry et sa femme. »
Cette *histoire* est reproduite dans les *Opuscules et mélanges histo-*
riques sur la ville d'Evreux et le département de l'Eure [par Bonnin],
Evreux, 1845, in-12, p. 198.

altesse Monseigneur Philippe de Vendôme, abbé d'Ivry, et aujourd'hui grand prieur de France, pour l'introduction des religieux de la même congrégation, qui y entrèrent la même année. Ils y trouvèrent tous les lieux réguliers dans un pitoyable état. Tout y menaçait ruine de tous côtés. On commença à mettre l'église dans un état un peu plus d'ordre (sic); ensuite on pensa à loger les religieux. On y bâtit d'abord un dortoir assez propre et on y a élevé ensuite un autre corps de logis pour servir d'hôtellerie et d'infirmerie.

Françoise de Lorraine, Dame de Mercœur, fille unique et héritière de Philippe Emmanuel de Lorraine, duc de Mercœur, et de Marie de Luxembourg, princesse de Martigues, veuve de César de Vendôme, a beaucoup contribué à l'introduction des religieux de la congrégation de Saint-Maur dans l'abbaye d'Ivry, dont son petit-fils Philippe de Vendôme était abbé. Cette princesse, qui avait beaucoup de piété, a toujours honoré de sa protection les religieux de la dite congrégation. Elle leur donna même plusieurs pièces de bois considérables, pour servir à réédifier leur monastère.

Il y a cinq offices claustraux, de peu de valeur : celui de prieur, de sacristain, de chantre, d'aumônier et de vestiaire. Il y a six prieurés, qui sont membres de la dite abbaye :

Celui de Sainte-Magdeleine de Fréville; Saint-Marc du sépulcre, près Dreux; Saint-Lubin du Coudray, diocèse de Chartres; Saint-Nicolas de Touroye; Saint-Germain de la Truite; Saint-Barthelemy de Gourney, diocèse d'Évreux autrefois.

Les cures dont l'abbaye possède le patronage sont celles : de Saint-Ursin, dans le château, où il y avait aussi une

petite collégiale; en sa place est, aujourd'hui, la petite cure
de Saint-Jean du Pré, Saint-Martin d'Ivry, Notre-Dame de
la Couture, Saint-Martin d'Espiers, Saint-Martin de Buëil,
Saint-Barthelemi de Berniencourt, Sainte-Valdebourge de
Foucrainville, Sainte-Opportune de Boucé (toutes ces
cures sont du diocèse d'Évreux); Saint-Sulpice de la Haye,
Saint-Lubin de la Haye (diocèse de Chartres).

Selon la tradition du pays, un religieux de ce monastère,
nommé Fréval, de la maison de Fréval, branche de celle
de Hallot, noblesses du pays, ayant appris que les ennemis
du Roi Henri IV qui devait le lendemain les attaquer et
les charger à la tête des Reitres, avaient dessein de le tuer,
alla trouver ce monarque à Saint-André de la Marche, à
trois lieues d'Ivry; il l'avertit de la conspiration de ses
ennemis et qu'ils sçavoient le poste qu'il devoit occuper le
lendemain. Le roi l'écouta; mais, craignant que ce ne fût
un espion, il le donna en garde à un gentilhomme. Ce
prince ne laissa pas, cependant, de profiter de cet avis, et
ayant fait mettre à la tête des Reitres le marquis d'Entra-
gues, il fut effectivement tué par le capitaine des gardes
du duc de Mayenne, nommé la Bigottière, gentilhomme du
pays; lequel, se sauvant, fut arrêté à Épiers et mené au roi
qui lui ayant demandé ce qu'il avoit prétendu faire, ce gentilhomme répondit : Son devoir; parce que ayant eu le
malheur d'être engagé dans un mauvais parti, il avoit été
obligé de faire ce qu'on lui avoit commandé, qui étoit de
s'attaquer au roi en personne; mais que, comme c'était
là le jour de son triomphe, ce devoit être celui de sa miséricorde. Le roi lui pardonna et lui fit rendre son épée;
mais on ne dit point ce que le roi fit au religieux pour le
récompenser du bon avis qu'il lui avait donné ».

Cette esquisse à grands traits de l'histoire de l'abbaye d'Ivry doit être complétée par l'indication de quelques faits importants, qui n'y sont pas relatés.

Nous ne reviendrons pas sur ce que nous avons dit déjà de l'occupation de l'abbaye par Guillaume de Breteuil, lors de ses luttes contre Ascelin Goel, et sur l'incendie allumé, en guise de représailles, par ce dernier.

Peu après la conquête de la Normandie, Philippe-Auguste accorda à l'abbaye d'Ivry le droit d'établir une foire à Ivry la veille et le jour de la fête de l'Assomption [1]. Sans doute cette faveur fut une de ces mesures que prennent volontiers les nouveaux maîtres d'un pays pour s'attacher leurs nouveaux sujets.

Plus tard, en 1300 déjà, sans que nous sachions dans quelles circonstances ce droit leur a été concédé, nous voyons les moines d'Ivry en possession d'une seconde foire « à la feste de la Septembresche [2] ».

En 1253, le pape Innocent [3] accordait une faveur à ce

---

[1] 1205. — In nomine sancte et individue trinitatis; Philippus, Dei gratia francorum rex, noverint universi presentes pariter et futuri quod nos abbati et ecclesie Beate Marie de Ivriaco ut singulis annis apud Ivriacum in vigiliâ assumptionis beate Marie et ipsâ die assumptionis tantum modo libere liceat eis habere feriam in perpetuum concedimus. Quod ut ratum sit sigilli nostri auctoritate et regii nominis karactere inferius annotato præsentem paginam confirmamus. Actum Aneti, anno incarnati domini m° cc° v°, regni vero nostri anno vicesimo septimo, astantibus in palatio nostro quorum nomina supposita sunt et signa : dapiferô nullo ; signum Guidonis buticularii ; signum Mathei camerarii ; signum Droconis constabularii. Data vacante cancellaria. (place du monogramme), per manum fratris Garini.
(Original; aux Archives de l'Eure. H. 403.)!

[2] Registre terrier de 1300.

[3] Innocentius episcopus, servus servorum Dei, dilecto filio... abbati monasterii de Ybreio, ordinis sancti Benedicti, Ebroïcencis diocesis, salutem et apostolicam benedictionem. Ex parte tua fuit nobis humiliter supplicatum ut cum observantia tui ordinis, ab ipsâ sui institutione, multum sit rigida et difficilis ad ferendum, fuerint que, postmodum, per felicis recordationis Gregorium papam predecessorem nos-

monastère. La règle, dit cette bulle, était très sévère et difficile à observer ; de plus, un pape précédent (Grégoire IX) l'avait encore aggravée par de nouvelles dispositions. Touché de compasion, Innocent, sur la demande que lui en avait adressée l'abbé d'Ivry, l'autorise, lui et ses successeurs, à accorder des dispenses au sujet des dispositions qui ne sont pas de la substance même de la règle, et pourvu que ce ne soit pas de ces dispositions pour lesquelles la règle elle-même interdit toute dispense.

Vers l'année 1240, l'église de l'abbaye dut être reconstruite, en tout ou en partie, puisqu'elle fut l'objet d'une dédicace nouvelle. A cette occasion, un personnage, que

trum superaddita statuta gravia diversarum penarum adjectione valata ; ne contingat, sub tantis oneribus, deficere oneratos, providere sub hoc, paternâ sollicitudine, curaremus. Attendentes igitur quod expedit calamum quassatum non conteri, et in erasione eruginis vas non frangi, devotionis tue precibus inclinati, presentium tibi auctoritate concedimus ut super observatione statutorum ipsorum que de tue substantiâ regule non existunt, tu ac successores tui, cum monasterii tui ejusque membrorum monachis presentibus et futuris, libere dispensare possitis ; hiis casibus dumtaxat exceptis super quibus in eâdem regulâ est dispensatio interdicta ; in quibus casibus dispensandi super penis adjectis et irregularitatibus quas tui subditi hactenus incurrerunt vel incurrent de cetero, eosque absolvendi ab excomunicationis vinculo quo ipsos ob transgressionem predictorum statutorum involvi contigit vel continget, injunctâ sic absolutis penitentiâ salutari, libera sit tibi et eisdem successoribus, de nostra permissione, facultas ; priori, nichilominus, monasterii tui ac ipsius successoribus concedendi tibi tuisque successoribus hujusmodi dispensationis et absolutionis beneficium, si fuerit oportunum, indulgentes, auctoritate presentium, potestatem. Non obstantibus aliquibus litteris ad venerabilem fratrem nostrum Ebroïcensem episcopum vel quemcumque alium ab apostolicâ sede sub quocumque tenore directis, et processibus habitis per easdem de quibus forsitan oporteat fieri mentionem et etiam obtinendis. Nulli ergo omnino hominum liceat hanc paginam nostre concessionis *infringere*, vel ei, ausu temerario, contra ire. Si quis autem hoc attemptare presumpserit, indignationem omnipotentis Dei et beatorum Petri et Pauli apostolorum ejus se noverit incursurum.

Datum Perusii xv kalendar februarii, pontificatus nostri anno decimo.

(Original. *Archives de l'Eure.* II. 402.)

l'on présume être Philippe Berruyer, archevêque de Bourges et primat d'Aquitaine, accorda une indulgence de trente jours à ceux qui la visiteraient le jour de la fête de la dédicace ou dans la quinzaine[1].

Le précieux registre des visites de l'archevêque de Rouen, Eude Rigaud nous donne quelques renseignements intéressants sur l'abbaye d'Ivry au milieu du XIIIe siècle.

Nous les analysons ici :

Le 25 avril 1250, par lettres datées de Conflans, Eude Rigaud avisait l'évêque d'Evreux qu'il se proposait de coucher le lendemain à Ivry, et, de là, de visiter son diocèse ainsi que Dieu le lui inspirerait.

Le 26 avril, en effet, il entrait dans le diocèse d'Evreux et passait la nuit dans l'abbaye de Notre-Dame d'Ivry, aux dépends de l'abbaye.

Le lendemain, il y faisait la visite archiépiscopale. Il y trouvait seize moines. Six prieurés, constate-t-il, dépendaient de l'abbaye.

Chaque jour, un moine, seul avec un clerc, va au château pour y célébrer une messe.

Il n'y a pas assez de calices, ni de missels.

---

[1] Philippus, permissione divina... ne primas, dilectis in christo abbati et conventui monasterii sancte Marie de Ybreio, ordinis sancti Benedicti Ebroicensis, salutem in domino. Cupientes ut ecclesia vestra que, sicut asseritis, est de novo dedicata, congruis honoribus frequentetur, universis Christi fidelibus qui causâ devotionis ecclesi... ipsam in festo dedicacionis ejusdem et infra quindecimam duxerint personaliter visitandam triginta dies de injunctis sibi penitenciis... relaxamus.

Datum apud Ibreium, anno domini m⋅cc⁰ quadragesimo, die... is post Pentecostem.

(Charte endommagée, que l'auteur de l'*Inventaire des archives départementales de l'Eure* pense être de Philippe Berruyer, Archevêque de Bourges et primat d'Aquitaine?)

A. Eure. H. 402.

Les femmes, aux jours de fêtes annuelles et aux messes solennelles, entraient dans le cloître et dans le chœur ; il ordonna d'y porter ordre et d'empêcher qu'il en fût ainsi à l'avenir.

L'abbé ne visitait jamais les prieurés ; on y mangeait généralement de la viande. Il défendit l'usage de la viande en dehors des jours où la règle le permettait.

Les revenus montaient à 700 livres environ. — Les dettes à environ 300 livres. Le couvent avait des provisions suffisantes. Lors de l'entrée en fonctions de l'abbé, les dettes montaient à 800 livres. L'aumônier s'adonnait à l'intempérance.

« Nous aurons, continue l'archevêque, à nous entretenir avec l'évêque d'Évreux au sujet du moine qui va, seul, célébrer la messe au château d'Ivry, ainsi qu'au sujet de frère Pierre Le Cordeler et de Simon de Paris, moines d'Ivry[1]. »

Eude Rigaud passe également à Ivry, mais à ses frais, le 18 novembre 1252[2].

Le 3 juillet 1255, nouvelle visite de l'abbaye d'Ivry :

Cette fois, il y a 13 moines, tous sont prêtres. Ils mangent de la viande sans nécessité : ordre est donné de n'en manger que quand la règle le permet.

Les revenus ne sont pas constatés par écrit ; l'abbé ne fait pas ses comptes ; on y devra porter remède.

Le couvent doit environ 300 livres. Il n'y a pas d'infirmier ; ordre est donné à l'abbé d'en nommer un et de lui fournir, de sa bourse, le nécessaire.

---

[1] *Journal des visites pastorales d'Eude Rigaud, archevêque de Rouen*, Rouen, 1852, in-4°, p. 69, 70.

[2] *Id. ibid.*, p. 149.

Pour ses frais de procuration, Eude Rigaud reçut sept livres dix sous tournois [1].

Nous le voyons de nouveau à Ivry le jour de la Pentecôte de l'année 1258. Il assiste à la procession avec les moines. Puis en présence des moines et aussi des paroissiens, il prononce une exhortation et célèbre la grand-messe. Il visite ensuite les moines en chapitre. Il y avait, en cette année, 18 moines, dont 14 étaient prêtres. A chaque instant et à tout propos les femmes pénétraient encore dans le chœur et dans le cloître. Dans les prieurés on continuait à manger de la viande en dehors des permissions de la règle.

L'archevêque ordonna aussi qu'une fois la semaine, ou tout au moins une fois par mois, l'abbé fît ses comptes en présence des principaux moines élus par le couvent.

De même qu'à la visite faite huit ans plus tôt, le couvent devait 300 livres, et avait des provisions suffisantes pour jusqu'à la récolte nouvelle; mais cette fois, l'archevêque note que leur revenu montait à 800 livres. (En 1250 il avait écrit que leur revenu était d'environ 700 livres.)

Il reçut pour son droit de procuration, 9 livres 4 sous 4 deniers [2].

Ces constatations répétées concernant l'entrée des femmes dans les lieux réguliers et l'habitude d'enfreindre les règles de l'abstinence de viande, prouvent que les injonctions du zélé et digne archevêque n'étaient pas toujours ponctuellement obéies.

Enfin, les 30 avril et 1er mai 1269, Eude Rigaud revenait une quatrième et dernière fois à Ivry.

Il y coucha, sans doute, le 30 avril, reçut pour son

[1] Id. ibid., p. 221, 222.
[2] Id. ibid., p. 307, 308.

droit de procuration 9 livres, 3 sous, 3 deniers ; et le lendemain procéda à la visite. Il y avait 15 moines, tous
prêtres, à l'exception d'un seul. Il recommanda à l'abbé
de visiter, au moins une fois par an, chacun des prieurés,
d'empêcher que les moines n'eussent rien qui leur appar-
tînt en particulier, et lui enjoignit, ainsi qu'il avait fait
à son prédécesseur, de faire plus souvent ses comptes,
soit devant tout le couvent, soit devant les principaux
choisis par les autres. Mais son registre laisse en blanc
ce qui a trait à la situation financière [1].

En l'an 1300, un acte très intéressant règle plusieurs
points des rapports entre l'abbaye et les barons d'Ivry.

Nous l'avons déjà analysé en faisant l'histoire des seigneurs [2].

[1] Id. ibid., p. 625.
[2] V. plus haut, p. 133.

CHAPITRE II

Charte de 1303 ; organisation intérieure. — Menus faits. — Suppression momentanée de l'abbaye au XVIIIᵉ siècle. — Petit nombre des moines à diverses époques. — La révolution. — Le dernier prieur. — Inventaire des biens ; vente du mobilier. — Les bâtiments.

Un demi siècle après les visites d'Eude Rigaud, l'état de l'abbaye n'était plus, au point de vue matériel, en aussi bonne situation. C'est ce qui résulte d'une très intéressante charte de l'évêque d'Évreux, de l'année 1303, et dont voici la traduction. On y voit, d'abord, que le pouvoir de l'abbé n'était pas arbitraire, et qu'au contraire, dans bien des cas, il devait, avant d'agir, obtenir l'assentiment du couvent. Puis, sur le régime intérieur et l'alimentation des moines, on y lit des détails minutieux et des dispositions contre des abus possibles du célérier qui font quelque peu songer, malgré soi, à l'abbaye de Thélème de Rabelais.

Seulement, il résulte, en outre, de ce document, que l'insuffisance des revenus, les dettes, les oppressions et les charges avaient, depuis peu, frappé le couvent et forcé à renoncer à ces usages et à ces coutumes[1].

[1] Universis presentes litteras inspecturis Matheus, permissione divinâ Ebroïcensis ecclesie minister humilis, salutem in Domino sempiternam. Notum facimus quod anno domini millesimo trecentesimo tercio die lune post octabas Penthecostes visitationis officium in monasterio

Voici la traduction que M. Mauduit avait faite de ce
document :

« A tous ceux qui ces présentes lettres verront, Mathieu,
par la permission divine, humble ministre de l'église
d'Évreux, Salut éternel dans le Seigneur. Savoir faisons
qu'en l'année mil trois cent trois, le lundi d'après l'octave
de la Pentecôte, remplissant notre devoir de visite au
monastère de la bienheureuse Marie d'Ivry, en notre diocèse d'Évreux, sur la sincère affirmation de l'abbé, du
Prieur et de la majeure et de la plus saine partie des religieux du couvent dudit lieu, nous avons reconnu que les
usages et coutumes qui suivent ont été pieusement et

beate Marie de Ibreyo nostre Ebroicensis diocesis exercentes per
veram assertionem... Abbatis... Prioris et majoris ac sanioris presentis loci predicti conventus reperimus quod? usus et consuetudines qui
sequuntur fuerunt ab olim in dicto monasterio tanto tempore quod de
contrario memoria non existit pie et laudabiliter observati ; videlicet
quod conventus dicti monasterii debet habere qualibet die panem et
vinum sufficienter et sine deffectu. Item sufficiens potagium et duo
fercula sufficientia debet habere. Et quando conventus revestitur in
albis debet habere tria fercula cum caritate in sero. In festis autem
annualibus conventus debet habere mappas dupplices et duas pittancias cum suis cotidianis. Item in festo Assumptionis beate Marie qui-
libet monachus debet habere unum pastillum de tribus pipernellis. Item
cantor dicti monasterii debet habere quatuor potos vini quocienscumque conventus revestitur in albis. Item... abbas dicti monasterii
non potest nec debet in manu sua aliquod officium seu prioratum aliquem retinere, nec sine assensu conventus et in ejus presentia aliquem
in monasterio predicto in monachum recipere aut conversum, nec per-
sonam quamcunque ad aliquod ecclesiasticum beneficium presentare.
Item quociens contingit aliquem monachum esse minutum, debet habere
pittanciam in cena videlicet quatuor ova ut [aut?] duo allecia per tres dies
et potum in sero. Item media pars conventus debet habere usum carnium
diebus scilicet dominica et martis et altera pars diebus lune et Jovis.
Item quocienscumque celerarius facit mixtionem de aqua cum vino, conventus auctoritate... abbatis et Episcopi Ebroicensis sentenciam excom-
municationis incurrit a quâ per?... abbatem sine licentia Episcopi non
potest absolvi. Item Elemosinarius debet habere decimam totius panis
in dicta abbatia cocti per totum annum. Item quando obitus monachorum defunctorum leguntur in capitulo, Elemosinarius debet habere
panem, vinum et generale pro quolibet monacho defuncto scilicet duos
panes et unum potum vini et quinque ova ut tria alletia. Et quocienscumque aliquem contingit monachum decedere, Elemosinarius debet

dignement observés autrefois au Couvent dudit lieu, depuis un temps si éloigné qu'il ne subsiste pas mémoire du contraire. C'est à savoir, que le Couvent dudit monastère doit avoir chaque jour du pain et du vin en suffisance et sans manque. Item, il doit avoir le potage et deux mets, Et quand le Couvent reçoit de nouveaux vêtements au temps de Pâques, il doit avoir trois mets et la charité, le soir. Mais aux fêtes annuelles, le Couvent doit avoir double repas et deux pitances avec leur ordinaire. Item, à la fête de l'assomption de la bienheureuse Marie, chaque moine doit avoir un pâté de trois pimperneaux. Item le chantre dudit monastère doit avoir quatre pots de vin

habere pro ipso usque ad triginta dies panem, vinum et generale. Item qualibet die quadragesimali quantum tres monachi habent, et qualibet die mercurii quadragesime quantum sex monachi habent et debent habere. Item quando conventus facit servicium primi fundatoris et similiter primi abbatis dicti loci..., Abbas qui est pro tempore debet facere duas pittancias conventui supradicto. Item..., Infirmarius debet habere annis s...s... sextaria grani in granchiâ Prioris sancti Leobini juxta Haudentum nec non panem, vinum et generale monachorum infirmorum sicut habent in conventu. Item quando amici monachorum veniunt videre visitare eosdem, debent amicabiliter recipi et de bonis dicti monasterii sufficienter refici per tres dies. Item... abbas debet providere de quodam monacho qui recipiat hospites et eis de necessariis provideat competenter. Item in festis annualibus omnes priores qui morantur exterius et eorum socii debent venire ad monasterium propter divinum servicium faciendum. Item... Prior sancti Germani cum socio suo potest et debet qualibet die dominica ad processionem accedere et refici cum conventu et de negligentia super hoc potest puniri. Processu vero temporis propter temporalium bonorum deffectum, debitorum onera, oppressiones et gravamina eidem illata monasterio, fuerunt, non est diu, dicto conventui de ejus assensu ex causis predictis restricta et subtracta aliqua de promissis. Timentes autem ne tractu temporis talia abirent in dissuetudinem et abolerentur omnino in conventus predicti dampnum non modicum et gravamen, supplicarunt nobis ut super *promissis?* vellemus eis salubriter providere. Nos quidem consuetudines et usus predictos ut pios et laudabiles approbantes, statuimus et ordinamus de predictorum..., abbatis et Conventus voluntate et assensu expresso, quod usus et consuetudines supradicti in ipso monasterio cum ad majorem bonorum temporalium ubertatem devenerint et a debitorum sarcinâ sufficienter fuerint liberati, observentur in posterum integraliter et inviolabiliter sicut prius. In quorum testimonium sigillum nostrum unâ cum predictorum... abbatis

chaque fois que le Couvent reçoit de nouveaux vêtements
au temps de Pâques. Item, l'abbé du dit monastère ne
peut et ne doit retenir en sa main quelque office ou
Prieuré que ce soit, ni, sans l'assentiment et la présence
du Couvent, recevoir quelqu'un moine ou convers au dit
monastère, ni présenter quelque personne que ce soit
pour un bénéfice ecclésiastique. Item, chaque fois qu'il
arrive qu'un moine vient d'être saigné, il doit avoir pour
pitance au dîner et au souper quatre œufs ou deux
harengs pendant trois jours, et un pot de vin le soir. Item,

et conventus sigillis presentibus est appensum. Actum et datum
anno et die lune predictis.

Attache 1re :

Universis presentes litteras inspecturis Gaufridus misericordatione
divina Ebroicensis Episcopus salutem in domino sempiternam. Noverint quod nos litteras quibus hec nostre presentes littere sunt annexe
et contenta in eis earum tenor[e] in omnibus diligenter inspecto laudamus et etiam approbamus, nostraque pontificali auctoritate prout
juste et rite facta sunt confirmamus, quod omnibus quorum interest
seu potest interesse tenor presens notum fiat. In cujus rei testimonium
sigillum nostrum presens est appensum. Datum apud Ybreium domi-
nicâ post festum beate Marie-Magdalene anno domini millesimo trecentesimo decimo octavo.

Attache 2de :

Universis presentes litteras inspecturis Johannes permissione divina
archiepiscopus Rothomagensis salutem in domino. Notum facimus
quod omnia et singula contenta in litteris quibus nostre presentes
sunt infixe, prout et inscriptum juste et rationabiliter facta sunt ac
eciam ordinata, rata et grata habentes, ipsa omnia et singula laudamus
approbamus et presentis scripti patrocinio, auctoritate nostra metropo-
litana confirmamus. In cujus rei testimonium sigillum nostrum presentibus litteris duximus? apponendum. Datum in abbacia de Ybreio
Ebroïcensis diocesis die veneris? post festum Penthecostes, anno
domini millesimo trecentesimo quadragesimo nono.

La transcription de cet important document est précédée dans le
Recueil de documents de M. Mauduit (p. 769 et suiv.), d'une note ainsi
conçue :

« Copie d'une charte écrite sur parchemin avec ses annexes munies
de leurs sceaux, laquelle m'a été communiquée par M. Semichon,
avocat à Neufchâtel, qui la tenait d'un ecclésiastique d'Aumale qu'il
ne m'a pas nommé.

La lecture ci-après transcrite de ce document a été collationnée sur
l'original avec M. Anatole de Barthélemy, ancien élève de l'école des
Chartes, sous-préfet de Neufchâtel, au mois d'août 1860. »

une moitié du couvent doit avoir l'usage des viandes le dimanche et le mardi, et l'autre moitié le lundi et le jeudi. Item, chaque fois que le Célérier fait mélange d'eau avec le vin, il encourt par l'autorité du couvent, de l'abbé et de l'Évêque d'Evreux une sentence d'excommunication dont il ne peut être absous par l'abbé sans permission de l'Évêque. Item, l'Aumônier doit avoir la dîme de tout le pain cuit à la dite abbaye pendant toute l'année. Item, quand on lit au chapitre les obits des moines trépassés, l'Aumônier doit avoir le pain, le vin et le général (*generale*) pour chaque moine trépassé, c'est-à-dire deux pains, un pot de vin et cinq œufs ou trois harengs. Chaque fois qu'un moine vient à décéder, l'Aumônier doit avoir pour lui même, pendant trente jours, le pain, le vin et le général. Item, *il doit avoir*, chaque jour de carême, ce que trois moines ont, et chaque mercredi de carême ce que six moines ont et doivent avoir. Item, quand le couvent fait le service du premier fondateur et aussi du premier abbé du dit lieu, l'abbé qui est alors doit fournir deux pitances au susdit couvent. Item, l'infirmier doit avoir (*chaque?*) année (*trois?*) setiers de grains dans la grange du Prieur de Saint-Lubin près de Houdan, et le pain, le vin et le général des moines malades, comme ils l'auraient au Couvent. Item, quand des amis des moines viennent les voir et visiter, ils doivent être reçus amicalement, et restaurés à suffisance, pendant trois jours, aux dépens du monastère. Item, l'abbé doit faire choix d'un moine qui reçoive les hôtes et pourvoie convenablement à leurs besoins. Item, aux fêtes annuelles, tous les Prieurs qui demeurent au dehors et leurs moines qui sont avec eux, doivent venir au monastère pour faire le service divin. Item, le Prieur de Saint-Germain, et le moine qui est avec

lui, peut et doit, tous les dimanches, venir à la procession, manger avec le Couvent ; et il peut être puni pour
négligence à cet égard. Mais par le cours des années, à
cause du défaut de biens temporels, de l'importance des
dettes, des oppressions et des charges imposées au même
monastère, il fut, il n'y a pas longtemps, de son consentement et pour les causes susdites, diminué et supprimé
au dit Couvent quelque chose sur ce qui vient d'être
énoncé. C'est pourquoi, craignant que par le laps du
temps ces usages tombassent en désuétude et fussent
tout-à-fait abolis au grand dommage et préjudice du dit
couvent, *les Religieux* nous ont supplié de vouloir bien
pourvoir à la conservation de ces usages. Nous donc,
approuvant les susdits usages et coutumes comme tena-
bles et conformes à la piété, statuons et ordonnons, de
la volonté et du consentement exprès des dits Abbé et
Couvent, que, lorsqu'ils seront parvenus à une plus grande
abondance de biens temporels et qu'ils se seront suffisamment libérés de la charge de leurs dettes, leurs dits
usages et coutumes soient observés à l'avenir strictement
et inviolablement, comme par le passé. En foi de quoi
notre sceau, avec les sceaux des sus dit abbé et Couvent,
est appendu à ces présentes. Fait et donné les an et
lundi susdits. »

L'état de choses persista longtemps, car, en 1318, un
des successeurs de l'évêque Mathieu, confirmait, en ces
termes, la charte de son prédécesseur :

1318. [23 juillet]. « A tous ceux qui ces présentes
lettres verront, Gaudefroid, par la miséricorde divine,
Évêque d'Évreux, salut éternel dans le Seigneur. Sachent
que ce que contiennent les lettres auxquelles nos présentes
lettres sont annexées, après l'examen attentif que nous

avons fait de leur teneur en tous points, nous le louons
et l'approuvons et, de notre autorité pontificale, nous le
confirmons comme bien et justement fait ; que la teneur
des présentes le fasse savoir à tous ceux que cela intéresse
ou peut intéresser. En foi de quoi notre sceau est appendu
à ces présentes. Donné à Ivry le dimanche après la fête
de la bienheureuse Marie-Madeleine l'an du Seigneur mil
trois cent dix huit. »

Bien plus, en 1349 encore, les dispositions de la charte
de 1303 recevaient, de l'archevêque même de Rouen,
une nouvelle approbation.

1349. [3 juin]. « A tous ceux qui ces présentes lettres
verront, Jean, par la permission divine, Archevêque de
Rouen, Salut dans le Seigneur. Savoir faisons que ayant
pour agréables et ratifiées toutes et chacune des choses
contenues aux lettres auxquelles nos présentes sont attachées, pour tout et autant que les dites choses sont faites
et réglées justement et raisonnablement, nous louons et
approuvons toutes et chacune de ces mêmes choses, et
par le témoignage du présent écrit nous les confirmons
de notre autorité de métropolitain. En foi de quoi nous
avons fait apposer notre sceau aux présentes lettres.
Donné à l'abbaye d'Ivry, du diocèse d'Évreux, le mercredi
après la fête de la Pentecôte, l'an du Seigneur mil trois
cent quarante neuf. »

Jeanne d'Esneval, mariée en 1404 à Robert de Dreux,
mourut au château d'Ivry, le 25 décembre 1420, et fut
enterrée en l'église abbatiale [1].

Nous n'avons, sur l'histoire de l'abbaye pendant la
guerre de Cent ans, qu'une vague énonciation des auteurs

---

[1] (De la Roque, *Hist. de la Maison d'Harcourt*, t. I, p. 486.)

du *Gallia Christiana*, sur les dommages qu'elle en a éprouvés...

Cet ouvrage n'est pas beaucoup plus explicite en ce qui touche les guerres de religion, car il se borne à dire qu'en 1563 les calvinistes pillèrent le couvent et détruisirent la nef de l'église.

Il semble, d'ailleurs, qu'à partir du XVIᵉ siècle l'abbaye ne connut plus de temps prospères, au point de vue matériel du moins, et se trouva toujours, au contraire, dans cette situation difficile que nous avons, du reste, constatée déjà en 1303. Des embarras de toute sorte lui étaient suscités par les seigneurs d'Ivry de la maison de Luxembourg. Pour payer les bulles du jeune abbé Jean de Luxembourg, ceux qui administraient en son nom ne craignaient pas de vendre la crosse de l'abbaye ; ce qui paraît indiquer que la situation pécuniaire était peu florissante.

Les très intéressantes notices sur les abbés commandataires que renferme l'*Histoire* manuscrite, conservée aux archives départementales de l'Eure, sont d'ailleurs une vraie histoire de l'abbaye pendant les trois derniers siècles. On les trouvera dans un des chapitres suivants.

Notons, en passant, que Charles Le Roy, prieur d'Ivry, fut député, par les ecclésiastiques de la vicomté de Verneuil, aux états qui s'assemblèrent à Rouen, en octobre 1582, pour la réforme de la coutume [1].

En l'an 1600, deux religieux partirent pour faire le pèlerinage de Rome. C'était même le second voyage d'un de ces deux pèlerins. Le curé de Saint-Martin d'Ivry jugea

---

[1] *Revue historique des cinq départements de l'Ancienne Province de Normandie.* — Pont-Audemer, in-8°, 3ᵉ année, 1837, p. 177.

intéressant de consigner ces faits à la suite de l'acte de baptême d'un neveu d'un des religieux [1].

Arrivons maintenant aux dernières années de l'abbaye.

Avant la suppression générale des ordres monastiques, l'abbaye d'Ivry avait déjà été fermée pendant quelques années, de 1766 à 1775.

Pourquoi ? Par suite, paraît-il, d'embarras financiers. Mais nous ne connaissons, sur ce point, aucun document du temps.

C'est seulement dans un inventaire des meubles et titres de l'abbaye, dressé le 28 avril 1790, que nous lisons, sur cette suppression, sur les regrets qu'elle causa et sur les instances réitérées des habitants pour voir revenir les religieux, cette touchante mention qui prend dans sa date même, une saveur et un prix tout particuliers : « La maison d'Ivry ayant été supprimée depuis l'année 1766 jusqu'en 1775, où les religieux furent rappelés par les requêtes réitérées de tous les habitants, cette maison se trouvant alors dénuée de tout ameublement quelconque et en très mauvais état, dom Le Roux alors prieur, emprunta, du consentement des supérieurs généraux de la congrégation, la somme de vingt-six mille livres ; laquelle somme fut employée à reconstruire les gros murs de deux bas-côtés de l'église, à remettre à neuf six grandes croisées de la dite église, ainsi que la char-

---

[1] « Mil vj^cc Apvril. Du merquedy cinqiesme jour des féries de Pasques, a esté baptisé Noel, filz de Martin Le Febvre et de Gillette Bruneau. Ses pareins Mes. Jacques Duchemin, greffier de ce bailliage et Guille Taupeau. Sa marine Adelyne femme de Aubin Bruneau. Ced. jour frère Noel Le Febvre, oncle dud. baptisé, Religieux et profès et sacriste de cest abaye est party pour aller visiter sainctement l'église mons sainct Pierre à Rome pour le second voyage, et led. voyage faict en l'association de frère Martin Le Vagneur ordonné diacre, relligieux et profès en lad. abaye. »

pente et la couverture du chœur, à plafonner le dit chœur,
à refaire peindre et dorer le maître-autel ; à réparer,
recrépir et blanchir toute la maison, à toucher toutes les
couvertures de tous les bâtiments, à refaire à neuf toutes
les croisées, à remeubler en entier toute la maison, à
acheter le linge de la maison et de la sacristie ainsi que
tous les ornements nécessaires pour le culte [1]. »

Cette pauvre abbaye, qui ne renaissait ainsi un
moment que pour sombrer bientôt définitivement, était,
d'ailleurs, réduite à bien peu.

Elle avait été fondée pour 15 moines [2].

Eude Rigaud, dans ses visites, en avait compté 16,
13, 18 et 15.

Des mentions extraites des registres de la charité d'Ivry
donnent, aux dates ci-dessous, les nombres suivants :

En 1571, 4 religieux ;

1574, 7 — 3 novices ;

1589, 8 — (tous prêtres), 1 novice ;

1600, 6 — 1 novice.

1633, 3 — 2 novices.

1639, 3 — 1 novice.

Vers 1722, Le Brasseur disait : « elle est encore occupée par trois ou quatre religieux de la congrégation de
Saint-Maur, le revenu ne suffisant pas pour en entretenir un plus grand nombre [3]. »

Enfin, lorsque les agents municipaux procédaient, en
1790, à l'inventaire dont nous venons de parler, ils
disaient :

[1] Voir pièces justificatives.

[2] *Gallia Christiana*, t. XI, col. 652.

[3] *Histoire civile et ecclésiastique du Comté d'Evreux* (par Le Brasseur) ; Paris, 1722, in-4°, p. 106.

« Avant que de clore le présent inventaire, MM. Dom
Beaussart, prieur, et Broucqsault, tous deux seuls religieux de la dite maison, à cause de la mort de Dom
Damart, procureur, arrivée depuis peu, nous ont déclaré
expressément : savoir, de la part du premier, âgé de cinquante ans, qu'il entendait finir ses jours dans la maison
claustrale, et de la part du second qu'il était dans la
ferme résolution de vivre séculièrement et de se retirer. »

Il ne faut pas interpréter ces mots « vivre séculièrement » prêtés à dom Broucqsault, comme exprimant la
volonté de rentrer dans la vie laïque. En effet, l'ancien
bénédictin fut desservant de la paroisse de Gagny [1],
au diocèse de Versailles, de 1822 à 1820. — Il se
serait trouvé obligé de quitter sa cure par suite des événements révolutionnaires de 1830 [2].

La figure du prieur de Beaussart mérite un léger croquis, parce qu'il semble être la personnification de l'abbaye expirante, et de la religion catholique persécutée
à la fin du xviiie siècle.

Il était né à Arras, le 31 juillet 1740, du mariage de
Jacques Joseph de Beaussart, et de Marguerite Françoise
Garin [3].

Nous avons vu précédemment qu'il exerça, pendant la
révolution, les fonctions du culte catholique, à Ivry,
d'abord clandestinement, puis ouvertement.

M. Mauduit, que cette figure avait évidemment captivé,
s'était demandé s'il avait emporté avec lui dans la tombe
les souvenirs du passé de l'abbaye; et aussi, s'il n'avait
pas conservé et caché pieusement les titres de son

[1] Lettre du curé de Gagny, (20 janvier 1873).
[2] Renseignement fourni par M. Maulvault, d'Ivry.
[3] Voir *son acte de décès* à l'état civil de Verneuil, 7 août 1822.

cher couvent d'Ivry. Ses investigations sur ce point montrent sa manière sûre, précise et scientifique de procéder, qui est celle d'un historien consciencieux et passionné pour son sujet :

« Dans les dernières années de sa vie, dit M. Mauduit, M. de Beaussart... s'était, paraît-il, retiré près de M. le curé Marie [l'ancien curé d'Ivry alors doyen de Verneuil]. Celui-ci avait dû être assez initié aux phases et circonstances difficiles de l'existence de ce religieux pendant la tourmente révolutionnaire. Il avait pu savoir si le prieur, fort attaché à ses vœux, n'avait pas, dans l'espérance de temps meilleurs, cherché à mettre à l'abri de la destruction ou de la dispersion les cartulaires ou autres titres les plus précieux de l'abbaye d'Ivry. En effet, on ne retrouve aucun cartulaire de cette maison ; et le peu de titres qui se trouvent aux archives de l'Eure n'ont pas une bien grande importance, ni par leur nature, ni par leur nombre.

« Il eût été utile de savoir où M. de Beaussart était décédé ? quels étaient ses héritiers ? Qui avait pu recueillir les papiers laissés par lui à son décès ? Ces renseignements obtenus, peut-être serait-on arrivé à quelque découverte intéressante ? M. Marie eût pu y aider. »

Mais, M. Marie était mort quelque temps avant que cette pensée fût venue à M. Mauduit.

« Aujourd'hui, continue-t-il, on n'aurait plus guère à s'adresser qu'à M. l'abbé Moulin, curé-doyen de Vernon, natif d'Ivry, qui, dans sa première jeunesse, a reçu les leçons de M. de Beaussart et qui pourrait savoir quelque chose des dernières années de l'existence de son premier maître. »

M. Mauduit écrit alors à M. Moulin. Par lui, et aussi

par d'autres voies, il est instruit que Dom de Beaussart a
légué sa fortune à M. l'abbé Pierre Leblond, ancien vicaire
à Verneuil puis curé doyen de Moret, en 1849...
M. l'abbé Pierre Leblond est mort !

Il laisse pour héritier son frère, Louis Charles Leblond,
alors desservant d'une paroisse voisine de Moret (Veneux-
Nadon). Seulement, (26 juin 1864), ce vieux prêtre est
infirme, il a dû quitter le ministère ecclésiastique... Répon-
dra-t-il... ? Enfin, une réponse arrive ! Elle est signée
d'un frère des abbés Leblond, instituteur à Moret. Hélas
elle est négative !

M. Mauduit se retourne alors du côté de Verneuil, où
Dom de Beaussart est décédé le 7 août 1822.

Là aussi ses investigations furent vaines. A Verneuil,
on ne put, non plus, trouver aucune trace des anciens
titres et cartulaires d'Ivry. On n'y recueillit, sur le dernier
prieur, que le renom d'une mémoire vénérée et la preuve
de pieuses libéralités en faveur de l'église d'Ivry [1].

Bien qu'un parti plus bruyant que nombreux ait
adopté avec enthousiasme les idées révolutionnaires, et
cherché, par tous moyens, à attirer l'attention de l'Assemblée constituante, il ne semble pas que la suppression de
l'abbaye d'Ivry ait donné lieu à des scènes graves de
violence ou de pillage. Il en fut autrement, — on s'en
souvient, — pour l'Eglise Saint-Martin.

Des inventaires du mobilier, et des états des revenus,
furent dressés aux dates des 28 avril et 24 août 1790.

Avec ces pièces, on peut reconstituer l'aspect de
l'abbaye ; s'y promener dans les diverses dépendances,
dans la maison conventuelle, « qui peut loger quinze à

[1] Voir la délibération du conseil de fabrique d'Ivry, du 4 avril 1824.

seize religieux à l'aise en faisant un peu de dépenses pour les cloisons, est dans une agréable situation, et contient environ neuf à dix arpens, tant en bâtimens qu'église, cours, jardin, prairies et promenades. »

Pièce par pièce, on y revoit le mobilier.

Le chiffre des revenus paraît s'élever à 15.000 livres, dont 6.800 environ auraient été la part des moines ?

Si les plaisanteries sur le goût des moines pour la bonne chère et le confortable n'étaient absolument démodées, et abandonnées même par les ennemis des ordres monastiques, pour peu qu'ils soient instruits, on pourrait faire remarquer qu'en vin, en cidre et en bois, l'abbaye n'avait que les provisions nécessaires pour une année.

Le mobilier était modeste. Le procès-verbal détaillé de la vente qui en fut faite, en mars 1791, donne un chiffre total de 1766 livres six sous [1].

Quant à l'église abbatiale, une note inscrite sur le premier feuillet du registre des délibérations du Conseil de fabrique de la paroisse de Saint-Martin d'Ivry après le rétablissement du culte catholique, en fait l'histoire en ces termes :

« En 1791, l'abbaye des Bénédictins d'Ivry fut vendue, dont l'église était richement décorée de superbes tableaux, de statues en bois de hauteur humaine, sculptées par les meilleurs ouvriers de Paris, représentant Jésus-Christ tenant sa croix, la Sainte Vierge, saint Benoît et un ange adorateur de chaque côté de l'autel et plusieurs autres statues coulées en terre, un contre-rétable superbement orné de sculptures et de dorures.

« L'acquéreur de cette abbaye fit présent à l'église de

[1] Voir ce procès-verbal aux pièces justificatives.

Saint-Martin d'Ivry, sa paroisse, non seulement des tableaux, des statues et du contre-rétable, mais encore des hautes et basses stalles, des balustrades des deux chapelles des sous-ailes, avec tout ce qui les composait.

« Les habitants, pénétrés de reconnaissance, n'ayant rien de plus à cœur que la décoration de leur église, se cotisèrent pour faire enlever, avec tout le soin et les précautions possibles, tous ces ornements pour les replacer dans leur église ; néanmoins les dorures furent endommagées et il leur en a coûté plus de cent louis pour les réparer. »

Est-ce au don qui vient d'être mentionné que fait allusion la note suivante ?

« Le 4 décembre 1792, le citoyen Levaigneur, dépositaire depuis deux ans de plusieurs tableaux sous différentes figures, provenant de la ci-devant abbaye d'Ivry, est engagé à les remettre à l'église Saint-Martin pour sa décoration [1]. »

D'autres pièces permettent encore de suivre la dispersion de quelques épaves de l'abbaye [2].

« Par le rapport du Préfet de l'Eure au Conseil Général, en l'an XII (1804), on voit qu'une filature de coton ou établissement de *Mull-Jennys* se fondait à Ivry. Au

---

[1] Registre des délibérations municipales.

[2] 7 *décembre* 1791, échange des deux grosses cloches de l'abbaye avec les habitants de Breuilpont à qui elles sont remises.
(Registre des délibérations municipales).
Elles ont été refondues en 1834. (Note de M. Mauduit).
22 *ventôse an II*. Une petite cloche de la chapelle de l'abbaye est portée au district.
(Id.)
29 *brumaire an III*. État général de toutes les argenteries, fers matières de cloches, etc..., provenant des ci-devant églises de l'abbaye, Saint-Martin, Saint-Jean, confrérie et dons patriotiques envoyés à Paris, en exécution de la loi du 12 brumaire.

mois de juillet 1805, cet établissement était en activité, puisqu'on voit, par un acte de naissance du 5 de ce mois, qu'un sieur Anceaume en était contre-maître.

Cette filature, exploitée par un sieur Ritouret-Castel, était établie dans les bâtiments de l'ancienne abbaye.

En dernier lieu, cette usine hydraulique servait simultanément à la fabrication des peignes, d'ouvrages en ivoire, de la passementerie et des instruments de musique ; elle a été détruite par un incendie dans la nuit du 23 au 24 avril 1869 (Voir le journal *le Courrier de l'Eure* du 27 du même mois)[1]. »

Une vue de l'abbaye d'Ivry, en 1687, forme la XXII⁰ planche de la collection dite du *Monasticon Gallicanum*[2].

On y voit deux écussons ovales, l'un, à droite, chargé de la couronne d'épines avec la fleur de lys, le mot *pax* et les trois clous ; l'autre : *d'or à trois chevrons de gueules* ; le tout sommé d'une couronne de comte d'où surgit, à dextre une crosse, à senestre une mitre. L'abbaye, ayant été fondée par les seigneurs d'Ivry, en portait les armes.

Enfin, aux Archives Nationales se trouvent un croquis de l'abbaye en 1677, et un plan géométral du rez-de-chaussée des bâtiments en 1776[3].

[1] Ce n'est que beaucoup plus tard, en 1827, qu'une seconde filature s'était établie à Ivry au moulin dit de l'abbé. Les bâtiments de ce second établissement ont été eux-mêmes détruits par un incendie, à la date du 5 octobre 1868.

C'est un M. Caquelard qui avait obtenu, au mois de février 1827, l'autorisation d'établir cette seconde filature.

[2] Bibliothèque Sainte-Geneviève à Paris : W. n° 390².

[3] Archives nationales, X, n° 3.

CHAPITRE III

Droits et prérogatives divers de l'abbaye. — Ses charges.
Aumônerie dépendant de l'abbaye.

DROITS ET PRÉROGATIVES, CHARGES.

Comme beaucoup d'établissements religieux, l'abbaye d'Ivry dut avoir la haute justice sur les fiefs et sur les biens qui lui étaient aumônés.

Les seigneurs d'Ivry ayant les mêmes droits dans toute leur baronnie, du mélange de deux pouvoirs égaux dans une même localité et sur des possessions enchevêtrées les unes dans les autres, naissaient des complications et des rivalités. Le plus fort dut chercher à faire cesser cette situation à son profit. A Ivry, ce fut le seigneur; et en janvier 1300[1], une transaction intervint entre Guillaume d'Ivry et l'abbaye par laquelle les moines cédèrent au seigneur la connaissance de toutes les matières où il y avait péril de corps. Nous l'avons déjà analysée en parlant des seigneurs d'Ivry.

L'aveu rendu par le seigneur d'Ivry en 1456 fait connaître assez exactement les droits de l'abbaye et quelques unes de ses charges, ainsi que les relations entre eux. Le seigneur y rappelle que l'abbaye a la dîme de la forêt,

[1] Archives nationales, Q.194²; Registre Terrier-coutumier de l'an 1300.

qu'elle perçoit un denier tournois sur chaque charrette
chargée de sel à Ivry même. Tout le § suivant concerne
spécialement l'abbaye :

« Item, en icelle baronnie a plusieurs fiefz et appartenances à la dicte abbaye d'Ivry à l'ancienne fondation
d'icelle par mes prédecesseurs, comme les fiefs de Saint-
Jehan du Pré d'Ivry, le fief de la Cousture et le fief de
Berniencourt et les appartenances d'iceulx fiefz amortiz
comme dict est, tenuz soubz ma haulte justice ; et avecques
ce appartient à la dicte abbaye ung moulin auquel tous
les hommes des dicts fiefz sont subgetz de venir mouldre ;
et les religieux, abbé et couvent de la dicte abbaye ont en
leurs dicts fiefz, maisons, manoirs, jardins, boys, prez,
vignes, terres labourables et non labourables, cens,
rentes, dismes, champs (sic)[1], grains, œfz, oyseaulx, corvées et autres revenues, juridiction, court et usaige, ventes,
reliefz de leurs hommes ; et avecques ce ont cinq maisons ou bourg d'Ivry les quelles ils dient estre franches
en ma dicte seigneurie. Item, et à iceulx religieux compecte
et appartient ung gort avec certaine porcion de rivière.
Item, leur compecte et appartient deux foires en l'an, c'est
assavoir à la feste de l'Assumsion-Nostre-Dame et à la
feste de la Nativité-Nostre-Dame, des quelles foires la coustume leur compecte et appartient. Item, prennent les dits
religieux la dixième sepmaine sur ma prévosté et travers
et de mes moulins[2].

« Item, les religieux sont tenuz de soutenir et refaire
les portes à eaues près de leur dit moulin et la porte par

[1] *Lis*. champarts ?

[2] Ce droit des religieux était réservé dans les baux passés par les
seigneurs :
1558. — Adjudication des droits de travers par eau à Ivry, sauf la

la quelle passe porcion d'eau pour aller au moulin à
ten, et par ce leur en suis tenu faire IIII sols tournois et
deux gelines à Noel, et sont tenuz les dits religieux, abbé et
couvent soustenir les escluses d'icelle porte ; et pour les
choses dessus dictes sont tenuz iceulx religieux faire le
service divin en leur dicte abbaye, en prières et oroisons
pour moy, mes prédécesseurs et successeurs ; faire chanter
messe chacun jour en la chapelle de Saint-Ursin du chastel
d'Ivry, de la quelle chapelle ils doivent avoir les oblacions ;
et jouxte icelle chappelle doivent avoir une habitacion de
maison à eulx appartenant, et je suis tenu à quérir et
mectre emplace toutes choses qui faillent pour la repparacion de la dicte chappelle et tous les despens des ouvriers,
et le segretain de la dicte abbaye est tenu paier le salaire
des ouvriers. »

Nous parlerons, dans un autre chapitre, des donations
diverses faites à l'abbaye, donations qui contiennent des
faits intéressants pour l'histoire des familles et des localités de la région.

Rappelons seulement ici, au sujet des droits de l'abbaye,
qu'elle possédait anciennement et même après la conquête de la Normandie par Philippe-Auguste, des biens en
Angleterre, ainsi qu'il résulte d'un titre de 1304, dans
lequel Marie de Brabant, reine douairière, deuxième
femme de Philippe le Hardi....., donne à son cher frère
en Jésus-Christ, l'aumônier et procureur de l'abbaye
d'Ivry, allant en Angleterre pour l'administration des

dixième semaine appartenant aux religieux, moyennant 1.500 l. par
an.
(Archives nationales, Q. 194⁶ ; Registre f° 45).
Les seigneurs d'Ivry le rachetèrent le 1ᵉʳ mars 1738, moyennant
une rente annuelle de 200 livres.
(Archives nationales. Q. 194 ; registre, f° 51).

biens de l'abbaye, un sauf-conduit et une lettre de recommandation [1].

Trois quittances de 1385, 1406 et 1412, nous apprennent encore que l'abbé d'Ivry touchait une rente annuelle de 7 livres parisis sur la prévôté de Bréval, tandis qu'une quatrième, de 1415, nous dit, au contraire, que c'est une rente de blé mouture qu'il percevait sur cette prévôté [2].

[1] A. Eure. H. 403.

[2] 8 décembre 1385. Sachent touz que nous fr. P., par la permission divine humble abbé du moustier de Notre-Dame d'Ivry au diocèse d'Evreux de l'ordre de Saint-Benoist, confessons avoir eu et reçu de Johan du Tronchoy, naguaires prevost et recepveur de Breval, pour la moitié de vii livres que nous prenons d'aumosne sur la recepte de Breval, pour ce terme de Toussainctz ccc iiii[xx] et iiii, la somme de lx solz parisis dont nous nous tenons pour bien paiez et contenz; [et quittons ?] le dit Receveur et touz aultres à qui quittance en peut ou doit appartenir au temps à venir. En tesmoing de ce nous avons scellé ceste quictance de notre scel.

Donné le viiie jour de décembre l'an mil ccc iiii[xx] et cinq.

8 novembre 1406. Saichent tuit que nous fr. Jehan de la Magdelene humble abbé de l'esglise de Notre-Dame d'Ivry, confessons avoir eu et reçu d'Egasse Lescrout (?) prévost et receveur de Bréval, la somme de soixante et dix sols parisis qui deubz nous estoient pour moitié de vii livres parisis pour aumosne que nous prenons chacun an sur la recepte du dit Breval à cause (?) de notre esglise, à deux termes, c'est assavoir aux termes de Toussains et de Chandelleur. De la quelle somme de lxx solz parisis dessus ditz nous nous tenons pour bien paiez et contens pour ce terme de la toussains mil cccc et six. Et en quittons et quitte clamons le Roy notre seigneur, le dit prévost et receveur et tous aultres.

Donné soulz le scel de la ditte abbaye le viiie jour de novembre mil cccc et six dessus dit.

26 novembre 1412. Nous Phe, humble abbé de l'église [et] monastère de Notre Dame d'Ivry au dyocèse d'Evreux, confessons avoir eu et receu de honorable homme et saige Jehan Souchet, commis à la prévôté et recepte de Nogent le Roy et Breval pour le Roy notre seigneur la somme de soixante et dix solz parisis moitié de sept livres parisis de rente que nous avons acoustumé prendre et avoir par chacun an et qui deubz nous sont sur la recepte du dit lieu de Bréval... rentes amorties (?) à deux termes en l'an, de toussains et chandelleur. De la quelle somme de lxx solz parisis dessus ditz et pour le terme de toussains darrenier passé nous nous tenons à bien paiez et en quittons le Roy notre seigneur, le dit receveur et tous aultres à qui il appartient. En tesmoing de ce nous avons mis à ces présentes le scel

Le Registre des droictures de la baronnie, rédigé en 1515 [1], ajoute que le baron d'Ivry a « le droit de choisir sa sépulture au cœur de l'église ou ailleurs, et de mettre deuil en painture avec ses armes ès parrois de la dicte église. »

Il dit encore : « par suite de transaction intervenue entre les religieux de l'abbaye d'Ivry et le baron du dit lieu, ce dernier doit leur laisser élire leur abbé ; mais il prend part à l'élection, et sa voix vaut celle de deux religieux ».

Parmi les obligations auxquelles était tenue, à raison de ses possessions, l'abbaye d'Ivry, nous noterons que, vers le commencement du xiiie siècle, l'abbé d'Ivry devait au roi, à raison de ses biens de Gournay près Pacy, vingt jours de garde à ses frais au château de Pacy, et que ses hommes devaient ainsi venir aux moulins du roi et au service du château [2].

D'après un aveu du seigneur du Lhabit, rendu en 1600, ce seigneur avait le droit de recevoir de l'abbaye, chaque

aux quittances de notre dite église le xxvie jour de novembre l'an mil iiiic et douze.

21 juillet 1415. Sachent tuit que nous Philippe humble abbé de Notre-dame d'Ivry confessons avoir eu et reçeu de Nicolas Hugot prevost et receveur de Nogent le Roy et de Bréval la somme cinquante deux solz parisis qui deubz nous estoient pour vigt (sic) muys de blé mousture moitié deux [   ] que nous avons droit de prendre chacun an sur la recepte du dit Bréval au terme d'Ascencion. De la quelle somme de lii solz parisis, pour le terme d'ascencion darrennier passé, nous nous tenons pour contenz et bien paiez et en quictons le dit Nicolas Hugot et touz aultres à qui quittance en peut ou doit appartenir.

En tesmoing de ce nous avons mis notre scel à ceste présente quittance. Ce fut fait le xxie jour de juillet l'an mil cccc et quinze.

Bibliothèque Nationale — Département des Manuscrits.

Fonds Gaignières — Reg. 246. — Titres des abbayes.

— Les sceaux manquent.

[1] Archives nationales, Q. 194.

[2] Recueil des Historiens de France, t. XXIII, p. 622.

année, « le jour et feste de l'Assomption Notre-Dame de my-aoust une plaine portion de pain, vin et pastez, c'est à savoir huit pots de vin, huit pains et quatre pastez de pimpernaulx », (pour anciennes aumônes) [1]. N'était cette mention entre parenthèses, nous aurions pensé que cette redevance avait sa source dans l'obligation où aurait été le seigneur du Lhabit de faire la police de la foire, cas qui se présente ailleurs dans le département même de l'Eure.

Citons encore cette prérogative honorifique que, parmi les ecclésiastiques du bailliage d'Evreux ayant séance à l'échiquier, se trouve l'abbé d'Ivry [2].

Gros décimateurs d'Ivry, les abbés devaient, en conséquence, pourvoir à certaines dépenses de réparation et d'entretien de l'église Saint-Martin.

Ce que nous avons déjà dit, et ce que nous dirons de quelques-uns des abbés, montre comment ils remplirent cette obligation.

Un document de l'année 1763 nous montre l'abbé donnant 300 livres pour les ornements de l'église ; et, dans un autre, de 1765, le conseil de fabrique songe à le mettre en demeure de réparer les vitraux [3].

---

[1] Archives nationales, Q. 194 ⁴⁵.

[2] Houard, *Dictionnaire de droit normand...*, t. II, p. 75.

[3] Voir à ce sujet ce que nous avons dit en parlant de l'église d'Ivry, p. 345 et s. Voici seulement les documents mentionnés au texte :

L'abbé d'Ivry obligé à réparer et à fournir des ornements à l'église de Saint-Martin, vu son insuffisance à s'en fournir. — En conséquence, l'abbé Anisson a donné 300 l. t. à MM. les curé et marguilliers pour satisfaire au procès-verbal dressé deux années auparavant et déposé à Nonancourt ; dont copie au coffre du thrésor.

(Note à la fin du Registre des baptêmes de la paroisse Saint-Martin d'Ivry, année 1763.)

1ᵉʳ décembre 1765. — Délibération pour contraindre l'abbé d'Ivry, seul gros décimateur, à réparer les vitraux de l'église.

(Registre des assemblées, délibérations et actes de la fabrique de Saint-Martin d'Ivry.)

A côté de l'abbaye, en dépendant, et sous sa direction, existait, sous le nom d'*aumône*, *aumônerie*, une maison destinée à recevoir et à héberger les hôtes, les étrangers et les pauvres. Sa fondation était l'œuvre de la bienheureuse Hildeburge [1].

On suit la trace de cette aumônerie de siècle en siècle. Une donation de Jean de Saint-Hilaire [2] visée plus haut (1245), est faite à la maison de l'aumône de Notre-Dame d'Ivry.

Dans l'acte, déjà cité également, qui, en janvier 1300, régla divers points entre lui et les moines, le seigneur d'Ivry parle de « l'anceinte de leur aumosne du Pré où les poures sont hébergiez ».

Une sympathie particulière pour cette œuvre pieuse portait souvent ceux qui donnaient ou vendaient quelque chose à l'abbaye, à l'affecter spécialement à « la reson de l'aumosne ». Ainsi firent, en 1315, un bourgeois d'Ivry, Jean le Moustardier, clerc, et Ameline sa femme, en vendant un jardin sis à Ivry, de l'autre côté de l'eau près du jardin de l'aumône « aboutant sur le fossé qui va au pont de l'abbaye [3]».

Tout un dossier des Archives de l'Eure permet de suivre jusqu'en 1747, le recouvrement des rentes dues à l'aumônier de l'abbaye, à cause du fief de l'aumône situé dans diverses communes voisines d'Ivry [4].

---

[1] Apud Ibriacum, hospitalem domum receptui hospitum, peregrinorum et pauperum ex proprietate sua filiique sui Goelli, furnum que constituit quibus pro posse impensas preparavit. »
(Bolland. *Acta Sanctorum...* t. I Junii, Antuverpiæ, 1695, in-f° p. 362.)

[2] Ou : *Saint-Hillier*.

[3] A. Eure, H. 424.

[4] 1308-1747. — Titres et pièces de procédure concernant le recouvre-

Cependant, l'aveu rendu au roi en 1379 par le seigneur
d'Ivry dit que cette maison et lieu d'aumône *est présentement en ruine*. Peut-être cette destruction était-elle
le fait des calvinistes dont les ravages, dit le *Gallia
Christiana*, avaient à peu près détruit et ruiné l'abbaye.

ment des rentes dues à l'office de l'aumonier de l'abbaye à cause du
fief de l'aumône situé à Villiers-en-Desœuvre, Saint-Illiers-le-Bois,
Bueil, Bréval, etc.
A. Eure, H. 436 et 437.

CHAPITRE IV

Un siècle presque entier s'écoule entre la fondation de l'abbaye et l'époque où l'on rencontre des documents relatifs à ses biens et possessions.

Parmi ses principaux bienfaiteurs, il est naturel de trouver les membres de la famille des seigneurs d'Ivry.

Quelles étaient les ressources données par le fondateur ? Il semble que c'est seulement Galeran d'Ivry qui aurait donné aux moines les églises d'Ivry, les dîmes et tout ce qu'il y percevait, de droit ou de fait, ainsi que la dîme du blé de la forêt et la dîme de cette forêt elle-même. C'est, du moins, ce qui résulte des termes d'une charte de confirmation, non datée, accordée à l'abbaye par Henri II d'Angleterre et dont la rédaction doit se placer entre les années 1170 et 1189 [1].

A la même époque appartient une charte intéressante

---

[1] H , Dei gratia rex Anglie et dux Normannie et Aquitanie et comes Andegavie, archiepiscopo Rothomagensi, episcopis, abbatibus, comitibus, baronibus, justiciariis, vicecomitibus et omnibus ministris et fidelibus suis Normannie salutem. Sciatis me concessisse et presente carta confirmasse abbatie Sancte Marie de Ibreio et monachis ibidem Deo servientibus quicquid Galeranus, dominus Ibreii, eis rationabiliter dedit in eleemosinam, scilicet ecclesias de Ibreio et decimas et quicquid ipse possidebat in jure earum et consuetudine et perceptione, et decimam bladi foreste sue et decimam ipsius foreste. Quare volo et fir-

dans laquelle Mathilde d'Ivry s'exprime ainsi : « Bien que
d'après une donation régulière des propriétaires du fonds,
toutes les dîmes d'Ivry appartiennent à l'abbaye du château d'Ivry, j'ai longtemps cessé de lui donner la dîme de
certains étaux au pain que j'avais dans le dit château, c'est
pourquoi, par l'inspiration de Dieu, me rendant à la dite
abbaye et pour réparer le tort que je lui avais causé, me
recommandant aux prières des moines, je leur ai rendu la
dite dîme et la leur ai concédée à perpétuité pour l'avenir [1] »

En 1205, Robert, seigneur d'Ivry, donne à l'abbaye
les domaines de la Couture et de Berniencourt, avec la
cure des églises, les dîmes et tous les droits et redevances en dépendant[2].

miter precipio quod predicta abbatia et monachi eidem abbatie
habeant et teneant hec supra nominata cum omnibus pertinentiis suis
in ecclesiis et terris et decimis, in bosco et plano, in pratis et pastu-
ris, in aquis et molendinis, in viis et semitis et in omnibus aliis locis
et aliis rebus ad illa pertinentibus, cum omnibus libertatibus et liberis
consuetudinibus suis, bene et in pace, libere et quiete, plenarie, integre
et honorifice sicut carta Egidii Ebroïcensis episcopi, quam inde habent,
determinat et testatur. Testibus R. Eboracensi episcopo, H. Dunel-
mensi episcopo, W. comite de Albemara, Willelmo filio Andel, dapifero,
Reginaldo de Curtenay ; Thomas Basset, Ricardo de Alfai, Willelmo de
Stutevilla. Apud Westmonasterium.

- Original. S. d. mais entre 1170 et 1189. — A. Eure, H. 403.

[1] 1185. Sciant omnes ecclesie filii quod ego Matillis de Ibreio, com
omnes Ibreii decime ad ejusdem castri abbatiam ex justa domini fundi
donatione pertineant, cujusdam reddditus quem in eodem castro
habebam, de estaulis ad panem vendendum deputatis, in reddendo
decimam diu cessavi ; tandem, Deo inspirante, ad predictam abbatiam
accedens, de illatis injuriis satisfaciens et fratrum ibidem Deo servien-
tium orationibus me committens, predictam eis decimam reddidi et
in perpetuum concessi possidendam ; et, ut in posterum firmiter tene-
retur, scripto sigilli mei impressione roborato confirmavi ; anno ab
incarnatione domini m°c°lxxx°v° factum fuit hoc in presentia domini
Rogerii tunc temporis ejusdem loci abbatis et conventus. Testibus Gau-
frido de Belment, magistro Petro Capellano et Ricardo Bordon sacer-
dotibus, Revello milite, Simone de Prato, Roberto fabro et aliis multis clericis et laïcis videntibus et audientibus.

A. Eure. H. 424.

[2] Robertus dominus de Ibreio..., « villas de Cultura et de Brunionis
curia, cum utriusque ecclesie personatu, cum omni dominio, cum omni-

En 1209[1], Auberée, qui s'intitule sœur de Simon *de Alneto*, et qui, sans doute, était fille d'un seigneur d'Ivry, donne à l'abbaye, du consentement de son neveu Robert d'Ivry, une rente de 50 sous tournois à prendre sur les revenus qui lui appartenaient sur le péage de Saint-Hilaire.

Le 1er novembre 1232, Robert, seigneur d'Ivry, donne à l'abbaye d'Ivry, 14 septiers de grain à prendre sur les fruits et dîmes de Breuilpont, à ce que nous apprenons dans un acte reçu devant Devaux, notaire à Ivry, le 30 décembre 1787.

Cette donation a cela de particulier que l'on peut ainsi en suivre l'histoire et les transformations pendant plus de 550 ans. De l'acte du 30 décembre 1787, résulte, en effet, que le 5 avril 1694, devant Gilles Vallée, notaire à Bréval, elle avait été l'objet d'une transaction, et que le 27 mars 1714, un arrêt du conseil avait été rendu, confirmant cette

bus decimis, redditibus et omnibus juribus et pertinenciis. (Ann. 1205.) (Archives nationales, Q. I., 194²; Registre de 1300.)

[1] 1209... (Alb.)ereda soror Simonis de Aneto salutem.

Ideo ego Albereda cumpunct...
... qui non renuntiat omnibus que possidet, non potest meus esse discipulus...
... decrevi fieri heredem in aliqua parte rerum mearum. Sciant igitur presentes et futuri quod ego contuli Deo et beate Marie de Ibreio et monachis ibidem Deo servientibus, pro salute anime mee et antecessorum meorum L solidos Turonenses in reditu meo quem habebam in pedagio Sancti Hilarii annuatim ad festum Sancti Remigii percipiendos. Hoc autem feci assensu et voluntate R. nepotis mei de Ibreio, et aliorum amicorum meorum. Ut autem hoc ratum maneat et inviolabile, sigilli mei munimine roboravi; actum hoc est anno gratie m° cc°ix°. A. Eure, H. 431. Charte endommagée.
Cf. *Catalogue des actes de Philippe-Auguste*, n° 1306.
1211. octobre, Paci. — Philippe-Auguste atteste qu'Aubree d'Ivri, du consentement de Robert d'Ivri son neveu, a donné à l'église de Saint-Corentin [commune de Septeuil, Seine-et-Oise ?] une rente de cent sous à valoir sur la rente de 12 livres que le roi avait assignée à cette dame, sur la prévôté de Mante en échange de la terre de Bréval.

transaction, et créant une redevance de 50 livres au lieu de celle des 14 septiers [1].

Une note prise par M. Mauduit, peut-être d'après un ancien inventaire des titres de l'abbaye, signalait comme existant aujourd'hui aux Archives Nationales un vidimus de l'année 1365, qui aurait contenu des détails intéressants sur plusieurs donations ou fondations faites à l'abbaye par différents seigneurs [2]. Vérification faite, cette pièce vidime des actes, fort curieux d'ailleurs (parmi lesquels une charte de Richard d'Angleterre), mais qui concernent d'autres abbayes.

Mathilde, fille de Guillaume d'Ivry, dame de Ferrières, du consentement de ses fils Gosselin et Hugues de Ferrières et de celui de son frère, tous trois chevaliers, donna aussi à l'abbaye, en 1243, pour le salut d'un fils qu'elle avait perdu, six livres tournois de rente à prendre sur ses censives de Champigny et sur la prévôté de Laigle [3].

Après la famille d'Ivry, nous rencontrons, comme s'étant signalées par leurs dons à l'abbaye d'Ivry, celle des Richebourg et celle des Mauvoisin.

En ce qui concerne la première, on possède d'abord, par ordre de date, une charte de Henri de Richebourg [4]

[1] Acte du 30 décembre 1787; minutes du Notariat d'Ivry.

[2] Archives Nationales, Q. 194[1].

[3] 1243. Avril. — « Noverint universi presentes litteras inspecturi quod ego Matillis, domina de Ferrariis, in tempore viduitatis mee dedi et concessi in puram et perpetuam eleemosinam assensu et voluntate Gauquelini et Hugonis de Ferrariis, militum, filiorum meorum et Wilelmi de Ibreio, militis, patris mei, pro salute anime Roberti de Nulleio, militis, filii (sic) mei defuncti... » 6 livres tournois de rente, assignées sur ses censives de Champigny (apud Champigne) et sur la prévôté de Laigle (apud Aquilam in prefecturam).
A. Eure, H. 412.

[4] Quod oblivione deleri nolumus, nulli melius servandum tradere

qui, pour le salut de son âme et celle de son père Guillaume, et de sa mère Béatrice, donne aux moines d'Ivry la
dîme de ses moulins et de ses fours du Coudray, ainsi
que la terre d'une charrue, et un denier à prendre chaque
jour sur son four que son père leur avait donné. Il concède encore, ce qu'avaient déjà concédé son père et son
ayeul Henri de Richebourg, que chacun, dans l'étendue
de son fief, puisse leur faire les dons qu'il voudra. Il
déclare enfin prendre sous sa sauvegarde et protection,
ainsi que l'avaient ses ayeux, tout ce que l'abbaye possédait au Coudray et dans la contrée.

Vers 1200, donation est faite à l'abbaye d'Ivry par
Pierre *de Richeborc* d'une rente annuelle de 60 sous tournois assignée sur le péage de Berchères et accessoirement,
sur celui de Saint-Lubin [1].

A la même époque, un accord intervient entre le même

quam carte existimavimus. Quare, ad cognitionem tam presentium
quam futurorum, scripto committimus, quod Henricus de Divite Burgo,
pro remedio anime sue necnon et patris sui Willelmi atque matris
sue Beatricis, jure hereditario quod proprium illi et non accidens
fuerat, apud villam que Coldreium nuncupatur, monachis sancte
Marie Ibreicensis ecclesie in perpetuo concessit, videlicet decimam
molendinorum suorum atque furnorum suorum, necnon et denarium
quod pater suus Willelmus in caminum suum cotidie dederat, et terram
unius aratri apud Coldreium. Insuper nobis concessit ut si aliquis
dare voluerit de terra que est de fisco ipsius Henrici in helemosinam,
ita ut antecessores sui Henricus videlicet avus suus atque Guillelmus
suus (*sic*) concesserunt, ita ipse concessit. Quin etiam, in custodia sua
et protectione accepit omnes res nostras quas habemus in patria illa, ut
antea fecerunt antecessores sui prædicti, videlicet apud Coldreium,
Sanctumque Leobinum, et apud Fredevillam, necnon apud Illiacum
apud que Bienslivenge et ubique attingere potuerit. Auctum (?) est hoc
publice apud Sanctum-Leobinum, anno ab incarnatione domini
m°c°l°iiij°, adstantibus his et videntibus : ipso videlicet Henrico
dante et concedente ; Guarino de Logiis, Radulpho fratre ejus, Hugone
presbitero, Hugone Balu et ejus fratre Balduino, Radulpho de Cauda,
Rogero de Pissiaco, Gilberto de Guerravilla et Petro ejusdem filio,
Gualterio Pungens mulam, Terrico de Logiis.
A. Eure, H. 415.
[1] A. Eure, H. 407.

— 456 —

Pierre de Richeborc, Guillaume de Provemont, et l'abbaye, au sujet d'une chapelle que les religieux d'Ivry étaient tenus de construire à la Haye, à cause de la donation des dîmes du dit lieu qui leur avait été faite par H. *de Richeborc*, père de Pierre. Les religieux sont dispensés de la construction de la dite chapelle, moyennant le paiement d'une somme de 100 sous chartrains à Guillaume de Provemont [1].

Vers 1206, une charte, non datée, de Pierre de Riche- bourg, a pareillement trait à une question de construc- tion de chapelle. Pierre promet à Vivien, abbé d'Ivry, de ne plus l'inquiéter tant qu'il serait abbé, au sujet de la construction d'une chapelle, que, suivant lui, le dit abbé était tenu d'édifier au Coudray [2].

Nous ne saurions dire si c'est toujours au même qu'il faut attribuer la donation faite, en 1236, à l'abbaye d'Ivry et aux religieux du prieuré de Saint-Lubin par Pierre de Richebourg, chevalier, seigneur du Coudray, de diverses rentes assignées sur ses biens, sur son droit de péage, sur les revenus de ses moulins et de ses fours [3].

En janvier 1241, la veille de l'Epiphanie, Pierre, sei- gneur de Richebourg (*senior de Divite-burgo*), chevalier, avec le consentement de Pierre, son fils aîné, de Jeanne et d'Agnès, ses filles, fit don à l'abbaye d'Ivry d'une rente de 60 sous, assignée sur ses censives de la Ville- l'Évêque, pour la célébration de son anniversaire.

Enfin en 1300, *Sovène*, veuve de Pierre de Richebourg, chevalier, et *sires de la Forest* confirma la donation faite par ce dernier à l'abbaye d'Ivry de 20 sous de rente assignés

[1] A. Eure, H. 432.
[2] A. Eure, H. 415.
[3] A. Eure, H. 415.

sur ses cens de la Ville-l'Évêque pour la célébration de son anniversaire et de celui de sa femme [1].

Par une charte de 1234 [2], Raoul, dit Mauvoisin, chevalier, seigneur de Saint-André, donna à l'abbaye 20 sous de revenu annuel à percevoir sur sa prévôté de Saint-André. Ce don était destiné à la fourniture de l'encens pour la messe quotidienne de la Vierge. Le surplus, s'il y en avait, devait être employé à fournir une pitance. Si le prévôt ne payait pas la rente, l'abbaye devait avoir le droit d'en faire justice sur lui. En reconnaissance, les moines s'engagèrent à célébrer un anniversaire annuel pour le donateur après sa mort.

Le 10 septembre 1473, Gui, dit Malvoisin, sire de Saint-André, faisait une donation nouvelle aux moines d'Ivry [3].

[1] A. Eure, II. 434.

[2] Noverint universi presentes et futuri quod ego Radulphus dictus Malus vicinus, miles et dominus Sancti-Andree, dedi libere et concessi, de voluntate Adelicie uxoris mee, pro salute animarum nostrarum et antecessorum meorum, in puram et perpetuam elemosinam, ecclesie beate Marie de Ybreio et monachis ibidem deo famulantibus, vigenti solidos annui redditus percipiendos in prepositurâ meâ Sancti-Andree singulis annis ab eisdem monachis aut eorum procuratore, per prepositum meum Sancti-Andree quicumque sit ille prepositus, ad festum omnium sanctorum; de quibus denariis debent dicti monachi repperire thus ad missam beate Marie singulis diebus per annum in perpetuum ante evangelium et post, defereturque thus illud ad omnes astantes ad missam in honore beate Marie. Si quid vero residuum fuerit de dictis denariis, conventui detur ad unam pitanciam; volo etiam et concedo quod si dictus prepositus meus, quicumque esset, deficeret a solutione dicte pecunie ad terminum prenotatum, quod dicti monachi possent facere justiciam in eumdem prepositum, quicumque esset ille, ad quorum omnium observantiam volo omnes meos heredes Sancti-Andree in perpetuum obligari; pro qua donatione dicti monachi non ingrati existentes, concesserunt facere anniversarium meum annuatim post obitum meum. Et ut hec mea collatio firma inconcussaque permaneat in perpetuum presentem cartam sigilli mei munimine roboravi. Actum anno domini millesimo ducentesimo tricesimo quarto mense aprili.
A. Eure, H. 430.

[3] Archives nationales, carton Q. 194-1.

Les archives de l'Eure renferment encore, pour le treizième siècle, dix chartes de donations à l'abbaye d'Ivry, maison à Evreux, redevances en nature, droits seigneuriaux, etc.[1].

L'une d'elles est faite au prieuré d'Ecluselles-sur-Eure, qui dépendait d'Ivry, et dont l'église « venait d'être construite nouvellement » (1248)[2]. Elle contient cette réserve

---

[1] 1211. Donation à l'abbaye d'Ivry, par *Gerovis*, femme d'Hugues de la Couture, d'une maison sise à Evreux.

A. Eure, H. 418.

1215. Donation à l'abbaye par Robert, fils aîné de Robert de Mondreville, d'un setier de blé d'hiver (*Yvernagii*) assigné sur sa terre de Mondreville.

A. Eure, H. 1215.

1230. Cession à l'abbaye par Amaury de Ferrières, de tous ses droits sur la terre que les religieux tenaient de lui dans son fief de Mousseaux, moyennant un cens annuel de cent sous.

A. Eure, H. 427.

1239. Donation à l'abbaye par Bernard *de Roone*, chevalier, d'une rente d'un setier de blé assignée sur sa grange de Villette.

A. Eure, H. 435.

1245. Cession à l'abbaye par Jean de Saint-Hilaire, chevalier, des droits de champart qu'il possédait sur la terre de Saint-Hilaire et appartenant aux religieux d'Ivry, moyennant une redevance annuelle d'une paire d'éperons (*calcaria*) d'une valeur de 5 sous tournois.

A. Eure, H. 431.

1264. Mai. Confirmation à l'abbaye par Simon, seigneur du Mesnil-Simon, chevalier, de la donation de 7 arpents de bois qui avaient été donnés aux religieux par Eustache de Nantilly, chevalier...; mention de Amard, son père, de Pétronille, son épouse, anciens donateurs.

A. Eure, H. 425.

1265. Confirmation par Eustache d'Aubigny de la donation faite à l'abbaye par Richard *de Alfaio* d'une rente de 20 sous tournois assignée sur les censives d'Ormes.

A. Eure, II. 428.

1282, jeudi après les Rameaux. Donation à l'abbaye par Simon de Meseart, écuyer, de tous ses droits sur le moulin de Meseart (*alias* Mesaart), paroisse du Coudray [d'après l'auteur de l'Inventaire des Archives].

A. Eure, H. 415.

1285, Donation à l'abbaye par *Aelina*, *dna* (*dicta* ?) La Bouchière, de Marcilly.

A. Eure, II. (?) n° (?)

[2] Ego Johannes Castri novi dominus, notum facio universis ad quos presens scriptum pervenerit, quod ego, intuitu divine pietatis et pro remedio anime mee et animarum patris mei et matris mee et meorum

intéressante, que, si l'église d'Eclusalles n'était plus desservie par les moines, les biens donnés feraient retour
au donateur ou à ses héritiers.

Pour ce qui est des époques postérieures, nous ne
voyons rien de bien saillant à signaler au sujet soit des
donations faites à l'abbaye, soit de l'administration de
ses biens. Nous nous bornerons à citer en note deux ou

antecessorum, dedi et concessi in puram et perpetuam eleemosinam
monachis Deo servientibus in ecclesia Sancti Sepulchri juxta villam
que dicitur Escluselles super Anduram de novo constructa, totam terram meam quam habebam inter nemus de Coveto et villulam que
vocatur laumoinete sitam, et duas pecias vinee in territorio de
Craion, unam peciam sitam juxta vineam vicedomine, alteram vero
peciam juxta vineam domini Guillelmi Gadel militis sitam, libere,
quiete et pacifice possidendas, tali tamen apposita conditione quod si a
prefata sepulchri ecclesia que membrum est ecclesie beate Marie de
Hibreïo monachos ibidem divina celebrantes recedere, forte continge-
rét, dictas terram et vineas ego, vel heredes mei ad nostrum usum et
dominium resumemus. In cujus rei testimonium et munimen presentes
litteras sigilli mei signaculo roboravi. Actum anno domini m°cc° xl°viii°
mense maio.
A. Eure, II. 413.

Nous citerons encore, comme se rapportant à l'administration des
biens de l'abbaye, les trois pièces suivantes :

1206. Confirmation par Renaud de Bar de Mousson, évêque de
Chartres, d'une sentence arbitrale qui avait réglé le différend pendant
entre l'abbaye d'Ivry, d'une part, Guillaume de Lions, prêtre (*persona*)
de Saint-Lubin, Pierre Morin, Barthelemy et Girard, laïques, d'autre
part, au sujet des dîmes de la paroisse de Saint-Lubin.
A. Eure, II. 432.

1210. Accord entre l'abbaye de Coulombs et celle d'Ivry au sujet des
dîmes novales du terroir de *Millerilz* (aliàs *Milleiiz*). L'abbaye d'Ivry
abandonne ces dîmes à l'abbaye de Coulombs, moyennant une rente
annuelle en blé payable dans la grange des religieux d'Ivry à Tilly (*apud
villam nostram que dicitur Tilleium*).
A. Eure, H. 433.

1220. Sentence arbitrale prononcée par l'abbé du Breuil, Robert Pelu
et Pierre Peile-Vilein, chevaliers, entre l'abbaye d'Ivry, d'une part, et
R. *de Illon*, d'autre part, au sujet des dîmes de Saint-Lubin et des droits
dudit R. *de Illon*, sur la grange dîmeresse dudit lieu (cyrographe).
A. Eure, H. 432.

D'après cet accord, R. de Illon, chevalier, devait « habere unam clavem
in dicta granchia quam de villa asportare non poterit, et tractorem
suum et batatorem suum et farragina et les grapins ».
L. Delisle, *Etudes sur la condition de la classe agricole en Normandie*,
p. 311.

trois documents qui peuvent donner soit un nom, soit une indication topographique d'intérêt local[1].

1448. Sentence de la vicomté d'Ivry envoyant l'abbaye en possession d'un certain nombre d'héritages dépendant de son fief de Brignancourt, tenus par Aubin Le Fèvre, faute paiement d'arrérages de rentes à elle dus.

A. Eure, H. 410.

1518. Testament d'Etienne de Courtonne contenant donation d'une rente de 8 sous à l'abbaye d'Ivry, et d'une autre rente de 10 sous au curé d'Ivry, assignées sur le fief de la Motte situé à Ezy.

A. Eure, H. 419.

22 avril 1714. Acte par lequel les religieux déclarent accepter la démolition faite, sans leur consentement, d'une maison dépendant de leur fief et appartenant à la fabrique de l'église Saint-Jean d'Ivry, moyennant la continuation du paiement de la rente seigneuriale.

(Archives de la fabrique d'Ivry, à Ivry.)

CHAPITRE V

Les abbés d'Ivry : — Liste et concordance d'après diverses sources. — Mauvaise administration d'un abbé (1470). — Compétition entre un abbé élu et un abbé nommé par le pape. — Les abbés commendataires ; faits intéressant l'histoire de l'abbaye.

CATALOGUE DES ABBÉS

« Il serait difficile de donner une suite juste des abbés qui ont gouverné ce monastère, dit l'*Histoire manuscrite de l'abbaye*, que nous avons déjà suivie. Il le serait encore plus de spécifier exactement les jours de leur élection et de leur décès, les anciens religieux n'ayant laissé aucuns mémoires qui puissent servir à l'histoire de la ditte abbaye. Tout ce qu'on a pu faire, ça a été de parcourir tous les titres de la ditte abbaye, d'en colliger les noms des abbés et les temps où ils ont vécu ; mais il se peut faire qu'il y en ait plus qu'on ne rapporte. On marque, à peu près, le temps qu'ils ont vécu. »

En effet, la liste des abbés réguliers, telle que la donne notre *Histoire manuscrite*, est beaucoup moins complète que celle du *Gallia Christiana*. C'est donc cette dernière que nous suivrons.

Ses indications sont celles que nous donnons en première ligne, sans référence. S'il y a lieu, nous faisons suivre chaque nom d'additions ou de rectifications ; mais alors nous indiquons scrupuleusement nos sources.

Pierre, moine de Coulomb, établit en tout la règle suivie à Coulomb, qui était celle de Marmoutiers, de Tours et de Cluny.

Herbert ou Hubert, également moine de Coulomb, vécut comme son prédécesseur, plein de zèle pour l'observation de la règle.

Durand, moine du Bec.

(Une charte que nous avons citée à l'occasion de la bienheureuse Hildeburge, prouve qu'il était abbé en 1116 [1].)

Osbern, moine de Fécamp.

Guillaume, porté au nécrologe à la date du 7 des calendes de février.

Normannus, moine du Bec.

Roger, en 1168 et 1172.

Raoul, moine du Bec (1175). Au nécrologe, il est porté à la date du 6 des Ides de Février.

Roger. Il est indiqué dans la bulle du pape Luce en 1185.

Hubert, moine de Saint-Père de Chartres, vivait en 1195 et 1200.

Guillaume II, en 1204.

Richard, 1205.

Vivien Ier, 1206.

Guillaume III, 1220.

Raoul II, 1225.

Vivien II, 1236.

Jean Ier, 1248.

(Entre l'abbatiat de Jean Ier et celui de Gabriel Ier qui va suivre, doit probablement prendre place un abbé Nicolas qui paraît avoir eu une situation prépondérante parmi les abbés de Normandie.

[1] V. plus haut, p. 56, note 1re.

En effet, dans *Les Registres d'Innocent IV*, on trouve deux bulles datées des 24 janvier et 20 février 1253, desquelles il résulte que Nicolas, abbé d'Ivry, a été le fondé de pouvoir et le représentant de trente et un monastères de l'ordre de Saint-Benoît de la province ecclésiastique de Rouen, pour la négociation d'un emprunt avec pouvoir d'engager en garantie les biens de ces monastères [1].)

Gabriel Ier, après avoir achevé le cours de ses études à Paris, était moine à Fécamp sous l'abbatiat de Guillaume Vaspail. On lit qu'il fut mis à la tête de l'abbaye d'Ivry vers l'an 1260.

(Il est, en effet, cité (postérieurement à 1241) comme l'un des bons et célèbres écoliers « *Scolares bonos et famosos* » que l'abbé de Fécamp fit demander à Paris et amener à Fécamp, sans doute pour y fortifier le niveau des études, et auxquels il donna l'habit monastique [2].)

(D'après une charte dont un extrait a été pris par M. Mauduit aux Archives Nationales, un abbé du nom de

---

[1] Berger (Elie). — Bibliothèque des Écoles françaises d'Athènes et de Rome, publiée sous les auspices du ministère de l'instruction publique, 2e série, I, 10. *Les Registres d'Innocent IV*, publiés ou analysés, d'après les manuscrits originaux du Vatican et de la bibliothèque nationale, par Elie Berger... Dixième fascicule (... pages 153 à 220). — Paris, Albert Fontemoing, édit., août 1896. In-4o à 2 col. (La couverture sert de titre.)

P. 159 : 6238. Pérouse, 24 janv. 1253. Autorisation à Nicolas, abbé d'Ivry, procureur des monastères non exemptés (*non exemptorum*) de l'ordre de Saint-Benoît établis dans la province ecclésiastique de Rouen, de contracter un emprunt et d'y obliger les biens de ces monastères. — P. 177 : 6339. Pérouse, 20 fév. 1253. L'abbé d'Ivry, ayant fait des dépenses pour la négociation auprès du Saint-Siège des affaires de trente et un monastères de la province de Rouen, est autorisé à contracter, jusqu'à concurrence de 200 l., un emprunt, à la sûreté duquel il pourra affecter les biens de ces monastères.

Nous devons ce renseignement à la complaisance de M. Louis Régnier, notre confrère à la *Société libre d'agriculture de l'Eure*.

[2] Chronique des abbés de Fécamp, dans *Recueil des historiens de France*, t. XXIII, p. 431.

Pierre, inconnu aux auteurs du *Gallia Christiana*, aurait été, en 1271, à la tête de l'abbaye d'Ivry [1].)

Henri, en avril 1273, d'après les chartes de l'abbaye de Mortemer.

Simon, en 1281.

Raoul (Abbé le 26 novembre 1289, d'après la Seconde des « *Notes rectificatives au* Gallia Christiana » de M. H. Omont [2]).

Guillaume, 1309. (D'après les *Notes* dont il vient d'être parlé, il se serait appelé Guillaume Le Chantre (*Guillelmus dictus Cantor*), et aurait prêté serment le 3 avril 1305 [3].

(Un document des archives départementales de l'Eure nous le montre constituant, en 1311, une rente au profit de son abbaye, en équivalant d'une somme 20 livres, léguée à l'abbaye par Alice dame d'Ivry [4] et qu'il avait employée, avoue-t-il, aux besoins de sa maison comme abbé).

(Philippe de Ros, omis dans le *Gallia Christiana*, est indiqué comme ayant prêté serment le 10 mai 1324 [5].)

[1] Excellentissimo domino nostro Philippo Dei gracia regi Francorum, sui humiles et devoti, et oratores assidui frater Petrus ejusdem permissione abbas monasterii beate Marie de Ibreio, ordinis Sancti Benedicti Ebroicensis diocesis... etc...
Datum die Lune ante festum beatorum apostolorum Philippi et Jacobi, anno domini mº iiº lxº primo. *Archives Nationales.* J. 462, nº 27-24. Pièce sur parchemin avec fragment de sceau en cire verte. Il faut lire : mº ccº lxxº primo, dit M. Mauduit, Philippe n'étant monté sur le trône qu'en 1270.

[2] *Cabinet historique*, année 1880 ; documents, p. 40, Paris, in-8º.

[3] *Id.*, *ibid.*

[4] 1311. Constitution au profit de l'abbaye, par Guillaume IV, abbé d'Ivry, d'une rente de 40 sous tournois assignée sur les revenus qu'il percevait sur le moulin et sur la prévôté du vidame de Chartres, à la chaussée d'Ivry, en représentation d'une somme de 20 l. t. léguée à l'abbaye, pour la célébration de son anniversaire, par feue Alice dame d'Ivry, somme qu'il reconnaît avoir employée *ad usum camere sue.*
(A. Eure, H. 414.)

[5] *Cabinet historique*, 1880 ; doc., p. 40.

Jean II. (Porté comme abbé en 1331, par le *Gallia. Christiana*, s'appelait Jean Gaice et a prêté serment le 2 juin 1327[1].)

(R. Haimon, inconnu au *Gallia Christiana*, a prêté serment le 26 octobre 1344. Ce serment est ainsi libellé : « *die Martis in synodo hyemali* »; son nom est écrit « *R. Hamonis* »[2].)

Guillaume, 1377.

Bertrand, 10 mars 1379 — 15 juin 1380.

Pierre Gastel, 1385 et 1389. (Il a prêté serment le 24 novembre 1385[3].

Nous avons donné de lui, d'après les manuscrits Gaignières, une quittance datée du 8 décembre 1385.

Enfin l'*Histoire manuscrite* de l'abbaye dit qu'il existe de lui un titre daté du 24 mai 1389).

(Louis. Non cité au *Gallia Christiana*, est porté dans une des listes rectificatives publiées par M. H. Omont[4], comme ayant prêté serment d'abbé d'Ivry le 15 septembre 1398).

Jean, abbé en 1399, d'après le *Gallia Christiana*.

(Toutefois, dans le manuscrit qui a servi de base aux rectifications de M. Omont, il est mentionné comme ayant prêté serment le 25 octobre 1400. — « *Die lune in sancta synodo yemali, videlicet 25 oct. 1400*[5]. »

Gui, en 1405.

Jean de la Magdelaine, 8 novembre 1406. Il assista au concile de Pise en 1409. (Sur une quittance, déjà citée,

[1] *Cabinet historique*, 1880 ; doc. p. 40.
[2] *Id,, ibid*.
[3] *Id., ibid*.
[4] *Cabinet historique*, année 1879, 1re partie, p. 89.
[5] *Id., ibid*.

du 8 octobre 1406, son nom est écrit *de la Magdelene*).

Philippe, 26 novembre 1412, 8 avril 1415. (Il s'appelait Philippe de Lempérière et a prêté serment le 9 juillet 1409 [1].)

Nous avons des quittances de lui des 26 novembre 1412,
et 21 juillet 1415.

Nicolas Legendre. Il mourut le 29 juillet 1442. (Il avait
prêté serment le 22 septembre 1425 [2].)

Jean Aubert, a été élu le 10 septembre 1442. Il est
mention de lui en 1451. (Sa prestation de serment est du
13 janvier 1443 [3].)

Guillaume 1459-1468.

Nous nous trouvons ici en face d'une série de faits
fort singuliers et qui nous présenteraient sous un jour des
plus fâcheux l'administration successive de deux personnages chargés de la direction de l'abbaye d'Ivry, si,
toutefois, il ne fallait remarquer que des animosités et
des compétitions ont pu exagérer les choses :

Donc, cet abbé, qui s'appelait Guillaume Brisset (?),
aurait administré d'une manière déplorable. Sur la plainte
du seigneur d'Ivry et du procureur du Roi du bailliage
d'Evreux, des lettres patentes du roi, du 24 décembre 1470,
prescrivirent au bailli d'Evreux « soy informer des pro-
digalitez, despourveu de gouvernement et male conversa-
cion que l'en disoit estre en la personne de Guillaume
Brisset, prebtre de l'ordre de Saint-Benoit... » et abbé
d'Ivry. S'il était reconnu coupable de ce *malgouverne-
ment*, les biens et revenus de l'abbaye devaient être mis

[1] *Cabinet historique*, 1879, p. 89.
[2] *Id., ibid.*
[3] *Id., ibid.*

aux mains du roi et divisés en trois parts : l'une « convertie au gouvernement et necessitez des religieux... eu
regard à l'estat et degré de chacun d'iceulx... » ; — la
seconde être employée « ès labouraiges de la dite église
et abbaye, soustenir, maintenir et réparer les maisons
et édiffices d'icelle » ; — la troisième, au paiement et à
l'acquit des dettes de l'abbaye. Enfin le gouvernement de
l'abbaye devait être ôté au dit Brisset et confié à une
personne capable.

Le 10 février 1470 (v. s.), enquête fut faite, sur les
lieux, par le lieutenant général du bailli. L'abbé Brisset
fut reconnu coupable, et le gouvernement de l'abbaye
fut confié à un religieux, Jean Larchier.

Il paraîtrait que ce dernier ne géra pas mieux que son
prédécesseur... Plainte fut aussi portée contre lui, et, à
la date du 12 avril avant Pâques 1472, de nouvelles
lettres patentes prescrivent nouvelle enquête, motivée
sur ce que, pendant sa gestion, il a « vendu les rentes de
la dite église jusques à la somme de XXX livres tournois ou plus, avec deux barilz de harenc, le tout de rente,
et pareillement a vendu ou engaigé les calices de l'ancienne fondation d'icelle, dissipé et gasté les biens et
revenues de la dite abbaye, vend, engaige et emprumpte
de jour en jour tellement que les religieux d'icelle
abbaye..., ne peuvent pas avoir leur vie et substanta-
tion et mesme aucuns d'iceulx a mis et bouté hors d'icelle
abbaye et qui sont comme mendians comme l'en dit...[1] »

Nous ignorons quel fut le résultat de cette seconde
enquête. Sans doute elle tourna à l'avantage de Jean
Larchier, car, continuant la lecture de la liste des abbés

[1] Lettres patentes du 12 avril 1472. A. N. Q¹ 194¹, cote 17 *bis*.

d'après le *Gallia Christiana* et les autres documents authenthiques, nous trouvons :

Jean, 1472. (Il prête serment le 19 octobre 1472. Il importe de remarquer que, dans le Manuscrit des serments, il porte le nom de Larchier qui, dans le *Gallia Christiana*, n'est donné qu'à Jean VII. [1]

Toutefois, il semble difficile de concilier cette indication avec les documents que nous allons signaler à propos de Jean VII, et qui donnent à ce dernier le nom de Larchier. — Tous deux auraient-ils porté ce nom ?)

Il est encore difficile de s'expliquer la mention suivante qui continue les listes :

Guillaume VII Brillet. Il assistait à l'échiquier en 1474.

Etienne, 1480. (Il s'appelait Etienne de Beaurepaire et prêta serment le 19 octobre 1477. Le manuscrit porte sa signature autographe. Il était abbé commendataire [2].

Il dut mourir antérieurement au mois de décembre 1485.)

Ici surgit un problème intéressant pour l'histoire des ordres monastiques en général, au sujet du droit des moines d'élire leur abbé, et des abbés commendataires. Au mois de décembre 1485, nous voyons les religieux d'Ivry prendre une délibération capitulaire au sujet de leur droit d'élire un abbé en remplacement de leur abbé défunt [3]. Leur choix se porta sur Thomas Dubuc.

[1] *Cabinet historique*, 1879, p. 89.

[2] « Voilà, telle qu'on peut la rectifier d'après le Manuscrit de la cathédrale d'Evreux, dit l'auteur de la note, M. H. Omont, la liste du Gallia Christiana pour l'abbaye d'Ivry. La date seule de la prestation de serment fournie par le M. S. est donnée à la suite du nom des abbés avec rectification, s'il y a lieu, du numéro d'ordre donné par les bénédictins. »

[3] 11 décembre 1485. Délibération capitulaire des religieux d'Ivry sur leur droit d'élire ou de présenter un successeur à leur abbé défunt. Archives nationales, Q, 194¹, cote 17 *bis*.

Mais, d'autre part, le pape avait nommé Jean Larchier. Tous deux, à peu de jours d'intervalle, — (peut-être même simultanément), — semblent avoir fait acte d'abbé d'Ivry. Thomas Dubuc, en qualité d'abbé d'Ivry, signe une permutation de biens, en décembre 1485. Et, d'autre part, en février 1485 (V. S.), Jean Larchier signe un acte comme abbé d'Ivry [1].

Voici donc ce qui résulte d'une pièce fort curieuse dont l'analyse suit [2] :

Le 19 décembre 1485, le vicaire général de l'évêque d'Evreux se rendit à l'abbaye d'Ivry. Devant lui, Thomas Dubuc et Jean Larchier exposèrent, l'un et l'autre, chacun sur ce qui les concernait, les faits suivants : Thomas Dubuc disait qu'il avait été justement et régulièrement élu, puis confirmé comme abbé d'Ivry à la mort du précédent abbé Etienne de Beaurepaire ; mais qu'à cause de sa santé et pour diverses autres considérations, il estimait qu'il pourrait difficilement remplir les fonctions d'abbé. D'autre part, Jean Larchier disait qu'il avait été pourvu par le pape de la dignité d'abbé d'Ivry. En conséquence, avec l'intervention, en la présence et du consentement du seigneur d'Ivry, le vicaire général est sollicité d'accepter la résignation que fait Thomas Dubuc, de sa dignité d'abbé d'Ivry, et sa permutation du prieuré de Blarru

---

[1] Décembre 1485. Permutation de biens entre Thomas Dubuc, abbé d'Ivry, et Lorisier prieur du prieuré de Blaconte.
8 février 1485 (v. s.). Jean Larcher signe une confirmation comme abbé d'Ivry.
A. N. Titres domaniaux. Eure, Q, 1,194[1], cote 17 *bis*.
(D'après le passage ci-contre du *Dictionnaire manuscrit des aveux, de Brussel*, il semble qu'il aurait été auparavant, prieur de Gournay.) On lit en effet : « Gournay, prieuré de Saint-Barthelemy de cette ville, membre dépendant de N.-D. d'Ivry-la-Chaussée. Serment de fidélité, en juin 1484, par Jean Larchier. »

[2] A. N. Q[1] 194[1].

avec Jean Larchier. Ce fut fait au chapitre, et étaient présents : Jean Périer, prieur claustral, Guillaume Delisle, Jean Dubuc, Jean Rouillart, Jean Loth, Guillaume Leblanc, Guillaume Bridot, religieux, — M⁰ Jehan Francart, curé d'Ivry et de Lorrey, — nobles hommes et honnêtes : Florentin de Comptes, vicomte, et Pierre Chevrel, procureur temporel d'Ivry, au nom du baron d'Ivry ; Guillaume Regnart, Richard Guillebert, Philippe Lemaignen, Richard Vincent, Jean Hellande, prêtres ; nobles hommes Guillaume de la Boullaye et Jean Dubuc, écuiers ; — Pierre de Villiers, Bardin de Lestang, Jean Delisle, Jean de Hellande, Louis Broquet, Gilot Duchesne, Aubelot Aumont, bourgeois et habitants du lieu.

Le vicaire général donna acte des déclarations de démission et échange, passées devant lui ; et, dans les *consi-dérants*, je relève encore cette curieuse mention de l'état de gêne contre laquelle eut perpétuellement à lutter cette petite abbaye « ... *inspectis ruina, proh dolor! notissima et antiqua dicti monasterii de Ybreio; paupertatibus atque egestate ejusdem tam in ecclesia, nedum in structuris verum et in libris et ornamentis et omnibus aliis...* »

Le *Gallia Christiana* cite Jean Larchier comme abbé en 1487, et un autre document, conservé aux archives départementales de l'Eure, le montre en fonctions en 1491[1].

Guy II, de Hellenvillier, de la famille des fondateurs, originaire de La Ferté, moine de Saint-Evroult, et prieur de Saint-Martin de Noion, abbé régulier, 1502 et 1522, 16 février.

---

[1] 1491. Démission du prieuré de Saint-Marc du Saint-Sépulcre, près d'Ecluselles, paroisse de Charpont, par Guillaume A..., dernier titulaire et nomination par Jean Larchier, abbé d'Ivry, de Roger Le Prévost, religieux profès, pour son successeur.
(A. Eure, II. 413).

(Ici nous cesserons de suivre le *Gallia Christiana*, et nous donnerons, au contraire, la liste et la biographie des abbés commendataires d'Ivry, telle que nous la trouvons dans l'*Histoire manuscrite*, où elle est, à la fois, plus détaillée, plus documentée et plus vivante.

Nous ne nous expliquons cependant pas pourquoi cette *Histoire* porte Jean de Luxembourg comme *premier* abbé commendataire ?).

ABBÉS COMMENDATAIRES

I. Jean de Luxembourg fut le premier abbé commendataire. Il y a apparence qu'il était fils de Charles de Luxembourg, comte de Roussi, duc d'Aumale et baron d'Ivry à cause de Charlotte d'Estouteville son épouse, à laquelle appartenait la baronnie d'Ivry. Cet abbé fut élu par les religieux, lesquels voyans leur monastère dans une grande ruine disent qu'ils pensoient à lui donner un abbé qui pût le rétablir. Voici les termes de l'acte de prise de possession qui est dans le chartrier de la dite abbaye : « *Considerantes ruinam et desolationem dicti monasterii, decreverant de administratore idoneo eidem monasterio indulti. Quod privilegium insequendo actis, justis et rationabilibus de causis postulaverant dictum de Luxembourg* etc... ». Mais il y a apparence que la principale cause de cette élection fut la crainte qu'ils avoient du dit Sieur de Luxembourg, qui leur suscita de grands procès et qui leur fit beaucoup de peine, même après l'élection susdite. Jean de Luxembourg n'avoit encore que dix ans lorsqu'il fut élu et cependant il étoit déjà protonotaire, *Sanctæ Sedis apostolicæ protonotarius*. Le pape Clément VII, la deuxième année de son pontificat, confirma la dite élection, sous deux conditions néanmoins : la première, que si la manse abbatiale étoit séparée de la communauté, la troisième partie du revenu du monastère seroit appliquée à la réédification du dit monastère : « *Prima clausula quod tertia pars fructuum et reddituum ejusdem monasterii si mensa abbatialis esset separata a conventuali, debebat applicarj ad reparationem et reedificationem dicti monasterii, seu ornamentorum ejusdem emptionem et manutentionem, aut pauperum..... ? Secunda clausula quod prior claustralis qui, pro tempore fuerit, administrator [erit ?] ejusdem monasterii donec ad decimum octavum annum provenerit prœdictus de* Luxembourg ». Cette seconde clause fut assez bien observée ; car, dans toutes les affaires qu'eut le dit abbé dans la suite à cause de son abbaye, même contre le Sieur de Luxembourg, Seigneur d'Ivry, on ne voit que le nom de Jacques de Garencières, qui étoit alors prieur, et qui prenoit la qualité de député du Saint Siège et du Sieur abbé pour l'administration de la dite abbaye, lequel prieur commença la dite administration par vendre la crosse de la dite abbaye, pour payer les bulles de l'abbé. Ce fut le 13 juillet de l'an 1525 que le dit Sieur abbé prit possession de la dite abbaye. Il fut ensuite évêque de Pamiers. Il fut abbé jusqu'en l'année 1548, puisque, le 12 octobre de la dite année, quatre religieux du monastère d'Ivry obtinrent à Evreux une sentence contre le dit abbé qui, selon toute apparence, mourut environ ce temps là [1].

---

[1] Cet abbé augmenta de scholies et annotations l'*Institution du Prince*, de Guillaume Budé, livre qu'il fit imprimer à son abbaye de Larrivour en 1547.
Suivant le *Gallia Christiana*, il mourut à Avignon, en 1548 (p. 654 B).
Moreri dit qu'il est aussi l'auteur d'une vie du connétable Anne de Montmorency écrite en vers.

H. Philibert de Lorme succéda au Sieur de Luxembourg. Il fut nommé abbé d'Ivry dans la dite année 1548 ; mais il ne fut pas d'abord paisible possesseur de la dite abbaye. Dom Edmont Maillard, qui en étoit prieur, s'en disoit aussi abbé et peut-être avoit-il été élu par la communauté ? Quoiqu'il en soit, le dit Maillard s'était emparé du revenu de la dite abbaye et avoit fait défense aux fermiers de rien payer au Sieur de Lorme. C'est ce qu'on voit par une sentence rendue à Evreux à ce sujet, le 18 janvier 1549, par la quelle le dit de Lorme fut maintenu dans la perception des fruits de la dite abbaye ; mais il n'en fut paisible possesseur que vers le mois de mars de la dite année 1549, ainsi qu'il le déclare, lui-même, dans l'aveu rendu au roi en la chambre des comptes à Paris, le 6 octobre 1549.

Il seroit inutile de dire ici les belles qualités de cet abbé. Tout le monde sçait qu'il étoit un des plus habiles architectes du royaume. Ce fut lui qui bâtit le château d'Anet où l'on voit encore aujourd'hui des pièces d'architecture qu'on ne peut se lasser d'admirer. Il y a apparence que cet abbé a fait faire les chaises du chœur de ce monastère. Elles sont simples, mais elles sont propres. Ses armes sont dans la chaire abbatiale. C'est un orme, entre un croissant et une tour, avec cette devise : « *Ne quid nimis* ». Ces sortes d'armoiries accompagnées de devises étoient fort du goût de cet architecte. Les beaux restes de sculptures, de sa façon, ou qu'il a fait faire, qui sont encore au château d'Anet, en sont tous remplis.

En 1553, il fit un accord avec Diane de Poitiers, dame d'Anet et d'Ivry par l'acquisition qu'elle fit d'Anet le même temps de la baronnie d'Ivry ; il fit, dis-je, un accord qui a été très préjudiciable dans la suite, à l'abbaye d'Ivry.

Il céda à cette dame, pour la somme de 300 livres par chacun an, toute la dixme de la forêt d'Ivry que les fondateurs et anciens seigneurs du dit lieu avoient donnée aux religieux, laquelle dixme vaudroit présentement plus de 1500 livres de rentes.

Si l'on en croit deux sentences rendues par l'Official de Rouen, au nom et en faveur du dit Philibert de Lorme, abbé d'Ivry, il vivoit encore en l'an 1560, puisque l'une est du 6ᵉ de juin de la dite année et l'autre du 25 août de la dite année 1560. Cependant Jacques de Poitiers, dès le 24ᵉ jour de janvier de la même année 1560, afferme, par un bail devant notaire, la dixme de la paroisse de Frénay, appartenante à la dite abbaye d'Ivry, dans lequel bail il prend la qualité d'abbé du dit Ivry; ce qui fait voir que Philibert de Lorme étoit mort ou s'étoit démis de la dite abbaye dès l'année 1559; et si l'on a employé son nom en 1560, cela se fit apparemment par erreur du greffier qui n'avait pas été averti de sa mort ou démission [1]; ce qui, d'ailleurs, n'étoit de nulle conséquence, les religieux poursuivant le dit procès conjointement avec l'abbé, et les dites sentences étant aussi rendues en leur nom. Dans la suite même du dit procès on n'y emploie plus que le nom des dits religieux.

III. Jacques de Poitiers, conseiller et aumônier du roi, abbé de Saint-Simphorien (de Beauvais), chambrier de Coulombe, fut nommé à l'abbaye d'Ivry sur la fin de l'année 1559, ou au commencement de 1560. Dans un autre titre de l'année 1573, il prend encore la qualité de prieur et seigneur temporel de Coudres qui est un bon

[1] L'année ne commençant alors qu'à Pâques, janvier 1560 ne venait qu'après août 1560 : il n'y a donc pas erreur. D'après le *Gallia Christiana*, Ph. de Lorme mourut vers la fin de l'année 1560.

prieuré possédé aujourd'hui par les missionnaires de Saint-Lazare. Il est situé dans le diocèse d'Evreux à quatre lieues d'Ivry et à trois d'Evreux ou environ. Jacques de Poitiers était frère de Diane de Poitiers, duchesse de Valentinois, dame d'Anet, baronne d'Ivry et veuve de Louis de Brazé [sic], grand-sénéchal de Normandie, comte de Nogent-le-roi.

Cet abbé paraît avoir été assez affectionné à l'abbaye d'Ivry. En l'année 1564, la dite abbaye ayant été taxée à la somme de 1380 livres pour subvenir aux nécessités de l'État, les religieux voulurent aliéner une terre de la dite abbaye pour payer cette somme; mais Jacques de Poitiers ne le voulut jamais permettre. Il aima mieux emprunter la dite somme, de deux particuliers, au denier dix, la quelle somme il rendit de ses propres deniers, le 18 août de l'année suivante 1565 suivant les deux quittances attachées aux deux contrats de constitution.

J'oubliais de dire qu'en 1561, le 26 septembre[1], le dit Jacques de Poitiers fit une transaction avec Diane de Poitiers, sa sœur, par laquelle, au lieu de 300 livres qu'elle donnait annuellement pour la dixme de la forêt d'Ivry, elle céda une terre nommée le fief Picot et quelques prairies situées à notre bienséance et auprès de la dite abbaye, dont on jouit encore aujourd'hui et qui valent bien la dite somme de 300 livres, mais qui ne (valent) pas à beaucoup près la dixme de la dite forêt.

Le 13 juin 1573, le dit abbé fit une fondation dans la chapelle du portail qu'il avait fait restaurer de la dite abbaye, qui fait voir qu'on faisoit prier Dieu en ce temps-là à bon marché. Il donna un pré valant 30 livres de rente

---

[1] Il semble que ce concordat doit se trouver aux *Archives Natio-nales*, Q, 194², cote 17 *bis*, avec la date du 2 avril 1562.

ou environ, et, pour cette somme, il veut que tous les premiers Jeudis du mois, à quatre heures après-midi, on chante et célèbre les vigiles des défunts et que le lendemain, premier vendredi aussi de chaque mois, on célèbre une messe haute à Diacre et sous-Diacre à laquelle tous les religieux doivent assister, ainsi que le curé de la paroisse de Saint-Martin d'Ivry ou son vicaire, auquel on doit donner, chaque fois, deux sols six deniers, et, à deux frères de charité qui doivent y assister, cinq sols chaque fois, et pareille somme de cinq sols au religieux sacristain à cause qu'il doit fournir, chaque fois, un cierge de 3 livres. Il est vrai que le dit abbé promit d'augmenter la dite fondation dans la suite ; mais je ne trouve pas qu'il y ait rien ajouté. Il fit réparer la maison abbatiale et la dite chapelle du portail, ainsi nommée à cause qu'elle est à la grande porte de la dite abbaye, dans laquelle chapelle il fit faire, dès son vivant, un tombeau de pierre élevé de trois à six pieds de terre et soutenu par quatre petits pilliers, le tout assez bien travaillé, ainsi que la figure du dit Jacques de Poitiers, qui est représenté couché sur le dit tombeau avec cette épitaphe au-dessus du tombeau :

JACOPO PICTONICO REG. CONSIL. ET ELEEMOSIN.
HUJUS MONASTERII QUOD INSTAURARAT ABB. BENE MERITO,
IN DEUM ET ECCLESIAM PIO,
IN EGENOS LIBERALI, IN AMICOS ET DOMESTICOS MUNIFICO,
IN OMNE HOMINUM GENUS OFFICIOSO,
VIRO DENIQUE BONO ET EGREGIO,
MONUMENTUM HOC, A VIVENTE IPSO INCHOATUM,
TESTAMENTI EXECUTORES AD ILLIUS ŒTERNAM MEMORIAM P.P.
VIXIT AN. 58, OBIIT IDIB. MAIJ 1577. [1]

[1] Un dessin de ce tombeau, provenant de la collection exécutée pour Roger de Gaignières, existe encore à la bibliothèque nationale. (Voy) *Inventaire des dessins exécutés pour Roger de Gaignières et conservés*

Les armes sont *de sinople chargé de six besans d'argent* avec deux griffons pour supporter l'écu.

Après la mort du dit de Poitiers, l'abbaye fut mise en œconomat. Ce fut un nommé Pierre d'Hervilley, qui prend la qualité de noble, qui en fut œconome et administrateur nommé par le roi.

IV. Louis Poupin fut nommé à la dite abbaye en 1579. Cela se voit par un arrêté de compte où le dit Pierre d'Hervilley se qualifie de (naguerre œconome) et administrateur de la dite abbaye ; le dit compte arrêté le 23 septembre 1579[1]. Louis Poupin, comme abbé d'Ivry, signa aussi dans le dit compte, le 20 septembre de la dite année 1579.

En 1583, le 20ᵉ jour de juin, le dit sieur abbé ou son procureur pour lui fit, avec le curé de la paroisse de Neuilly, une transaction très préjudiciable à l'abbaye, ayant cédé au dit curé les deux tiers de grosses dixmes de la dite paroisse, qui valoient au moins 300 livres par chacun an, pour la somme de 63 livres aussi par chacun an, ce qui causa, dans la suite, un grand et long procez, les religieux ayant prétendu se relever de la dite transaction ; lesquels furent, néanmoins, eux-mêmes obligés d'abandonner la dite dixme au dit curé pour la somme de 80 livres par chacun an, savoir 60 livres pour l'abbé et 20 pour les religieux, suivant la transaction du

---

au *département des Estampes et des manuscrits*, par Henri Bouchot, t. II, Paris, 1891, in-8°, n° 4179).

[1] L'an 1578, le jour des nones de janvier de la 7ᵉ année du pontificat de N. S. P. le pape Grégoire XIII, ce même pape a donné à M. Louis Poupin, clerc du diocèse d'Angers, les bulles de l'abbaye de N.-D. d'Ivry, vacante par la mort de Jacques de Poitiers ; et le 15 septembre 1579, ledit Poupin fut mis en possession de ladite abbaye par son procureur.
À Eure ; *Grand Pouillé*, t. XIV, n° 50.

20 juin 1623. On ne sait de quelle famille étoit le dit Poupin. Il demeuroit ordinairement près Langés en Touraine. Il mourut, selon toute apparence, vers la fin de l'année 1587 ou au commencement de 1588 [1].

V. Jean le Bigot succéda au dit Poupin en la dite année 1588. Il étoit prêtre, mais on ne scait point de quelle famille il étoit. Il demeuroit aussi, pour l'ordinaire, à Langés ou aux environs. Le 14e juillet de la dite année 1588 il donna procuration, passée au dit lieu de Langés, à Pierre de Palesme, écuier, sieur d'Esperaux, pour transiger avec les religieux de l'abbaye d'Ivry au sujet de leurs vivres et entretien, ce qui fut exécuté le 8e jour d'octobre de la dite année 1588. Mais cette transaction ne fut pas de durée, les religieux ayant eu un procès contre le dit abbé dès l'année suivante 1589, n'étant pas payés de leurs pensions, à cause, peut-être, que le dit abbé n'était pas encore paisible possesseur du revenu temporel de la dite abbaye, les gens de guerre ruinans toutes les fermes. D'ailleurs, la dite abbaye lui étoit disputée par un nommé Artus Dagar, gentilhomme du pays [d'?] Oulins près Ivry, qui avoit été nommé à la dite abbaye par le duc de Mayenne, et qui en avoit été déclaré œconome par le lieutenant d'Evreux. Jean Guiffard, haut-Doyen du chapitre d'Evreux, prit aussi, presque dans le même temps, la qualité d'œconome, mais on ne dit point par qui il avoit été nommé. Il passa des baux et fit même une transaction, le 24 février 1591, avec le curé de Ga-

---

[1] Après l'article consacré à l'abbé Poupin, on lit dans le *Gallia Christiana* :

« François Abeli, très célèbre prédicateur aumônier du roi, abbé de Sainte-Marie d'Ivry, est l'un de ceux qui ont souscrit l'acte concernant le serment prêté au roi par l'université de Paris, le 22 avril 1594. » (*Gallia Christiana*, t. XI, col. 654.)

— 479 —

rennes au sujet d'une redevance que la cure du dit Garennes fait annuellement à la dite abbaye[1] ; mais tous les actes et procédures qui furent faites dans la suite furent au nom de Jean le Bigot abbé d'Ivry, qui mourut vers l'an 1623.

VI. Gabriel de Beauveau fut nommé à l'abbaye d'Ivry en l'année 1623 ou 1624, le 22 juillet de la dite année. Il y eut un concordat passé entre le dit Sieur Abbé et les religieux de la dite abbaye au sujet de leurs pensions. Le dit Sieur Abbé fut ensuite évêque de Nantes et prieur de Grand mont près Chinon, où il faisoit ordinairement sa résidence. On ne trouve rien de considérable pendant que le dit Sieur Beauveau a été abbé d'Ivry, quoiqu'il [l']ait été pendant 45 ans ou environ. Il mourut sur la fin de l'année 1667 ou au commencement de 1668. Il y a quatre ou cinq méchantes chappes dans ce monastère où on voit encore les armes de celui qui les a données. On voit, par la bordure verte et le chapeau, que c'est un évêque qui les a données, mais je ne sçai si c'est Jean de Luxembourg évêque de Pamiers, 1er abbé commendataire de ce monastère, ou Gabriel de Beauveau, évêque de Nantes. Elles portent *d'argent à quatre lions de gueules, armés, lampassés, couronnés d'or*[2].

VII. Haut et puissant prince Philippe de Vendôme, chevalier de l'ordre de Saint-Jean-de-Jérusalem et, depuis, grand prieur de France, fut nommé à l'abbaye d'Ivry au commencement de l'année 1668. Mre. Robert Godefroy, curé de la paroisse de Saint-Martin d'Ivry, fondé de pro-

[1] Le 17 octobre 1595, intervient un concordat entre l'abbé Bigot et les religieux. Note prise par M. Mauduit, aux *Archives du département de l'Eure*. (?)

[2] Ces armoiries sont celles de la famille de Beauvau.

curation du dit abbé, prit, pour lui, possession de la dite abbaye, le 10 juin 1668. C'est ce prince qui a introduit, en l'année 1669, les religieux de la congrégation de Saint-Maur, ainsi qu'on l'a dit ci-devant.

Le 6 mars 1653, les religieuses Ursulines d'Évreux, ayant acquis une terre sur la seigneurie de Berniancour dépendante de la dite abbaye, pour indemnité de laquelle acquisition ayant été condamnées à payer envers la dite abbaye la somme de 600 livres, le dit seigneur abbé consentit que la dite somme fût employée à la réédification des lieux réguliers de la dite abbaye, moyennant la somme de 300 livres [1] de rente annuelle et perpétuelle, que les dits religieux seroient obligés de payer au dit seigneur abbé et ses successeurs, suivant le contract passé par devant les notaires du Châtelet de Paris le 25 febvrier 1689. [2] »

Philippe de Vendôme, dit le Prieur de Vendôme, était petit-fils de César de Vendôme et frère du vainqueur de Villaviciosa. Il naquit en 1655 et fut pourvu, en 1668, de l'abbaye d'Ivry qu'il conserva jusqu'à sa mort en 1727.

La maison de Vendôme s'éteignit avec lui.

La notice ci-dessus, beaucoup plus écourtée que les précédentes, doit être complétée par l'analyse faite par M. Mauduit d'un concordat intervenu entre cet abbé et les religieux :

« 24 janvier 1669, par devant Thomas et Lemoyne, notaires à Paris, Concordat entre S. A. Monseigneur le Grand-Prieur et le très R. P. D. Bernard Audebert, supérieur général de la congrégation de Saint-Maur ;

[1] Il faut peut-être lire : trente?
[2] Ici se termine le texte de l'Histoire manuscrite.

En introduisant les religieux de Saint-Maur dans son abbaye d'Ivry, son Altesse leur accorda :

1° La suppression des offices claustraux et la réunion des profits et revenus d'iceux à la manse conventuelle ;

2° Pour réparer les lieux réguliers qui étaient dans une entière ruine, les prétentions qu'il avait sur la succession de M. de Beauveau, son prédécesseur. — (Rien reçu) ;

3° La jouissance de tous les droits et revenus dont jouissaient les anciens religieux et, en outre, pour la pension des religieux, 1000 livres en argent, 175 minots de blé méteil et le sol pour livre des gros (sic) de Moëte, Garenne, Pacy, etc. (tous les gros dus à la dite abbaye) ; 30 livres au prieur et 10 livres au chantre pour leurs gages ; au sacristain 4 minots de blé par an ;

4° 300 livres par an, pour entretien des ornements de l'église et des lieux et bâtiments ».

On ne saurait, non plus, omettre de rappeler quelques traits du cruel portrait tracé de ce personnage par le duc de Saint-Simon.

« Il avait tous les vices de son frère. Sur la débauche, il avait de plus que lui d'être au poil et à la plume, et d'avoir l'avantage de ne s'être jamais couché le soir, depuis trente ans, que porté dans son lit ivre-mort. Menteur, escroc, fripon, voleur, malhonnête homme jusque dans la moelle des os, suprêmement avantageux et singulièrement bas et flatteur aux gens dont il avait besoin, et prêt à tout faire et à tout souffrir pour un écu, avec cela le plus désordonné et le plus grand dissipateur du monde. »

Le grand prieur de Vendôme eut pour successeur à l'abbaye d'Ivry, M. Anisson, qui la conserva jusqu'en 1760, qu'il s'en démit.

(Il est désigné dans le *Gallia Christiana* sous le nom d'Anisson d'Hauteroche).

Cependant, un aveu à lui rendu le 26 juin 1735, l'appelle seulement : « Messire Louis Anisson, prêtre et docteur de la maison et société de Sorbonne).

L'abbaye fut ensuite donnée à Jean-Baptiste Polixène Elzear Ripert de Monclar qui la conserva jusqu'à sa mort en 1773.

M. Jean-Marie Dulau, son successeur, en fut pourvu en 1774.

Il était archevêque d'Arles et fut le dernier abbé d'Ivry.

Mgr Dulau donna cent écus pour contribuer à l'achat d'une maison d'école à Ivry [1].

Il est mort, le 2 septembre 1792, victime des massacres au couvent des Carmes à Paris.

On peut lire l'épisode de sa mort dans : *Le Couvent des Carmes et le Séminaire de Saint-Sulpice pendant la terreur*, par A. Sorel [2]; et dans le numéro du Journal *Le Droit* du 20 février 1867.

[1] (*Registre de la Charité d'Ivry*, 23 août 1779.)
[2] Paris, Didier, 1863.

PIÈCES JUSTIFICATIVES

NOTE SUR LE CLASSEMENT DES PIÈCES JUSTIFICATIVES

Les pièces justificatives sont classées d'après l'ordre des chapitres auxquels elles se rapportent.

Les aveux et les extraits des comptes ou terriers sont, sauf deux exceptions commandées par le caractère même des extraits, réunis ensemble, par ordre chronologique, sous le chapitre XXV.

PIÈCES JUSTIFICATIVES DES CHAPITRES XVI ET XVII

26 *avril* 1390. — « Sachent tous que nous Charles, sire d'Ivery, Chambellan du Roy notre seigneur, confessons avoir eu et receu de Jacques Hémon, receveur général des aides ordenées pour la guerre, la somme de huit cens livres tournoiz pour la parpaie de la somme de M. frans à nous pieça donnez par le dit seigneur pour consideracion des bons et agréables services que nous lui avons faiz en ses guerres et ailleurs en plusieurs manières, et pour nous aidier et deffraier des grans fraiz, missions et despens qu'il nous convint supporter au voiage que nous feismes pieça au pais d'Escosse, en la compaignie de monseigneur l'admiral comme il appert par deux lettres d'icellui seigneur données l'une le xe jour de mars l'an mil ccciiii^{xx} et cinq et l'autre le viie jour de juillet derrenier passé. De laquelle somme, etc...

Donné soubz notre scel le xxvie jour d'avril l'an mil ccciiii^{xx} et dix. »

(Scean de cire rouge; empreinte bien conservée; l'écusson, les supports, le cimier sont très apparents.)
Bibliothèque Nationale. Cabinet des manuscrits; titres originaux. Ivry.

---

17 *octobre* 1401. — Ordre des généraulx conseillers sur le fait des aides ordonnées pour la guerre au grenetier du grenier à sel de Mante, de payer « à messire Charles, seigneur d'Ivry, chevalier et chambellan du dit seigneur ou à son certain commandement... tele quantité de sel sans gabelles en prenant le droit du marchant seulement comme en l'année dernière passée baillié et délivré lui avez pour la provision et gouvernement de lui et de ses chasteaux et hostelz, pourveu toutes voyes que le dit chevalier ou ses genz pour lui nous affirment que d'icellui sel ne soit aucune chose vendue, donnée, eschángée, transportée, ne en aucun autre usage convertie fors seulement pour la despense et gouvernement du dit chevalier comme dit est et de ses hostelz... »

(Trois cachets en cire rouge, présentant des têtes ou autres emblèmes.)
Même provenance.

10 *décembre* 1406. — Ordre du roi de faire bailler par le grenetier de Mante, « à nostre amé et féal chevalier conseiller et chambellan, le sire d'Ivry, un (?) muy de sel sans gabelle, pour la despense de son hostel, en prenant de lui le droit du marchant tant seulement..., nonobstant l'ordonnance par nous faitte en nostre grand conseil de non délivrer sel sans gabelle en noz greniers, et quelconques autres ordonnances, mandemens ou défenses à ce contraires. »

Même provenance.

2 *janvier* 1398. — « Sachent tous que je Charles, seigneur d'Ivry, chevalier, chambellan du roy... » (reçu de sel sans gabelle pour son hostel d'Ivry).

(Sceau en cire rouge, on lit : ..... d'*Ivery*.)

21 *décembre* 1401. — « Sachent tuit que je Charles, seigneur d'Ivry... » (reçu de six sextiers de sel pour lesquels il a payé au grenetier noef lib. 15 s. pour le droit du marchant seulement).

(Plus de sceau.)
Même provenance.

31 *juillet* 1399. — « Sachent tuit que je Charles, seigneur d'Ivry, chambellenc du roy, confesse avôir eu et reçeu de Jehan de Cerisy, etc., six sestiers de sel sans gabelle, etc.; le quel je certiffie qu'il sera distribué en mon hostel d'Ivry et pour ma despence et non autrement... »

(Sceau de cire rouge, presque entier, un peu effacé; on lit : ......Charle...)
Même provenance.

---

26 *décembre* 1408. — « Sachent tous que je Charles, baron d'Ivry, seigneur d'Oyssery, conseiller et chambellan du roy nostre sire, ay eu et receu de Robert Aupers, grenetier du grenier à sel ordonné à Mante, pour le roy nostre dit seigneur, la somme de XII sextiers de sel prins au dit grenier à sel, au pris du marchant, sans gabeles, pour la guarnison et despense de mon hostel d'Ivry, sans aucune chose en mestre (?... en vente ?) ne distribuer aucunement. De la quelle somme, etc. »

(Sceau en cire rouge bien conservé, entier.)
Même provenance.

---

27 *février* 1398. — Charles, seigneur d'Ivry, donne reçu de 4000 francs à lui donnés par le roi pour services, et récompense de la revenue des isles de Charcy [Jersey] et Grenisy [Guernesey] que le roi avait donnée au comte de Tancarville, au vidame de Laonneis et à lui seigneur d'Ivry; revenue qui, depuis, a été affectée au payement des gens de guerre en garnison à Saint-Malo.

(Sceau en cire rouge.)
Bibliothèque Nationale. Cabinet des titres. Série des volumes des titres scellés de Clairambault, vol. LXII.

---

3 *avril* 1410. — « Charles, par la grâce de Dieu Roy de France, à noz amez et féaulx les généraulx conseillers sur le fait des aides ordennez pour la guerre, salut et dileccion : Savoir vous faisons, que, pour consideracion des bons, loyaulx et agréables services que notre amé et féal chevalier, chambellan et conseiller, le sire d'Ivry, nous a faiz au temps passé en plusieurs et maintes manières et fait de jour en jour, et pour lui aidier à le deffraier des grans fraiz, missions et despens que lui a convenu faire, soustenir et supporter pour estre alé en plusieurs et loingtaines parties et mesment ès parties de Romme, en la compaignie et à l'aide de nostre très cher et très amé cousin le Roy de Jérusalem et de Secille, et pour certaines autres causes et considéracions à ce nous mouvans, lui avons donné et donnons de grâce espécial par ces présentes la somme de deux mille frans d'or à prendre et avoir pour une foiz des deniers des diz aides. Si vous mandons et enjoignons expressément que par Alixandre Le Boursier, receveur-général d'iceulx, vous faites paier, bailler et délivrer à nostre dit conseiller et chambellan ou à son certain commandement la ditte somme de deux mille francs d'or... etc. »

Bibliothèque Nationale. Cabinet des titres, titres originaux : Ivry.

10 *juin* 1411. — « Charles, par la grâce de Dieu Roy de France, à noz amez et féaulx les généraulx conseillers sur le fait des aides ordonnez pour la guerre, salut et dileccion. Comme nous ayons nagaires donné à notre amé et féal chevalier chambellan et conseiller le sire d'Ivry la somme de deux mille frans d'or pour le récompenser des fraiz, missions et despens qu'il a faiz au voyage et en la compaignie de notre très cher et très amé cousin le Roy de Secille au quel il a nagaires esté, et pour ce se soit endeblé à plusieurs marchans, lesquelx il ne peut bonnement paier sanz avoir aucunement paiement des diz iim frans que donnez lui avons si comme il dit ; Nous voulons icelle somme de iim frans estre paiée à notre dit conseiller, voulons, vous mandons et expressément enjoignons que sur la revenue des quatre premiers mois de l'année prochaine venant, c'est assavoir octobre, novembre, décembre et janvier vous faciez, par notre bien amé Alixandre Le Boursier, receveur général des diz aides, lever, dès maintenant descharges de la ditte somme de iim frans, sur telx receveurs et grenetiers que vous adviserez, et le plus prouffitable pour l'avancement du paiement d'icellui notre conseiller, et que les diz receveurs et grenetiers sur les quelx icelles descharges seront levées s'obligent en leurs propres et privés noms aux marchans auxquelx notre dit conseiller est tenu de paier la ditte somme de iim frans..... etc. »

Même provenance.

1er *mars* 1414. — Certificat de service d'un verdier de la forêt d'Evreux, donné par Charles seigneur d'Ivry, conseiller et chambellan du roi, souverain maître et général réformateur des eaux et forêts du royaume de France.

(Sceau en cire rouge.)
Même provenance

---

30 *novembre* 1414. — « Sachent tuit que je Charles, seigneur d'Ivry, conseiller et chambellan du roy nostre sire, souverain maître et général refformateur des eaues et forêts du royaume de France... (quittance, sur ses gages, de 1200 l. t. pour le dit office). ...Le derrenier jour de novembre l'an mil cccc et quatorze... »

(Signé) : AUPERS.

(Sceau de cire rouge....*Charle de Ivery*.)
Même provenance.

---

7 *avril* 1415, *après Pâques*. — « Sachent tous que je Charles, seigneur d'Ivry, chambellan du Roy notre seigneur, souverain maistre et général refformateur des eaues et forests du royaume de France, confesse avoir eu et receu de Jehan Petit, viconte de Rouen, la somme de deux cens livres tournoiz, qui deue m'estoit du terme de pasques mil cccc quatorze, à cause de partie de mes gaiges du dit office de souverain maistre, qui sont de xii° livres tournoiz par an... »

(Sceau de cire rouge un peu effacé.)
Même provenance.

PIÈCES JUSTIFICATIVES DU CHAPITRE XVIII

« 24 *juillet* 1423. — Le trésorier et gouverneur général des finances du païs et duchié de Normandie a fait recevoir par Pierre Surreau, receveur général des dictes finances, de Colart Anqueton (?) viconte de Conches et Bretheuil sur ce qu'il peut et pourra devoir à cause de sa recepte de l'aide de lx™ frans octroiez au Roy notre seigneur pour le paiement des souldoiers ordonnez pour la seureté et deffense du païs de Normandie et pour la délivrance des places du Mont-Saint-Michiel, d'Ivry et autres voisines, d'icelle duchié, la

somme de cinq cens livres tournoiz par assignacion faite à monseigneur de Scalles sur les charges des gens de sa retenue.

Escript à Rouen, soubz le signet du dit trésorier et seing manuel
du dit receveur général, le xxiiiie jour de juillet l'an mil cccc vint
et trois. »

(Signé) : SURREAU,

---

5 *novembre* 1423. — « Le trésorier et gouverneur général des
finances du pais et duchié de Normandie a fait recevoir par Pierre
Surreau, receveur général des dittes finances, de Jehan Cherel prevost de Meulant, sur ce qu'il doit à cause de sa recepte par lui
faite de l'aide de lx^m frans octroiez au roy notre seigneur par les
gens du dit pais et duchié pour le recouvrement des places du
Mont-Saint-Michel et d'Ivry et aultres voisines et pour le paiement
des souldoiers ordonnez à la garde du dit pais, la somme de deux
cens livres tournois ung double compté pour n. d. s. [*sic*] par assignacion faite de messire Robert Harling, chevalier, capitaine de Meulant et de Poissy.

Escript soubz le signet du dit trésorier et seing manuel d'icellui
receveur général le ve jour de novembre l'an mil cccc vint trois. »

(Signé) : SURREAU.

(Les sceaux en cire rouge de ces deux pièces ont été enlevés.)

---

22 *décembre* 1424. — « Sachent tous que nous Jehan Salvain, chevalier, cappitaine de Dieppe, confessons avoir eu et receu de P. Surrau,
receveur général des finances de Normandie, la somme de onze cens
trante huit livres deux solz vii deniers tournois en prest et paiement
des charges au regard de sept hommes d'armes à cheval, sept
hommes d'armes à pied et quarante-cinq archers pour ce que notre
personne est retenue et comprise en notre endenture oultre après,
vii lances à cheval pour la sauvegarde de la ditte ville desservis (?)
par iiii^{xx}xi jours du nombre de cent xxviii jours commençant le
xiiiie jour d'avril mil ccccxxiiii et finissant le xxviiie jour de septembre
tous inclus, dont nous avons fait deux monstres dans le dit temps
au dit lieu ; desquels nous envoiasmes, par l'ordonnance de monseigneur le régent, au siège devant Gaillon, viii lances à cheval et
xxiiii archers qui au dit siège firent deux jours de monstres en
deux mois qu'ils y servirent le roy et mondit seigneur le régent ;
et pour ce que, dans le temps que les dites huict lances à cheval

et les'archers estoient audit siège de Gaillon des (?) soissante qui furent au dit lieu de Dieppe cependant leurs dites monstres et des (?) gens d'armes et de trait estant illec (?) pour les premiers iiii^{xx}xi jours en icelle monstre, n'y a que vii lances et les archers pour le demourant du dit premier quart (?) suivant les monstres prises au dit lieu de Gaillon, et iceulx gens affirmons, en toute vérité, y avoir toujours tenus, et montent leurs charges et au regard pour les dits cent xxviii jours par compte fait avec le trésorier et le dit receveur général des finances cejourd'huy, à mil cxxxviii l. ii s. viii d. sur quoy nous avons receu pour le service de deux mois au siége de Gaillon de viii lances et les archers, iiii^{xx}vi l. xiii s iv den. et pour un mois (?) à la journée d'Ivry et Verneuil ccxxxviiii l. vi s. viii den. ainsi demeuré à nous dû pour le service des dits cent xxviii jours, ccxxxxviii l. ii s. viii d., ce paiement à nous fait par le dit receveur général par vertu des lettres de garant de mondit seigneur le régent, données le viiie jour d'octobre mil ccccxxiiii, expédiées par le trésorier de Normandie; de laquelle somme de mil cxxx viii l. ii s. viii den. nous nous tenons pour contentz et en quittons le roy notre seigueur, notre dit seigneur le régent, le dit receveur général et tous autres.

En témoin de ce, nous avons scellé ces présentes lettres de notre scel le xxiie jour de décembre l'an mil cccc et vint quatre. »

(Sceau de J. Salvaing, cire rouge, très bien conservé.)

Ces trois pièces sont conservées au *British Museum*. Dépôt des chartes, fonds additionnel, sous les n°s 3571, 3578, 1421.

Elles proviennent des Archives de M. de Joursanvault.

La copie en a été envoyée à M. Mauduit, le 7 septembre 1862, par M. G. Masson, de Harrow-on-the Hill.

PIÈCES JUSTIFICATIVES DU CHAPITRE XXV

25 *juin* 1456. — *Aveu de la baronnie d'Ivry.* — « Ensuit la déclaration de la baronnie, terre et seigneurie d'Ivry, ses appartenances et appendances, tenue du roy nostre souverain seigneur nuement et sans moyen en foy et hommage à cause de sa conté d'Evreux, baillée en la chambre des comptes d'icellui seigneur à Paris, par moy Pierre Petit, chevalier, seigneur du dit lieu au droit de Catherine de Marcilly, ma femme, de laquelle seigneurie d'Ivry, l'usufruit, possession et joissance, m'ont naguères esté adjugiés par sentence et arrest de la court de Parlement, contre l'empeschement que m'y avoit mis et donné messire Robert d'Estouteville,

chevalier, au droit de la dame, sa femme ; et au regard de la propriété de la dite seigneurie soioņs encores le dit d'Estouteville et moy en procès par devant messieurs des requestes de l'hostel du roy en son palais à Paris, par quoy le dit procès durant ne puis bailler par adveu au roy nostre dit syre, mais seulement par dénombrement ou déclaration jusques ad ce que le dit procès propriétaire soit autrement ordonné ; et pour les causes dessus dites baille ceste présente déclaration au roy nostre dit seigneur, en la forme qui ensuit, et protestant d'icelle augmenter ou diminuer se mestier est, et il vient à ma congnoissance que faire le doye. Et premièrement le chief de celle barronnie est assiz au dit lieu d'Ivry en la conté d'Évreux, au quel lieu souloit avoir chastel et chastellenie, qui par occasion de la guerre a esté abatu et demoly et mis à totale destruction. Ou quel chastel avoit donjon, basse court, tours, portes, fossez, closture de muraille. Au pié du quel chastel a ville qui pareillement souloit estre close de muraille et de fossez, la quelle muraille est pour le présent démolue et abatue, ainsi que le dit chastel a esté par l'occasion de la guerre. Et en icelle ville a bourg et bourgaige selon la coustume de Normandie. Item, auprès d'icelle ville a une abbaye de l'ordre de Saint Benoist, qui anciennement fut fondée par mes prédécesseurs seigneurs du dit lieu d'Ivry, dont les tenemens et revenues sont amortis d'ancienneté, auprès de la quelle abbaye a lieu d'omosne pour herberger les povres, ainsi fondé comme dit est. Item, auprès d'icelle ville a une maladerie pour logier les ladres, dont la présentation m'apartient une foiz et l'autre foiz à l'évesque de Chartres au droit du roy. Joignant de la quelle ville à une rivière départie en plusieurs ruisseaulx, la quelle rivière, en tant qu'il appartient à la dicte seigneurie, commence à bien demie lieue d'eaux au dessus de la dicte ville, dont le cours d'icelle, tant en ruisseaulx que principal, est appellé le fossé d'Eure, et dure depuis la rivière d'Ennet jusques à la rivière de Garennes, où il y a deux lieues ou environ de longueur, et dont les déliz et débas faiz en icelle rivière, tant en clamour de haro que autrement, la court et cognoissance en appartient à la justice du dit lieu d'Ivry, et dure depuis le commencement d'icelle rivière la dicte justice et cognoissance, comme dit est, en ma dicte seigneurie jusques aux Damps et près du Pont de l'Arche ; en la rivière a plusieurs gors, pescheries et moulins. Les hommes et subgects de la dicte terre sont banniers et y doivent venir mouldre sans aller ailleurs, sur peine de forfaicture de blé et de farine et de la beste qui porte le dit blé ou farine, et d'amende aussi ; les queulx molins pevent valoir quant à présent communs ans environ xii muys de blé, obstant que audevant des guerres povoient valoir plus grandement ; et les quelx gors et pescheries sont baillées les ungs à rente annuelle et les autres à ferme, qui peuvent monter à la somme de vii livres tournois ou environ quant à présent, mais audevant des guerres souloient mieulx valoir. Et la quelle seigneurie, qui de présent est grandement diminuée pour l'occasion des guerres, comme dit est, peut valoir communs ans au temps de présent, en rentes en deniers de lx à iiii^xx livres tournois, combien que le temps passé elle souloit valoir tant en rentes, pescheries, moulins, prez, garenne, le demeine de Moecte et de Ceres, et les vignes, et la prévosté, coustume et travers du dit lieu d'Ivry, iiii^c lxii livres v sols tournois, et oultre des deppendances du demaine, comme la Fustelaye, Jumelles et Espies, souloient valoir viii^xx vi livres xiii sols vi deniers tournois. Et s'estent la dicte seigneurie et baronnie en censives et reddevances jusques à la parroisse de la Chaussée et ailleurs en France, tant en assiette de rentes comme en héritaiges, masures, jardinaiges et prairies, ainsi comme ilz se comportent en long et en ley, et s'estend icelle seigneurie continuellement de cinq à six lieues de long, et de trois ou quatre de large, et jusques aux portes et fauxbourgs d'Evreux, et pardelà deux lieues et plus. Et y a forest et bois, landes, bruyères, pastures et pasturaiges plusieurs, et s'estend icelle forest et bois en long de quatre à cinq lieues, et de travers de deux à trois lieues, la quelle forest est à disme deue à l'abbaye du dit lieu d'Ivry aumosnée par feux mes prédécesseurs d'Ivry que Dieu absoille; et à icelle forest y a verdier gardain et sergens dangereux et gardes pour moy constitués à mes soubz et gaiges, par moy ordonnez, et tous les nobles tenans qui ont boys en ma dicte seigneurie les tiennent à liers et dangier de moy, et se doivent délivrer et marcher par mon dit verdier ou officiers; devant le quel verdier vient la cognoissance de toutes les mallefaçons des boys de ma dicte seigneurie, et aussi de la rivière et fossé d'Eure es abuz de pescheries et mefaisances d'engins faulx ou mauvais; et iceulx abuseurs ou délinquans, tant en la dicte forest, bois ou eaues pugnir par justice ainsi que de raison; et me compectent et appartiennent le pasnaige en ycelle forest et boys; et si y a plusieurs ventes et marchiez de boys, qui communs ans pevent valoir au temps de present de xv à xx livres, combien qu'anciennement souloient valoir de vii à viii^c livres. Et en icelle seigneurie et baronnie a haulte justice, basse et moyenne, court et usaige selon la coustume de Normandie, bailly, viconte, sergens fieffez et ordinaires, et soubssergents, justice à pendre et à ardoir à trois pilliers de soustenance; court et cognoissance de tous mes hommes en tous cas, tant mobilliers, héréditaux comme criminaulx, réservé les cas de souveraineté; dont le ressort d'icelle ma justice est devant le bailli d'Evreux ou siège des assises du dit lieu. Et sur mes dits hommes pren et lieve de trois ans en trois ans l'aide de monneaige, aultrement dit fouaige, selon la dicte coustume, et aussy ay le droit de la chasse des loups en ma dicte seigneurie, et en prendre, cueillir et lever sur mes dits hommes les deniers au pris que le roy nostre seigneur en fait cueillir ès seigneuries voisines. Item, ay droit de chasse ès forestz de Meré et de Roseux toutes fois que bon me semble, et en la forest de Crotaix une foiz l'an, à toutes bestes à cor et à cry et à fillé. Item, en la dicte seigneurie y a rentes de oefz et de poullaille, qui peuvent bien valoir quant au temps de présent la somme de xxx sous tournois, et audevant des guerres souloient bien valoir c et v chappons, III^{xx} et xvi gelines et VIII^c oefz. Item, en blez de rentes par an de xv à xvi sextiers dout à présent ne reviennent que de v à vi sextiers. Item, y a de rente par an sur le fief de la Bigoterie ung muy d'avoyne, dont à présent ne revient riens pour ce que le dit fief est de présent inhabité, et demoure en la main de la seigneurie par deffault de homme. Item, j'ay droit de prendre chacun an ung muy de blé, mesure d'Evreux, à cause de moultes, sur ung fief assis en la parroisse de Bernienville qui fut au Feue (?) que tient à présent Robinet le Doyen à cause de sa femme, et le quel muy de blé se doit assembler par le prévost du dit fief. Item, pareillement j'ay droit de prendre ung muy de blé à la dite mesure d'Evreux sur ung fief assis en la parroisse de la Trinité, que tient à présent Robert de Flocques, escuyer, nommé le fief de Charmoye, et se paye par la main du seigneur du dit fief. Item, sur le fief du Val Davy pareillement j'ay droit de prendre, à cause de moulte, demy muy de blé à la dicte mesure d'Evreux, semblablement paiable par la main du seigneur du fief. Item, pareillement ay droit de prendre chacun an sur le fief de Martanville, que tient Oudin Quervel, escuyer, ung muy de blé de moulte à la mesure du roy, paiable par la main du seigneur du fief. Item, pareillement sur le fief de Bastigny ung muy de blé de moulte à la mesure d'Ivry paiable par la main du seigneur du fief. Item, pareillement ay droit de prendre chacun an sur le commun et habitans de Geres le Boys deux muys de blé de moulte à la dicte mesure d'Ivry. Item, pareillement sur le commun et habitans de Foucrainville ay droit de prendre chacun an trois muys six sextiers de blé de moulte à la dicte mesure d'Ivry, dont à présent ne revient riens, pour ce que les hommes du dit lieu viennent de présent mouldre aus dits moulins du dit lieu d'Ivry, car ilz sont peu de gens. Item, ay droit de prendre sur le seigneur de Teneboissel dix sextiers de blé de moulte à la dicte mesure d'Ivry, dont à présent ne revient riens, pour ce que le dit fief est en ma main par deffault de homme, et est du tout en non valoir. Item, semblablement ay droit de prendre sur le fief Marquet, assis en la parroisse de Bennencourt, ung sextier de blé de moulte, mesure d'Evreux. Item, ay droit de prendre chacun an sur le fief Raoul de Jumelles trois mines de blé de moulte et trois minotz d'avoine, mesure d'Ivry. Item sur le fief Bédiers chacun an pour moulte deux sextiers de blé de moulte, mesure d'Ivry. Item,

sur le fief de Longueaye à cause de moulte, trois sextiers de blé.
Item, sur le fief Sagour par an à cause de moulte ung sextier de
blé. Item, sur le Boys Berart chacun an trois mines de blé de
moulte. Item, sur le fief Colinet assis à la Houssaye par chacun an
une mine de blé de moulte. Sur le fief Foubert par chacun an une
mine de blé de moulte. Item, sur le fief du Tronnec assis en Cormier par chacun an trois mines de blé de moulte. Item, le prévost
de Ceres doit par an de rente une mine d'avoine. Item, en la dicte
seigneurie moultes sèches, qui souloient valoir communs ans de
xvi à xviii sextiers de grain, dont à présent ne revient que deux
sextiers ou environ. Item, les gens de Berchières et de Lannisse
doivent par an chacun feu une mine d'avoyne, pour venir mouldre
aux moulins du dit lieu d'Ivry, et puent engrener leur blé au premier vuy. Item, en la dicte seigneurie ay droit de prévosté, travers et coustume au dit lieu d'Ivry, le quel travers s'estend en plusieurs et divers lieux, c'est assavoir : à la chaussée d'Ivry, la
Cousture et le gué de l'Espine, et dure la sieute du dit travers du
fief Foré jusques au fief de Garennes, les portes passées et le petit
pont, et la sieute du travers de la Cousture et du gué de l'Espine
dure tant seulement tant comme ma dicte seigneurie s'estend. Et
en la dicte prévosté est le travers de la Chaussée, qui dure de la
Haye du Nerpriun jusques à la Haulte Espine de Rouvres, et y peut
prendre le prévost jusques à ces deux mectes, et s'il peut prendre
dedens ces mectes en droit chemin, il doit payer lx solz ii deniers
tournois d'amende; et s'il est trouvé en faulx chemin, il doit avoir
quanqu'il sera trouvé sur lui de marchandise et tout quan qu'il
porte ; et se baille ycelle prévosté, travers et coustume ensemble,
et peut valoir communs ans de iiiixx à c livres tournois. Item, j'ay
droit de tabellionnage au dit lieu d'Ivry, et se baille communs ans
à la somme de x solz tournois. Item, j'ay droit de scel à contraulx
et d'obligations. Item, j'ay droit de four à ben au dit lieu d'Ivry,
auquel sont subjects de cuire tous les manans et habitans du dit
lieu d'Ivry, et se baille communs ans de xx à xxx solz tournois
pour le temps de présent. Item, j'ay droit de criaige et mesuraige
au dit lieu d'Ivry, qui communs ans pour le présent peut valoir
de xv à xx sols tournois. Item, j'ai droit de poys et de mesures
qui peut valoir v solz tournois ou environ. Item, j'ay droit audit
lieu d'Ivry d'avoir le ben de la brasserie des servoises, qui peut
valoir communs ans xx solz tournois ou environ. Item, j'ay droit
d'avoir chacune sepmaine marché au dit lieu d'Ivry au jour de
samedy. Item, au dit lieu d'Ivry a trois foires en l'an, c'est assavoir : la Saint Martin d'esté, la Nostre Dame my aoust et la Nativité Nostre Dame. Item, j'ay droit au dit lieu d'Ivry de prendre et
avoir sur chacune queue de vin conduicte et menée en bateaulx
ou autrement descendant par ma rivière au dit lieu d'Ivry, et mes-
mement de toute pièce de vin chargée en bateaulx sur ma dicte

rivière, et depuis le dit lieu d'Ivry jusques au moulin Mahuest à Pacy, xx deniers tournois, en ce compris le courralage et cayage. Item, au droit de ma prévosté et travers, ay droit de prendre sur chacun basteau montant sel par ma dicte rivière une mine de sel. Item, sur chacun estalaige de sel vendu au samedi me doit une poignée de sel. Item, ung cheval chargé de sel me doit i denier tournois. Item, la somme à mullet, à âne ou à col pour chacun maille, et sur chacune charrecte chargée de sel chargée au dit lieu d'Ivry doit ii deniers tournois, et à Nostre Dame d'Ivry i denier tournois. Item, j'ay au dit lieu d'Ivry de xx à xxx arpens de prez dont il y en a xix arpens ou environ nommé le pré Le Conte, qui se fauche et amène au dit chastel à corvée par tous mes hommes de ma terre. Item, souloit avoir de x à xii arpens de vignes qui de present sont en non valoir. Item, ay au dit lieu d'Ivry garenne à connins et à lièvres, et en la parroisse du Cormier ung bois nommé le Cheyne, où y a garennes à toutes bestes. Item, près du dit lieu d'Ivry y a une ysle nommée l'isle de Courtenson, en laquelle les hommes de la ville du dit lieu d'Ivry, les hommes, manans et habitans en la ville d'Ennet, les manans et habitans d'Ollins, de la Chaussée d'Ivry, de Nantilly, de Bueil, de Gueyni-ville et de Villers en Daimsèvre ont droict de mectre pestre leurs bestiaulx tout au long de l'année, sauf le jour depuis la Notre-Dame en mars jusques à la veille de la Saint-Jehan-Baptiste nul n'y peut riens mectre, fors le seigneur d'Ennet et moy, qui en ycelle saison y povons mectre chacun deux ou trois chevaulx se bon nous semble, et l'abbé du dit lieu d'Ivry ung cheval, et les curez et gentilz hommes des dites parroisses chacun ung cheval se bon leur semble, et nulz autres ne pevent riens mectre en icelle saison jusques au dit jour de la veille Saint-Jehan ; et se aucunes bestes y sont trouvées durant celle saison, je les puis faire prendre, et en ay la juridiction, cognoissance et amende. Item, audessous (ou audessus) de la dicte garenne d'Ivry a ung manoir nommé la Mallemaison, où il y a coulombier à pié, granches et estables, et alentour d'icelui manoir a de iiii à v acres de terre, dont de présent n'y en a que xl ou lt acres en labour ; auquel manoir souloit estre le séjour des feux seigneurs d'Ivry mes prédécesseurs. Item, en la parroisse de Ceres ay ung autre manoir, le quel a esté démoli par la guerre, et y souloit avoir maisons, granches, estables et coulombier à pié, et autour d'icellui manoir a de c à vixx acres de terres labourables en plusieurs pièces, et pour icelles labourer les hommes manans et habitans ès parroisses de Ceres, Despies, de Boussay, de Bastigny, de Neufville, de Foucrainville sont subgets y faire trois corvées en l'an de leurs harnois, c'est assavoir en façon de blez en mars et en guerez ; et pour le présent n'y a point en icelui manoir de coulombier ne d'estables ; et peut valoir par chacun an de ferme de trois à quatre muys de grain. Item, en la

parroisse de Foucrainville a semblablement ung manoir, où il souloit avoir semblablement coulombier à pié et estables, et de présent n'y a que ung hostel et une granche, et alentour d'icelui a de
xl à iiii^{xx} acres de terres labourables en plusieurs pièces, et y sont
subgetz plusieurs des manans du dit Foucrainville y faire trois
corvées en l'an de leurs harnoys, c'est assavoir aux blez, aux mars
et aux guérestz; qui de présent vault chacun an de ferme troys
muys de grain ou environ. Item, en la parroisse de Ceres a un autre
manoir, nommé le Buisson messire Robert, ouquel souloit avoir
manoir, granche, estables et coulombier à pié, et de présent n'y a
que le lieu, et alentour d'icelui manoir a bien de xv à xx acres de
boys et bien de xl à l acres de terres labourables en plusieurs
pièces. En la dicte parroisse de Ceres a ung fief nommé le fief à
Amaulry, demouré en main de seigneurie par deffault, ouquel a
bien l à lx acres de terres labourables en plusieurs pièces, qui se
baille afferme et peut valoir communs ans deux muys de grain ou
environ, et souloit valoir xl livres par an. Item, en la parroisse de
Moecte a ung autre manoir nommé le parc de Moecte, où souloit
avoir manoir, granche, estables et coulombier à pié, et au costé
d'icelui manoir a ung parc qui souloit estre clos de murailles, tout
planté de gros boys et de boyes, et alentour d'icelui manoir à bien
de iiii^{xx} à c acres de terres labourables. Item, en icelle baronnie a
plusieurs fiefz et appartenances à la dicte abbaye d'Ivry à l'ancienne fondation d'icelle par mes prédécesseurs comme les fiefs
de Saint-Jehan du Pré d'Ivry, le fief de la Cousture et le fief de
Berniencourt et les appartenances d'iceulx fiefz, amortiz comme
dict est, tenus soubz ma haulte justice ; et avecques ce appartient à
la dicte abbaye ung moulin, auquel tous les hommes des dicts
fiefz sont subgetz de venir mouldre ; et les religieux abbé et couvent de la dicte abbaye ont en leurs dicts fiefz, maisons, manoirs,
jardins, boys, prez, vignes, terres labourables et non labourables,
cens, rentes, dismes, champs, grains, œfz, oyseaulx, corvées et
autres revenues, juridiction, court et usaige, ventes, reliefz de leurs
hommes ; et avecques ce ont cinq maisons ou bourg d'Ivry, les
quelles ilz dient estre franches en ma dicte seigneurie. Item, et à
iceulx religieux compecte et appartient ung gort avecques certaine
porcion de rivière. Item, leur compecte et appartient deux foires
en l'an, c'est assavoir à la feste de l'Assumsion-Nostre-Dame et à
la feste de la Nativité-Nostre-Dame, des quelles foires la coustume
leur compecte et appartient. Item, prennent les dits religieux la
dixième sepmaine sur ma prévosté et travers et de mes moulins.
Item, les dicts religieux sont tenuz de soustenir et refaire les portes
à eaues près de leur dit moulin, et la porte par laquelle passe
porcion d'eaue pour aller au moulin à ten, et par ce leur en suis
tenu faire iiii sols tournois et deux gelines à Noel, et sont tenuz
les dits religieux abbé et couvent soustenir les escluses d'icelle

porte ; et pour les choses dessus dictes sont tenuz yceulx religieux faire le service divin en leur dicte abbaye en prières et oroisons pour moy, mes prédécesseurs et successeurs, faire chanter messe chacun jour en la chapelle de Saint-Ursin du chastel d'Ivry, de la quelle chappelle ilz doivent avoir les oblacions, et jouxte icelle chappelle doivent avoir une habitacion de maison à eulx appartenant, et je suis tenu à quérir et mectre emplace toutes choses qui faillent pour la repparacion de la dicte chappelle et tous les despens des ouvriers, et le segretain de la dicte abbaye est tenu paier le salaire des ouvriers. Item, en la dicte baronnie a plusieurs nobles tenans en fiefz et arrière-fiefz par foy et hommaige, des quelz les ungs doivent service et garde au chastel du dit lieu d'Ivry, et les autres service tant seulement et les autres garde tant seulement, à certaines places et lieux dudit chastel, ainsi que plus à plain est déclairé ès adveuz d'iceulx nobles tenans dont les aucuns par deffault de homme sont demourez ès mains de la dicte seigneurie par l'occasion de la guerre inhabitez et n'y demeure homme ne femme, et les autres sont petitement repeuplez, et qui pour le temps passé estoient de grande revenue, mais pour le temps de présent ne valent que peu ou néant, et doivent iceulx fiefz, reliefz aides de reliefz, selon leur quantitez et l'usage de la coustume de Normandie, et XIIImes quant le cas eschiet, et aussi les hommes tenans d'eulx en leurs dits fiefs le leur doivent, et sont les uns à court et usaige, séneschal, prévost, et cognoissance de leurs hommes jusques à LX sols et audessoubz, en basse justice, selon l'usaige et coustume du dit pays, comme dit est, et le ressort de leur juridiction vient devant mon bailly ou viconte selon l'exigence des cas, des quelz fiefz la déclaration ensuit. Et premièrement, de ceulx en non valoirs, c'est assavoir à Jumelles a ung fief entier qui fut feu Phelippe de Jumelles, tenu en foy et hommaige, qui souloit valoir LXX livres de rente, et de présent n'en revient riens. Item, en icelle parroisse de Jumelles a ung huitiesme de fief qui fut feu Phelippe de Boullay, tenu par foy et hommaige de ma dicte seigneurie, comme dict est, qui souloit valoir x livres x sols tournois et de présent en non valoir. Item, en ycelle parroisse a ung VIIIe de fief qui fut feu Guillaume l'Escuier tenu comme dessus, et souloit valoir VII livres et de présent en non valoir. Item, en icelle parroisse a ung autre VIIIe de fief qui fut Guillaume le Riche, tenu comme dessus, qui souloit valoir IIII livres, et de présent en non valoir. Item, au dit Jumelles a ung tiers de fief qui fut Colas Coipel, tenu comme dessus, qui souloit valoir XXXIX sols VI deniers. Item, en la parroisse de la Neuvillecte a un plain fief qui fut feu Jehan de la Haye, tenu comme dessus, qui souloit valoir XXIIII livres de rente par an. Item, en la parroisse de Moecte a deux fiefz nommez les deux fiefz Malassis, qui furent Robert de Malassis, qui souloient valoir XXXII livres II sols tournois, et tenuz comme dessus. Item, le fief de Moecte et de Neufvillette, qui fut feu Jehan de Thirel, à ung plain fief tenu comme dessus, et souloit valoir L livres de rente. Item, le fief Jehan de Grant Marcheis assis en la parroisse de Monceaulx, à plain fief, tenu comme dessus, souloit valoir XVI livres par an. Item, ung plain fief qui fut Guillaume de Ceres, assis en la parroisse de Ceres, tenu comme dessus, et souloit valoir XL livres de rente par an. Item, en la parroisse de Neufville a ung demy fief à plaines armes qui fut feu Phelippe Hamon, tenu comme dessus, et souloit valoir X livres de rente. Item, le fief Malefe, par ung plain fief, assis en la parroisse de Garennes, tenu comme dessus, qui fut Lorens Malfe (?), et souloit valoir XXIIII livres X sols tournois. Item, le fief du Vivier, par ung fief entier, tenu comme dessus, et souloit valoir VI^{xx} livres. Item, ung quart de fief nommé le fief Jehan du Plesseys, tenu comme dessus, et souloit valoir X livres par an. Item, ung quart de fief nommé le fief Raoul de Jouy, tenu comme dessus, qui souloit valoir X livres par an. Item, ung plain fief assis en la parroisse de Croisille, tenu comme dessus, et qui souloit valoir C livres tournois. Les quelz fiefz dessus nommez sont de présent en ma main comme en main de seigneurie, et en non valoir par deffault de hommes, comme dict est. Item, ensuit les autres fiefz ausquelx a hoirs qui en sont tenans, et fait délivrance. Et premièrement le fief de la Folletière, assis en la parroisse de Milly, que tient à présent Robert de Dreux, escuier, par ung plain fief à foy et hommaige, qui souloit valoir VI^{xx}XV livres X sols tournois, et pour le présent ne vault que XXX livres ou environ. Item, Jehan de la Pierre tient en la parroisse d'Espies ung demy fief qui souloit valoir XLV livres par an, tenu à foy et hommaige dessus dit, et de présent ne vault que de V à VI livres. Item, Raoulet le Berruyer tient ung plein fief nommé le fief de Boucy, assis en la parroisse du dit Boussy, tenu comme dessus qui souloit valoir XL tournois, et de présent ne vault que XII livres ou environ. Item, les enffans soubz (ans ?) de feu Gilles des Brosses en tiennent ung plain fief assis en la parroisse de Bastigny, tenu comme dessus, et souloit valoir C et L livres tournois, et de présent ne revient que de X à XII livres. Item, Gillot Doublet en tient ung demy fief, tenu comme dessus, assis en la parroisse de Foucrainville, qui souloit valoir XXXVI livres, et de présent ne revient que de IIII à V livres. Item, Guillaume Ler en tient en la parroisse de Boussy ung membre de fief, tenu comme dessus, qui souloit valoir de V à VI livres, et de présent ne revient que XX à XXX sols. Item, Richart de Lieurre tient par foy et par hommaige en la parroisse de Grandeville ung plain fief, qui souloit valoir IX^{xx} livres tournois, et de présent ne revient que V à VI livres. Item, Oudin Quervel en tient par hommaige ung plain fief assis ès parroisses de Martrainville et du Cormier, qui souloit valoir IIII^{xx}XIIII livres, et de présent ne revient que de xx livres ou environ. Item, Amaurroi du Val Davy en tient un demy fief par foy et par hommaige, assis en la paroisse du Val Davy, nommé le fief des Breuz, qui souloit valoir L livres tournois, et de présent ne revient que de v à vi livres. Item, Louys de Morainviller en tient par foy et par hommaige ung plain fief assis ès parroisses d'Orgeville et Neufville, qui souloit valoir xxii livres, et de présent ne revient que de v à vi livres tournois. Item, Estienne Marie, à cause de sa femme, tient par foy et par hommaige la prévosté de Ceres, la quelle prévosté me doit service de prévosté. Item, Robert de Flocques, escuier, tient ung plain fief assis à la Charmoye, par foy et par hommaige, qui souloit valoir xxx livres, et de présent ne revient que de v à vi livres. Item, Gillet Lespringuet en tient ung quart de fief assis au dit lieu de la Charmoye, tenu comme dessus, nommé le fief au Verrier, et me doit xx sols tournois de rente par an, aveques les moultes. Item, Jehan de Brecy tient ung quart de fief assis en la parroisse de Bemeucourt, qui fut feu Hamon Luce, tenu comme dessus, et souloit valoir vii livres x sols, et de présent ne vault que iiii livres ou environ. Item, Robinet le Doyen, à cause de sa femme, en tient un quart de fief par foy et hommaige, assis en la paroisse de Bernienville, qui souloit valoir x livres, et de present ne revient que à c sols ou environ. Item, Phelippe de Cierre en tient un quart de fief nommé Longue-Haye, par foy et hommaige, qui souloit valoir xxxv livres, et de présent ne revient que à xl sols tournois ou environ. Item, Thomas de l'Estang, à cause de sa femme, en tient, par foy et hommaige, ung plain fief assis en la parroisse de Labit, qui souloit valoir xxx livres tournois ou environ, et de présent est en non valoir et inhabité, et n'y demeure homme ne femme. Item, j'ay droit de présenter en aucunes églises, dont la déclaration ensuit, c'est assavoir : à la cure de Neufville, à la cure de Ceres, à la cure de Gaudeville, à la cure de Labit, à la cure de la Fustelaye, à la cure du Cormier, à la cure de Jumelles, à la cure de Moecte, à la cure de la Neufvillette-la-Contesse. Item, en la parroisse de Neufville ay une disme qui souloit valoir communs ans de ix à x sextiers de grain, et de présent ne vault rien, parce que le terrouer est en non valoir. Item, à moy compecte et appartient ung demy-fief assis ou bailliage de Caux, en la viconté de Caudebec, en la parroisse Saint-Martin-de-Villequier, tenu du roy nostre sire, à cause de sa seigneurie de Caudebec, ou quel fief j'ay court et usaige, sénéchal, prevost et cognoissance de mes hommes, ainsi que à basse justice appartient, et doyt relief et aide et xiiimes quand le cas eschiet. Item, ung autre quart de fief, assis en la parroisse de Blicquetuit, au bailliage de Rouen, tenu du roy nostre dit sire, à cause de sa seigneurie de Pontaudemer, et en la viconté du dit lieu de Pontaudemer, et y ay court et usaige, sénéchal, prevost et cognoissance de mes hommes, ainsi que à basse justice appartient,

et le ressort d'icelle devant la justice du dit Pontaudemer, et doit
icelui quart de fief aydes et xIIImes quand le cas eschiet, et souloient
valoir iceulx demy fief et quart de fief la somme de vᶜ livres tournois ou environ, et de présent ne valent que IIᶜ livres tournois ou
environ ; du quel lieu de Blicquetuit le patronnaige de l'église me
compecte et appartient. Item, à moy compecte et appartient ung
fief noble nommé le fief le Roy, assis en la parroisse de Combon,
en la champaigne du Neufbourg, ou bailliage d'Evreux, et s'estend
ycelui fief en la dicte parroisse de Combon et ès parroisses du
Neufbourg et d'Espreville, et souloit valoir de xL à L livres, et de
présent ne revient que de xv à xx livres tournois. Laquelle baronnie doit au roy nostre dit seigneur, quant le cas y eschiet, le relief,
xIIImes, aides et garde, et aussi icelui demy fief de Villequier et
quart de fief de Blincquetuit, selon la coustume du pays de Normandie. Et la quelle desclaration, ainsi que dessus est dit et
devisé, je baille au roy nostre dit seigneur, sauf la protestation
devant dicte de augmenter ou diminuer se mestier est, la quelle
j'ay scellée du scel de mes armes et signé de mon seing manuel,
cy mis le xxvᵉ jour de juing, l'an mil cccc cinquante-six. — Ainsi
signé : Pierre PETIT. » (*Archives Nationales; P. 308, fᵒ 44 vᵒ, nᵒ 68.*)

---

7 mai 1579. — *Aveu de la baronnie d'Ivry.* — « Du roy nostre syre
et souverin seigneur, nous Charles de Lorraine Duc d'Aumalle, pair
et grand veneur de France, conte de Maulevrier, seigneur des chas-
tellenyes, barronnies, terres et seigneuryez Dannet, Ivry, Garenne,
Usé, Monchauuel et Dubreuil de Pons : tenons et advons a tenir les
dictes baronnies d'Ivry et Garennes circonstances et déppendances
d'icelles, neument et sans moien a foy hommaige et serment de
fidélité a cause de son duché d'Evreux et les quelles barronnies nous
appartiennent a cause de la succession de nostre très honorée dame
et mère Loïse de Brezé de son vivant dame propriétaire d'icelles bar-
ronnyes : le chef de laquelle barronnie est scitué et assis en la ville
du dict Ivry qui estoict antiennement cloze de murres et fossay
joignant laquelle sur la crurppe d'une montaigne soulloict avoir
chasteau chastellenie lequel à l'occasiou de la guerre advenue en ce
Roiaulme par les Angloix a esté abbatu, desmolly et mis en totalle
destruction et ruyne auquel chasteau y avoit donjon, basse court,
tours, portes, fossez, clostures de grosses murailles qui estoict
antiennement une forteresse et frontière du paies et duché de
Normandye comme il y a encore vestiges et apparences tant en la
place du dict chasteau que es murailles et fossez de la dicte ville en
laquelle y a bourg, bourgaige et droict de bourgeoisie selon la
coustume du pais et duché de Normandye.

Item près d'icelle ville y a une abbaie de l'ordre de Sainct Benoist fondée par noz prédécesseurs barrons du dict Yvry par dotations et aumosnes de terres seigneuryes et dixmés admorties a la charge du service divin faict et ordinairement continué en l'église et lieux devotz d'icelle abbaie par les abbé et réligieux et que vacation advenant de la dignitté abbatialle les dictz réligieux ne pouraient procedder à l'élection d'un abbé sans nostre présence ou aultre pour nous ayant droict de présider a telle eslection et eslire et vault nostre voix les voyx de deux réligieux ; auprès de laquelle ville y avoit maison et lieu d'aumosne pour loger et heberger les paouvres ainsy fondé comme dict est et laquelle maison est de présent en ruyne.

Item près de la dicte ville et au dedans de la parroisse de Doullins y a une chapelle fondée de Sainct Michel malladerie maison et lieu pour loger les mallades de lèpre de laquelle chapelle la présentation nous appartient une fois et l'aultre à l'évesque de Chartres au droict du Roy alternativement ; dedans et joignant laquelle ville y a une rivière deppartie en plusieurs cours et ruisseaulx appelée la rivière et fossé d'Heure qui nous appartient depuis la rivière d'Ennet au lieu nommé la tourniolle ou division, jusques au village de Bueil compris le droict de Garrenes distances de deux lieux ou environ dont les débatz querelles ect questions faictz sur la dicte riviére dez le commencement d'icelle, jusques aux Damps près le Pont-de-l'Arche par les marchandz ect toutes aultres personnes tant en clameur de haro que aultrement la court connoissance cohertion ect Jurisdiction appartient à nostre Justice du dict Yvry.

En la dicte rivière y a plusieurs gordz fieffez par nos prédécesseurs droict de pescheries et deux moullins prez de la dicte ville d'Ivry ausquelz moullins tous les hommes et subjectz de la dicte barrounie d'Ivry sont baonniers ect y doibvent venir mouldre tous et chacun les grains qui leur seront nécessaires pour leur user sans aller ailleurs sur peyne de la forfecture des bledz, grains et farines, chevaulx, mulletz, asnes, ect d'amende arbitraire lesquelz moullins, comprins un moullin à vent basty ect ediffié près le village de Fourcainville pour le soullagement des baoniers peulvent valloir par chacun an de revenu trente muidz moictyé bled forment et le reste moultes ect la dicte pescherie affermée peult valloir par chacun an la somme de soixante et dix livres tournois.

Item en la dicte barronnie d'Ivry y a grand doumaine fieffé qui s'extend en la dicte ville d'Yvry la Chaussée ailleurs et au pays de France ect es villages et parroisses de Neully, Espietz, la Cousture, Esi, Lhabit, Moette, Serez, Fourcainville, la Fustellaie, Neufville, Jummelle, le Cormier, Berniencourt, Orgeville, la Trinité, la Chermöie, Gaudreville et Bernianville, baillé à rente en deniers oiseaux œufz ect aultres redebvances qui peulvent revenir par chacun an à la somme de cinq à six centz livres tournois ect les dictz oiseaux à deux cent cinquante pièces tant chappons que poulles ect environ

huict centz œufz, ect s'extend la dicte seigneurye ect baronnie
de cinq à six lieues de long et de trois à quattre lieues de large ou
environ ect jusques aux portes et faulxbourgs de la ville d'Evreux ect
deux lieues par de la avec droict de justice en icelle en ung astrier
appelé la Corne de Serf.

Joignant la place du dict chasteau a une garenne plantée de
geinesvres nerprunes espines nommée la garenne du gros buisson
qui s'extend es parroisses de Sainct Martin et Sainct Jehan du dict
Yvry et contient la dicte garenne deux centz vingt huict arpens ou
environ peuplée de liepvres et connilz.

Item une petite garenne nommée la garenne de la terrière contenant un arpent quarante perches ou environ.

Item une aultre petite garenne nommée le terrier de Rougemont
contenant quatre-vingtz perches, lesquelles garennes peulvent valloir par chacun an la somme de soixante livres tournois.

Item en dedans des dictes parroisses y a du donmaine non fieffé
plusieurs isles et prairies :

C'est à scavoir l'isle de la Buchaille contenant soixante et huict
arpens ou environ en patiz, garenne, bois ect buissons qui peulx
valloir par chacun an la somme de huict vingtz livres tournois.

Item une isle nommée l'isle de Courtensson close de eaues de
touttes partz contenant cent arpentz ou environ qui peult valloir
par chacun an la somme de six vingtz livres tournois.

Item une portion d'un parc clos de murailles vulgairement appellé
le parc de Garennes contenant pour ce qui depent de la dicte baronnie cent quatorze arpenz dix-neuf perches ect demye ou environ
plantez partie en bois buissons prés que terres labourables.

Item une aultre isle des grands moullins contenant quatre arpens
quarante et une perche ou environ laquelle peult valloir par communes années la somme de quarante livres tournois.

Item une aultre pièce vulgairement appelée les petitz prez contenant neuf arpens et demy ou environ laquelle peult valloir par
chacun an a la somme de quarante cinq livres tournois.

Item une aultre pièce de prez appelée les haulx prez contenant
dix arpenz trois quartiers ou environ laquelle peult valloir par chacun an la somme de soixante livres tournois.

Item en la Dicte Barronnie y a une forestz plantée en bois taillictz ect baliveaux de laaige de trente a quarante ans laquelle s'extend en long de quatre à cinq lieues ect contient la dicte forest trois
mil huict centz cinquante arpens ect en icelle se faict couppe ordinaire par chacun an de deux centz arpens donct la dixme appartenait anciennement a la dicte abbaye, mais est a present exempte
de la dicte Dixme par accord en forme d'eschange faict par entre
nos prédécesseurs ect les abbé ect religieux de la dicte abbaie puis
vingtz ans par lequel leur a esté dellaissé par tiltre d'eschange une
pièce de pré nommée le prez le Conte contenant dix neuf arpens

ect demy qui soulloit estre du doumaine non fieffé de la dicte Barronnie avecques aultres fiefz ect maisons assis tant en la paroisse de Bueil que la Chaussée declarez au contract du dict eschange ect laquelle dixme aurait esté anciennement aumosnée par nos prédécesseurs Barrons, ect aveques ce a cause de la dicte pièce de prez lès dictz Religieux abbé et couvent ont droict de prendre sur chacun de nos dictz hommes ect subjectz tenantz feu et mesnage par chacun an douze deniers le Jour Sainct Remy pour le faulchaige ect fennaige d'icelle pièce de pré a quoy les dictz hommes ect subjectz sont tenus laquelle droicture peut valloir par communes annez la somme de vingt livres tournois. Ect en icelle forest y a verdier gardes sergentz dangereulx ect foresliers par nous commis ect establis avecques gaiges ordonnés ; ect tous les nobles tenantz de la dicte Barronnie ayant boys ect buissons les tiennent a tiers ect danger de nous et ce doibvent délivrer ect merquer par nostre dict verdier ou bailly devant lesquelz vient la connaissance de tous delictz de bois de nostre dicte Barronnie ect aussi de la dicte Rivière ect fossé d'Heur pour les abbus de la pescherie ect faulx ou mauvais engins ect iceulx abuseurs ou délinquans tant en la dicte forest, bois, et buisson que en la dicte rivière punir par Justice ainsy que de raison ect qu'il est voullu par les ordonnances, de laquelle forest nous compette ect appartient le pennaige, pasturaige, sans que aulcune personne y puisse prétendre droict de pasturage usage ou ramaige en quelque manière que ce soit.

Item en la dicte Barronnie a haulte Justice, moienne, ect basse, court, usage, congnoissance ect Jurisdiction de toutes causes comme a hault Justicier appartient selon la coustume de Normandie de tous crimes ect delictz reservé les cas de souveraineté, bailly, greffier, sergents fieffez ordinaires ect soubz sergentz Justice a pendre ect ardoir a trois pillers ect soustenances, dont le ressort d'icelle Justice ect les appellations de nostre Bailly sont ect ressortissent devant le Bailly d'Évreux aux sièges des assises du dict lieu ect sus nos dictz hommes povons et avons droictz de prendre ect lever de trois ans en trois ans l'aide de monneaige aultrement dict fouaige selon la dicte coustume, ect aussi avons droict de chasse des loups en nostre dicte Barronnie ect en faire prendre cœullir ect lever sur nos dictz hommes les deniers au prix que le Roy nostre dict souverain seigneur en faict cœullir ect lever es seigneuries circonvoisines.

Item nous avons droict de chasse es forestz de Merez et Rozeux louttesfois que bon nous semble ect en la forestz de Crothois une fois l'an a touttes bestes a court ect a cry ect a filletz.

Item, en la dicte Barounie comme haulx Justicier nous appartient ect avons droict de consfiscations aulbeynes reversions de ligne extainte, espaves, tresorlz trouvez, aides, soubz aides, ect touts aultres droictz establis par la dicte coustume de Normandie.

Item droict de voieries par toute nostre baronnie pour les fruicts ect visitation des entreprises sur les Voyes et chemins publicqz.

Item avons droict de courtaige ect deschargeaige des vins ect aultres bruvaiges ect pour chacune pièce quatre denyers tournoys.

Item en la dicte Baronnie d'Ivry est deu bledz de rente scavoir en la paroisse d'Espieds pour le tiraige des fosses soixante ect quatre boessaulx de blé ou environ ; les habitantz de la paroisse de Bernienville nous doibvent ect avons droict de prendre sur eulx par chacun an aux Jour de Toussainctz quatre vingt seize boesseaulx de bled mesure d'Évreux revenans a dix huict septiers mesure du dict Ivry pour l'exemption ect franchise de baon des dictz moullins ect accenseument de nostre Doumaine fieffé en la dicte parroisse qui soulloit antiennement estre appelé le fief au scens? aultrement Andrien Leprévost en quel fief est tenu faire l'assemblement du dict bled.

Item pareillement avons droict de prendre ect nous est deu neuf septiers de bled par le seigneur de Saint-Luc pour le fief de la Chermoye assis en la parroisse de la Trinitté qui soulloit antiennement appartenir a Robert Floques donct a present ne revient que six septiers ect pour l'oultre plus y a procès.

Item le dict sieur de Sainct Luc nous doibt par chacun an aultres neuf septiers de bled pour le fief au terrier assis en la dicte parroisse de la Trinitté donct a present sommes paiez par ses mains de six septiers ect pour le surplus y a procès.

Item le seigneur du Val dauy doict ect avons droict de prendre sur lui six septiers de bled pour l'examption du Baon des dictz moullins pour lui ses hommes ect subjectz.

Item Pierre Loubert, Escuier, sieur du fief de Martainville nous doibt un muid de bled moulte mesure du dict Ivry payé par sa main comme seigneur du dict fief.

Item pareillement sur le fief de Bastigny tenu par Jehan des Brosses, Escuier, nous est deub ung muid de bled de moulte mesure du dict Ivry duquel sommes paiez par sa main comme seigneur du dict fief.

Item avons droict de prendre sur les habitants du Villaige de Fourcanville, ect nous est deu par eulx et chacun d'eulx par insollidité, par chacun an au jour de Toussaintz dix huict septiers de bled moulte mesure du dict Ivry pour pareille examption de baon a quoy ilz sont condampnez par arrest provisoire ect obligez par transaction sur ce faicte par devant les tabellions de la chatelleinye.

Item avons droict de prendre ect nous est deu sur le fief de Tourneboissel tenu par François de Fumechon, Escuyer, a present seigneur, dix septiers de bled moulte mesure du dict Ivry desquelz nous sommes paiez par les mains de ses subjectz a sa descharge.

Item sur le fief Marcquet assis en la paroisse de Berniencourt pareillement avons droict de prendre ung septier bled de moulte.

Item avons droict de prendre par chacun an sur les tenantz du fief Raoul de Jumelles assis en la paroisse de Foucrainville contenant seize acres ou environ ung septier de bled ect une myne d'advoine.

Item sur les tenantz du fief Bedier assis en la dicte parroisse de Foucrainville contenant dix huict acres ou environ deux septiers de bled moulte mesure du dict Ivry.

Item avons droict de prendre sur le fief de Longue haie par chacun an trois septiers de bled de moulte donct a present ne revient rien par ce que y a procès entre nos prédécesseurs ect le tenant du dict fief.

Item sur le fief Sagoult assis en la paroisse d'Orgeville un septier de bled de moulte par chacun an.

Item pareillement sur le fief du Bois Berard assis en la dicte paroisse du Cormier trois mynes de bled moulte.

Item sur le fief Tronne (ou Trouvé?) assis en la paroisse de..... ung septier de bled ect myne payé par les manantz ect tenantz du dict fief.

Item sur le fief Collinet assis en la dicte parroisse une myne de bled moulte.

Item les tenantz du fief Sècle nous doibvent chacun an une myne de bled moulte.

Item pareillement sur le fief du Buisson de May assis près Sainct Acquelin noüs est deü par chacun an ung septier de bled moulte payé par maistre Jehan de Bordeaux seigneur ect tenant du dict fief.

Item le prevost de Serez nous doibt par chacun an une myne d'abvoine quatre livres dix solz tournois une livre de poivre ect un voire? oultre les autres charges contenues en son abveu.

Item en la dicte Barronnie avon droict de vertes moultes pour les grains y croissans ect transportés hors ycelle Barronnie, lequel droict se paie à la seizième ect est affermé par commune annez à la somme de vingt livres.

Item les manantz ect habitantz de Berchères sur Veigre ect la Musse nous doibvent ect nous avons droict de prendre sur chacun d'eulx tenant feu, lieu, ect mesnage trois mynotz d'abvoine mesure du dict Ivry au Jour ect feste de Toussaint pour avoir droict de venir mouldre ect faire de leur bled farines pour leur user aux moullins du dict Ivry au premier Vuyde, pour laquelle droicture faire, payer ect continuer les dictz habitantz ont esté condampnés par sentence donnée aux requestes du pallais à Paris le huictiesme Jour d'aoust mil cinq cent soixante ect douze ect pour en faire le paiement le détempteur d'une maison assise en la dicte ville d'Ivry qui fut à ung nommé Marais près les grandes halles est tenu aller au dict Berchères advertir le maire du dict lieu qui en doibt faire la collection pour ce? en la dicte maison est affranchie de rente.

Item en la dicte Barronnie avons droict ect nous appartient une prevosté, travers par terre ect coustume qui s'extend en plusieurs ect divers lieux :

C'est asçavoir a la chaussée du dict Ivry, la Cousture, le guay de l'Espine ect dure l'assiette ect poursuitte du dict travers de fief forés jusques a la Barronnie de Garrenne les portes passez ect le petit ponct, ect la suitte du travers de la Cousture ect du guay de l'Espine dure tant que la dicte Barronnie s'extend seulement, ect en la dicte Prévosté est le travers de la chaussée qui dure ect est la suitte depuys la haye du nerprun jusques a la haute Espine de Rouvres et en ces mecites, en droict chemyn, le prévost doibt prendre ceulx qui passent ect traversent sans payer le droict a nous deu lesquelz sont tenus paier ect doibvent soixante solz deux deniers tournois d'amende ect s'ilz sont trouvez en faulx, leur marchandises, chevaulx ect tout ce qu'ilz portent est forfaict et confisqué ect se baille icelle prévosté travers ect coutume par communes annez la somme de trente livres tournois.

Item avons droict, en la dicte Barronnie de Tabellionnage scel aux Contratz ect obligations lequel se baille par communes annez à la somme de cinquante livres tournois.

Item y a droict de four a baon au dict lieu d'Yvry auquel sont baoniers ect sujectz de cuire tous les manantz ect habitantz du dict lieu d'Ivry le pain pour leur user sur peyne de forfecture ect amende ect pour la cuisson de chacun mynot de bled doibvent quatre deniers tournois ect se baille par commune annez à la somme de sept livres dix solz tournois.

Item en la dicte Barronnie avons droict de poix, jaulge, ect mesures qui peult valloir communément ect est affermé à la somme de quinze livres tournois.

Item avons droict de baon ect brasserie des bières et servoizes qui est en nostre main.

Item en nostre ville d'Ivry avons droict de marché pour trasfiquer ect commercer de touttes marchandises a Jour de samedi.

Item au dict lieu d'Ivry y a plusieurs foires en l'an :

C'est asçavoir le Jour Sainct Martin d'esté, la nostre Dame de my aoûst ect la nativité de nostre Dame, les Jours de Sainct Jehan Baptiste, Sainct Laurent ect Saint Michel.

Item, avons droict ect nous appartient le mesuraige des grains venant en la dicte ville foires ect marchez comme pareillement en la dicte Barronnie au priz d'un denier pour mynot qui peult valloir par chacun an la somme de quarante ect cinq livres tournois.

Item le droict d'aulnaige des Draps de leynes Thoilles ect aultres marchandises au prix d'un denier d'aulne tant en gros que en détail.

Item nous appartient ect avons droict de police par toutte la Barronnie, maitrisse de tous artz ect mestier visitation ect correction des abbus commis aus dictz mestiers sans que aulcun les puissent ect lui soit loisible de exercer qu'il n'aye faict chef d'œuvres ect attesté capable ect suffisant; de prendre sur chacun baril de harenc en basteau ou harangue quatre deniers tournois, de chacune demie queue de vin douze deniers tournois.

Item le dict basteau chargé de seel une myne vallant deux mynotz mesure du dict Yvry avecques vingt sept deniers tournois pour le droict du dict Basteau.

Pour le cent de morue, quatre deniers tournois.

Item de toutes marchandises à poix, pour chacun millier trois solz quatre deniers tournois ect pour le droict dudict batteau vingt sept deniers tournois.

Item avons droict de chacun estallaige de seel vendu aux dictz marchez ect foires ect nous appartient une pougnye de seel.

Item ung cheval chargé de seel nous doibt deux deniers tournois.

Item en la paroisse d'Espietz nous appartient de doumaine non fieffé une pièce de bois taillictz nommée la Haye despietz contenant neuf vingt neuf arpens quatre vingt perches.

Item en la paroisse du Cormier avons plusieurs pièces de bois taillictz de doumaine non fieffé :

Sçavoir est une pièce de bois vulgairement appelé le bois de la Chaigne contenant soixante trois arpens ou environ en laquelle y a garenne a touttes bestes.

Item une aultre pièce de bois taillictz appelé le bois de la lampe? contenant onze arpentz ou environ.

Item une aultre pièce de bois nommée le bois Marquet contenant douze arpens ou environ.

Item une aultre pièce de bois nommé le bois des Brosses contenant dix sept arpens ou environ ; ung arpent en frische.

Item une aultre pièce de bois nommé le bois Sainct Paoul contenant vingt huit arpens trois quartiers.

Item en la paroisse de Gaudreville la Rivière hous compette ect appartient une pièce de bois taillictz nommée la Haye de Gaudreville contenant deux cent dix sept arpens ou environ.

Item en la dicte paroisse y a plusieurs frisches contenantz huict vingt unze arpens ou environ communes que prétendent les habitants du dict lieu de Gaudreville pour lesquelles nous sont tenus paier par chacun an au Jour de Toussainct pour chacun feu deux boisseaulx de advoine mesure d'Evreux.

Item au dessus du chasteau ect garenne du dict Yvry avons trois fermes du doumaine non fieffé :

C'est asçavoir la ferme de la Brasserie ect Gros buisson contenant quatre vingt arpens ou environ affermée a communes annez a la somme de sept vingt dix livres tournois.

Item le manoir, lieu, coullombier granges ect estables ect ferme de la Malmaison contenant deux centz soixante ect douze arpens où environ affermez a communes annez a dix ou douze muidz de bled.

Item le manoir lieu ect ferme du Boschet contenant six vingtz arpens de terre affermez a deux cent quarante livres tournois qui a esté baillée a nos prédecesseurs a titre d'Eschange par deffunct Jehan de Villiers escuier en contreschange d'aultant de terre du domaine non fieffé qui estoit assis en la paroisse de Serez ect pour Icelles terres de nostre domaine non fieffé qui estoit assis en la paroisse de Serez ect, pour Icelles terres de nostre doumaine non fieffé labourer, les hommes manantz ect habitans des paroisses de Serez, Espiedz, Boussez, Bastigny, Neufville, Fourcainville ect aultres subjectz de la dicte Barronnie sont tenus faire trois corvées en l'an de leur harnoix c'est a sçavoir en faccons de bledz mars ect guérets.

Item en la dicte Paroisse de Fourcanville avons doumaine non fieffé auquel y a manoir seigneurial ou soulloict avoir maison, coullombier a pied, granges, Estables qui est de présent en Ruyne, a l'entour duquel ect au dedans de la dicte Parroisse nous appartient la quantité de soixante ect quinze acres de terre comprins le vivier qui peult valloir de huict a neuf muidz de bled mesure du dict Ivry, pour lesquelz labours sont pareillement tenus les manantz ect habitantz de la dicte Paroisse de Fourcanville ect aultres subjectz de la dicte Barronnie faire trois corvées en l'an de leurs harnoix aux trois saisons prédictes.

Item en la Paroisse de Mouette a ung manoir nommé le parc de Mouette desmolly ect Ruyné auquel il soulloict avoir manoir, coullombier a pied granges ect estables ect Joignant Icelluy ung parc qui soulloit estre clos de murailles lequel parc avecques cent acres de terre a l'entour ont esté fieffez par nos prédécesseurs sçavoir : le dict parc appelé la nouvelle fieffe, a la somme de quarante cinq solz tournois ect les dict cent acres de terre a la somme de trente quatre livres ect huict chappons appelée la vielle fieffe donct les detempteurs de chacun des dictes fieffes sont tenus ect obligez insolliderment.

Item en Icelle Barronnie a plusieurs fiefz appartenant a la dicte abbaye de l'antienne foudation d'Icelle faicte par nos prédecesseurs comme le fief Sainct Jehan du prez d'Ivry, le fief de la Cousture dit le fief de Bernancourt ect les appartenances d'Iceulx fiefz amortiz comme dict est tenus sous nostre haute Justice ; avecques ce appartient a la dicte abbaye ung moullin a bled ediffié sur ung cours d'eaue distillant de la dicte rivière ect fossé d'Heure nommé le moullin a l'abbé auquel tous les hommes des dictz fiefz sont subjectz venir mouldre ect faire de leur grains farine pour leur user comme baoniers sur peyne de forfecture ect les dictz Religieux abbé ect couvent de la dicte abbaie ont en leurs dictz fiefz maisons, manoirs, Jardins, bois, prez, vignes, terres labourables ect non labourables, cens, rentes en deniers, dixmes, champart, grains, œufz, oiseaulx, rentes, reliefz, treiziesmes, maitz de mariaige ect aultres revenus ect redebvances, Jurisdiction foncière court ect usaige comme a bas Justicier appartient ect selon la coustume du pais ect duché de Normandie ect avec ce les dictz Religieux dient avoir cinq maisons affranchies de nostre dicte Barronnie d'Ivry ect leurs dictz hommes ect subjectz francz ect exanptz de coustume de foires ect marchez de la dicte Barronnie.

Item aus dictz Relligieulx abbé ect couvent appartient ung gord avecques certaines portion de rivière près la dicte abbaie.

Plus leur compette ect appartient la coustume de deux foires tenues les Jours de l'assomption ect nativitté de nostre Dame.

Item leur compette ect appartient la dixiesme sepmaine de la prévosté travers par eaue ect de nostre dict moullin d'Ivry.

Item les dictz Religieulx ect abbé sont tenus soustenir ect entretenir ect reffaire les portes a eaue près leur dict moullin ect la porte par laquelle passe portion des eaues pour aller au moullin à Then ect soustenir les ecluses d'Icelle portes ect pour les choses dessus dictes sont tenus Iceulx abbé ect Religieulx faire le service divin dans la dicte abbaie en prières ect oraisons pour nos predecesseurs, nous ect nos successeurs faire chanter par chacun Jour en la chapelle Sainct Ursin du chasteau du dict Ivry de laquelle chapelle ilz doibvent avoir les oblations ect Juxte Icelle avoir une habitation de maison a eulx appartenant, ect par ce que la dicte chapelle est en ruyne les dictz abbé ect Religieulx font ect continuent le dict service divin en l'Esglise de la dicte abbaie.

Item en la Barronnie du dict Ivry y a plusieurs nobles tenantz fiefz ect arrière fiefz par foy ect hommage desquelz les ungs doibvent service ect garde au dict chasteau d'Ivry ect les aultres services seulement en certaines places ect lieux du dict chasteau ainsy que plus a plain est declaré et mentionné aux adveux d'Iceulx nobles vassaulx donct aulcuns sont reuniz ect incorporez en la dicte Barronnie par acquisition faicte par nos prédecesseurs ect doibvent les dictz fiefz foy ect hommaige Relliefz aides de Relliefz aides de chevels selon leur qualité ect l'usaige de la coustume de Normandie ect treiziesme quant le cas y eschet.

Et aussy les hommes tenantz d'eulx en leurs dictz fiefz leur doibvent, ect sont les ungs a court ect usaige aiantz droict de commectre ect establir seneschal ect prevost pour la congnoissance de leurs hommes droitz seigneuriaulx jusques a soixante solz tournois ect au dessous ect en basse Justice selon la coustume du dict pais comme dict est ect le ressort de leur dicte Jurisdiction appellation ect dolleances relesvent ect viennent devant nostre Bailly d'Ivry au siège des assises du bailliage.

Des quelz fiefz la déclaration en suict : le fief de Neully ect la Folletière par ung plain fief de haubert tenu par François Loubert Escuier ect peult valloir tant en deniers que doumaine non fieffé de trois a quatre centz livres tournoys de rente.

Item le fief de Tourneboissel par ung quart de fief duquel est tenant François de Fumechon escuier ect peult valloir la somme de cinquante livres tournois de rente.

Item le fief de la Pierre aultrement dict Cornemiche assis en la paroisse d'Espietz par ung demy fief de haubert detenu par maistre Iehan Guillard ect peult valloir tant en deniers que doumaine non fieffé la somme de sept vingt dix livres tournois de rente.

Item le fief de Boussey plain fief de haulbert tenu par damoiselle Jehanne de Contes qui peult valloir tant en deniers que domaine trois centz livres tournois de rente.

Item ung demy fief de Gainville aultrement dict des gouldes contenant dix huict acres de terre ou environ assis en la paroisse du dict Boussez tenu par la dicte Demoiselle ect peult valloir la somme de vingt cinq livres tournois de rente.

Item le fief de Lhabit plain fief de haulbert tenu par Iehan de l'Estang Escuier ect peult valloir par chacun an tant en deniers que doumaine non fieffé la somme de cent livres tournois de rente.

Item le fief de la Haye assis en la parroisse de la Neufvillette plain fief de haubert tenu par Gilles Doublet Escuier lequel peult valloir par chacun an tant en deniers que doumaine non fieffé la somme de vingt livres tournois de rente tant en deniers que doumaine non fieffé.

Item le fief de la Bigottière quart de fief tenu par Jehan le Cerf escuier qui peult valloir la somme de soixante a quatre vingt livres tournois de rente tant en deniers que doumaine non fieffé.

Item le fief Amaulry de Serez assis en la paroisse de Serez demy fief tenu par Olivier de Carthular (?) Escuier au droict de Damoiselle Marie de Villers sa femme, qui peult valloir par chacun an la somme de vingt livres tournois de rente.

Item le fief Doublet assis en la paroisse de Fourcainville tenu par Gilles Doublet Escuier par ung demy fief qui peult valloir la somme de soixante et dix livres tournois tant en deniers que doumaine non fieffé.

Item ung aultre fief assis en la dicte parroisse de Fourcainville nommé le fief de Sabrevoys par ung quart de fief tenu par Demoiselle Margueritte de Sabrevois qui peult valloir par chacun an la somme de quatre vingtz a cent livres tournois de rente tant en deniers que doumaine non fieffé.

Item le fief du Val d'Avy de present en nostre main ect garde noble pour la mynoritté des enfants de deffunt Adrien Duval d'Avy auxquelz appartient le dict fief tenu par ung plain fief qui peult valloir par chacun an la somme de trois centz livres tournois de rente.

Item le fief de Maulny assis en la paroisse du Cormier appartenant aus dictz enffants par ung huictiesme de fief.

Item le fief de Martainville plain fief de haubert tenu par Pierre Lonbert (*sic*) Escuier qui peult valloir par chacun an tant en deniers que doumaine non fieffé la somme de deux cent cinquante à trois cents livres tournois de rente.

Item le fief d'Orgeville ect Neufville plain fief de haubert tenu par Loys de Morainvillier escuier qui peult valloir par chacun an de quatre vingt a cent livres tournois de rente.

Item le fief de Longue haye quart de fief tenu par François de Bellemaire Escuier qui peult valloir la somme de sept vingt dix livres tournois tant en deniers que doumaine non fieffé.

Item le fief vulgairement appelé le fief Philippes Hamon assis en la paroisse de Neufville appartenant a Symon Benoist tenu par ung huictiesme de fief qui peult valloir la somme de dix a douze livres tournois comprins le doumaine non fieffé.

Item le fief de Bastigny appartenant a Hector des Brosses escuier tenu par un plain fief de haubert qui peut valloir tant en deniers que doumaine non fieffé la somme de deux à trois cents livres tournois de rente.

Item le fief de la Chermoie assis en la paroisse de la Trinité detenu par François de l'Espinez Escuier Seigneur de Sainct Luc par ung quart de fief qui peult valloir tant en deniers que doumaine non fieffé la somme de cinquante à soixante livres tournois de rente par chacun an.

Item ung aultre quart de fief vulgairement appelé le fief de l'Esplinguet (*sic*) aultrement le Voirier tenu par le dict de l'Espinay Escuier qui peult valloir la somme de Trente livres tournois ou environ de rente par chacun an comprains le doumaine non fieffé.

Item ung aultre quart de fief assis en la dicte paroisse de la Trinité qui fut anciennement à Pierre Delesse ect que l'on dict a present estre detenu par le seigneur de Cracouville.

Item le fief de Gaudreville la rivière par ung demy fief de haubert detenu par Gilles de Lieurray Escuyer lequel fief peult valloir par chacun an tant en deniers que doumaine non fieffé la somme de trois cents livres tournois de rente.

Item le fief du Buisson de May assis près Sainct Acquelin par ung quart de fief tenu par maistre Jehan de Bordeaulx qui peult valloir par chacun an tant en deniers que doumaine non fieffé la somme de deux a trois cents livres de rente.

Item le fief de Brocquigny ect Brocart assis es paroisses de Portes et Ferieres le hault clocher, huictiesme de fief tenu par maître Jehan Fortin advocat à Évreux lequel fief peult valloir la somme de

cinquante a soixante livres tournois de rente par chacun an comprins le dict doumaine non fieffé.

Item le fief de la Perruche assis en la Paroisse de Jumelles demy
fief de haulbert tenu par Estienne Le Diacre Escuier ect Estienne
Le Bachellier aussi escuier lequel fief peult valloir par chacun an
tant en deniers que doumaine non fieffé la somme de soixante
livres tournois de rente.

Item le fief de Villaines? assis en la paroisse de Berniencourt.

Item ung aultre fief qui fut à Anne La Prevoste assis en la dicte
paroisse.

Item nous appartient le fief ect Seigneurie de Moette ect Grand-
marchez consistant en censives rentes en deniers chappons grains
advoines oiseaulx volailles, maetz de mariaige lequel peult valloir
par communes annez la somme de sept vingt dix livres tournois
de rente.

Item nous appartient un aultre fief assis en la paroisse de Gilles
appellé le fief de Couillarville consistant a vingt cinq arpens de
terre ou environ tenant d. c. la ferme du s^r abbé d'Ivry, d'aultre
le fief des Anglés, d. b. le chemin tendant au dict Gilles et
d'aultre bout plusieurs, pour lequel nous est deu par chacun an
le Jour Sainct Remy par les tenantz du dict fief six livres tournois
ect six chappons au Jour ect feste de noel.

Item nous sommes patron ect avons droict de presenter en
aucunes Esglise donct la teneur ensuict : C'est asçavoir, a la Cure
de Serez fondée de Sainct Remy, a la cure de lhabit fondée de
Sainct Eloi, à la cure de La Fustellaye fondée de Sainct Gilles, a la
cure du Cormier fondée de Nostre Dame, à la cure de Jumelles
fondée de Saint Estienne, à la cure de Moette fondée de Sainct
Jacques, à la cure de Neufvillette la contesse fondée de Sainct
Blaise, à la cure de Neufville fondée de sainct Martin, à la chapelle de Mouceaulx le bois fondée de sainct Fiacre, à la cure de
Gaudreville la rivière fondée de sainct Leger, alternatifve a nous
et Gilles Delieurray Escuier sieur au dict lieu de Gaudreville en
partie.

Item à la chapelle sainct Michel assise en la paroisse Doullins
alternatifve entre nous ect l'Evesque de Chartres au droict du
Roy.

Item nous appartient un plain fief de haulbert nommé le Vivier
assis près ect en la balleue de Rouen qui soulloit antiennement
relefver en foy de la dicte Barronnie auquel fief y a haulte Justice
ect peult valloir la somme de sept a huict centz livres tournois de
rente.

Item nous appartient au droict de la dicte Dame nostre mère
une aultre Barronnie terre ect seigneurie appelée la Barronnie
de Garenne, etc. [Suit l'aveu de la baronnie de Garennes].

[in fine] En tesmoing de quoi nous avons signé et fait sceller du

scel de nos armes le septiesme jour de mai l'an de grâce mil cinq cent soixante et dix-neuf.

(*Signé*) : CHARLES DE LORRAINE. »

(Archives de la Seine-Inférieure, Registre B. 182, p^{ce} 94.)

1300. — *Registre terrier et coutumier de la baronnie d'Ivry.* — Extraits et analyse :

[F^{is} 1 à 6] « En l'an de grâce mil trois cenz fu cest livre escrit et ordené.

Fiefz mouvans d'Ivry.

Guillaume de Bouci tient de monseignour d'Yvri un membre de hauberc assis en la parroisse de Bouci, eu quel membre il a XVIII arpenz et demi de bois ; duquel membre Richart le Berruier de Bouci tient le tierz du dit Guillaume par hommage. Item Richart de Malassis tient le tierz du tierz que le dit Richart tient et le tient par lignage. Item Robert de la Plesse en tient rente par lignage, en la paroisse du Cormier, au Hamel et à Rochefort eu quel tenement Ferry de Betisy a xx sous de rente.

Philippe de Jumeles tient le quart du membre de Jumeles de la descendue de son père et de sa mère ; Item demi quart ; Item le quart d'un quart dont le seignour de la Perruche tient un fié à plainnes armes ; Item les effans de Ferrières i ont xv livres de rente qui fut donnée à lour mère à mariage lesquiex il tienet du dit Philippe par lignage ; Item Jehan de Mérebouton en a x livres de rente qui furent donnez à sa mère à mariage et les tient dudit Philippe par lignage.

Robert de Marteinville tient par membre de hauberc Marteinville et le tient de Raoul de Courton par lignage, duquel membre li seignour de la Foletière tient le quart par hommage et Guillaume du Bisson-Falue tient la metié de cel quart du dit seignour de la Foletière par lignage et i a trois acres de bois et Philippe de la Mauclergère tient l'autre metié du dit seignour de la Foletière par lignage.

Item le seignour du Bois-Milon tient du dit seignour de Marteinville un fié à plainnes armes ; Item Gillebert Scolle tient du dit seignour de Marteinville un fié à plainnes armes en la parroisse du Cormier ; Item monseu Jehan Sagour, prestre, en tient un fié à roncin qui vaut LV sous ; Item, Guillaume le prévost de Marteinville en tient une serjanterie fiéfée qui ne se puet despecier plus que membre de hauberc ; Item le seignour de Marteinville a v acres de bois en son membre ; Item Michiel Chevalier en tient un fié à roncin qui vaut xxxviii sous.

Jehan des Breuz tient le Val Davi par la metié d'un membre de hauberc, et le tient de Robert du Buc par la reson de Nicole de la Poterie sa femme et le tient de le par hommage, et le dit Robert et la dite Nicole le tienet de monseignour par hommage et i a le dit Jehan un herbergement et lxvi acres de terre gaengnable sanz les terres gastes, et lxx acres de bois de son demeinne et x livres en deniers de rente et xxviii oisiaux et vi setiers d'aveinne viᵡˣ oes et tient l'en de lui une prévosté fiéfée et i a xi acres de terre et i a herbergement et les hommes du dit Jehen tiennet vi masures et lxvi acres de terre gaegnable x acres de bois et en font les diz hommes pour moudre la u il voudront.

Ma damme Agnès de Sissé tient par la metié d'un membre de hauberc assis en la parroisse d'Espiers et de Saint-Martin d'Yvri duquel tenement elle a un herbergement à Espiers assis et xxx acres de terre et cent sous de rente qu'à la Cousture qu'à Espiers et ii chapons et ii oes, et en tient Robert du Bisson la terre qui fut Robert Jaquet par lignage et le prevost de Espiers la terre que Robert du Bisson li a eschangiée et autres choses avant que l'eschange fust fet et en tient damoiselle Jeheneste fille feu mon seignur Robert du Bisson ceu que elle a à Espiers par la reson de sa mère par lignage et Pherot de Merreville ceu que il a à Yvri et à la Cousture par la reson de Agnès sa femme par lignage.

Ameline La Prevoste de Breignencourt tient le quart d'un membre de hauberc assis en la parroisse de Breignencourt dont elle tient un herbergement entre Thomas Henriçon et la priourté de labaye et xii acres de terre dont il en a iii acres et demée à la Pommeraie entre labbé et Gilot du Buguerin, iiii acres au ni de lestoer entre Guillaume le Vezié et Guiart le Vezié au Fagos et ii acres entre labbé de chascune part, iii journex aus mès entre Colin de Malni et Raoul Hesbert, iii verges au Bergon entre Michiel du Périer et Pierres Cohen et un journal aus hautes entre labbé et Michiel du Périer; Item xii deniers que Guillaume Hébert doit à la dite Ameline de son herbergement et la dite Ameline les rent à mon seignour et en tient Michiel du Périer un herbergement et iii journal de terre assis entre Robin du Périer et Raoul Hesbert; Item vi journex à Biauvalet entre Guillaume le Vezié et Rogier Seguin, iii verges au Fretiz entre Jean Pequin et Henri du Moutier, un journel à la futaie entre labbé et Colin Angomer, iii Journex à Courbet entre Ameline la prevoste et Jehen du Périer, un acre à la rue Gérart, un herbergement que Ligier le feu tient de lui entre Ernoul le Feure et la rue Gérart, Guillaume Hébert en tient aus hautes 3 journés entre les hers Auberée du Huelle et labbé, iii vergés à Lestenceleux entre Jehen le Périer d'une part et d'autre, 3 journex à la Pommeraie entre le bois et l'abbé et Jehan du Périer et un journal au clos encosté Ligier Luce, un journal dessous la vile entre Gerin Galin et Raoul Hesbert. Raoul Hesbert en tient son herbergement' contenant iii verges et un acre au mès entre le Mestre et Guillaume le Cherpentier, Johenne la Rousse ii acres entre labbé et Giart Vezié, Cohen un acre encosté Colin Engueviner, Guillaume le Vézié ii acres au Berengier, 1 acre à Lestenceleux, un acre à la Pervenche, Jehen du Périer un acre à Lestenceleux encosté Guillaume le Vézié, Jehen le Mestre un acre à la Pervenche de par son père, ii acres au Bérengier de par Jehenne sa femme, Jehen Luce iii verges encosté le Vézié, Guiart le Vézié ii acres empres l'abbé; Item ii acres à la Futaye. Henri du Moustier iii verges emprès Michiel du Périer, Jehen du Monstier un journel emprès Jehem Pequin, Thomas le Feure un journel entre Colin Angueumier et Guillaume Bueselin, Guillaume Bueselin un acre entre Thomas le Feure et le fresche de Lourmetel. Colin Angueumer v verges entre Thomas le Feure et Michiel du Périer. Philippe Maledeite un acre entre Jehem Pequin et Ameline La Prevoste et en tient Jehem le Moigne ceu que il a Breignencourt par lignage.

Summa xlvii acres iiii herbergements.

Pierre le Bigot tient le quart d'un membre de hauberc à la Buschaille dont mon sire Richart Perceval tient la metié par hommage dudit Pierres; Item Simonnet de Hécourt en tient terre en la garenne d'Yvri par hommage, et Robert Bérart et Constance la Péguele en tiennet dont il ont vendu et le tiennet de Perceval par lignage.

Robert du Bisson tient le Bisson par demi membre de hauberc o toutes les apartenances du Bisson.

Raoul de Joy tient le quart d'un membre à la Chermoie dont Robert du Bois Morin en tient bois et terres au Bois Morin par lignage et i a le dit Raoul 3 acres de bois.

Agnès de Saint-Germain tient le quart d'un membre à la Chermoie dont Jehen le Rey tient la metié par la reson de Aaliz sa femme par lignage.

Jehen du Plesseiz tient le quart d'un membre à la Chermoie.

Colin de Bouci tient huitième d'un membre dont il est en la foi mon seignour où il a xii acres de bois où mon seignour prend le tierz quant il est vendu, et c acres de terre gaengnables et vi livres de cens en deniers seis à la feste Saint-Remy et a le dit Colin v hommes demoranz sous lui.

Mon seigneur Robert de Cierré, chevalier, tient de mon seignour environ iiiixx acres de terre sanz le Plesseiz qui est sanz dangier, environ iii acres; Item en deniers lx sous tournois une livre de provure et uns esperons à or, xiii oisiaux; Item environ xiiii livres tournois pour la value de moulin à vent¹ et le tient par le quart d'un membre de hauberc.

Vez cit le membre de Gaudreville à toutes les apartenances

---

¹ Cette dernière phrase est d'une autre main.

Jehan Bourguegnon de Bémécourt, escuier, tient le membre de hauberc de Gaudreville tout en quel membre il a plusours perçonniers qui tiennet de lui par lignage et il le tient de Rogier son frère par lignage, et Rogier de Bémécourt son frère le tient de mon seigneur d'Yvri par hommage et fet le dit Rogier au dit sire tels aides comme membre de hauberc doit et ne tient pas le dit Jehen Bourgueignon du dit membre demorant à lui plus de xxv livrées de rente ou là environ.

Guillaume du Fresne, escuier, tient par la reson de damoiselle Jehenne sa femme le quart d'un membre de hauberc à Gaudreville et le tient de Roger de Bémécourt, escuier, et vaut le dit quart environ lxviii livres tournois xii deniers et ceu tiennet le dit Guillaume et sa femme du dit Roger par lignage.

Jehennot de Virolet, escuier, tient un quart du membre de haubert à Gaudreville de Roger de Bémécourt, escuier, par lignage et vaut environ xxvi livres.

Robert le Galois tient à Gaudreville de Rogier de Bémécourt, escuier par lignage lui et ses perçonniers; c'est à savoir en deniers et en autres choses environ xxxiii livres.

Autres fiefz à plaines armes :

Veyci les fiefz à plaines armes tenuz de mon seignour par foi :

Jehen de la Haye tient de mon seignour un fié à plainnes armes c'est à savoir son herbergement et environ xv arpenz de bois derrières le manoir et xl acres de terre à chans, vi livres de rente en derniers feis, xxx oisiaux, viii setiers d'aveine de rente, viii ˣˣ oes à Pasques et entour un journel de vigne et demi mui de gaeng de champartz et les corvées de tous ses réseaux forz de la masure feu Guillaume le Botu et en tient madame Agnès la Croconne xvi journex de terre que Malauney tient de le et la dite Croconne les tenoit du dit Jehen par lignage.

Richart le Berruier de Boucy tient un fié à pleinnes armes de mon seignour en la parroisse Saint-Martin d'Yvri duquel fié mon seignour d'Yvri tient le tierz et l'apele l'en le fié du clos marchés; Item Guillaume de la Cossière en tient du dit Richart xxx journex de terre et le tient le dit Richart de mon seignour par hommage.

Perrinet de Gueinville tient de mon seignour à Bouci par un fié à plainnes armes, c'est à savoir xxxvii journex de terre et un herbergement, x sous viii deniers de rente et le tient de mon seignour par hommage et Robert de Gueinville son oncle tient icelui fié du dit Perrinet par lignage.

Philippe Hamon tient de mon seignour d'Yvri un fié à pleinnes armes par hommage dont il tient un herbergement et xxx journex de terre assis en la parroisse de Neuville jouste Saint-Adrien et xl sous de rente et ses frères et sa suer en tiennet d'icel fié un herbergement et xl journex de terre et une mine d'aveine de rente bouteré ou mesurer; et Robinet Hamon tient de cel fié lui et ses frères un herbergement et x journex de terre; Item Perrée fille feu Philippe Hamon en tient d'icel fié iii journex de terre; Item la mesnée Ami en tiennet en cel fié iii corvées l'an et ii setiers d'aveine boutée et xii deniers; Item les frères Philippe Hamon et sa suer en tiennet en cel fié champarz jusques à la value de xxx journex de terre.

Lorenz Malse de Tourneboissel tient un fié à pleinnes armes et en tient Jehen le Moigne de Espiers le tierz de cel fié du dit Lorenz par hommage et le preuz de Lorei en tient le quart d'icel fié par hommage du dit Lorenz, et doit lui et ces perçonniers dix setiers de blé de moute pour aler moudre au moulin de Neulie et ne les puet len contraindre d'aler moudre au moulins d'Yvri els né lour hommes pour la moute que els en paient et le tient le dit Lorenz de mon seignour par hommage.

Robin de Malassis tient de mon seignour d'Yvri ii fiez à pleinnes armes par hommage dont Bertaut de Malassis son frère en tient un fié du dit Robin par lignage; Robin de Malassis en tient de son fié xxxv acres de terre en son demeinne et iiii sous vi deniers sus ii acres de terre et ii pares de ganz sus iiii acres de terre et le dit Bertaut tient du sien xxxv acres de terre en son demeine et champart et iii chapons sus v acres de terre, xii deniers de sens sus v acres de terre; Item mon seignour d'Yvri en tient du Bertaut c sous de rente à Espiers qui furent Perrée de Malassis suer frère Jehan de Malassis et la metié du bois de Malni et l'autre metié du fié Robin de Malassis qui contient l arpenz dont Richart de Malassis a v arpenz de bois à Bouci pour son quart du bois de Malni et le puet vendre sanz tierz et sans quart ne sanz dangier nul; Item Richart de Malassis tient du sien fié ix acres et demie de terre à Malassis que il donna à sa suer à mariage, viii sous de rente à Espieds sus vi acres de terre; Item, sus un fié à roncin eu quel fié à xx acres de terre lxx sous de rente; Item Jehen le Moigne de Espiers tient du dit Richart le tierz de cel devant dit fié à foi donc le dit Jehen lui et son frère tiennent xiii acres de terre en demeinne et vi acres de terre qui sont du tierz de cel devant dit fié qui sont tenus de Jehen le Moigne à cens; Item, la moitié du fié à la Cornemiche qui doit xl sous dont mon seignour d'Yvri a xx sous qui furent Perrée de Malassis et les autres xx sous que mon seignour a achatez de la suer Jehen le Moigne, les quiex xx sous sont du tierz Jehen le Moigne que il tient de Richart de Malassis et le dit Richart le tient du dit Robin par lignage et doivent les aides tourner aus diz fiez.

Monseu Guillaume de Cérés, chevalier, tient de mon seignour d'Yvri un fié à pleines armes assis en la parroisse de Cérés et en tient ix xx journex de terre gaengnable en son demeine et son herbergement, et lxviii sous de rente et vi chapons, e en la paroisse de Saint-Martin d'Yvri vii sous de rente. Euquel fié les effanz monseignour Thomas de Mouciaux, chevalier, ont c sous de rente en la parroisse de Cérès que il tiennent du dit monseignour de Cérés, chevalier, par lignage e la maisnée Henri le Droais i ont c sous de rente à Céré le bois que il tiennet de mon siou Guillaume devant dit chevalier par lignage et en doit un setier de forment de moute pour moudre là où il voudra mains vaillant vi deniers du meillour qui vienge de Biausse au marchié d'Yvri et est à la mesure d'Yvri et puet aler moudre là où il voudra toute la queillette du dit fié pour le devant dit setié de fourment de moute et tient icel fié de mon seignour par hommage.

Guillaume de Malni tient un herbergement à Malni et xxx acres de terre et xvi journex de bois dont il est en hommage mon seignour et en doit fère le relief de sa mort tant seulement.

[Fis 6 à 10.] — Vez-ci ceu que l'en doit à Monseignour d'Yvri de rente à la Saint Rommi en la ville d'Yvri :

Guillaume Berart viii d. pour une ère assise entre Guillaume de la Housaie et la rivière en la rue de Garennes,   Sa viii d.

Jehan Dagornel xii d. sus la meson Lorenz le huchier devant la croix boissiée. Item iii d. pour l'ère à la Lambarde eu costé le jarding Johan Vincent à l'Estanche,   Sa xv d.

Robert le Chandelier iii d. d'un cartier de vigne aus Gaceus qui fut Maheut de Mésières. It. uns gaus de vi d. pour l'illeste derière la tennerie Estienne de Fresnoy,   Sa ix d.

Symonnet Durant xii d. pour sa vigne des Gaceus. It. ii d. pour la meson aus Vacheroz,   Sa xiv d.

Guillot de Cailli iii d. pour une place eu viez marchiet entre la voie de la portèle et la place Maheut Bourgeise,   Sa iii d.

Guillaume Richart (ou Rihart) iii ob. pour sa meson, jouste la meson Estiennot le Bouchier. It. i d. par. pour l'ère en la rue d'Esy jouste l'ère Odeline Liloyse. It. xviii d. pour sa vigne de la pierre-levée assise entre la vigne Robin le Camus d'une part, Sa xx d. ob.

Odin Cosse vi d. pour la place des moulins.

Jehanneste Pougeise vi d. et maille pour la meson au puis d'amours,   vi d. ob.

Symon Lenglois ii d. pour la meson Chastelain jouste la meson Barberel,   ii d.

Jehan de la Cooigne iii d. de la meson Jehan le Cherpentier. It. iii ob. sur l'ère Jehannot Liloys. It. iii mailles sur la meson Jehenne du Hamel,   Sa vi d.

Henri le Garennier vi d. pour l'ère au vachier. It. iii ob. pour l'ère Perrot le Vachier. It. uns ganz de vi d. pour la vigne qui fu Robin Ogier aus Gaceus,   Sa xiii d. ob.

Jehan de Mondreville iii ob. pour l'ère des moulins.

Renaut du Char iii s. vi d. pour ses vignes des Gaceus et des prez qui furent feu Raoul Gervase,   Sa iii s. vi d.

Richart le Cavetier vi s. pour la meson feu Gilebert Belot. It. vi d. pour l'ère de la Plancheste. It. i d. par. pour l'ère de la rue d'Ezy jouste Jehannet Lylois, Sᵃ vi s. vi d. parisy.

Aaliz la Teinturière iii s. sus la meson où elle maint; It. iv d. pour l'achat Jehennot Pepin sus la dite meson; It. iv d. pour la place Coquin; It. i d. pour l'ère Safrey, Sᵃ iii s. ix d.

Marguerite fille feu Michiel Morin xv d. pour sa meson où elle maint, Sᵃ xv d.

Guillot Hamet iii s. pour la meson Raoul du Guischet, Sᵃ iii s.

Thomas Davi vii d. pour la meson Filippot Bourgeise, Sᵃ vii d.

Robin Bourgeise xvi d. tourn. iii petevines sus sa meson de l'Estanche, Sᵃ xvi d.

Ameline du Hamel iii s. ix d. It. iii par. pour sa meson où elle maint. It. xviii d. tourn. sus son courtil derrière la tennerie. It. i d. par. i d. tourn. pour l'ère de la rue de Garennes emprès Jehan Liloys, Sᵃ v s. ix d.

Estienne de Fresnoi xiii d. par. pour le tiers de la meson feu Felippe du Hamel. It. ii d. tourn. pour la meson Jehannot de Cailli le petit, Sᵃ xvii d. i d. par.

Galot Gervese iiii d. pour sa meson en la boucherie, Sᵃ iiii d.

Gille la Fourberesse ii d. pour sa meson jouste la Galot, Sᵃ ii d.

Le prevost d'Arreval x d. pour i courtil en la rue d'Esy jouste la meson Johan Liloys. It. viii d. tourn. sus une aubue sur le chemin dont l'on va d'Yvri à Saint Germain joignant au clos Monseignour d'Yvri. It. ii d. et maille tourn. sus i place devant l'uis à la Teinturière; Sᵃ xx d.

Guillaume Le Fevre xv d. pour l'ille de l'Estanche sur la Tourniole, Sᵃ xv d.

Ade la Mignonne ii d. pour sa meson de la boucherie, Sᵃ ii d.

Les hers feu Jaquet le Bouchier viii d. pour la meson du tour de la rue Nostre-Dame, Sᵃ viii d.

Florie la Péguele vi d. pour i cartier de vigne aus Gaceus jouste Jehanne de Meri, Sᵃ vi d.

Les hers feu Jehanne Tresel xviii d. de lour meson jouste Michiel Durant. It. iiii d. de la meson jouste la meson à la fille Chauvet. It. v d. pour ii illes, Sᵃ ii s. iii d.

Gillebert le Bourrelier vi d. pour la meson qui fu Hubin, Sᵃ vi d.

Robin Morin clerc xviii d. d'une meson emprès la cohue. It. iiii d. pour la meson Johan Lillois de la rue d'Esy. It. ii d. pour les illes Symon Leuglois, Sᵃ ii s.

Raulet Fessart iii s. ix d. pour le crois de sa meson en la rue de Garennes, Sᵃ iii s. ix d.

Robin le Camus xxi d. pour le jarding Auvere et des places de devant la Portèle, Sᵃ xxi d.

It. v s. pour sa vigne sa femme, Sᵃ v s.

Jaquet le Peletier vi d. pour i cartier de vigne as Gaceus emprès Guillaume Bérart, vi d.

Robert Cosse v s. pour la meson qui fu Symon de Fresnoi; It. vi d. pour le cai; It. i d. du pré Harchier; It. iii s. pour une ère qui fu Pépin, Sᵃ viii s. vii d.

Raoul Chufet vi d. pour i cartier de vigne aus Gaceus jouste la vigne Jehan de Meri, Sᵃ vi d.

Jehan du Pré l s. de sa meson où il maint qui fu au Féron pour lui et pour ses parçonniers, Sᵃ l s.

Les hers Hue du Pré ii d. pour la meson Senienpes, Sᵃ ii d.

Mahalot la Bouchière fille feu Gieffroi le Bouchier xii d. pour demi arpent de vigne aus Gaceus jouste la vigne Monseignour d'Yvri. It. xx d. pour sa partie de l'ère de l'Estanche, Sᵃ ii s. viii d.

Johanne la femme feu Gautier le Peletier et ses effanz viii s. pour lour meson au pont lonc. It. ii d. pour l'ille d'emprès, Sᵃ viii s. ii d.

Colet le Selier, clerc iii s. tourn. pour i meson emprès Barberel. It. iii d. pour l'ère de la Portèle. It. i d. parisi pour la meson Colet d'Evreus, Sᵃ iii s. iii d. t.

Les hers feu Guillot Gervese xii d. pour lour meson ; It. v d. pour la meson aus Vacheroz, xvii d.

Marguerite fille feu Symon Durant vi d. pour sa meson du lonc pont, Sᵃ vi s.

Michiel le Cordoennier v d. pour sa meson du lonc pont, Sᵃ v d.

Jehennot Bourdon xii d. sur la meson sa femme emprès la meson Robert Cosse. It. iiii pour l'apentiz Pierres Cosse. It. x s. pour sa terre de la vallée, Sᵃ xi s. iiii d.

Les hers feu Nicolas de Nantillie xii d. pour leur chambre coie ? xii d.

Tephaine et Adeste de Paris iii d. sus la meson qui fu Raoul Leulier, iii d.

Mahieu le Charpentier xii d. pour l'essue de sa meson derrière la cohue, Sᵃ xii d.

Guillaume des Loges vi d. du jarding et de la meson qui fu Bourgis emprès la porte de la boucherie. It. ii s. vi d. d'une pièce de vigne sus la voie de Labit. It. xii d. d'une ère que Lorenz le Huchier tient en la rue d'Esy jouste l'ère Nicolas de la Houssaie, Sᵃ ix s. vi d.

Jehan Morin xii d. pour la meson Baugoet de la rue Notre-Dame It. vi d. pour la mesou Michiel Morin emprès la meson Hechien ? It. iii d. pour la vigne du postiz du val, Sᵃ xxi d.

Maheut de Mesières vii s. pour i arpent de vigne des conquez feu Robert de Champignie à Terre fort, jouste Raoul le Mignon. It. iii d. pour i cartier de vigne aus Gaceus jouste la vigne Mahalot la Bouchière, Sᵃ vii s. iv d.

Gille la Lamberde iv s. vi d. et ob. douc l'en li doit iv s. de rente sus la terre à la femme Guillot de Mauni à Frèsfossé. It. sus Henri de Pacy vi d. sus la meson devant les hales ; It. ii s. vi d. sur une place devant la meson Colet Dieuloie,   Sᵃ iv s. vi d. ob.

Colet Dieuloie xii d. pour sa meson,   Sᵃ xii d.

Michelot Fronmentin xii d. de l'ille d'emprès le moulin aus moignes,   Sᵃ xii d.

Les hers Aboullet ? vi s. pour i ère en la rue d'Esy jouste l'ère. Lorenz le Huchier. It. v s. pour i cartier de vigne à la pierre-levée du fié au Féron,   Sᵃ xi s.

Denisette fille Hechien v s. sus l'ille de l'aune jouste l'ille Heraut,   Sᵃ v s.

Matieu Morel xii d. sus la meson du val. It. xviii d. du clos jouste la planche des prez ; It. v d. des eres des prez emprès Mahalot la Bouchière,   Sᵃ ii s. xi d.

Perrot de Lille v s. sus son hesbergement de l'ille,   Sᵃ v s.

Robin le Charpentier vi s. pour i hesbergement qui fu Robin Sanz Amie derrières la cohue,   Sᵃ vi s.

Perrot de la Garenne vii s. sus i pré en la rue d'Esy joignant de la pasture. It. xii d. de la terre du blanc-tuertre jouste la terre Mahalot la Bouchière ; It. iii d. pour la terre du fossé jouste Raoul Ostru,   Sᵃ viii s. iii d.

Maheut la Rommée vii s. sus un pré en la rue d'Esy joignant de la pasture,   Sᵃ vii s.

Pierres Barberel x s. sur sa meson où il maint jouste la Selière,   Sᵃ x s.

Jehan Renier xii d. de sa meson devant les presouers. It. xii d. de sa terre de la croiz Mauni aboutant sus le chemin comme l'en và d'Yvri à Saint Andrieu,   Sᵃ iii s.

Lorenz le Huchier xii d. sus i pièce jouste sa meson el val devant la croiz boissiée. It. xxv s. pour i arpent de vigne eu clos du val. It. ii s. vi d. pour i ère entre Triboillet et Nicolas de la Houssaie en la rue d'Esy du fié Maillart,   Sᵃ xxviii s. vi d.

Le prestre du Pré iii s. sur la pierre ? Auberée et sus la voie qui souloit aler à l'iaue jouste les murs aus moignes,   Sᵃ iii s.

Guillaume de la Forest xx s. sus ses mesons du lonc pont jouste Thomas le Tenneour ; It. iii d. pour le quart d'un arpent de vigne aus Gaceus qu'il achata de Jehennot Moutarde,   Sᵃ xx s. iii d.

Perrot Mouflet vi s. sus sa meson d'emprès Rogier Belute, Sᵃ vi s.

Michiel Leulier vi d. pour sa meson où il maint jouste la meson Gillebert le Bourrelier,

Jehan le Cervoisier iii d. du croissement de sa meson où il maint jouste Symart de Quesignie ; It. iii d. pour une place qui est emprès la meson à la fille Chauvet,   Sᵃ vi d.

Estienne le Bouchier iiii d. pour sa vigne du val ; It. iii s. pour i ère es hantes jouste Colet Tuevigne,   Sᵃ iii s. iiii d.

Symon de Quesignie vi d. pour la meson où il maint emprès la meson Jehen le Cervoisier,   Sᵃ vi d.

Estienne Daugeron viii s. pour un courtil entre les moulins et la maison Jehen de la Cooigne,   Sᵃ viii s.

Lorenz le Peletier x s. pour sa meson devant le pont Dohier ; It. iiii d. pour la meson Johanne de Cailly emprès icelle, Sᵃ x s. iiii d.

Constance la Peguele iiii s. viii d. pour sa meson où elle maint devant les hales,   Sᵃ iiii s. viii d.

Raoul Haro ii s. sus l'ère que il a el val jouste Triboillet,   Sᵃ ii s.

Symon le Bouchier x s. sus une ère à l'Estanche qui fu Guillot de Cailly, jouste Mahalot la Bouchière ; It. i d. par. iii ob. tourn. pour demi-cartier de vigne aus Gaceus, jouste Monseignour d'Ivri,   Sᵃ xii d. iii petévines.

Guillaume de Cérès i d. par. iii ob. tourneises pour demi-cartier de vigne as Gaceus jouste Symon le Bouchier, Sᵃ ii d. iii petevines.

Guillot le Rouge ii d. sus sa meson devant les hales au pain,   Sᵃ ii d.

Symon le Tondu i d. sus sa meson jouste la place à l'abé en la rue de Garennes,   Sᵃ i d.

Johan Lilois xii s. vi d. pour demi-arpent de vigne el clos du val,   Sᵃ xii s. vi d.

Rogier Belute xxv s. pour un arpent de vigne el clos du val ; It. xxv pour plantes à la pierre-levée entre Guillot Cornart et Raoul le Fournier,   Sᵃ L s.

Jehan Lillois xii s. vi d. pour demi-arpent de vigne eu clos du val. It. v s. sus son tenement en la rue de Garennes emprès la femme Huet Ogier.   Sᵃ xvii s. vi d.

Jehan le Grant d'Ollins ix s. iii d. sus une meson en la rue d'Esy jouste la meson Henri de Saint-Aubin,   Sᵃ ix s. iii d.

Aubin du Bar vi s. iii d. d'un cartier de vigne du clos du val ; It. xii d. sus la meson aus hers Huet Ogier jouste la meson Jehan Lillois ; It. xii s. pour une ère du frèche outre le fossé. Sᵃ xix s. iii d.

Nicolas de la Houssaie xxv s. pour i arpent de vigne eu clos du val ; It. iii s. pour i ère jouste le périer Rogier le Charon,   Sᵃ xxviii s.

Guillot Declive? xii s. vi d. pour demi-arpent de vigne eu clos du val. It. vi s. iii d. pour un cartier de vigne eu clos qui fut Richart le Vachier. It. x s. pour un arpent de terre sus les gaz entre Raoul le Fournier et Jehan le Tainturier,   Sᵃ xxviii s. ix d.

Guillaume Poupart xii s. vi d. pour demi arpent de vigne eu clos du val,   xii s. vi d.

Perrot le Vachier ii s. pour cartier et demi de vigne eu clos du val,   Sᵃ ii s.

Guiffroi Serlot xii s. vi d. pour demi-arpent de vigne eu clos du val,   Sᵃ xii s. vi d.

Jehan de Mesières clerc ii s. vi d. pour arpent et demi de pré emprès son gort,   Sᵃ ii s. vi d.

Johanneste la Cornarde v s. pour i cartier de vigne à la pierre

levée jouste Robert le Chandelier ; It. IIII s. pour I jarding entre
Nicolas de la Houssaie et Robert Loripel,   S^a IX s.

  Robert Loripel IIII s. pour cel jarding meismes.

  Martin Goucu XVIII d. sus l'ère du Muret en la rue d'Esy, S^a XIII d.

  Pierres Oriole III s. pour les champars de XV journex de terre
par dela la croiz Mauni entre la terre Richart de Malassis et la terre
Raoul le Fournier ; It. IIII s. sur sa meson eu val emprès la meson
aus hers Benoit Perguel,   S^a VII s.

  Olivier le Barbier VI d. pour I ère que Colette de l'Estanche tient
en la rue de Garennes,   S^a VI d.

  Jehan Durant XII d. de la meson Barbe Daloe du Guischet
emprès Raoul Haro ; It. XVII d. pour la meson qui fu au prestre de
Moeste jouste Jehan de Maini,   S^a II s. V d.

  Raoul de la Baaste VI d. ob. pour sa meson sus le puis
d'amours,   .   S^a VI d. ob.

  Jehennot de Cailly II d. de la meson où Aubert maint emprès
la meson Lorenz le Peletier,   '   S^a II d.

  Les hers au Potier III s. sur les ères d'emprès le pré Harchier,   S^a III s.

  Guillaume le Vachier IIII s. pour I ère emprès le pré Harchier ;
It. II s. VI d. pour sa meson du tuertre jouste l'aubue aus hers
feu Martin Fessart,   S^a VI s. VI d.

  Johan Renier du Pré VI s. des ères du pré Harchier,   S^a VI s.

  Millesent la Hardie X s. pour demi-arpent de vigne à la pierre
levée jouste Guillot Declive ; It. III s. III d. pour I ère entre Dalippe
et Jehan le Cervesier,   S^a XIII s. III d.

  Gillebert Serlot IIII s. pour I cartier de vigne souz la Mole
jouste Jehan Demmi-la-voie ; It. XII d. pour l'aubue d'emprès
Colet Guiard,   S^a V s.

  Jehan Demmi-la-voie X s. de la vigne de la pierre-levée, jouste
Raoul le Fournier ; It. III s. de sa vigne du tuertre,   S^a XIII s.

  Jehan de Coudumel IX s. pour I hesbergement emprès Richart
le Camus ; It. IIII s. pour I aubue emprès Colet Guiart,   S^a XIII s.

  Raoul le Mignon II s. V d. sus I ère ès près jouste la femme
Bourderon,   S^a II s. V d.

  Colet Guiart IIII s. sus I cereseroie emprès Jehan Coudumel,   S^a IIII s.

  Colet d'Evreus X s. de demi-arpent de vigne à la pierre levée
jouste Monseignour d'Ivri ; It. IIII s. pour I ère au pré Harchier,
jouste Coquet,   S^a XIIII s.

  Gieffroi Lenglois V s. de II acres à la plancheste jouste Gillebert le Moutardier,   S^a V s.

  Les hers feu Guillot Lillois XII s. sus le hesbergement qui est
emprès la meson Gieffroi Serlot,   S^a XII s.

  Raoul le Pastaier XL s. pour la meson qui fu Jehan le Féron
emprès la meson Jehan de Mery,   S^a XL s.

Henri le Mareschal II d. sus sa meson emprès Gillébert le Bourrelier; It. IIII s. pour la place de la rue nuesve qui fu Guillot de Roen,   Sª IIII s. II d.

Symon Crespin XVIII d. du courtil de la tennerie,   Sª XVIII d.

Robin Achart de Espiers III s. IX d. sus une ère qui est en la rue de Garennes jouste feu Martin Fessart,   Sª III s. IX d.

Perrot Tybaut II s. pour une ère à la haye poire mole jouste Gillebert Serlot,   Sª II s.

Estienne de Mirebel XVIII d. sus le courtil Guillaume Rennier? des Mésières entre l'ère Estienne le Bouchier et l'ère Martin Gouçu,   S XVIII d.

Estienne d'Avrillie III s. de la meson devant les hales aus charestes,   Sª III s.

It. uns ganz de V d. de sa meson; It. IX d. pour III cartiers de vigne as Gaceus.   [o].

Colet le Barbier IIII s. pour une ère qui est ès préz,   Sª IIII s.

Juliane la Cotonnière XV s. IX d. sus sa meson jouste la porte de la boucherie, -   Sª XV s. IX d.

Gillebert le Moutardier IIII s. pour une ère en la rue de Garennes jouste Odet Goguerie,   Sª IIII s.

Symon Courtillet II s. VI d. de ses ères des Gaceus jouste Guillaume Bérart et Robin le Camus,   Sª II s. VI d.

Johannet du Pré III s. sus I cartier de vigne à la pierre levée jouste la vigne Symon Courtillet,   Sª III s.

Perrot Trenchant II s. pour une aubue de la rue de Garennes qui fu Robin Ogier jouste Colet de la Planche,   Sª II s.

Symon le Vachier ob. tourneise sur un courtil du pré Harchier,   Sª ob. tourn.

Constance la Rougesse II d. sus la meson ou Robin du Brueil maint en val,   Sª II d.

Raoul le Fournier I petevine de la meson qui fu Mayroles; It. I d. tourn. pour l'apentiz qui fu à la Cornarde; It. IX d. pour sa meson de jouste la Joh. Vincent à la porte Saint Martin; It. VI d. tourn. pour la vigne qui fu dame Luce; It. III s. pour les terres comme l'on vat à Saint-Germain emprès les hayes de Charité; It. II s. VI d. pour la granche qui fu Gascelin; It. XVIII d. pour la meson Robert le Chevrier; It. III ob. pour la vigne Pepin de Terre-fort; It. VII d. ob. sus les ères Odeline Lyloyse, Sª IX s. tourn., I d. par.

Pierres Leschopart III d. pour la meson Guillaume du Citel? le jeune; It. VI d. de la vigne Lorenz le Huchier; It. III ob. pour l'ère Odeline Lyloise; It. pour l'ère Jehan Lilloys VII d. ob.; It. VIII d. pour le tenement Coupe-estrieu; It. VIII d. pour la rente qui fu Thomas de la Chambre,   Sª II s. X d.

Johan Vincent XV d. sus ses III pièces de vigne de la plancheste des Gaceus; It. XVII d. sur la vigne de la loge des Gaceus; It. VI d. de demi arpent de vigne emprès la fille Jean le Vilain; It. XII d. sus son jarding de l'Estanche ; It. ii s. sussa vigne de Cherite ; It. xxi d. sus la vigne qui fu Robert le Vilain à Cherite ; It. xviii d. sus la meson à la Cotonnière sus la boucherie ; It. xviii d. sus la meson qui fu Robert de Saint Andrieu, qui fu Philippe du Hamel ; It. xiii d. tourn. i d. par. sus les mesons Phelippot Bourgeise et Raoul de la Baste ; It. vi d. de demi arpent de vigne qui fu Estace Morin aus Gaceus ; It. xviii d. sus la meson Gascelin et sus la meson Henriot de Pacy jouste la meson Poupart ; It. i d. de ses boves du val ; It. ii s. de la vigne qui fu Odeline de Mante ; It. iii d. sus la meson Denise Hechien ; It. ix d. pour cartier et demi de vigne qui fu Jehannot Moutarde,

Sa xvii s. iii d. petevine.

Jehan de Cailly, ii s. vi d. pour sa vigne des Gaceus entre la Monseignour d'Yvri d'une part et la Jehan Renier d'autre part ; It. xxii s. ix d. pour ses deux mesons entre Gautier Lefèvre et Gillebert le Bourrelier. It. i d. par. ob. tourneise pour la vigne qui fu Guillaume Albe entre la vigne Oriole et la vigne Estiennot le Bouchier ; It. iii s. sur la meson Gautier le Fèvre entre la meson du dit Jehan de Cailly et l'apentiz qui est tenu de Jehan Vincent,

Sa xxviii s. iiii d. iii petevines.

Olivier le Barbier iiii d. pour la meson Saffrey jouste la meson Galot Gervese,   Sa iiii d.

Jehan le Teinturier ii s. pour la meson du coing de la ruelle au bout de la meson Estiennot le Bouchier ; It. xviii d. pour la place qui fu Guillot de Cailly derière sa meson ; It. ii s. de la place de l'iaue ; It. xii d. de l'essue à aler à l'iaue de la meson Barbe Daloe,   Sa vi s. vi d.

Guillot Hoe x s. pour son herbergement en la rue de Garennes, entre Guillot Poupart et Colete la Hoec ; It. x s. sus un jarding entre Jehan Lilloys et les hers feu Hue du Pré,   Sa xx s.

Lucas Dardenne clerc pour la reson de sa femme iii s. de la meson Jehan le Charpentier emprès la meson Phelippot Bourgeise ; It. vii s. vi d. pour la meson feu Martin Fessart entre Guillaume Bérart et la Robin le Camus ; It. pour la vigne qui fu Rogier de la Chambre et Hue le Peletier, i d. emprès Robert le Chandelier et le champ au Féron ; It. pour la meson Martin Piquart de l'Estanche x d. ; It. de la meson feu Johan le Cordoennier vi s. entre les deux ponz ; It. pour la meson Raoul Boel de l'autre part iii s. ix d. ob. ; It. pour la meson Poupart devant les hales emprès la meson Renaut Blanchet, ii s. ; It. xviii d. pour le courtil de la meson Michiel Durant ; It. de l'apentiz Michiel Morin et pour vi piez de place emprès vi d. ; It pour la meson Hue Anssel d'emprès la boucherie vi d. ; It. pour la partie Monseignour de la forfeture Johannet Anssel iii s. ; It. de la meson Jehan le Charpentier iii d. ; It. pour la vigne des Gaceus xii d. It. pour la meson Hechien ii d.

Sa xxx s. vii d. ob.

Jehen de Méry iiii d. pour les mesons où Guillot le Pataier

maint, lesquiex iiii d. Thomas d'Ollins l'escuier souloit avoir. It.
vi d. pour sa vigne des Gaceus qui fu Pepin; It. vi d. pour la vigne
des Gaceus au chantièrre; It. iiii d. ob. pour demi cartier de vigne
aux Gaceus qui fu Guillot Gascelin; It. iii ob. pour les ères Poupart
emprès les Richart. It. iiii d. sus la meson Guillaume le Vachier du
val et sus le jarding desrières; It. iii s. de son celier emprès Roussel
des Noes; It. i d. pour un pré à la pierre levée qui fu Gascelin; It.
xii d. pour la place des viez pressoers; It. vez-ci ceu que il a achaté
de la Lamberde sus la meson Johan le Bezennier, et sus la meson
Ameste la fille Thomas du Rougepérier ii s.; It. vi s. sus le moulin
à ten que les effanz Jehan du Hamel tiennent; It. v s. sus la meson
Jehen le Cervesier l'an [sic] il maint emprès Symart de Quesignie;
It. la vigne qui fu Lorenz le Huchier sus les gaz emprès Raoul le
Mignon; It. iii s. de rente sus les apentiz Guillaume des Loges entre
Estiennot le Bouchier et le dit Guillaume et de ces choses il doit à
Monseignour d'Yvri xii d. de rente; It. pour la meson Mahaut de
Mesières emprès sa bove ii s. vi d. jouste la meson Guillaume Le
Bret; It. iiii s. vi d. pour le pré aus Galois des rentes qui apparte-
noient au Féron xiv s. vii d.

Henri de Pacy iiii d. pour la meson Gascelin de la porte de la boucherie; It. une fesche, de cire de vi d. à paier à la Saint Oursin
pour iii erpenz de vigne as Gaceus i cartier moins; It. v s. vi d. de
ces vignes meismes; It. vi d. pour la vigne Symonnet Durant des
Gaceus; It. pour les garniers de pierre qui furent aus Anssiaux xii
d.; It. pour l'ille jouste le pont lonc iii ob.; It. pour les terres gaengnables xxi d. It. de la meson Guillot le Porteour xxiii s. It. pour
la meson qui fu Robert Pepin i d. It. pour la vigne qui fu Peguel
i d.; It. pour la vigne du val qui fu Colet Avri i d. It. pour la meson
Guillot Fessart ob.; It. pour i cartier de vigne sus le pré le conte
vi d., It. pour i cartier de vigne jouste Odeline de Mante, vi d., It.
v d. pour la rente que Estace achata de Gille la Lamberde c'est assavoir
xi d. sus le herbergement Symon le Tondu en la rue de Garennes,
It. ii s. vi d. sus la terre jouste le champ Saint Martin, It. ii s. sus
une pièce de terre jouste la terre Raoul le Fournier, It. vi d. pour
monternes? (monteruel?) c'est assavoir pour la meson Colet de la
Houssaie du val et pour sa meson Pierres de la Garenne jouste
icelle et pour iii journex de terre à plante florie jouste la terre Barberel, It. pour la meson dessus le pont Dohier xviii s., It. pour le
fié au blanc prestré xii d.   Sa xxxvii s. v d.

Jehen de Malin iii s. viii d. pour sa granche et pour la clos [sic]
des murs d'entour. It. iiii d. pour l'ère au pendu, It. xv d. pour la
meson qui fu Gascelin Berart entre sa soue meson et la Jehan Durant.

Colete la Hoee iiii s. d'un herbergement assis entre Gilet Les-
tourdi d'une part et les hers Guillaume de Pacy d'autre.

Les hers feu Guillaume le Vilain viii s. ix d. pour le tenement
que il tiennent de lour père.

. Michiel le Charpentier vii s. pour le fossé qui fu au Mesgeieier.

Jehennesté la Passem⁰ (Passementière ?) xviii d. pour demi cartier de vigne assis entre Guillot des Essars et Robert le Camus.

. Robert Morart vi d. pour sa meson de la rente (de la route ?) à l'escuier d'Ollins.

Pierres Laresonneour v s. pour la meson qui fu Jehan as moés.

. Guillaume de Garencières ii s. vi d. sus les mesons que Monseignour lui donna, laquelle rente M⁰ʳ achata de monseign. Gui de Mondreville chevalier.

Etienne D'Avrillie xv d. pour iii quartiers de vigne as Gaceus, que il achata de monseignour.

Perrot du Pré ii s. vi d. pour une ère au bout de la portèle.

[Fin du recto du f⁰ 10 (ancien xx).]

F⁰ 11. Vez-ci la lettre du contenz qui fut entre l'abbé et le couvent d'Yvri et Monseignour d'Yvri.

F⁰ 12. Vez-ci les rentes du feuage d'Yvri.

F⁰ 12 v⁰. Vez-ci le taxage de la ville d'Yvri.

F⁰ 13. Vez-ci les rentes de la rivière d'Yvri en laquele il y a xii gorz.

F⁰ 13 v⁰. Vez-ci le poyvre deu à Monseignour d'Yvri à la feste Saint-Remi.

. Vez-ci celui [qui] est deu à la Toussainz.

. Vez-ci le poivre de Noel.

. [Total du poivre de l'année : 15 liv. demi-quarteron].

F⁰ 14. Vez-ci les estaux aux bouchiers de la ville d'Yvri.

[Il y en a 11.]

Vez-ci les moulins d'Yvri.

[Le moulin tannerez de l'estanche. — Le pois au ten ; — le moulin tanerez d'emprès le moulin aus moignes ; — le moulin foulerez ne puet fouler fors par nuit et le samedi après nonne et le dyemenche et doit avoir le ban pour toute la terre monseignour du foulage.]

Vez-ci les coustumes qui appartiennent à la prevosté d'Yvri fetes par Guillaume de Myrebel, escuier, baillif d'icel leu, et par monseu Jehan, personne du Breudepont et par le serment de ceuls ci-dessouz à nommer : c'est assavoir Johan Vincent, Pierres des Loges, Nicolas le Selier clerc, Robert Cosse, Jehan Durant, Michel Durant, Jehan de Cailly, Estace le Vilain et Marie de Pacy sa femme, Symon le Vachier, Robert Morart, Estienne d'Avrillie, Guillaume de Cérés, Robert le Chandelier, Gilebert le Bourrelier, Guillaume de la Houxaie, Rogier Belute [ou Behite ?], Guillaume Bérart, Guillaume Lucas, clerc, labellion Monseignour, Guillaume du Hamel, Raoul de la Baste.

En la dite prevosté est le travers de la chaussée qui dure de la haie du Nerprum jusques à la haulte espine de Rouvres et i puet prendre le prevost jusques à ces ii metes, et si puet prendre dedens ces metes en droit chemin il doit poier lx s. i d. tournois d'amende et se il est trouvé en faus chemin, il doit avoir forfet quant qui sera trouvé sus soi de marchandise et tout ce qu'il porte.

Et doit paier chascun cheval menent harenc en charecte iiii d. t.

Et le cheval portant harenc à somme et tout poisson frès doit paier   iiii d. t.

Les chevaulx menans vin en charecte doivent pour tout pour chevaulx et pour charecte   ii d. t.

La charette portant draps en gibbe entière   xvi d. t.

Se elle n'est que de trois trousseaulx elle ne doit que   xii d. t.

Se elle n'est de deux trousseaulx   viii d. t.

Le sommier à draps doit   iiii d. t.

Chaque mercier portant fardel se il est cordé   i d. t.

Et s'il n'est cordé il ne doit que   ob. t.

Chaque broette doit ob. s'elle ne porte masquerel

De charete qui porte mesnage d'ostel quant elle est passante,

La couste doit   iiii d. t.

Le cheveciel   ii d. t.

Le couvertoer   i d. t.

La couste pointe   i d. t.

La huche   iiii d. t.

Pour nappes à linthiaux (linchiaux?) chacune nappe single i d. t.

Et se il en y a trois ou quatre entretenans, elles ne doivent que   i d. t.

Et telle ne doit riens.

Se il y a chanvre cy passant sans marchandee (?), le cent de livres doit   iiii d. t.

Se il y a en la huche garnemens ou hors de son dos (?) chacun doit   i d. t.

Le peliçon doit   ob. t.

De lart pour le baccon   i d. t.

Et se il n'y avait que une fliche ou ung quartier ou une pièce si devroit-il   i d. t.

La dolouere doit   i d. t.

De la faulx deshantée   i d. t.

Se elle est enhantée elle ne doit riens.

Chacun millier de masquerel sallé doit   xvi d. t.

Soit à cheval ou charete et s'il est frès il s'acquitte comme autre poisson.

Le millier de morues sallées doit   xvi d. t.

Le millier de seiche doit   xvi d. t.

Le beuf et la vasche chacun doit   i d. t.

Le mouston et la brebiz chacun doit   ob. t.

Le muy de miel et de oylle de noix chacun doit   xvi d. t.

Et nulle autre oylle ne doit riens.

La somme de fer ouvré doit   I d. t.

Le cent de fer à ouvrer   IIII d. t.

La somme de coyvre, de arain et d'estain chacune doit I d. t.

Se c'est à arne qui porte le fer ouvré   ob. t.

Chascun juif doit   IIII d. t.

La juifve doit   VIII d. t.

[Nota. — que dans le Registre de l'an 1300, il y a : La juiefve grosse.]

Se le juif porte trousseure dovers lui elle doit   I d. t.

Se il y a garnemens, chacun doit   I d. t.

De chacun livre de leur loy   IIII d. t.

se il y a es de fust ou de cuir bouly.

Se le juif passe les mettes sanz paier sa coustume il paie à la haussée d'Ivry   LX s. et I d. t.

Se il passe par la ville d'Ivry il doit d'amende   XII s. I d. t.

Se juifs vont par faulx chemin ilz ont forfait tout ce que ilz auront entour eulx.

Chacun cheval et chacune jument doit   II d. t.

L'arne doit   I d. t.

La chieuvre   ob. t.

Chacune charreste menant merrien à vin? qui ne vient des boys Mgr d'Ivry doit   II d. t.

Et doit estre cest travers à la cousture et au gai de l'espine.

Fo 15. Veez ci le travers et la coustume de la ville d'Ivry et dure la sieute du travers du frès-fossé jusques au fief de Garennes, les portes passées et le petit pont.

Et se les marchans d'Ennet passent par le pré sens entrer ès portes ilz ne paient riens, mais autrement y paient et aussi ceulx d'Ivry ne paient rien à Ennet se ilz ne passent par entre les IIII portes.

La sieute du travers de la cousture et du gué de l'espine dure tant seulement comme la terre de Mgr d'Ivry s'estant.

Chacun boulenger cuisant doit au sabmedi de coustume I d. t.

Se ilz vont en la grant hale chacun doit pour halage   I d. t.

Chacune charette portant pain venent de hors au mercredi doit de coustume   II d. t.

La somme du cheval au mercredi doit   I d. t.

La somme à col, à arne, à mulet doit   ob. t.

La charretée de pain au sabmedi doit de coustume   II d. t.

Et si doit pour halage   I d. t.

La somme au cheval au sabmedi doit   II d. t.

La somme à col, à arne, à mulet chacun doit   III ob. t.

La baschoue doit   II d. t.

Chascunne coeffière doit de halage   ı d. t.
Et ne paient point de coustume.

Chacun drappier doit de coustume   ıı d. t.

Chacun chaussetier doit pour coustume   ı d. t.
et pour halage doit   ob. t.

Chacun mercier, chacun sueur, chacun tanneur, chacun cordonnier, chacun megissier poient chacun   ııı ob. t.

Chacun ointier doit   ıı d. t.

Chacun contreporteur se il passe par la ville doit   ob. t.
se il descent son pennier sur estal ou sur fanestre pour vendre il
doit   ob. t.

Chacun boucher pour chacune ausmaille que ilz tuent la septmaine doivent   ı d. t.

De chacun porc on doit   ı d. t.

De chacun mouston   ob. t.

Chacun tanneur doit pour chacun cuir à poil   ob. t.
et se il y en a cinq il doit   ıı d. t.
se il y a ung lot de cuirs il doit   vııı d. t.

De chacun cuir tanné il doit   ı d. t.
se il y en a cinq   ıııı d. t.

D'ung lot de cuir tannez   vııı d. t.

Les cuirs de veaulx de lait doivent autant de coustume comme les
autres cuirs, de la Saint Jehan jusques à Noël,

Se le cuir à poil vault plus de ıııı d. et se le cuir tanné vault
plus de xıı d. t. (sic).

Les taverniés quant l'un achate de l'autre ung tonnel de vin de
la cueillette de la ville, de chacun tonnel   ıı d. t.
et de la cueillette dehors ilz ne doivent riens.

Chacun tonnel de vin vendu dehors en gros, sens broches ıı d. t.
et se il est vendu à broche il ne doit rien.

Des tonneaulx vuiz vendus chacun doit   ı d.
et le vin vendu à destail qui doit coustume pourtant qu'il y ait du
vin qui vaille la coustume, le prevost n'en puet nul traitter à
amende et ne doit nul des bourgoys point de coustume de vin que
il cueille en sa cueillette.

Le cent de sieuf doit de coustume   ıııı d. t.

Le cent d'oint doit de coustume   ıııı d. t.
et se il est ouvré en sa meson il ne doit riens.

Sueurs, savetiers et harenguiers chacun doit pour sa fenestre
pour septmaine (?)   ob. t.

La somme de noix à cheval   ı d. t.

La somme de pommes, de poires et de tout fruit doit   ı d. t.

Somme à col, à arne et mulet doit   une ob. t.

Tout fruit à pierre ne doit riens ne chastaignes ne doivent riens.

La somme d'aulx à cheval doit   ı d. t.
et quant c'est à col il ne doit que   ob.

Le cent de lainne et de peaulx doit   iiii d. t.

[Repris la copie dans le registre original. — Nota que dans le cahier original les prix ne sont pas détachés au bout de la ligne.]

et se il i a xii toisons, ob.; et si passé xii jusques au quarteron, i d.; et s'il passe le quarteron, iii ob. jusques à la douzeine entre le carteron et si ni a que i toison ou ii ou iii jusques à la douzeine si doit elle ob.

Les aignelins devant la Saint-Jehan ne doivent point de cons· tume et après ils doivent xii d. i d.?; la pel de goupil i d. ?; les peletiers doivent de chascun guernement i d. se sont? à pié ob.; à cheval i d. Le henapier doit pour toute l'année 1 henap ne du peour ne du meillour. Le verrier 1 verre double pour toute l'année. La chareste de verres passant 1 verre double et se elle met à estal ausi. Le verrier à col 1 verre sengle. Les potiers doivent au samedi chascun 1 pot. L'escuelier chascun samedi 1 escuele. Oevre de pois doit au samedi chacun estal iii ob. Chascun hostel doit xii d. de serement d'espave? se il ne se veult faire créable par son serement qu'il ait bien poié toutes ses coustumes de l'année et ne le puet le prevost achesonner fors d'ici à demain de sa coustume et se il atent le tierz jour il ne lui puet riens demander ne trère à amende de coustume oublié. E se le prevost le fet semondre lendemain que il aura vendu ou achaté il convient que responge devant lui et i est s'amende.

Chascun batel montant toutes foiz que il vient de Roen à Yvri il doit 1 mine de sel quant il amaine du sel; se il aporte cuirs à genz dehors, chascun lot doit iiii d.; se il est charchié de harenc, chascun millier doit iiii d., de tout grain venant d'aval, le mui ii d., du blé avalant de chascun guernier du batel iiii d. ; et s'il est en bennes de iii setiers? i d.

Chascun estalage de sel vendu hors au samedi doit 1 poignée de sel; la somme de sel à cheval i d. — à mulet, à arne, à col ob. La somme de blé, d'avainne, de tout autre grain à cheval i d., à mulet, à arne, à col, ob. Se aucun a une beste et il ne l'a tenue an et jour et il la meine à aucun marchié hors de la ville, ou autre chose qui coustume doie, il doit dépaier la coustume. La chareste à sel, charchiée en ceste ville, qui s'envet hors, doit ii d. à monseignour, i d. à Nostre-Dame. Se aucun descharge tonneaux en la ville et il en envoie la chareste et les chevaux sauz deprier la coustume il doit estre en amende et tout comme la chareste est en la ville il ne doit point d'amende, et d'ilec il puet charchier en l'eaue sanz passer la portèle, et se il passe la portèle sanz poier sa coustume il est prenable et se le batel arrive en la semaine mon seigneur et il gist dedenz la portèle, la coustume est monseignour; et se il gist dehors la portèle et il passe lendemain et la semaine aus moignes est, la coustume est aus moignes. Une mole de molin et

une mole à feu? chascun iiii d.; l'enclume ii d.; les foux, 1 d.; le mestier au telier, iiii d.; la ferreure à chareste, se elle vient à cheval, à
col, 1 d.; et se la chareste est ferue (?), ii d. Les fuz venduz sans fer
1 d.; ceuls qui achatent vin ou cervoise à revendre, de la chareste
ii d.; du fer à cheval 1 d., à col ob. Le pain à revendre la somme
à cheval 1 d.; à col, ob.; du chanvre vendu, se il est creu en lour
propre héritage, il ne doit riens, et se il est achaté et revendu,
de chascun xii d., 1 d., et le lin ausi comme le chanvre.

F^{is} 16 r° à 19 r°.—Ce cit les rentes de la Foutelaye deuz à la Saint-
Remi.

F^{is} 20 r° à 21 r° — Cez ci les rentes de Cérés deues à Mgr d'Yvri
au terme de la Saint-Remy.

22 r°. — Cez-ci les rentes des herbergemenz de la ville de Espiers.

22 r° et v°. — Cez-ci le fié Peronele de Malassis, assis en la
paroisse de Espiers.

23 r° et v°. — Cez-ci le fié Guischart.

24 r° à 25 v°. — Cez-ci les rentes de Jumeles deues à Mgr d'Yvri
à la feste Saint Remy.

25 v°. — Labit, à la Saint Remi.
   —   Boucé.
   —   La Couture.

26 v°. — Cez-ci les rentes du Cormier.
           La Chermoie.

28 r° à 31 r°. — Cez-ci les rentes au syre d'Yvri du Breudepont
deues au terme de la Saint-Romi.

31 r° à 32 r°. — Cez-ci les rentes du Breudepont deues à la
Toussainz.

34 r° à 38 v°. — Vez-ci les rentes de Biaumont, deues à Mgr d'Yvri
à la feste Saint Remi.

39 r°. — Vez-ci les rentes de Biaumenil et de la Foletière-en-
Ouche deues à Mgr d'Yvri à la feste Saint-Remi.

39 v°. — Vez-ci les rentes des chapons de Biaumont deuz à
Mgr d'Yvri à Noël.

(Somme des chapons de la paroisse de Vielles, cxv.)

40 r°. — Vez-ci les gelines de Biaumont deues à Mgr sur les tene-
menz dessus devisez.

(Somme des gelines de la paroisse de Vielles, xlviii.)

Vez-ci les gelines de la terre d'Ouche : Biaumenil.

(Somme des gelines d'Ouche et Biaumenil, xxxiv.)

40 v°. — Vez-ci les chapons de la terre d'Ouche :

(Somme des chapons de la terre d'Ouche et de Biaumenil, lxi
chapons.)

41 r°. — Vez-ci les oes de Biaumont et de la terre d'Ouche deuz
à Mgr d'Yvri à Pâques. = Biaumont...

La terre d'Ouche...

(Somme des oes pour Vielles et Ouche, xiii^c xxvi.)

IVRY.   35

41 rº. — Vez-ci l'aveine de Biaumont, deue à Mᵍʳ d'Yvri : —
(2 setiers 10 boissiaux).

Le seigneur de Biaumont doit à Mᵍʳ, sus son moulin Bardel,
xvIII liv. vI s. vIII den.

Le seigneur d'Harecourt doit à Mᵍʳ, sus son moulin de Biau-
montel, xvIII liv. vI s. vIII den.

42 vº. — Vez-ci les rentes des viez baux d'Espiers deues à
Noel. (IIII liv. xIx s. vII den.)

43 rº. — Vez-ci les noviaux baux de Espiers.

43 vº — Vez-ci les chapons de la terre d'Yvri, deuz à Mᵍʳ d'Yvri
à Noel :

> Jumelles (vIII chapons).
> Le Cormier (II chapons).
> La Chermoie (vIII chapons).
> Espiers pour le fié Guischart (vII chapons).

Vez-ci les gelines de la terre d'Yvri deuez à Noel :

> Espiers pour le fié Guischart (v gelines 1/2).
> Cormier (II gelines).
> Jumeles (II gelines).
> Cérés (III gelines).
> Labit...

44 rº — Vez-ci les avenes de Cérés, deues à Noel.

Vez-ci les rentes que Lorenz Masse vendi à Mᵍʳ deues à Noel, à
Moeste et à la Neuville.

> Cérés.
> Tourneboissel.
> Breignencourt.

45 Iº

FIN

(Archives Nationales. — Q¹, 194².)
(Registre folioté au xvIIIᵉ siècle par 45 ff.; mais qui en avait autrefois au moins 62.)

1380. — Extrait du papier rentier de la terre et seigneurie d'Yvry
fait par Micaud Cassé, en l'an mil IIIᶜ IIIIˣˣ.

(Archives Nationales. — Q¹, 194² ?)
(Ne contient que l'indication des biens soumis à rente.)

1403. — C'est la valleur de la terre et baronnye d'Yvry pour ung
an commençant à Pasques mil IIIᶜ et troys et fînissant à Pasques
après.

Deniers payés sur la dite recepte pour un an...
A Guille, bastard d'Yvry vii^c lxviii l.

(200 pages environ sur papier.)
(Archives Nationales. — Q¹, 194ᵉ.)

Compte rendu par Jean Lenglois à Robert d'Estouteville du revenu de la Baronnie d'Ivry pour un an, de Saint-Remy 1468 à 1469.
Payé au maréchal d'Ivry vi^{xx} iii fers à cheval, qui valent viii den pièce.

(Cahier parchemin, assez bien écrit.)
(Archives Nationales. — Q¹, 194⁰.)

Comptes des receptes et mises pour mil iiii^c lxx et lxxi.

4ᵉ gort au-dessous de la Tourniolle...
Gaiges d'officiers : au bailli d'Ivry,
— au viconte,
— au verdier,
— au procureur,
— au receveur.
La ville d'Ivry où il souloit demeurer plusieurs mesnages et de présent luy demeure que xxx mesnagiers ou environ, et souloit valloir en l'an iii^c iiii^{xx} et xviii pour le terme Saint-Remy iiii^{xx} vii l. xvii s. i den.
La ville de Saint-Andrieu où il souloit demourer bien cinquante à soixante mesnages et à présent n'y en demoure que sept, et souloit valloir par chacun an en rentes lvii l. vii s. i den.
[Marcilly-sur-Eure avait quatre-vingts ménages, n'en a plus que quinze.]

(Très curieux pour les fiefs et revenus.)
(Archives Nationales. — Q¹, 194ᵉ.)

Compte de Thomas Poignant, prêtre, à Robert d'Estouteville pour Ivry.
3 années, de Saint-Remy 1473 à 1476.

Robert de la Fontaine, bailli,
Guillaume Lecoq, viconte.

(Gros vol. sur parchemin.)
(Archives Nationales. — Q¹, 194ᵐ.)

Le compte des cens, rentes, revenus de la terre, seigneurie et
baronnie d'Ivry appartenant à noble et puissant seigneur Monseigneur Robert d'Estouteville, tant en son nom comme ayant la
garde, gouvernement et administration, de par le roi, des enfants
de luy et de deffuncte.... Ambroyse de Lorey, jadis sa femme...,
de Saint-Remy 1477 à 1478.

(Très curieux et bien détaillé pour la consistance des domaines.) 1481. — Florentin de
Coutes, viconte d'Ivry.
Gros registre in-4° en papier 1/2 reliure ut supra, couverture en parchemin.
(Archives Nationales. — Q¹,194ᵐ.)

Le compte de la baronnie d'Ivry, rendu par Eslois Le Coq... années 1477-1478.

(*In fine.*) Gaiges d'officiers : — pour les gaiges du capitaine du
chasteau dudit lieu d'Ivry qui souloit prendre gage et pension sur
la recette dud. lieu d'Ivry, pour l'an de ce présent compte... néant.

F° 2 v°. — Une maison, masure, court et cave derrière, assis
devant la halle au pain..., d'autre bout la motte du château.

Un jardin où anciennement souloit être le cay, assis ès faubourgs
d'un b. sur rue, d'aut. b. sur la rivière.

F° 3 r°. — Jehan de l'Isle, pour jardin et maison assis ès faubourgs d'Ivry en allant à la rue aux moulins entre le pont Bretel et
le grand pont, d. b. sur la grant rue qui tend aus d. moulins, et d.
b., la rivière qui descend du dit pont Bretel.

Id. v°. — Une maison assise auprès de la porte de la boucherie,
d. b. sur la rue de devant la boucherie, et d. b. aux murs de la
fortification de lad. ville.

4 r°. — Une maison et place assise emprès de la halle au pain; d.
c. la rue de la Corne de Cerf; d. b. à la grant rue de devant lad.
halle au pain.

Une maison et cave assise en la rue de Garenne... ; d. b. à la
motte du château. et d. b. à lad. rue de Garenne.

Id. v°. — Maison et jardin assis en la rue de Garenne hors la
ville.

Maison et jardin assis ès faubourgs entre la porte de la Boucherie et le pont Bretel, d. c. sur la douve des fossés du vivier Monseigneur; d. b. la fosse par laquelle l'eaue soulloit aller dud. vivier au Pont-Notre-Dame...; pour l'autre porcion dud. jardin, d'un bout à la grant-rue ; et po ur un porche et travail à chevaux étant devant icelle sur rue.

5 r°. — Guillemin Labbé, une maison, cour et cave assis devant la halle au pain, d. b. à la grant-rue de devant lesd. halles, et d. b. la Motte du Château.

Un jardin assis en la rue de Garennes hors la ville, d. c. la terre Saint-Martin d'Ivry, d. b. le ru, et d'aut. b. le chemin qui tend à Garennes.

v° — De Perrin Rotrou, en lieu de Jehan Frosmont, à cause de sa femme, fille et héritière de feu Jehan de Blaru, pour une masure où soulloit avoir maison qui fut Gérard de Javry, escuier, assis en lad. rue de Garennes, d'un c. une ruelle par la quelle l'en soulloit aller au château, d. b. lad. rue, et d'aut. b. la Motte du Château.

De lui, au droit que dessus, une autre maison..., assise ès basses rues, d'un b. les murs de la fortification.

De Gieuffroy Ragentisse? pour une masure et jardin assis ès faubourgs vers les grans pons, d'un c. le chemin qui mène à la portelle, d'aut. c. la juifverie, d'aut. c. la grant-rue qui mayne aux d. pons et d'un b. le cay.

Une pièce de pré assise ès prayries d'Ivry à la pointe vers les grans prés,... d'un côté la Fontaine, d'un bout sur la rivière qui descend au pont Bretel, et d'aut. b. le pré Saint-Martin.

6 r°. — De la veuve de Jehan Bérart pour une maison assise en la ville d'Ivry joignant de la porte de la boucherie d'un costé et d'un b. aux murs de la forteresse et d'aut. b. la rue.

De Aubelet? Hamien? pour l'estal et la maison où il demeure, assis devant la boucherie dud. Ivry, d'un c. la rue qui tend de lad. boucherie ès basses-rues, d'un bout à la rue de la boucherie.

v° De Jehan Pollet, pour une maison assise près la porte de la boucherie, d'un b. les murs de la forteresse et d'autre b. la rue et lad. boucherie.

Un jardin assis vers le gué du Val appelé le gué Saint-Martin.

7 r° — De Guillemin Bruet, pour une place en laquelle on dit que anciennement souloit estre la cohue, assise devant les halles au pain, d'un c. la rue de la Corne de Cerf.

De Jehan Cresté, pour une maison et lieu assis ès faubourgs dud. lieu d'Ivry devant le puis d'Amours..., d'un b. la grant-rue qui mayne aux moulins, d'un b. la rivière.

v° — De Jehan Drouart, pour maison place et jardin assis ès faubourgs devant led. puis d'Amours, d'un b. la grant-rue et d'autre b. la ruelle qui descend au moulin des moines.

De Julien Guerard, pour maison, masure et jardin assis ès faubourgs d'un c. la ruelle qui tend au moulin des moignes, d'un bout la rivière qui vient aud. moulin, et d'aut. b. la grant-rue.

8 r°. — Maison, masure... assis ès faubourgs, d'un c. lad. rivière, d'un b. au chemin de la Chaussée.

Maison assise en la grant-rue d'Ivry en allant à Garennes.

De Jehan de la Mare, pour une maison assise ès basses rues d'Ivry, près la Corne de Cerf, d'un c. la rue qui mayne de la boucherie auxd. basses rues, d'autre c. à une place vuide, d'un b. la rue de la Corne de Cerf.

De Gieuffroy Le Cas, pour une maison, court et jardin assis ès faubourgs, d'un c. le chemin qui maine au moulin aux moignes, d'un b. la grant-route et d'aut. b. la rivière qui vient aud. moulin.

v°. — De Jehan Le Mercier, pour une maison de nouvel édifiée, assise devant les grans halles, d'un bout la rue de devant les halles.

De Robin Sergent, pour une acre de terre assise au Val, sur le chemin qui maine à Esy, d'un c. le curé d'Ivry, d'un b. au pré au pendu, et d'aut. b. led. chemin.

De Simon de Quincarnon, pour une masure et cave où souloit avoir maison, assise en la rue de Garennes, d'un c. une place vuide, d'un b. la rue et d'aut. b. la Motte du château.

9 r°.... assis aux faubourgs vers la porte de la boucherie et le pont Bretel d'un c. et d'un b. à la rivière qui vient passer par-dessoubs le pont (?) de lad. boucherie, et d'aut. b. la rue venant de lad. boucherie aud. pont Bretel.

v°. — Maison et postis assis près la Corne de Cerf, d'un c. à la rue par laquelle on vient de la boucherie ès basses rues d'un c. ès murs de la fortification.

De Jehan le Moine, pour une maison nouvellement édifiée, qui fut à feu Martin Egasse, assise près la halle au blé, d'un c. à la rue qui descend de derrière lesd. halles à aller au guichet du vivier de Mgr, d'un b. à la rue de devant icelles halles, d'un c. la rue qui maine aud. vivier.

10 r°. — Maison et court derrière, assise devant la boucherie, d'un c. Lucas Duquesne, d'aut. c. Aubelet Hamien, d'aut. b. la rue de devant les grans halles.

v°. — M. ccc lxviii Guillaume d'Ivry, baron d'Ivry.

... maison assise devant les grans halles, d'un b. la grant-rue de devant la boucherie.

11 r°. — Autre domaine fieffé à Ivry qui est en non valoir :
vi acres assises à l'Estanche ; on ne scait qui les tient.

Ung quartier où souloit avoir vigne, assis aux sentes oultre le gué de la Bucaille, qui est en non valloir.

11 v°. — Maison assise près la porte Saint-Martin devant l'église... d'un b. la grant-rue.

Une place où soulloit avoir maison, assise ès basses rues près le lieu où soulloit estre le presseur, en non valloir.

12 r⁰. — Un quartier de gast où soulloit avoir vigne assis au cloz Saint-Martin...

(Philippot Le Pescheur.)

v⁰. — Une masure et jardin assis ès faubourgs d'Ivry, entre le pont Bretel et les grans ponts, d'un c. le moulin aux Moignes.

13 v⁰. — Maison assise sur les pendants de la motte du château au-dessus des maisons de la ville.

14 r⁰. — Aire assise vers l'abbaye, au petit pré.

v⁰. — Une pièce de gast où souloit avoir vigne, assis aux grans Saulx, près la pierre-levée.

Un jardin et ozeraie assis vers les grans moulins de Mgr.

15 v⁰. — Lieu où soulloient estre les vieulx presseurs.

Jardin assis sur les arrière-fossés de la ville d'Ivry, entre le pont de la boucherie et une place où soulloit avoir un moulin à ten qui fut Guillot de l'Isle.

16 v⁰. — Masure assise ès faubourgs près le moulin aux Moignes... d'un c. aud. moulin.

... La fontaine du Val...

... Assis ès faubourgs entre les deux pons, d'un c. l'eaue qui maine au pont Baroche.

17 v⁰. — Quartier et demy de gast où soulloit avoir vigne et cherisaye assis au cloz du Val,

... Assis aux Ponceaulx.

18. — La ruelle des Gasseux.

19 r. — La voie de la Planchette.

20 r. — Un arpent de gast où soulloit avoir vigne, assis soubz la tour.

... Une aire assise à la Planchette des Gasseux...; une autre à la Portelle.

20 v. — ... jouxte le pont du Val ;... la croix du Val.

21 r. — ... jardin assis ès faubourgs près la belle Croix.

21 v. — Robert de Couillarville, chevalier.

22 r. — ... assis au clos du Val près le clos Saint-Martin.

23 v. — Maison assise ès faubourgs, près du pont Dohier.

24 r... une aire assise au Clozet.

25 r. Maison assise près la porte par laquelle on va à Garennes.

25 v. Jardin entre le pont de la boucherie et le pont Bretel.

26 r. Vuide place assise au pont Dohier.

27 r. Pièce de terre et cerisaie assise au clos du Val, soubz la tour, jouxte le chemin allant à la Houssaye.

28 r. — Le pré au pendu.

F⁰... ? A..., pour avoir été à Beyne, faire savoir que Claudin d'Amfreville était mort...

1ᵉʳ fᵉᵗ v⁰. — Appréciation faite en la vicomté d'Ivry tenue par honnourable et saige Guill. Le Coq, escuier, vicomte dud. lieu :

Chacun mynot de blé fourment mesure d'Ivry			ii s.
— — moutture — —			xx d.
— boissel de blé fourment — —			xx d.
— mynot d'orge — —			xii d.
— boissel d'orge, mesure d'Evreux			x d.
— mynot d'avoine, mesure d'Ivry			x d.
— boissel d'avoine, mesure d'Evreux			viii d.
— chappon			xx d.
Chaque poulle			xv d.
— oye			ii s.
— cent d'œufz			xx d.

(Archives Nationales. — Q¹ 194⁴.)

Compte premier de Maistre Jehan Francart, prebtre, procureur et receveur général à Garennes pour noble et puissant seigneur Mꭇʳ Jacques d'Estouteville..., des mises et receptes par luy faictes en l'ostel de Garennes, tant à cause de l'acquit du sel et argent deu sur la rivière de Eure qui se paie au dit lieu de Garennes pour les baronnies d'Ivry et de Saint-Andrieu en la Marche, terre et seigneurie de Marcilly sur Eure, appartenant à mondit seigneur, comme des deniers par lui reçus des autres receveurs particuliers du dit seigneur en ses dites terres et seigneuries et autres pour trois mois commençant le premier jour de juillet M iiiᶜᶜ lxxix et finissant le dernier jour de septembre aussi au dit an.

(Les 8 premiers feuillets sont relatifs à des perceptions sur les bateaux.)

22 juin 1479. — Simon de Morsalines, prêtre, receveur d'Ivry.

Deuxième compte du même pour un an de la Saint-Remi 1479.

Recepte sur les bateaux : iiiᶜᶜ xlvi l. i s. viii den. t.; (bateaux montant et descendant).

Etienne de Beaurepaire, abbé commendataire d'Ivry, séjourne, en octobre 1479, en l'ostel du sire d'Ivry à Garennes.

Décembre 1479. — Séjour de J. d'Estouteville à Garennes pendant plusieurs jours.

Le vendredi 21 janvier 1480, Jacques d'Estouteville arrive à Garennes, il y reçoit Mᵐᵉ de Torcy, le trésorier et le bailli de Rouen ; la dépense du mois est de xii lb. vii d. t.

(Il résulte de ce chapitre de mises et dépenses que Jacques d'Estouteville venait souvent à Garennes et y recevait.)

(Le registre contient des détails intéressants sur les séjours fréquents et les dépenses que faisait le seigneur à Garennes où il avait maison nantie.)

Les recettes de bateaux sont nombreuses.

Il semble que ce compte soit celui que M. Mauduit avait noté antérieurement comme coté Q. 1.194² dans lequel il avait pris la note suivante :

Compte de 1479 à 1482. — La Tour d'Ivry près la cohue dudit lieu, construite et faite toute neuve, l'an de ce présent compte, en laquelle sont les prisons dudit Ivry.
(Les comptes de constructions y sont détaillés.)

(Archives Nationales. — Q⁴ 194².)

Compte deuxième de la recepte, valleur et revenue de la terre et baronnie d'Ivry, appartenant à noble et puissant seigneur Monseigneur Jacques d'Estouteville... et de la despence et mises sur icelles receptes, faites par Florentin de Contes, escuier, vîconte et receveur ordinaire de la dite baronnie d'Ivry, pour une année entière commençant au jour et terme Saint-Remy mil cccc iiiᵡᵡ et ung le dit terme comprins, et finissant à semblable jour et terme mil cccc iiiᵡᵡ et deux, icelui terme non compris. Et est assavoir que audit compte sont déclarez plusieurs des droitz et prérogatives appartenant à mondit seigneur à cause de sa haulte justice de ladite baronnie d'Ivry tenue nuement et sans moyen du roy notre seigneur à cause de la conté d'Evreux, ainsi et en la manière qui ensuit :
... la parroisse Saint Jehan du Pré ès faubourgs dudit lieu d'Ivry.
... Marché aux pourceaux.

[Il semble que c'est encore à ce compte que se réfère la note ci-dessous de M. Mauduit]:

« Ferme des guerniers de la vieille halle...
« Et pareillement pendant le dit moys (juin 1481) le Roy fut au dit lieu de Garennes deux voyages, l'espace de huit jours à aller et venir... a esté dépendu la somme de iiiᵡᵡ, lb. i s. ix d. tz. »

(Gros registre en papier de 338 feuillets ; 1/2 rel. veau fauve ; titre en rouge.)
(Archives Nationales. — Q. 194 ¹⁰.)

Compte de la recepte et valleur de la baronnie d'Ivry en 1486-1487. (150 p. environ sur papier ; beau).
A Colin Deschamps pour ouvrages de son métier de charpenterie, faits en la tour d'Ivry.   l s.

... la vigne des Gasseux.

A Gervais Labbé et Colin Deschamps, charpentiers, pour avoir refait les ponts du dit Ivry, tant les ponts des moulins que le pont Bretheil, lx iiii s.

(Archives Nationales. — Q¹, 194¹⁰.)

État des rentes, revenus, dignités...

. . . .

... de la baronnie d'Ivry...

... appartenant à nobles et puissantes damoyselles Charlote et Marie d'Estouteville, soubz ââgées, filles et héritières de deffunct
...Jacques d'Estouteville... et de haulte et puissante dame Gillette de Coëtivy à présent femme et espouse de hault et puissant seigneur Anthoine de Luxembourg, ... l'an mil cinq cens et dix.

(Archives Nationales. — Q¹, 194².)

1515. — Registre de la baronnye d'Ivry, auquel sont contenus et déclarez les dignités, droictures, rentes et revenus d'icelle baronnye appartenant à hault et puissant seigneur Charles de Luxembourg, comte de Roussy et baron d'icelle baronnye d'Ivry à cause de haulte et puissante damoiselle Charlote d'Estouteville son espouse, fille et héritière en moictié de deffunct noble et puissant seigneur messire Jaques d'Estouteville, en son vivant chevalier seigneur de Beyne et de Blainville, baron du dict Ivry et de Sainct André-en-la-Marche, conseiller, chambellan ordinaire du Roy nostre sire et prévost de Paris. Icellui registre fait en l'an mil vᶜ quinze par Jaques Magneval, escuier, conseiller en court laye, recepveur général et ordinaire de mon dit Sʳ le Conte...

(Siphorien Duchemyn, escuier, bailly d'Ivry, hoc tempore).

(Registre sur papier écrit sur 202 pages.)

Page 1. Dignités et droictures de la dicte baronnye d'Ivry.

Par suite de transaction intervenue entre les religieux de l'abbaye d'Ivry et le baron du dit lieu, ce dernier doit leur laisser élire leur abbé, mais il prend part à l'election et sa voix vaut celles de deux religieux.

Le baron d'Ivry a une messe célébrée chaque jour par un des religieux.

Il a le droit de choisir sa sépulture au chœur de l'église ou ailleurs et de mettre deuil en painture avec ses armes ès parrois de la dicte église.

P. 2. Le baron d'Ivry a droict de présenter et est patron des cures et chappelles cy aprez nomez et ains qu'il sensuyt :

Le Lhabit, Serez, Neufville, La Fustellaye, Le Cormier, Moëte, La Neufvillete, Gaudreville-la-Rivière (alternativement avec le seigneur du lieu), la chapelle de Mouceaux le bois, la Malladerie d'Ivry séant en France en la chapelle de...

P. 3. Le baron d'Ivry a son chasteau ès? ville d'Ivry à fossez et forteresse qui, à présent, sont en décadence; en la quelle ville et en toute la dite baronnye il a haulte justice, moyenne et basse, bailly, viconte et verdier, et tous droitz et congnoissance de matières criminelles et civilles que il appartient à hault justicier en Normendie.

P. 4. Le baron a droit d'aunage sur les draps qui se font en sa baronie.

P. 4 verso à 10 verso. La prévosté et travers et les coustumes d'Ivry.

(On y trouve le détail, très explicite, de tous les droits perçus au profit du seigneur.)

P. 11 à 13. Nobles fiefs tenus de mondit seigneur à cause de la dicte baronnye d'Ivry.

P. 14 à 15. Domaine fieffé deu en la dite baronnye d'Ivry tant à la ville et ès villages et parroisses aux termes et ainsy quil sensuyt :

1° IVRY

(Suit la désignation des propriétés d'Ivry.)

P. 57 à 97, Espietz;
P. 98 à 136, Serés;
P. 136 à 149, Foucrainville;
P. 151, Neufville;
P. 153 à 163, Moete, Malassis, La Houssaye et Le Lhabit ;
P. 165 à 173, La Fustellaye;
P. 175 à 190, Le Cormier;
P. 191 à 202, Jumelles.

(Archives Nationales. — Q¹, 194².)

1523. — Compte de Guyon Broquet, receveur pour la baronnie d'Ivry.

F° 2 v°... rue tendant de la boucherie au four à ban...
... Rue du puys aux femmes.

F° 4 r°... la rue descendant de la halle au blé vers les murs de la ville.

... Rue descendant de la halle au blé à la poterne...; rue de la Corne du Cerf.

F° 6... maison assise en la ville d'Ivry..., d'un bout sur les murs de la ville et d'autre bout la grant-rue devant les halles.

... La ruelle tendant de la porte Saint-Martin,... d'autre bout les murs de la ville.

(Cahier de 426 feuillets, manquent le 1ᵉʳ ou les premiers feuillets ; assez mal écrit.)
(Archives Nationales. — Q¹, 194¹¹.)

———

Compte que rend Pol Le Cat de la recepte, valleur et revenue de la Baronnie d'Ivry à noble et puissante dame Madame Charlotte d'Estoutteville...

Et de la despence et mises faictes par ledit Le Cat recepveur ordonné de la dite baronnie pour une année entière commençant au jour Saint-Remy mil cinq cens trente trois pour... et finir à pareil jour et terme mil cinq cens trente quatre.

F° 369. Jehan des Vaulx et Robert Bouton [?] tabellions en la vicomté de Rouen [?].

Fait au dit lieu de Rouen, le 11ᵉ jour de may 1535.

(Reg. de 369 feuillets en papier, d'écriture inégale.)
(Archives Nationales. — Q¹, 194¹¹.)

———

Compte que rend Jehan de Villiers, escuier, de la recepte, valeur et revenu de la baronnye d'Ivry à très haulte et très puissante dame Madame Dyane de Poictiers dame et duchesse de Valentinoys et Dyois, baronne de la dicte baronnye d'Ivry, dame d'Ennet, Breval et Monchauvet et de la despence et mises faictes par le dict de Villiers recepveur comptable de la dicte baronnye d'Ivry, commis pour une année entière, commençant au jour et terme Saint Remy mil cinq cenz quarante neuf, le dict jour includ et comprins, et finissant à pareil jour et terme mil cinq cens cinquante, le dict jour exclud et non comprins.

(Extraits... passim...)

F° 42°. — Noel de Bauffre fermier des garniers de dessus les grandes halles, réservé celui où l'on met les tables de la Charité.

— On y rapporte les paiements de gages faits aux officiers de la baronnie.

— Il n'y est point question du travers par eau.
— Moins intéressant que le précédent registre.

(Registre petit in-folio, 88 feuillets, papier.)
(Archives Nationales. — Q¹, 194.'')

Compte que rend Claude de Valles, recepveur, de la valleur et
revenu de la baronnie... (*ut supra*)... pour 1554-1555...
(Intitulé copié sur celui qui précède.)...

(Ce registre a 75 feuillets in-folio en papier. — Sauf une partie des chiffres, il ne
semble qu'un calque du précédent compte rendu par de Villiers.)
(Archives Nationales. — Q¹, 194¹².)

Comptes des barounyes d'Ivry et Garennes rendus par Julian
Bouju pour l'année mil cinq cens cinquante six.
Le premier feuillet commence ainsi :
« De la ferme de l'Isle de la Buchaille, adjugée... etc... »
Il ressemble, pour le contenu, aux deux registres précédents.

(Registre en papier de 80 feuillets in-f°.)
Archives Nationales. — Q¹, 194¹⁴.)

PIÈCES JUSTIFICATIVES DU CHAPITRE XXIV

Extrait du compte rendu par Faurin, fermier des domaines et
biens des terres et baronnies d'Ivry et Garennes, aux Fermiers
généraux, du prix du bail desdites terres et baronnies pendant
3 années et 1/2 commencées au 1er juillet 1747, et qui ont fini au
1er décembre 1750 :
Le prince de Conty avait loué ces terres à Faurin, pour 9 ans,
du 1er janvier 1743 au 31 décembre 1751, moyennant 43.000 livres
par an.
Le roy est devenu propriétaire par contrat d'échange du 19 septembre 1747 pour jouir à compter du 1er juillet précédent.
Le fermier acquittait en sus de son prix, par année :

A la fabrique de Saint-Martin d'Ivry   75 l.

Au sieur abbé d'Ivry   200 l.

A la fabrique de Garennes   11 l.

Aux religieux d'Ivry   18 l.

La rente due à la fabrique de l'église Saint-Martin l'était en vertu d'un contrat passé le 22 juin 1682, portant cession de plusieurs héritages aux anciens seigneurs d'Ivry.

Les 200 l. payées à l'abbé étaient pour lui tenir lieu de la jouissance des moulins banaux, du travers par terre et des halles d'Ivry pendant chacune des dixièmes semaines qui échoient pendant le courant de l'année.

Les 18 l. aux religieux représentaient un septier de blé et trois livres de cire d'une ancienne fondation.

Les 11 l. de Garennes étaient dues en vertu d'une fondation ancienne par la dame d'Estouteville, pour donner du pain aux pauvres.

Payé rente annuelle de 200 l. au curé de Saint-André d'Ezy, pour indemnité de dixme de quelques terres cédées aux anciens seigneurs d'Ezy par acte du 10 octobre 1681.

Payé par an 100 l. pour gages à Trichard, ancien bailly de Garennes.

Payé par an 20 l. à Drouin pour ses gages de procureur fiscal au bailliage d'Ivry.

Payé par an 80 l. à du Tillet, juge-verdier des baronnies pour ses gages.

Payé par an 50 l. à Birault, procureur fiscal au bailliage d'Ivry.

Payé par an au sieur Drevet, pour sa qualité de garde-marteau,   40 l.

Pour celle d'inspecteur des réparations   400 l.

Pour celle d'inspecteur des domaines   300 l.

Payé rente annuelle à Mathurin Goupil, ci-devant garde-renardier des bois et plaines de la baronnie d'Ivry   166 l. 3 s. 4 d.

Payé rente annuelle à Pierre Brasseur, ci-devant garde de la plaine de Jumelles,

Payé rente annuelle à Martin dit Saint-Jean, garde de la plaine de Séré (?) et de Foucrainville.

Payé rente annuelle à Claude Hazard ci-devant garde au quartier du Puits des Forges.

Payé rente annuelle à....., garde de la plaine de la Malmaison...,
         300 l. par an.

Payé rente annuelle à Louis Hazard, garde-chasse au quartier des Moulinards   300 l.

Payé rente annuelle à Benoist Petit, garde du quartier de la Neuville,   200 l.

Payé rente annuelle au garde du quartier de Boussey.

Payé rente annuelle au garde du quartier de la Mare des Goultières.

Payé rente annuelle au garde du quartier d'Epieds.

Payé rente annuelle au garde des bois du Cormier.

Payé rente annuelle à Ch. Cocquclin, arpenteur, pour ses gages.

13.093 l. 13 s. 8 d. dépensés en réparations sur le domaine pendant les années du compte.

Indemnité pour péage des sels à raison de défaut de navigation sur la rivière.

Dépense de 137 l. 5 s. 1 d. pour frais de transport et grosses du transport de Marie-Hélène Lamiot, condamnée à mort en la justice d'Ivry et transférée des prisons d'Ivry en celles de Rouen.

Jacques Drevet, chargé de la régie et recette des droits casuels, fait recette de :

30 l. pour amendes prononcées contre divers particuliers suivant le rôle arrêté par le juge des lieux.

476 l. pour pareilles amendes pendant l'année 1748

169 l. — — — — — 1749

200 l. 4 s. 6 d. — — — — 1750

120 l. par an pour fermage des fours à chaux.

11 l. pour ports de lettres pendant l'année du compte.

(Archives Nationales. — Q¹, 194¹.)

PIÈCE JUSTIFICATIVE DU CHAPITRE XXVIII

Etat des biens et rentes de la fabrique de Saint-Martin du Bourg d'Ivry-la-Bataille, rédigés par messieurs les maire et officiers municipaux et procureur de la commune le   octobre 1790 en conséquence d'une lettre de MM. les administrateurs composant le directoire du district d'Evreux, dattée du 7 septembre 1790 ainsi qu'il suit :

1° Rentes dus par différents particuliers montant ensemble à la somme de 643 l. 11 s. 10 d. . . . . 643 l. 11 s. 10 d.

Terres affermées 77 l. cy. . . . . 77 » »

Bans 270 l. cy . . . . 270 » »

Total général montant à la sᵉ de 990 l. cy. . 990 l. 11 s. 10 d.

Etat des biens et rentes de la fabrique de Saint Jean-d'Ivry, dues par différents particuliers montant à la sᵉ de 202 l. cy. . . . . 202 l. » »

A *reporter* . . . . . 202 l. » »

Report. . . . . . 202 l.

En outre il n'i a de bien dépendant de la cure dudit lieu qu'un pré contenant environ 50 perches et valant environ 25 à 30 l. de loyer cy . . . . 30 l.

Total général des biens et rentes et cure de Saint-Jean Dupré d'Ivry montant à la s° de 232 l. cy . . . . 232 l.

Etat des biens et rentes de la Confrairie de la Charité du Bourg d'Ivry, année 1790.

Les rentes dues par différents particuliers à la dite confrérie montant ensemble à la s° de 456 l. onze s. onze d. cy . . . . 456 l. 11 s. 11 d.

Et les fermages des biens afermées au s' Trouvin, Michel Moulin et Pierre Maloiselle montant ensemble à la somme de deux cents dix livres 19 sols cy . . . . 210 l. 19 s.

667 l. 10 s. 11 d.

RÉCAPITULATION

Saint-Martin . . . . 990 l. 11 s. 10 d.
Saint-Jean . . . . 232 » »
La Charité . . . . 667 l. 10 s. 11 d.

(Document aux mains de M. Mauduit.)

PIÈCE JUSTIFICATIVE DU CHAPITRE XXIX

Charité d'Ivry. — Articles de sa constitution, extraits des trois derniers feuillets de son registre pour l'année 1620 :

Articles de la constitution et ordonnance de la noble confrarye et charitté fondée en lesglise Sainct-Martin d'Ivry, diocèse d'Evreux, en l'honneur de la feste de l'assumption de la très sacrée vierge Marye et du dict Sainct Martin. Lesquelles ordonnances sont contenuez et portez en une lettre autentique, soubz le scel de révérend père en Dieu Monseigneur l'évesque d'Evreux, en datte du dernier jour de may l'an mil quatre cens et ung, icelles ordonnances ainsy qu'il ensuict :

Et, premièrement, icelle confrarye érigée pour accomplir les œuvres de charitté, et, pour ce faire, fut lors ordonné en icelle charitté qu'il y auroit huict frères servans, dont l'un seroict appellé prévost et l'aultre collecteur des deniers, lesquelz prévost et collecteur, avec les aultres frères servans, que aussy tost qu'il adviendroict à leur congnoissance qu'il y auroict aucun frère ou sœur de la dicte confrarie qui estoys gesant malade de maladie naturelle, ilz estoient subjets le visiter et luy subvenir des biens d'icelle charitté.

Item les dictz prévost et recepveur, avec les aultres frères servans, à chacun frère et sœur qui yroict de vye à trespas au dict lieu d'Ivry s'il décédoit après midi, iceux prévost et collecteur subjectz à faire veiller le corps tout au long de la nuyt par quatre des frères d'icelle charité des prochains voisins du décedé et porter la croix avec quatre cyerges du liminaire de la charité, faire faire la prière par les carefourgs du lieu par le crieur de la dicte charité portant deux sonnettes disant ces motz : « tel, qui estoict de la confrarye et charité Nostre Dame d'Ivry est décedé; priez Dieu pour luy. »

Le lendemain, le porter de la maison à l'esglise, faire dire et célébrer deux messes l'une à notte, de la glorieuse vierge Marye, et l'aultre des trespassez et après lesquelles messes, le service faict, inhumer et enterrer le corps; et lors de l'enterrement, distribuer et donner treize deniers tournoiz de pain en l'honneur de Dieu et de la vierge Marye et des treize apposires, aux despens d'icelle charitté et convoyer les parens et amys en leurs maisons en les réconfortant à leur convoy; et les quelles constitution et ordonnance lesd. prévost, recepveur et frères sont tenus et subjets à entretenir sur peyne d'amende contenue en icelles ordonnances.

Item lorsque le collecteur de la dicte charitté sera adverty que ce aucun des frères et sœurs d'icelle charité va de vie à trespas, icelluy collecteur sera tenu de le dire et advertir le prévost, lequel prévost signiffira et semondra les frères servans, qui pour l'année seront, à se trouver à l'esglise à l'heure que dira le sonneur dicelle charitté ayant esté sonner auparavant aux carefourgs; et de la dicte esglise ils soient tous au corps lever et l'apporter à l'esglise et sy le prévost et collecteur ny sont, ils payeront l'amende de xii deniers, et chacun servant qui défaudra paiera viij deniers chacun.

Item lesd. frères servans estantz tous assemblez pour servir à la dicte charitté soict dedans la ville ou aux champs ne diront aucuns propos ny parolles injurieulzes l'un à l'aultre ne jureront ny feront aucuns blasphesme, ce [?] en peyne de l'amende qui sera taxée par le prévost et collecteur que le sergent qui sera commis couchera sur son papier.

Item sy aucun des frères dicelle charitté estoient à descord, les prévost, recepteur et aultres frères sont subjects les mettre à accord à leur pouvoir.

Item, les d. frères servans, sy tost qu'ilz auront congnoissance qu'il y aura l'un des frères ou sœurs dicelle charitté décéddé en une lieue loing de ce lieu d'Ivry subjects à aller faire le service et inhumer le corps du décéddé, de quelque maladie qu'il soict décéddé et accomplir les œuvres de charitté comme sy le corps estoict présent aud. Ivry; et des aultres frères et sœurs qui peuvent décedder hors led. lieu d'Ivry, quelque part que se soict, sy tost qu'ilz en auront congnoissance, à faire faire le service aud. Ivry comme sy le corps présent y estoict.

Item, sy aucun frère ou sœur dicelle charitté estoient en sentence dexcommunication, et il ne auroict de quoy absouldre, iceulx frères et sœurs sont subjeclz lui ayder des deniers dicelle charitté pour soy ayder faire absouldre.

Item, et sy aucuns povres décéddent, qui n'eussent aucuns amys qui les voulsissent faire ensépulturer, iceulx frères sont subgietz de les faire ensépulturer et iceulx mettre en terre béniste et accomplir les œuvres de charitté.

Item, sil advenoict que aucun frère ou sœur eust vœu, promesse ou dévotion daller au voyage de Sainct Jacques ou de continuer (?) en le faisant assavoir aux frères s'il navoict de quoy faire son pellerinage [seront ?] subjetz à luy ayder des deniers dicelle charitté pour luy faire dire une messe à son département et le convoyer avec les chappelains dicelle charitté, avec la croix, la bannière jusque demye-lieue loing de son département.

Item, et lesquelles choses ainsy entretenuez et les œuvres de charitté accomplies, se soict renduz en icelle confrarye plusieurs catholiques en sy grand nombre que icelles ordonnances ont esté augmentez de quatre frères servans pour y subvenir et des deniers proceddans dicelle charitté est dict et célébré, par chacun jour, deux messes à lintention des frères et sœurs dicelle charitté;

Item, plusieurs notables personnes, gens d'esglise et aultres, voyans les biens faitz et œuvres charitables accomplies en icelle confrarye ont obtenu plusieurs pardons de nostre sainct-pére le pape et de plusieurs cardinaulx, jusquau nombre de xiiij jours que peuvent gaigner les biens faicteurs dicelle charitté aux cinq festes de Nostre Dame, la feste de toussainct et le jour du grand vendredi, sainct Martin et le jour de la dédicasse de lesglise.

Et pour estre dicelle confrarye et participant aux biens faicts cy dessus desclarez est chacun frère et sœur receu à la dicte charitté en payant ung denier par chacune sepmayne.

In nomine domini, amen.

Item il a esté arresté entre tous les frères servans à lad. charitté estans tous assemblez, que au décedz et inhumations qui seront à l'advenir, que tous les dits frères ou leurs commis porteront des bas de chausses noirs en peyne de lamende qui sera taxée par le prevost et collecteur.

(Archives de la Mairie d'Ivry.)

PIÈCES JUSTIFICATIVES DU CHAPITRE XXXI

Extraits du *Compte rendu par Pierre Delisle du revenu d'Ivry pour les années 1548 à 1549, à Madame de Poitiers.*

. . . .

. . . .

Chapitre de recepte faicte du revenu du travers par eau pour ung an commençant le premier jour doctobre mil vᶜ quarante sept et finissant le darnier jour du moys de septembre mil vᶜ quarante huict dont aperra ladicte recepte par les marchandisses cy après déclaréz :

Le premier jour dudict moys doctobre deux bateaulx avallans chargés de bled, le premier apartenant à Jehan Guérin, le deuxiesme apartenant à Jehan Prevost chargé de cent treize pièces de vin ; pour ce receu — v livres xviii s. x d.

Le cinquiesme jour dudict moys doctobre ung bateau montant apartenant à Guillaume Sainct chargé de trente boucaulx morue; pour ce — iii livres.

Troys pièces suif poysant neuf cens livres; pour ce — vi s. iiii d.

Cinq millièrs de bresil — xvi s. viii d.

Sept tables de plum poysant neuf cens livres — iii s.

Ung ballot de cyre et ung ballot de garance poysant huict cens — ii s. viii d.

Huict pièces noires — viii s.

Vingtroys ballots de pastel — vii s. viii d.

Dix huict baris d'huille — vii s. vi d.

Ung baril de saulmont — iiii d.

Pour ledict montant — ii s. iiii d.

Ledict jour six bateaulx montans apartenant à Guillaume Sainct chargés de sel ; pour ce — xii mynoz de sel.

Pour lacquict desdictz bateaulx — xiiii s.

Ledict jour cinqiesme dudict moys doctobre quatre bateaulx montans apartenans à Guillot Postel chargés de sel ; pour ce — viii mynoz sel.

Pour lacquict desdictz bateaulx   IX s. IIII d.

Ledict jour deux bateaulx montans apartenans à Guillaume Sainct, chargés de huict bottes blanches ; pour ce   XX s.

Quatre cens et demy de morues   XVIII d.

Quinze baris d'huille   VI s. III d.

Une balle de layne poysant ung cent ; receu   IIII d.

Quarante et ung baril de saulmont   XIII s. VIII d.

Deux paniers destaing poysant deux cens   VIII d.

Pour lesdictz montans   IIII s. VIII d.

Le dixiesme jour dudict moys troys bateaulx montans chargés de pierre ; pour ce   VII s.

Le unziesme jour dudict moys d'octobre quatre bateaulx montans apartenans à Guillot Postel chargés de sel, pour ce VIII mynoz sel.

Pour lesdictz montans   XI s. VIII d.

Ledict jour quatre bateaulx montans apartenans à Raullin Regnoult chargés de cent huict bottes blanches, pour ce   X livres XVI s.

Ung laict de cuyr   XVI s. VIII d.

Une pièce de mercerye   II s.

Six balles de garance poysant quatre milliers et demy, pour ce   XV s.

Ung pain raysine poysant cinquante livres   II d.

Cinq pacquès de allun poysant sept cens livres   II s. IIII d.

Cinq cens morues   XX d.

Deux baris de saumont   VIII d.

Unze baris d'huille   IIII s. VIII d.

Pour lesdictz montans   IX s. IIII d.

Le treiziesme jour dudict moys doctobre, ung bateau montant vuyde   II s. IIII d.

Ledict jour deux bateaulx montans apartenans à Guillaume Sainct chargés de deux cens douze pièces de vin ; pour ce x l. XII s.

Ledict jour deux bateaulx montans apartenans à Michault Postel chargés de dix huict bottes blanches ; pour ce   XL s.

Dix neuf baris de harenc   VI s. IIII d.

Neuf baris d'huille   III s. IX d.

Six milliers euvre de poys   XX s.

Pour lesdictz montans   IIII s. VIII d.

Le treiziesme jour dudict moys doctobre troys bateaulx montans apartenans à Fleurent Le Maryé vuydes ; pour ce   VII s.

Ledict jour troys bateaulx avallans apartenans à Guillaume Sainct chargés de troys cens poinsons de vin, de quoy n'a esté aucune chose receu parce qui disoit n'en rien debvoir comme il apert par la coppie d'un certifficat cy ataché.

Ledict jour quatre bateaulx avallans apartenans à Guillaume Sainct, le premier chargé de bled, et les troys aultres chargés de troys cens vingt quatre pièces de vin ; pour ce XVI l. IX s.

Ledict jour deux bateaulx avallans apartenans à Guillot Postel chargés de deux cens seize pièces de vin ; pour ce   x l. xvi s.

Le vingtiesme jour dudict moys doctobre troys bateaulx à Guillot Postel chargés de troys cens quarante troys pièces de vin ; pour ce   xviii l. iii s.

Le vingt et ungiesme jour dudict moys deux bateaulx montans apartenans à Mathurin Guérin chargés de dix laictz de harenc ; pour ce   xl s.

Pour dix sept bottes blanches   xxxiiii s.

Quatre milliers ung cent euvre de poys ; pour ce   xiii s. viii d.

Six vingtz dix ballons de pastel   xliii s.

Pour lesdictz montans   iiii s. viii d.

Ledict jour dix bateaulx avallans apartenans à Janot Cordier, Michault et Guillot les Postelz, et à Robert Prévost, chargés de unze cens trente sept pièces de vin ; pour ce   lvi l. xvii s.

Le vingt deuxiesme jour dudict moys doctobre troys bateaulx avallans apartenans à Michault Postel et à Guillaume Sainct, lun chargé de bled et les deux aultres chargés de troys cens trente sept pièces de vin ; pour ce   xvii l. ii s.

Le vingtroysiesme jour dudict moys cinq bateaulx montans apartenans à grant Jehan Postel, à Thoumas Le Roulx, et à Michel Delaval, chargés de cinquante six laictz de harenc   xi l. iii s. viii d.

Pour six pièces morues vertes   vi s.

Quatre pièces blanches morues   v s.

Pour lesdictz montans   xi s. viii d.

Ledict jour deux bateaulx montans chargés de pierre apartenans à Ambroys Maryé ; pour ce   iiii s. viii d.

Le vingt cinqiesme jour dudict moys doctobre pour deux bateaulx avallans apartenans à Fleurent Le Maryé et à Jacquet Labroce, chargés de deux cens trente quatre pièces de vin ; pour ce   xi l. xiiii s.

Le vingt sixiesme jour dudict moys ung bateau avallant apartenant à Guillaume Postel, chargé de cent quatre pièces de vin ; pour ce   v l. iiii s.

Ledict jour troys bateaulx montans apartenans à Guillaume Sainct chargés de trente-cinq laictz, dix baris de harenc ; pour ce   vii l. iii s. iiii d.

Deux pièces morues   ii s.

Deux milliers euvre de poys   vi s. viii d.

Le vingt neufiesme jour dudict moys deux bateaulx avallans apartenans à Mathurin Guérin chargés de unze vingtz seize pièces de vin ; pour ce   xi l. xvi s.

Le penultime jour dudict moys doctobre quatre bateaulx montans apartenans à Robert Marye et à Guillaume Sainct chargés de quarante-six laictz et demy de harenc ; pour ce   ix l. vi s.

Douze baris d'huille   v s.

Deux pièces blanches et noyres   v s.

Six balles de garance   ix s.

Pour lesdiclz monlans   ix s. iiii d.

Le darnier jour dudict moys ung bateau avallant apartenant à Thoumas Le Roulx, chargé de cent huict pièces de vin ; pour ce   v l. viii s.

Ledict jour ung bateau montant apartenant à Guillaume Sainct chargé d'un laict de harenc et ung laict de saulmont ; pour ce   viii s.

Pour troys cens de beure   xii d.

Troys baris de harenc   xii d.

Une fillecte de lin   ii d.

Pour ledict montant   ii s. iiii d.

(Somme?)   iie xxxv l. ii s. i. d.

Le premier jour du moys de may deux bateaulx montans à Ambroys Marye chargés de boys pour Madame, de quoy n'a esté rien receu.

Ledict jour deux bateaulx montans à Pierre Allain et à Collas Pethiot chargés de pierre pour le batiment de Madame, de quoy n'ay rien receu par le commandement de Cadot.

Le deuxiesme jour dudict moys deux bateaulx montans à Guillot Postel et à Thoumas Le Roulx chargés de sel ; pour ce, iiii mynoz sel.

Pour lesdiclz monlans   iiii s. viii d.

Ledict jour ung bateau montant apartenant audict Postel, chargé de trente troys milliers euvre de poys, garence, bresil et estaing   v l. xiii s.

Vingt six tables de plum   viii s. viii d.

Deux laictz et demy sçavon et huille   x s.

Pour ledict montant   ii s. iiii d.

Le quatriesme jour dudict moys de may, deux bateaulx avallans à Guillaume Sainct chargés de boys ; pour ce   x s.

Ledict jour deux bateaulx avallans à Michault Postel chargés de cinquante huict pièces de vin et de boys ; pour ce   iii l. v s. vi d.

Ledict jour ung bateau montant à Thoumassin Tournemol chargés (?) de boys ; pour ce   v s.

Ledict jour troys bateaulx avallans à Guillaume Sainct, le premier chargé de cinquante sept pièces de vin et demye batellée de bled ; pour ce   l s.

Plus une batellée de boys   ii s. vi d.

Le deuxiesme bateau chargé de quatre vingtz pièces de vin iiii l.

Le troysiesme bateau chargé de cent six pièces de vin ; pour ce   v l. vi s.

Le cinqiesme jour dudict moys de may deux bateaulx avallans chargés de boys ; pour ce   x s.

Le sixièsme jour dudict moys ung bateau chargé de boys et de pos de fer; pour ce   v s. i pot de fer.

Le neufiesme jour dudict moys deux bateaulx montans à Jehan Postel chargés de treize vingtz quatorze ballons de pastel; pour ce   iiii l. xi s. iii d.

Sept meulles   ii s. iiii d.

Deux saulmons de plum, deux balles garance et une pièce de conipros (?) le tout poysant troys milliers; pour ce   x s.

Quatre baris de saulmons   xvi d.

Pour lesdictz montans   iiii s. viii d.

Le unzièsme jour dudict moys de may deux bateaulx avallans à Robert Marye chargés de boys et de troys milliers de fer; pour ce xx s.

Le douziesme jour dudict moys deux bateaulx montans apartenans à Ambroys Marye chargés de boys pour Madame, de quoy n'a esté rien receu.

Le dix huictiesme jour dudict moys cinq bateaulx montans à Janot Cordier chargés de pierre et de plastre; pour ce   xi s. viii d.

Le dix neufiesmc jour dudict moys troys bateaulx montans à Michault et Guillot dictz les Postelz chargés de sel; pour ce vi mynoz de sel.

Ledict jour six bateaulx montans à Raullin Regnoult, à Jehan Cahorel et à Mathurin Guérin chargés de pierre; pour ce   xiiii s.

Le vingt et ungiesme jour dudict moys de may quatre bateaulx avallans à Jehan Postel d'ou en a deux chargés de neuf vingtz deux pièces de vin et le reste chargé de bled; pour ce ix l. xiiii s. vi d.

Le vingtroysièsme jour dudict moys deux bateaulx montans à Ambroys Marye chargés de boys pour Madame, dequoy n'a esté rien receu.

Le dict jour deux bateaulx montans à Robert Marye chargés de pierre pour Madame, de quoy n'a esté rien receu par le commandement de Cadot.

Ledict jour ung bateau montant à Guillaume Eliot chargé de pierre; pour ce   ii s. iiii d.

Le vingt quatrièsme jour dudict moys de may ung bateau avallant à Thoumassin Tournemol chargé de boys   v s.

Le vingt cinqiesme jour dudict moys cinq bateaulx montans à Guillaume Eliot et à Guillaume Sainct chargés de sel; pour ce x mynoz sel.

Pour lesdictz montans   xi s. viii d.

Le dict jour troys bateaulx montans à Michel Picard chargés de sel; pour ce   vi mynoz sel

Plus y avoict dedans lesdictz bateaulx quatre balles garance, soixante tables de plum, deux balles de layne, le tout poysant ensemble dix milliers; pour ce   xxxiii s. iiii d.

Huict baris de saulmons   ii s. viii d.

Pour les montans   vii s.

Ledict jour troys bateaulx à Janot Cordier, le premier chargé de boys et de bled   v s.

Les deulx aultres chargés de soixante milliers de fer avecques du boys et des pos de fer ; pour ce   x l. vii s. vi d. 1 pot de fer.

Le vingt septiesme jour dudict moys de may deux bateaulx montans à Amboys Marye chargés de boys pour Madame, de quoy n'a esté rien receu par le commandement dudict Cadot.

Le vingt huictiesme jour dudict moys deux bateaulx avallans à Jehan Cahorel chargés de boys ; pour ce   x s.

Ledict jour deux bateaulx montans à Guillaume Sainct chargés de pierre pour Madame, de quoy n'a esté rien receu comme dessus.

Le penultime dudict moys de may troys bateaulx avallans apartenans à Michault Postel et à Robert Marye chargés de boys de quoy na esté rien receu parce que c'est la sepmayne à l'abbé.

Ledict jour deux bateaulx avallans à Robert Prévost, chargés de unze vingtz cinq pièces de vin, dont ay receu dix deniers tournois pour pièce et deux deniers que l'abbé a receuz à cause de sadicte sepmayne qui est pour madicte dame   ix l. vii s. vi d.

Ledict jour deux bateaulx avallans chargés de bled de quoy na esté rien receu parce que cest la sepmayne à l'abbé.

. . . .

(Archives nationales, Q. 194¹¹. — Registre.)

PIÈCES JUSTIFICATIVES DU CHAPITRE II

DE L'HISTOIRE DE L'ABBAYE D'IVRY

28 *avril* 1790. — Lan mil sept cent quatre vingt dix, le 28ᵐᵉ jour d'avril, nous maire et officiers municipaux du bourg d'Ivry La Bataille, en vertu des lettres patentes du roi sur un décret de L'assemblée nationale concernant les religieux, données à Paris en date du vingt six mars dernier, nous sommes transportés en la maison conventuelle de ce lieu pour, en la présence des Prieur et Religieux, procéder à l'inventaire et description des meubles et effets titres et papiers qui nous ont été représentées et mis en évidence ainsi quil suit.

Premièrement :

Monsieur le Prieur de Labbaye nous a remis entre les mains Les registres de dépense et recette pour iceux les cotter et parapher et arrêter se que nous avons fait.

Ensuitte entrées dans la salle de compagnye étant au bout du corridor du bas à main gauche a costé de la sacristie ayant vue sur le jardin par deux croisées se sont trouvées une tenture de damas sur fil entourée de baguettes dorées, un canapet, et douze fauteuils garnis de leurs foureaux de même étoffe, quatre rideaux de toile engloise couleur de jonquille meslée de blanc montées de deux tringles, un trumau sur la cheminée de la hauteur d'environ quatre pieds avec un tableau représenttant le sacrifice d'Abraham, deux bras de cheminée à deux branches, un devant de cheminée représentant un chien en arrêt, et dans la cheminée un feu garni, une console en marbre entre les deux croisées avec son pied de biche doré, au dessus de la quelle console est le portrait de monsieur de Peinthièvre avec son cadre doré de la hauteur de neuf à dix pieds.

Item, dans une salle a manger a coté, boisée a hauteur de sept pieds, une table de marbre montée sur ses pieds sculptées, un poêle garni de ses tuyaux de tole, six tableaux dont le premier représente dom Iris ? le second saint Benoit, le troisième lannonciation de la vierge, le quatrième le bapthême de notre Seigneur, le cinqième une desente de croix, le sixième et dernier un christe sur un vélours et cadre doré, une table a manger garnie de ses traiteaux et quinze chaises communes, huit couverts d'argent, une fourchette avec une cuillier à soupe et deux a ragout de même matière.

Item, dans la decharge ayant communication avec la ditte salle à été trouvé un buffet, une table de marbre garnie de ses pieds sculptés.

Item, dans une autre petite decharge a côté de la salle à manger ses trouvé une vielle armoire, un bureau tres ancien garni de planches ajoutées.

Item, dans une ancienne salle de compagnye boizée a hauteur d'apuy sest trouvé une chaire à enseigneer, des bans d'écoliers, plusieurs movaises tables, un grand tableau représentant le festin d'Emmaus.

Item, dans la recette qui suit, Boizée a hauteur d'appuy avons trouvé trois grandes armoires dans deux desquelles sont les titres et papiers concernant les possessions et revenus tant de la manse abbastiale que de celle conventuelle et différents autres titres, déclarations, aveux dont le détail serait trop long a faire et ayant cependant rapport a ce qui compose le revenu des dittes manses ; une table pour metre des livres, un feu garny, vingt-huit bareaux de fer de longueur d'environ six pieds provenant d'une grille faisant

— 556 —

la séparation d'un vivier entre autres situé le long d'une prairie de long de la rivière d'Eure et faisant partie de la maison conventuelle.

Delà, entrées dans la sacristie, nous y avons trouvé une croix d'argent, deux chandelliers, trois calices garnis de leurs platénne, un soleil qui se monte sur un pied de calice, un bâton de grand chantre qui sadapte sur un bâton de la croix susnomées, un encensoir et sa navette, quatre burettes et un plat, une boête destinée pour les saintes huiles letout d'argent, un bénitier et son goupillon argentés un grand plat et une eguère en étain, douze chasubles de différentes couleurs garnies de leurs manipules, étoles, bourses garnis de leurs corporeaux, deux tuniques, treze chappes de différentes couleurs, un dais, letout en faux or, six devant d'autels de différentes couleurs bordées de galons de même nature, six nappes d'autels, quatorze aubes, neuf rochers pour les enfants de cœur, cinq surplis pour les chantres douze amits et plusieurs purificatoires.

Nota. Dans la même sacristie il y a des armoires en forme de placards pour y déposer les vases sacrées, Linges, et ornement d'Eglise et dans laquelle sont quatre prie Dieux.

Item, dans la chambre Saint Benoit, au haut du premier escallier, dans une grande armoire fermant à deux battants, a été trouvé vingt-quatre paires de draps tant blancs que sales, huit douzaines de serviettes, une douzaine de nappes, letout tant bon que moveais.

Item, dans la dernière chambre du grand dortoir, nous avons trouvé, dans un placard au coin d'une fenêtre donnant sur le jardin potager, différents livres et bouquins en tres movais état, et qui ne méritent pas dans faire description.

Dans un autre placard de la même chambre s'est encore trouvé environ deux cents volumes tant in-folio qu'in-quarto, contenants lécriture sainte et les saints pères et autres ouvrages en partye dépareillées.

Item, dans une alcove de la ditte chambre, avons trouvé un bois de lit, un movais matelas, un lit de plumes en movais état.

Item, dans la chambre à Monsieur Leprieur nous avons trouvé un lit garny du nécesaires et différents autres petis meubles et effets que nous ne détaileron point ilz ne faisant point partis de ceux de la maison ainsi qui nous l'a déclaré.

Item, dans une autre chambre a côté, appartenante au domestique de la maison, a été trouvé un bois de lit garni d'une paillasse, un matelas, une couverture de laine, une petite table, une armoire fermante a clef le tout en très movaise état.

Item, dans une autre chambre à coté qui appartenait a feu dom Damard procureur de la ditte abbaye nous avons trouvé un bois de lit, une paillasse, deux matelas, un oreillier, une couverture de laine, une table de nuit, trois chaises, une petite commode, une table et deux chenets, quatre volume inquarto de jurisprudence, une coutume de Normandie, deux volumes indouze traitant de la jurediction ecclesiastique, deux autres volumes indouze, traité des fiefs et enfin différents petis objets qui ne méritent pas être détaillées.

Item dans la chambre de Dom Broucquesaut religieux de laditte abbaye, nous avons trouvé un lit garni du nécessaire et différents autres meubles et effets qui ne méritent pas de détail.

Item dans la première chambre de l'hotellerie nous avons trouvé un lit à la duchesse garni de la housse, rideaux de serge jaune, composé d'une paillasse et deux matelas, d'un lit de plumes, d'un traversain, d'une couverture de laine et d'une courte pointe de vieux damas jaune, une console de marbre a pieds de biches doré, une petite glace, au-desus un tableau représentant Notre-Seigneur, un autre représentant M. de Vendôme, un troisième étant un porterait de famille, quatre rideaux de toille angloise jonquille et blans garnis de leurs tringles, un prie-Dieu, un fauteuil et deux chaises de canne, trois chaises de paille, une table, un feu garni, une armoire cintrée de bois de chêne.

Item, à côté de laditte chambre sont deux petis cabinets où nous avons trouvé deux lits de domestique garnis de chacun une paillasse, d'un matelas, d'une couverture de laine, trois fauteuils de tapisserie, deux de pailles avec un prie-Dieu.

Item dans la seconde chambre de Lhotellerie a été trouvé un lit garni de sa paillasse, d'un lit de plume, deux matelats, d'une couverture de laine d'un ciel, rideaux, dossier et courte pointe de serge gris garni de ses tringles, quatre chaises de tapisserie, un vieux fauteuil couvert de cuir, une table couverte d'un tapi, trois armoires en forme de placards de bois blans, un prie-Dieu et un feu.

Dela nous sommes descendues dans la cuisine où nous avons trouvé dix casserolles de différente grandeurs, une marmitte le tout en cuivre rouge, un tournebroche, un gris, un soufflet, une pelle et piencetle, une marmitte de fonte, une table de cuisine, un bulot et différents autre ustencilles de même valeur et que ne méritent pas d'être detaillées.

Ensuitte nous nous sommes transportées dans la cave de ladite abbaye, où nous n'avons trouvé en vin ordinaire et cidre que ce quil faut pour sufire a la maison l'année seulement.

Passées au bucher où nous n'avons trouvé pareillement que la quantité de bois nécessaire pour l'approvisionnement de lannée seulement.

Quand à largent effectif mesieurs les religieux nous ont déclaré précisément quils n'en possédaient point à causes des grandes charges de leur maison qui les a toujour oberées.

Revenu de la manse conventuelle.

Messieurs les religieux jouissent de deux milles trois cents soixante dix livres de pension alimentaire anuelle payable par Monsieur labbé d'Yvry, en quatre termes égaux suivant le concordat fait entre eux cy . . . . 2.370 l.

Ils ont, de charges claustrales payable à Noël par le même, la somme de trois cents livres cy.   300 l.

De bled méteil, pour pension alimentaire, la quantité de cent soixante quinze minots encienne mesure, savoir : quatre vingt payables par le fermier de la dixme de Boussai à la Saint Martin d'hiver ; soixante payable par le fermier de Foucrainville à la même époque ; vingt payable par le fermier de la dixme d'Epied le même jour ; quinze payable par le sieur curé du L'habit a la même échéance.

Le pré du Gravelot loué au nommé Gervais, boullanger à Ivry, moyennant la somme de deux cents vingt livres de loyer, en deux termes savoir celuy de Noël et l'autre de Saint Jean, et en outre pour pot de vin, deux cents quarante livres cy, ... 240 l.

Le prieuré de Fréville loué cent livres au sieur Argenvilliers et payable par luy à la Saint Martin d'hyver cy . . . . 100 l.

Les terres de la Couture affermées au sieur Rousseau de ce lieu payable par luy araison de cent soixante et dix livres en deux termes, savoir le premier au premier janvier et à la Saint Jean-Baptiste cy. . . . . 170 l.

Le pré de lobit affermé cent livres au sieur Bottier et par lui payable en un seul termes cy.   100 l.

Les terres des devins affermé soixante livres au sieur Charles Boutand et payable au terme de Saint Martin d'Hiver cy. . . . . 60 l.

Maison Daubin affermée à Jean maçon moyenant trante livres payable à la Saint Martin. . . . . 30 l.

Maison de la cave affermée a Denis Goucet, jardinier à raison de soixante six livres payable à la Saint Martin d'Hyver cy. . . . . 66 l.

Prieuré de Saint-Martin de Dreux, affermée à Pierre Gautier moyenant deux cents cin-

A reporter. . . . . . 3.436 l.

— 559 —

Report. . . . . . 3.436 l.

quante livres payables à la saint Martin d'Hyver cy. . . . . : . . . .   250 .

 Rente de la somme de trante livres hypothèquée sur la maison du nommé Mathurin Coureul de ce lieu et par lui payable à la Saint Martin d'Hyver cy. . . . .   30 l.

 Jouissent M. les religieux de trois quartiers ou environ de vignes situés à Anet triage du chénaux.

 Deux quartiers et demis de vignes sises paroisse de Garennes.

 Sols pour livres montant à la somme de ... pour le prix des Baux pour le vestière des sieurs religieux.

 Prieuré de Saint-Nicolas de Touvoye affermée au sieur Buisson, de Saint-Germain de Fresnay moyenant six cents livres, savoir moitié au premier janvier lautre à Pasque cy. . . .   600 l.

 Dixme des Désers dépendants de Saint Germain de la Truite affermée au sieur Rousseau, de la Couture, moyenant trois cents trente livres et par lui payable en deux termes dont le premier à Noël et le second a la Saint Jean-Baptiste cy. . . . .   330 l.

 Prieuré de Gournay affermée au sieur Bezier moyenant cinq cents cinquante livres payables en deux termes, savoir Noël et Saint Jean-Baptiste cy. . . . .   550 l.

 Trois acres de terres dépendant du prieuré de Gournay affermées au sieur Du Bois moyenant six boisseaux d'avoine, mesure de Pacy payable à la Toussaint.

 Dixme de Gilles affermée au sieur Jacques Le Guay, moyenant six cents livres en argent, payable en deux termes, savoir Noël et saint Jean-Baptiste. Et en outre en la faisance de deux cents bottes de paille, cinquante minots d'avoine et six livres de sucre fin cy. . . . .   600 l.

 Dixme de Nantilly et la Chaussées affermée au sieur Léon Jouvin, moyenant deux cents cinquante livres payable à Noël en un seul payement, et en la faisance par lui de cinquante minots d'avoine, deux cents bottes de paille de

A reporter. . . . . . 5.796 l.

Report.	5.796 l.

bled, cent botte de paille d'avoine, et enfin six
cents livres de pot de vin cy. . . . . — 250 l.

Dixme de Neuville affermée au sieur curé du
lieu pour le prix et somme de cent cinquante
livres par lui payable au jour de Noël cy. . . . — 150 l.

Trait de dixme sur Neuilly affermée au
sieur curé du lieu pour et moyenant la somme
de vingt livres payable par lui à la Toussaint
par transaction passée entre eux cy. . . . . . — 20 l.

Trait de dixme sur Guinville affermée au
sieur curé du lieu pour le prix de quinze livres
payable a la Saint Martin d'Hyver par transaction passée entre eux cy. . . . . — 15 l.

Dixme de Boissets le prevanche affermée au
sieur Tristant moyenant cent vings livres
payable en deux termes savoir celuy de Saint
Martin et le dernier de Saint Jean-Baptiste. . — 120 l.

Le pré sacriste affermé aux demoisselles Gauthier pour le prix et somme de soixante livres
payable à la Saint Martin d'Hyver cy. . . . — 60 l.

Le fief au Cocq de Saint Ouin moyenant la
somme de trante six livres payable à la saint
Martin d'Hyver par le Cocq fermier cy. . . . — 36 l.

Cire et bleds dus par le seigneur d'Ivry éva-
luées et fixées aujourd'huy à la somme de dix-
huit livres payable à la purification de chacque
année cy. . . . . — 18 l.

Bled sur la cure de Lauray montant à la
somme de douze livres payable par le titulaire
à la Toussaint cy. . . . . — 12 l.

Terres de Bueil affermée au sieur Jean Bottier
moyenant la somme de vingt quatre livres
payable à Noel cy. . . . . — 24 l.

M^r le curé de Saint Lubin doit pour réunion
à la cure la somme de cinq livres quinze sols six
deniers payable à Pasque de chacque année cy — 5 l. 15 s. 6 d.

La rivière de Bueil, pour redevance par le
fermier, doit au jour de Noel la somme d'une
livres dix sols cy . . . . — 1 l. 10 s.

Prieuré de Saint Germain la truite afermé au
sieur Charles Sibout pour le prix de trois cents
livres . . . . — 300 l.

Louis Perée d'Ivry pour gords à lui affermés

A reporter.	6.808 l. 5 s. 6 d.

Report.	6.808 l. 5 s. 6 d.
doit la somme de douze livres dix-neuf sols payable au carene venant	12 l. 19 s.
Total du revenu de la manse conventuelle .	6.821 l. 4 s. 6 d.

Dettes actives. — (Néante.)

Attendu que messieurs les religieux nous ont déclaré quil ne leur étoit rien dû par la raison que feu dom Damar procureur a la maison était bien attentif a se faire rentrer des deniers pour satisfaire leurs créanciers . . . . »

Dettes passives :

Il est dû à Monsieur de la Haye, de Garennes pour deux pièces de vin achettées au mois de 9bre 1788 cent trante deux livres cy.	132 l.
A M. Ledier Pierre pour saize cordes de bois livrées en 7bre 1789 trois cents vingt livres cy.	320 l.
Au sieur Sibout épicier cent quarante livres onze sols d'ancien dû et depuis le premier novembre 1789 jusquau dix avril 1790 cent soixante quinze livres dix sols, ce qui forme la somme de trois cents vingt cinq livres un sol cy	325 l. 1 s.
Au sieur Sibout boucher depuis le premier janvier 1790 cent treze livres six sols 6 deniers cy	113 l. 6 s. 6 d.
Au sieur Daniel, boullanger, trente neuf livres treze sols d'ancien dû et depuis le premier janvier 1790 jusqu'au vingt huit avril cent vingt neuf livres quatre sols neuf deniers ce qui forme la somme de cent soixante huit livres dix sols neuf deniers	168 l. 17 s. 9 d.
A Monsieur Gossard chirurgien au Breuilpont suivant son mémoire, quatre vingt douze livres douze sols cy.	92 l. 12 s.
A la cuisinière pour le restant de ses gages quatre vingt six livres cy.	86 l.
Au jardinier pour le restant de ses gages soixante sept livres dix sols cy.	67 l. 10 s.
A l'aide de cuisine pour le restant de ses gages quinze livres cy.	15 l.
Aux deux chantres pour leur années à raison de trante six livres par an chacun, soixante douze livres cy	72 l.
Total des dettes passives	1.392 l. 7 s. 3 d.

Dettes constitués et emprunts :

La maison d'Ivry ayant été suprimée depuis lannée 1766 jusqu'an 1775 époque où les Religieux furent rappelés par les requêtes réitérées de tous les habitans, cette maison se trouvant alors dénuée de tout ameublement quelconques, et en très movaise état dom Le Roux pour lors prieur emprunta du consentement des supérieurs généraux de la congregation, la somme de vingt six milles livres laquelle somme employée à reconstruire les gros murs des deux bas-côtés de l'Église, à remetre a neuf six grandes croisées de la ditte Église, ainsi que la charpente et la couverture du chœur, à plafonner le dit chœur, a refaire, peindre et dorer le maitre autel à réparer recrépi et blanchir toutes la maison à retoucher toutes les couvertures de tous les bâtiment, à refaire à neuf toutes les croizées, à remeubler en entier toute la maison à acheter le linge de la maison et de la sacristie ainsi que tous les ornements nécessaire pour le culte.

Cette somme n'étant pas suffisante pour tous les frais cy dessus mentionnés, ses successeurs qui régissoient les manses abbatiale prirent sur la ditte manse abbatiale la somme de cinq mills cinq cents soixante huit livres, ce qui forme un total de trante un mills cinq cents soixante huit livres. De cette somme il ne reste plus à éteindre à ce quil paroît qu'un contrat passé avec le prieur de Verton de la somme de six milles livres, un autre passé avec le sʳ prieur Baille de la somme de trois miles livres, et a rembourser à Monsieur Labbé d'Ivry deux milles six cents livres, dont il apert quil ne reste plus a rembourser que la somme de onze milles six cents livres cy. . . . . 11.600 l.

En outre on doit à Monsieur Courtois procureur au parlement de Paris pour les frais d'un procès qui a été intenté à Messieurs les Religieux par les habitants de la Chossées la somme de cinq milles sept cents soixante dix neuf livres onze sols neuf deniers. Mais de cette somme il faut en extraire celle de cinq milles quatre vingt onze livres dix sept sols neuf deniers due par les dits habitants de la Chossées, qui ont perdu ce procès; en outre il faut encore en distraire celle de deux cents livres pour les frais de cause principale. Par là il est évident quil ne reste plus dû par la maison que la somme de quatre cents quatre vingt sept livres quatorze sols cy.   487 l. 14 s.

Laquelle somme jointe à celle de treze cents quatre vingt douze livres sept sols trois deniers forment ensemble en total dix huit cents quatre vingt livres un sol trois deniers . . . . 1.880 l. 1 s. 3 d.

.Ce total ne doit pas paroître exhorbitant quand on fera attention que depuis dix sept mois que Monsieur le prieur est dans cette maison a remboursé pour dettes manuelles la sommes de cinq milles deux cents quatre vingt dix sept livres dix huit sols.

Avant que de clore le présent inventaire MM. dom Beaussart prieur et Broucsault tous deux seuls Religieux de la dite maison, à cause de la mort de dom Damart procureur arivée depuis peu, nous ont declaré expessement : savoir de la part du premier âgé de 50 ans quil entendoit finir ses jours dans la maison claustrale, et de la part du second, quil étoit dans la ferme résolution de vivre séculièrement et de se retirer.

Lecontenu cy dessus et des autres parts inventoriée en la ditte maison conventuelle a été laissé à la charge et garde de Messieurs les Religieux qui sen sont volontairement chargées et promis de tout représenter quand ainsi et à qui il appartienderoit et ont les dits sieurs Religieux signé avec les officiers municipaux les jours et an que dessus après lecture faitte.

(Suivent les signatures.)

(Document aux mains de M. Mauduit.)

24 *août* 1790. — L'an mil sept cent quatre vingt dix le vingt qualrième jour d'août, Nous Maire et officiers municipaux du Bourg d'Ivry la Bataille en vertu de la lettre circulaire, en datte du sept de ce mois a nous adressée par Messieurs les administrateurs composant le directoire du district d'Evreux....., nous sommes transportés en la maison conventuelle de Labbaie d'Ivry et adressés au prieur de lad. maison qui nous a donné premierement le détail des biens et revenus abbatials qui consiste :

En une maison composée d'un grand vestibule fermé par une porte vitrée. A droite en entrant est une cuisine et un office, à gauche est une salle Boisée, à côté est un petit vestibule dans lequel il y a un petit cabinet et un escalier pour monter à un autre petit cabinet en entresol.

Entre la cuisine et le grand vestibule est un escalier qui conduit, à droite, à deux chambres boisées, un cabinet et une petite garde robbe ; à gauche sont deux autres chambres qui ne sont boisées qu'à hauteur d'appui, et deux cabinets au bout qui ne sont pas boisés.

Au-dessus des dittes chambres sont des greniers dans l'un desquels on a fait une séparation en forme de galetas pour coucher des domestiques.

A la sortie du vestibule est un jardin partagé en deux par un courant d'eau provenant de la riviere d'Eure.

La dite maison sise sur environ un arpent y comprenant le jardin et le courant d'eau. Le tout susceptible de baucoup de réparations. Il y a encore un autre jardin contenant environ un arpent.

A côté de lad. maison abbatiale est la maison du fermier, composée d'une cuisine, de deux chambres par bas et grenier dessus ; une grande grange couverte en thuile, quatre écuries avec greniers dessus ; un colombier avec étable à vaches dessous, et un poulailler. La cour traversée par le même courant deau de la maison abbatiale. Le tout contenant environ un arpent.

Au bout de la cour est une prairie appellée le pré lecomte, clos de toutes parts par des fossés et la rivière d'Eure, contenant environ vingt arpens. Cette ferme consiste dans les deux tiers de la dixme sur les paroisses de Saint Martin et de Saint Jean d'Ivry, lad. prairie ci dessus, environ seize à dix sept arpens d'autres prés en quatre pièces, sis le long des fontaines et un moulin à eau situé sur la rivière d'Eure à côté du moulin à tan de M^{rs} les tanneurs d'Ivry, le tout affermé au s^r Guillaume Bottier . . . . 3.750 l.

La ferme et la dixme de la Couture sise au lieu de l'ancien manoir seigneurial contient tant en maison, cour, jardin et bâtimens, environ un arpent. La ferme consiste en trente trois acres ou environ de terre labourable en deux pièces dont une de trente deux acres partagées en trois saisons, et l'autre pièce appellée l'acre, quoique contenant cependant cinq vergées ou environ.

La dixme consiste dans la perception totale de la grosse dixme à lexception des clos, mazures et novales dont le s^r curé jouit seul, avec un gros de quatre vingt minots de bléd et de soixante six minots d'avoine que les fermiers sont obligés de lui livrer par chacun an, ensus la ferme et la dixme affermées aux s^{rs} Rousseau frères treize cent livres en deux termes Noël et Pâques cy. . . . . 1.300 l.

La ferme et la dixme de Berniancourt ; la ferme consistant en cinquante neuf acres trois vergées de terre dont neuf arpens et demi en bois taillis ; une réserve de près de quatre arpens et cinq arpens soixante dix perches en brières et bois péris. Cette réserve peut avoir trente neuf à quarante ans et pourra produire, avec les chênes dans le taillis, environ deux mille quatre cent livres ; le reste en terre labourable sans aucuns batimens.

La dixme consiste dans la moitié de la grosse dixme, même dans les clos, mazures anciennes et nouvelles novales à l'exception des menues et vertes dixmes que le s^r curé dixme seul, ainsi qu'un clos de sept vergées

A reporter. . . . . . . 5.050 l.

Report. . . . . . 5.050 l.

ôu environ, ancien manoir, le tout affermé au s^r Hébert
douze cent livres en deux termes Noël et Pâques cy. . 1.200 l.

La ferme, la dixme et la rivière de Bueil : la ferme
contient, tant en maison, cour et bâtimens environ un
demi arpent, un enclos contenant vingt arpens dont un
demi arpent en friche, dix sept arpens en terres labourables, et deux arpens et demi en bois taillis, dans lesquels sont cent vingt sept pieds d'arbres morts en cime
dont la coupe, permise par le conseil et vue et visitée
par la maitrise de Dreux, peut valoir environ trois cent
livres. Le taillis au-dessous étant à la jouissance du fermier;
en outre cinquante neuf arpens vingt deux perches de terre
labourable et cinq arpens dix perches de prés en différentes pieces. Plus, sur le fief Picot où était l'ancien manoir il ne reste plus qu'une grande grange dixmeresse, couverte en thuille, sur quatre arpens de terre
dont trois fieffés au s^r Porquerel, ancien curé, avec deux
autres arpens de terre, et un demi arpen de prés,
moiennant vingt minots davoine mesure de Villiers
par chacun an.

La rivière de Bueil à commencer au dessus du gué
des Bateliers joignant la portion de Rivière qui appartient actuellement à Mr de Guillebon de Neuilly comme
représentant les héritiers du s^r Desnoiers tenante d'un
côté La ditte rivière par un gord et portion de rivière
tenue à droit de cens de la ditte seigneurie de Bueil, au
dedans de laquelle rivière il y a plusieurs isles a bourbiés
et remplies; L'une appellée Lisle de la Biche, une autre
lisle du grand jardin, une troisième lisle de la Roziere
et une quatrième l'isle du gué Jean Marie. Lad. Riviere
et pêche Bornée d'un côté par les terres et prés de lad.
Seigneurie de Neuilly, d'autre côté par les terres et prés
tenus à censive de la Seigneurie du pavillon de Bueil;
d'un bout est un ruisseau nommé la Fontaine qui prend
son origine sur Lad. seigneurie, entre dans icelle
rivière, et un petit ruisseau nommé le Bié qui sont communs à l'église et aux habitans de Bueil, d'autre bout à
couper un peu dessus de l'engoulement du bras d'eau
qui fait moudre le moulin à bled du Breuilpont à
séparer avec led. s^r Guillebon qui a une portion de
rivière dépendante de lad. seigneurie.

La dixme consiste dans les deux tiers des groses, menues et vertes dixmes de la paroisse de Bueil qui s'y

A reporter. . . . . . 6.250 l.

perçoivent à la douzième gerbe, et le vin sur le pied de
six pots par demie queue de cent vingt pots, sur une
étendue d'environ cinq cent arpens de terre dout
soixante dix à quatre vingt arpens en vignes, cinquante
ou environ en prés et le surplus en terres labourables,
en général mauvaises terres, sur laquelle étendue il y a
un canton ou le commandeur de chanu dixme le tiers.

La totalité de la dixme des troupeaux de la ferme et
de celle des enclos du Pavillon et fief Picot, tous les
quels objets, savoir la ferme et l'enclos du Pavillon,
la grange dixmeresse du fief Picot, les terres labourables, les prés, la rivière, la dixme, l'avoine due par le
dit sʳ Porquerel et enfin les cens et rentes y compris
trente sols et trois chapons pour portion de rivière
fieffée en 1583, y compris aussi quarante sols et deux
cent et demi de pimperneaux (lesd. pimperneaux livrés
au fermier de la ferme abbatiale d'Ivry à cause des pâtés)
sont affermés aux Sʳ Jean Bottier treize cent cinquante
livres en deux termes Noël et Pâques cy. . . . . . . 1.350 l.

La dixme de Boussaie consistant dans les deux tiers
de la grosse dixme excepté les novales, clos et mazures,
dixmées par le sʳ curé seul, affermée aux sʳˢ Buffet, frères,
douze cent cinquante livres en deux termes, Noël et
Pâques, et quatre-vingt minots de bled méteil qu'ils
sont obligés de livrer par chacun aux sʳˢ prieur et religieux de labbaie d'Ivry, cy. . . . . 1.250 l.

La dixme d'Espieds, consistant dans les deux tiers de
la grosse dixme d'Espieds à l'exception des novales, clos
et mazures dixmées par le sʳ curé seul, affermée à
Mᵒ Saffray, curé, neuf cent livres en deux termes, Noël
et Pâques, et vingt minots de Bled méteil, qu'il est
obligé de livrer par chacun aux sʳˢ prieur et religieux de
l'abbaie d'Ivry cy. . . . . 900 l.

La dixme de la Neuvilette, consistant dans les deux
tiers de la grosse dixme sur les fiefs de la Haye et de la
Bigotière qui sont d'environ cent vingt acres affermée à
M. Bonel, curé, cent trente livres en un seul paiement à
Noël cy . . . . 130 l.

La dixme des Déserts et le gros de Moette ; la dixme
consiste en un petit trait de dixme, appellé la dixme des
Déserts au canton de la croix des Pézières, la pièce de la
Bigotière dite des Déserts au triège de la vallée.

Le gros consiste en un muid de Bled et trente-six

Report . . . . . 9.880 l.

minots d'avoine le tout affermé à M. Louis Lecomte, curé, trois cens livres en deux termes Noël et Pâques cy   300 l.

La dixme de Foucrainville consiste dans les deux tiers de la grosse dixme à lexception des clos, mâzures et novales, menues et vertes dixmes, que le s^r curé dixme seul, la dite paroisse contenant environ six cent acres de dixmage, dont environ cinquante enclos, mazures et novales dixmées par le s^r curé seul.

Plus la totalité de la dixme sur cent cinquante acres du fief du Buisson Sainte-Marguerite, à l'exception des clos, menues et vertes dixmes, dixmées par le s^r curé seul. Le tout affermé au s^r Périer, du Buisson-Messire-Robert, dix-sept cent soixante livres en deux termes, Noël et Pâques, et soixante minots de Bled méteil qu'il est obligé de livrer par chacun an aux s^rs prieur et religieux de l'abbaie d'Ivry, cy . . . .   1.760 l.

La dixme de Neuville consiste : 1° dans un tiers de la dixme sur le fief l'abbé contenant quarante à cinquante acres ;

2° En une gerbe de dixme sur douze, dans l'étendue du fief à Col (?), contenant, de même, quarante à cinquante acres ;

3° Dans le tiers de la dixme du fief grande dixme, contenant environ deux cent cinquante acres affermé au s^r Périer deux cent soixante livres en deux termes, Noël et Pâques, cy . . . .   260 l.

La dixme de Vaux consiste dans les deux tiers des grains et vin dans toute l'étendue de lad. paroisse, excepté trois acres soixante perches des terres de la cure, et deux acres du prieuré de lad. paroisse au moïen et parce que lad. Abbaie a fait envers le s^r curé abandon des foins, luzernes, bourgognes, pois, fèves, lentilles, lins, chanvres et dixmes domestiques pour les objets que le s^r curé auroit voulu réclamer comme novales et autres. Led. abandon fait suivant la transaction du 27 avril 1765. Lade dixme des grains et vin affermée au s^r Lepreu six cent cinquante livres en deux termes Noël et Pâques, cy . . . .   650 l.

Les dixmes de Fresnay, le Cormier et Martainville : Celle de Fresnay consiste dans la moitié du quatrième lot de toute la dixme dont l'autre moitié dud. lot appartient à Mr Labbé du Breuil-Benoit et à la dixme de St-Pierre de Fresnay par indivis ; le s^r prieur de

A reporter . . . . . . 12.850 l.

Report.	12.850 l.

St-Paul deux lots, et le s^r curé de Fresnay, un lot ;
non compris les mazures qui appartiennent au s^r curé
seul et environ trois acres et demie à la dixme de
Saint-Pierre de Fresnay ; celle du Cormier consiste
dans la moitié de tous grains décimables à la dixième
gerbe sur le fief Mosni sis en la paroisse du Cormier,
sur lequel il y a des bois décimables, le tout à l'exception des mazures et clos ; plus la dixme consiste
dans les deux tiers de tous objets décimables sur une
portion de dixmage y compris la Houssaie, consistant
en trente-cinq acres ou environ ; celle de Martainville consiste les deux tiers de tous grains décimables : 1° sur
dix vergées sous le puits de Martainville,

2° Sur cinq vergées dans la pièce de Gériot ; 3° sur six
à sept vergées bornées d'un côté le dixmage de Martainville, d'autre côté le fief Mosny, d'un bout la dixme
de la Houssaie et d'autre bout le bois des Brosses ? Les
susd. dixmes affermées ensemble à Louis Dubreuil trois
cent soixante livres en deux termes, Noël et Pâques, cy   **360 l.**

La dixme de Chanu consiste dans les deux tiers des
grains qui se perçoivent dans lad. paroisse, affermée à
M. Chefdeville, curé, sept cent livres en deux termes,
Noël et Pâques ; en outre le s^r curé se paie par ses
mains de vingt-six minots de bled à deux sols près
du bon, et de dix-huit minots d'avoine que le s^r Abbé
d'Ivry est obligé de lui faire, cy . . . .   **700 l.**

La dixme de St-Sulpice de la Haye consiste dans la
moitié de toutes les dixmes quelles conque sans aucune
exception, affermée au s^r Le Tartre, quatre cent vingt
livres en deux termes, Noël et Pâques, cy . . . . . .   **420 l.**

Le gros de la paroisse de Garennes consiste en un
muid de bled de ferme et trente-six minots d'avoine,
Led. gros réservé et néanmoins évalué à deux cens
trente livres, cy . . . .   **230 l.**

Redevance sur la cure d'Ezy pour abandon de dixmes
moiennant dix livres par an, cy . . . .   **10 l.**

Redevance sur la cure de Neuilly pour abandon de
dixmes moiennant soixante livres par an, cy. . . .   **60 l.**

Redevance sur la cure du Breuilpont, pour et au lieu
de cinquante-quatre boisseaux de bled mesure de Pacy,
moiennant cinquante livres par an, cy. . . . .   **50 l.**

Redevance sur la cure de Gainville pour abandon de
dixmes moiennant trente livres par an, cy . . . . . .   **30 l.**

A reporter.	14.710 l.

Report. . . . . . 14.710 l.

Redevance sur les grands moulins d'Ivry et sur celui de Foucrainville ou la dixième semaine sur lesd. moulins, ensemble sur le travers par terre et par rivière, ainsi que sur la coutume du péage des marchandises traversant et naviguant par la d⁰ rivière, même l'étalage des marchandises et la dixième semaine évalués et payés par les receveurs de la baronie d'Ivry à la somme de deux cent livres par an payables le jour de la Purification, cy. . . . .   200 l.

Redevance sur les moulins de Pacy consistant en un muid de blé froment ancienne mesure dud. lieu ou quarante-huit boisseaux de la mesure actuelle de Pacy affermé au sʳ Joua? cent soixante dix livres, cy . . . .   170 l.

Reste à percevoir sur la manse conventuelle d'Ivry de trente livres par an, cy . . . .   30 l.
                                                                    ——————
                                                                    15.110 l.

(Document aux mains de M. Mauduit.)

L'an mil sept cent quatre vingt onze, le douzième jour de mars nous maire et officiers municipaux et procureur de la commune assistées de notre secrétaire greffier et du sʳ Benoist notre sergent, en conséquence d'une délibération prise par MM. les administrateurs du directoire du district d'Evreux, et d'une lettre a nous par eux adressée le tout en datte du seize février dernier, nous nous sommes transportées en la maison conventuelle de la cy devant abbaye d'Ivry sur les neuf heures du matin. Pour et ainsi que nous l'avons fait annoncer précédamment au son du tambour, affiches préalablement mises en notre chef lieu a jour de marché et dans différentes paroisses de notre canton pour procéder à la vente par derniers Enchère des meubles et effets mobiliers compris dans l'invantaire ci-dessus datté, et ce a charge d'arguant comptans, Et en conformité de la délibération susmentionnée nous avons procédé en la forme et manière qui suivent :

Premièrement :

Dans la cuisine, une pelle, pincette, un gris et un petit soufflet vendus et adjugés après plusieurs enchères à M. Martel d'Ivry à la somme de deux livres huit sous cy. . . . . . .   2 l. 8 s.

Deux chenest, une crémaillaire, vendus et adjugés comme dessus à Philipe Tranquet de la Chaussée . . . .   4 l. 14 s.
                                                                    ——————
A reporter. . . . . .   7 l. 2 s.

Report	7 l. 2 s.

Une crémaillère et un atoupas de four le tout deferés vendues et adjugés comme dessus à M. Pierre Ledier . . . . , ... 2 l. 11 s.

Un tournebroche garni de ses pois, cordages et chesne vendue à M. Noinville. . . . . . . 15 l. 12 s.

Un chaudron de fonte, un seau a Ence de fer vendus et adjugés a Jean Colas demeurante à la Chaussée. . . . . 3 l. 2 s.

2 castrolle de cuivre rouge vendue et adjugés à M. Charles Vauquet d'Ivry. . . . . 6 l. 6 s.

2 autres castrolles vendus et adjugés après plusieurs enchères à M. Levaigneur. . . . . . 3 l. 4 s.

Un petit poeslon et une petite castrolle de même cuivre vendues et adjugés à M. Maulvault père. . . . . 2 l. 14 s.

Deux castrolles vendus et adjugés à M. Marent du Menil Simon. . . . . 4 l. 15 s.

Une table de cuisine avec les bancs vendus et adjugés comme dessus à la se de 3 liv. à M. Ledier Pierre . . . . 3 l.

Au même un butal adjugé. . . . . 1 l. 10 s.

Une petite table à deux tiroirs vendus et adjugés à Jean Goudet . . . . 1 l. 14 s.

Un croth à viande vendu et adjugé à M. Levaigneur. . . . . 3 l. 10 s.

Dans la grande salle une tanture en damas jaune garnie de ses baguettes dorée vendue à M. Pierre Ledier . . . . 52 l. 5 s.

Quatre rideaux d'étoffe des Iles? garnies de leurs tringles adjugés à M. Tanquet . . . . . 13 l.

Un feu garni de deux chenest, pelle et pincette avec une grande pince vendue et adjugés à M. Pierre Ledier . . . . 12 l. 12 s.

Un trumeau de cheminée garnie de sa boeserie dorée et un tableau y atenant vendue et adjugés à M. Levaigneur d'Ivry . . . . 106 l.

Une bergère et douze fauteuils garnis de leurs fouraux vendues et adjugés à M. Pierre Ledier. . . . . 116 l.

Une cosolle de marbre avec son pied de biche dorré vendu et adjugé à M. Levaigneur. . . . 49 l.

A l'égard du tableau représentant M. de Penthièvre nous l'avons laissé en souffrance n'ayant

A reporter. . . . . . 403 l. 17 s.

Report.	403 l. 17 s.

pas reçu d'ordre de Messieurs du département d'Evreux.

Dans la salle à manger vendu et adjugé une table de marbre montée sur ses pieds à M. Ledier Pierre . . . .   18 l. 11 s.

Un poele de fayance garni de son tuyau vendu et adjugé à M. Cornillon d'Ivry . . . .   25 l. 10 s.

Quinze chaises et une de jonc vendues et adjugés à M. Auguste Haudan . . . .   6 l. 12 s.

Et attendu qu'il est midi sonné et plus, nous nous sommes retirés, et avons remis la continuation de la vente à deux heures après midi et avons signé nous et notre greffier.

Signé : Noinville, Martel, Cornillon, F.-G. Frémanger, Georges Moulin S.

Et du même jour douzieme jour de mars à deux heures après midi, nous maire et officiers sus dits et sousigné en la présence du sieur Michel Moulin, laboureur et notable du bourg d'Ivry pour l'absence de M. le Procureur de la commune nous avons par suite de nos oppérations procédé à la continuation de la ditte vente de la manière qui suit :

Premièrement :

Une table en marbre avec son suport vendue et adjugés après plusieurs enchères au sʳ Littée laboureur à Epieds. . . . .   24 l.

Un gardemanger, ou buffet fermant à deux battans ployant, vendu et adjugé au même Litté. . . . .   24 l. 5 s.

Un tonneau en forme de farinier vendu et adjugés à Legoix. . . . .   2 l. 8 s.

Un movais bureau vendu et adjugé à Frémanger. . . . .   3 l. 10 s.

Un poritte bouteilles, une movaise chaise et un mauvais bacquet vendues et adjugés à Selle d'Anet. . . . .   4 l.

Dans une autre ancienne salle de compagnie une table et deux traiteaux vendues et adjugés à M. Levaigneur. . . . .   7 l.

Une autre table avec son chassie ployant vendue et adjugé à Madame Mouroux. . . . . .   3 l. 12 s.

A reporter.	523 l. 5 s.

Report	523 l. 5 s.

Un feu garni de ses chenets, pinces et pin-cette, pelle, et un petit soufflet adjugé à Pierre Chopin. . . . . — 10 l. 12 s.

Une table de bois de chêne, garnie de quatre tirroirs, vendue et adjugé à Jean Colas de la Chaussée. . . . . — 9 l. 18 s.

Trois chaises, un fauteuil de pailles vendues à Jean Gilletes d'Ivry. . . . . — 5 l. 1 s.

Un matelas vendu avec un traversin adjugé à M. Noinville. . . . . — 6 l.

Dans la chambre de l'autelrie, vendu et adjugé un feu garni de deux chenets, pelle et pincette et un petit soufflet à M. Noinville. . . . . . — 4 l. 8 s.

Une housse de lit garni de ses pentes et ridaux de serge jaune garni de leurs tringles vendue et adjugé à M. Denis d'Ivry. . . . . — 51 l.

Une couverture de lainnes blanches vendus et adjugés à Allais de Neuilly. . . . . — 15 l.

Une table ployante vendue et adjugé à Madame Moroux. . . . . — 2 l. 19 s.

Un lit de plumes avec son traversin vendu et adjugé à la femme Godet, d'Ezy. . . . . . — 21 l. 10 s.

Deux movais draps vendus et adjugés à Gil-letes d'Ivry. . . . . — 3 l. 14 s.

Un matelas vendu et adjugé au s[r] Pillal, après plusieurs enchères à cause de sa nom valleur. — 2 l.

Un autre matelas vendu et adjugé au s[r] Ledier d'Ivry. . . . . — 14 l.

Une pailliace vendue et adjugés à la femme Beaufils de la Chaussée. . . . . — 6 l.

Un bois de lit vendu et adjugé à Gilletes d'Ivry. . . . . — 2 l. 7 s.

Une table de marbre avec sa coussolle dorée, vendue et adjugés à M[c] Mouroux d'Ivry. . . — 20 l. 15 s.

Quatre rideaux de toile englaise vendue et adjugés à M. Ledier Pierre. . . . . — 15 l. 10 s.

Une petite table de différent bois vendu et adjugé à Pierre Douard Dumesnil . . . . . — 2 l. 6 s.

Une petite couverture de laines blanches ven-dus et adjugés à M[c] Mouroux d'Ivry. . . . . — 12 l. 12 s.

Un matelas et un traversin vendu et adjugés à M. Pillat de la Chausés . . . . — 16 l.

Un petit bois de lit et sa paillasse avec un

A reporter	745 l. 17 s.

Report	745 l. 17 s.
movais tour de lit vendues et adjugés à Sellet (?) d'Annet	16 l.
Une movaise couverture de laines blanche vendue et adjugé à Deschamps de Garennes.	2 l. 2 s.
Un matelas et un traversin en movaise état vendu et adjugés à Mᶜ Mouroux	15 l. 15 s.
Un petit buffet avec une serure vendue et adjugé à M. Martel d'Ivry	4 l.
Trois chaises et un vieux fauteuil vendues et adjugés à Pierre Chopin d'Ivry	2 l. 10 s.

(Clôture de la vacation à 6 heures, et réouverture le dimanche 13 mars.)

Deux chaises tappisées vendues et adjugés au sieur Maloiselle d'Ivry	4 l.
Deux autres chaises vendues et adjugés après plusieurs enchères au sᵣ Joseph Noinville d'Ivry.	4 l. 1 s.
Un fauteuil vendu et adjugé à Frémanger . .	2 l. 10 s.
Un fauteuil vendu et adjugé à Pierre Baudoin.	12 s.
Une couchette et une paillasse vendue et adjugé à Fouquet d'Ivry	4 l. 6 s.
Un prie-Dieu vendu et adjugé au même. . .	1 l. 11 s.
Deux prie-Dieu vendue et adjugés à M. Martel	3 l. 2 s.
Deux chenets, Pelle, pincette et un vieux soufflet adjugé à Laurent, blanchiseur	3 l. 6 s.
Un prie-Dieu adjugé à M. Martel après plusieurs enchère	2 l.
Une courte pointe vendue et adjugé à M. Jean Ménager de la Chaussés	2 l. 15 s.
Un matelas vendu et adjugé au sieur Pillat de la Chosés	18 l. 15 s.
Un petit matelas de boure vendu avec un bois de lit au sᵣ Noinville	9 l.
Une housse de lit de serge cendrée vendue et adjugé au sᵣ Martel	21 l. 5 s.
Une couchette avec sa paillasse vendue et adjugé à Courtois d'Ivry	7 l.
Une mauvaise courtepointe d'Indienne vendue et adjugé à Chevallier	3 l.
Un lit de plumes vendu et adjugés à Courtois d'Ivry	20 l.
A reporter	893 l. 17 s.

Report	893 l. 17 s.
Un livre de Banage en deux volumes vendus et adjugé à **M. Leguay.**	2 l. 3 s.
Deux draps vendue et adjugés à François Chopin d'Ivry	5 l. 10 s.
Deux autres draps adjugés à Louis Moulin .	4 l. 10 s.
Deux autres draps vendus et adjugés à Mr Barrier d'Ivry.	4 l. 10 s.
Deux autres draps adjugés à Denis Gouet d'Ivry.	6 l.
Deux autre draps adjugés au sr Barrier d'Ivry	7 l. 2 s.
Deux draps adjugés à Grandhomme fils. . .	4 l. 12 s.
Deux autres draps adjugés à M. Barrier d'Ivry.	3 l. 5 s.
Deux autre draps adjugés à Pierre Lenoir de Garennes.	4 l. 2 s.
Deux draps adjugés à Mr Denis d'Ivry. . . .	3 l.
Deux autres draps vendues à la femme de François Sibout boucher	5 l. 1 s.
A lad. femme Sibout adjugé deux draps. .	3 l. 16 s.
Deux autres draps vendues et adjugés à la femme Marion d'Ivry	3 l. 1 s.
Deux autres draps vendus et adjugé au sr Denis	7 l. 12 s.
Deux autres draps adjugés au Noir de Garennes	4 l. 1 s.
Deux draps adjugés à Batreil d'Ivry	5 l. 14 s.
Deux autres draps adjugés au sr Vacher d'Ivry.	6 l. 11 s.
Deux nappes vendue et adjugés à Dénis Gonnet d'Ivry	2 l. 10 s.
Deux autre napes adjugés à Pierre Lemaître de la Chaussés.	3 l. 3 s.
Six serviettes adjugés à la femme François Grandhomme	3 l. 2 s.
Six serviette adjugé à la fille de François Grandhomme	1 l. 13 s.

(Clôture de la vacation... et reprise le lundi 14 mars 1791.)

Une couchette vendue et adjugés à M. Martel.	3 l. 4 s.
Un petit garde manger vendu et adjugé au sieur Isaac Potel	2 l.
Une demi douzaines de serviettes vendues et adjugé à la femme Vacher	2 l. 14 s.
Six serviette adjugés à Jacques Goudé du Menil Simon.	2 l. 3 s.
A reporter.	994 l. 16 s.

Report.	994 l.	16 s.
Six serviette adjugés à Jean Goy.	2 l.	
Six serviette adjugés au Goy.	1 l.	4 s.
Six servettes adjugés au même.	1 l.	6 s.
Une autre demi douzaine adjugés au même.	»	17 s.
Six autres serviette vendus adjugés à Pierre Lenoir demeurant à Garennes	1 l.	17 s.
Six autres serviettes adjugés comme dessus à Pierre Lenoir.	1 l.	7 s.
Six autres serviettes vendues et adjugés à M. Godet d'Ezy.	1 l.	15 s.
Neuf serviettes vendus, et adjugés à Michel Littée.	2 l.	18 s.
Une couverture de lainnes blanches vendue et adjugé à la femme de Louis Chevallier. . .	4 l.	10 s.
Une petite commode vendue et adjugés à M. Vauquet	12 l.	12 s.
Un bois de lit vendu et adjugé à M⁰ Laurent blanchiseux	4 l.	12 s.
Un matelas vendu et adjugé avec un traversin	14 l.	
Neuf volumes de livres de piété vendue à Pierre Grandhomme d'Ivry après plusieurs enchères.	3 l.	12 s.
Les anales de l'Eglise en latin au sʳ Litté d'Epieds.	»	10 s.
La Bible en latin en six volumes vendue et adjugé à M. Levaigneur.	»	13 s.
Six autre volume de différent livres dans lesquels est compris le traité des fieffes vendues et adjugés à M. Delisle fils.	2 l.	5 s.
Six volumes de piété vendu à Madame Benard du Menil	»	15 s.
Deux livres adjugés à Courtois d'Ivry. . . .	»	10 s.
Trois livres de piété venduee et adjugés à M. Delisle fils demeurant à Ezy.	1 l.	18 s.
Trois autre volumes de piété adjugés à la dame Lambert.	1 l.	16 s.
Six volumes de livres latin vendues et adjugés à Legoy, dᵗ à Ivry	1 l.	5 s.
Un livres adjugé à M. Tollay.	»	10 s.
Trois volumes de livres de différente choses adjugé à M. Courtois.	»	19 s. 6 d.
Les anales éclésiastiques adjugés à Mʳ Noinville.	1 l.	16 s.
A reporter.	1060 l.	3 s. 6 d.

Report. . . .	1060 l. 3 s. 6 d.
Quatre vollumes de différent contenant l'Hécriture Sainte adjugés à Mc Godet d'Ezy. .	1 l. 17 s.
Trois autres différents volumes vendues et adjugés à Mr Vauquet.	» 15 s.
Trois differens livres adjugés au s^r Duvent au Bois le Roi.	» 12 s.
Cinq autres livres latins adjugés à Pierre Lenoir de Garennes.	1 l. 7 s.
Trois livres différents adjugés à Courtois d'Ivry.	1 l. 14 s.
Six autres volumes vendus et adjugés au s^r Courtois à Ivry.	2 l. 14 s. 6 d.
Une petite glace vendus et adjugés à Mr Delassiauve dem^t à Garennes.	8 l. » s.
Trois cartes géografiques vendus et adjugés à M. Levaigneur.	3 l. 12 s.
Cy dessus	1.080 l. 15 s.

(Clôture à midi et reprise le même jour à deux heures.)

Soixante-neuf volumes déparelliées vendue et adjugés à Mr Levaigneur avec les planche qui les portoient.	13 l. 12 s.
Trois volumes de livres latin i compris deux autres vielles coutume Normandie adjugés à M. Barrier.	4 l. 15 s.
Trois autres volumes de différentes matières adjugés.	1 l. 16 s.
Six différents volumes latins adjugés à M. Barrier.	2 l. 11 s.
Cinq autres volumes vendue et adjugés à M. Barrier d'Ivry.	1 l. 10 s.
Dix volumes de livres latain adjugés à M. Barrier.	» 17 s.
Neuf autres bouquins adjugés M. Maulvaut .	» 14 s. 6 d.
Six autres volumes de différentes ouvages adjugé à M. Ledier Louis	2 l. 18 s.
Huit autres volumes adjugés à M. Maulvaut père	6 l. 1 s.
Deux volumes vendues et adjugés à M. Delisle d'Ezy.	2 l. 9 s.
Quatorze autres volumes adjugés à M. Denis pour M. Barier.	2 l. 16 s.
A reporter.	1120 d. 14 s. 6 d.

Report.	1120 l. 14 s. 6 d.

Un tas de livres adjugés à M. Barrier comme
dernier enchérisseur . . . .   16 l.

Un tas de volumes en blancs adjugés à
Benois huissier. . . . .   2 l. 19 s. 6 d.

Six livres de différents auteurs adjugés à
M⁺ Cornillon. . . . .   2 l. 16 s.

Une bibliotèque vendue à M. Levaigneur
adjugée . . . .   6 l.

, Plusieurs petite planches de bois blancs
adjugés au sⁱ Rousseau. . . . .   2 l. 10 s.

Une orloge garnis de ses poids cordages
resorts et généralement tous ce qui composent
son mouvement et sonneries vendue et adjugés
à Monsieur Denis d'Ivry . . . .   255 l.

Deux Vieux Demi muids adjugés à M. Le-
maître de la Chaussés . . . .   1 l. 6 s.

Un trainau vendu et adjugé à M. Vauquet.   4 l.

Un movais Poincon adjugé et emplit (?) de
plattre adjugé à Latouche d'Ivry. . . . . .   3 l. 1 s.

Une chaise à Enseigner adjugé à M. Cornillon. . . . .   1 l. 12 s.

Un grand coffre d'écurie adjugé à M. Ledier
Louis. . . . .   4 l. 5 s.

Un vieux prie-Dieu avec de mauvaises planches adjugés à M. Cornillon. . . . .   23 l.

(Clôture à six heures.... Reprise au mardi 15.)

Quatre vieille chaise de pailles vendues et
adjugés à la femme Chevallier . . . . . .   1 l. 3 s.

Deux traitaux vendues et adjugés à François
Sibout boucher. . . . .   » 10 s.

Deux vielles porttes vendus et adjugés à
Rousseau vitrier à Ivry . . . .   1 l.

Deux autres vielles porttes adjugés au même
Rousseau . . . .   6 l. 1 s.

Trois bouts de bois de maronier et une forte
planche adjugés à M. Buquet. . . . . . .   2 l. 3 s.

Un grand plat d'Etin avec une éguerre
adjugés à M. Ledier Louis. . . . .   4 l.

Enfin une viellie lampe argentée adjugés à
M. Levaigneur. . . . .   1 l. 19 s.

Six marcs, une once de couverts d'argent
enchéris et après mises à prix et adjugés à

A reporter.	1459 l. 19 s. 6 d.

Report.	1.459 l. 19 s. 6 d.
Monsieur Levaigneur à raison de 51 livres 14 sous le marc, revenant à la s° totale de 316 l. 12 sous cy.	316 l. 12 s.
Total général sof ereur où omission 1.765 l. 6 deniers cy. . . . . , ...	1.776 l. 11 s. 6 d.

Et vu qu'il ne s'est plus rien trouvé à vendre
du consentement de Messieurs les maire officiers
municipaux et du sʳ Moulin notable faisant pour
l'absence du procureur de la commune à causes
de ses affaires clos et arrête le présent procès
verbal de vente montant à la somme de
1.765 livres six deniers soffe ereur ou omission
de calcul et avons signé nous sus nommées
et notre secrétaire greffier ce quinze mars mil
sept cent quatre vingt onze, dont acte.

> Signé : Noinville, Martel, Cornillon,
> Moulin, Frémanger, *greffier.*

Les stalles du cœur de l'Église de la cy devant abbaye d'Ivry, en très movaise état à cause de leur ensiehneté, enchéris et mises à prix après plusieurs enchères et adjugés à Monsieur Pierre Ledier à la somme de sept livres dix sous cy.	7 l. 10 s.
Suivant l'état adressé au directoire d'Evreux conforme au présent procès verbal de vente cy dessus et des autres parts la municipalité d'Ivry doit rendre compte à Messieurs les administrateurs suivant la récapitulation qui en a été exactement faite par notre secrétaire greffier à la somme de dix-sept cents soixante six livres sept sous cy.	1.766 l. 7 s.

Le dit procès verbal envoyé à Evreux en datte du premier avril
mil sept cent quatre vingt onze. Et par oubli présenté le 2ᵉ jour
d'octobre 1791.

(Document aux mains de M. Mauduit.)

FIN DES PIÈCES JUSTIFICATIVES.

TABLE DES MATIÈRES

CHAPITRE XI

Robert d'Ivry. — Le roi d'Angleterre à Ivry. — Ivry pris par Philippe-Auguste. — Sa réunion définitive à la France. — Robert d'Ivry donne des cautions de sa fidélité au roi. — Droits d'usage dans la forêt de Méré. — Actes et fondations de Robert d'Ivry. — Époque présumée de sa mort. . . . .

CHAPITRE XII

Galeran d'Ivry; il meurt avant son père. — Mariages successifs de sa veuve. — Procès au sujet de son douaire. — Ses enfants. — Richard d'Ivry (?), évêque d'Evreux. — Querelle entre les mineurs d'Ivry et R. Mauvoisin ; décision de saint Louis. — Guillaume d'Ivry . . . .

CHAPITRE XIII

Robert d'Ivry. — Ses procès : 1° pour la mouvance de Menilles, Boisset et Croisy ; curieuse enquête ; — 2° pour la justice sur la rivière d'Eure à Louviers ; conjectures sur ce point ; — 3° et 4° avec les habitants de Pacy, au sujet de la rivière d'Eure; — 5° au sujet des juifs d'Ivry. — 6° Contestation avec le chapitre d'Evreux. — Époque de sa mort. — A-t-il eu un fils de même nom ?. . . . .

CHAPITRE XIV

Guillaume, seigneur d'Ivry, grand veneur de France. — Anecdote. — Accord avec l'abbaye d'Ivry. — Terrier-coutumier de 1300. — Robert, seigneur d'Ivry. — Le roi de France à Ivry. — Guillaume, seigneur d'Ivry. — Jean, seigneur d'Ivry ; ses emplois financiers et militaires . . . .

CHAPITRE XV

Participation du seigneur d'Ivry (Jean ou Guillaume) à divers faits de guerre (1358-1367). — Guillaume, baron d'Ivry; ses emplois. — Reçoit un don pour fortifier son château d'Argentan ; son mariage. — Difficultés sur la généalogie de la maison d'Ivry.
Ivry et le Comté d'Evreux au xive siècle. — Effets de ce voisinage. — Charles le Mauvais perçoit des droits à Ivry. — Il propose la place aux Anglais. . . . .

CHAPITRE XVI

Charles, baron d'Ivry. — Tutelle de son oncle, capitaine d'Ivry pour le roi de France. — Peu d'importance de la garnison. —

ABBAYE D'IVRY

PIÈCES JUSTIFICATIVES

ÉVREUX, IMPRIMERIE DE CHARLES HÉRISSEY

ADDENDA ET ERRATA

Pages 128 et 129. — *Galeran d'Ivry et Marguerite de Moret.* — Au cours d'un procès pendant, au xvie siècle, relativement au fief du Tot et à des alluvions en la paroisse de Petiville (arrondt du Havre, Seine-Inférieure), une des parties contendantes rappelait : la lettre de la vendue faite par dame Marguerite de Moret, vefve de Galeran *de Ivryaco*, chevalier, pour sa nécessité,... *de totam terram quam habebam in mariscis in parochia de Petiville supra Secanam prope Gravenchon in Caleto*, de l'an 1285... Marguerite de Moret avait une sœur, nommée Alexis, mariée à Jehan *de Rouneyo*, sieur de Grainville-la-Droueuse, chevalier.

(*Inventaire des Archives départementales de la Seine-Inférieure ;* G. 3985.)

Page 253, lignes 18 et 19 et page 259, lignes 32 et 33. — *Lettre de Charles de Lorraine.* — Contrairement à ce qui est dit aux deux passages visés ci-contre, cette précieuse pièce est bien entre les mains de la Société libre d'agriculture de l'Eure. Par suite des précautions spéciales prises, à bon droit, pour sa conservation, et d'un concours singulier de circonstances, il avait été affirmé, à plusieurs reprises, au rédacteur de ces notes, que l'on n'avait pas connaissance de ce document.

La souscription et la signature seules sont autographes. La pièce est fort bien conservée. Elle remplit cinq pages in-folio. Le cachet est intact.

Mr Mauduit l'avait acquise en vente publique à Paris, et l'avait payée quarante francs, plus les frais. — Voici, d'ailleurs, les indications portées au catalogue de cette vente :

« Catalogue d'une belle collection de lettres autographes dont la vente aura lieu à Paris..., les 24 et 25 mars 1876, par le ministère de Me Baudry, commissaire priseur, assisté de M. Étienne Charavay expert.

. . . . . .
— N° 226. MAYENNE (Charles de Lorraine, duc de). L. S., avec la souscription autographe au roi d'Espagne ; Soissons, 11 avril 1590, 5 p. in-fol., cachet.

Pièce historique où il annonce la perte de la bataille de Garennes et donne un exposé de la situation politique et militaire en France. Lettre très bien faite et très importante. »

Page 430, ligne 14. — *Au lieu de :* misericordatione, *lis. :* miseratione.

Page 576, ligne 13. — *Au lieu de :* 2 l. 14 s. 6 d., *lis. :* 2 l. 4 s. 6 d.

Page 577, ligne 26. — *Au lieu de :* 23 l., *lis. :* 1 l.

Page 578, les deux chiffres donnés par les additions ne sont pas exacts. Pour la première, cela peut tenir à ce que les chiffres de plusieurs articles d'adjudication ont été visiblement surchargés à la minute du procès-verbal. — L'explication est moins facile à trouver pour le défaut de concordance entre les deux additions de la page 578.

Imprimé en France
FRHW011154221221
29432FR00013B/207